Cat. Mss.
Debure n° 1283/1   2680

(Ham n° 1759)

A continuer à cause de la
Note qui se trouve à la fin

E*2680

56.

Les ethiques en francoys.

Le prologue.

prologue du translateur

A la confidence de laide de nostre seigneur iesucrist/ & du comandement de tresnoble et tresexcellēt prince Charles quint de ce nom par la grace de dieu roy de frāce Je nicole oresme doyen de leglise nostre dame de rouen propose trāslater de latin en francois aucuns liures lesquelz fist Aristote le souuerain philosophe qui fut docteur & conseillier du grant roy Alexandre/ & du ql la doctrine pour la valeur et excellēce de elle a este multipliee et en grant reputacion vers les saiges pres que par tout le mōde: Et a este trāslatee en plusieurs langaiges et exposee en tresgrant diligence de plusieurs docteurs catholiques & autres /& recreee en toutes loys et sectes renommees & tenue en grant auctorite des deuant laduenement de nostre seigneur iesu crist enuiron cinq ans/ & depuis iusques a maintenāt par lespace de mil trops cens septēte ans/ & sera tant cōme a dieu plaira. Et de toute ceste doctrine la meilleur la plus digne et la plus profitable cest la science de moralite contenue par especial & principalemēt en vng liure diuise en deux qui sont appelles ethicques & politicques. Le liure dethicques est liure de bonnes meurs/ liure de vertus ou ql il enseigne selon raison naturelle biē faire/ & estre beneure en ce monde Et politicques est art & sciēce de gouuerner royaulmes & cites/ & toutes communites: & ne treuue len pas de ceste science liures plus raisonnablement artificialemēt & complectemēt cōposes que sont les liures de aristote. Si me semble que nous deuons benepr & louer le roy du ciel qui a son peuple pourueu de tel roy terrien plain de si grāt saigesse/ & que auecques autres graces que il luy a donnees il lui a inspire si noble voulēte ql il met sa cure & son entente a si bonnes sciences. car apres la foy catholique, a quoy il est suffissammēt instruit & de laquelle il est soubz dieu apres le pape principal deffenseur/ il ne pourroit meilleure chose sauoir ne plus profitable pour luy & pour sō royalme/ & auecques ce pour le salut de lame. Car quant est de ethicques verite est que les autres ars & sciences enseignēt vng homme estre bon edifieur & bon paintre/ lautre estre bon aduocat ou bon notaire Lautre estre bon medecin ou bon musicien/ & ainsi des autres ars & doctrines. mais ceste icy enseigne estre bon homme & estre bon simplemēt. Quāt est de politicques, cest la science par quoy len scait royalmes & cites & ql z conqstes cōmunites cōmencier/ ordōner & parfaire/ & en bon estat maintenir & garder/ & les reformer quāt mestier est. Et auecques ce elle veult et aide a faire establir et composer loys humaines iustes & profitables /et a les entendre et interpreter ou gloser/ & aussi a les corriger ou muer /& a sauoir quāt temps en est/ et pour quoy & cōmēt. Et pour ce cōme il apperra

A.ii.

Prologue du translateur

apres par aristote ceste science appartient par especial et principalement aux princes et a leurs conseilliers de quoy racompte Virgille comme chose reuellee de par dieu q̃ anchises apres sa mort manda aux p̃romains que ilz sceussent ceste doctrine et le recite saint augustin p̃ grant auctorite et en sentence Virgille dit ainsi en la p̃sõne de anchises. sachẽt les autres faire beaux ymaiges les autres bien mener les causes les autres astrollogie : mais tu quicõques es ou seras prince rõmain remẽbre toy que tu doys sauoir ces peuples gouuerner espargner aux subiectz et debeller les orguilleux et ce seront tes ars et tes sciences. mais aucun pourroit dire que ceste science nest pas si necessaire car ou temps passe plusieurs roys et princes ont tresbien gouuerne qui oncques ne estudierẽt politique ne leurs conseilliers semblablemẽt Je respons a ce et dis premierement que communement les grans et bõnes policies et seigneuries qui ou tẽpz de iadis durerent lõguemẽt furent maintenues et gardees par gens qui auoient estudie liures de telle science cõme furent les grecz et plusieurs autres desq̃lz aristote fait mencion et ainsi les rommains auoient les escriptures des grecz et ceste science comme de aristote platon et des autres Et aucũs des rõmains latins cõe tulles apuleus plutarcus et autres en cõposerent liures Stilles de la chose publicque Apres ie dis que il est bien possible que aucuns aient bien gouuerne sãs auoir veu telz liures par ce que ilz auoiẽt si tree bon sens naturel et si bõne prudence et si grant desir au bien publique que ceste science estoit naturellement en leur cueur entee nee et p̃antee Et a ce p̃pos pres que sẽblable dit saint pol que aucunes gens q̃ nont point de loy sont naturelement les oeuures de la loy. mais ie dis oultre que tout ainsi cõme aucun chante bien ou fait ymaiges ou autres besõgnes sãs art et sans doctrine par soy enginqui est a ce naturelemẽt enclin et neãtmains il nest pas ainsi de checun. Ceulx icy mesmes profitassent plus asses en telles besongnes se auecques la bonne abilite de nature que ilz ont ilz eussent la doctrine Semblablement est il verite que sauoir la sciẽce de pollitiques prouffite moult aux saiges qui ont a gouuerner et en peust len bien dire ce mot de lescripture, audiens sapiens sapientior erit

Le saige sera plus saige de oyr ceste science. mesmement cõsidere que il sec ques sont baillees certaines rigles bons enseignemẽs belles hystoires et les causes pour quoy plusieurs policies ont este et peuent estre corrumpues et gastees et celles par quoy ilz peuent estre sauuees et gardees Et est possible que se ou temps passe aucuns princes et leurs conseilliers eus

prologue　du translateur

sent aperceu et aduise aucunes choses qui y sont contenues Et ilz les eussēt mises a effect comme il est vray/ sem blable leurs dominations et seigneu ries en eussēt plus dure et en meilleur estat.　Dautre partie lestude de tel liure engendre et embat ou acroist es cueurs de ceulx qui y entendent af fection et amour au bien publicque qui est le milleur amour qui puist estre ou prince et en ses conseilliers/　A pres lamour de dieu doncques est tel estude grandement proffitable/ mais pource que les liures moralz de aris tote furent fais en grec et nous les a uons en latin moult fort a entendre Le roy a voulu pour le bien commū les faire translater en frācois affin que il et ses conseilliers et autres les puis sent mieulx entendre mesmemēt ethi ques et politiques desquelz come dit est le premier aprent estre bon hōme et lautre bon prince par quoy il appt clerement que nostre bon roy charles peult estre dit charles grant en sages se Et que de tressaint mouuement et de tresnoble couraige il fait selon lac teur Vegesse/ q dit en sa doctrine des fais darmes que il nest nul quelcōqs a q il siece ou appartienne plus assa uoir meilleures choses et plusieurs q il appartient au prince.

Escian dit en vng petit liure que il fist des metres de terece q de tous les lāgaiges du monde latī est le plus abille pour mieulx exppri mer et plus noblement son intention

Et neantmoins les liures daristote et pour especial ethiques et politiques ne peuēt estre proprement de grec trās latez en latin Sicomme il appert p ce q encor y sont plusieurs motz grecs qui nont pas motz qui leurs soient correspondans en latin.　Et com me il soit ainsi que latin est a present plus parfait et plus habondant lan gaige que francois par plus forte rai son len ne pourroit translater propre ment tout latin en francois. Sicom me entre inombrables exēples peult apparoir de ceste tres commune pro position/ homo est animal Car ho mo figure homme et femme/ et nul mot de francois ne signifie equipolē ment Et animal signifie toute chose qui a ame sensitiue et sent quant len la touche Et il nest nul mot en fran cois qui signifie precisement Et pour ce ceste proposition est vraye mulier est homo.　Semblablement ces te proposition est vraye homo est ani mal Et ceste est false homme est baste Et ainsi est il de plusieurs noms et verbes mesmement de aucuns sinca tegoremes sicomme plusieurs propo sitions et autres qui tres souuent sōt mises es liures dessusditz que len ne peult bien translater en francois.

Dautre partie vne science qui est forte quant est de soy ne peult pas es tre baillee en termes legiers a enten dre mais il conuient souuent vser de termes ou de motz propres en la sciē ce qui ne sont pas communement en

A.iii.

prologue du translateur

tedº ne cōgnue de chascū mesmemēt quant elle na este autreffoys traictee et epcercee en tel langaige et telle est ceste science ou regart de francois par quoy ie doy estre epcuse en partie se ie ne parle en ceste matiere si proprement si clerement si aornement comment il fust mestier Car auecques ce ie ne ose pas eslongier mon parler du teste de aristote q est en plusieurs lieup obscur affin que ie ne passe pas hors son intencion et que ie ne faille. mais se dieu plaist par mon labeur pourra estre mieulp entendue ceste noble science (z ou temps aduenir estre baillee par autres en francois plus clerement et plus amplement. Et pour certain translater telz liures en francoys et bailler en francoys les ars et les sciences est ung labeur moult profitable, car cest ung langaige noble et commun a gens de grant engin et de bonne prudence Et comme dit tulles en son liure de chademiques les choses pesantes et de grant auctorite sont delectables et bien agreables a gens ou langaige de leur pays Et pource dit ou liure dessus dit (z en plusieurs autres contre loppinion daucuns que cestoit bon de translater les sciences de grec en latin et de les bailler et traictier en latin Or est il ainsy que le temps de lors grec estoit au regart de latin quant aup rommains sicomme est maintenant latin au regart du francois quant a nous Et estoient pour le temps les estudians

introduis en grec a romme et ailleurs et les sciences communemēt baillees en grec et en ce pays le langaige commun et naturel cestoit latin. Donc q puis ie bien encore conclure que la cōsideracion et le propos de nostre bon roy charles est a recommander q fait les bons liures et epcellens translater en francois

Cy fine le prologue du trāslateur

Cy commence le premier liure de ethiques et traicte le premier chapitre de la fin et du fruit de ceste noble science premier chapitre et iie feuillet.

De la maniere de proceder en ceste science ii. cha fueillet iiii.

Quelles personnes sont convenables a ouir ceste science iii. cha fueillet iiii.

Lacteur commence cy son traicte et recite en general les opinions anciennes de felicite humaine iiii. chapitre fe. iiii.

Lacteur monstre icy la maniere de proceder en ceste matiere v. chapitre fueillet iiii.

Cy traicte lacteur daucunes opinions sensibles de felicite vi. chapitre fueillet iiii.

Lacteur repreuue icy lopinion de platon vii. c. fe. v.

Lopinion que met cy lacteur de felicite et en met aucunes cõdiciõs viii chap. fe. vii

De la diffinition de felicite neufiesme chapitre fe. viii.

Comment felicite est souffisamment descripte quant a present v. chapitre neufiesme fe.

Comment a la description de felicite dessus mise saccordent en partie les operations anciennes vi. chapitre fe. v.

Comment a la descripcion de felicite dessus mise saccordent ceulx qui mectoient felicite en delectacion douziesme chap fe. douziesme

Comment a la dicte felicite saccorde lopinion de ceulx qui mectoient felicite au v biens de dehors treziesme c. fe. douziesme

Lacteur monstre cy la cause de felicite piiii. chap fe: treziesme

Lacteur propose cy deux questions de fortune se elle peult oster felicite en ceste vie ou apres la mort quinziesme chap fe. viiii.

Icy lacteur soult la premiere question deuant mise vi. chapitre fueillet quinziesme.

Icy soult lacteur et respond a la seconde question vii. c. fe. vii.

Comment felicite est a honorer de sa propriete viii. c. fe. xviii.

Que en ceste science il conuient acquerir vertu xix. c. fe. xix.

Des diuisions de lame et du premier membre vingtiesme chapitre et vingtiesme fe.

Il desclaire lautre membre de la dicte diuision de lame xxi. chapitre fe. xx.

Cy fine le premier liure dethiqs et apres sensuit le second.

Comment vertu est causee en nous par operatiõs premier chapitre feu. vingt & deuxiesme

De quelles opations vertu est causee iie chapitre fueillet vingt et iii

A. iiii.

Comment Vertu regarde delectacions et tristesses iii.chap fe.xxiiii.
Lacteur preuue cy autrement coment Vertu regarde delectations et tristesses quatriesme c.fe.xxv.
Lacteur traicte cy vng doubte dont fut parle ou second chap du premier liure cinquiesme cha fueillet vingt z vi.
Lacteur enquiert icy le genre mis en la diffinicio de Vertu vi. c. fueillet xxviii.
De la difference mise en la diffinition de Vertu vii.c.fe.xxix.
Comment Vertu est en moye viii chap fueillet trente
Lacteur applique la diffinicio de Vertu a aucunes Vertus particulieres neufiesme c.fe.trente z vng
Encores de ce x.chapitre fueillet trente z ii.
De la contrariete et opposition q est en vices et en vertus xi.cha.fueillet trente z iiii.
Comment sen peult trouuer le moyen et acquerir Vertu douziesme cha.fe.trente et v.

Le tiers liure dethiques

Premierement il monstre ce qui est inuoluntaire par violence premier chapitre fueillet trente z vii.
Comment chose faicte par paour nest pas proprement voluntaire ii.chapitre fueillet xxvii.

De ce qui est inuoluntaire par ignorance iii.chap fueillet trente z neuf tesme.
Quelle chose est voluntaire iiii. chapitre fueillet xl.
De election v. chap et fueillet xli.
Que election nest pas opinion vi.chapitre fe.xlii.
De quelles choses doit estre conseil vii. chapitre fe.xliii.
De la maniere et ordre de conseillier viii.chapitre fe.xlv.
Il traicte cy de conseil par comparaison et au regard de election ix. chapitre fe.xlvi.
De voulente x. chapitre fueillet xlvi.
Que vertu et malices sont voluntaires et exclud vng erreur contraire xi chapitre fueillet xlvii.
Comment il repreuue le motif et la racine de lerreur dessusdict douziesme chapitre fueillet quarante z neufiesme
Comment il repreuue vng autre motif trezieme chapitre fueillet cinquantiesme.
Lacteur commence cy a traicter de la vertu de fortitude et premierement il enquiert la matiere et obiect de ceste vertu xiiii. chapitre fueillet liii.

Du fait ou operacion de fortitu=
de quinziesme chap. fo. liii.

Des fais ou operaciõs des vices
contraires a fortitude seziesme chap.
fueillet liiii.

De cinq autres manieres de forti=
tude non vraye/z de la premiere des
cinq xvii. chap. fol. lv.

De la seconde maniere de fortitu=
de nõ vraie xviii. chap. fe. lvi.

De la tierce maniere de fortitude
non vraye xix. chap. fe. lvii.

De la quarte z quinte manieres
de fortitude nõ vraye vintiesme cha.
fueillet lviii.

Comment fortitude regarde de=
lectacion z tristesse .xxi. cha. fueillet
lviii.

De la vertu datrempance/z qlle
est en delectaciõs de toucher/z de gou=
ster xxii. chap fueillet soixante.

Comment atrempance z desatrẽ
pãce sont es delectaciõs dessusdictes
xxiii. chapitre/fueillet lxi.

Quel est le fait de desatrempãce
uers les delectaciõs z tristesses xxiiii
cha. fueillet soixante z deux

Du uice opposite/z de desatrem=
pance/z des condicions de cellupy qui
est attrempe vit cinquiesme chapitre
fueillet lxiii.

Il compare le vice de desattrem=
pance au uice de paour z de couardi=
se. xxvi. cha. fo. lxiiii.

Il compare le uice de desatrempã
ce au pechie des enfans xxvii. chap
fueillet lxv

Le quatriesme liure dethiquee.

Quelle est la matiere ou obiect de
liberalite/z des vices opposites
premier chap. fo. lxvi

Qui est le principal fait de libera
lite second chap. fe. lxvi

Les condicions de lomme liberal
tiers cha. fe. lxvii

Du vice de cellupy qui est du tout
prodigue iiii. chap fe. lxviii.

De prodigalite en la comparant
a liberalite v. chap fe. lxix.

De cellupy qui est prodigue en par
tie/z qui a en partie autres vices an=
nexes vi. chap. fe. septente

Du uice de illiberalite/z par espe=
cial de celle qui est en non donner/sep
tiesme chap fe. lxx

De liberalite qui est en prendre
viii. cha. fe. septente et vng.

De la vertu de magnificence/z
des uices opposites ix chapitre fueil.
lxxi.

Des condicions du magnifique
quant a despendre diziesme chapitre
fueillet septẽte z deux.

En quelles choses le magnifique de⸗
pend onziesme chap̄ fueillet.lxxiii
Des vices opposites a magnifi⸗
cence douziesme cha.fol.septēte τ iiii
De magnanimite τ des vices op
posites treziesme chapitre fueillet
septentecinq
De magnanimite par cōparai
son aux autres vertus quatorziesme
chap̄ fueillet septēte τ vi.
Des fais du magnanime quin⸗
ziesme cha.fo.septēte vii
Aucunes proprietes du magnani
me quant aux choses de dehors p̄ vi.
chap̄ fueillet septēte τ viii.
Aucunes proprietes du magnani
me qui regardent principalemēt les
fais humains p̄ vii.chapitre.fueillet
septēte τ neuf.
Des vices opposites a magnani
mite p̄ viii.chap̄ fo.octante
Dune autre vertu qui est vers
honneurs moiens τ petis p̄ix.chap̄.
fueillet octante τ vng
Jcy traicte de mansuetude τ dun
des vices opposites vintiesme chap̄
fueillet octancte τ deux
Dun vice opposite a mansuetu⸗
de qui est superabondance en ire xxi.
cha.fo.octante iii.
Dune autre vertu appellee affa⸗
bilite xxii.cha.f.octante iiii
Dune vertu en general qui regar
de verite vint τ iii.cha.fo.octante v.
De ladicte vertu τ des vices op⸗
posites vint τ iiii.chapitre fueillet
octante τ siziesme
Dune vertu qui est vers jeux et
esbatemens vint v.cha.f.octāte vii.
De vergongne qui est une passi⸗
on/τ nest pas vertu xxvi.chapitre
fueillet octante viii.

¶Le cinquiesme liure dethiques.

Jcy lacteur commence a determi⸗
ner de iustice/τ en met une distinctiō
premier chapitre fueillet xc
De iustice legale second chapitre
fueillet xci.
Dune autre iustice particuliere
que iustice legale iii.cha.fo.xcii
Recapitulacion des choses dictes
quatriesme chapitre xciii.
De deux manieres de iustice par
ticuliere v.cha.fo.xciii.
Quil y a moien en chose q̄ est iuste
selon iustice distributiue vi.chapitre
fueillet xciiii.
Commēt τ en quelle proporcion
le moien est prins en iustice distribu⸗
tiue vii.cha.fol.xcv
Quelle difference il y a entre iusti
ce distributiue τ iustice cōmutatiue/
viii.cha.feuillet xcvi

Comment le moyen est prins en
commutacions ix.chap̄ fo.xcvii.
Reprobacion de lerreur de ceulx
qui d̄ soient que generalement chose
iuste est contre souffrir tant pour tāt
dixiesme chapitre fueillet nonnante
τ huit

Comment la forme de proporcio
nalite dessusdicte est gardee / et dont
vint monnoie xi.chap̃.fol.xcix.
Comment iustice est moyēne xii.
chapitre / fueillet C
par quelles opacions ung hōme
doit estre dit iniuste xiii.cha.f.Ci
De la diuision de iuste politique
en ses especes quinziesme chapitre
fueillet Ciii.
Du moten de fatre iuste ou iniuste / z la responce a la question xu piii.
chapitre p vi chapitre f.C. z quatre
par quelles iniustificacions ung
hōme est intuste / z par quelles non
xvii.chap̃ f.C v.
Lacteur fait icy une question touppe
les choses dessusdictes xviii. chapit̃.
fueillet Cvii.
Il traicte cy encor une autre q̃stion
dixneufiesme cha.fo. C ix.
Commēt il exclud z oste aucūs
erreurs en ceste matiere xx. chapitre
fueillet cent z treize.
Dune especiale partie de iustice
appellee eppexlie. xxi.ca.feuillet C.
z quatorze
Comment il respond a la secōde
question proposee cy deuant ou xix.
chapitre xxii.cha.fueillet c. z seize
Commēt il compare ensemble in
iuste faire z iniuste souffrir / z determine dune iustice improprement dicte
z metaphorique vint z iii.chapitre
fueillet cent xvii.

Cy commēce la table du sixiesme
liure / z met lacteur icy son entencion
z fait une distinction a son propos /
premier chap̃ fueillet cent z douze
Il commence a parler des vertus
intellectuelles / z premieremēt en general second chap̃ fo.cent z douze
Du nōbre des vertus intellectuel-
lees / z de celle qui est appellee science /
tiers chap̃ f.cēt z quatorze
De la vertu intellectiue q̃ est appellee art iiii.cha.fo.cēt z quatorze.
De prudence v.cha.f.c. z quinze
De entendemēt vi.cha.f.c.x viii.
De sapience vii.ca.f.cx viii
Que sapiēce est la plus noble des
vertus intellectuelles viii.chapitre
fueillet cent dixeneuf.
De eudopie neufiesme chapitre /
fueillet cent z vint

Lacteur declaire aucunes choses
de prudence quil a deuant dictes
x.cha.fo.cent vint z deux
Dune partie de prudēce appellee
eubulie xi.cha.fueillet cent xxii.

De deux autres parties de prudēce qui sont appellees sinesie z gno
mie xii.chapitre fueillet cent xxiiii

De la comparaison des vertus
aux parties dessusdictes ensemble a
prudence treziesme chapitre fueillet
cent vintcinq.

Daucuns doubtes de sapience et de prudence piiii.chap fo Cxxvi.

De la vertu des deux vertus dessusdictes quinziesme chap̄ f.cxxvi

Comment vertu morale ne peut estre sans prudence seiziesme chapitre fueillet cent vint τhuit

De la connexion des vertus et la solucion dune question mise en la fin xvii chapitre fo.cent vint τ neuf

Jcy commence le vii.liure dethiques, τ met ici lacteur vne distinctiō en maniere de proesme premier chap̄ fueillet cent trente et vng

Aucunes suppoficiōs pour la matiere de lacteur second cha.fo.cxxxii

Aucuns doubtes de continence τ de incontinence iii.cha.f.Cxxxii

La responce a la question cōment incontinēt a science iiii.ca.f.cxxxiiii.

La vraie responce a ladite qst̄ o. pour aucunes distinctions v.chap̄ tre fueillet cent trente τ cinq

Autre responce a celle mesme question selon le proces naturel de scienze practique vi.cha.f.Cxxxvi

Question vers q̄lle matiere est incontinence simplemēt dicte τ la decision dicelle septiesme chap̄.fueillet cent quarante τ cinq

De incontinence dicte selon similitude viii.chapitre: fueillet cent quarante τ vi.

De bestialite τ de incontinence bestiale ix.chap̄ fueillet Cxlvii.

Que incontinēce de ire est moins laide que nest incontinence de concupiscence x.chapitre fueillet Cl.

De bestialite en la comparant a desattrempance xi.cha.fo.Cli.

Les differences de continence τ incontinence τ autres douziesme chap̄ fueillet Clii.

Se le continent demeure continēt en toute opinion xiii.chap̄.fueillet cent cinquante τ quatre

Se celuy est seulement continent qui demeure en droite raison quatorziesme chapitre fueillet c.lvi

Comment continence est moiēne entre deux maulz quiziesme chapit.fueillet cent lvii

Et prudēce τ incontinence peuēt estre ensemble seiziesme chapitre fol. cent lviii.

Commēt il met icy plusieurs opinions de delectacion xvii.chapitre fueillet cent.lix

Response aux opinions dessusdictes xviii.chap̄.fol.cent lx.

De comparaisons de delectacion xix.cha.fol.cent lxii.

Des delectaciōs corporelles vers lesquelles sont continence τ incōtinēce xx.cha.fol.cent lxiii

Jcy commeuce le viii.liure dethiques τ dit ainsy q̄ determiner damytye appartient a science morale, premier chapitre.fueillet cent soixante τ six

Aucunes anciennes opinions de amitie second chap̃ fo. clxvii.

De la diffinicion d'amitie iii.cha fueillet. cent lxviii.

De troys especes d'amitie: et determine de deux (et de elles iiii. chap̃ fuellet cent lxxix.

De la tierce espece d'amitie q̃ est honneste v. chap. feuillet cent quatre vingtz et dix

De la comparaison des especes d'amitie vi.cha.f.cxc

De la cõparaison des especes d'amitie, et leur fait vii.cha.f.cxcii.

Des especes d'amitie en les comparant a leur subiect viii.cha f.cxcii

De l'amitie des princes ix.cha f cxciii.

De la diuision des especes d'amittie qui sont entre personnes inequalles dixiesme chapitre fo.cxciiii

La comparaison d'aimer et d'estre aymé, et de permanãce d'amitie et des amitie de gens dissemblables xi cha fueillet quatre vingtz et seize

Comment les especes d'amitie en suiuent les parties de cõmunicacion politique xii. cha. fo. cxcvii.

De la diuision des especes de cõmunicacion politique xiii. cha f. cxcviii

La distinction des communicacions yconomiques ou domestiques aux especes dessusdictes par similitu de quatorziesme chapitre fueillet. c quatre vingtz et dizneuf

Des especes d'amitie selon les cõmunications dessusdictes quinziesme chapitre feulllet CC

D'aucunes especes d'amitie et puis d'amittie de lignaige seziesme chapitre fueillet CC i

De amitye de mariage xvii chap̃ fueillet CC et troys

Commẽt accusations et cõplaintes sont faictes en amitye xviii chap̃ fueillet cc. iiii.

Que accusations sont faictes en amytye qui sont selon inequalite. xix chapitre fueillet CC vii.

Cy commence le ix liure d'ethiq̃ ou li monstre pour quoy et comment amytye peut estre gardee p̃mier cha. fueillet cc et huit

Aucunes questions commẽt l'en est plus et moins tenu a diuerses personnes second chapitre fueillet CC x

Comment l'en doit rendre differẽtes choses a diuerses personnes tiers chapitre fueillet CC et vnze.

Cõment amityes sont dissolues et deffautes iiii. chap̃ f cc xii

Cõment les bons sont les euures de amitye a eulx mesmes, et a autres, v chapitre, fueillet CC quatorze

Comment les mauuais ne font pas les euures damitie, ne a eulx ne aux autres. vi.cha.fo.cc.xp vi
De beniuolēce. vii.cha.fo.cc.z.p vii
De concorde. viii.cha.fo.cc.et.p viii

Cōmēt les bien faicteurs ayment mieulx leurs beneficez que les beneficiez ne ayment leurs bienfaicteurs ix. chapitre fo.cc.et.xix.
Une q̄stion de aymer soy mesmes et monstrent quelles gens se ayment vituperablemēt x.chapitre fueillet CC.z xxi.
Quelz gens sont qui se entreayment loyalement et veritablemēt xi.chap fueillet CC.z xxii.

Une question se le heneure a mestier damys: et mōstre que oup par raisōs moralles douziesme chapitre: fueillet deux cens z xxv
Comment le heneure a mestier damis par vne raison naturelle xiii chapitre fueillet deux cens xx vii

Question se len a plus grant mestier damys en prosperite que en aduersite xiiii chap fueillet. cc.xx viii.

Question se len a meilleur mestier damys en infortune que en bōne fortune p v.cha.fo.cc xxix
Que conuiure ensemble est tres delectable chose en amitie p vi.chap fueillet cc.xxxi

Cy commence la table du pe. liure dethicques, et cōmenceront les chapitres sur nouueaux nombres cottes au fueilles.
Au premier chapitre il monstre q̄ il convient determiner de delectaciō Fueillet i.
Cy parle des opinions cōtraires de endoxus et de platon en delectacion second chapitre fuel.i.
Les raisons que platon et ses disciples faisoient contre endoxus iii. cha.f.iiii.
La quarte raison des platoniens qui disoient q̄ aucunes delectacions sont tresreprouuables iiii.cha f.iiii.

Cy parle comment delectacion nest pas mouuement en generation cinquiesme cha.f.v
De delectatiō et que cest .vi.cha fueillet vi.
Cōment delectations sont differentes selon leur nature vii. chap. fueillet. vii.
Comment les delectaciōs different en espece. viii.cha.viii.fe.
Des trois differences de delectacion en general.ix.cha.fe.ix.
Les differences des delectations x.cha.feuillet.x.
De felicite en general.xi.c.fe.xi

De felicite speculatiue en special et cōment elle est parfaicte et principalle.xii.cha.feuillet.xii.

Autre raison qui preuue que par
faicte felicite est en speculation viii. c
fe. viiii

De la grant excellence de celle fe
licite viii. cha. fe. v v.

De lexcellèce de ceste felicite au
regart de felicite actiue p v chapitre
fueillet v vi.

Comment le beneure se a aup au
tres choses qui sont hors luy p vi cha
fueillet v viii.

Que oultre la doctrine deuant
mise est necessaire bonne acoustumā
ce p vii. c. fe. vip.

Cy parle que a bonne acoustu/
mance sont requises loix p viii. cha.
fueillet ppi.

Cy parle comment il est necessai
re que aucun mette les loix vip. cha.
fueillet ppii.

Question en quelle maniere vng
homme peut estre fait tel que il puis
se mettre les loix pp chapitre fueil
let pptii.

Cy commence la table des fors
motz a expposer dethiques fe. pp vi.

Cest le repertoire des capres de ce
present liure dethiques et premiere
ment fueillet blanc.
a
Cy cōmēce le pmier liure dethiqs
v se des autres

Et autres gens
b
Demanderoit a quoy
Lung apres laut re
Drape toutes choses
Victoire Semblablement
c
Ne maleuree
simplement
leur car operation
Hors celle Tep
d
les grans perils
que bien honneste
racions iustes
Lacteur enquiert
e
choses selon
D cinquiesme
oppose et plus
Car en nous
f
Glo. Le principe
Apres il ne semble
Glo. Car vne
mettent en œuure
g
homme peut estre
Tep Mais puis
Et par ce il discernera
par ce les operations
h
quant ce peril
Tep. Et quant
a bon couraige
Et sont prestz

Le repertoire   Dethiques

l
Car nul na
Quelle est la matiere
en ce que est
et a soy enrechir
li
racions
De cuurer
il ne superhabonde
car cestut
l
pecunes
qui est moyenne
Glo. Et qui repugne
auecques les autres
m
resemble
Cy cōmēce le quit liure.
ne doit et vng
Et pource determine
n
est moyen
reprobation de
comme ce doit estre
ordonnance de
o
Si comme honnorer
deuant et celles
Glo. Di auons
et nest pas vne chose
p
la cause auecques
pour faire
et celluy
La tie. lettre de
Cy cōmēce le sipte liure
Et chascune vertu

faictes Et doncques
d es choses ptingētes
o
Glo. Ilz ont continēce
Lacteur desclaire
querir et trouuer
que ce soit
p
et que elle est
cest possible
Cy cōmēce le viie. liure
continence
q
uoir que combien
guliere et non pas
luy tel est
len ensuit en drap
r
a obtenir Tcy
cest de dueil et de
incontinent et de
enseigne pas
s
parfaictement
mais a faire les
Apres il met
les dilections
t
que il ont
de ieunes gens
se entraiment
damitie leur fait
v
pour prouffit
semblent estre
se est plus manifeste
peult a eulx

p
Glo. Cest adire
appartient a celluy
et la volente
doit estre entendu
y
a celluy que len ayme
telle malignite
declaire iiii. euures
z
Et semble
absoubz et quitte
a fortune et est
&
faisant est it
dehors ce semble
Cest assauoir que son
ce que il mesme
A
Au premier chapitre
de cest philosophe
les raisons que platon
blablement quant
B
Qui aiment
aucun doubte
Eulx il ne sont
ne vertu intellectiue
C
A lautre pour sa vie
Cest adire
Font tresbonnes
sieurs & grans
D
et art ou science
Cy pmēce la table des
c ontingent est chose

Cy commence le premier liure dethiques/et traicte le premier chapitre de la fin & du fruit de ceste noble science i.cha.

Tout art & toute doctrine. Glo. Et enfant par art science pratique & par doctrine science speculatiue.

Tex. Et semblablement tout fait ou operation et election appetēt & desirent aucun bien Pource parloient bien les anciens en disant que bien est ce que toutes choses desirent.

Glo. Et par desir naturel cōme leur fin et leur pfection Et aucunesfoys desire vng homme maulmais ce est pource que il a aucune apparence de bien Tex Et semble que il ait differēce de fins/car les vnes fins sont les operations

Glo. Comme chanter ou dācer Tex Les aultres sont aucunes euures Glo. Comme vne maison ou vng vaissel Tex Ou choses faictes hors les operations ou facons & ces euures sont meilleures que les operations par quoy ilz sont faictes Et comme ilz soient moult de operations & de ars & de doctrines pour ce est il moult de fins/sicomme de medecine la fin est sante/de faire nauie/sa fin est aller p eaue & en nageant/de cheualerie la

fin est victoire/& richesses sont la fin de yconomie. Glo. yconomie est art de gouuerner vng hostel Et les appartenances pour acquerir richesses et ceste fin est pour aultre fin Cest assauoir pour biē vser dicelles

Tex Et de telles ars & doctrines aucunes sont dessoubz vne aultre,sicomme art de faire frains est desoubz art de cheuaucher/& aussi sōt toutes les aultres ars de faire instrumens ou harnoys pour cheuaulx, et cest art de cheuaucher & tout aultre q̄ a mestier pour guerre est soubz art ou office de cheualerie,& en ceste maniere sont les ars et doctrines & offices ordenees les vnes pour seruir es autres Glo. Et en toutes telles choses les fins des ars ou doctrines qui ont principalite sus les aultres sont meilleures & plus desirables a tous que les fins de celles qui sont dessoubz elles, car celles qui seruent & sont soubz les aultres poursuiuēt & quierent leurs fins pour la fin de leur souueraine ou principale.

Glo Sicomme larmeurier tent affin que le cheual soit bien arme,& le cheualier le veult affin que il se combate,& se combat affin de auoir victoire Tex. Et quant a ce il ny a force de la differēce des fis qui est deuant dicte/sicōme les vnes fins sont operations les aultres sōt choses faictes Glo Car tousiours est meilleur la fin qui ensuit lautre/sicomme vng instrument.

a.i

Cy commence le premier liure dethiques, et traicte le premier chapistre de la fin ⁊ du fruit de ceste noble science. i. cha.

Tout art ⁊ toute doctrine. Glo. Il entent par art science pratique ⁊ par doctrine science speculatiue.

Tex. Et semblablement tout fait ou operation et election appetét ⁊ desirent aucun bien, Pource parloient bien les anciens en disant que bien est ce que toutes choses desirent.

Glo. Et par desir naturel come leur fin et leur profection Et aucunes foys desire ung homme mal, mais ce est pource que il a aucune apparence de bien. Tex. Et semble que il ait differéce de fins, car les unes fins sont les operations

Glo. Comme chanter ou dancer. Tex. Les aultres sont aucunes euures. Glo. Comme une maison ou ung vaissel. Tex. Ou choses faictes hors les operations ou facons ⁊ ces euures sont meilleures que les operations par quoy ilz sont faictes Et comme ilz soient moult de operations ⁊ de ars ⁊ de doctrines, pource est il moult de fins, sicomme de medecine la fin est santé, de faire nauie la fin est aller par eaue ⁊ en nageant, de cheualerie la

fin est victoire, ⁊ richesses sont la fin de yconomie. Glo. yconomie est art de gouuerner ung hostel Et les appartenances pour acquerir richesses et ceste fin est pour aultre fin, c'est assauoir pour bien user dicelles.

Tex. Et de telles ars ⁊ doctrines aucunes sont dessoubz une aultre, sicomme art de faire frains est de soubz art de cheuaucher, ⁊ aussi sont toutes les aultres ars de faire instrumens ou harnoys pour cheuaulx, et cest art de cheuaucher ⁊ tout aultre q̃ a mestier pour guerre est soubz art ou office de cheualerie, ⁊ en ceste maniere sont les ars et doctrines ⁊ offices ordenees les unes pour seruir es autres. Glo. Et en toutes telles choses les fins des ars ou doctrines qui ont principalité sus les aultres sont meilleures ⁊ plus desirables a tous que les fins de celles qui sont dessoubz elles, car celles qui seruent ⁊ sont soubz les aultres poursuiuét ⁊ quierent leurs fins pour la fin de leur souueraine ou principale.

Glo. Sicomme lar meurier tent affin que le cheual soit bien armé, ⁊ le cheualier le veult affin que il se combate, ⁊ se combat affin de auoir victoire. Tex. Et quant a ce il ny a force de la differéce des fis qui est deuant dicte, sicõme les unes fins sont operations les aultres sõt choses faictes Glo Car tousiours est meilleur la fin qui ensuit laultre, sicomme ung instrument.

a.i

Tex. Si comme il appert aux doctrines deuant dictes. Glo. C'est assauoir que les fins de celles qui sõt par dessus les aultres sõt tousiours les meilleurs Tex. Et se il est vne fin de toutes euures humaines laquelle nous voulons et desirons pour soy mesmes et toutes aultres pour elle et non pas chascune fin pour aultre fin Car ainsy seroit ce proces infini/ τ seroit tel desir vieux et vain τ pourtient/ τ puis que il est ainsy il appert clerement que ceste fin est bonne τ tresbõne Glo Il appert par exemple Car l'en fait armeures pour armer l'en se arme pour combatre/ l'en se cõbat pour auoir victoire/ le quiert victoire pour paix auoir/ l'en quert paix pour bien humain. Semblablement le charpentier fait la maison pour habiter τ pour gaigner/ τ finablement pour bien auoir τ ainsy des aultres Et briefuement tous tendent pour raison au plus grant bien que l'en puisse auoir/ τ c'est la derniere τ souueraine fin excepte paradis τ la grace par quoy l'en le desert de quoy la consideracion passe et est oultre ceste science Tex. Doncques la congnoissance de ceste fin dõne grant aide τ grant acroissement de bien a vie humaine Et par la cõgnoistre le pouons nous mieulx acquerir et tout ce que il nous conuient Et pource que ainsy est il nous quient essayer vray semblable et grossement a comprendre ceste chose/ c'est assauoir que ce est Glo C'est par especial au premier et au pꝛe. de ethiques Tex. Et a que le discipline ou a quelle vertu il appartient a la congnoistre Glo. Ce dira il tantost apres τ entent par discipline science speculatiue et par vertu science praticque Tex. Et semble par raisõ que il appartiẽne a la tres principalle mesmement a celle qui a principalite τ ordene des aultres τ celle appert estre la science ciuille Glo. C'est ethiques τ politiques qui sõt continues ensemble, τ sont vne doctrine appellee ciuille Tex. Premierement, car elle ordonne deuãt toutes quelles disciplines τ ars doiuẽt estre aux citez τ de chascune quelles gẽs la doiuent aprendre et a quelle souffisance et combien de temps τ quant τ comment Glo Les gouuerneurs des citez par le scẽs de quoy traicte ceste science donnent aucunes arles aultres seuffrent commandent τ en ordonnent quant a la matiere ou de la forme ou du pris ou des autres appartenãces Sicomme des robes du pain et des aultres choses.

Tex. Item les tres precieux des bons ars ou doctrines sõt soubz ceste/ sicõme cheualerie yconomique τ rethorique Glo. Cheualerie est la doctrine des guerres yconomique de gouuerner vng hostel Et rethorique appartient aux aduocas Tex. Item ceste science ciuille vse des autres pratiques disciplines et que plus est elle ppose et met rigles et loy de ce que len doibt faire, et de ce que len se doit abstenir, et aisy elle pprent et contient les fins de toutes aultres ars et doctrines, pour quoy il sesuit que elle ptient le bien humain et esaigne qlle chose ce est. Ité se vne chose est bonne a vng citoyen, donc esse moult plus grant chose et plus pfaicte pcurer et saluer ce qui est bon pour toute la cite est bon a vng cytoien, laquelle est bonne a toute la cite Car se le bien dun tout seul est chose q fait a amer, il est certain que ce est meilleur chose et plus diuine. Glo. Plus semblable a la ppriete de dieu qui est cause generale et vniuerselle de toutes choses. Tex. Amer et pcurer le bien de toute vne cite, est encor plus le bien de tout vng pais ou dun royaume ou il a plusieurs cites. Or est il aisy q lart et doctrine ciuile desire et apette et entet telle fin cestassauoir, le bien de vie humaine par quoy il appert que la cösideration et la cögnoissance de telle fin appartiet a ceste science ciuile.

De la maniere de proceder en ceste science. li. c.

La maniere de traicter ceste science et de y proceder doibt suffire se les choses y sont desclairees selon ce q reqert la matiere subiecte car la certanite ne doibt pas estre quise ne aussy ne pourroit estre trouuee en toutes sciences, semblablemet en lune cöe en lautre, cöe nous voyös des ars mauuais que lö euure plus ppriemet dune matiere que de autre. Or est aisy q es bönes choses et es iustes desqlles la science ciuile a ententon de traicter Il y a tant et sy grant differëce et y a tant derreur q des choses iustes aucunes en y a q sëblet estre iustes seulemët p loy ou p coustume et nön pas p nature. Glo. C de plusieurs droitz positis qui söt muables et aucunesfoys diuers ou cötraires en diuers pais et en diuers tëps, et aucunesfoys y a erreur et sëblent aucunes loys iustes q söt iustes. T. Et sëblablemët a il erreur es biës et cuidët aucun que il leur soient profitables, et il leur söt nuisibles, par laquelle erreur söt moult de maulz venuz a plusieurs gens dont mout en a este qui sont perilz pour leurs richesses et les aultres pour leur force. Glo. Nota q il dit que plusieurs sont perilz pour les biens de dehors, les aultres pour les biës du corps, mais il ne dit pas que nul soit peri pour les biens de lame. Tex. Doncques est ce chose que len doibt vouloir et amer que parler et traicter de telles choses et par telz moiens que ce soit grossement et monstrer en la verite figuraumët et vray, cöme de choses qui eschiët et aduiennët le plus souuent, et de celles choses faire ses moyës et aussy cöclurre telles pclusions. Glo. Qui ne sont pas vniuerselles et necessaires, mais en pou de cas y a istäce, car il est aucües choses qui söt necessaires et söt en tout tëps et p tout en vne maniere et de ce les choses sont les sciëces trescertaines, cöe les mathematiqs geometries etc. les autres choses söt et aduiennent pour la plus grant partie de celles sont aucües naturelles

a·ii

sciences/ ce celle de moralite/ mais des choses qui aduiennent ou falent egalemēt ou qui aduiennent pou souuēt ne peut estre science. Tex. Et en celle mesme maniere doit receuoir lauditeur. Glo. Cestassauoir grossement sans grāt similitude/ et figuralement sās demonstration et sās pfaicte certainete. Tex. Pource q il appertient a tout hōe bien disciple enquerir de chascune chose la certaiete selon la maniere et en tāt comme la nature delle le peut receuoir et le q̄rt/ car cest presque semblable ou pareil que le mathemathien recoiue persuasion/ et que le rethoricien requere demōstracion. Glo. Persuasion est raison vray semblable non pas euidente et induit a soy absentir a la pclusion/ mais elle ne y ptraint pas et en vsent tāt seulement demonstracion qui est trescertaine necessaire et euidente.

Quelles psōnes sont couenables a ouyr ceste science. iij.c.

Chascun si iuge bien les choses que il congnoist et en est iuge Et seroit siplement bon iuge par tout qui en toutes choses seroit bien enseigne Et pource vng ieune home nest pas puenable auditeur de politiques/ car il nest pas eppert de faiz q̄ aduiennent a vie humaine, et ceste science traicte de telz faiz et p raison fondees sus telz faiz. Item celluy qui ensuit ses passions. Glo. Cōe ire et felonie et concupiscence aux delectations sensueles cōe luxure gloutonnie. xc.

Tex. Du desirers orroit ceste science en vain. Glo. Car tant comme il suft tel il ne auoit la si de ceste science qui est bien faire. Tex. Et sās proffit Glo. Car ia nen seroit meilleur tant cōe il fust habādōne a telles passions Tex. Car la fin delle nest pas cgnoissāce, mais est oeuure. Glo. Elle nest pas principalement pour sauoir/ mais pour bien faire. Tex. Et ny a point de difference se aucun est ieune de aage ou il est ieune de meurs et assez aage/ car en cestuy la deffaute nest pas de temps mais pource que il vit selon ces passiōs et les poursuit du tout/ car a telles gens la cgnoissance de ceste science leur est inutile ou non pas profitable parfaictemēt. Glo. Il dit en aucus textes que le ieune de aage ou de meurs nest pas propre auditeur de polithiques Cest a dire si couenable cōe vng aultre/ car chascun y peut biē profiter/ mais le ieune de aage ne la peut pas plainemēt entendre pource que il a peu veu depperience et si est plus tempte des desirs corporelz Et le ieune de meurs qui est en age et poursuit ces voulētes a la oir p fite en cgnoissāt sa misere/ et ce q̄ il deust faire par quoy il se peut mouuoir et disposer a bien/ mais encor est il epesche et ne peult attaindre a la fin de la science moralle/ et pource sont incōtines. Glo.

Incōtinent est celluy qui ensupt ses mauuais desirs et sy a raison en soy par quoy il scet bien que cest mal fait/ mais ceste congnoissāce luy profite pou Tex. Mais sauoir de celles choses et de telles sciences est moult profitable a ceulx qui font leurs desirs selon raison et euurent selō les vertus et les gardes

ꝛ autres gēs gouuerner/et en aiment
plꝰ euures vertueuses. Tex. Et tant
soit dit en maniere de pheſme de laudi
teur de ceste ſciēce/ꝛ cōment lēn doit mō
ster/ꝛ quelle si nous ꝓposoné. Glo. Il
recapitule par ordre retrograde ce qui ē
dit aux iii. premiers chapitres.

Lacteur cōmēce cy sō traicte ꝛ re
cite en general les oppiniōs ānc ē
nes de felicite humaine.   iiii.c

R disōs donc en resumāt cō=
me il soit ainsi que toute cognois=
ſance ꝛ toute election deſirēt
aucun bien ꝛ à ce soiēt ordonees cōme à
leur fin/il est bō denquerir quelle choſe
est le souueraī bien ou la fin de toutes
oeuures humaines. Glo. Au premier li
ure il traicte de felicite non pas comple
ctemēt en la fin du premier/il cōmence
a parler des vertus ꝛ en traicte iuſqs
au p̄. auql il pfait et determie cōpletes
ment de felicite. Tex. Et est verite que
pres que toꝰ sōt dun accord ꝛ confessēt
que ce est quāt au nom. Glo. Ce dist
il pour aucūs qui sōt de si puerse natu=
re ꝛ de si parverse acoustumāce quilz
ne peussēt en riē de felicite. Tex. Car
la multitude/ceſt assauoir les populai
res ꝛ les saiges excellens diēt que ceſt
felicite/ꝛ cuidēt que biē viure ꝛ biē ou
urer soit beneurete ou auoir felicite ꝛ q̄
tout ce est vne meſme choſe/mais quel
le choſe est q̄ felicite de ce sōt ilz a diſcort
Car le plus ceſt asauoir les populai=
res nē diēt pas sēblablemēt cōe diēt les
saiges et entre eulx meſmes sont ilz de
diuerses opiniōs ꝛ les vngs ꝛ les autꝛ
Glo. Ce sont ceulx q̄ nōt pas en eulx

attrēpāce/ les couuoiteux diēt q̄ ce sōt
richesses/ les ābicieux q̄ ceſt hōneꝰ. T.
Autres diēt q̄ ceſt vne autre choſe. Gl.
Ce sōt les saiges phōphes q̄ diēt que
felicite est aux biēs de lame. Tex. Et
plusieurs foys est il que vne p̱ſōe meſ
me na pas tousiours de ceste si vne op
pinion Et cuide souuent ceſluy qui est
malade que felicite soit auoir ſāte/ꝛ le
souffreteux dit que ceſt auoir richesse
Glo. Ce q̄ les meut a telles opinions
ceſt pource que ilz veullēt fuir le mal ꝛ
la miſere ou ilz sont et la doubte du fu
tur/ꝛ aucuns cuidērēt que sāte ꝛ outre
ſes biens sēſibles il fust vng biē et soit
qui est bō ſelon ſoy ꝛ par ſoy meſmes/et
qui est a toutes aultres choſes cauſe de
bien estre. Glo. Selō verite dieu est
tel biē est ꝛ la fin et la felicite humai=
ne/ mais ariſtote entēt icy pier̄ꝛ touche
lopiniō de plato q̄ mettoit les ydees ſe=
parees Et en verite telles ydees conſi=
derer ne approuuer ne reprouuer quāt
a ceste ſciēce ne vault que pou ou neant
Tex. Diseroit ce par auenture choſe
vaine soy arrester a reciter les oppiniōs
qui ont eſte en ceste matiere Et souf̄fit
ſer de ceulx qui de primeface ont aucu
ne appēce. Glo. Car en ces icy pourroi
ēt estre plusieurs deceus ꝛ es autꝛ nul
ou pou.

Lacteur mōstre cy la maniere
de proceder en ceste matiere   v.c

Ous devōs ſauoir que il ya
grāt differēce entre les raiſōs
qui pcedēt des pr̄icipes ou des
cauſes aux effects/ꝛ celles qui pcedēt
lautre voye des effects aux cauſes.

a·iii

feuillet.

Glo. Le pêple qui diroit ou argueroit ainsy la terre est être le soleil et la lune dõc est il esclipse de lũe/ cest proces est de la cause a leffect/ mais se len dit ainsy/ il esclipse de lune dõc est la terre être le soleil et la lune/ cest pces est de leffect a la cause. Tex. Et pource fist bien platon denquerir de ces choses assauoir mõ laqlle voye est a tenir ou des principes aux effects/ ou la voye cõuerse aussi cõme au corps de lescade. Glo. Il auoit vne merque a laqlle le cours doibt cõmêcer e vng des bous/ et a laultre estoit cellui qui tenoit le ioiau pour le mieux courãt. Tex. Ien va dun terme a cellui q tiêt le leurier ou de cestuy cy se va au terme. Glo. Cest vne mesme voie ou espace/ mais les deux manieres de aller ou courir sõt cõtraires. Tex. Or cõuient il en toutes sciences que le proces cõmence des choses congneues deuãt / et en sont deux manieres/ les vnes sont pmier cgneues quãt a nous/ et les autres simplemêt. Glo. Nous cgnoissons les effects sêsibles cõme vne beste a veu que no' cgnoissõs les causes dicelles cõe la forme substãtiue et la matiere ou les elemens de quoy elle est/ mais se nature congnoissoit lun auant que lautre elle congnoisteroit premieremêt les causes q les effeces. Tex. Donques deuons nous cõmêcier par les choses que nous congnoissons Glo. par experience ou par bonne doctrine. Tex. Et pource puiêt il que celui qui doit oir ceste science soit bien duit souffisãmêt en bõnes acoustumãces de bõnes euures et de iustes/ car cest le cõmencemêt et souffist te

nir telles choses pour vrayes. Glo. Le pêple cõe seroit ce que concupiscence et mauuais desirs surmontes et vaincus p abstinêce/ et p aueture/ sicõe telz honorer ses parês amer le bien cõmun/ faire droit a chascun/ ne riê vouloir de lautrui/ iniurier nullui. Tex. Et quiconques est tel que il a telz pncipes par soy mesmes ou qui par aultre les entêt et croit ou de legier recoit / et cellui qui ne les scet par soy ne par autre/ chascun de ces icy ope ce que dit hesiode le poete/ cellui dist il qui soy mesme entêt tout il est tresbien/ et aussi est bon qui croit et obeist de legier a cellui qui dit bien/ mais cellui q na ne lun ne lautre. Tex. Est vng hõe inutile. Glo Qui nul bien ne entêt par soy mesme ne p doctrine daultre. Tex. Au vi. cha. il traicte aucues oppinlõs sêsiblables de felicite. G. Le sõt iiii. oppinlõs les vngs diêt que elle est en delis de corps/ les autres en honneurs/ les autres en vertus/ les autres en richesses.

Cy traicte lacteur daucunes opinlõs sensibles de felicite vi.c.

o R disõs de ce dont nous estions departis / il sêble que telz ne soiêt pas meuz sans raison qui cuidêt que le biê et la felicite humaine soient en aucues des choses qui sont en ceste vie. Glo. Il note contre platõ qui disoit que felicite est vne ydee separee. Tex. Plusieurs de grãt auctorite. Glo. Cõe fut epitur' et ses ensuiuãs Tex. Et diêt que felicite est delectation corporelle/ et pource aiment ilz vie voluptueuse plaie de telz deliz. Et est

ſçoir que de ces troys manieres de vo/
yes ſõt q̃ ſont fort excellētes. Glo.
Chaſcũ ſelõ aucũe oppiniõ. T. Cel
le q̃ eſt maintenāt dicte en eſt vne lau/
tre eſt vie ciuile et actie. Glo. C eſt ex
ercer et pratiquer oeuures vertueuſes
en la cõite. T. la tierce e vie cõtēplatie.
**Et les biēs du corps ont
telles conditions.**
Felicite neſt pas choſe cõmune aux
hommes et aux beſtes. Felicite neſt
pas commune aux bons et aux mau/
uais. Felicite ne donne pas achoiſon
de pecher. Felicite neſt pas ordenee
a aultre bien plus grant.

Et ſont pluſieurs q̃ ſēblent du tout
en tout beſtialz et q̃ eſliſēt vie de beſtes
mues. Glo. par ceſte raiſon il reprēu/
ne ceulx qui mettēt felicite humaine en
deliz corporelz car telz delz ſont cõuers
a nous et aux beſtes, et doibt eſtre no/
ſtre felicite en la plus noble choſe q̃ ſoit
en nous et en laquelle nous paſſons les
beſtes, ceſt en entēdemēt et en raiſon et
pource ſenſuit il que nr̃e felicite neſt en
nul biē corporel. Car cõe dit ſeneq̃,
les beſtes nous paſſēt et en telz biens cõe
le lyon en force le oyſel en mouuemēt, et
aiſy de pluſieurs aut's. Tex. Et telz
ſe fondēt et prennēt leur raiſon ſur ce q̃
mout de gēs q̃ ſont en grãt puiſſāce prĩ
ces et aut's ſont choſes ſēblables a ce q̃
faiſoit Sardanapalus. Glo. Il fut roy
des aſſiriēs et viuoit du tout ſelon les
delis du corps, et eſtoit touſiours ēclos
auec ſes cõcubines. Juſtin en raconte li
ſtoire. Tex. Et aucũs excellens Glo
par deſſus ceulx dõt il a ple maintenāt

Tex. Et les biēs militās ſelon vie ac
tiue tiēnent que felicite ē honneur, car
honneur eſt cõe ſa fin de vie ciuile
Glo. Car honneur eſt en ceulx qui le
font eſt en leur puiſſāce de ſe faire ou
non, et neſt pas honneur a cellup qui
eſt honore. Glo. Mais biē y eſt la cau
ſe pour quoy len lup doit faire, et aucu/
neſoys neſt pas en ceulx qui le font
Tex. Et le biē de quop nous enqueronſ
ce eſt felicite eſt ppre a cellup ou en cel/
lui duql il eſt felicite et ſeroit forte choſe
de lup oſter. Glo. la felicite de lõme
ne doit pas eſtre en la puiſſance des au
tres pſões. T. Jtem ceulx q̃ quierent
honneur il ſemble que ilz ſe facent afin
que len croye que ilz ſont bons, et pour
ce quierent ilz et deſirent eſtre honores
des ſaiges et entre ceulx de qui ilz ſont
congneuz et en bien et en vertu, et par
ce appert il clerement que ſelon telz gēs
vertu vault mieulx que honneur.

Glo. Jtem il peut eſtre que vng
homme aura vertu en ſoy et auecques
ce il ſouffrera mout de maulx, et de grāſ
infortunes Et nul ne diroit que cellup
euſt felicite qui vit en telle miſere ſil ne
vouloit ſouſtenir ſon oppinion en al/
lant contre verite apperte. Glo.
Tout ce eſt a entendre de felicite ciuile
ceſt adire de vie ciuile. Tex.
Et de ceſte choſe a eſte dit autrefois
aux vertuz ou dictiez cartulaires.
Glo. Ceſt vng liure que ariſto
te auoit fait de ceſte matiere. T. Et la
tierce vie e cõtēplatie de laqlle nous dirõſ
aps. Glo. Ceſt au. p. li. ou il traicte de
la fin et de felicite et de vie cõtemplatiue

feuillet.

Tex. Or disons aps q̃ l est certaĩ que le riche pecunieux. Glo. Il reprouue icy loppiniõ de ceulx qui mettẽt felicite en richesses par ii. raisõs. Tex. Souuent acq̃ert ou pert ses richesses par violence ou par force. Glo. Felicite q̃ est souuerain biẽ nest pas de telle condicion, mais est acquis et garde par œuures voluntaires. Tex. Itẽ richesses ne sont pas le biẽ final lequel lẽ quiert pour lui mesmes non pas pour autre biẽ plus grant, car richesses sont vtiles (& ordonnees a meilleur biẽ. Glo. Len en vse pour la garde du corps pour auoir delectatiõs ou hõneurs. &c Tex. Et pour ce sẽbleroit il mieulx q̃ aucũes des choses deuãt dictes fussẽt le biẽ humain final, car len les aime et desire pour elles mesmes. Glo. Selõ les oppiniõs dessusdictes, cestassauoir deliz hõneur et vertu. Tex. Et toutesuoyes et telle chose nest pas la fin ne la felicite ciuile ia soit ce q̃ plusieurs sermõs (& escriptures aient este cõposees pour ce mõstrer Glo. Que felicite est en deliz et les autres œuures que elle est en honneurs, les autres en vertu. Tex. Mais nous nen parlerons plus cy endroit.

Lacteur reprouue cy loppiniõ de platon. vii. c.

E par auẽture vault il mieux ẽq̃rir de luniuerselle ydee separee et que cest adire et cõmẽt Glo. Que de pler plus des opposicions dessusdictes, car en verite ceste matiere est de petit pssit, (& a peine peut len sauoir que platõ entẽdoit par icelle ydee, car se il entẽdoit ydee vniuerselle

par predicatiõ selõ logiq̃ cest chose saincte et neant, sil entendoit vne forme exẽplaire qui est en la pẽsee diuine ce nest pas la felicite humaine, se il entẽt dieu mesmes, il est voit que en vng dieu cõgnoistre (& amer (& la felicite de vie cõtẽplatiue, mais il ne sẽble pas selõ aristote que il entẽdist ainsy. Tex. Mais aucũ nous pourroit obuier par telles questiõs pour quoy nous psons contre ceulx qui tiẽnent ceste oppinion, car ilz sont nos amys Glo. Platon et ceulx qui lensuiuent, car aristote fut disciple de platon. Tex. Pour certain il vault mieulx et conuiẽt par auẽture aucune foys pour le salut de verite destruire les oppinions de ses familiers et amis, (& dire autrement que eulx, (& se appartiẽt mesmemẽt a philosophes: car quãt deux psonnes sont amis cest saincte chose q̃ deuãt honnorer et preferer verite. Glo. Elle doit estre plus pferee (& honoree que loppinion de son amy Tex. Celluy qui. &c. Il conuiẽt icy a reprouuer loppinion de platon par plusieurs raisons, (& deuez sauoir que le demourant de cest chapitre est mal a entendre fort a trãslater (& aussy cõe inutile quãt a ceste sciẽce Et dit Eultrace. Que aristote ne sprouue pas biẽ ceste oppiniõ quãt a litention de platon, car il entendoit pour celle ydee le biẽ souuerain ce est dieu qui est la fin de toute chose et auquel est la felicite humaine de vie cõtemplatiue Encor selon aristote mesmes Et pource dient aucuns que iustice re puee icy sa maniere du pler ou topiniõ de ceulx q̃ nẽtẽdoiẽt pas biẽ platõ.

Le premier liure dethiqs.

Tex. Ceulx qui tiennent & portent ceste oppinion ne mettent pas ydees en choses qui ne sõt dun mesme ordre Et dõt lũe e premiere que lautre, car ii. ua deuãt iii. & iiii. est deuãt iiii. Et pource disoit il q̃ y nest point de ydee cõmune a toutes ou a diuers nõbres. Or est il ainsy que ung biẽ est deuant ung autre & ne sont pas en ung mesme ordre, sicõe biẽ qui est substance & par nature deuãt biẽ qui est accident, car accident est diriue & despent de substãce, & pour ce nest il point de ydee cõmũe a tous biẽs. Itẽ chascune chose qui est, elle est aucũ biẽ Et aussy cõmũ cest nõ biẽ cõe cest nõ chose qui est. Or est il ainsy que des choses lune est substãce cõe est dieu ou entẽdemẽt, lautre e qualite cõe vertu, lautre e quãtite cõe est mesure, laustre en temps, lautre estre en lieu, & ainsy des autres pdications Et par ce appert que toutes choses nont pas une ydee cõmue q̃ soit leur essece, car ceulx sõt de diuers genres & de diuerses raisons et dissẽblables, & ainsy ne peut estre une ydee en tous les pdicamẽs, mais seroit en ung tout seul. Item de toutes les choses qui ont une ydee il est une mesme science, sicõe dient ceulx q̃ mettent les ydees, & ainsy de tous les biẽs qui sont seroit il une sciẽce Or est il ainsy que plusieurs sciences sont des choses mesmes ou biẽs q̃ sont en ung pdicament Si comme ou pdicament de estre en tẽps une sciẽce aprent quãt il est tẽps de ba tailler, laut quãt il est bõ au tps de dõner medecine aux malades laut quãt il est bon au temps de soy exerciter ou

labourer Mais aucun pourroit demãder que veullent dire ceulx qui tiennent ceste oppinion en ce quilz diẽt que lydee de bien est par soy bien & lydee de hõe est p̃ soy hõe, il puiendonc q̃ ce hõme et p̃ soy hõe sont dune mesme espece que ilz aient par sus eulx une autre ydee Et apres pour ce que ceste seconde ydee est de une mesme espece auecques laustre il puiendroit une autre tierce ydee & ainsy sans fin, mais p̃ auenture diroit il q̃ bien et p̃ soy bien ne sont pas dune espece ne hõe est par soy hõe, pour ce que hõe est temporel et par soy homme ou celle ydee est perpetuelle, mais ce ne peut valoir, car se une chose dure plus que lautre, il ne sensuit pas pour ce que ilz soient de diuerses especes.
Item les disciples Pithagoras se sẽble disoient de ce bien souuerain chose mieulx priuable et plus entẽdible, car ilz mettoient une ordre de bien ou coordination. Glo. Aucũs dient que ilz en mettoient deux, lune de bien, lautre de mal En celle de bien auoit. v. choses, Cestassauoir lumiere, repos, unite, nonper masle destre parfait fini quarre droit Et en laut de mal auoit. v. choses ptraires Cestassauoir tenebre, mouuement inhabitude per femele, superflu infini besõc, courue. Tex. Et disoient ung des biens de ceste coordinacion estre souuerain bien et par sus tous les autres. Glo. Et les platoniens ne disoiẽt pas que celle ydee de biẽ fust aucũ bien sigulier. T. Et pource speusippus ensuyt ces pithagoriens: Glo. Et nõ pas platõ T. Et e a pler e scieẽre

feuillet.

Glo. C'est en methaphisique et non pas en science morale. Tex. Ité une doubte semble apparoir en ce q̃ ilz dient pource q̃ il ne pourroit estre une ydee qui fust ydee a tous biẽs/car tous biẽs ne sont pas d'une mesme espece ne d'une guise/mais les biẽs que lẽ poursuit et desire pour eulx mesmes ilz sont biẽ d'une espece/z d'une maniere quant a ce/et ceulx que lẽ aime ou quiert por ces icy cõseruer ou regarder sont d'une autre espece/et ceulx que lẽ quiert pour oster le contraire a ces premiers biens sont aussi d'une autre espece on d'autre raison quãt a ce par quoy il appert que bien est dit en deux manieres/et auecq̃ ce est dit du bien que lẽ quiert pour luy mesmes/et les aultres deux manieres de bien sont ordõnees a celle premiere. Glo. Exẽple sãte est biẽ/et dit lẽ que ung hõe est sain et que la viãde est saine/et que la medecine est saine et tout est bõ/mais la sãte de lõme est bõne et amee p̃ elle mesme/et la sante de la viã/de ẽ bõne pource quelle õferme la sante de hõme/et la sante de la medecine est bõne pource quelle met hors les choses cõtraires a la sante de lõme: et ainsi est biẽ et sãte est dit de ces troys choses selõ diuerses raisõs/encor dit lẽ que le or/me est bon et sain par aultre raison car il est signe de biẽ et de sante. Tex. Ité or faisons une diuisiõ de biẽs qui sont selõ eulx et pour eulx mesmes encontre ceulx q̃ sõt utiles. Glo. Lesq̃lz lẽ q̃ert pour autre biẽ sicomme la pociõ amere pour auoir sãte. Tex. Et rgardõs lesquelz sont dis selõ une ydee ne ne sont pas proprement biẽ ou ce sõt ceulx que lẽ desire et quiert pour eulx mesmes po se que ilz ne fussẽt pas utiles aux aultres biẽs/cõe sont sauoir veoir/et aucunes delectatiõs et aucũles hõneurs/car cõbiẽ quilz soiẽt utiles aux autres biẽs Cõe sõt sauoir/veoir/et aucunes delectations et aucũes hõneurs/car cõbien q̃ ilz soiẽt utiles aux autres biẽs: toutesuoyes les desire lẽ pour eulx mesmes et ne fussẽt point pour autres/et aussi po se que ilz neussẽt point de ydee: et ainsi telle ydee seroit pour neãt. Glo. Il ne parle point des biẽs q̃ sõt tãt seulemẽt utiles/car platõ ne leur dõnoit poit de ydee. Tex. Ité ces biẽs dessus ditz se ilz auoiẽt une ydee/il conuiẽdroit q̃ ilz con uenissẽt et fussẽt d'une maniere espece ou raison/aussi la blancheur de la neige et la blancheur de la farine sont d'une espece et il n'est ainsi/car honeur pruãce et delectatiõs sõt de diuerses raisons. Car tenõ icy biẽ n'est pas dit de ceulx biẽs cõe nõ equiuoque a ces d'auẽture mais ces biẽs deuãt dis qui sont de diuerses especes sõt appelles biẽs pource quilz õt aucune despẽdãce d'une chose ou attribution a aucune chose/ou encor au mieulx dire ou aucũle pporciõ sicõe le voiemẽt au corps et entẽdemẽt en lame. Glo. La vraye clarte ẽ lumiere de loeil aussi cõe lẽtẽdemẽt est lumiere de lame. &c. Tex. Mais cecy est a laisser a p̃nt/car determier la certãite de telles choses apptiẽt es plus pp̃res autre philo. Glo. C'est a methaphisiq̃ au .v.li. Tex. Et il apptiẽt a autr phi. de tier lop. des ydees. G. C'est me. T.

Item pose que il fust ung tel bien commun aussy comme est ung predicat. Glo. Comme se len disoit Iehan est homme, pierre est homme, robert est homme, et ainsy des aultres hommes est en ung commun predicat, aussy diroit len sauoir est bien honneur est bien, etc. Tex. Ou vne chose separee de tout bien particulier et quelle fust par soy selon soy bien il appert manifestement que tel bien telle ydee nest pas chose faicte par homme ne pour possesser de homme, et il est ainsy que le bien de quoy nous faisons question est tel que il est euure de homme ce est felicite. Item par auenture aucun cuideroit que mieulx seroit de congnoistre tel bien separe. Et en seroit la congnoissance profitable pour les biens humains que nous possessons ou acquerons. Car nous y regarderions et nous seroit aussy comme exemplaire, et ainsy nous en pourrions mieulx ouurer et acquerir les biens dessusdictz. Bien est vray que cest dit a aucune probabilite, mais il semble que il descorde a ce que len fait en toutes sciences et ars appetent et desirent aucun bien et enquierent le bien de quoy ilz ont besoing. Et neant moins ilz laissent a enquerir la congnoissance de telle ydee ou de tel bien separe, et se nest pas par raison vray semblable que tous ceulx qui ont estudie aux ars et aux sciences eussent ignore telle chose et que eulx neussent equis celle leur peust aider et valoir

Item suppose que ilz congnoissent telle ydee ou bien separe si ne sen pourroit en rien aider en son art, le tellier ne le feure, ne le medecin ne le cheualier meilleur cheualier pour la contemplacion ou congnoissance de telle ydee. Item le medecin na pas son entention de pourchasser ou enquerir bien ne sante sepee en vne ydee, mais il quiert sante de homme. Et encor mieulx de cest homme ou de cest aultre. Et pource aplique bien sa medecine selon la complexion de chascun singulier que il entent a guerir. Au viii. chapitre il commence a dire de felicite selon son opinion et en met aucunes condicions. Glo. Et sont trois vne que felicite est la fin derniere, laultre quelle est ung bien parfait, la tierce quelle est bien par soy souffisant

Lopinion que met cy lacteur de felicite et en met aucunes condicions. viii. cha

Retournons derechief au bien de quoy nous querions et disons que vne operation ou ung art entent et quiert ung bien, laultre vng aultre bien. Si comme la medecine quiert et cerche ung bien. Et cheualerie vng autre bien. Et est semblable de autres. Et chascune de ces operations ou ars fait autres choses pour la grace de ce bien. Et tel bien en medecine est sante, en cheualerie victoire. Et en edification la maison estre faicte. Et en quelque aul-

Feuillet.

tre operation ou art Vng autre bien est en toute opacion ou electiõ tel biẽ est la fin de lopaciõ Car pour la grace de luy tous euurent et sont les aultres choses Glo Sicomme potion/emplastre/diete/saignie/ etc. Tout est fait pour sante et cest la fin de medecine. Item forger armes faire engins descouurir les ennemis. etc. Tout est pour auoir victoire et cest la fin de cheualerie. Tex. Et pource se ainsy est que de toutes operatiõs humaines il soit vne seule fin celle fin est vraye bien humain est felicite/et se ilz sont plusieurs fins/il conuient enquerir plus auant tant que le soit a celle fin a quoy toutes les autres sont ordõnees Glo.

Et cest la fin derniere, car ia soit ce que en chascun art ait vne propre fin Toutesuoyes pour cause de lunite de nature humaine/il est vne fin cõmune et derniere a laquelle chascũ homme tent et la doit desirer par raison cest bien viure ou felicite.

Tex Ou se ilz sont plusieurs fins eulx toutes ensemble sont felicite Glo Ceste derniere expositiõ est selon vne aultre translation

Tex. Or conuient il tenter a declairer Glo. De musique ou de medecine len ne qert telles choses fors pour lopperatiõ Et pr vser delles et non pas pour elles mesmes

Tex Ceste chose appert plus plainemẽt/pource que plusieurs fis sont/et de ces fins nous eslisons les

vnes pour vne autre/ aussy comme richesses et aultres instrumens Et par cecy appert que elles ne sont pas toutes parfaictes/mais la fin qui est tresbonne icelle est parfaicte Et pour ce se il est vne seule chose pfaicte cest celle que nous querons Et se plusieures choses dont chascune est parfaicte Celle que nous querons est la pl9 tres parfaicte. Or disõs nous que la chose que len poursuit/ et quiert pour elle mesme est plus parfaicte q̃ nest celle que len quiert pour vne autre Et la chose que len quiert et est eslisible pour elle et iamais nest eslisible pour autre/elle est plus parfaicte que ne sont telles qui sont eslisibles et desirees pour elles et pour aultre. Doncques sensuit il que celle chose est simplement parfaicte qui est eslisible pour elle/ et nullement pour aultre. Et felicite est mesmement telle chose et appert par ce, car nous eslisons pour elle mesmes/ et iamais ne le sisons pour aultre chose Mais hõneur et delitet prudence et toute vertu nous les eslisons et pour eulx mesmes et pour felicite/ car se il ne sen deuoit aultre chose ensuir Si eslisons nous chascũe de ces choses pour soy mesmes/mais aussy les eslisons no9 pour felicite/ pource nous cuidans estre bieneures Et nul neslit felicite pour les choses dessusdictes ne pour aultres quelconques Glo Aucunes choses sont eslisibles pour aultres et non pas pour elles aucunes sont eslisibles pour elles ⁊ non pas pour aultres. Exemple len plāte lerbe amere po' faire pocion ou medecine Ceste fin nest pas eslue pour elle Apres len fait la pocion pour acquerir sante Et ceste fin est esleuee pour elle mesme pose quil ne nensuit aultre chose/⁊ auec ce elle est esleue po' aut chose.car len quiert sante auoir puissance et habilite de faire ses besoignes/⁊ finablement il conuient venir ad ce quil soit vne fin qui nest pas eslisible principalement pour autre, mais tāt seulemēt pour elle mesmes et telle fin est tresparfaicte et est felicite Tex Item ce qui est dit sēble estre vray pour cause de la suffisance de tel bien Glo Il met icy lautre condicion de felicite ce est que elle est par soy souffisāte p quoy il appert estre vray que nous eslisōs pour elle mesme Tex Car le bien qui est parfait doit estre par soy Et nous disōs la chose estre par soy souffisant non pas quant elle est bōne pour vng qui vit pour soy. ou a soy tout seul qui maine vie solitaire mais a celluy qui vit a soy ⁊ a ses parens/⁊ a ses filz/⁊ a sa femme/⁊ vniuerselemēt a ses amys ⁊ aux cytoiēs car hōe est par nature ordonne a viure ciuilement ⁊ en communite Et en ces choses icy il a maniere ⁊ terme car qui se vouldroit estēdre a ces parens ⁊ aux prochains et aux amys de ses amis,ce seroit vne chose sās fi. Glo Et ainsy ne pourroit

nul auoir felicite/car il ne pourroit atant de gens ayder ne les cōgnoistre Tex Mais de ce icy recommēcerons nous a parler aultresfoys Glo En politique ⁊ pconomique et au ix⁰. liure dethiques. Tex Et nous mettō ⁊ posōs que la chose est par soy souffisante laquelle souffist toute seule ⁊ par soy/ce a vie eslisible qui ne a plus besoig de rien/⁊ nous estimons et cuidons que felicite soit celle chose Et aussy disōs nous que felicite de tous les biens humains est tresplus eslisible po se q elle fust toute seule, mais se vng aultre bien ia soit ce que il soit trespetit est adiouste et nōbre auecques elle tout ensemble sera plus eslisible/car puis que il est de habōdant tout ensemble est plus grant bien:⁊ le pl9 grant bien est tousiours le plus eslisible Glo Quant le bien est infini bien/sicomme est dieu/ nul aultre bien tant soit grant nombre auec luy ne fait tout ensemble meilleur ne plus eslisible que dieu ē tout par soy Et ainsy appert que felicite est vng bien parfait⁊ par soy souffisant ⁊ est la fin de toutes euures humaines. Glo. Ceulx qui viuent ciuilement de vie actiue quant ilz ont les vertus de lame ⁊ auecques ce ilz ont puissance ⁊ faculte de ouurer selō ces vertus côme biens corporelz richessez,amis ⁊ autres oportunites ⁊ ce mettent a effect. Ilz sont beneures de felicite ciuile qui signifie ⁊ cō

feuillet.

prent ensemble tous les biens dessusditz, combien que ces vertus l'un les ait plus parfaictement que l'autre, et des biens temporelz aussy l'un plus que l'autre, mais il souffist a chascun bon homme quant il en a selon ce que suffist ou appartient a sa complexion condicion ou estat, et pource est telle felicite par soy souffisante, mais celuy qni viuent generalement de vie contemplatiue plusieurs fois ne ont pas richesses ne amys ne autres biens corporelz desquelz toutesuoyes leur felicite fust aournee et paree Et aucun effors seuffrent ilz choses qui semblent infortunes et aduersitez, mais meut moins le grant plaisir et la vraye delectation quilz ont en leurs vertus et en ce qui ne faillent iamais en rien a faire leur debuoir Ce leur est suffisance.

De la diffinicion de felicite. ix. chapitre

Par auenture pourroit bien aucun dire et confesser que felicite est tresgrant bien, et si est tresbon comme dit est Glo Il enquiert icy la premiere partie de la diffinicion de felicite Et ce est que felicite est operation de homme

Tex Et auecques ce auoir grant desir que len deist plus, et en appert quelle chose te est Et par auenture ceste chose sera bien faicte se nous considerons operation de homme

Glo Cest assauoir a quoy il est naturellement ordonne en tant comme homme Et aristote monstre que il en est vne telle par troys raisons et touche briefment ce que il dit operation de homme, car chascune espece a son operation naturelle, laquelle est la fin et perfection principale tellement que quant la chose y attaint bien len dit que elle est bonne, sicomme vng cheual quant il quiert bien ou porte bien il est bon. Vng beuf quant il trait bien, vng chien quant il chace bien. Et ainsy des aultres, doncques conuient il que homme soit ordonne a aucune operation par laquelle y soit bon

Tex. Item aussy comme du iugleur et de l'imagier et de chascun menesterel en son artifice il est aucun fait et aucune operation, et en leuure ou le bien et la perfection Semblablement conuient il dire de homme que il soit aucune operation, et ne pourroit estre que le telier, le corroier selon leurs ars fussent ordenes a aucunes euures, et l'homme en tant come homme ne fust pour nulle euure, mais fust chose oisiue et pour neant Glo. Ce est la seconde raison, car homme ordonne les ars et chascune pour aucune operation Tex. Item tout aussy come de l'oeil et de la main et du pie et de chascun membre particulier, il est aucune operacion Semblablement puient il mettre que sans celle des membres singulieres.

Glo. Cest la tierce raison qui

demanderoit a quoy cest loeil ordōne
len respōdroit pour veoir/ɫ le pie por
aller/ɫ qui demanderoit a homme il
couiendroit respōdre aucune opera
tion. Or auons doncques que felici
te est operation de homme/ɫ apres il
enquiert quelle elle est   Tex.
    Or conuient doncques enquerir
quelle operation ce est.   Glo.
Il est assauoir pour ce icy entēdre
que selō la maniere de parler des phi
losophes les plātes/cōe sōt herbes ɫ
arbres ont ame ɫ vie vegetaitiue la
quelle a troys puissances/ cestassauoir puissance nutritiue par quoy ē
fait nourrissemēt/ puissance augmē
tatiue par quoy est fait acroissement
puissance generatiue/ pat quoy elles
se multiplient ɫ perseuerēt en leurs
especes.   Itē les bestes ont ame la
quelle a les puissances dessusdictes/
ɫ auecques ce elle a puissance sensiti
ue qui est diuisee en plusieurs puissā
ces/ sicōme il appert au liure de lame
ɫ en plusieurs aultres.   Tiercement
homme a ame/ laquelle a toutes les
puissances dessusdictes/ ɫ auecques
ce raison laquelle est diuisee en ii. pu
issances ce sont entendement ɫ voulente. Bien est voir que aucuns dient que homme a troys amee/ la ve
getatiue/ la sensitiue/ lintellectiue/ ɫ
la beste en a deux/ ɫ larbre vne/ mais
se homme en a troys ou tāt seulemēt
vne qui a toutes ces puissances Ce
ny fait nulle difference quant a cest
propos   Tex.   Premierement

ce ne peut pas estre operation de ame
ou puissance vegetatiue/ cest viure
car elle est commune aux hommes ɫ
aux bestes et aux arbres plantes et
herbes. Et felicite de quoy nous fai
sons question est propre aux hōmes
ou a nature humaine/ doncques con
uient il separer et oster de nostre propos ou de nostre diffinicion de felici
te toute operation de vie ou puissan
ce nutritiue et de puissance augmen
tatiue. Apres est vie sensitiue/ mais
elle est cōmune au cheual ɫ au beuf ɫ
et a toute beste. Doncques nest pas
felicite opation de telle vie Il demeu
re doncques et conuient que ce soit o-
peration de puissance dame/ laquelle ait raison ɫ euure selon raison/ or
en est il vne qui euure selon raisō tāt
seulement par ce qlle est menee ɫ con
duite par raison et y doit obeir Cest
la partie sensitiue/ lautre est qui a en
soy raison et est de soy mesmes a rai
son Car ceste icy est plus principale
ment dicte ouurer selon raison.
    Glo   Par ce que dit est appert
que felicite de hōme ne peut estre en
biens du corps comme sont grādeur
ɫ force ne en deliz corporelz ou char
nelz/ car ilz sont communes aux hom
mes et aux bestes Ainsy auons premierement que felicite est aperation
de lomme/ ɫ apres ce que cest selon la
partie de lame qui est entendement ɫ
raison   Tex.   Item cōme il soit
ainsy que euure de hōme est operatiō
de ame selon raison ou qui nest pas
                                    B.i.

sans raison. Et nous que euure de homme et euure de bon homme sont d'une mesme maniere ou espece aussy comme du cithoseur et du bon cithoseur. Et simplement il est verite de tous que celluy qui fait son euure excellentement en habondant en bien len dit quil est bon en telle euure aussy comme leuure du cithoseur cest citholer et du bon citholeur cest bien citholer. Doncques se il est ainsi et nous mettons que euure de homme est une vie, et ceste vie est une operation de ame et faicte auecques raison, il conuient que cil qui est bon homme face bien ceste operation et que cil qui est tresbon face tresbien. Or est il verite que chascune chose a sa perfection et se parfait en bien selon sa proprie vertu. Et se les vertus humaines sont plusieurs, il conuient que ce soit selon celle vertu qui est tresparfaicte et tresbonne. Glo. Nous auons premierement de felicite qui est le bien humain ce est operation. Apres ce que cest operation de ame selon raison. Et maintenant auons que ceste operation de ame est selon vertu. Et puis que cest selon vertu cest selon raison. Doncque suffist il dire que felicite est operation d'ame selon vertu, et encor auons oultre que ce est selon la vertu tresparfaicte et tresbonne.

Tex. Item il conuient que ceste operation soit en vie parfaite.
Glo. Qui dure par long temps en perseuerance par exercer et frequenter et continuer les euures de vertu.
Tex. Car aussy comme une aronde seule ne signifie pas le temps de vertu ne un seul beau iour ne le fait pas.
Glo. Car en puer a cas dauenture peut len veoir une aronde et en puer peut estre ung beau iour et soueffi ou ii. Semblablement ung iour ou ung peu de temps ne fait pas ung homme auoir felicite ne estre beneure.
Glo. Par ce que dit est peut len veoir de legier la description de felicite et peut estre telle. Felicite est operation de homme selon vertu parfaicte en vie parfaicte, et icy sont encloses les differences et condicions touchees deuant, car ce que est selon vertu est selon raison est selon l'ame raisonnable. Et ce que est selon ceste puissance de ame est proprie a homme.

Cõment felicite est souffisamment descripte quant a present xe. chapitre

Oncques quant a present felicite ou bien humain soit ainsi circunscript ou aucunement descript. Car il conuient par auenture premierement plier figuralement et grossement. Et puis apres en pourra len rescripre plus a plain. Glo. Au v. liure principalement. Tex. Pour ce q la nature de l'ome est telle q il conuient les choses de quoy len veult a uoir bien cognoissance par circunscription demener et disposer de point en point lun apres lautre Glo. Sicōme en ce ppos sen enquiert vne pprieté de felicité/ɛ puis vng autre ɛ apres vne autre par proces de raison Et quant len scet ses pprietes ɛ len dit q̄ felicité est telle/ɛ telle elle est adonc bien descripte ou escripte. Tex. Et a celles choses trouuer ɛ par faire le tēps y fait ayde ɛ euure biē a ce Glo. Nō pas que le tēps y face rien de soy/mais pourtāt que pces de tēps lōgue epperiēce ɛ lōgue estude y sont requises quanta engin dōme Tex. Dont nous voiōs q̄ par proces de temps len a tousiours trouué ɛ adiousté aux ars/ɛ chascū qui scet aucun art ɛ si exercite, il y doit adiouster se aucune chose y def̄fault Glo. Les choses qui ameuent par proces de tēps aprennent a adiouster a chascū art quāt len y met diligence/mais aucūefois y negligēce ou pourtāt que len ne cuide sōt aucūs ars oubliés ɛ epites en tout ou en ptie par pces de tēps/ainsy a il mise la premiere cause pour quoy la descrip/tion de felicité dessus dōnee doit souf fire quāt a present. Or ensuit la seconde Tex. Ité il nous cōuient remēbrer de choses deuāt dictes.

Glo. Au second chapitre.
Tex. Cest assauoir que la certaineté nest pas a enquerir sēblablemēt en toutes sciēces/mais doit estre enquise en chascune selō la matiere subiecte de quoy elle traicte/ɛ auec ce en tāt cōme il est ppre et appartiēt a cel

le sciēce. Glo. Cest la tierce cause car aucunesfois plusieurs sciēces cōsiderēt et traictent dune mesme chose a diuerses fins. Tex. Dont nous voyons que le charpentier ɛ le geometrien enquierent et considerent de la ligne droicte/mais ce est differentemēt ɛ en diuerses guises/car le charpentier le fait en tant cōme elle est vtille ɛ profitable/pour son euure Et le geometrien le fait pour sauoir quelle elle est ɛ que cest/car il enquiert de la ligne la verité speculatiue/ɛ selō ceste maniere doit len faire aux autres ars et doctrines affi̋n que les choses qui sont dehors les euures ɛ ny appartiennēt ne soiēt plusieurs ou pl9 longues que ne sont les euures.

Glo. Cellup qui est de science ou de art pratique qui tent a seuure cōme est le charpētier s'il met tāt plus de sa peine et de tēps enq̄rir ɛ sauoir les causes ou coumēcemēs la generatiō ou nature du bops de quoy il a a faire q̄ il ne fait a faire sa besoigne Il seroit que les choses qui sont hors leuure seroient plus fors que les euures/ɛ pource il lup doibt suffire se le bops est tel cōme appartiēt a son euure sās plus enquerir des causes naturelles. Sēblablemēt en ceste science ou nous disons que les vertus sōt euures de lame/il ne cōuiēt pas traicter toutes les differēces de lame ou questiōs cōme se en vng hōme elle est vne seule ou plusieurs ou de ses pu issāces ɛ accidēs et asses dautres cho

B.ii

ses/car len iroit trop loing du princi‑
pal propos qui est en la pratique de
ouurer selon vertu. Tex. Item
len ne doit pas enquerir ne attendre
a sauoir les causes ⁊ les principes en
toutes sciences par vne mesme ma‑
niere/mais aucunes choses cōe sont
les principes il doit suffire tenir quilz
sont vrays ⁊ ne conuiēt pas plus a‑
uant proceder ne enquerir pour quel
le cause ilz sont vrays. Glo.
Cest la quarte raison/car les princi
pes de ceste science ne sont pas certai
nes cōme de plusieurs autres/sicom
me de mathemaßique. Tex.
Car de chascun des premiers prin
cipes puis que il est le premier et com
mencement il ne fault plus en outre
enquerir. Et de telz principes len a
la congnoissance en diuerses manie‑
res/car les vnges sont congneuz par
induciō. Glo. Induciō est
quant de plusieurs particulieres len
conclut vniuerselement/⁊ par ce sōt
congneuez les principes en science na
turelle/cōme cestuy tout feu est chaut
ou cestui toute chose pesante tent en
bas/car ainsy sauons veu de plusie‑
urs. Tex. Les autres sont con
gneuz par sens. Glo. Ilentēt
par sens/les sens naturelz cōe veoir
⁊ ouir. ⁊c. Et les vertus dededens/
cōe la cogitatiue ⁊ ymaginatiue/ et
par ce sont congneus les principes ma
thematiques/cōme cestuy toute chose
qui a partie est plus grande que sa p
tie/ou chascū tout ē plꝰ grāt q̄ sa par

tie. Tex. les autres sont congneus
par acoustumance Glo Cest
en sciēce morale cōe qui diroit concu
piscence a petite par.li. resister. Tex
Et les autres en autre maniere
Glo. Cōme par auenture en
medecine par experiēce que telle her
be est la patiue. ⁊c. Tex. Et
doit len ces principes passer. et tem
pter a sauoir chascun selō sa nature.
Et apres len doibt estudier cōe par
eulx et de eulx len vienge aux ter‑
mes et aux conclusions de sciences/
car en chascune science les principes
donnent grant aide assauoir les cho
ses qui ensuiuent/⁊ sēble que le com‑
mencement ou principe soit plus de
la moitie de toute la besoigne
Glo. Qui scet bien les princi
pes dune science cest grant auantai
ge Et generalement en toute euure
quāt vne est bien cōmencee aucunes
fois le plus fort en est fait et est len ia
applicque a la parfaire ⁊ a len plus
de plaisance que au cōmencement sē
ble estre plus que la moitie.
Cōment a la descripcion de
felicite dessus mise saccordēt en
partie les operations anciēnes.
xi. cha.
Dus voulōs enquerir de
n ceste chose nō pas tant seu
lement par ce que nous en
auon conclud par raison/mais auec
ce par les dicts et oppinions des aul‑
tres. Glo. Car ilz se accordēt
aucunement Tex. Car a chose

Vraye toutes choses sacordent. Et a choses faulses le Voir se discorde bien tost. Glo. A la vraye opinion les aultres saccordent comunement en aucunes choses et non pas a la faulse/ Une vraye doctrine na point en soy de contrariete/mais en la faulse a souuent descordance. Tex.

Or disons donc que les biens humains sont diuers et sont de iii. manieres les vngs sont biens de lame les autres du corps et les autres dehors. Glo. Les biens de lame sont come sciences et vertus les biens du corps come sante force beaute/les biens dehors/come amis honneurs et richesses/et disoient les philosophes stoiciens que tant seulement les biens de lame sont biens et les autres non.

Pour ce que aussy bien les ont les mauuais come les bons/et ne sont pas les gens bons/mais les pitagoriens desquelz estoit aristote disoient que toutes ces choses sont bones Et que les biens dehors sont ordenes pour les biens du corps quant au plus/et ceulx du corps pour ceulx de lame/et disoient que les biens dehors sont petis biens et ceulx du corps sont moyens et ceulx de lame sont souueraine.

Tex. Et nous disons que les biens de lame sont biens tresgrandement et tresprincipalement/ et nous mettons que de telz biens les fais et les operations de home par la puissance de lame par quoy il sensuit que nostre dit saccorde a lancienne opinion des philosophes qui confessent que les biens de lame sont les biens principaulx. Et si est bien dit que felicite est operation/ car il est aucunes operations qui sont fins et demourront en lame: et sont des biens de lame Et en est aucunes qui sont appellees fais, pour lesquelles sont ouurees aucunes choses dehors/ et cestes icy ne sont pas fins.

Glo. Ediffier est euure dome et par raison et entendement et la fin de ceste operation ce est la maison ou ledifice et nest pas la fin humaine, mais loperation selon vertu est en lame et la fait bonne et est la fin humaine. Tex. Et a ce que nous auons dit a nostre raison saccorde ce que len dit que estre bien eure est bien viure et bien ouurer Glo Les excellens confessent cecy come il fut dit au quart chapitre Tex. Car bonne vie est a peu celle chose qui est bone operation. Glo. la chose nest pas reputee viure qui na opacion

Tex. Encor semble il que les choses que les autres quierent ou dient estre en felicite saccordent adce que dit est/car aux vngs semble que felicite est vertu aux autres que cest prudence/aux autres que cest sapience

Glo. Les vngs disoient que felicite est toute vertu/ les autres que cest sapience: cest assauoir congnoissance des choses diuines/et est speculatiue et prudence est congnoissance des choses mondaines et ciuiles et est pratique. Tex. Item il semble a

b.iii.

feuillet.

aucūs que felicite est toute vertu enſēble ou aucūes delices auecques delectatiō ou aumoins non pas ſās delectations Glo Car les vngs diſoient que felicite est auſſy principalement en delectation cōe en vertu/les autres que elle y est moins pꝛicipalement Tex. Les autres y adiouſtent et mettent habōdance de biens dehoꝛs cōme ſont richeſces et puiſſance ciuile Et deuons ſauoir q̄ ceulx qui mettent felicite eſtre en delis ou es biens dehoꝛs ce ſont les rudes populaires/ꝛ furent ancienement aucuns qui neſtoient pas exercitez en ſcience/mais les autres qui mettent felicite aux biēs de lame ſōt ꝛ ont eſte pou et hōmes vertueulx ꝛ glorieux et de grant renommees.

Glo. Il parle de ceulx qui auoient eſcript en ceſte matiere auant luy Tex. Et de toutes ces oppinions il neſt pas vray ſēblable ou raiſōnable que ilz pechent en toutes choſes et ſoiēt faulx vniuerſellemēt mais eſt choſe pꝛouuable que en chaſcun diceulx eſt aucune verite ou pluſieurs Premierement ceulx qui dient que felicite eſt toute vertu ou aucune vertu ſoccoꝛde a la diffiniciō ou deſcripciō deſſus miſe ou nous auōs dit que felicite eſt opatiō ſelō vertu

Glo. Car il entent ſelon vertu miſe en oeuure Et ceſt loppinion de ariſtote/mais il expꝛime plus pꝛpꝛemēt. Tex. Et na pas peu de difference par auenture en dire q̄

vne choſe ſoit treſbonne quant a la poſſeſſion ou quāt a luſage Glo. Car luſage de la choſe eſt la fin a quoy eſt oꝛdenee la poſſeſſion/ꝛ pꝛ ce luſage eſt meilleur que la poſſeſſiō

Tex Et ſēblablemēt a noſtre propos il a grant differēce entre labit de vertu ꝛ loperation Glo.

Labit de vertu eſt vne qualite q̄ eſt en lame ꝛ par ce eſt dit vng hōme vertueux auſſy cōe art de chant par quoy vng hōe eſt bien chantre ſuppoſe que il ne chante pas de fait Et quant il vſe de ceſt habit ceſt operacion Tex Car len peut biē ſauoir tel habit ſans ce que len parface de ce nul biē ainſy cōe quant len doꝛt ou repoſe/mais il neſt pas poſſible q̄ vng hōme face operaciō de vertu ꝛ que il ne face biē/car il eſt neceſſite ſe il fait euure de vertu que il face bien

Glo Car ouurer ſelon vertu eſt biē faire ꝛ par ce appert que operation ſelon vertu eſt meilleur que neſt vertu ꝛ plus parfaicte ꝛ ce pꝛeuue ariſtote apꝛes par les couſtumes hūaines Tex Et pource auſſi cōe aux olipiades. Glo. Olimpus eſt vne mōtaigne en archade ou len faiſoit iadis certais eſbatemens iouſtes courſes/ cōe iouſtes ou tournois en la honneur de iupiter ꝛ pour ſoy exerciter ꝯdōnoit len couꝛōnes aux mieulx faiſāns Tex les treſbōs ꝛ les treſfoꝛs ne ſont pas couꝛōnes/ mais ceulx qui biē beſoignēt qui ſe exercitēt et labourent tāt quilz ont victoire Semblablement en ceste vie humaine ceulx qui sont operatiõs de bõnes choses Ilz sont a droit dire nobles et excellens et beneures Glo.

Doncques est operatiõ de vertu meilleure que nest vertu.

Cõment a la description de felicite dessus mise sacordent ceulx qui mettoient felicite en delectation. xii.C.

A vie de ceulx qui euurẽt selõ vertu est selon soy delectable, premierement, car soy delecter est propre aux choses qui ont ame, et chascune telle chose se delecte en ce quelle aime Sicõme nous voions que le cheual est delectable a cellup qui aime le cheual Et le ieu ou esbatement a cellup qui aime esbatement, et en ceste mesmes maniere a cellup qui aime chose iuste, la chose iuste lup est delectable Et generalement a quiconque aime vertu toute chose qui est selõ vertu lui est delectable Glo A toutes gẽs qui sõt parfaictement sains, toutes viandes q̃ sont naturelement bõnes leur sẽblent bõnes, et les aiment, mais des malades les vngs se delectent en choses trop doulces, les aultres en choses q̃ sont trop sures, et ont souuẽt les appetis cõtraires. Semblablemẽt ceulx q̃ sont sains de lame et euurent selõ vertu et selõ raisõ naturelle a hõe ilz se delectent en choses qui sont simplemẽt bonnes et sãs cõtrariete au cas ou les circũstances sont sẽblables,

mais ceulx qui ont lappetit corrũpu et la voulente par mauuais vices se delectẽt en choses qui ne sont pas bõnes a lame, et aucunesfois sont contraires lun a lautre, ainsy voiõs n[9] que lauaricieux se delicte en garder et assẽbler richesses excessiuement, et le fol large en les gaster a superfluite.

Tex. Itẽ la vie de ceulx qui euurẽt selõ vertu na mestier dautre delectatiõ qui a elle soit adioincte, car ceste vie a sa delectatiõ en soy, et son proprie delit et de soy mesmes Glo. Il dit cecy cõtre ceulx qui disoient que a felicite auec operatiõ de vertus cõuient adiouster delectation Et il ne le conuient pas car telle aperatiõ ne peut estre sans delectatiõ pource que elle est delectable delle mesmes.

Tex. Car auec les raisõs des susdictes est il verite que nul nest bõ qui ne se esioist et delite en bõnes operations Glo. Par quoy il appert que les opations de vertus sõt delectables, et auec ce est il necessite q̃ delectation soit en telles opacions.

Tex. Car nul ne diroit q̃ vng hõe fust iuste qui ne se esioiroit de iuste opaciõ ne q̃ vng hõe fust liberal qui ne se esioit et delicte en opacions liberalles, et se il est ainsy cõe si est, il puient que les opations qui sont selon vertu soiẽt delectables selon elles mesmes, et auec ce ilz sont belles et bonnes Se il est aisi que hõe vertueulx ait en telles choses bon et droit iugemẽt et il est certai q̃ il a tel. Glo

B.iiii

feuillet.

Le vertueux tient et iuge que les operatiōs selō vertu sont tresbelles et tresbōnes et son iugemēt est veritable/car aussy cōe celluy q̄ est sain du corps/a biē disposé le goust iuge biē des saueurs. Sēblablemēt s'il iuge a droit des opatiōs hūaines qui est fait selon lame/et use de raison et tel est le vertueux. Tex. Donc est il ainsy q̄ felicite est une chose tresbōne/tresbelle et tresdelectable/et ne sont pas ces trops choses diuisees dēsēble/sicōe il estoit en la descriptiō qui fut au tēple d'apolo q̄ estoit en une ylle appellee de los ou il estoit escript que tres bōne chose c'est chose tresbonne chose c'est chose tresiuste/tresdesirable chose/c'est estre tresain. Tresdelectable chose c'est user ou ioir de ce que l'en desire. Ces iiii. choses toutes ensēble coniōtemēt sōt en opatiōs tresbonnes. Et nous disons felicite estre cestes opatiōs en une d'icelles la plus tresbōne

Cōment a la dicte felicite sacce de l'opinion de ceulx qui mettoiēt felicite aux biēs de dehors.
iiii.c.

Il sēble q̄ felicite ait mestier ou besoing des biēs dehors cōe nous auōs dit deuant. Glo. Et est touché au quart chapitre q̄ les dehors sōt cōe richesses amis et telles choses qui ont mestier a felicite de vie politiq̄ ou ciuile/pour ii. causes/l'une est/car telz biēs sōt cōuenables instrumēs pour exerciter aucūes vertus/cōe liberalite qui est

requise en tout bon cytoien/et magnificence et largesse que doit auoir par especial tout bon prince pour enduire ses bōs subgects en biē/et pour les deffēdre/l'autre cause est que de telz biēs est felicite aournee et paree cōe il appert apres. Tex. Car c'est ipossible ou au moins n'est pas legiere chose de aucunes bōnes euures que ung les face qui n'a que mettre ne que dōner. Car cōe autresfoys auons dit plusieurs bōnes besoignes sōt faictes p seruās par amis/par richesses et par puissāce ciuile. Itē aucūes choses sōt desquelles se ung hōe est desnue et q̄ il ne les a pas sa felicite en est aussy cōe hōnie ou anullee aussy cōme il seroit de noblesse de bonne lignee et de beaute/car il n'est mye du tout beneure en tout qui est de treslaide figure ou qui est nō noble ou de chetif lignage/ou qui est solitaire et sās lignee.

Et encor par aduenture est celluy moins eureux qui a filz se ilz sōt tres mauuais ou q̄ a mauuais amys/ou qui a bōs filz et bons amys/mais ilz sont mors/donc q̄ sicōe nous auōs dit il sēble que felicite ait mestier de telle prosperite. Glo. Telz biēs ne sont pas de la substance ne de l'essēce de felicite/et peut ung hōe auoir felicite en cest mōde sās telz biēs/et par especial sans les biēs de fortune/mais il les fault mieulx auoir q̄ nō auoir mesmemēt quant a felicite de vie ciuile/car l'en s'en aide cōe de instrumens en faisāt aucūes bōnes euures et ainsy cōe dit est telz biēs sōt paremēs et aornemens de felicite. Tex. Et pource disoiēt aucūs que felicite est bōne fortūe/et aucūs disoiēt q̄ cest vertu.

lacteur mōstre cy la cause de felicite.

Pource peult estre question assauoir mō se felicite est acquise et causee en hōme par apprēdre et par doctrine ou par acoustumāce ou par eχercitation/ ou se nous lauōs selō aucūe participaciō de chose diuine ou se elle nous vient par fortune. Glo. Il touche icy .v. manieres/ cestassauoir se felicite est eue par doctrine cōe sōt les sciēces ou par acoustumāce cōme sont vertus/ ou par eχcercitation cōme sōt les ars manies ou de par dieu ou par fortūe Tex. Et se il est nul autre don fait des dieux. Glo. Aristote tenoit que il nestoit que vng dieu/ mais il par la selon le comūn langaige qui estoit lors. Tex. Et se il est nul autre don fait des dieux auχ hōes il est raisonnable que felicite soit dō de dieu mesmemēt en tant cōe cest le plus grant ⁊ le meilleur de tous les biēs humains mais par auenture enquerir de ceste chose pfaictemēt est plus ppre a aultre cōsideration. Glo. Cest a metha phisique. Tex. Et se il est ainsy que felicite ne soit pas ēuoyee de dieu sās ce que hōe en soit cause par vertu ou par discipline ou p eχcercitation toutesuoyes il conuiēt que ce soit aucūes

des choses tresdiuines/car cest le souier de vertu et la fin humaine semble estre chose tresbonne et diuine et bien euree Glo. Felicite est de dieu principalement causee qui est generalement causee de toutes choses ⁊ tres especialement de felicite plus que de nul aultre accident/et auecques ce felicite est operatiō humaine et cause de hōme Tex. Et pource donques que felicite est acquise par discipline et par estude est vne chose qui peut estre moult commune Glo. Mesmement felicite de vie actiue laquelle chascun q̄i est bien dispose en sa nature peult acquerir aucunemēt selon inclination et selon lestat que il a en la cōmunite et nō pas toʒ egalemēt Tex. laquelle est possible a auoir a tous ceulχ qui nōt empeschemēt ou deffaulte de nature en eulχ par quoy ilz ne puissent acquerir vertu Et pource quil est ainsy est ce mieulχ dit que felicite viēt de cause diuine et humaine que dire quelle vient de fortune/⁊ cest chose mieulχ raisonnable/ car les choses qui sont selon dieu et nature viennent au mieulχ quil est possible en tout comme ilz sont habiles et nees a bien Semblablemēt est il des choses q̄ sont faictes selon art et selon raison et selon toute cause ordonnee/et mesmement selon cause qui est tresbonne. Glo. Sicōe dieu et raison humaine/ et pource sont ilz cause de felicite qui est vng si tresgrant bien et qui ne doibt

Feuillet.

pas estre attribue a fortune laquelle est cause per accident et hors raison auenturable et desordonnee ☞Tex.

Item qui ottroieroit et attribueroit si tresgrāt biē ⁊ si tresbon cōe est felicite a fortune pour certain Ce seroit tresgrant ⁊ tresperilleux mal ☞Glo. Car se len estoit beneure par fortune ⁊ a lauēture il ne conuiēdroit mettre ne conseil ne studē ne doctrine,ne peine a estre bon ne a bien viure ☞Tex. Itē la solucion de ceste question appert par la descripcion de felicite qui a este deuāt mise en laquelle il fut dit que felicite est opperation dame selō vertu ⁊ que elle est selon vertu parfaite ☞Glo Et par ce appert que elle nest pas causee de fortune,mais de ame hūaine mue espālemēt de dieu ☞Tex. Mais des autres biens aucuns y sont requis de necessite Et les autres non. ☞Glo Ce sont aucūs biens de nature comme sante de corps sens et discrecion, ⁊ auecques ce bonnes acoustumāces ⁊ est a entēdre sante aumoins que la maladie ne oste pas vsaige de raisō

☞Tex. Mais tant seulement y sont conuenables comme aucuns instrumens desquelz len se peut aider ⁊ en vser en bien ☞Glo Ce sōt les biens de fortune comme il a este dit deuant ☞Tex Item ces choses que nous auons icy dictes saccordenca ce que nous disons au commēcement ou proheme ou nous mettrons que la fin de science politique ē

le tresgrant biē humain, cestassauoir felicite ⁊ la plus grant ptie est presq toute lestude de science politiq̄. ☞Glo.

Laquelle est propre et appartient aux princes et aux gouuerneurs de la communite ☞Tex. Et faire les citoiens bons et faiseurs de bonnes operations. ☞Glo. Pource mettēt ilz loys et punicions et pmeditatiōs ou louiers, ⁊ par ceste raison appert que felicite est operation et que elle nest pas causee de fortune:mais biē par grant estude de bien faire ☞Tex

Donques disons nous bien que ne beuf ne cheual ne autre beste nest beneuree ne ne peut auoir felicite, car nulle telle beste ne participe ne ne cōmunique de rien en telle operation.

☞Glo. Car ilz ne ont entendement ne raison ne vertu a parler de vertu cōme len parle en ceste science, car aucunesfois en francoys vertu signifie vigueur de corps ☞Tex. Et pour ceste mesme cause ne disōs nous pas que vng enfāt soit beneure ne que il ait felicite, car ēcor nest il pas faiseur de telles operations vertueuses pource q̄ il a trop pou daage mais neantmoins telz enfans lē dit estre bien eures en esperance, car encor ont ilz mestier quant a felicite dauoir vertu formee ⁊ vie parfaicte, sicomme nous auons dit deuant

☞Glo. En la fin du neufiesme chapitre ⁊ est a ētendre vie parfaicte en perseuerance par temps et aage souffisant.

Le p̱mier liure dethiq̱s.

lacteur propose cy deux questions de fortune se elle peult oster felicite en ceste vie ou apres la mort   xv.chapitre

mOult de transmutations sont faictes en ceste vie et fortunes de toutes manieres Glo. Cōe de bien en mal et de mal en bien et de grant bien ou de petit en grant ou en petit et tot et tart et pou de fois ou souuent et en plusieurs autres guises et nest pas fortunes establê Tex Et aduiẽt aucune fois q̱ vne persône est abondāt en grans biens par long tēps et apres en sa viellesce il chiet en grans miseres et en grans calamites. Ainsi est il racōte et escript du roy priāt es vers heroiques que de ce fist homerus le poete. Glo. Vers heroyques sont dictes des faiz auentures de gēs de grant excellence En vertu/en noblesse/en puissance cōe le roy priam⁹ qui fut iadis tresgrant en sens ⁊ en bōte/en noblesse/en richesse/tresbeau tresfort/⁊ trespuissāt/⁊ excellentement aourne de filz de filles beaux ⁊ bōs Et en la fin perdit doloreusemēt corps et enfans ⁊ biens et sa fême

Tex. Et nul ne diroit que cil fust bien eure qui auroit en sa vie eu et vse de tant de bōnes fortunes ⁊ fineroit sa vie ainsy meschāment ⁊ miserablemēt Glo Encor accroist la misere par la memoire du bō tēps passe. Toutesuoyes aristote ne dit

xiiii

pas cecy en determināt maintenant seulemēt en arguāt Tex Dōques pourroit len dire ou doubter asauoir mō se nul hōme deueroit estre dit beneure tant cōe il vit/mais que len deueroit regarder et attendre la fin cōe disoit solon. Glo Fut vng des vii. sages qui firēt les loys a ceulx dathenes Apres il reproue loppiniō de solon Tex Et qui mettroit ceste oppinion il sensuiuroit que nul ne fust beneure iusques a la mort Glo. Cest inconuenient car la mort est destruction de vie et il ne parle icy fors de la felicite de ceste vie ⁊ a present de vie ciuile/cōme il appert par le propos de cest chapitre ensuiuāt Tex Et que telle oppinion soit du tout incōuenient il appert encor autrement, car sicōme nous auons dit deuant felicite est operatiō Glo. Et toute operatiō de hōme cesse par la mort Tex.

Mais aussy cōme nous ne dixōs pas que sil qui est mort soit beneure Sēblablemēt ne le veut pas dire solon, mais il disoit que quāt vng hōme est mort il est ia hors de to⁹ maulx et de toutes infortunes/adonc peult lē sceuremēt affermer que il a este beneure en sa vie Glo. Quant aucun meurt bon hōe ⁊ en bonne fortune/adoncq̱s nulle fortune selon solon ne luy peut plus nuire, et adonc peut len bien dire de preterit temps passe que tel homme fut tresbeneure Car apres la mort il ne sceut ne bien

ne mal ¶Tex̄ Cõtre ceste respõ
ce est vne questiõ ou raison/ car il sẽ
ble que a celluy qui est mort puisse en
cor aduenir et mal et bien et que il ne
soit pas hors de tous maulx pource
se il ne les scent/ car en ceste vie mes
mes peut il aduenir et maulx et biẽs
que len ne sent pas/ sicõme se len fait
a vn jhze honneur ou deshonneur
ou se ses filz ou nepueus ont prosperi
tes ou aduersites sans ce quil en sai
che riẽ/ sicõme il peut aduenir mais au
cunes choses qui ont este touchees
nous meuuent a faire vne question
Glo. Je procede icy a la secon
de question principale de cest chapi
tre Assauoir mõ se fortune peut oster
ou muer felicite apres la mort. Tex.
Assauoir mon que len doibt dire
dun homme qui aura bien vescu et
beneureement iusques en sa vieilles
se et sera mort bien/ et selon raison ap
partenant a felicite Or peuent ad
uenir apres sa mort moult de trãsmu
tatiõs en ses filz ou nepueux/ et peut
estre que aucunesfoys sont bons et
richesses et en grans honneurs et en
grans dignites Et aucunesfoys ad
uient tout le contraire et y peuẽt ve
nir mout de variatiõs Et vne fois
sont bons et apres sont mauuais/ et
plusieurs diuersites en toutes mani
eres. doncques ce nous disõs que la
felicite de celluy qui est biẽ mort soit
muee ou variee, par telles transmu
tations il senfuit inconuenient/ car
il seroit aucunesfoys beneure/ et aps

mal eure et meschant Glo.
Quant ses enfans cherroient en
misere il perdroit sa felicite et ainsy fe
licite ne seroit point permanẽte.
¶Tex̄ Dautre partie que nous
disõs que sa felicite pource ne renuie
cest inconuenient dire que les biẽs et
les maulx qui auiennent aux enfãs
ne touchent en riens leurs parens/ et
que ilz ny redondẽt en aucune mani
ere/ mais or laissons a present ceste q
stion et retournõs a la premiere/ car
par auenture par la responce ou solu
cion de la premiere pourra len veoir
la verite de ceste seconde Solon
disoit que il conuiẽt regarder et atte
dre la fin/ et puis apres la mort len ne
doibt pas dire que tel homme est be
neure de presẽt, mais len peut adonc
dire veritablement de preterit que il
fut beneure, mais cõment ne seroit ce
inconuenient se vng homme au tps
quil vit est beneure Glo. Car
quant il a en soy la perfection de feli
cite/ et les operations il est certain q
len ne peut adõcques dire veritable
ment et de present que il est beneure
mesmement, car telles perfectiõs ne
sont pas variables selon fortune
¶Tex̄ Car toutesuoyes solon
ne vouloit pas que len affermast les
gens estre beneures en leur viuant
pour les transmutacions qui pouoi
ent venir/ et pource que ilz cuidoient
biẽ q felicite fust pmanẽte et non pas
muable vu variable de legier Et a
uec ce il veoit q les fortunes due mes

mement personne sont variables et sont bonnes et puis sont males et apres bōnes ¶Item males en retournant en maniere de cercle ou de roe.
Glo. Et pour ceste cause quāt vng homme auoit este bon et auoit eue bōne fortune toute sa vie Solon disoit que adōc apres sa mort len pouoit bien dire quil auoit este beneure
Tex. Et par ce appert clerement que pour dire vng hōme estre beneure il ne conuiēt pas ensuir les fortunes/car se il estoit ainsy il conuiendroit que nous deissons dun hōme quil est beneure/⁊ apres que il est mal eure/⁊ depuis apres il est beneure Et couiēdroit ainsy varier moult de foys Glo. Car cōme dit est il conuient que il soit verite de presēt aucuneffoys que il est beneure Et selon loppinion de solon il y conuient deux choses cestassauoir q̄ il soit bon et que il ait bonne fortune ⁊ se il luy fault vne de ces choses il est mal eureux Tex. Et aisy seroit vng homme beneure Semblablement quant ad ce a vne beste appellee cameleon Glo. Pliniꝰ dit que cest vne petite beste comme vne lai-sarde ⁊ elle vit de lair/non pas pur et sans menger et tout son sāg est au cueur et aux peulx qui sōt gros ⁊ ne les clot iamais/⁊ se mue et varie en toutes telles couleurs comme ont les choses quelle regarde longuemēt excepte deux couleures rouge et blāche Et cecy dit plinius et la cause peut

estre sicō ie cuide/car quant ceste beste adresse son voiement a vne couleur ceste couleur multiplie son espece par les yeux de la beste en sō corps lequel se trait a nate de lair et est tres parent dedens/⁊ nous voions bien aucules choses p quoy nous les pouons croire ia soit ce que ce ne soit pas du tout semblable/ car quāt le soleil luit encontre vng drap vert ou par vne verriere verte les choses opposites sēblent estre vertes/ mais de ce que plini͂ en excepte deux couleurs peut estre que telle beste est rouge de sa propre nature et appert rouge toutesfoys quelle ne regarde longuemēt et fors a grant entencion vne aultre couleur/⁊ pour ce ne se varie elle pas a regarder couleur rouge Et blāche couleur est cōe lumiere et voions en exemple deuant mys que les choses ne muent pas en apparence leur couleur pource le soleil luist parmy vne verriere blanche ou contre vne parop blanche a retourner a propos le cameleon mue et varie souuent ou mue pour les fortunes/ car il vient dehors Tex. Et seroit fieblement et petitement afferme et asseure de sa felicite.

¶Icy lacteur souldt la premiere question deuant mise. xvi.c

C E nest pas chose droicturiere bonne ne raisonnable en nulle maniere ou facon de

ensuit les fortunes en jugeant de la fe
licité ou de la misere de ung homme
Car le bien principal dun homme ou
le mal nest pas en telles fortunes
Glo. Car cest operation selon
vertu. Tex. Ja soit ce que les
biens de fortune ont aucunesfois me
stier en son aide/len en cause aucunes
nobles operations de vie humaine/si
comme nous auons dit deuant Glo.
Au .piiii. cha. Tex. Mais
les operations qui sont selon vertu
sont dames Glo. Cest a dire
que ilz ont domination et principali
té en ce car selon telles operations est
ung homme simplement beneuré Et
selon les contraires maleuré et meschant
Tex. De felicité et les operati
ons contraires qui sont selon vices
sont dames du contraire cest de mise
re Et ad ce que nous disons cest assa
uoir que les operations de vertu ont
domination en felicité saccorde ce que
nous auons dit maintenant en la q
stion precedente ou nous auons par
lé de la permanente et constance de fe
licité/car en nulles choses quelconq̃s
qui regardent euures humaines il na
telle constance ne si grant fermeté qlle
est aux operations qui sont selon vertu
En tant que encor semblent et sont
les vertus plus permanentes/z pl9
durables que ne sont les disciplines
ou sciences.G. Car les vert9 ne se ou
blient pas si tost come font les scien
ces/et est verité, car ung homme bon
geometrien auroit plus tost oublyé

sa geometrie que il nauroit oublié le
bien ou delaisse a bien faire/et la cau
se est, car continuellement tant come
il vit il vient matiere de bien faire et
no pas de penser a geometrie/et pour
autre cause/car il se delicte plus en
telles nobles operations de vertu q̃
en nulle autre Tex. Et des ver
tus ou operations des vertus celles
qui sont les plus treshonnorables ce
sont les plus permanentes/et pource
les bons et beneurés viuent continu
ellement mesmement et principale
ment en telles operations Et ce sem
blent estre la cause pour quoy ilz ne
les mettent pas en oubliance Et ain
sy aura le beneuré ce de quoy estoit la
question Cest assauoir de sa felicité
permanente ferme et estable et sera be
neuré le temps de sa vie Et la cause est
car puis que il a en soy habit de ver
tu/il ouurera tousiours le plus et le
mieulx toutes choses selon vertu
a la vie actiue/et pensera toutes cho
ses qui sont selon vertu quant a la
vie contemplatiue Et tel homme por
tera tresnoblement et tresbien les for
tunes en tout et partout se contendra
et sera saigement et prudentement co
me celluy qui est veritablement bon
et tectragone Glo. Il parle en
similitude et en figure et dient les ex
positeurs que tectragone sy est ung
corps aussy quarre comme ung de
z a vi faces et viii quignes ou an
gles et tousiours chiet sur vne de
ses faces ou sur ses costes/mais saulue

leur grace tetragone est vne chose q̃ est autrement appellee piramide / a quatre angles ou pointes / iiii. faces semblables et esgales desquelles chascune est vng triangle a troys costes egaulx et ne scet len ceste chose iecter si rudement ne si souef que elle ne chee tousiours en vne mesme maniere et toute droicte sur vne de ses iiii. faces et vne pointe dessus. Semblablement celluy qui est vertueux et beneure est tousiours droit et bien / nõ obstãt les fortunes. Len peut entẽdre pour ces iiii. faces ou par ces iiii. ãgles les iiii. Vertus cardinaulx / cestassauoir iustice / prudence / fortitude / attrempance. Car mout de choses aduiennent et sont faictes selon fortune et sõt differẽtes les vnes sõt grãdes les autres petites / & se il auiẽt a vng hõe aucunes petites fortunes ou de psperite au cõtraire de aduersite / il est tout cler q̃ telles petites fortunes soiẽt bõnes ou mauuaises ne sõt pas incliner la vie dun bõ homme en mal ou en misere. Et les grandes et plusieurs fortunes faictes en bien en psperite / ilz sõt la vie dun homme plus beneuree pour li. causes pource que sa felicite est de telz biens de fortune decoree / paree & adornee. Et pource que il peut vser de telz biens en bien et en vertu

Glo. Cõe il fut dit au puis. chapitre. Tex. Et se au contraire il vient a vng homme beneure plusieurs grãdes males fortunes & aduersites / ilz se triboulent et qui

sont tristeces. Glo. Les stoiciens disoient que vng homme ne doibt iamais troubler ne courroucer pour qlconque aduersite tant soient grandes / mais selon verite ilz peuẽt estre telles que chascun bon hõme s'en deueroit courroucer et mouuoir tãt fust constant / & ce fut loppinion daristote & des pypathecitiens. Tex. Et si est empeschement de plusieurs bonnes operations. Glo. Et neantmoins il fait tousiours son deuoir / mais toutesvoyes en telles grans aduersitez reluist / resplendist et ce monstre le bien de la persone. Glo. Quant vne personne est bien vestue de robbes elle en est mieulx paree / & neantmoins qui luy despeceroit sa robe tant que len veist son bras ou sa poitrine nuement / sa beaute naturelle se monstreroit mieulx aussy peut len dire que felicite est paree des biens de fortune et neantmoins elle reluist et se monstre aux aduersitez par lesquelles elle est desnuee de telz biens / & tout ainsy comme vng esmouuemẽt fait la boe puir horriblement / & le bon oignemẽt fleurer tresbien / en telle maniere vne tribulation et aduersite semblablemẽt fait apparoir par impacience la mauuaistie dun homme / et par pacience le tresgrant bien dun autre homme. Et ceste exemple met monseigneur saint augustin au premier liure de la cite de dieu entre plusieurs aultres similitudes qui sont a ce propos.

Et de ce sera dit au VIIe. liure de politiques au xxVIIe. chapitre.

Tex. Et cest quant il porte legierement plusieurs et grans infortunes non pas pource que il ne les appercoiue et en sente douleur Mais pource que il de tres noble vertu et de tresgrant et bon couraige. Glo.

Et ainsy sa felicite nest en rien alteree ne muee, mais elle est par ce aussy come estrainte et comprinse. Tex.

Et pource que les operations ont domination en la vie de chascun homme, si comme nous auons dit deuant au commencement de cest chapitre.

Tex. Et il ainsy que nul beneure ne sera fait meschant. Glo. Il est a entendre pour les fortunes dessusdictes et ainsy est felicite pmanente. Tex. Car il ne sera iamais operations qui de leur nature doiuent estre haies ne qui soient mauaises, ca dire verite nous cuidons que tout homme bon et saige soustient et porte amiablement et conuenablement toutes fortunes et des choses presentes ou enfuites Il ouurera tousiours les tresmeilleures et tousiours fera tresbien selon les circunstances, la qualite de choses que fortune luy administra. Glo. Ja coit ce que ilz feist plus grans choses aucunesfoys ce il eust meilleur fortune. Tex. Tout ainsy come le bon gouuerneur dun ost vse de sa gent de tous et de telz comme ilz sont au mieulx quil appartient selon fais darmes Et aussy comme le tailleur de cuir fait du cuir quil a ou que len lui baille tresbon chaussement selon la matiere. Glo. Les gens dun ost sont instrumens et subgects du gouuerneur, et le cuir est matiere de celluy qui le taille et ainsy different ces deux exēples Et est semblable en aultres artifices, et puis que il est ainsy. Glo. Que fortunes ne font pas le bien eure meschant. Tex.

Il sensuit que le meschant ne sera iamais fait beneure. Glo.

Pour bonne fortune se elle lui vient, mais en vsera mal et en sera pire mesmement il ne peut estre beneure tantost, car vng homme nest pas legierement ne souuent change de misere en felicite et de felicite en misere aussy comme les fortunes se changēt.

Tex. Ne celluy qui est beneure ne escherra pas en telles fortunes come enchait le roy priamus. Glo.

Il nest pas impossible, mais ce seroit fort que il aduenist, car celluy qui est beneure est saige et le saige scet bien prendre garde que il ne chee en telles fortunes. Tex. Et pose que in fortunes luy venissent sy ne pourroit il de legier estre mue. Ou oste de sa felicite seil ne parescoient tresgrans et plusieurs. Glo. Et telz qui deueroient mouuoir chascun home constant par leur grant violence, et sil auenoit que par ce il perdist vsaige de raison len ne deueroit pas dire que il fust ne bon ne mal ne beneure ne malheure: mais deueroit estre repute cõme mort. Tex. Et ce par soy il perdroit sa felicite/il ne seroit pas bien eure en petit tēps/mais il cõuiendroit long tēps et parfait tant q̃ il peust estre habondãt de grans choses z de bõnes. Glo. Car les vertus sõt acquises par plusieurs operations en long temps z par longue acoustumance/z aussy les bies de fortune qui seruent a felicite cõme il est dit deuãt ne sont pas recouuers cõmunement en pou de temps. Aps il conclut sa sentence de felicite quãt a la question que faisoit solon Au p̃die. chapitre. Tex Doncq̃s nest il chose qui empesche que len ne puisse bien dire ung homme estre beneure qui euure selon vertu parfaite z a suffisance de biens q̃ sont dehors z auquel ces choses ne durẽt pas tãt seulemẽt pou de temps/mais en vie parfaicte/cestassauoir par long tēps z parfait Glo. Cecy doit suffire a conclurre z dire de present cest hõme est beneure Tex. Et qui auecques ce vouldroit adiouster que ces choses durassent par toute sa vie et que il finist sa vie en euure de vertu selon la descreption de felicite deuantdicte pource que les choses aduenir ne sont pas certaines Encor pourroit len dire a parler de present que ung hõme est beneure/car felicite est la fin de vie humaine z est ung bien du tout en tout parfait qui comprent tout le bien humain/doncques

a prendre feliciteen ceste maniere nous dirons que ceulx qui ont les choses ou condicions dessusdictes. Et qui auecques ce les aurõt iusques en la fin ilz sõt presentemẽt beneures/ toutesuoyes sont ilz beneures cõe hommes Glo. Il dit cecy a la difference de la felicite de dieu z des intelligences laquelle est simplemẽt immuable et nõ variable et dautre nature que la felicite de cest monde laq̃lle nest pas muable de necessite/mais toutesuoyes elle est si seure z si cõstãte comme peut estre quelconques chose humaine cõe dit est en ce presẽt chapitre il me sẽble que se felicite signifioit viure longuement selon vertu le peut bien dire de present de ung homme en son viuant que il est beneure/ z ce veult dire aristote/mais se felicite signifie auecques ce que telles choses perseuerer iusques en la fin encor est il verite de ung hõme vertueux que il est beneure et est a supposer q̃ il pseuerera/mais ceste verite nest pas du tout certaine ne fermement seure Et parauenture ainsy lentendoit solon Tex Et suffise ce que nous auons dit de ces choses.

Icy soult lacteur et respond a la seconde question. xvii.c

§ Ire que les fortunes des filz ou nepueux/ou amis ne resõnent ne ne touchẽt en riẽ ceulx de qui lignaige ou amistie ilz
c.i

sont ce semble chose moult estrange et seroit contre les communes oppinions
Glo. Il parle premierement de ceulx qui viennent/car selon amistie qui appert a communicatiõ de nature humaine/ung amy se doit esioir du bien de lautre et douloir du mal
Tex. Et comme telles fortunes qui peuent aduenir aux amys charnelz ou aultres soiẽt de moult de manieres et differences et peuẽt estre les unes plus ou de plus pres/les aultres moins ou de plus loing En diuerses manieres qui vouldroit particulierement diuiser et parler de toutes les differences qui y peuent estre/ce sembleroit une chose infinie/mais q̃ en dira en general uniuerselement et en figure ou similitude parauenture souffira il quant a cest propos.
Glo. En regardant quelles fortunes damis sont tailles a mouuoir ung homme constant Et quãt a ce est a cõsiderer la qualite et la quantite de la fortune Et de lappartenance et prochainete ou valeur de la personne comme se il est filz ou nepueu plus habile a bien ou moins viel ou ieune. etc. Tex. Et aussy comme des fortunes qui aduiennent a soy mesmes. les unes sont daucun pais et notables et donnent aide ou empeschement a tresbonnes operatious et a bien viure/et les aultres sont plus legieres Semblablement est il des fortunes qui aduiennent aulx amis.
Glo. Car les fortunes qui aduiennẽt a nos amys nous doiuent mouuoir a ioye ou a tristece. Tex. Mais il a difference entre fortunes q̃ auiennẽt aux amis des vifz et celles qui aduiẽnẽt aux amies des mors Glo. Car ce qui aduient a filz ou nepueux ou amys touche plus les vifz que il ne fait les mors Tex. Et est moult plus grande que nest la differẽce des mauuaisties et iniustices au regard des vifz et des mors que len raconte aux tragedies. Glo. Tragedies sont dictes comme rõmans qui parlent et traictent daucuns grans fais notables Tex. Et ces tragedies seulent iadis estre faictes et par ceste difference pouons nous arguer a cest propos. Glo. Car les narrations que len fait en telz rommans ou dictiés ne muent en rien la felicité de ceulx qui viuent et les escoutent Et les fais qui aduiennent presentemẽt ne redondent encor moins a ceulx qui sont mors qui riẽ nen scéuent ne rien nen oyent dire Et est assauoir que aristote ne parle fors de la felicité de ceste vie/et les mors conuient il plus auãt enquerir de ceste chose quant aux mors Glo. Il soult icy la question Tex. Assauoir se ilz communicquent ou participent aux biens ou aux maulx q̃ aduiennent a leurs amis viuans/est voir que ce il redonde aux mors aucune chose pour la fortune de leurs amis viuans soit bien soit mal/celle chose semble estre fragille et petite/et

simplement petite de soy, ou petite quãt aux mors. Et se il est ainsy, celle chose ne sera iamais si grãde ne celle quelle face beneures ceulx qui ne le sont pas, ne quelle oste aux beneures leur beatitude. Et si est verite que les bõnes operations de leurs amis viuãs conferent aucune chose aux trespasses. Et sẽblablemẽt est il des infortunes, mais ce que il luy conferent ce sont choses de telle grandeur et de telle qualite q̃ il ne font pas les beneures non beneures ne les nõ beneures, beneures ne aucune telle chose Glo. Comme il est dit deuant les mors ne sont pas en ceste p̃sente vie, fors tantseulement au memoire des viuans, et pource quant les filz du trespasse sont vaillãs hõmes le memoire du pere en croist en bien diminue quant ilz sõt maunais mais cest trespou de chose et tresfragille que ce qui est tantseulement au memoire de gens et nest fors que vng umbre.

Comment felicite est a honnorer de sa propriete. xviii. C

Pres ces choses que nous auons determinees nous enquerrõs de felicite assauoir mon se elle est au nombre des choses louables qui sont a louer, ou se elle doit plus estre omise au nombre des choses hõnorables Glo. Qui vouldroit p̃ler de louenge ou de louer en la maniere que len en vse communement en latin et en francoys, il nest chose tant soit bonne que len ne puisse et doye loer, car nous louons dieu et ses sains et nest nulle doubte que a parler ainsy felicite est a louer mais aristote ne vse pas de ses mos en ceste maniere, si cõe il appert p̃ les p̃ces de cest chapitre. Ou il preuue p̃ plusieurs raisõs que felicite nest pas chose a louer. Tex. Car il est tout vray que felicite nest pas vne puissãce Glo. Cest a dire vne disposicion ou inclinatiõ comme force corporelle ou aucune habilite. Tex.

Item toute chose louable ou qui doibt estre louee cest selõ aucune qualite ou disposicion par quoy elle est ordonnee a aultre chose, cõe aucũ fait ou operation, car celluy qui est iuste et celluy qui est de bõne et grãde voulente et celluy qui a vertu nous louons telz pour les fais et pour ses euures a quoy ces choses les habilitent. Et semblablemẽt celluy qui est fort de corps ou celluy qui est bien taille a courir, et en quelconques telles choses nous louds vng hõme tousiours en raportãt a autre chose bõne et vertueuse Glo. Cest vne raison car louenge est de chose ordonnee a autre bien meilleur et felicite nest pas ordonnee a autre plus grant bien, sicomme il fut dit au viii. chapitre et si est icy suppose selon vne exppeditiõ, cest sa premiere raison et p̃ent puissance pour vertu, et suppose que nulle chose nest a louer fors vertu et felicit

c.ii

nest pas vertu/doncqs nest elle pas a louer Tex. Item que felicite nest pas chose a louer/ il appert par les louenges que len fait a dieu
Glo. Les mos de grec pour lesquelz il prent icy louenge ou louer signifient une louenge especiale qui est de bien ordonee a plus grant bien/ et est faicte pour exerciter et esmouvoir les personnes a estre meilleures/ et ainsy loent aucuns leurs dieux/ et estoit derision/ car dieu ne peut estre meilleur quil est. Tex. Car il semble que len face deulx une derrision quant len les loe en la maniere que len nous loe Et la cause est car len nous loe par relation et en regart ou raport en aucune autre chose meilleure. Glo.
Et felicite est chose parfaictement bonne Tex. Et se il est ainsy que louenge soit de telles choses il est manifeste que des choses qui sont tresbonnes ne doibt pas estre louenge, mais leur est deue plus grant chose et meilleur que nest louenge Glo. Come seroit honneur et glorification
Tex. Et ainsy le semble il par ce que nous benissons beatiffions, et beneurissons les dieux Et semblablement des hommes nous beneficons ceulx qui sont tresparfais/ et comme divins et tresbons excellentement/ et nul ne loe felicite/ aussy come len loue estre iuste ou une autre vertu
Glo. Car len loe vertu en raportant a operation come a chose meilleure que vertu/ et felicite est operation/ et nest rapportee ne regart a nulle chose meilleur Tex Mais len le beatiffie come une chose qui est plus divine et mieulx vaillant que vertu Glo Car felicite est operation et est la fin de vertu Tex
Item a ce que dit est saccorde ce q disoit ung philoso. appelle EUDOXUS. qui mettoit que delectation est le plus grant bien que il soit/ et entre les premieres et les plus notables condicions que il luy attribuoit/ ce estoit quelle nestoit pas a mettre entre les biens que len doit louer/car sicomme il disoit cest une chose meilleur que chose a louer. Telle chose est dieu et quelconque chose qui est par soy bonne Et a ceste doibt len referer toutes les aultres Item louenge est et doibt estre de vertu. Glo. Il prevue son intention par le commun parler acoustume Tex Et pour ceulx qui sont faiseurs de bonnes euures sont loues a cause de leur vertu Et semblablement sont louenges de euures tant de celles qui regardent le corps come de celles qui regardent lame. Glo. Len loue fort ung homme quant il luite bien ou quant il iouste bien ces operations regardent le corps Et une operation de iustice ou de liberalite ou de une aultre vertu regardent lame, et est assavoir que len loe les operations de vertu selon ce quil parle icy de louenge non pas toutes, mais tantseulement celles qui sont ordenees a meilleurs/ ou a une meil

seur, car operation qui est tresparfai
cte ⁊ de vertu trespfaicte si des autꝭ
Cest felicite q̃ nest pas a loer mais ē
a honnorer. Tex. Mais traicter
de ceste chose plus auant est plus p̄/
pre ⁊ appartient mieulx a ceulx qui
ont estudie ⁊ traictie de loenges.
·Glo. Ce sont ceulx qui sce/
uent Rethorique car en celle science est
monstre de quelles choses ⁊ cõment
vng hõme peult estre loe ⁊ blasme.
·Tex. Et nous souffise que il est
maifeste par les raisons qui sont de
nant dictes q̃ felicite est vne des cho
ses qui sont honnorables Glo·
Cest la response a la question faitte
au cõmencemēt de cest chapitre Tex.
Item encor appert il par ce q̃ felicicie
est principe et pmiere cause Glo
Cest la cause finalle ou la fin. Et la
ft et pr̄incipe et premiere en ītenciõ cõ
bien quelle soit derniere en execuciõ
Tex. Et ce qui est principe et
cause des aultres biēs nous mettõs
que cest vne chose honnorable ⁊ diui
ne Glo Dieu est cause final ⁊
efficiente de toutes choses, ⁊ felicite
contēplatiue est en dieu congnoistre
⁊ et aimer, et est nostre fin en vne ma
niere et dieu est nostre st en autre ma
niere, ⁊ par ce est felicite chose diuine

Que en ceste science il conui
ent acquerir vertu. xixe.C

P Ource que felicite est vne o
peration selon vertu parfai

cte, il conuient enquerir ⁊ traicter de
vertu, car par auenture par ce serõs
nous mieulx entendre ⁊ cõsiderer la
verite et la nature de felicite Daus
tre partie selon verite la science ciuis
le trauaille ⁊ laboure mesmemēt en
vertu, car elle entent ⁊ vault faire
les citoiens vertueux bons ⁊ obedi
ens aux loyx, ⁊ de ce auons nous ex
emple de ceulx qui firēt les loyx des
cretoyens ⁊ des lacedoniens ⁊ daul
tres sēblables Glo Crete fut
vne cite ou vng pais, ⁊ lacedemone
vne autre qui furent iadis g ouuer/
nees par bõnes loyx. Tex Et
pource que bonne chose appartiēt a
la science de politiques. Glo.
Cest assauoir faire les citoyens
bons ⁊ vertueux Tex Con/
uient il enquerir et parler de vertu se
lon ce ⁊ en la maniere que nous esli/
simes au cõmencement Glo
Cest liure et politiques cest vne
mesmes science qui est appellee ciuile
mais en cest liure sõt baillees les pr̄i/
cipes de politiques, ⁊ pource q̃ ceulx
ausquelz la science de politiques ap/
partient ont a cõsiderer de vertu, est
il necessaire ē cest liure traicter de ve
tu: mais ce doit estre en la maniere q̃l
appartient en science morale, cest as
sauoir grossement et en figure Et p̄
ce dit il icy selon ce que nous eslisimes
au commencement cest assauoir au se
cond chapitre Tex. Et donc
ques icy enquerir et parler de vertu
humaine, car nous auons propose

querir le bien humain et felicite humaine, et nous disons estre vertu humaine non pas la vertu du corps, mais la vertu de lame. Glo.

Sicōme attrempance prudence, et les aultres choses. Tex. Et disons aussy que felicite est operatiō de lame et puis que les choses sōt ainsy il est cler et manifeste que a celluy qui veult sauoir politiques il conuient qu'il sache aucunemēt des choses qui touchent et appartiennent a la science de lame tout ainsy comme celluy qui veult curer et guarir les yeulx ou tout le corps Glo. Il conuient qu'il ait congnoissāce des yeulx ou du corps. Tex. Et encor est il plus conuenable a celluy qui veult sauoir politiques Glo. Car il luy appartient a curer lame et purger de vices et a procurer et garder vertu qui est sancte de lame.

Tex. Que il ait congnoissance de lame de tant comme politiques est plus honnorable et meilleur science que medecine, et toutesuoies les excellens medecins labourent moult a auoir de la congnoissance des choses du corps Glo. Et en ont vng liure que ilz appellent anathomie.

Tex. Et doncques conuient il que la science ciuile congnoisse et considere de lame, et de ce doit congnoistre a la fi et pour la grace de ces choses Glo. C'est assauoir de vertu et des operations vertueuses.

Tex. Et tant comme il suffist pour les choses de quoy l'en enquiert en ceste science, car se l'en en vouloit plus auant enquerir la certainete il y puiendroit parauenture plus grāt labeur que a choses que nous proposons determiner en ceste science

Glo. Car en la science de lame auons nous dit en aucūs sermōs hors ceste science Glo. l'entēt parauenture au liure de lame ou en aucunes espitres qu'il fist que nous n'auons pas. Tex. Aucunes choses qui souffiroient quant a ce propos et de ce deuons nous vser et nous aider a present comme ceste diuision. C'est assauoir que de lame vne partie ou puissance est irresonnable ou sans raison, et l'autre a raison ou est raisonnable Glo. La vegetatiue est irresonnable et l'entendemēt est raisonnable, et il appert que est vegetatiue en la glose du iv. chapitre et c'est signe Tex. Mais assauoir mōt ce ces deux puissances sont differētes et realement diuisees en vng homme, aussi comme les parties du corps ou se elles sont vne mesme chose indiuisee ou differente tant seulement selon raison ou diffinicion, aussy cōme le concaue et le curue d'une ligne circulaire. Glo. Qui est entour vng sercle Car la concauite et la circuite de telle lignee ne sont pas deux choses diuerses, mais sōt ceste lignee mesmes qui est dicte cōcaue au regart de ce qui est dedens et est dicte curue ou cōuexe au regard de ce que est de hors elle Tex. Cõe que il en soit il ny a force ne difference quant au p̃ pos present

Des diuisions de lame et du premier membre. xx.c

Cuȝ manieres sont de la p̃ tie ou de la puissance de la me irraisonnable, car vnes de celles puissances ou vertus est sẽ blable a la vie des plantes ⁊ est com mune a toutes choses qui ont vie en eulȝ Glo. Cest la puissãce ve getatiue qui est auȝ plantes, cestas sauoir auȝ herbes ⁊ auȝ arbres, ⁊ si est auȝ bestes ⁊ auȝ hões Tex.

Et est cause de nourrissemẽt ⁊ de accroissement ⁊ est en toutes choses qui ont nourrissement, ⁊ auȝ embrios nes, ⁊ auȝ bestes imparfaictes.

Glo. Embrion est vne masse qui est au ventre de la mere, de laq̃l le masse sera forme lenfant ou la be ste, ⁊ est appelle embrion auant quil soit encor forme Et les bestes impar faictes sont qui ne se mouuẽt du lieu cõme sont moules ⁊ oistres Tex.

Et est plus raisõnable chose mettre ceste puissance de lame en toutes ces choses que vng autre. Glo.

Car la sensitiue nest pas auȝ ar bres Tex Doncques est ceste vertu cõmune et ne appert pas estre humaine Glo. Il prent icy ver tu pour puissance de lame ⁊ non pas pour vertu, par quoy vng hõme est

bon, ⁊ dit quelle nest pas humaine, cestassauoir a hõe pp̃re, mais cõmu ne a hõe et auȝ autres choses, ⁊ par ce il entent a cõclurre que en ceste pu issance ou partie ne sont pas les ver tus de quoy il traicte en ceste science ⁊ ce prouue il aucune aultre raison

Tex Item ceste partie ou puis sance euure mesmemẽt ⁊ est en son o peratiõ principalemẽt quãt len dort

Glo. La nutricion ⁊ digestiõ ce fait mieulȝ en dormant, car les es peris ⁊ la chaleur sont retrais dedẽs

Tex Et quant len dort il na pert pas ne nest manifeste qui est bon ou q̃ est mauuais Glo. Car celluy qui dort ne fait nulle operatiõ et est cõe larbre en yuer qui ne porte ne feulle ne fruit, ⁊ pource ne ȝgnoist len pas bien aucuessois de quelle na ture il est Tex. Et pource dit len en prouerbes que les beneures et les maleureus ne different en rien p̃ la moitie de leur vie Et ce est biẽ dit car en dormant lame repose ⁊ cesse de toutes les op̃atiõs selon lesquelles el le est dicte ou bõne ou mauuaise, tou tesuoyes aucun peu different les bõs et les mauuais en dormant pour les fantasies des sõges, car les bons les ont cõmunement meilleurs que nõt les aultres, ⁊ de ces choses suffise ce q̃ dit est a present Glo. Di auõs nous doncques que la puissance nu tritiue est a delaisser pource que elle nest pas taillee a participer de riẽ en vertu Tex Cest la conclusion

c.iiii.

feuilles

de cest chapitre que la partie ou puissance irraisonnable nutritiue ne appartient de rien aux Vertus/& pour ce ne parle il plus de ceste puissance.

Il desclaire lautre nombre de ladicte diuisiō de lame. xxie. c.

Lest vne autre nature ou maniere de puissāce de ame laquelle puissance est irraisonnable/& neantmoins il semble qͥl le participe en raisō Glo Cest la partie ou puissance sensitiue.

Tex. Car dun hōme continent & dun hōme incontinent Glo Celluy est continent qui a mauuais desirs/comme par ire et vengāce desraisonnable ou par concupiscēce a luxure ou a gloutōnie/& auecqͥs ce il a bon iugement de raison lequel ēsuit & par ce refrene ses mauuais desirs/& celluy est incontinent qͥ a mauuais desirs & bon iugement de raisō & quant vient au fait il nensuit pas ce bon iugement/mais decline & ensuit ses mauuais desirs/& ainsy la raison de lun & de lautre deprie & trait a bien Tex Nous loons la partie de lame qui a raisō pource que raison deprie tousiours & enclie droictu rierement a choses tresbōnes/mais il semble que au continent/& en lincon tinent a vne chose aussy cōe naturellement nee/laquelle est autre que raison & qui cōtrarie et obuie/& resiste a raison Glo Cest lappetit sē

sitif. Tex. Et aussy cōme les membres ou partie du corps dun hōme qui sont dissolutes & sont hors de leur bonne fermete & disposition par vne maladie appellee tremoͮ ne sōt pas menes selon la voulēte ou election de celluy qͥ est ainsy malade/mais aucunesfoys quantil les cuide mouuoir a dextre ilz tournent par la maladie a senestre/semblablemēt ail mouuement qui tendēt a pties cōtraires en lame de ceulx qui sont incontinēes

Glo La vertu de celluy qui est en tremour qͥ doit gouuernet le mouemēt de ses membres ne peut ce faire pour cause de la maladie et pource tremblent les mēbres & sont puis ca puis la/semblablemēt la voulente de celluy qui incōtinent & menee traicte vne foys a bien par raison aultre foys a mal/et ainsy plusieures foys & en la fin raison est vaincue et surmōte/mais en celluy qui est cōtinent raison a en la fin victoire. Tex. Mais au corps nous voions sēsiblemēt ceste contrariete et telz mauuais mouemens et en lame nous ne voiōs pas ainsy/& neantmoins parauenture nous deuons cuider que ainsy grant cōtrariete ail en lame entre raison et la sensualite qui luy contrarie et obuie/mais en quelle maniere ces deux choses differēt il nya force quāt a ce propos Glo Cestassauoir cōe raison & entendement & la sensitiue differēt en vng hōe assauoir mōce se sōt ii. ames ou ii. parties dune a me/ⁿ se lune est au cueur lautre en la teste ou aultremēt il ny a force quant a cest ppos. T. Et celle ptie ou puissance dame qui est autre que raison et cōtraire a raison il semble q̄ile participe auecques raisō cōme nous auons dit par ce quelle obeist a raison en ce que dit est de celui qui est cōtinēt Glo. Car combien quil ait mouuement et inclinatiō a mal par ire ou par concupiscence Tousiours raisō est maistresse et lui obeist lapetit sēsitif. T. Et encor est elle plus obeissāte et plus subiecte a raison en celui q̄ est sobre ou fort. Glo. Cest en cellui qui a en soy la vertu de sobriete ou la vertu de fortitude. Car en celui qui est sobre concupisence ne faist nulle rebellion contre raison ou pou. Et en cellui qui est fort ire cornardie hardie sce ne font nulle rebellion contre raison ou pou. T. Car en ces ici toutes choses se cōformēt et saccordent a raison. G. Car il sont les oeuures vertueuses delectablement et ne leur resiste pas lapetit sensitif cōme il fait a cellui qui est continent. Tex. Or appert doncques par ce qne dit est q̄ il a en hōme deux manieres de puissances irracōnable vne est la nutritiue qui est cōme aux bestes et es plātes et que ne participe ne ne cōmunique en rien auecques raison ou auecques la puissance raisōnable. Glo. Car elle nest pas cōgnoissant. Tex. lautre puissance est cōcupiscible et generalement tout appetit sensitif et ceste icy participe aucunement auecq̄s raison en tāt cōe il obeist a raisō ⁿ est essauce raison. Glo. Car cōme il fut dit deuant raisō deprie tousiours a choses tresbōnes. Tex. Et nous disons que raisō ou regart de cest appetit sensitif. Et nest pas ceste raison telle cōe celle des mathematiene/car cest raison pratique et les raisōs speculatiues des autres sciēces ne mouuent en rien lappetit sensitif se nest p accident. Tex Itē encor appert il autrement que lappetit sēsitif obeist aucunemēt a raison et no⁹ est signifie p les psuasions et par les inctepacions ou blasmes, ou par les iterpretaciōs ou prieres qui sont faictes p les amis pour retraire aucū de mal. Glo Du encliner a bien, et ainsy est mōstre par deux voies q̄ lappetit sensitif obeist a raison, cest par les persuasions raisōnables que vng hōe fait en soy mesmes et par celles q̄ lui sont faictes p autres. Tex. Doncq̄ puis que cest puissance ou ptie dame pticipe auecq̄s raisō, il cōuiēt dire quelle est raisōnable aucunement, et ainsy cōuiēt il mettre ii. puissāces rōnel. es vne qui a principalemēt raisō en soy

Glo. Cest la ptie intellectiue.

Tex. Et lautre qui est rationelle p ce quelle obeist a raison cōe au pere. Glo. Cest la ptie sensitiue q̄ ē irraisōnable quāt ē de soy/ⁿ est rationelle par cōmunication et obeissāce.

Tex. Et selō ceste differēce sont diuises les vertus, car nous disons que des vertus les unes sont intellectueles/les aultres sont morales. Glo. Morales selon aristote cinq puissaces ou parties de lame sont, cestassauoir la vegetatiue, la sensitiue, lappetitiue, lintellectiue, la motiue de lieu en autre. Et est lappetitiue diuisee, car lune est sensitiue et lautre est intellectiue, mais quant a nostre propos il suffist parler daucunes et dire tout ainsy, que une partie de lame est sensitiue & lautre intellectiue, et chascune de cestes deux a deux parties une qui cognoist & lautre qui appete. De la sensitiue la partie qui congnoist peult estre appellee sens, et celle qui appette est nomee appetit sensitif, et de lintellectiue la partie qui congnoist est appellee entendement et celle qui appete a nom voulente. Or disie doncques que les vertus itellectuelles sont du tout en la partie intelliue, mais les vert⁹ morales sont principalement en lappetit intellectif cest en voulente. Et toutesuoyes aucūe chose en est en lappetit sensitif. Et dis que ung home sobre a en sa voulente une chose qui le encline a desirer et vouloir ce que raison dicte et iuge estre bien. Et ceste chose ou qualite est proprement vertu, et auecques ce il a une autre chose en son appetit sensitif par quoy cest appetit est enclin a obeir a raiso & au comandement de la voulente, & est des autres vert⁹, et est aucunement semblable dun guiteur ou autre me-

nesterel qui a art en sa pensee et auecques ce il a en ses mains une habilite acquise par usaige par quoy il les demaine legierement selon tel art. Tex. Les intellectiues sont sapience entendement et prudence. Glo. Et les aultres dont il traictera au vi.e liure. Tex. Et les morales sont sobriete liberalite et les aultres dont len dira apres, car quant nous parlons des meurs dun home nous ne disons pas qil est saige et entendant, mais nous disons que il est debonnaire ou sobre. Glo. Il mōstre pource que les vertus intellectiues et les vert⁹ morales sont differētes. Tex. Et nous loons celluy qui est saige selon son habit. Glo. Cest une qualite en lame par quoy elle est encline ou disposee a aucune operation. Et est telle qualite aquise par estude ou par acoustumance. Tex. Habit de sapience et les habis qui sont a loer ce sont vertus. Glo. Il monstre p ce que les habis intellectueux sont pource que ilz sont a loer

Cy fine le premier liure dethiques, et apres sensuit le second.

Comment vertu est causee en nous par operations t.c

Comme ilz soient deux manieres de vertus/une intellectiue/et laultre morale/il est verite que la vertu intellectiue quant au plus a generation par doctrine/et pour ce a elle mestier dexperience/et de temps Glo. Sicomme prudence qui a mestier de long temps et de moult dexperiences/et aussy est il de moult de sciences comme de astrologie quant aux mouuemens et aux iugemens Tex. Et la vertu morale est faicte et causee en nous par meurs Glo. Cest adire que par acoustumances et frequentation de bonnes operations. Tex. Et pource son nom est diriue de meur/et en diffe re peu. Glo. En grec ethos si gnifie meur ou coustume/et ethica cest vertu morale/et en latin mos cest coustume/et moralis cest moral/mais en francoys cest mos meur et moral ne sont pas en usage comun Tex Et par ce appert il que mesmes une des vertus morales nest en nous de nature ou par nature/et une raison est adce/car nulle chose ne se peut a coustumer au contraire de ce que elle a de nature/sicomme la pierre ne peult acoustumer a monter ne a descendre en bas ne quelconques aultre chose

ne peut acoustumer au contraire de ce quelle a de sa nature Glo. Et la cause est/car telle inclination natu relle ensuit et ne peut pas estre sepa ree dauecques la forme naturelle/si come inclination de descendre en bas ensuit la forme et la substance de la cho se pesante/mais len se acoustume bien par operations au contraire de vertu/et aussy a vertu/sicome il apperra apres/et par ce dit aristote et conclut en disant Tex Doncques les vertus ne sont pas en nous de natu re ne aussy ne sont elles pas en nous hors nature ne contre nature/mais nous sommes naturellement nes et ordenes a les receuoir/et lacquisicion et perfection delles est en nous par bo ne acoustumance acomplie Glo Cest la seconde raison a monstrer que nous nauons pas les vertus de nature Tex. Item des choses que nous auons par nature ou qui nons viennent de nature nous auons premierement les puissances et puis apres faisons les operations sicome il appert de nos scens naturelz Car la puissance par quoy nous voyons nous ne lacquerons pas par plusie urs foys veoir/ne la puissance ouyr par plusieurs foys oir/mais au con traire pource que nous auons premi erement la puissance nous en vsons et faisons les operations/et celle pu issance nous leusmes sans aucun usa ge ou operation precedent/mais les actions par les operations q̃ sont faictes

feuillet.

deuant en la maniere que il est aux autres ars esquelz es choses que nous voulons apprendre a faire nous les apprenons en faisant/sicomme a estre ediffieur en edifiant et est vieleur en vielant Glo. Telz ars nous ne les auons pas de nature/mais nous y auons habilite de nature/et les acquerons anciennement par doctrine et principalement et complectement et plus par vsaige Tex Et ainsi deuenons nous iustes et sommes faiz iustes en faisant operations attrempees et fors en faisant operations fortes Glo. Selon la vertu de fortitude dont il parlera au iiie. liure, laquelle doiuent auoir en leur voulente/ceulx qui sont ordenes pour bataille Tex. Item Glo. Cest la iiie. raison pour monstrer que les vertus sont acquises par acoustumance et ne les auons pas de nature.

Tex Ce que len fait aux cites et aux communites tesmoigne ce que nous auons dit, car ceulx qui mettent et ordonent les loys estudient/labourent et font par leurs loys que les citoiens se acoustument a estre bons par bonnes operations Et doit estre la voulente telle de chascun qui commande et met les loys Et tous ceulx qui ainsi ne le font, ilz pechent et different leur ciuilite de ceulx qui entendent a faire les citoiens bons en la maniere que vne bonne chose differe de vne mauuaise. Glo. Ciuilite est la maniere ordenance et gouuernement

dune cite ou communite Tex. Item Glo. Cest la quarte raison a monstrer comme vertus sont acquises par operations Tex Toute vertu est faicte et corrumpue par vnes mesmes choses. Glo. Sicomme la vertu de sobriete par menger et par boire qui bien le fait elle est par ce aquise, qui mal le fait elle est par soy corrumpue et perdue Tex Par choses faictes diuersement, et semblablement est il de tout art/sicomme par citoler len deuient bon citoleur, ou mauuais citoleur/ et est ainsi proporcionelement aux autres ars/sicome par bien edifier len deuient/et est len fait bon edifieur et par mal edifier len est fait mauuais edifieur/et se il nestoit ainsi, il ne conuiendroit auoir nul maistre pour apprendre a edifier ou autre art ou cas que tous seroient indifferentement bons ouuriers ou mauuais come. que ilz ouurassent ou bien ou mal/et en celle maniere est il des vertus, car en conuersant auecques les autres de la communite et en comunications et contraictes selon ce que nous faisons acoustument, nous deuenons iustes ou iniustes/et ceulx qui furent les perilz des batailles et sacoustument a trop ilz deuiennent couars/ et ceulx qui en telz perilz sont tresbien confians acoustumement ilz deuiennent hors Glo. Ilz acquierent par ce la vertu que est appellee fortitude. Tex Et en la matiere de concupiscence ou delectation corporelle selon ce que len y conuerse et acoustume sont les vngs attrempes et les aultres desattrempes Et aussy en la matiere de ire selō lacoustumāce sont les vngs attrempes et les aultres desatrēpes et debōnaires/τ les aultres felons/ et generalement du tout a vne parolle les habis sont fais acquis et engendres par sēblables opations.

Glo. Cest adire les bons habis cōme sont vertus par bonnes operatiōs chascun en sa matiere cōme gloutonie par ouurer gloutemēt/ et auarice par ouurer auaricieusement

Ter. Et pource conuient il biē prēdre garde et estudier quelles operations len fait/ car selon les differences des operatiōs sensuiuēt les habis Glo. Habis sont vnes qualites affermees qui ne sont pas de legier muables/τ telles choses sōt vertus et vises Ter. Donc ques na il pas petite difference de soy acoustumer en ieunesce/τ au cōmencement a faire en vne maniere ou en aultre/mais il ya tresgrant differen ce/τ en tant que de ce despent quant au plus toute la vie et tout le bien et le mal dun homme Glo. Cest vng bon enseignemēt/car quāt vne personne en son enfāce et en ieunesce se acoustume a aucunes operations Se il les maintient gueres a grāt peine les peut apres delaisser.

De quelles operations vertu est causee ii.chapitre

p Our ce que le present negoce de doctrine morale nest pas ordene pour la grace ne affin de cōtemplatiō ou speculatiō cōme plusieurs autres sciences/car nous ne querōs pas quelle chose est vertu affin que nous apprenons science/mais affin q̄ nous soiōs fais bōs/car aultremēt le proffit de ceste doctrine seroit nul. Glo. Il seroit ałsy cōe nul/car cōbien que bō soit sauoir que est vertu et les choses qui y appartiennent/τ que ce soit de ceste science la fin moins principalle/toutesuoyes la souueraine et principale fin est faire bien/τ pource dōc que il est ainsy/est il necessaire de querir et de traicter des operatiōs et des choses q̄ a ce appartiennēt et cōme les doibt faire/car les opatiōs sōt dames en telle maniere que par elles sont les habis faiz telz cōe ilz sōt ou bons ou mauly cōe nous auons dit deuant Glo. Au p̄ vie.chapitre du premier liure. Ter. Ite nous deuons supposer comme chose cōmune a toutes operations qui sōt cause de vertu que elles sont faictes selon raison Glo. Il fut dit au ip.chapitre du premier liure Ter Mais bien dira de cecy apres pl9 plainemēt et enseignera/τ mōstrera le q̄lle chose cest que droite raisō et cōme elle se a aux autres vertus

feuillet.

Glo. Ce sera au VIe. liure
Tex. Item vne aultre chose est a confesser & la doibt len presuppo ser, cestassauoir des choses faictes p homme et des operations humaines len en doit determiner & parler gros sement & en figure ou exemple & vray semblable nen peut len dire la certai nete parfaictemēt, sicōme nous auōs dit au cōmencement Glo.
Ce fut au prologue ou secōd cha pitre du premier liure et apres au p. du premier Tex Et la cause est car les paroles doiuent estre req̄ ses et receues selō la matiere de quoy ilz sont Glo. len peut bien par ler en aucune matiere ou science cer tainement, sicomme en mathemati ques et aux aultres non, mais tant seulement problablement & vray sem blablement Tex Or est il ain sy que les choses qui sont ou apparti ennent aux operatiōs morales & cel les dehors qui y sont mestier Glo.
Comme richesses et amys & les biens de fortune. Tex. Sont variables, et en telle chose na riē du tout en tout estable Et quant a ce il est de telles operations cōme de cel les qui appartiennent en medecine pour acquerir sante. Glo. car il les conuient varier selō plusieurs choses qui sont a considerer cōe la cō plexion de la personne, laage, la ver tu, la maniere de viure & aussy de la maladie de la nature & les causes de la medecine la qualite, la quantite &

le temps de la administrer, la dispo sicion de laer, la cōstellaciō du ciel et moult daultres choses ou il peut a uoir variacion Semblablemēt aux operations morales sont a regarder moult de circonstances sicōme il ap perra apres et qui sont variables, et pource en medecine et en moralite sōt aucunes rigles generales qui ont au cunesfoys instance et ne sōt pas vni uersellement et sīplemēt necessaires
Tex Et se les proposicions et paroles vniuerselles des operations dessusdictes sōt telles, encor doit len plus dire des operatious pticulieres q̄ il ny a point de certanite Car telles choses singulieres ne cheent pas ne ne sōt en nul art ne en nulle narraciō de science Glo. Car nē ne peut faire sciēce ne dōner rigle dū seul fait singulier Tex Mais conuient en chascun fait singulier, et en chas cune operatiō moral particulier que ceulx qui ōt a faire regardēt les cho ses telles cōe elles sont pour le tēps Et selō le cas preseēt en la maniere q̄ len fait en medecine et en lart de gou uerner vne neuf Glo. De me decine il est deuant exposé et a gou uerner vne nef il cōuient considerer la façō de la nef et la charge le pays ou len veult aller, le vent, la quali te du tēps, lestat de lamer, et plusie urs autres choses Et aisy cōuient il en opatiōs morales les circūstāces.
Tex Et cōbiē q̄ choses soiēt telles cō uiēt il essaier et tēpter p aucūe bōne

Le premier liure dethiqs.

doctrine a ce que len puisse mieulx faire les operatiōs ¶Glo Cest assauoir par aucunes poses generaulx et draps semblables ¶Or auons nous doncques comme il a mis trois preambules/le premier est que il conuient traicter des operations morales Le second est que telles operatiō sont selon raison. Le tiers que il sufist den traicter grossement/τ apres il descent a propos τ monstre de quelles operations Vertu est causee en disāt
¶Tex. Nous deuons dōcques speculer regarder et sauoir que les actions et operatiōs par lesquelles Vertu est engendree τ causee ilz sōt neces τ tailles a estre corrumpues τ a estre faictes non bonnes par indigence ou par deffaulte/τ par superhabondā ce ou epces ¶Glo. Et par conse quent ilz sont sauluees et gardees en bien par le moyen sās faire deffault ou epces ¶Tex Or conuient il Vser designes τ de tesmoigages clers τ manifestes pour desclarer les choses qui ne sont pas manifestes
¶Glo Les choses ou Vertus corporelles sont plus manifestes τ plus congneues que celles de lame. Tex.
¶Doncques aussy cōme nous Voi ons en force et en sante de corps que la superhabondāce et epces de labou rer corporellemēt et de soy epcercer trauailler trop et greuer/τ dautre ptie deffaulte de labourer et trop soy reposer corrumpent ou appeticēt la for ce du corps Et sēblablemēt faire ep

xxiiii.

ces de boire et de menger τ aussy en a uoir en deffaulte corrūpent la sante mais les choses qui sont a mesurees et au moyē sans epces et sans deffau te/sont causent et acroissent grande ment et suiuent les Vertus corporelles dessusdictes/et en ceste maniere ē il aux Vertus de lame cōe sont attrē pance/fortitude et les aultres Vert⁹
¶Glo. les operations sont faictes non bonnes par epces et par deffaulte/et sont faictes bonnes par le moyen et par telles opations est Ver tu causee/et les Vices sont causes p les aultres ¶Tex. Car cellup q tout craint et ne ose rien soustenir ne emprēdre/il est fait par ce poureux et couart/et cellup qui ne crait nulle chose et se met dā en tous perilz/il deuient par telles operations fol Har di Sēblablemēt cellup qui Vse des delis corporelz/et ne sen depart ou delaisse ou nen reprime nulz quelcōqs tel hōe est desatrempe/et cellup qui fuit tous telz delis de corps/il est a griesce et insensible ¶Glo Il est a entendre de cellup qui Vit en cōmu nite et de Vie politique ou ciuile/car se il en prent nullement aucune delec tation corporelle/cest par deffaulte de bonne nature ou par mauuaise a coustumance/et de ceste Vie sera dit plus a plai au tiers li. ou il traicte de attrēpāce. ¶Tex. Car p suphabōdā ce ou p deffaute ē corrūpue attrēpāce et fortitude aussy Mais cestes Ver tus sont sauluees par le moyen.

Feuillet.

Or n'est il pas seulement ainsy q̃ les generations et augmentatiõs ou accroissemens et les corruptions de vertus sont faictes d'unes mesme et par unes mesmes operations. Glo. Faictes en diverses manieres, si comme par boire et menger est sobriete causee ou engendree, ou elle en est corrumpue. Tex. Mais avec ce les operatiõs qui en suivent procedent de vertu. Car ilz sont en telles choses mesmes et de telle maniere. G

Il veult dire que les operations qui sont faictes apres ce que vertu ẽ engẽdree et causee et celles qui precedent vertu et sont cause de vertu ilz sont semblablement en tant que les unes et les aultres sont faictes selõ raison et sont au moyen sans excee et sans deffaulte, mais ilz differẽt aucunement, si comme il sera dit apres, car celles qui ensuivent et sõt causees de vertu sont faictes avecques delectations et les autres non. Tex. Et ainsi est il aux vertus corporelles qui sont plus manifestes et plus cõgneues, si comme en force de corps, car avec la disposicion naturelle elle est causee par bien menger et par bien exercer moult de labours, et quant ung homme a ses choses frequẽtees tant quil est devenu fort de corps, encor peut il plus legierement et mieulx menger et boire et labourer. Semblablement est il es vertus de lame, si comme en attrempance, car par delaisser et fuir desirs corporelz et deli-

ci dement et est lon fait attrempe Et quant l'en a ceste vertu et lon est attrempe, encor peut l'en mieulx eschever et fuir telles delectations qui ne sont selon raison. Et semblablement en fortitude par estre acoustume de non tenir compte et crainte ttop choses terribles et de les soustenir fortiblement nous acquerons la vertu de fortitude, et quant elle est acquise encor pouõs nous mieulx soustenir telles choses terribles. Glo. Et par ce appert comme les operations qui precedent vertu et les subsequentes sont semblables comme dit est.

Comment vertu regarde de delectations et tristesses iii.c.

Le signe que il convient prendre pour savoir se les habis sõt engẽdrez causes ou fais ce est la delectation ou la tristesce que l'en a aux operations, car celluy qui fuit et delaisse les delis du corps qui sont contre raison et en eulx delaisser se esioist et se delecte tel homme est attrempe et a la vertu d'attrempance, et celluy qui en delaisser telz desirs a tristesse et desplaisir, il est desatiempe. Glo. Se la tristesse est en la voulente il est vicieux et desatrempe et se elle est tant seulement en l'appetit sensitif, il est incontinẽt comme il appert asses p la glose du dernier chapitre du premier livre. Tex. Et celluy qui soustient selon raison les grãs perilz des batailles/ɐ en ce faire se esioist ɐ delecte ou ny a pas tristece cest signe quil a la vertu de fortitude ☞Glo ☜Car quant vng hõme est par bataille naure ou pris il ne se resioist pas/mais il na pas tristece ne desplaisir ne se repent pas de ce quil a fait/car il a fait sõ deuoir ☞Tex ☜Et cellui q̃ en telles choses soustenu a tristece ou desplaisir il est couart ɐ la cause est/car vertu moral est en delectatiõs ɐ en tristeces ☞Glo ☜Cest la premiere raison ɐ la conclusion maintenant mise/car vertu nous doibt attraire a bonnes euures ɐ retraire de mauuaises doncques a vertu regart aux delectatiõs ɐ a tristeces qui nous sont mal faire ɐ bien laisser. ☞Tex.☜ Et pour ceste cause sicõme disoit platon/il conuient que cellui qui doibt venir a vertu soit tãtost au commencement ɐ en sa ieunesce induit et demene en telle maniere comme a ce appartient/ɐ pource est il ainsy que soy esioir de ce de quoy lẽ doibt selon raison/ɐ auoir ioye auec tristece de ce de quoy len doibt auoir selon raison tristece cest la vraye et droitte discipline.

☞Glo.☜ La droitte discipline de ieunes gens est faire les acoustumer de eulx esioir de bien ɐ trister de mal/et les doibt len blasmer ɐ chastier quant ilz sont le contraire/cest la premiere raison ☞Tex☜ Item les vertus sont en fais ɐ en passiõs. ☞Glo☜ Cestassauoir en adrecant les fais ɐ en ce est la vertu iustice Et la vertu dattrempance est en adrecant les fais/ɐ en ce est la vertu de iustice/ɐ la vertu dattrempance est en adrecant corrigẽt ɐ repriment les autres passions cõme ire ɐ concupiscence ☞Tex.☜ Et a toute passiõ et a tout fait il sensuit delectatiõs et dõc est vertu et regart en delectatiõs et tristeces ☞Glo☜ Cest la seconde raison ☞Tex☜ Item les peines q̃ len eppose ou impose a ceulx qui pechent ou font mal demonstrent que vice et vertu regardent ɐ sont en delectations et tristeces/car telles peines sont baillees comme medecines contre les vices ɐ medecines sont faictes des choses cõtraires a la maladie ☞Glo☜ Cest la tierce raisõ cõme il arguast ainsy vice et vertu sõt contraires et sont vers vne mesme chose et vice est vers delectatiõ ou en delectatiõ/car len en garist par le cõtraire/cestassauoir par peines en substrahant delectations ɐ donnant tristesses dõcques est vertu et a regart en delectations ☞Tex☜ Item comme nous auons dit deuant que chascun habit de lame regarde les choses a sa nature vers les choses par lesq̃lles il est fait pire ou meilleur. ☞Glo.☜ Car sicomme il fut dit au second chapitre/les habis sont causes et acreus par vne mesme chose/ɐ actoistre vertu est faire la meilleur/ɐ acroistre vice est faire la pire ☞Tex☜ Or est il aisy que les habis de la

d.i.

me & aussi les psonnes sont fais meilleurs en poursiuāt bōnes operatiōs et pires en poursiuāt delectations lesquelles il ne cōuensist pas poursuir Ou quant il ne le conuient pas ou si cōme il ne cōuient pas ou en quelcōques maniere autremēt quil ne soit estre determine par raisō Et semblablement en suiant tristeces qui ne sōt pas a fuir ou quantilz ne le sont ou en quelcōques manieres autrement que raison ne dicte   Glo. Par telles choses est vertu apeticee ou corrūpue et vice causee ou acreu. Et par vertu nous nous cōtenons sicōme nous deuons en toutes delectations et tristeces   Tex. Et pour ce disoient aucuns que les vertus sont impassibles et en repos   Glo. Se estoient les stoiciens qui disoient que celui q est vertueux qui ne sēt nulle passion ne temptation de ire ne de cōcupiscēce ne dautre chose & est sa voulente du tout a repos et en paix et ne se muet pour rien qui aduingne. T. Mais ce nest pas bien dit simplemēt et vniuerselement. Car ceulx qui ont vertu sentēt les passions et de ce se mouuent aucunement tant cōme il conuient et non autrement et selō toutes les circonstances qui y peuēt et doiuent estre mises par raison. Tex. Celui qui est vertueux a bien aucunefois cōpassion douleur ou iope et ire et concupiscence, car autrement ne seroit il pas de bōne nature, mais tousiours & en tout et y tout

est raisō maistresse, & nulle de ces choses ne le fait mouuoir en declinant a mal   Tex. Doncques supposerons nous que vertu est telle que p elle len fait tresbonnes operatiōs en choses ou il a delectations et tristeces, et par vice ou malice len fait les choses contraires. Glo. Cest la conclusion de cest chapitre que vertu nous dresce a bien faire en delectations et en tristesses.

Lacteur preuue cy autrement comment vertu regarde delectations et tristesses.   iiii.c.

C Este chose no9 apperra encor par autres raisons   G Les raisons deuant mises sont fondees en tant comme delectation et tristece regardent vertu, & en cest chapitre il en met quatre autres fondees en tant comme delectation et tristece regardent les personnes.

Tex. Premieremēt trops manieres de choses sont eslisibles q len peut appeter ou desirer, & sont iii. autres, bien, bel, ou hōneste, lautre est bien confert ou vtile ou proffitable, et lautre est biē delectable, & des trops choses fugibles et contraires, Vne est mal, lait, & deshōneste. Lautre est mal, nuisible, ou dōmaigable Et lautre est mal, triste ou tristece et desplaisance   Glo. Ceste diuision est belle et notable, & pour la entendre, il est assauoir premieremēt que bien honneste est ce qui est a desirer et appeter et eslire quant est de soy et selon soy pose que il ne fust pas ordene et que il neust mestier a autre bien plus grant. Et tel bien est vertu et operation de vertu. Et telle chose appelle aristote bien absolument par excellence mais bien conferent et vtile est ce que est de sa nature ordene a bien honneste. Et est aussi comme le moyen q̃ a mestier et vault et proufite a acquerir bien honneste, Sicõme sont richesses qui sõt vtiles pour plusieurs vertus exercer. Et bien delectable cest la delectation et le plaisir que lẽ a a posseder et auoir la chose desiree. Item il est assauoir que bien honeste quant est de soy ne peult estre ordene a mal mais bien vtile peult estre ordene a bien et a mal sicõme richesses dont len peult vser et a bien et a mal. Et semblablement des delectatiõs les vnes sont en bien et bones les autres sont maluaises. Item len doit sauoir que en tant cõme vne chose est vtile a mal elle ne doit pas estre dicte vtile simplemẽt mais est nuisible aussi cõme le bon larron nest pas bon mais est mauuais. Et sẽblablemẽt les delectatiõs en chosez malueses ne sont pas vraye delectatiõs sicõme il appert plus a plain ou .p̃e. liure. Item pour ce que tout bien qui est en verite vtile est ordene et proufite a bien honneste par ce appert que len peult asses bien dire que tout biẽ vtile est bien honneste aussi comme

len dit que la viande est saine pour ce quelle a mestier a sante. Et lorine saine pour ce quelle est signe de sante. Semblablement toute delectation vraye est en bien honneste ou en bien ordene a bien honeste et selõ ce peult len dire que toute vraye delectation est honneste. Et ainsi lentendoient tules et seneq̃ qui disoient que tout bien est honneste. Tex. Or est il ainsi que en toutes choses celui qui est bon adresse et fait toutes ses operations selon raison. Et celui qui est mauuais peche en toutes ces choses et mesmement en delectatiõ pour ce que delectation est plus commune. Car delectation est cõmune a toutes choses qui ont ame et ont vie sensible. Et auecques ce elle est cõmune a toutes choses ou il chiet electiõ ou a tout bien eslisible. Car tout biẽ honeste est delectable et aussi tout bien vtile est delectable. Glo. Et ainsi tout bien est delectable mais bien honneste et bien vtile ont vne autre raison et nature de bien auecques delectations. Or auons la premiere raison de cest chapitre a mõtier que vertu est en delectation. Tex. Item il est ainsi en tous que des enfance delectation est aussi cõme nee. et nourrie auecques nous et pour ce est ce forte chose de tenir en subiection et de moderer telle passion la quelle nous auons des le commencement. Et preserue et dure tout le temps de nostre vie. Glo. De ce que lensãt

feuillet.

est ne il se delecte a gouster le lait de sa nourice et tous les iours communement auons nous plusieurs temptatiõs et mouuemẽs de nous delitter oultre raison. Or est forte chose de soy deffendre et resister a laeuersaire qui si souuẽt assault Et vertu est en choses haultes et fortes sicomme dit tulles doncques est vertu en moderer les delectations et cest la seconde raison de cest chapitre Tex Item nous riglons nos operations les vngs plus les aultres mains par delec tation et par tristece Glo Len fait voulentiers les operatiõs ou len a delectation et fuit len celles ou len a tristece Tex pour ce doncques est il chose necessaire que en ce soit tout le fait de la vie humaine et de moralite Car il na pas petite difference en soy trister ou esioir es operations Glo Ceulx qui se delectent en bonnes operations et sont tristes de maluesses ilz sõt bons Et ceulx qui sont le contraire sont mauuais cest la tierce raison Tex Item comme disoit eraclitus le philosophe cest plus forte chose de soy combatre et resister a concupiscence que ce nest a ire Car concupiscẽce nous assault et nous tempte plus souuẽt mais ire tempte plus aprement et mains souuent. Or est il ainsi que vertu et art sont tousiours vers les choses plus fortes Glo Sicomme vng medicin met plus grande e

stude a garir dune forte maladie que dune autre et en est plus a louer. Et pour ce tout le fait tout le negoce de vertu moral et politiques est en delectations et en tristeces. Et les regarde Et quicõques en vse biẽ il est bon et quicõques en vse maluaise ment il est mauuais Glo. Cest la quarte raison et la conclusion Tex Or auons doncques dit que vertu est en delectations et tristresses et les regarde Glo. Ce a este dit ou tiers et ou quart chapitres Tex et auons dit que dunes mesmes operations vertu est faicte acreue et corrũpue mais elles ne sont pas faictes semblablement Glo Ce fut dit ou premier chapitre Tex. et auons dit que de telles operations fait elle et de telles elle est cause Glo. Ce fut dit vers la fin du secõd charpitre.

Lacteur traicte cy vng doubte dont fut parle ou second chapitre du premier liure v.c.

Acun pourroit faire question comment et pour quoy nous auons dit que les personnes sont faictes iustes par ce que ilz font iustes choses et sont faictes ou deuiennẽt attrempees par ce que ilz font opations attrempees Glo et ainsi des autres vertus. et ne semble pas verite par la raisõ qui ensuit Tex Car se aucuns font ope rations iustes et attrempees aussi cõme tous ceulx qui font oeuures de gramariens et musiciens ilz sont gramariens et musiciens.

Glo par ce semble il que Vertu ne soit pas causee par operations car elle precede telles operations aussi comme les ars precedent les operations qui deulz sont denommees ad ce respont aristote en .ii. manieres Et premierement il nye que il soit ainsi les ars Tex. Mais il nest pas es ars ainsi comme dit est car il peult aduenir que aucun sera oeuure de gramarien a cas dauenture ou a lepemple dun autre Glo Aucun peult parler latin a lauenture ou a epemple dun autres comme ung oysel parle et ne scet quil dit Tex Et nest pas pour ce gramarien mais il est gramarien quant il fait oeuure de gramarien. Et a maniere de gramarien par la science qui est en lui Glo Semblablement nest pas ung hõme iuste pour ce se il fait choses iustes mais auecques ce conuiẽt il que ilz les face iustement et ainsi e il des autres Vertus. Toutesuoyes ceste responce ne souffist pas du tout car len nest pas fait iuste pour faire choses iustes alauanture ou autrement qui ne les fait a bonne intentiõ Et pour ce met il apres une autre responce Tex. Item il nest pas sẽ blablement quant a cest propos des ars et des Vertus car le bien des ars est es choses faictes par les ars et

souffist quant elles sont bien faictes mais es choses qui doiuent estre faictes selon Vertu se ilz sont faictes telles comme sont choses iustes et attrẽ pees pour ce ne sõt ilz pas faictes iustement et attrẽpeement mais auec ques ce y sont requises la maniere et la qualite ou cõdition que cellui qui les fait doit auoir et premierement est a considerer se il fait telles operatiõs sachant et de certaine science. Glo. Car se acas dauenture il faisoit une chose iuste et par ignorãce len ne deuroit pas dire pour ce que il fust iuste Et ceste condicion regarde lentendemẽt. Tex. Apres conuient cõsiderer se il a fait en la eslisant et que il eslise pour ce Glo. Cest assauoir pour iustice ou pour autre Vertu et est ceste condition double la partie premiere est quil face la chose par election Car se il la faisoit par paour ou par Vergonde ce ne seroit pas oeuure Vertueuse. Lautre partie est quil la face pour Vertu car sil faisoit telle operation pour gaingner ou pour Vaine gloire il ne seroit pas Vertueulx et ceste condition regarde la Volente. Tex. Et tiercement est a regarder se il a coustume ferme et estable de telles operatiõs faire et ce il est en ce immobile et les fait fermement et perseueraiment sans ce que il puisse estre tourne ou mue au contraire

Glo. Ceste condition regarde le habit de Vertu qui doit estre ferme et immouuable et non pas de legier

d.iii

feuillet.

gier variable ¶Tex. Et de ces cõditions dessusdictez nulle ne est requise a aultre art excepte sauoir ¶Tex Car ung homme peult bien auoir ung art sans ce quil eslise oeuurer selon tel art par lõg temps ou que il eslise pour gaing ou pour adulation et sans perseuerer mais ung homme nest pas vertueux se il ne vse de vertu quant temps en est et par election. &c. ¶Tex mais es vertus science ou sauoir ya petite ou nulle puissance. ¶Glo. Il est a entendre que sauoir a petite puissance quant ad ce que par sauoir soient les operations morales et loables et vertueuses car elles sont telles par election de volente ¶Tex Et les autres conditions ny peuent pas petit mais grandement et toutes les choses y puent et prouffitent qui appartiẽt a vertu et telles viennent en nous et sont causes par faire maintesfois et souuent choses iustes et attrempees et les choses sont dictes et appellees iustes et attrempees quãt elles sont telles comme sont celles q̃ fait celui qui est iuste et attrempe fors quant il les fait en telle maniere comme font ceulx qui sont iustes et attrempes ¶Glo. Cest assauoir les conditions deuant dictes et ainsi est il des autres vertus et par ce ẽ determinee la question de cest chapitre Car celui qui nest pas vertueux et les vertueux font operations ou choses semblablement fors tant que celui qui nest pas vertueux ne les fait pas fermemẽt perseuerablemẽt et delectablement mais toutesuoyes par la frequenter ilz deuient vertueux ¶Tex Doncques est ce bien dit que ung homme est fait iuste par oeuurer et faire choses iustes et est fait attrempe par faire choses attrempees ¶Glo. Ce fut dit ou premier chapitre ¶Tex Et par non faire telles choses nul ne sera iuste ou attrempe et qui ne les fait il nara cure destre bon. et sont plusieurs qui ne font pas telles neuures apperteãs a vertu mais ont leur refuge a raisonner ou a oir ou estudier la philosophie des vertus et pour ce ilz cuidẽt acquerir vertu ou estre fais et deuenir vertueux ¶Glo. en delissant election et operation des choses bonnes et ceste erreur repreuue aristote par ung semblable ¶Tex Telz gens sont aussi comme ceulx qui sont malades escoutent et entendent a grant estude et a grant diligence ce q̃ les medicins leurs dient mais nulles choses ilz nen font de ce que ilz leur enseignent ou commandent doncques aussi comme telz malades ne seront ia garis ne bien disposes selon le corps. Semblablement ceulx qui sceuent philosophie moral et cõme len doit oeuurer pour acquerir vertu et rien nen font leur ame ne sera ia guarie ne curee ¶Glo. de peche ou de vice car comme dit tules vice est langour de lame.

Lacteur enquiert icy legiere mis en la diffinition de vertu. vi. ca

Pres ce que dit est il est bon denquerir quelle chose est vertus. Et pour ce que en lame sont .iii. manieres de choses cest assauoir passiōs puissances et habis il conuient que vertu soit vne de ces choses Et ie di que passions sont concupiscence, ire, paour, hardiesce enuie ioye, amour, haine, gelousie, desirer, misericorde, et generalement tous mouuemēs de lame ausquelz sensuit delectation ou tristece. ¶ Io passion est mouuement de lappetit ou regard de bien ou de mal comme sont les choses nōmees ou texte et autres comme erubescence admiration esperance et plusieurs autres desquelles aucun nont pas nom impose en latin et encor en sont plus qui nont pas noms imposes en francois Et est assauoir que Virgille en nomme .iiii. q sont par auenture les plus principaulx. Vne est au regart du bien aduenir ce est esperance lautre ou regard du bien present et que len a cest ioye lautre ou regart de mal aduenir cest paour et lautre de mal present et que len sent cest tristece. Tex Et les puissances de lame sont selon lesquelles nous sommes passibles des passions deuantdictes comme sont celles selon lesquelles nous sōmes dis auoir tristesse ou misericorde mais les habis sont selon lesquelz nous auons ou contenons bien ou mal au regart des passions cōme de la passiō appellee ire que se nous no9 courouçons trop fort trop tost trop pou trop tart nous faisons mal et p mauluses habit. Et se en telles choses nous no9 auons moyennemēt nous faisons bien et par bon habit et semblablement des autres passions. ¶ quant a cest propos. v. manieres de choses sont a considerer premieremēt la substance et la nature de lame. Secōdement sont es puissances qui sont deulx en general cest la cognoscitiue par quoy lame a cōgnoissance de ceste ne parle il pas cy. Et droit lautre est la puissance appetitiue par quoy lame a desir et affection et tout a aucune chose. Et est diuisee en deux puncipalz Cest assauoir la concupiscible par quoy len tent a aucune chose delectable ou fuit chose triste Et la puissance irascible par quoy len a ire ou appetit de vengeance. Tiercement sont les passions ce sont les mouuemens de lame selon sa partie ou puissāce appetitiue et de ces passions ay ple naguères. Quartemēt sont les habis et est assauoir q les habis sont qualitez acquises en lame p lesquelz habis len est enclin a oeuurer selon les passions et mouuemens de lappetit et a les moderer ⁊ refraindre et telz habis sont vertus et vices cōme il apperra apres. Quintement sont les operations qui par les choses dessusdictez sont faictes et il nest

d.iiii

nulle doubte/que Vertu n'est pas la substãce de l'ame,z aussi est il certain que Vertu n'est pas operacion. et aristote apres preuue que Vertus ne sõt pas passions, et par quatre raisons.

Tex Or est il aisi que Vertus ou les Vices ne sont pas passiõs. premieremẽt car selon les Vertus ou les Vices no⁹ sommes dis bons ou mauuais, z selon les passions absolumẽt considerees, nous ne sommes dis ne bõs ne mauuais Glo Car tous ont telles passions z aucuns mouuemens a delectacion ou a ire, Et ainsi tous seroient bons, ou tous seroient mauuais, c'est la premiere raison.

Tex Item selon Vertus ou Vices et malices no⁹ sommes loues ou Vituperes, z selon les passions absoluemẽt considerees nous ne sommes loues ne Vituperes, car Vng homme n'est pas loue ou Vitupere pour ce s'il craint ou a paour ou pour ce se il se courrece simplement, mais pour la maniere et qualite du fait Glo Se il a paour ou se il se courrece sãs raison ou autrement que par raison il ẽ a blasmer et se il reigle telles passions par raison il est a louer c'est la .ii. raison Tex Item nous nous courrecons et auons paour non pas de nostre Voulente ne par election et les Vertus sont elections ou elles ne sont pas sans election qui est faicte p Volente Glo Ceste disiunctiue est Vraye pour sa seconde partie. Car Vertu est causee en nous par o

perations qui sont faictes par electiõ Et doncques n'est pas Vertu telles passions comme paour courous. zc. Et c'est la tierce raison Tex Item les passions sont mouuement de l'appetit et les Vertus ne sout pas mouuemẽs mais sont qualites de l'ame selon les quelles nous sõmes biẽ disposes Glo. C'est la quarte raison Tex. Et pour semblable raison a aucunes des dessusdictez Vert⁹ ne sont pas les puissãces de l'ame car nous ne sommes dis bons ne mauuais ne loes ne Vituperes selõ telles puissances ou pour ce que nous pouons souffrir selon les passiõs des susdictez. Glo. Vng homme n'est ne loe ne blasme ne reppute bon ne mal pour ce se il peult courcer par la puissance irascible et ainsi des autres passions C'est la premiere raisõ de ceste conclusion que Vertu ne sõt pas les puissances de l'ame .Tex Item nous sommes puissans de telles puissances et les auons de nature et nous ne sommes pas fait bons ou mauuais ne n'auons pas les Vertus de nature et de ce auons nous dit deuant Glo Ou premier chapitre de cest second liure Tex Doncques se Vertus ne sont passions ne puissance de l'ame il demeure et s'ensuit que Vertus sõt habies et ainsi auons dit du genre de Vertu Glo Genre est la premiere partie de la diffinition d'une chose et est ce que sen respont quant len demande d'une chose que cest sicõ qui demãderoit q cest q cheual/ z len respõderoit cest beste. et qui demãderoit apres qlle beste lẽ adiousteroit la differẽce z diroit len Beste qui peut henir ou autremẽt car les nõs ne sõt pas imposes aup proPres differences des choses z du gẽre z de la difference est la diffinicion faicte z composee.

De la difference mise en la diffinition de vertu vii.c

Il couient enquerir nõ pas tant seulement que vertu est habit mais auecques ce couient enquerir et scauoir quel habit vertu est Glo Et ce sera la difference mise en la diffiniciõ de vertu Tex. Nous dirõs premierement que generalemẽt toute vertu de quelconque chose elle soit vertu elle pfaict celle chose en bien z la fait estre biẽ disposee ẽ soy mesmes Et auecques ce elle rend z fait estre bonne leuure de celle chose sicõme la vertu de leul elle fait bon leul en soy z fait son opaciõ estre bõne/ car nous voions bien pour la vertu de leul.

Glo. Cest expẽple est des mẽbres et cellui qui ensuit est de tout le corps z parle de vertu prise gñalemẽt. T. Sẽblablemẽt la vertu dun cheual fait le cheual bõ en soy z auecques ce elle fait bon pour courir vistemẽt et pour porter souef ung hõme et pour attendre seuremẽt en batialle. Et sil

est ainsi en toutes choses il sensuit q vertu est z sera habit par lequel hõme est fait bon et par le quel il rend z fait son oeuure bonne Glo. Si comme la vertu de feu est chaleur p quoy il est bon en sa nature ou espece et par quoy il fait bien son operation naturel Tex Et en qlle maniere ce peult estre et quelle conditiõ celle vertu doit auoir nous sauons dit deuant Glo Cestassauoir ou second chapitre de cest secõd liure ou il fut dit que checune vertu est causee z sauluee par les operaciõs qui sont ou moyen Doncques est il ainsi que vertu par quoy homme est bõ et par quoy il fait bonnes oeuures il couiẽt quelle soit ou moyen et ce mõstre il apres par plusieurs voies de quoy la premiere est prinse par la nature de vertu z des choses quelle regarde

Tex. Ceste chose sera plus manifeste se nous regardons z considerons quelle est la nature de vertu

Glo. Vertu de sa nature a regart et est vers les passions et operacions humaines/ sicomme la vertu de fortitude en paour qui est vne passion/ et la vertu de liberalite en despence de peccune qui est operation.

Or peuent estre et aduenir paour et despẽce de pecune pl9 z plus z male et encor mains et trop et pou en plusieurs manieres comme il est de toutes choses continues et diuisibles Et semblablement est il des aultres operacions et passions humaines.

feuillet.

Tex. Len doit sauoir que en toutes choses cōtinuees et diuisibles lon peut prēdre ce que est plus/ et ce que est moyē/ et ce que est egal. Et ce que est egal peut estre egal selon la nature de la chose/ ou egal quāt a nous et ou regard de nous. Et ce que nous appellons icy egal/ cest le moiē entre superhabondāce ou epces dune part/ et deffaulte dautre part. Je dis dōques que le moien selō la nature de la chose cest ce que est entre les deux extremites par egale distance. Et pource est il vng mesmes quāt a toutes gēs mais ce que est moien a nous ou en regart de nous cest ce ou il na supabondance ne deffaulte selon ce que doibt estre en raportant a nous/ et tel moyē nest pas vng mesmes quant a tous. Exemple. Se dix estoit le plus grāt epces ou aucune matiere/ et deux estoient la plus grant deffaulte/ le moyen selō la nature de la chose ce seroit six/ car en tant cōme six surmonte et passe deulx/ en tant dix surmonte et passe six/ Cestassauoir en quatre/ et pour ce entre dix et deux le moien est six selon proporcion arismetique.

Glo Proporcion arismetique est quant le grant surmōte ou epcede le moien autant cōme le moiē surmōte le petit/si cōme il est en lexemple mis ou texte. Il est vne autre proporcion appellee geometrique/ de la quelle il sera dit ou quint liure/ et est quant le plus grant surmonte le moien en tel le proporcion cōme le moien surmōte le petit/et ainsi sont ix. et quatre car ix. contient six et lamoptie de six et six contient quatre et lamoptie de quatre/ et nest pas proporcion arismetique/ car il a plus de six a ix. que de quatre a six Tex. Mais ce que est moien quant a nous nest pas ainsi a prēdre/ car se aucun est au quel māger dix mesures est trop/ et mangier deux mesures ē de tāt trop peu pour ce ne commādera pas le maistre qui ordonne des viādes que len dresse ou liure pour chescun six telles mesures

Glo. Et six mesures cest le moyen selon la nature de la chose. Tex Car ce seroit trop pour lung: ou peu pour lautre/ et est verite que telle porcion fust trop petite pour milon.

Glo Les hystoires dient que Milon mangeoit en vng iour vng beuf/ et que il portoit vng beuf tout le cours dune estable sans arrester. il aduint que il aloit vne foiz tout seul par vng bois si trouua vng grant arbre abbatu que len auoit voulu fendre a coigs/ il sefforca de les arracier et le fist/ sa main demoura en la fente qui se recloıt quant le coing fut hors et milon demoura tenu par la main/ et le mengerent les bestes sauuaiges

Tex Mais ce seroit trop pour cellui qui souldroit auoir dominacion ou victoire es luptes et es courses/ ou es aultres ieux aux quelx agilite de corps mesmemēt est requise

Glo. Car ceulx qui menguent trop ne se peuēt pas bien auoir en telles epercitacions. Et ainsi tout hōme saichant et prudent fuit superabondance et deffaulte, et quiert le moyen et le desire: Et est a entendre nō pas du moyen, ou du milieu de la chose, mais du moyen quant a nous lequel est proporcionne et mesure selon nous et ou regart de nous. Item Glo. Cest vne autre voie a monstrer que vertu est ou moien Tex. Tout art ou toute sciēce operatiue parfait bien son oeuure par ce quelle regarde au moien, et ad ce demaine et arreste toutes ses euures. Et pour ce on a acoustume a dire des euures quāt ilz sont biē et a point faictes que il ny a que mettre ne que estre, aussy cōme se superabondance et deffaulte corrūpissent la bonte de loeuure et le moyē la sauluast. Et cōme nous auōs dit tous ouuriers en leurs ars sōt seurs oeuures en regardant au moien Or est il ainsi que vertu est plus certaie et meilleur que nul art, aussi comme nature est plus certaie et meilleur q̄ nul art Glo. Nature oeuure plus certainement que ne fait art et vertu est plus pres de nature que nest art, et pour ce quelle est causee par acoustumance elle est ainsy comme couertie en nature sicomme dit tulles. Et par vng meismes art lē peut ouurer et bien et mal, mais par vertu len ne peut faire mal, et pour ce dit se tepte, selon lautre trāslacion que vertu est plus subtile plus certaine et plus hō norable que tous les aultres ars.

Tex. Doncques sensuit il que vertu regarde et coniecture et tendet sadresse au moien. Glo. Ainsy auōs nous vne autre raison p̄ quoy il monstre que vertu est vng moien. Car les ars tendent au moien pour estre bien, dōcques est il ainsi de vertu par plus forte raison, pour ce q̄lle est plus certaine et meilleur, et apres aristote declaire de quelle vertu il entend Tex. Et ce que ie dis est a entendre de vertu moral Glo. Ce dit il a la difference des vertus intellectuelles dōt il determinera ou vi. liure. Tex. Laquelle est en passions et en opacions. Et en telles choses est superabondance et deffaulte et moyen. Sicōme sont auoir paour ou hardiesse, auoir concupiscēce, ou la fuir, soy courcer, auoir misericorde, et vniuerselemēt auoir delectaciō et tristesse. En toutes telles passions il peut estre plus quil ne conuient et moins quil ne conuient ou appartiēt et lung et lautre, cestassauoir moins et plus est autremēt que biē, mais q̄ craint ou a paour ou hardiesse et ainsi des autres passions quāt il conuiēt et est oportune et es choses es q̄lles il est oportune et aux p̄sones, et au fin et en la maniere quil appartiēt cest le moiē et la meilleur chose q̄ soit ē vertu Sēblablement es opaciōs est superabōdāce defaulte et moie. Or ē il ainsi q̄ vertu ē en passiōs et opaciōs. Glo.

feuillet.

Car passions et operacions sont la matiere de vertu/et environ elles/et vers elles/ɀ en elles est vertu. Tex Et en cestes choses supabondãce est vicieuse/et deffaulte est vitupere ɀ blasmee/ɀ le moien est loue et adroit mis ɀ ces deux choses appartiennent a vertu Glo. Cestassauoir recti tude ɀ faire a droit ce qui est contraire ɀ opposite a puersite vicieuse/ɀ louenge qui est contraire ɀ opposite a vitupere Tex Donques est vertu vne chose moiene et laquelle consiecture ɀ tend et sadresse au moyen.

Comment vertu est en moien
viii. ca.

Encor appert il aultremẽt q̃ vertu est ou moien par ce q̃ len peult pecheir en moult de manieres Glo En excedant en plusieurs manieres/ou plus ou mains/ɀ en deffaillant en plusieurs manieres/ou plus ou moins/ɀ vertu est entre exceder ɀ deffaillir. Tex Et ainsi cuidoient les pythagoriens q̃ mal fust de la partie de infini/ɀ bien de la partie de fini Glo Infini cest chose infinie sans fin ɀ sãs terme ou innombrable/mais fini cest chose terminee/limitee/ɀ certaine. Les pythagories furent disciples ɀ ensuiuirent la doctrine du philosophe appellé pytagore qui mettoit deulx coordinacions de choses sicõme il fut dit en la glose du. vii. chapitre du premier liure. Et quanta propos ilz disoient que mal peut estre fait en manieres i

finies ɀ innombrables Tex. Car adresser a bien ou faire a droit est en vne maniere. Et cest la cause pour quoy ce nest pas fort de faire mal/et de faillir a bien faire/ainsi cõe quant len trait a vng signe ce nest pas fort de traire mal/ɀ de faillir mais cest forte chose de attaindre ou ferir le signe Et pour ce les malices et vices sont. superabondãces en plus/ɀ deffaultes en moins Glo Qui peuét estre faictes en plusieurs manieres.

Tex. Et le moien appartient a vertu Glo Et est cest moien en vne maniere/ɀ ainsi et par ce sont les gens fais bons simplemẽt/ cest a dire en vne maniere. Et sõt fais mauuais en moult de diuerses manieres ɀ guises. Donques est vertu habit electif estant ou moien quant a nous put raison determinee ainsi comme le saige la determineroit Glose.

Il conclud en ceste clause la diffinicion de vertu ɀ dit q̃lle chose ce est. Et peult estre ceste diffinicion vng peu plus cleremẽt en francois exprimee en disãt ainsi. vertu est vne ferme qualite de lame par laquelle qualite nous sommes enclins a eslire le moien entre exces ɀ deffaulte/cestassauoir le moien quãt a nous et ou regart de nous en la maniere que tout homme saige la determineroit et iugeroit par droit ɀ raison estre esseu Se peut bien estre la diffinicion ou descripcion pour declarer ɀ demonstrer plus a plain q̃lle chose vertu est

Le second liure dethiqs.

Tex. Et cest moien est ou mylieu de deux malices ou vices, desqlles lune est selon superhabondance & lautre selon deffaulte. Et auecques ce est a considerer que telles malices deffaillent ou abondent et mains et plus quil nappartient ou conuient, tant en passiõs comme en operaciõs
Glo. Cõme il fust dit ou chapitre precedãt & mes exemple de passions, car len peut auoir paour trop ou peu ou moienement. Item exemple des operacions len peut despẽdre trop ou peu ou moienemẽt Tex. Vertu fait le moyen trouuer par rayson & eslire par voulente, & pour ce selon la diffiniciõ de vertu elle est ou milieu ou au moien, car vertu modefie & quiert et treuue et eslit et prend le moien es passions & es operacions qui sont la matiere de vertu Tex. Mais selon ce que vertu est bien, elle nest pas ou moien mais est tresbõne souuerainement et contraire a mal.
Glo. Vertu est bien moienne entre trop et peu, entre exces et deffaulte, mais elle nest pas moiene entre bien & mal, mais est simplement contraire a mal Tex. Or doit len scauoir que ne toute operacion ne toute passion de lame ne recoipt pas tel moien appartenant a vertu.
Glo. Aucun pourroit cuyder pour ce que est dit deuant que en toute operacion et en toute passion eust moyen selon vertu, mais il nest pas ainsi, & ce monstre il par .iij. raysons.

xxxi

Tex. premierement car aucunes choses sont desquelles tãtost cõme ilz sõt nõmees il appert par leurs noms quilz emportent mal & que ilz sont cõfites en mal de la significaciõ de leurs noms, sicomme ioye de mal, & estre sans vereconde et enuie
Glo. Ce sont passiõs. La premiere na pas nom propre ne en latin ne en francois. La seconde a nom propre en latin et non pas en francoys. La tierce a nom en latin & en frãcois Cest enuie qui est auoir tristesse du bien daultruy, & en operacions adultere, larrecin, homicide, ces choses ici & toutes telles sont mauluaises selõ elles mesmes, et nest pas tant seulemẽt la supabõdãce ou le peu en elles mauluais, mais tant car len ne les peut bien faire, et ne peut len dire qlz sont a faire quant il conuient ou appartient & en la maniere quil cõuiẽt Cest assauoir, adultere, larrecin, et telles choses, car cest peche de les faire en quelconque maniere Glo. Albert fait icy vne obiectiõ, car vng saige appelle Ticias disoit que lon deuoit pardonner a vne femme qui auoit fait adultere auecques vng tyrant pour le trair et tuer. Albert respond et dit bien que adultere ne peut estre bien fait, mais pour le bien que la femme fist en ce quelle deliura le pais du tyrant, pour ce le mal de adultere luy doit estre pardõne. Tex. Itẽ. glo. cest la secõde raisõ a mõstrer que en aucunes choses na pas moien

Feuillet.

Tex Qui en telles choses vou droit mettre moyen/il seroit sembla ble a celuy qui mettroit moien et sup abondāce et deffaulte en iniustice et couardie et en incōtinence. Or est il ainsi que telz vices ou malices sōt en supabondāce et deffaulte. Et doncq couendroit il que superabōdāce fust supabondāce et que deffaulte fust de faulte Glo Et de la secōde su perabondāce seroit la tierce par telle raison. et de la tierce seroit la quarte. Et ainsi seroit proces infini qui est re prouue des philosophes Tex. Item Glo. Cest la tierce rai son a mōstrer que en aucunes choses na pas moien appartenant a vertu Tex. Aussi cōme nous ne disōs pas de attrempance et de fortitude et des autres vertus q̄ en elles soiēt su pabondāce et deffaulte et bon moyē mais de chescune telle chose en quel cōque maniere q̄lle soit faicte cest vi ce ou mal. Doncques dirōs no⁹ vni uersellemēt q̄ en superabondance ne de ffaulte.

Lacteur appliq̄ la diffinicion de vertu a aucunes vtus particu lieres   ix.ca.

l ne conuient pas auoir dit tant seulement en general la diffinicio de vertu/mais auecques ce il est bon de lapplicquer aux vertus singulieres Car quant esta parler des operaciōs les paroles ge nerales ou vniuersel·es sōt plus vaines. et les parolez particulieres sōt

plus vrayes pour ce que les opaciōs sont es choses singulieres et particu lieres Glo En sciences specu latiues les proposiciōs vniuerselles sōt les plus cōgneues et les plus cer taines/sicomme en geometrie que de chescun triangule les iii. angles val lent deux angles drois/il est deuant cōgneu tant en general que pticulie remēt de cest triāgule ou dun autre. Mais es sciences practiques il est au cōtraire/sicōme en medecine lon scait auant q̄ ceste laitue et ceste/et ceste et ceste garissent de telle maladie/q̄ lō ne scet luniuerselle/cestassauoir tous te laitue garisse/etc. Et aucunefois a instance es vniuerselles plus que es particulieres. et pour ce dit il que les pticulieres sont plus vrayes. et aussi les pticulieres sont plus au fait q̄ les vniuerselles. Or prenons doncques nostre applicacion de la descripcion de vertu Glo Par laq̄lle il ap pert que vertu est habit moyen entre deux malices Tex. Premiere mēt quant est en paour et en hardies se la vertu qui est ou moien cest forti tude/et cellui qui a vertu est appel le fort/et celluy qui a superhabondā ce ou epces en paour na pas nom im pose Glo En langaige grec car en francoys lon lappelle couart. Tex. Car plusieurs vices et vert⁹ sont qui nont pas noms imposez ou ne sont pas nommes Glo Aucūs ont nom en grec et nō pas en latin. et aucūs au contraire. et plu sieurs ont nõs en latin et non pas en francoys et peu au côtraire/ ⁊ seblablement est il de plusieurs aultres choses. Tex Et cellui qui superhabonde ou excede en oser il est fol hardy ou trop hardy Glo.

Il a nom propre en griec ⁊ en latin mais ē fraçoys hardy ne signifie pas mal qui ne adiousteroit en disant fol hardi et trop hardy. Tex. Et celluy qui craint trop et ose peu il est couart quant est en delectations ⁊ en tristeces, la vertu et le moien est attrempance et non pas en toutes Glo. Mais tant seulemēt es delectations et tristeces corporelles p especial en gouster et toucher Tex

Et le vice qui est en superhabondance cest desatrempance Glo.

Sicomme sont gloutonnie ⁊ luxure. Tex. Et cellui qui est en la deffaulte na pas nom approprie, car il nest pas moult de gens qui declinent a tel vice Glo Car chascun communement ensuit les delectations ⁊ peu de gens les fuiēt ou tre raisō Tex Tousiours telz peuent estre appelles insensibles.

Glo. Qui preuuent maintes delectations corporelles qui nappartient Tex Quant est de expposer peccues ou richesses ou de les prēdre et acquerir liberalite est le moyen la suphabūdance est pdigalite que nous pouons appeller fole largesse, a deffaulte ⁊ illiberalite est auarice ⁊ couuoitise ⁊ sont ces vices cõtrais

res, cestassauoir prodigalite et illiberalite et chascun diceulx superhabūde et deffault, car le fol large quia p digalite il superhabōde en donner et en despendre/ ⁊ deffault en acquerir ⁊ deffault en donner et despendre, et de ces choses icy nous en parlōs maintenent en figure et en capitulāt grossement, mais apres nous en determinerons plus certainement Glo.

Au quart liure Tex. Et quant est de peccune encor ya autres dispositions, cestassauoir ung autre moyen ou moitie appellee magnificēce Et differe de liberalite en ce quelle est en grās choses/ ⁊ liberalite est en mendres choses, et la superhabondance en telles grans choses est appellee banausie Glo. Il na pas au texte nom en latin, mais il ya deux noms griecs ne en francoys na il pas nom biē ppre. Tex. Et la deffaulte est paruificence/ et ces vices different de ceulx qui sont enuiron liberalite, mais en quelle maniere ilz en different il sera dit apres Glo.

Au quart liure.

Encores de ce xe. chapitre.

Dant est de honneur et inhōratiō le moiē et la vertu en grās honneurs cest magnificēce/ ⁊ la suphabōdāce est chay mot cest ābicion ⁊ la deffaulte est pusillanimite, ⁊ aussi cōe liberalite qui est en mēdres choses que nest magnificēce regarde magnificence/ ⁊ differe delle aucunemēt, et est vne vertu semblablement en honneurs qui regardent magnanimite en la maniere que liberalite regarde magnificence Et est ceste vertu en mendres honneurs que nest magnanimite, car telles honneurs mendres ou moiennes len les peut acqurir et appeter plus ou moins que nappartient, et cellup qui superhabonde en desirer telz honneurs il est philotime Et cellup qui y deffault en a philotime, et le moyen est innome, et aussy les vices sont innomes, toutesvoyes nous faignons que ilz aient nons philotime et aphilotime.

Glo. Desirer et procurer honneur a soy deu, sicomme il appartient et quant il appartient auecques les autres bonnes circunstances cest une vertu, mais aristote la diuise en ii. vertus: Une est en grans honneurs et la nomme magnanimite, lautre est en mendres et moyens honneurs et na point de nom, et la superhabondance cestassauoir amer et querir honneur non deu ou indeuement cest vice Et en grans honneurs aristote lapelle caymotie et en mendres philotime, et lun et lautre est orgueil, et la deffaulte ou negligence de desirer ou po'chasser honneurs deulx ordenement cest vice, lequel en grant honneur aristote lappelle pusillanimite, et en communes honneurs aphilotime.

Tex. Et ceulx qui sont vicieux en ceste matiere contendent ensemble du moyen Glo. Car cellui qui aime et quiert honneur oultre raison dit quil nen fait pas trop, mais il fait bien apoint et quil est au moien et dit et racote cellup qui est au moyen en fait pou et fait deffaute, et aussy cellup qui deffaut il dit quil est au moien quil epcede et fait trop Semblablement est il en autres matieres si comme lauaricieux dit que le liberal est trop large Et cellup qui est trop large dit que le liberal est trop auaricieux, et pource quant les vngs nos blasmet du trop, et les autres du peu cest signe que nous faisons bien apoint et selon vertu Tex. Et aussy cellup qui est moien et vertueux, nous luy donons aucunesfoys le nom du des vices et lappellons philotime, et aucunesfoys le nom de lautre vice, et lappellons aphilotime, et loons aucune fois le nom du vice autfois le nom de lautre Glo. Pource que le moyen na point de nom len luy donne le nom des extremes cestassauoir des vices, sicomme en ceste matiere mesmes en francoys ou en latin nous loons ung bon homme aucunesfois en disant que il ne cure des honneurs mondaines, mais nous entendons qui nen cure fors selon raison, car simplement ce seroit vice, et aucunesfoys de cellup mesmes nous le loons de ce que il aime honneur, et esta entedre selon raison autrement ce seroit orgueil

Tex. Et pour quelle cause nous le faisons il sera dit apres. Glo. Au quart liure Tex. Or disons doncques ensuiuament des aultres choses selon ce que nous auons commence en la matiere de ire et superhabondance & deffaulte & moien, et sont les vices pres que innommes, mais celui qui tient le moien nous disons qu'il est mansuet ou debonnaire. Or imposons doncques nom a cellui qui a superabondance & soit appelle selon & la malice felonnie, & celuy qui defffault soit appelle iniraſcible, c'est a dire trop mol & qui ne se courſe pas quant temps & lieu en est. Encor sont trois autres moities ou moiens & vertus qui ont similitude ensemble, et different cheſcune de lautre, car toutes trois sont en communicacions & paroles & de operacions en ceste maniere, car lune est en la verite qui est en fais et en paroles, les autres deux sont en delectacions que len peut auoir en telles choses, lune en ieux & eſbatemens, lautre en toutes manieres de soy contenir & auoir en conuerſacion de vie humaine. Il conuient doncques dire de ces choses affin que nous congnoiſſons mieulx que en toutes choses morales le moien est a loer, & les extremes ne sont pas a loer, mais sont vituperables. Glo. extreme ou extremite en cest propos ce sont les choses qui sont hors du moien, une en exceder & en plus, & lautre en deffaulte et en mains, & pour ce appelle il les extremes superabondance & deffaulte.

Tex. & de ces choses plusieurs sont innommees, mais nous tascherons a leur impoſer & faindre nome, affin que elles soient plus manifestes & pour la grace du bien qui en peut ensuyr.

Glo. Car comme il fust dit ou second chapitre de cest second liure la doctrine moral nest pas pour science acquerir principalement, mais affin que par elle nous soions fais bons

Tex. Or disons doncques quant est en doit dire ou signifier de soy meſmes celuy qui tient le moien soit appelle veritable, & telle soit dicte verite, & le vice qui excede en faignant plus grant chose soit appelle vanterie, et celui qui a tel vice soit dit vanteur, & celuy qui est en mains soit dit yron

Glo. Trop ceſer ou neer, ou trop appetiſſer son bien fait ou ce dont len doit estre loe, ou recommande: cest vng vice qui est contraire a vanterie: & qui na pas nom impoſe en latin ne en francois. Tex. Quant est de la delectacion qui est en ieux & eſbatemens celuy qui tient le moien est appelle eutrapolos Glo. en grec eu cest bon ou bien, et trapolos cest tournant, si que eutrapolos est cellup qui scet bien a point tourner les fais et les paroles a soulas & a eſbatemens, et par aduenture de ce vint ce que len dit en francois que vng homme est bon trupelin Tex. et celuy qui ſuperhabonde a nom bomolothes Glo. C'est cellup qui est trop iouant, & en lautre tranſſaction il sappelle iugſeur Tex. et cellup qui deffault, il est dit aggreste & malſade, ou mal gracieux

feuillet.

Glo. Comme que il soit nomme cest celuy qui na cure de ieu ne desbatement nulle foiz / ou quāt temps en fut. Tex. Quāt est de laultre delectacion qui est en soy auoir et contenir en cōuersacion de vie humaine celui qui le fait selon ce quil conuient et appartient / il peut estre appelle amiable ou amable et agreable / et celuy qui en ce epcede et veult plaire a cūun / se il fait de son iclinacion et volente sans que il tende a aultre fin. il na pas nom apropie / et par auēture peut estre appelle blaffart. mais se il fait pour cause daucun proffit acquerir / cest vng lobeur et vng flateur. et celuy qui en deffault / cest de dure et triste obuersacion / il peut estre appelle litigieup / discole / mal amiable / et mal agreable. Jtem en passions et en choses qui a ce appartiennēt a moyē semblable cōme en habis dessusditz / car vergonde nest pas vertu. Glo. comme il appertra ou quart liure.

Tex. Et toutesuoyes nous louons celuy qui est vergondieup selon ce qi il appartient. Glo. Eustrace fait ici vng doubte. car il fut dit deuant ou vi. chapitre de ce secōd liure que selon les passiōs ou pour les passions len nest loue ne vitupere / et vergonde est vne passion. Or dit il icy q̄ nous louōs celui qui est vergōdeup par quoy il semble que il se contredye. Eustrace respond que telle passion peult estre consideree en tant comme elle vient de nature et de complexion.

Et ainsi sen nest pas pour elle a louer ne a blasmer / mais elle peult estre cōsideree en tant comme elle est ordōnee selon raison au signe de biē. et ainsi en peut len estre loe et blasme du cōtraire. Tex. Et en ceste chose a moien / et celui qui superabonde est appelle cathaplep qui a vergongne de tout. Glo. Il na point de nō en francois qui ne diroit qui est ainsi comme sauuaige ou esbahi. Tex. Et celuy qui deffault en ce / et qui de rien na vergonde il est appelle inuergondeup ou eshonte / et cellup qui est moyen est dit vergondeup. Jtem autres passions sont en auoir tristece ou delectacion des choses qui aduiēnent a son prochain / et peut auoir superhabondance et deffaulte et moien. Le moien est appelle en grec nemespe et est quant len a tristesse telle comme il apartiēt de la prosperite des mauuias qui font mauuaises oeuures et ne sont pas dignes du bien quilz ont la superabondance est enuie / et est tristesse de la prosperite quilz aimēt tāt aup bons comme au mauuais / et cellui qui deffault en ce a trop sauuage nom en grec eppizapieizatus / et celui qui na tristesse de nui bien qui aduiene aup mauuais / et encor sesioyst de leur prosperite / mais de ces choses ici parler plus a plain sera tēps vne autre fois. Glo. Car il traicte ceste matiere u secōd chapitre de rhetoriq̄. Jtē iustice e vne vertu q̄ est dicte e piusieurs manieres cōe dirōs aps.S

Le tiers liure dethiques [le second]

Ou cinquiesme liure ou elle est diuisee iustice en cōmutatiue et distributiue. Tex. Et illecques nous dirons de checune espece de iustice cōme elle sont ou moyen. Et semblablement nous dirons apres des Vertus intellectuelles Glo ou Vi.siure.
De la cōtrariete et opposicion qui est en vices et en vertus .xi. ca
Cōmme il soit ainsi que trois disposicions sont/cestassauoir deux malices ou Vices lune selon superabondance/et lautre selon deffaulte/et la tierce est Vertu moienne il est Verite que chescune de ces disposicions est opposee et contraire a checune des autres deux en aulcune maniere Glo. Car le Vice est contraire a Vertu en vne maniere/et est contraire a lautre et chūn diceulx est contraire au moien/cestassauoir a Vertu/et le moien est contraire aux eptremites Tex et cecy appert par ce que vne chose qui est egale a vne autre chose/ceste chose egale est plus grāde au regard de celle qui est mēdre et plus petite/et elle mesme est plus petite au regard dune autre qui seroit plus grande Glo.
Or est il ainsy que maindre et plus grant sont contraires a parler de cōtrariete largement prinse/et ainsi ce q est egal est contraire au plus grant et au plus petit/et plus grāt et plus petit sont cōtraires lun a lautre. et semblablement est il en nostre propos de Vertu et des deux Vices eptremez T

xxxiiii

Semblablemēt les moiēs habis cestascauoir les Vertus mesmes ce sōt desfaillances ou regart des Vices q sont en supabōdāce.en ceste maniere est il es passiōs et es opaciōs et habis q sōt en telles choses/car celui qui a la Vertu de fortitude quāt au regard de celuy qui est paoureux ou couart il sēble trop hardi/et cellui mesmes qui a ceste Vertu il sēble couart ou regard de celui q̄ est trop hardi. Sēblablemēt celui qui est attrēpe ou regart de celui qui est isensible. G. Celui q̄ boit et mēgue soufisāmēt et attrēpeement ou regart du glouton il semble estre trop sobre/et ou regart de celui qui est trop sobre il sēble estre gloutō. Tex Aussy celui qui ē liberal ou regart de lauaricieux sēble estre trop large, et au regard du fol large il sēble estre auaricieux : et pource ceulx q̄ sōt Vicieux es eptremes il iettēt le moyē lun a lautre/et ainsi cellui q̄ a fortitude le paureux lapelle trop hardi/et le trop hardi lapele paoureux. G. car le couart dit dun bō cheualier q̄l ē trop hardi/et le fol hardi dit dun bō cheualier q̄l est couart. T. et ainsi est il es autres choses pporciōnelemēt/et cōme il soit ainsi q̄ ces trois dispōs dessusdictez soiēt ptraires chūne au deux autres toutesfois la cōtrariete dun eptrme a lautre cest dūg Vice a lautre ē pl° grā de q̄ nest la cōtrariete de chūn eptrme a Vertu. G. Il proue ceste cōclusiō p ii. raisōs : T. car les eptrmes sōt plus loig lū de lautre et a pl° grāt distāce

e.ii.

de lung a lautre, qui na de checun de eulx au moien aussy comme la chose plus grande est plus loing de la chose plus petite, et la plus petite est plus loing de la plus grande, que elles ne sont de la chose plus petite, et la plus petite est plus loing de la plus grande, que elles ne sont de la chose moyenne et egale. Glo. Semblablement les vices sont plus contraires lun a lautre, que eulx ne sont contraires a la Vertu moienne, et ce est a entendre en tant comme les vices sont extremes a la Vertu moienne, mais a les considerer en tant comme ilz ont nature de mal, et Vertu en tant comme elle a nature et raison de bien, les vices sont plus contraires a Vertu, quilz ne sont lun a lautre. Et apres comme il dit. Item etc. Il met la seconde raison. Tex. Item aucuns extremes ont une similitude au moien sicomme trop grant hardiesse a similitude a fortitude, et prodigalite, cest a dire trop grant largesse a similitude a liberalite. Et les vices extremes ont plus grant similitude lung a lautre que eulx nont au moien. Glo. Sicome trop grant hardiesse est plus semblable a couardise, quelle nest a fortitude. Et prodigalite est plus semblable a avarice quelle nest a fortitude, et prodigalite est plus semblable a avarice quelle nest a liberalite. Tex. Et la diffinicion de contrariete, ou de contraires est que ilz sont en tresgrant distance, par quoy il sensuyt que ceulx qui sont

plus dessemblans et plus distans que ilz sont plus contraires. Glo. Doncques sont les vices extremes plus contraires lung a lautre que ilz ne sont contraires a Vertu. Et ce est a entendre en la maniere dessusdicte en la glose precedente. Tex. Apres ie di que en aucunes matieres la deffaillance est plus oppose et plus contraire au moien, que nest la superhabondance, et en autres matieres la superabondance est plus contraire au moien, sicomme a fortitude trop grant hardiesse qui est superabondance ne luy est pas si contraire comme est paour ou couardie qui est deffaillance, mais attrempance qui est en sensibilite et deffaillance ne luy est pas si contraire comme est attrempance qui est superabondance. Et ceste difference vient de deulx causes. Une est prinse de la nature de la chose. Glo. Cestassavoir des vices et des vertus. Tex. Et est pour ce que ung des extremes est plus prochain et plus semblable au moien nous ne disons pas que il soit tant oppose au moien comme est lautre extreme contraire. Et ce appert en lexemple. Car tresgrande hardiesse est plus semblable a fortitude et plus prouchaine delle, que nest couardise, laquelle est plus dessemblable a fortitude, que nest lautre vice extreme. Et nous disons de ce qui est plus distant et plus dessemblable au moyen, que de tant est il plus repugnant, differant, discordant oppose ⁊ plus contraire ⁖Glo. Fortitude est plus contraire a couardise que a trop grant hardiesse, pour ce que elle est plus pres de trop grant hardiesse. car comme il fut dit ou vii chapitre du secōd liure present vertu est ou moien, nō pas ou moyen selō egale distance, mais ou moien selon ce quil est determine de nous par raysō ⁖Tex. Hecy doncques vne cause prinse de la nature de la chose.

Glo. Cestassauoir des vices ⁊ des vertus ⁖Tex. Vne aultre cause de ceste cōclusion est prise de la partie de nous, car en matiere moral les choses a quoy nous sommes plus enclins, elles semblent estre plus cōtraires au moien ⁊ a vertu ⁖Glo. pour ce que plus fort est de resister a elles ⁊ obuier ou repugner, et de noꝰ en traire par vertu ⁖Tex. Sicōme sont delectacions auxquelles cōmunement nous sommes enclins, et pour ce sommes nous meus et tournes plus de legier a desattrempance que a la vertu dattemprance ou a vice contraire a desatemprance. Or disōs nous que les choses sont plus contraires a vertu lesquelles sont plus nees ⁊ tailliees acroistre en nous.

Glo. Car cest plus fort de resister a telles choses, que a celles qui sont dautre condicion ⁖Tex. et pour ce desatemprance qui est superabondance est plus contraire a attrempance que nest le vice opposite qui est appelle insensibilite

Commēt len peut trouuer le moien ⁊ acquerir vertu xii ca.

Nous auons dit souffisamment que vertu est moiēne, et en quelle maniere ⁖Glo. Il fut dit ou vi. chapitre de ce second liure que vertu est moienne ou en moien, nō pas qui est moien selon sa nature de la chose, mais qui est moyen quant a nous ⁖Tex. ⁊ quelle est moien entre deux malices desquelles vne est selon superabondance, ⁊ laultre selon defaulte, ⁊ que elle quiert ⁊ coniecture le moien en passions, ⁊ en operacions humaines ⁖Glo. Tout ce fut dit ou vii. chapit. ⁖Tex. ⁊ pour ce q il est ainsi est ce forte chose destre vertueux, car en toutes choses cest fort de prendre le moien, ⁊ de asseuer au moiē. sicōme dūg ciercle cest fort de trouuer le point du milieu, ⁊ nest pas chose que checū saiche faire mais tāt seulemēt ceulx q̄ en ont la science

Glo. par mesure ⁊ p geometrie ⁊ nest pas fort de faillir a le trouuer.

Tex. Sēblablemēt est il en matiere moral, ⁊ est certain que chescun se peut courcer, ⁊ chūn peut dōner et despendre son argent, mais combien ⁊ a qui, ⁊ pour quoy, ⁊ quāt, ⁊ cōmēt chūn ne le scet pas, et cecy faire bien ⁊ apoint nest pas chose legiere ne commune, ⁊ est bōne et louable. pour ce est il mestier a celuy q̄ veult attaindre au moiē de vertu q̄ il ait aucūes reigles, premieremēt il cōuiēt de partir

e.iii.

soy et traire loing, et resister au plus grant effort ou vice qui est plus contraire a la vertu de fortitude, q̃ n'est trop grant hardiesse. Et pour ce communement qui veult acquerir la vertu de fortitude, il se doibt plus esson‑ gner ⁊ plus fuir couardise, que trop grant hardiesse. Semblablement, il fut dit que intemperance est plus contraire a temperãce quelle n'est contraire a insensibilite. Doncques qui veult estre attrempe, il conuient plus fuyr ⁊ plus soy essongier de intemperãce que de insensibilite. Tex. Et est semblable a ce que disoit ung poete appelle calipso, qui enseignoit les manieres ⁊ admonnestoit que il gardassent bien que leur naif iust tousiours hors les fumees de la mer ⁊ de hors les grandes ondes. Glo.

Pour ce que ce sont les plus grãs perilz, car pour les fumosites ⁊ brouillas lõ ne peut veoir les rochiers ⁊ les grans ondes sont tempestueuses et perilleuses. Tex. Semblablement en nostre propos ung des vices extremes entre lesquelz vertu est moienne ⁊ plus grant peche que lautre. Doncques pource que forte chose est dattaindre au moien, lẽ doit faire come font les mariniers lesquelz apres la premiere nauigacion ou ilz ne ont encouru nul peril, quant viẽt a la seconde ilz se traient vers le mendre peril. Semblablement nous deuõs entre deux vices contraires plus traire nous vers le mendre. Glo. Car

il y a mains de peril. Et aisi puis que c'est fort de tenir le moyen, il fault mieulx se traire vers le mendre peril ⁊ plus soy garder ⁊ guetter du plus grant. Tex. Et pourra estre fait en la maniere que nous auõs dit.

Glo. C'est assauoir en fuiãt le plus grãt vice ⁊ plus cõtraire a vertu. ⁊ ainsi auons le premier enseignement pour acquerir vertu. Tex. Auecques ce il conuient entendre, et regarder a quelles choses nous sommes par nostre appetit encline, et de legier mouuables. Car les ungs sont enclins a aucuns vices, ⁊ les autres a autres. Glo. par naturel inclinacion, si comme cellup qui est sanguin, il est trop enclin a ioliuetes ⁊ esbatemens, ou a desattrempance. Et cellup qui est colerique est trop enclin par sa complexion a soy courcer. Et auecques peuẽt estre les ungs enclins a ung vice, ⁊ les autres a ung autre vice par mauuaise accoustumance, ou par mauuaise doctrine, ou pour autre cause. Tex. Et ce peut estre sceu ⁊ cõgneu par la delectacion que nous auons es choses ⁊ par tristesse.

Glo. Car quant nous auons communement delectacion en aulcunes choses, c'est signe que nous sommes a telles choses encline. Et quãt nous auõs tristesse en aucune chose, c'est signe que nous sommes enclins a l'opposite. Tex. Doncq̃s deuõs a tout nr̃e pouoir traire nous au cõtraire des vices ausq̃lz no⁹ sõmes enclins

Le second liure dethiqz.

Car en nous trayant bien loing, et grandement arriere de tel peche nous pourrions venir au moien, ⁊ a vertu. Et semblablement font ceulx q̄ veullent dresser fustz ou les bastons qui sont tors courues ⁊ boiteux. Glo. Sicomme celuy qui est enclin a trop boire il se doit abstenir de boire encor oultre le moien affin quil puisse estre reduit et admene au moien. Et en ce faisant il ne pecche pas, consideree la circōstāce de son inclinacion. Et semblablemēt doit len faire quāt est des inclinacions des autres vices, cōme sont auarice, couardie, ⁊c. Et cest le second enseignement pour acquerir vertu. Tex. Item ⁊c. Glo. Voycy le tiers enseignement, formēt eschever ce q̄ est delectable, et soy garder ⁊ guetter de delectacion sensible. Car en prenant la nous ne y disons pas ne ny considerons pas. Glo. Delectacion nous est si doulce ⁊ si amiable ⁊ si attraiant, blandissant, ⁊ deceuant, que tātost ⁊ presentemēt nostre appetit qui a ce est enclin se prēt et poursuit sans attendre que raison ayt espace de considerer, deliberer, et iuger se cest bien ou mal, qui ne sen guette, ⁊ ny prēt garde sōgneusemēt.

Tex. Doncques nous cōuiēt il souffrir ou regart de delectacion ce que souffroient les anciēs saiges de troie ou regart de helene, ⁊ en toutes concupiscences dire la voix ou parole que ilz disoient de helene, cest assauoir quelle fust traitte arriere. Glo.

xxxvi

Affin que par la regarder len ne fust tente de la couuoiter. Car elle estoit tresbelle, et pour ce la rauist paris le filz priamus, et de ce fut causee la bataille de troie. Et ainsy les saiges de troie nestoient pas contens de defendre que helene ne fust touchee, mais auecques ce defendoiēt quelle ne fust veue. Et semblablemēt concupiscence len la doit fuir, ⁊ fuir auec ce de en ouyr parler ⁊ veoir ⁊ pēser, et toutes autres choses q̄ ad ce peuēt mouuoir et attraire. Tex. Et se en ceste maniere mettons ⁊ traiōs arriere delectacion, nous en pecherons mains. Doncques affin que en brief concluons que se nous faisōs les choses desusdictes nous pourrions bien le moien de vertu acquerir: mais Glo. Il met vng preambule pour le quart enseignement. Tex. Par auanture est ce forte chose de attaindre au moien es operacions particulieres, pour les circonstances singulieres. Car il nest pas legier a sauoir en q̄lle maniere vne chose doit estre faicte ⁊ a qui, et de checune operacion quel temps il y conuient determiner. Et pour ce aucunefois ceulx qui deffaillent en ire ou en eulx non courcer nous les louons, ⁊ disons quilz sont debōnaires. Et aucunefoys louōs nous ceulx qui en ce excedent: ⁊ disons q̄lz se monstrent hommes ou vaillans, ou puissans. Glo. Et ainsi pour ce que cest fort de bien choisir le moien, nous ne le scauons congnoistre.

e.iiii.

feuillet.

et loue ۵ne fois cellui qui fait peu autrefois cellui qui fait trop, apres il met le quint enseignement ۞ex Mais celluy qui passe ung peu le moien nest pas a blasmer ou a vituperer pour tant se il se trait hors du moien vers le plus ou vers le moins, fors toutesuoyes q̃ ce ne soit que ung peu car celluy qui sen esloigne trop il est a blasmer, pour ce que la distance est notable et apparissant, et quil ne le deust pas ignorer, mais scauoir mõt bien q̃ iusques a quel terme se peut eslongner sans vitupere du moien il nest pas de legier a dire ne a determiner, car nulle chose sensible ne peult estre si a point determinee, pour ce que le iugement de telles choses est en circonstances singulieres et particulieres qui sont choses sensibles ۞lo Il appert en exemple. len ne peut determiner propriement ne precisement ne faire de ce ung escript general cõbien ung homme doit boire le iour ou a ung disner ou despendre, car il conuient considerer lestat la personne le cas, le temps, q̃ les autres circonstances, et telles choses cheent ou sens et en la disposicion de la personne qui a ce a faire ۞ex Toutesuoies par ce que nous auons dit tãt est mõstre que en toutes choses le moien habit est a louer, q̃ que il se conuient aucunefois decliner a la superabõdãce q̃ a plus, et aucunefois a la deffaulte q̃ au moins ۞lo Pour nostre ignorance et pour la nature de la matiere ou de la vertu, ou pour nostre inclinacion ۞ex Et en ceste maniere nous trouuerons et acquerrons le moien q̃ ce que bien est. ۞lo Car quant len apparcoit que len a excede vers le plus len doit a lautre fois decliner au moins, et quant len a fait moins que le moien, len doibt retraire soy vers le plus, et ainsi finablement len vient au moien, ou si pres quil souffist. Et est cõme semblable de celuy qui trait a la butte ou au signe, car quant il a trait trop hault il trait apres plus bas, q̃ ainsi par plusieurs fois tant quil attaint le signe ou quel il trait communemẽt si pres quil souffist, et que len doit dire quil est bon archier, ou bon arbalestrier.

Ci commence le tierce liure de thiques ouquel il determine d'aucuns principes de faiz ou de operations humaines iusques au .xiiii. chapitre. et apres determine de deux vertus qui sont vers les passions qui regardent principalement la vie humaine. et contient tout le liure. xxvii. chapitres

Premierement il monstre ce qui est inuoluntaire par violence .4.C

Comme il soit ainsi que vertu soyt en passions et en operations desquelles celles qui sont faictes voluntairement sont a louer ou a blasmer ou a vituperer. et celles qui sont inuoluntaires il y chiet pardon et aucunefois misericorde ❧ Glo. Celluy qui fait mal contre sa volente il ne fait pas maluaisement et pour ce il ne luy doit pas estre impute et ce entent aristote en ce quil dit que il y chiet pardon. et auecques ce il y chiet misericorde quant il a paour de a souffrir et soustient pour ce paine Tex. Et pource a nous qui auons intencion a determiner de vertu est il necessaire determiner de voluntaire et de inuoluntaire Glo. C'est la premiere raison a prouuer que il conuient traicter de telles choses pour ce que loenge et vitupere appertient a vertu et a vice et se varient selon ce que est estre voluntaire ou inuoluntaire. Car tant plus est vne passion ou

operation voluntaire tant plus est elle a louer ou a vituperer et tant mais a louer. &c. Tex. Item a ceulx que reglent et gouuernent la police et ordonnent les loys il est profitable sauoir la nature et les conditions de voluntaire et inuoluntaire affin quil puissent selon ce iustement distribuer les honneurs et les paines ❧ Glo. C'est la seconde raison. Car tant est vne operation plus voluntaire tant luy est deu plus de honneur se elle est bonne et plus de paine se elle est mauuaise ceteris paribz. Tex. Les choses semblent estres inuoluntaires quant il sont faictes par violence ou par ignorance ❧ Gl. A ce que vne chose soit voluntaire il y conuient congnoissance et mouuement de lappetit. et pour ce ignorance qui est contre congnoissance la fait inuoluntaire et aussi violence qui est contre le mouuement de lappetit la fait inuoluntaire Tex. Chose violente est de laquelle le principe motifest de hors elle et en laquelle cellui qui la fait ou seuffre ne y conffere ou consent ou aide en riens ❧ Glo. Chose voluntaire est faicte du mouuement de lappetit et lappetit est principe qui est dedens en nous. Et se le motif estoit de hors et lappetit y conferast encore seroit la chose voluntaire et y il peust conferer en .ii. manieres cest assauoir en deuant aide et pour ce dit aristote celluy qui la fait ou en se consentant et pour ce dit il on seuffre et sil ny a

d.iiii

nulle de ces deux manieres la chose est sans volente. Exp. Sicõme se le vent en emportoit vne chose en aucun lieu contre son inclination ou se ceulx qui sont seigneurs trans portoient aucun contre sa volente. Et quelconques choses sont faictes ou pour paour de plus grãs maulx euiter ou pour aucun grant bien ob stenir sicomme se vng tirant a en sa puissance les peres et les enfãs dau cun. Et il luy commande que il face aucune chose laide et maluaise ou il fera morir ses eɴffans en tel cas et sẽ blablement il est doubte et question se telles choses doiuẽt estre dictes vo luntaires ou inuoluntaires. Et tel le chose auient aucunefois en tempe ste a ceulx qui pour leur naif a leger gettent leurs denrees en la mer. Et nul ne le fait voluntairement ou vo lentiers a parler simplement mais il le fait pour le sauluemẽt de lui et des autres qui sont en la naif et ainsi de ueroit faire cheeun qui est raisonna ble et a bon entendement. La respon ce a ceste question est que telles opera tions sont iustes ou meslees de volũ taire et de inuoluntaire mais toutes uoyes elles semblent estre plus volũ taires que inuoluntaires. Premiere ment pour ce que quant len les fait elles sont voluntaires car la fin et la cõplissãce dune operatiõ est ou tẽpe que len la fait et adoncques doit ce q len fait estre dit voluntaire et aussi inuoluntaire. Item quant vng hom me fait telles choses il la veult faire car en lui meisme est le principe et la cause qui meult ses mẽbres en tel les operations et les choses desquel les le principe & la cause motiue est en nous meisme quant a les faire ou nõ telles choses sont voluntaires mais a parler simplement et absoluement

Glo. Cestassauoir sãs adiou ster ou mettre ou considerer les circũ stances particulieres. Tex. Tel les choses faictes par paour sont in uoluntaires car qui se diroit ou prẽ deroit selon elles nul ne esliroit celle chose. Glo. Sicõme qui diroit a vng hõme ainsi voudroies tu get ter tes biens en la mer il responderoit tantost que non mais qui adiouste roit et diroit ainsi et se le cas estoit tel que aultrement tu susses en peril de mort les y voudrois tu getter il di roit ouil

Cõment chose faicte p paour nest pas proprement voluntai re. .ii.C

Ñ telles operations mistes ou meslees de voluntaire & inuolũtaire aucunefois sõt loez ceulx qui soustiennent et endu rent aucune chose laide. Glo. Sans pechie cõme aucune cõfusion ou indignation de grans seigneurs

Tex. Ou tristece Glo. Sicõme aucune affliction ou paine corporel. Tex. pour aucunes cho ses et grandes ou bonnes. Et ceulx qui sont au contraire sont vituperes Car souffrir et endurer treslaides confusions pour ung bien qui est comme nul ou petit cest condicion de mauuais Glo. Cest signe quil a lappetit de sa volente corrumpu quant pour ung peu de prouffit ou de delectation il esluſt a encourir une grant confusion Tex. Et de telles operations aucunes sont ou il nappartient pas loenge mais aucunefois y chiet pardon sicõe quãt ung hõe fait aucune chose qui nappartient pas a son estat pour paour de chose qui excede humaine nature et que nul ne deueroit en tel cas soustenir Glo Il est a entendre de telle operation q̃ nappartient pas a son estat et ou il chiet pardon que ce ne soit pas vice ou peche se nest venial Sicomme par aueture se ung grant seigneur estoit prins et il se humilloit deuant son aduersaire pour paour de mort Tex Et aucunes operacions sont lesquelles len ne doit faire pour nulle côtrainte ne pour nulle paour mais deueroit len plus eslire morir et soustenir et souffrir tres durs tourmens Glo Aucunes operations sont enuolueees en mal de elles meiſmes en telle maniere que elles ne peuẽt estre bien faictes sicomme il fut dit ou .viii. chapitre du second liure. et queconques les fait pour quelconque paour il peche et est a vituperer mais autres choses sont qui sont communement mauuaises pour aucunes circonstances q̃

peuent estre en aucuns cas recompẽses ou qui sont dommagables ou tristes et penibles. et telles choses sont aucunefois a faire ou a soustenir pour paour de plus grant mal ou pour esperance de plus grant bien. et en tel cas conuient par grant prudence considerer ⁊ penser lun côtre lautre pour sauoir se le mal que len eschiue ou euite pour telle chose faire est plus grãt que le mal que len encourroit de la nõ faire. et pour ce est une derision ce que disoit euripides le poete qui en ses metres recite les causes pour quoy sicõme il dit / Almeon° fut contraint a occire sa mere Gl. Amphitoas par linstigation de sa femme contre son propos ala en la guerre de thebes la ou il fut naure a mort. Si comanda a son filz almeõ que il occist sa mere et dit cil poete quil fut a ce contrait et le excusoit par plusieurs raisons premierement pour le cõmandement du pere Item il le maudist se il ne le occioit Itẽ car sa terre delle mesme estoit sterile Item car elle mesme estoit sterile. Item car elle sauoit mal conseillie mais il ny a cause pour quoy il deuſt ce faire et fit mal mais eustrace met ung example dun autre qui fist bien ce fust zenon le philosophe qui esleut a morir et aura mieulx estre pile en ung mortier que il reuelast a ung tirant le secret de sa cite Tex Mais aucunefois est fort a iuger quelle chose len doit eslire pour euiter ung mal et quel mal et aussi quelle chose len

Feuillet.

doit soustenir pour vng bien acquerir ou garder et pour quel bien Item quant len a iuge en tel cas encor est plus forte chose de pseuerer et demourer en son iugement car aucunefois les tristeces et les douleurs q̃ len attent ou que len craint sont grandes et angoisseuses Glo. Et est tresfort que laffection humaine ne se mue pour les euiter Tex. Et pour ce ceulx qui par contrainte ne p paour ne se departent de leur bon iugement et ne lessent leur bon propos ilz sont a loer et les autres a vituperer Or auons dencques quelles choses sont a dire violentes Glo. Il recapitule les choses dessus dictes pour y adiouster Tex. Et sont celles simplement violentes desquelles la cause est es choses dehors. Et quãt cellui qui a fait telle operatiõ ny confere ne aide en rien. Et auons aussi q̃ aucunes choses qui selon elles absoluement consideres sont inuoluntaires Elles meismes sont voluntaires en certain temps et en certain cas
Glo. Comme en temps de tẽpeste getter les biens de la naif en la mer Tex. Car puis que le principe et la cause de telles operations est en cellui qui les fait cõbiẽ que il soiẽt selon elles iuoluntaires toutesuoyes pour le temps et pour les causes pourquoy len les fait elles sont voluntaires et resemblent plus a operations purement voluntairemẽs que elles ne font as autres Car operatiõs sõt

en choses singuliers et sont voluntaires es cas dessusdictz pour le tẽps que len les fait et nest pas legiere chose de baillier rigles ou determiner q̃lles choses ou operation sont a eslire pour les autres laissier. Car moult de difference et de circonstances diuerses sont es operations singulieres Glo. Et ainsi len ne pourroit dõner de ce certaies rigles mais ce doit estre laisse en la discretion prudẽce et iugement des sages en chescun cas particulier Tex. Et se aucun disoit que les choses delectables et les biẽs temporelz nous font violence pour ce q̃ ce sont choses de hors nous et ainsi elles nous contraignent as operations que nous faisons Glo. Cest vne erreur car aucun pourriẽt dire que les choses delectables cõme bon vin et bonnes viandes et les richesses et les honneurs que nous desirons contraignent nostre appetit τ nostre volente a les poursuir et querir ceste erreur il repreuue par.v.raisons Tex. Ce nest pas bien dit. premierement car il sensuiroit q̃ toutes choses que nous faisõs fussẽt violentes et nulles voluntaires car tous font leur operacions pour telles choses Glo. Cestassauoir pour delectation Car toute nos operatiõs sõt pour delectatiõs poursuiz et pour fuiz tristece et fuite de tristece est pour cause de delectation a la quelle tristece est contraire et ainsi toutes nos operatiõs sont en aucune maniere a cau

se de delectatiō et cest la premiere rai
son ¶Tex Item toutes choses q̄
len fait par force et par violence et cō
tre sa volente lē les fait auecques tri
stece Glo. Que necessite donc
tristece pour ce dit aristote ou quit de
methaphisique. et est contraire a vo/
lente c'est assauoir necessite de coac/
tion Tex. Et les choses que lē
fait pour autre bien acquerir len les
fait auecques delectations Glo.
Et plaisance et doncques ne sont ilz
pas faictes par violence et cest la secō
de raison Tex. Item cest vne
derision de causer et accuser les choses
de dehors nous et nō pas accuser soy
de ce que len se rent bien venable cest
assauoir capable ou legier a vener et
a estrer tost puis et vaincu par cho/
ses delectables Glo C'est la tier
ce raison et est contre platon q̄ disoit
que les biens de dehors sōt a blasmer
pour ce que ilz nous traient a delecta
tiōs laides et mauuaises cest mal dit
pour ce disoit chaton dun hōme yure
que ce nest pas la culpe du vin mais
est la culpe du beuāt Tex Itē
aussi est vne derision dire que len est
cause par soy mesmes des bōnes ope/
rations que len fait et quelles choses
de hors qui sont delectables sont cau
ses des mauuaises operatiōs q̄ nous
faisons Glo C'est la quarte rai
son et est contre platon qui disoit que
nous auons les sciences et les ars et
les vertus par nature desque nous sō
mes formes mais les choses de de/

hors nous sont cause de subuertir no
stre iugement et nostre volente. T.
Item la chose est violente de quoy le
principe et la cause motiue est hors
celui qui la fait ou seuffre et a la que
le il ne confere ne donne aucune aide
Glo. C'est la quinte raison et
conuient suppler et est verite que en
telles operations ou les choses delec/
tables mouuent nostre volente elle
mesme y oeuure et confere et si accor
de et les poursuit et si delitte et donc
ques telles operations ne peuēt estre
dictes violentes

De ce qui est inuoluntaire par ignorance .iii.c

Oute chose qui est faicte par
ignorance est non voluntai
re mais la chose faicte par ig/
norance de la quelle quant len sapper
coit lē se y delite mais la chose faicte
pour ignorance quelcōques que elle
soit combien que elle ne desplaist pas
apres si ne peult len pas dire que elle
soit faicte par volēte puis que len ne
le sauoit et ainsi elle nest pas volun
taire dautre partie elle nest pas vo/
luntaire ne cōtre la volente de celui
qui la faicte en cas que il na tristece
de ce qui la fist par ignorance mais
celui qui sen repent et en a tristece il
semble qui la faicte contre sa volente
et pour ce celui qui ne se repent et qui
nen a pas desplaisance il semble estre
non volant autrement que nest celui

feuillet.

qui s'en repent et qui en a tristece et dõcques puis quilz different vault il mieulx que checun ait son propre nõ ¶Glo Cellui a qui il en poise est appelle nolens en latin et cellui a qͥ il nen poise est appelle non volens. Si me semble que nous pouons dire ainsi que la chose qui est faicte pour ignorance est appelle generalement non voluntaire et sil nen desplaist quant len la pchoit encor est elle dicte non volũtaire mais se il en desplaist elle est inuolũtaire et contraire a volente. Sicõme se aucun me bailloit une masse et le culdoie quelle fut dargent et ie apperceuoie apres quelle fut dor loperatiõ ou la prinse qͥe auroye faicte de ce seroit non voluntaire et si me plairoit bien et se ie trouuoie apres que ce fut plon il me desplairoit et loperatiõ et la prinse de ceste ou celle masse seroit inuolũtaire ꝭ ceste distinction est de ignorance qui piece de loperation et apres il parle de ignorãce qui acompaigne et est auecques loperation et ne nest pas cause et dit ainsi ¶Tex Item faire une operation par ignorance cest une chose mais autre chose est que ung hõme la face qui est ignorant car cellui qui est yure ou cellui qui est a pre ou courcene fait pas son operation par ignorance mais pour aucune des choses dessusdietez cestassauoir pour yuresce ou pour ire et toutesuoyes la fait il non sachãt et ignorant car tout mauuais ignore ce que est a faire et ignore

ce quest a fuir ou eschiuer ou lessier et pour telz pechies sont les gens fais iniustes quant aux autres et mauuais a eulx meismes ¶Glo Cellui qui nescet pas que fornication ou yuresce est pechie il est ignorãt ꝭ mauuais mais cellui qui scet bien q̃ toute fornication est pechie et auecques scet bien congnoistre ceste forme seroit fornicatiõ et neãt mais quãt est au fait present et particulier la passiõ ꝭ mauuais desir ou temptatiõ le obscure en ceque et empesche ceste raison ꝭ le fait oublier et ignorer ce qui doit eschiuer aussi comme yuresce ꝭ ire empechent le iugemẽt de raison ꝭ en ce pechie cellui qui fait fornication et pour telles ignorances et pour telz pechies sont les gens mauuais et nul ne peche ꝑ operation inuoluntaire ¶Tex Mais une chose doit estre dicte inuoluntaire non pas pour ce se aucun ignore ce quil doit faire ou ce quil doit fuir car lignorãce qui ẽ en eslisãt le mal nest pas cause pour quoy loperation doit estre dicte inuoluntaire et non est lignorance de la proposition uniuersele ¶Glo Sicõme se aucun ignoroit que toute fornicatiõ ou tout larrecin est pechie ¶Tex mais telle ignorance est cause de malice car len est blasme et vitupere de ce q̃ len fait par telle ignorance mais lignorance des circonstances singulieres qui sõt en loperation ou la regardẽt sont aucunefois loperation inuoluntaire car il y chiet misericorde et pardon ou en

cusation inuoluntairement Glo.
Les docteurs dient moult de choses en
ceste matiere. mais briefment ie di q̃
nulle ignorãce de ce q̃ l'en est tenu a sa
uoir ne epcuse z checũ doit sauoir q̃ il
doit croire z q̃l doit faire z q̃l doit eschi
uer et en cas de double il se doit infor
mer z ignorãce de telles choses peult
estre pour quatre causes ou raisons
aucunesfois par pure paresse et negli/
gence Item par mauuaise affectiõ q̃
l'en ne veult pas sauoir daucune cho
se que ce soit mal Item par soy occup
per en tẽps indeu sicõme qui estudie
roit au vespre tant quil cõuenist dor
mir a leure que l'en deust sauoir le tẽ
ps daler a matines ou l'en est obligie
Item par faire aucun mal qui est cau
se de ignorãce sicõme de soy enyurer
mais ignorance daucunes circonstã
ces que l'en ne peult par bonnement
sauoir epcuse et est appellee ignoran/
ce immuable mais a determiner plus
especialement quelles ignorances ne
epcusent en rien et quelles epcusent
en partie et combien et quelles epcu
sent du tout Ce appartient plus ala
science de droit que aceste Tex.
Et pour ce n'est ce pas par auenture
mal de determiner et sauoir de ces cir
constances quelles elles sont et quã/
tes ou en quel mẽbre Car l'en doit cõ/
siderer qui fait la chose. Item quelle
chose ce est ou quelle operation Item
vers quoy ou en quoy elle est quãt a
la matiere ou a sa obiette Ité en quoy
cestassauoir en quel matiere en quel

lieu et en quel temps. Item aucune/
fois auecq̃ quoy sicõme auecq̃ quel
instrumet ou auecques quelles ay
des Item pour quoy et a quelles fin
sicõme pour cause de salut ou de san
te Item en quelle maniere sicomme
tout apais ou fort et impetueusemẽt
Glo. Sicõme qui diroit qui
est ce responce cest vng prestre car le/
stat de la psonne agraue le fait Item
q̃ a il fait. responce il a feru et batu. itẽ
q̃ a ce este et ou. respõce cest vng clerc
et en la teste Item en quel lieu et. quãt
responce en seglise et de nuit. Ité a q̃l
instrument et a quelle gide. responce
a vne espee et lui aidoit son varlet
Item pour quoy et a que' fin. respõce
pour ce quil luy auoit mesdit affin de
soy vengier Item comme la il bastu
respõce en traison et fort. iii. coups ou
iiii. Et e assauoir que aristote en vne
circonstance en comprent plusieurs
pticulires Tex Or n'est il nul
qui ignorast toutes ces circonstances
se il n'estoit hors du sens Et est ma/
nifeste que cellui qui fait vne opera/
tiõ ne peult ignorer soy meismes. qui
la fait mais aucunefois peult il bien
ignorer quelle chose il fait ou dit Si
comme ceulx qui en leur parler dient
que inaduertence est en aucune chose
dont il ne se prnoiẽt de garde ou quil
leur eschappe et par ce se epcusent
Glo. Et dit l'on en latin aucune
fois que ce fut dit. ex lapsu lingue
Tex Du ceulx qui se epcuse/
roiẽt en disant quilz ne sauoient pas

que la chose q̃ ilz ont dicte fut a taire et a tenir secrete sicõme il est escript ou liure dun poete appelle aysbyli. Glo. Ceste exemple est de ignorance a parler et celle qui ensuit est de ignorance qui est en fait Tex ou se aucun vouloit monstrer a ung autre cõme len doit traire et gettast ung dart sans ce quil cuidast aucun ferir, z toutesuoyes il ferit aucun a cas dauenture nauroit, ce aucu nauroit ou occidit son propre filz et il cuidoit que se fust son aduersaire sicõme fist merope Glo. Ceste exemple ẽ de erreur ou ignorance de obiect ou matiere et le raconte euripedes le poete et fust merope vne fẽme qui occist son filz et cuidoit que ce fust sõ aduer saire Tex. Et celluy qui iouste dune lance ferree et accue et cuide q̃lle soit sans fer et ronde au bout deuant et par ce naure son ami ou qui par vne eslugue cuide getter vne ponce legiere et mole et il gette vne pierre, z blesce son compaignon contre sa volente Glo. Cest ignorance de linstrument Tex Et se vng cirugien fendoit ou trenchoit aucun membre pour garir vng homme et il occit Glo Ceste exemple est de lignorãce de la fin qui se peult ensuir car se en tel cas le cirurgien ne lessoit ou oblioit rien que il ne frist selon art il seroit a epauser Tex. Et se aucu vouloit monster a vng autre cõmẽt champiens se doiuent combatre et en ce faisant il le ferist par quoy il le bles

cast malement contre son intention. Glo Cest exemple est de ignorance de la maniere du faire car il ne cuidoit pas blecer pour ferir ainsi Tex. Et comme en toutes les circonstances dessusdictes puisse estre ignorance quant es operations humaines quelconcques en ignore aucune il semble quil euure inuolũtairement et mesmemẽt quãt est des pr̃icipaulx Glo Il est a ẽtẽdre sil a telle ignorance sans sa coulpe Tex. Et les tresprincipaulx circunstãces sont les choses en quoy est loperation cestassauoir la matiere ou le obiect Glo. Du subiect sicomme seroit la p̃sonne qui auroit este serue et batue Tex et lice autre tres principal circonstance cest la fin a laq̃lle sadresce son intentiõ celui q̃ fait loperation Et cõe ainsi soit q̃ loperatiõ soit dicte inuoluntaire selon aucune telle ignorãce encor conuient il auecques ce que loperatiõ soit triste et en pesance Glo Car comme il fut dit deuant en cest chapitre meismes loperatiõ ne seroit pas inuoluntaire se len nauoit tristece et sil nen desplaisoit apres.

Quelle chose est volũtaire. iiii.c

Omme il soit ainsi que chose inuoluntaire est chose faicte par violence ou par ignorance il sembleroit doncques que chose voluntaire est de la quelle le principe et cause est en cil qui la fait

Glo. Ce principe cest lappetit qui a ce est enclin et pourfuit la chose & par ce est exclufe violence. Tex. Et qui scet les circonstances singulieres es quelles est telle operation. Glo. Par ce est exclufe ignorance. Tex. Et par aue ture nest pas la chose bien inuoluntaire qui est faicte pour ire/ou pour concupifcece. Glo. Par ce que dit est il veult reprouuer vng erreur daucuns qui disoient que ce que nous faisons p ire et par concupifcece est chose inuolutaire/& ne nous doit pas estre impute a mal/car ad ce nous contraint & meut nostre appetit/ire & concupifcence/il reprouue cest erreur par cinq raisons. Tex. premierement quil senfuiuroit que nulle des bestes mues ne les enfans ne feiffent nulles operations/ilz sont meup par passios dappetit fensitif/cestassauoir par ire & p concupifcece/mais pour ce quil repute inconueniet dire que eulp neurent pas volutairemet sen doit scauoir que se volutairemet est prins p prement & deuure de volente pprement dicte qui est appetit itellectif en ceste maniere nulle chose mortel na volente fors home/ne nulle chose fait rien volutairement fors home qui a entendemet et vsaige de raison & liberte et puiffance de faire ou de no faire:ainsi les bestes mues qui ne ont pas volete ne entendemet/ne les enfans/& forcenes qui nont pas vsaige de raison/ ne font rien voluntairement/mais a prendre voluntairement largement

& voulente felon ce quelle se estant a appetit intellectif et sensitif/comme nous difons que vn chien a voulete de megier et a prendre volutairement pour operation qui nest pas iuoluntaire/comme par ignorace ou par violence/mais que len fait de son gre en ceste maniere peut len dire que bestes mues & les enfans font aucunes operacions voluntairement/et dire le cotraire seroit incouenient/cest la premiere raison. Tex. Item ou nous ne faisons rien voluntairement que nous faisons ppour concupifcence/ou pour ire/ou nous fqifons les bonnes operacions volutairemet & les mauuaifes no volutairement. Se nous difos le secod mebre cest derifion:car en homme est vne mesme chose & caufe de bones operations & de mauuaifes. Glo. Cestassauoir volente humaine. Tex. Et se nous mettons le premier membre cest incouenient de dire que les choses soiet inuoluntaires qui sont a defirer et a appeter comme sot plusieurs choses/comme sont sante & discipline que len fait par ire & par concupifcece: Car il se conuiet courcer en aucunes choses.

Glo. Comme pour refraindre les maulp & les pechies. Tex. Et conuient auoir concupifcence & defirer aulcunes choses comme sot sante et discipline. Glo. Ainsi auons la seconde raison. Tex. Item choses iuoluntaires font tristes & auecques triftece es choses q sot felon

f.i.

concupiscence sont delectables. Glo. Doncques ne sont pas inuolūtaires/cest la tierce raison. Tex. Ité en quoy different quāt a estre voluntaires les vnes cōe les autres/et cest la quarte raison. Tex. Ité les passions de la partie sensitiue et irrationelle ne sont pas mains humaines

Glo. Supplie que les opacions des mēbres corporelz/ez sont a dire humaines/car elles sont en puissance de hōme qui peut telles passions moderer ez refrener. Tex. Et pource doncqs les opations dhōme qui sont faictes de ire ou de cōcupiscēce sōt humaines. Glo. Et sont doncques a imputer a mal ou biē/ez a louer ou vituperer. Tex. Et doncqs est ce icōueniēt de mettre que telles choses sont inuoluntaires

De election. v. c.

pres ce que nous auons determine de chose volūtaire et de iuolūtaire/il sensuit q̄ nous passons oultre ez traictons brieuemēt de election/mesmemēt car cest vne chose qui est propre a vertu. Et doit len mieulx iuger les meurs dun hōme p election que par les opatiōs. Car vertu encline tousiours a eslire bien/ez vice au cōtraire/mais aucūes fois en loperation qui est esllue p vertu peut estre empeschemēt. Et daultre partie se loperation est bōne de soy il ne sensuit pas pour ce que celui qui la fait soit bon se il ne la fait p electōn Et ainsi election est plus prouchaine ez plus coniointe a vertu que nest operation. Tex. Il sēble q̄ electōn soit chose volūtaire ez si nest pas vne mesme chose cōuertiblemēt/mais voluntaire signifie plus que ne fait electiō

Glo. Il equiert en ceste ptie le gēre de la diffinicion de electōn/ ez ce genre cest volōtaire/car toute election est volūtaire/mais il nest pas ainsi que tout voluntaire est electōn/ez pour ce nest ce pas tout vng cōuertiblemēt

Tex. Car les enfans ez les bestes mues cōmuniquēt en volūtaire/ sōt aucūes choses volūtairemēt. Glo. Cest a entēdre q̄ ilz sōt de ppre mouemēt ez de leur gre nō pas de volēte ppremēt dicte/ sicōe il fut dit ou chapitre pcedāt. Tex. Mais ilz ne sōt rié p election. G. car electōn ppremēt dicte suppose deliberation faicte par raison ez suppose liberte ez prudēce. et telles choses ne sōt pas es bestes mues: Car ce quilz poursuiuent cest par naturel mouuement sans prudence/sans raison/sans deliberation sās liberte/ez pour delectation qui les y attrait par necessite sans violence. T.

Item nous disons aucunes choses estre voluntaires qui sont faictes ou aduiēnent soudainemēt. Glo. Sicōme quāt vng nostre amy suruiēt sās se que nous y penssions. Tex. Et nulle telle chose nest pas par election G. Dōcqs est voluntaire plus general q̄ election p ses deux raisons dōt la premiere est prinse de la ptie du subiect ez la secōde de la ptie de lobiect T.

Apres il ne semble pas que ceulx dient a droit qui dient que election est concupiscence ou ire ou voulente ou aucune opinion. Glo. Il reprouue les quatre erreurs ou opinions anciennes qui sont touchie les quatre principes des fais humains/cestassauoir cõcupiscence et ire quãt a la partie sensitiue/et raison et voulete quãt a la partie intellectiue/mais il prent opinion pour raison. Et premieremẽt electiõ nest pas concupiscẽce ne ire/car election nest pas cõmune a choses inraisõnables ou qui ne vsent de raison cõe bestes mues et enfans/car ilz nont pas en eulx election cõe il est dit deuãt mais ilz ont concupiscence et ire. Itẽ celui qui est incõtinẽt oeuure par concupiscence et non pas par election ou en eslisant/et celui qui est continẽt au contraire euure par election ou en eslisant/et non pas par concupiscence.

Glo. De ce sera dit plus aplain ou septiesme liure/et fut touche en la glose du premier liure ou derrenier chapitre. Et est verite que celuy qui est incõtinent/oeuure contre son election par concupiscence/et celui qui est continent oeuure cõtre sa concupiscence par election. Doncques election nest pas cõcupiscence/et cest la seconde raison. Tex. Item election est contraire a cõcupiscẽce en celui qui est cõtinent/et en celuy qui est incontinent. Glo. Car lun et lautre eslit selon raisõ a fuir delectaciõ et leur concupiscẽce est contraire/mais lincontinent laisse son election/et le continent

nõ. Tex. et en ces ici delectation nest pas contraire a concupiscẽce. Glo. Car la cõcupiscẽce de lun et de lautre est a delectacion. Doncques election nest pas cõcupiscẽce/et cest la tierce raison toutesuoies sont bien aucunes concupiscẽces cõtraires et de choses cõtraires. Tex. Itẽ concupiscẽce est tousiours auecques delectacion pour la presence de la chose ou de lobiect delectable ou auecques tristesse pour labsence de lobiect delectable/et obiection quant est de soy ne regarde pas se la chose est delectable ou triste. Glo. Mais se elle est expediẽte ou nõ/et election peut estre faicte par iugemẽt de raison sãs delectation ou tristesse/donques election nest pas cõcupiscẽce/et cest la iiii. raisõ. Tex. encor sembleroit il mais q̃ election fust ire/car les choses q̃ sõt faictes pour ire il ne semblẽt nullemẽt estre faictes par election. Glo. Les choses faictes par ire sõt plus hastiues et plus impetueuses cõmunemẽt que ne sont les choses faictes par cõcupiscence/et ne sont pas faictes par deliberaciõ q̃ precede electiõ. Donq̃s plusieurs choses faictes par ire ne sont pas faictes par election/et par cõsequẽt election nest pas ire. Tex. Mais aussi election nest pas volẽte ia soit ce q̃l le semble. G. Pource q̃ volẽte et electiõ sont fais q̃ precedẽt dune puissãce cestassauoir de appetit itellectif: mais elles differẽt ainsi q̃l puuex trois raisõs. T. pmieremẽt car election nest pas de choses ĩpossibles. Glo. et qui ne soient ou semblent estre possibles. Tex.

f.ii.

Et se aucun disoit que len doit eslire chose impossible il sembleroit fol.
Glo. Car election est de chose deuant conseillie/ et nul ne conseille des choses impossibles/ mais tant seulement des choses faisables par nous.
Tex. Et volente est bien aucunefois de choses impossibles/ sicome nous voulons ou poudōs vouloir estre immortelz. Item la voulēte dun hōe est aucunefois ou regart de choses qui ne sont pas a faire p̄ luy meismes/ sicome aucun peut vouloir que en vng champ de bataille celluy ayt victoire qui faint estre champion/ et peut vouloir que celui ayt victoire q̄ est vray champiō. Et nul ne eslit telles choses/ mais tāt seulemēt les choses que il cuide estre faictes p̄ soy mesmes.
Glo. Cest la seconde raisō a monstrer que election et voulente different.
Tex. Ite voulente est plus principalemēt de la fin dune chose/ et election est des choses qui sont ordonnees a la fin/ si cōme il appert en exēple car nous voulons sante cōme fin/ et nous eslisōs les choses p̄ quoy nous pouons venir et la acquerir.
Glo. Cest exemple est es biens du corps et celuy qui ensuit est es biens de lame
Tex. Et aussy nous voulons estre beneures et disons que nous devōs vouloir auoir felicite/ mais nous ne disons pas que nous le doions eslire.
Glo. Car election est de chose de quoy len doit auoir eu conseil/ et nul ne se conseille a scauoir mon se il

doit acquerir sante ou felicite/ et nest conseil ne election de nulle fin en tāt cōme fin/ mais bien en tant cōe chose ordōnee a autre fin/ et par ce appert q̄ election et voulente differēt/ et cest la tierce raison.
Tex. Vniuerselemēt la racine et la cause de toutes les differences dessusdictes est que election est tāt seulemēt es choses ou lē regard qui sont en nostre puissance.
Glo. Et les choses dessus touches q̄ peuēt estre en voulēte ne sont pas en nostre puissance/ cestassauoir impossibles et celles qui sont faictes par autres que par nous. Et albert dit icy que la fin nous est prefichie et establie ou ordonnee de nature/ et nous la desirons naturelemēt sans election/ toutesvoies a prendre election treslargemēt pour quelconque desirer ou condescence en aucūe chose/ len peut dire que electiō est de la fin/ et que la fin est eslisible: ainsi parle aristote ou huitiesme chapitre du premier liure. /vi.ca.

Que electiō nest pas opinion

Election nest pas opinion premierement/ car opinion peut estre de toutes choses/ et de choses ip̄ossibles et de choses p̄durables ou necessaires. G. et il suppose p̄ ce q̄ dit est q̄ electiō soit de choses cōgneues q̄ sōt en n̄re puissāce/ et ne sōt necessaires ne ipossibles/ cest la p̄miere raisō. T. Ité opiniō est diuisee par vray et faulx/ et disōe q̄ lun est vray et lautre est faulx/ et ne disōs pas a plein p̄prement q̄ lun est bō et lautre est mal

Glo. Car vne opinion est en logique ou en geometrie peut estre fausse nest pas pour ce a dire mauuaise ne il ne fait mauluais celuy en qui il est.

Tex. Mais election est diuisee en disant que lune est bonne et lautre est mauuaise Glo. Et la cause si est/car lopinion regarde la puissance cognoscitiue/et election regarde la puissance appetitiue/cest la seconde raison Tex. Doncques election nest pas vniuerselement et indifferemment quelconque opinion. et par auenture aussi nul ne le dit/mais encor election nest pas par especial opinion des choses faisables par nous/ou qui chient en nos operacions Glo. Et ce prouue il par cinq raisons Tex. Premierement car par ce que nous eslisons bonnes euures ou males/nous sommes telz ou quelz/cest a dire bons ou mauuais/et nõ pas par ce que no9 cuidons ou auõs opinion daucunes choses Glo. Car election regarde volente et vient de volente/et se applique ou fait/et opinion non/cest la premiere raison. Tex. Item nous eslisons predre ou faire vne chose:ou la fuir ou laisser ou telles operations mais nous auõs opinion dune chose quelle elle est/et a quoy elle est bonne ou proffitable/et en quelle maniere len doit vser/et ne auõs pas moult de opinion de la predre et accepter ou de la fuir et laisser Glo. Il veult dire que election est de nos operaciõs principalement/et opinion est pl9 au

tres choses et autremẽt: Car opinion ne se applique pas a lexecucion et au fait comme fait election/et ainsy nest ce pas tout vng/et cest la seconde raison Tex. Doncques election nest pas vniuerselement ou indifferemment quelconque opinion/et par auenture aussi nul ne le dit/mais encor election nest pas par especial opinion des choses faisibles par nous/ ou qui chient en noz operacions.

Tex. Item la election de aucũ est loee quant il eslit chose cõuenable ou droituriere. Lopinion daucun est loee quant il est vray Glo. Si comme il appert de celuy qui est incõtinent/car son election est a blasmer/et son opinion est a louer. Doncques ne sont pas vne mesme chose election et opinion/et cest la tierce raison Tex.

Item nous eslisons mesmemẽt que nous scauõs determinement ou cuidõs fermement estre bonnes/et nous auõs opinion souuent daucunes choses que nous ne scauõs pas/et dont nous ne sommes pas certains Glo.

Cest la quarte raison a la cõclusion deuant dicte. Tex. Ité eslire tres bõnes choses et auoir de telles choses vray opinion ce nest pas tout vng. car aucunefois len a bien vraie opiniõ laquelle chose est la meilleur. mais par malice et appetit corrompu len eslist le contraire/et ce que il nappartient pas. Glo. Par quoy il appert que election nest pas opinion/et cest la qnite raysõ ad ce Tex

f. iii.

feuillet.

mais assauoir mon se opinion precede ꝯ est deuant election:ou se il ensuit election il nya force ne difference quāt a ce propos ¶Glo. Toutesuoies quant selō ordre naturel opinion precede/car il regarde la puissāce cognoscitiue ꝯ election ensuit ꝯ regarde la puissance appetitiue ¶Tex Car nous nauons pas nostre intencion a parler de ce/mais assauoir se election est vne mesmes chose que est opinion des choses faisables par nous. ¶Glo Il nentendoit pas parler de election ꝯ opinion quāt a leur ordre/mais de leur difference ¶Tex Dr cōuient doncques regarder quoy. cest quant au genre de sa descripcion. ꝯ q̄lle chose quant a la difference mise en la descripcion ¶Tex. Car ce nest nulle des choses dessusdictes ¶Glo A souffisante descripcion/car election nest pas concupiscence ne ire ne voulēte cōme dit est ou chapitre precedāt ne opinion cōe dit est en cest chapitre mais est chose volūtaire non pas cōuertiblemēt:cōme il fut dit ou chapitre precedāt ¶Tex. Dr disons dōques que election est chose volūtaire ꝯ toute chose volūtaire nest pas eslisible mais tant seulemēt la chose voluntaire qui est deuāt cōseillee ꝯ par conseil determinee ꝯ diffinie. ꝯ il appert par ce Car election est auecque raison. ¶Glo Car elle suppose raison deliberation. ꝯ conseil. sicomme il apperra ou ix. chapitre ¶Tex. Item le nom de election se donne a entēdre

Car il signifie que la chose eslisible et de quoy est election soit prinse ꝯ acceptee deuant vng autre. ¶Glo Car collation ꝯ cōparaison de lun a laultre faicte par deliberation et par conseil/par ce que dit est nous peult cōclure q̄ la description de election grossemēt peut estre telle. Election est desir applique a eportation ou a execution de chose deuant cōseillie. Et est assauoir de election que son obiect en quoy elle est cest la puissance ou partie de lame qui est appellee voulente mais elle presuppose deliberacion et conseil qui est en la puissance ou partie intellectiue/et quant a son obiect qui est chose eslisible il a aussi comme sept condiciōs. vne est que ce soit aucun bien apparēt. Item quil soit possible a obtenir par nous/pour ce ne eslisons nous pas estre mortelz. Item q̄ ce soit chose faisable par nous pour ce ne eslisons nous pas que il face de main beau temps Item que ce soit vne des deux choses impossibles car autrement ne seroit ce pas election Item que tel bien soit ordōne a plus grant bien. ꝯ pour ce la fin souuerai ne nest pas eslisible a parler pprement cōme dit est ou chapitre precedēt.

Item que la chose ne soit pas soudaine. Car len nauroit pas temps dauoir cōseil ꝯ deliberacion. Item que telle chose soit selō pouoir psequutee ou finie. car se aucun auoit voulente ou desir de estudier sās sa cōplir:ce desir seroit vain nō pas elecōn sil z ne se mettent en oeuure, ainsi appert en somme la sentence de ces deux chapitres

De quelles choses doibt estre conseil   vii. c.

En pourroit faire question a scauoir mō se de toutes choses len peut et doit cōseillier et se toute chose est conseillable, ou se aucunes choses sont desquelles il ne cōuient pas cōseillier, et doit len dire la chose conseillable non pas celle de quoy vouldroit faire conseil ung hōme non sachant ydiot, ou ung homme hors du sens, mais celles pour quoy conseilleroit ung hōme entendant pourueu et discret Glo. Ces deux motz derreniers sont en lautre traslacion Ter. et premierement nul ne conseille des choses pdurables sicōme est le monde Glo. Selon aristote le mōde est perdurable mais en verite il eut cōmencement Ter. et les proposicions necessaires: cōme est ceste, se dyametre et le coste dune figure quarree sont incōmensurables.

Glo. Les conclusions de plusieurs sciences sont necessaires, sicōme celles de geometrie, desqlles est ceste dune figure quarree, et le dyametre q la trauerse de biais sont de celle cōdicion que par nulle mesure tā soit petite par quoy lē peut une de ces deux choses mesurer, lē ne pourroit lautre mesurer precisement, et est impossible que deux mēbres soient en telle pporcion, et ne appert pas cecy plus declarer quant a present Ter. Item lē

ne cōseille pas des choses qui sont en continuel mouuemēt et tousiours en une mesme maniere, soit par necessite ou par nature ou par aucūe autre cause: sicōe sont les conuersions et les mouuemēs du soleil Glo. Les mouuemēs du ciel chūn par soy sont tousiours dune maniere et reguliere: mais les moies cōposes de plusieurs se diuersifient, et les corps du ciel selō aucuns sont ainsi meus par necessite, par la raison de la figure sperique, et selon aucūs par leur nature cōme les choses pesantes sont meues en bas et selon aristote cest pas une autre raisō ou cause, cest assauoir par les intelligēces espirituelles Ter. Item lē ne conseille pas des choses qui auiēnet puisque toutesfois en une maniere, cōe assauoir se il fera sec tēps Ceste Glo. Car peu de fois pleut en tēps deste en grece ne es chaudes regions Ter. Item lē ne cōseille pas des choses q aduienēt a la fortūe, sicō seroit trouuer ung tresor a cas dauēture Item encor ne pseille lē pas de tous fais humains, car ceulx de lacedomone ne cōseillēt pas ou ne traictēt pas en leurs pseulz cōe ceulx de scite se gouuernerōt. G. Scite est une froide regiō biē loīg de lacedomone et ne cōuersēt pas les ungz auec les aut́s. T. La cause pour quoy nous ne pseillō pas des choses dictes est, car nulles de elles nest faicte p nous, dōqs les choses de quoy lē cōseille sōt en nře puissāce. G. Aucūefois plus nous biē ē ung cōseil de

f. iiii.

choses qui ne sont pas en nostre puissãce: sicomme du temps aduenir se il est sec ou moiste, mais cest en rappor tant a aucune chose faisable par nous de laquelle len coseille principalemēt et conseillons aucunefois des choses faisibles par nos amis, mais quant ad ce nous et eulx sommes vng mesmes et leurs besongnes sõt les nostres et nous touchent Tex. Pource que ce sont celles qui demeurēt puis que les autres dessusdictes en sõt dehors. car quatre manieres de causes sõt, cestassauoir necessite, nature, fortune, entendement, et tout ce qui est cause de ce qui est fait par hõme comme est voulente et les sens naturelz.

Glo Quãt a present len peut dire que nature est cause des mouuemens qui sont tousiours en vne mesme maniere, ou pres que en vne meisme maniere, et necessite est cause des choses perdurables et immouuables soubz dieu, et fortune ou cas ou aduēture des choses qui aduiēnēt peu souuent. Et entendement, voulēte et les puissances sensitiues sont causes des fais humains desquelz est conseil

Tex Et ainsi toutes gens conseillent des choses ouurables, ou faisibles par eulx Glo Et nõ pas de toutes, ne en vne mesme maniere: sicomme il declarera apres Tex. Et auecques ce il ne conuiēt pas faire ou auoir conseil de choses determinees et ordonees par les ars et par les sciences certaines sicõme de escripre les lettres Glo. Car la maniere de les former est toute ordõnee et riglee, et len fait cõseil des choses incertaines et ou il chiet doubte Tex Mais des choses qui peuent estre faictes par nous en plus dune maniere ou ē plusieurs manieres dessemblables de celles cõseillons nous, sicõme des choses q̃ touchēt medecine ou marchandise ou aucũ negoce lucratif, et auecques ce de telles choses il est ainsi que il cõuient plus conseiller es vnes que es autres: sicõ de en art de gouuerner vne naif q̃ en lautre. Et sēblablement es autres a il differēce quãt ad ce, et cõuiēt plus cõseiller es ars practiques q̃ il ne fait es disciplines et sciēces speculatines, pour ce que il y chiet pl9 de doubtes Glo. La cause est car les ars pratiques sont en opacions et en choses particulieres ou il cõuient considerer moult de circõstãces, et y peut auoir plusieurs doubtes ou il chiet biē cõseil, mais les sciēces speculatines sont des choses vniuerselles et generales ou il cõuiēt pas regarder a tãt de circõstãces, et ny chiet pas formēt cõseil. T. Et pource cõuiēt il conseiller des choses q̃ peuēt souuēt auenir et q̃ ne sont pas certaines mais incertaines, et nest pas determine en qlle maniere il auēdroit, et no9 eslisons et prendos a cõseil les gēs q̃ sceuēt discerner et cõgnoistre de grãs choses et notables aussi cõme se no9 ne fussiõs pas souffisãs ad ce de nous mesmes G. Il met icy .iii. cõdiciõs q̃ doiuent auoir les choses dont len veult conseillier cestassauoir que ilz soient de celles qui peuẽt souuent aduenir et que ilz soient noient certaines et que elles soient grandes car de petites choses ne fault la conseillier.

De la maniere et ordre de conseiller .viij.c

Nus conseillons ou faisõs conseulx non pas de la fin ou des fins mais des choses ordenees a la fin car le medicin ne cõseillera pas se il garira son pacient ne laduocat se il fera psuasions et raisõs pour encliner les iuges a sa cause ou a son intention ne le gouuerneur de la police du pais ou de la cite ne conseille pas se il fera ou querra bonne paix a son peuple Glo Car la paix du peuple est ainsi comme la sante du pais ou de la cite. Verite est que vng tirant conseille aucune fois se il pourchacera a ses subges paix ou guerre mais la fin a quoy il tẽt est soy enrichir et son peuple mettre en seruitute et non pas au bien cõmũ. Tex. Et generalement nul ne conseille de la fin a quoy il tent principalement.

Glo Comme il fut dit ou premier et ou.viij.chapitres du premier liure il est aucune fin souueraine et derniere et de telle fin ne fait pas cõseil car nul ne doubte que elle est a poursuir mais il est autre fin mains principal moienne et ordenee pour autre fin meillieur et de celle fin en tant cõme elle est prinse pour fin ne conseille len pas mais en tant comme elle est mendre et ordenee en aultre pour autre si len en a ou fait conseil car par auenture la fin pricipal pourroit estre eue et attainte aussi bien ou mieulx pour vng autre moien Tex. mais ceulx qui veullent conseiller mettẽt et establissent aucune fin et puis que rent et mettẽt leur entente comme et en quel maniere et par quelz moiens ou par quelz instrumẽs celle fin pourra estre acqse et se telle si peust estre attainte p plusieurs voies et p plusieurs moiens les sages regardent par leql ce peult estre fait plus legierement et mieulx et quant ilz voient qlle peult estre procree p vng moien et ilz lõt esleu ce moien procein ilz conseillent comme ce peult estre et comme ce moien pourra estre pcure et acquis et p quel autre moien et ainsi en procedãt iusques a la cause ou au moien qui ẽ premier en execucion et derrenier en intention ou derreiner trouue par le proces du conseil Glo.

Et ainsi appert il que en conseiller se doit premierement establir la fin que len quiert comme seroit en temps de guerre la paix de la cite ou du pais. Apres len doit penser querir et trouuer les moyens prochains de venir a tel fin comme seroit ou traicter aux anemis ou les combatre ou ordener son pais et gouuerner si ques il ny puissẽt mal faire Apres len doit eslire par bõ

feuillet.

iugemēt aucū de ces moiēs cōme seroit les cōbatre apres lē doit conseiller comme ce pourra estre et quāt et par quelz gens et en quel nōbre apres les eslire et faire armer et epcerciter ͛ ainsi en descendant iusques au point ou il conuient commencier lepecution cōme par peccune ou faire armeures ou aucuns commandemens selon la deliberation faicte et proceder oultre en procurant et en poursiuāt la fin establie par les moyens deliberes ¶Tex Car quiconque conseille il semble q̃il Veulle querir et resouldre en la maniere dessusdicte aussi comme len fait es demōstrations des figures de geometrie ¶Glo En telle science Vne conclusion est demonstree et prouuee par Vne autre ou par plusieurs et celle autre par Vne autre et ainsi oultre iusques aux principes premieres q̃ sōt notoires et congneus par eulx meismes et ce est appelle resoluer ou proces resolutaire et aussi comme retourner aux principes. Semblablement la fin pour quoy len cōseille despent daucū moyen et ce moien despent dū autre et ainsi en oultre iusq̃s au derrenier la ou il conuient commencer et qui est le premier en epecution cōbien quil soit derrenier en cōgnoissance ou en intention comme dit est ¶Tex Et sēble que toute question nest pas conseil ou conseillable sicomme sont les questions de mathematiq̃s mais tout conseil est question ¶Glo Car tout conseil est de choses faisi-bles par nous et les questions de mathematiques ne sont pas de choses faisibles par nous ¶Tex Et en cōseil la chose q̃ est derreniere en Voye de resolution est la premiere en generation ou epecution ¶Glo Et telle resolution len commence a la fin car elle est pour pposee et descent len par les moyens de lun alautre iusq̃ au derrenier et illec au derrenier commēce len lepecution en retournant ͛ procedant et tendant Vers la fin sicōme il appert en lexemple dessus mise en la glose ¶Tex Et se en telle inquisition faicte par conseil les sages trouuent empechement en aucū des moyens et que lepecutiō ne sen peult faire il de lessent tout sicomme sil est mestier dune quantite de pecune et il nest pas possible de en faire cheuance et se il leur semble que ce soit possible et aussi des autres moiens a ce requis adoncques ilz conuient a besongnier et a ouurer et nous disons les choses estre possibles qui peuent estre faictes par nous et celles qui sont faictes par nos amis sont aucunement faictes par nous et en sommes cause ou la cause et le principe en est en nous ¶Glo Car ce que nos amis ou sergens font pour nous ilz font pour acomplir nostre Volente et intention ¶Tex et enquiert len par cōseil par quelz instrumens ou moiens la chose peult estre faicte et aucunefois entent len la de necessite ou opportunite et semblablemēt des autres cho ses aucunefois q̃ len fera et par quoy aucunefois en quelle maniere et pour quoy ⁕Glo⁕ Sicomme le medicin conseille se il guarira lempostume par euacuation ou par inscision, et se il eslist par euacuation et par prendre medicine il conseille quelle medicine et en quelle quantite et a q̃lle heure τ comment et de toutes les circonstances et moiens qui sont a son intention

⁕Tex⁕ Et semble comme dit est que homme est commencement τ cause de ses operations et son conseil est fait des choses faisables par lui. ⁕G⁕ Il veult par ce monstrer que inquisition de conseil a terme et arrestement premierement de la partie de la cause efficiente et ce monstre il apres par autres voies ⁕Tex⁕ Item les operatiõs de quoy len conseille sont pour la grace dautres choses et sont pour les fins et doncques ne conseille len pas de la fin mais len cõseille des choses ordenees a la fin ⁕Glo⁕ par ce appert que la fin est terme de linquisition de conseil dune part et la cause efficiente qui commence loperation est terme de lautre part comme dit est.

⁕Tex⁕ Item il ne conuient pas conseiller de toutes choses singulieres sicõme du pain len ne fait pas conseil assauoir mõ sil est biẽ a point cuit ou bien fait ⁕Car il appert par les sẽs naturelz sicomme par le regarder ou gouster ⁕Glo⁕ Les choses notaires doiuent estre supposees en conseil aussi comme len suppose la fin car cõ

seil nest pas fois de choses doubteuses
⁕Tex⁕ Item qui cõseilleroit dune chose τ dune autre chose pour ceste et ainsi tousiours sans terme ce seroit proces infini ⁕Glo⁕ Et choses infinie ne chiet pas en raison ne en conseil.

Il traicte cy de cõseil p cõpaison et au regard de election. .tr.c

Hose conseilable et chose eslisible sont une mesme chose ⁕Glo⁕ Car conseil et election sont de choses ordenees a aucũe fin et nest conseil fors de choses eslisibles ne electiõ fors de choses cõseillies a prendre election proprement car a parler largemẽt aucunefois est election de chose notoire qui nest pas douteuse et ainsi nest elle pas a mettre en conseil ⁕Tex⁕ mais toutesuoyes en tant comme elle est dicte eslisible elle est ia detinee par conseil. ⁕Car la chose qui est deuant iugie par conseil cõment il ouuera il se arreste et cesse son inquisition quãt il a remene et reduit le commencement de son inquisition iusques a soy meismes et il a reduit soy meismes a fantecedent ⁕C est assauoir a la premiere chose ou il doit cõmẽcer son execution et est ce quil eslit premierement ⁕Glo⁕ Sicomme ung medicin quãt il veult hõe garir il regarde que il conuient telle medicine. Item pour telle medicine il fault telles herbes Item il les fault aler q̃rir en tel lieu et ce ici il se arreste et cõ

Feuillet.

mence et eslist a aler ou enuoie en tel lieu. ⁊c. Tex. Et que selection ensuiue la determination de conseil il appert par les anciens gouuernemēs des cites de quoy homerus le poete plē en les ensuiuant et dit que les roys ia dis denōcoiēt au peuple ce q̄lz auoiēt conseille et ceulx du peuple eslisoient Glo. Et par ce vouloit homerus le poete admonester et induire ses roys de grece que ilz ne ordonassent pas de la chose publicque sans le consentement et election du peuple Tex. Et comme il soit ainsi q̄ chose eslisible est cōseillable et desirable et du nombre des choses qui sont en nostre puissance doncques electiō est desirer conseillable ou qui viēt de conseil des choses qui sont en nostre puissance car quant nous auons iuger par conseiller de ce qui est trouué par linquisitiō du cōseil nous desirōs ce que est ainsi iuger et cest desir ē election Glo. La diffinition de election est ici mise quant il dit electiō est desirer. ⁊c. Desirer est mouuement de lappetit intellectif cestassauoir de volente Tex. Or est ainsi a present diffinie election grossement quāt a present et non pas en telle maniere quil est acoustume a faire selon description Glo. Telle maniere est enquerir pticulierement et pordre checune des parties de la diffinition ou description et combien que ceste description soit bōne toutesuoyes cest ordre na pas este garde Tex.

mais toutesuoyes ainsi soit ou est sa description dicte vniuerselement Et ainsi est il dit es quelles oeuures quelle chose est election et que elle est de choses ordenees a certaines fins.

De volente .x. ca.

Volente est de la fin si comme dit est G. ou qui chapitre et est assauoir que volente en vne maniere signifie vne puissance dessusdicte et est desir et tendence a aucune fin et ainsi elle prinse ci endroit Tex. Et semble a aucuns que volente est tousiours de ce que est par soy bien et qui est bien simplement et vraiement et aux autres il semble que volente soit tousiours de bien appent tant seulement mais ceulx qui dient que toute chose est volūtaire et que len peult vouloir est ie par soy bien ne ont pas vraye opiniō car il sēsuiroit que celui qui veult au tremēt que a droit voulsist chose que len peult vouloir car selō cest opiniō tout ce que lē peult vouloir est vray bien et aucun veult mal doncques sē suit il que mal est biē Glo. Et cest impossible que mal en tant cōme mal soit bien Tex. Item loppiniō de ceulx qui dient que chose voluntaire est bien tant seulement appent nest pas vraye Glo. Chose voluntable est chose que len peult ou doit vouloir ou qui est habile ad ce et aussi cōme chose visible est ou re gart de voiement et chose entendible au regart dentenment puis q̃ deainsi est chose voluntable et ou regart de volente ¶Tex. Car il s'ensuiroit que nulle chose fut voluntable de sa nature mais tant seulement selon apparance et selon ce que a checun sembleroit et comme il soit ainsi aux vns est vne chose voluntable et aux autres vne autre aucunefois contraire il s'ensuiroit que checun des .ii. choses contraires seroit voluntable. ¶G. et selon ceste oppinion nule chose ne seroit voluntable de sa nature & cest inconuenient car aussi comme il conuient que vne chose soit visible de sa nature et cest couleur semblablemẽt conuient il que aucune chose voluntable de sa nature et non pas tant seulement par apparence & en telle chose tent et est encline naturelemẽt la puissance de l'appetit intellectif qui est appesse volente ¶Tex. Et puis q̃ les deux operations dessusdictes ne plaisent pas et ne sont pas veritables doncques conuient il dire que ce qui est par soy bien et qui est bien vrayement et proprement telle chose est simplement et selon verite voluntable mais ce qui est voluntable non pas simplemẽt et en verite mais selon apparence il est voluntable a l'appetit de celui a qui il le semble ¶Glo. Et il monstre tantost apres cõme ces deux membres de la diuision dessusdicte cõpetent et conuiẽnent a diuerses gens et dit ainsi ¶Tex. et pour ce

a vng homme vertueux la chose lui est voluntable selon verite et qui est simplemẽt bõne mais aux mauuais ou vicieux toute chose lui est voluntable qui est a son plaisir et differamment soit bien soit mal et quant a cest ppos il est ainsi des bons et des mauuais cõe il ẽ de corps sains et des malades car ceulx q̃ sõt biẽ disposes selõ les corps iugent biẽ et selõ verite des viandes et leur semblent bonnes celles qui leur sont saines et ceulx q̃ sõt malades et enfermes en iugẽt souuẽt autrement et les iugẽt autres & dautre sauoir et les c̃hoses q̃ sont douches selon verite leur semblent aucunefois ameres et les viandes chaudes leur semblent froides et les legieres pesantes ou au contraire et aissi des autres choses Semblablement celui qui est bõ & vertueux il iuge droituriemẽt de toutes choses appartenantes aux operatiõs humaines et en toutes telles choses lui appt la verite et la cause est car selon checun habit vertueux les choses qui sont bonnes propres conuenables et delectables pour tel habit il apissent selõ tel habit telles cõme ilz sont veritablement ¶Glo. Vertu moral est vng habit c'est a sauoir vne qualite de lame et par ceste qualite sommes nous enclis a ouurer selon raison sicõme il fut dit ou .viii. chapitre du second liure et par ce appert que celui est vertueux a bon et vray iugement et droitturier car il ẽ selon raison et par consequent il a bõ

feuillet.

iugement et ce que il iuge estre bon et qui lui appert ce est bon selon Verite. ¶Tex. Et pour ce ail aucunesfois grant difference entre le iugement du Vertueux et le iugement du vicieux car le Vertueux en toutes choses ouurables ou faisables par lui il voit et congnoist la Verite et ce qui est bon a faire et il mesme est aussi cõme rigle et mesure de toutes ses opatiõs ⁊. En la maniere que dit en deuant de celui que est sain et bien dispose selon le corps qui iuge des viandes bien et veritablement en apres aristote declare lautre membre de la diuision sesusdicte quant aux vicieux ou mauuais. ¶Et moult de gens sont deceup en ce.
Glo. Les mauuais qui sont plusieurs sont deceup en iugeant quelle chose est bien a faire ou mauuaise et a lessier. ¶Tex. Car ce que est bien selon verite ne leur semble pas estre bien pour ce quil desirent comme bien tout ce quil leur est delectable et fuient comme mal toute tristece. ⁊. Car il ensuiuent comunement appetit sensitif et non pas appetit de raisõ

Que vertu et malice sont volontaires et excluo vng erreur cõtraire .xi.ca

Dis que il est ainsi que la fin est voluntable ou que volente est de la fin et que les choses conseillables et eslisables sont du nõbre de celles qui sont ordõnees a la fin ou que conseil et volente sont des choses ordenees a la fin donques les operations qui sont vers ou en celles choses ordenees a la fin il conuient que elle soient selon election et par consequent il conuient que elles soient voluntaires et telles oeuures ⁊ telles choses sont les operations de vertus donques sensuit il que vertu est en nous. Cestassauoir en nostre volẽte et puissance Glo. Il semble que il vueille faire telle raison volẽte est de la fin sicomme il fut dit ou chapitre precedent et les operations humaines sõt de choses ordenees a la fin cõme est cõseil sicomme il appert ou .vii. chapitre et des choses cõseillees est election cõme il appert ou .ix. chapitre et toute election est voluntaire cõme il fut dit ou quint chapitre doncques les operations humaines qui sont en telles choses sont voluntaires et ce sont les operations de vertu doncques les operations de Vertu et vertu sõt voluntaires et en nostre puissance et ainsi appert cõme les choses peuuent estre appliquee a cest propos desquelles il a determine deuant. Cestassauoir voluntaire election conseil et volente ¶Tex. Et semblablemẽt est Vice ou malice en nostre puissance Car en toutes choses esquelles ouurer est en nostre poeste en celles mesmes non ouurer et en nostre puissãce icelles mesmes ouurer est en nostre poeste et volente Glo. Car puis que ouurer est en nostre puissance et ce se

roit contradiction car il y seroit et ny seroit pas et cest impossible ¶ Tex Et pour ce se suit il que se ouurer et faire certaine chose est bien le quel faire est en nostre puissance doncques non ouurer et non faire celle chose est mal q̃ est en nostre puissance. Sicomme se honorer pere et mere est bien et en nostre puissance doncques non honorer pere et mere est mal et en nostre puissance ¶ Tex. Et se non faire ou non ouurer certaine chose est bien qui est en nostre puissance et en nostre volente
Glo. Sicomme se non embler est bien qui est en nostre puissance doncques sensuit il q̃ embler est ung mal qui est en nostre puissance ¶ Tex. Et sil est en nostre puissance faire bonnes oeuures ou mauuaises et semblablement sil est en nostre puissance non les faire et pfaire ou en faisant ou non faisant telles oeuures nous sommes fais bons ou mauuais doncques sensuit il que il est en nostre volēte et puissance estre honorables et bons ou mauuais ou vicieup mais dire que nul nest mauuais par sa volente ou de sa volente et que nul nest beneure ne bō contre sa volente le premier dit semble estre faulp et le secōd semble estre vray car nul nest beneure cōtre sa volente mais malice est voluntaire
Glo. Il commence a reprouuer lerreur et oppinions daucuns qui cuidoient epcusations en leurs pechies. et disoiēt que lame humaine est de sa nature encline a bien et pour ce vertu et

bien sont selon volente et malice et vice sont contre volente et tiēnent aucūs q̃ socrates disoit q̃ vertu est don de dieu et malice ē nee en no⁹ des le cōmencemēt et pour ce vertu nous plaist et ē selō nostre volēte et malice est de necessite de nature et cōtre nostre volēte mais aristote mōstre p raison q̃ malice est voluntaire ¶ Tex. Ou autrement il couendroit doubter des choses deuant dictes et ne deueroit lē pas dire que hōme est principe et cause ou faiseur de ces operations aussi cōme il est cause et pere de ses enffās
Glo. Ung homme est cause de ses enffans en voye de nature et est cause de ses operations en voie de meurs ¶ Tex. mais quil en soit cause il appert par ce car les choses dessus dictes Cestassauoir conseil election et volente sont principes et causes de nos operations et ne auons autres pricipes ou causes en quoy nous puissons nos operationf reduire ou remauoir fors es causes dessusdictez qui sōt en nous meismes et en nostre puissance Or est il ainsi que les choses desquelles les principes et causes sont en nostre puissance telles choses sont aussi en nostre puissance que sont les voluntaires Glo Doncques se suit il que toutes nos operatiōs sont voluntaires et les bonnes et les males et de ce declaire il apres p autũs signes dont le premier est quant aup operations qui sont manifestement voluntaires ¶ Tex et aup choses

feuillet.

maintenant dictes sont et portent tes/
moignaige et signe de verite aucu/
nes ordenãces propres que len seult
faire en checũ bon hostel et aucunes
cõmunes ordenances que seulent fai
re les gouuerneurs du peuple qui sõt
les loys car ilz pugnissent et establis/
sent paines et afflictiõs a tous ceulx
qui font mal quelz quilz soiẽt se ilz ny
sont contrains par force ou se ilz ne se
font par ignorance de la quelle ilz ne
soient pas en cause Glo. Car
sicomme il fut dit ou premier chapitre
vne operation peust estre inuolũtai
re pour .ii. causes cestassauoir pour
violence ou pour ignorance Tex
Et semblablement ilz honorẽt ceulx
qui font bonnes operations aussi cõ
me se ilz voulsissent par ce les bõs at
traire et conforter en bien et les mau
uais retraire de mal faire et leur desẽ
dre Glo. Et se ilz faisoient leur
mauuaistie de necessite et contre leur
volente len ne les deueroit pas pug
nir pour ce et aussi nulle pugnitiõ ne
deffence ne bien parler ou persuasiõ
ne les pourroit retraire de mal faire.
Tex. Et toutesuoyes verite
est que nul ne sefforce de persuader et
nous enduire par peine menace ou p
messe ne autrement aux operations
qui ne sont en nostre puissance et qui
ne sont voluntaires aussi comme sil
nen fust mestier et que pour neut fe
roit lẽ telle chose pour ce quil nest pas
en nostre puissance Sicomme en este
y grant chault len ne dit pas a vng

hõe ou deffent quil ne sue ou a vng
malade quil ne se deulle ou a vng au
tre quil na fain et ainsi de telles cho/
ses Car neut mains le soustenõs et
souffrons nous non obstant telles p
suasions ou deffences Glo. Len
ne nous deffent pas telles choses ⁊ la
cause est car ilz ne sont pas en nostre
puissance et aussi len ne nous deffent
nulles operations fors celles qui sõt
en nostre puissance et len nous deffẽt
mauuaises operations doncques sõt
elles en nostre puissance Tex.
et encor pugnist len vng hõme pour
ce quil fait par ignorãce et pour son
ignorance sil est en cause de telle igno
rãce Glo. Il declaire ici sa xclu
sion Cestassauoir que malice est vo
luntaire par vng outre signe qui est
pres quant aux operatiõs qui ne sõt
pas manifestemẽt voluntaires pour
ce quil y a meslee ignorãce Tex.
Sicomme ceulx qui font mal et sont
yures ilz doiuẽt doublemẽt estre blas/
mes et pugnis. premierement pour
ce que ilz se sõt en yures. Secõdemẽt
pour le mal quilz õt fait en leur yure
sse sicomme ferir ou messaire T.
Car le principe et la cause de telle ig
norãce estoit en celui qui sest enyure
pour ce quil estoit seigneur ⁊ estoit en
sa puissãce soy non enyurer et ainsi est
cause de sõ ignorãce Glo. Tou
tesuoyes peult il estre que vng hom
me soyt yure sãs sa culpe et par igno/
rãce inuicible ou epcusable mais ce na
uiẽt pas souuẽt et est assauoir q̃ vng

homme peult estre cause de son igno=
rance en deux manieres/Vne est par
son fait/sicomme celuy qui est yure/
lautre est par sa negligence/de quoy
il parle apres　Tex. Et aueques
ce lon pugnist ceulx qui sont ignorans
daucunes choses qui sont es loyx ou
es droix lesquelles ilz deussẽt sauoir:
⁊ qui ne sont pas fortes a sçauoir.

Glo.　Car lẽy nest pas tenu
de sauoir les difficultes ou subtilitez
de droit/mais chũn est tenu a sauoir
les choses de droit aisies ⁊ cõmunes/
comme que lẽy ne doit riẽ embler/⁊
doit lẽy tenir cõuenant ⁊c. Et sem
blablemẽt fait lẽy pugnition eñ tou
tes autres choses de ceulx qui sont
mal par ignorãce laquelle est causee
par leur negligence/comme ceulx eñ
qui poeste estoit non ignorer: car il
estoient seigneurs: cest a dire q̃ estoit
eñ leur puissance estre diligẽs ou nõ
diligẽs　Glo　Et ce que ilz sont
pugnis de tel maulx qui sõt fais par
telle ignorãce/cest signe q̃ telz maulx
sont voluntaires.

Comment il reprouue le mo
tif et la racine de lerreur dessus=
dict　　　　　　xii ca.

Ais par aduenture voul=
droient aucuns dire/que
Vng est bien de telle condi=
cion que par ce il est non diligent.
Glo.　Et puis que sa condiciõ

le fait estre, tel il en est à epcuser/⁊ tel
le chose ou telle malice nest pas vou
luntaire. Et est assauoir q̃ plusieurs
causes sont par quoy Vn hõme peult
estre negligent de bien faire. Vne est
la malice de sa complexion qui se rẽt,
pesant homme qui est trop flẽumati
que. Lautre est semblablement p cõ/
plexion,⁊ est inclinacion naturelle a
aucunes mauuaises operations. sicõ
me vng homme trop colerique est en
clin a ire,⁊ vng trop melencolique a
auarice,⁊ vng trop sanguin a luxu
re,⁊ par ce laisse a bien faire/⁊ de tel/
les causes naturellemẽt est touche ou
chapitre ensuiuãt. Toutesuoies tel
les choses ne contraignent a mal fai
re nul homme qui ait eñ soy vsage de
raison se il veult au commencement
resister eñ soy accoustumer au cõtrai
re. Encor sont ad ce autres raisons et
causes. Vne est soy accoustũer a trop
repoıser ⁊ a paresce. Lautre soy accou/
stumer de faire et de nuire a aultruy
par iniustice. La tierce accoustuman
ce de soy desordonner en soymesmes p
incontinence. De ces troys dernie
res parle il en cest chapitre.

Tex.　Mais selon verite de
ce quilz sont deuenus et faits telz/ilz
eñ sont en cause/par ce que ilz viuẽt
pareceusement/⁊ sont remis et negli
gens. Et sefforcent trop peu de bien
ouurer　Et semblablement est de
ce que aucuns sont iniustes ou incon
tines/ilz en sõt eulxmesmes en cause

g.i.

Car les ungz sont faiz telz et iniustes pour les maulx q̃ ilz ont accoustume a faire, et les autres sont faiz incontinens par ce quilz ont vescu en potations, en gloutonnies, et en telz delicte. Incontinent est celui qui excede en boire ou en mengier, ou de femmes, ¶ quant il vit en telz delictz ¶c. Doncques sont telz maulx volun/taires: ¶ ce declairera il apẽs par deux raisons. Tex. Car en toutes choses les operations que les gẽs hãtent ou frequentent les font estre telz Et ce appert clerement de ceulx qui mettent leur pẽsee, intencion ¶ estude a quelque excitation ou besoigne Car ilz purfectent ou approuchent ¶ viennent a perfection en telz choses par frequenter les operations. Glo Sicomme de lucter, de iouster et de toutes choses semblables Tex.

Et pour ce nul ne peult ignorer se il nest insensible ou pẽdlot que univer-selemẽt tous habitz sont faiz a cause pour ouurer Glo Doncques puis que les operations sont volun/taires seront les habiz voluntaires, ¶ de ce desclaire il apẽs par vne autre raison Tex Item dire que ung homme qui fait chose iuste ne vueil/se pas estre iniuste, ou que ung homme q̃ fait adultere ou stupre ne vueil/se pas estre incontinent, cest vng dit desraisonnable, car puis que il fait i iustes operations luy voulant ou vo-luntairement, ¶ il nest pas ignorant que par telles operations il sera fait

¶ deuiendra iniuste: Doncques cõuiẽt il dire que il est fait iniuste luy voul/lant ou voluntairement Glo

Quant ung homme veult vne chose laquelle il ensuit, il la veult a p̃ler simplemẽt comme celui qui veult trop boire ¶ scet bien que par ce il sera yure, ce lui est a imputer Tex

Toutesuoies puis quil est fait iniuste il ne cessera pas destre iniuste pour ce se il le veult, ¶ ne sera pas iuste quant il voudra Glo. Car puis que les vices sont consommes, ¶ confermes ou endurcis, cest fort de les destruire ou anuller ¶ oster sans difficulte ¶ grant peine, ¶ par lõgue excitation. Car sicomme dit lescripture: peruersi difficile corriguntur. Et que ce nest pas en volente du vicieux, ce mõstre il par deux exemples: toutesuoyes ne sont pas semblables du tout ad ce que dit est. Tex.

Car cellui qui est malade il nest pas en sa volente destre sain quant il luy plaira, et toutesuoies sil est cheu en telle maladie par ce quil viuoit incontinentement ¶ desordonneement et ne obeissoit pas aux medecins, il est malade vueillant ¶ voluntaire/ment Car adoncques, cestassauoir au deuant de sa maladie il estoit en sa volente et puissance estre nõ malade, ou quil ne fust malade Glo

Et il ne deuoit pas ignorer que par son mauluais gouuernement, et aussy par ses exces il seroit malade. Et ainsy est il malade uolũtairemẽt

Tex. Mais puis quil a ia fait les excés et sest mal gouuerne il nest mais en sa puissance ou voulente nō estre malade Glo Apres il met le second semblable et dit Tex

Semblablement cellui qui a lesse aller et gette vne pierre, il ne luy est pas possible de la resumer, arrester, ou retraire, mais par auant il estoit en sa puissance de la lesse aller & de la getter, car le principe et la cause de ce estoit en luy mesmes. Et en telle maniere est il en celui qui est iniuste et en celui qui est incontinent: Car au cōmencement il estoit en leur puissance que il ne feussent pas telz. Et pour ce sont ilz telz voulās et volūtairemēt. Mais quāt ilz sont ia fais telz, il nest pas en leur puissance destre non telz cest assauoir nō iniustes & non incōtinens Glo. Il nest pas en leur volēte que telz habis ne soiēt en eulz mais est encor en leur volente lusage et les singulieres operations qui sōt selon telz habis vicieux, sicōme il dira ou chapitre ensuiuant. Et est assa uoir que il prent icy incontinēce pour le vice de desattrempance Tex.

Et auecques ce il nest pas ainsy tant seulement des malices de lame que elles sont voluntaires, mais encor en aucunes gens sont voluntaires les malices ou les vices du corps, et telles sont toutes celles p quoy nous blasmons ou vituperons aucunes p sōnes. Verite est que nul ne doit blas mer ceulx q̄ sont lais ou corps de leur nature, mais qui sont lais et ors par mauuaise paresce & par leur negligēce, yceulx sont a blasmer Semblablement est il de toute fleblece, debilite ou laidure, ou perdicion daucuns sens ou daucun membre. Car nul ne doit improperer ou reprouchier a vn homme ce que il est a vieillesse se il est de nature ou de natiuite, ou par cau se de maladie ou de telle plaie Glo

Se il ne fut en coulpe dauoir telle maladie ou telle plaie Tex. Mais len a de telz gens pitie & misericorde, mais de celui qui seuffre telle chose p sa gloutonnie de trop boire vin, ou p aucune autre incontinence tout hom me le deueroit blasmer et vituperer, Et par ce appert que des malices du corps qui sont ou ont este en nostre puissance len est blasme et vitupere, & non pas en celles qui ne sont en no stre puissance. Et doncques sensuyt il que en aultres choses, cestassauoir en celles qui appartienent a lame les malices de quoy len est blasme ou vi tupere sont en nostre puissance & vo luntaires Glo. Car toute chose de quoy len est blasme est en nostre po este, et len est blasme des vices de la me, dōcques sont ilz, en nostre poeste

Comment il reprouue vng
autre motif   xiii.ca.

T se aucun disoit ainsi que tous desirent bien apparēt. & q̄ leur sēble & apt estre bō.

.g.ii.

Feuillet

Glo. Comme il fut dit au premier chapitre du premier liure
Tex. Et il ne sont pas seigneurs de leur fantasie/ Cest a dire quil nest pas en leur puissance comme il leur apparoisse ou ainsi ou autrement
Glo. Le motif quil a reprouue ou chapitre precedant regarde linclination de sappetit, cestassauoir de la Voulente. Et celuy quil reprouue en cest chapitre regarde la puissance cognoscitiue et iudicatiue. Tex.
Mais telz comme checun est telle chose luy semble/ apparoist la fin et le bien a quoy il doit tendre pour lors et quil doit poursuir Glo. Les philosophes Stoiciens disoient que aussy comme es corps a diuerses complexione selon lesquelles len iuge diuersement daucunes choses, sicomme il semble a vn homme colerique que les choses sures sont bonnes, et a vn sanguin que les choses doulces sont bonnes, et ainsy des aultres complexions et diuerses conditions en plusieurs manieres Semblablement es ames a plusieurs habis et disposicions et aucunefois contraires: et selon telz habis en ces choses ou autres semblent et apparoissent bonnes au gens et les iugent telles. Et nest pas en leur puissance de iuger autrement, et par ce, se Vouldroit aucun excuser de mal aussy comme en disant que il conuiet iuger selon ce quil semble, et selon lapparence, et lapparence est selon sa bit: et tel habit nest pas en nostre puissance: ergo etc. Cest erreur reproue aristote en supposant que telz habis ou ilz sont en nous de natiuite ou de nature. Et premierement il reproue le premier membre Tex Ce dit nest pas veritable, car se chescun mauuais est cause aucunement a sui mesmes de tel habit et disposition quil a en soy sicomme il est dit ou chapitre precedant, donc ques sensuit il que il mesmes soit cause aucunement de telle fantasie ou apparence Glo
Car de tel habit vient lapparēce selon ce que met la partie aduersaire.
En apres il reproue lautre membre de la diuision mise en sa glose precedente. Et premierement il met le fondement de la partie aduerse Tex
Et se ilz disoient ainsi que nul nest voluntairement cause du mul que il fait, mais il fait telle operation par ignorance de la fin/ Car il cuide par ce obtenir tresgrāt bien, et lui semble que la fin pour quoy il se fait soit bonne, mais ce que il a desire telle fin, ce nest pas en sa pure volente et puissance/ Car tout ainsy come ad ce que vng homme ait bons ouilz et bonne veue par quoy il iuge bien des couleurs et que est bel ou lait, il conuient que la bonte de la veue soit nee en luy, et quil ait de nature Semblablemēt ad ce que vng homme ayt bon doyement ou bonne veue de lame au par dedans ou de lentendement, il conuient quelle soit en luy nee, et quelle luy soit donnee de sa nature et natiuite

Et par ce il discernera et iugera droy
turierement laquelle chose est bien: et
la desirera selon Verite. Et cellup est
bien ne qui a telle disposition en soy/
bien nee et bien entee de sa natiuite/ et
de nature: car ce qui est tresexcellent
bien et tresgrant et lequel nul ne peut
prendre/receuoir ou auoir par aide dau
tre/ et lequel il ne peut aprendre ou ac
querir par sopmesmes/mais tel et quel
comment il est ne en chescun/tel le a et
aura en sa vie: et ainsi auoir en soy tel
le bien nee et tresbien indicte ou entee
de nature/cest parfaicte et vraie et bon
ne nature Glo. Se lame intel
lectiue fust corporelle come est lame sen
sitiue/elle fist toutes ses operations
selon linclinacion de la complexion
du corps/et selon linclination qui est
causee des corps du ciel en sa natiuite ou autresfois/ et neust point de liber
te/mais lame intellectiue nest pas cor
porelle ne materielle mais est incorpo
relle et espirituelle. Et pour ce combien
que la complexion/qualite et condici
on du corps humain/ et les passions
ou desiriers de lame sensitiue enclinēt
celle partie intellectiue a aucunes ope
rations/ou il luy attraient/toutesuo
yes nest ce pas de necessite ne par con
trainte/car elle y peult resister par sa
liberte. Et pose que la chose luy appa
roisse bonne de premiere face et de pre
mier mouuement/ neantmains elle
peut suspendre la persecution ou ac
tion/ et soy arrester et deliberer plus a

plain Tex Mais sil estoit ainsi
que telz dis fussent vrays/comment
pourroit il estre que Vertu feust plus
voulūtaire que malice Glo
Ainsi come se il vouloit dire que
ce ne pourroit estre. car par telle mes
me raison vice seroit aussi bien volū
taire comme seroit Vertu. Et toutes
voyes ilz disoient que Vertu est volū
taire, et que Vice ou malice nest pas
voluntaire. Tex Car a tous
deux/cestassauoir au bon et au mau
uais la fin leur semble et apparoisse
bonne, et leur vient a plaisir Sem
blablement et par vne mesme cause
soit par aduenture ou autrement co
me que ce soit. et les autres choses ou
moiens ilz les rapportent/ ordonnent
et adressent a la fin Semblablemēt
le bon homme et le mauuais comme
que ce soit ou par nature ou autrement
Doncques se len dit ainsi que la fin
ne apparoist pas bonne par nature/
en quelconque maniere. Mais que a
chescun la fin luy appert bonne que
il a en soy mesmes et par soy mesmes
acceptee voluntairement. Ou se len
dist que la fin est naturelle et appert
bonne par nature et que en procurāt
celle fin len oeuure par voulente et
par ce est fait vng homme vertueux

Et en ceste maniere est Vertu vo
luntaire Doncques sensuit il que
malice nest pas mains voluntaire
ainsi comme il a este dit deuant en
plusieurs chapitres souuēt alleguees

g.iii.

Glo. La partie aduerse disoit que vertu est voluntaire pour ce que len fait voluntairement les operacions ordonnees a la fin, combien que lacceptation & apparence de la fin soit naturelle & non pas voluntaire, car aussy bien sont voluntaires les operacions ordonnees en sa fin qui est mauuaise. Tex. Car au mauluais semblablement luy appartient ce que dit est. Glo. Cestassauoir estre voluntaire ou non. Tex. Et quant en ces operations quil ordonne en la fin, & aussy quant est en la fin doncques se il est ainsi comme la partie aduerse disoit, cestassauoir que les vertus soient volūtaires, car de ces habis q̄ nous auons de nature nous en sommes aucunement et en partie cause. Et aussy sommes cause de ce q̄ par telz habis nous sommes ainsi disposes, et par nous est que nous establissons & prenons & mettōs telle fin.

Doncques sensuit il puis que les vertus sont pour ce voluntaires que les malices soient aussy voluntaires car il est semblable de lung comme de lautre. Glo. Cest la conclusion principale des deux chapitres precedens & de cestuy, et apres en la fin de cest chapitre il recapitule, ou resume en general aucunes choses dessusdictes, & met ce de quoy il reste a dire apres. Tex. Or auons dōcques ainsi dit en commun & generalement des vertus & actions mis leur genre grossement, et auons dit commēt ilz sont moienneresses ou moiennes, ou en moien, & quelles sont habis & desquelles ou par quelles operations elles sont faictes, engendrees & causees. et que selon elles mesmes en tāt comme vert9 elles sont operations & cause de semblables operations, comme sont celles par quoy elles sont causees & que elles sont en nostre puissance & sont voluntaires, cest a dire electiues. Car par elles eslist len sicōme droite raison commande & dicte. Glo. Toutes ces choses furent declarees principalement ou second liure.

Tex. Mais toutesuoies les operations & les habis ne sont pas voluntaires semblablement. Car des operations nous sommes seigneurs & voulentiers sont & en nostre puissāce des le commencement iusques a la fin. Cestassauoir auant que les habis soiēt engendres & causees, & apres aussy. Car deuant et apres nous pouōs regarder & scauoir les singulieres ou particulieres circōstances & operacions. Glo. Et par ce il exclude ignorāce qui est aucunefois cause de inuoluntaire, & violence est une cause de inuoluntaire, sicomme il fut dit ou premier chapitre de cest quatriesme liure. Et aussy les habis ne cōtraignent pas a ouurer par violēce, ainsi sont toutes telles les operacions violētes volūtaires. T. Mais des habis no9 q̄ sōmes seigneurs des le comencemēt & de leur pricipe ou cause: cestassauoir des opatiōs p quoy ilz sōt fais:

par ce les operations accroissent les habis/ mais lacroissement ou addicion qui est faicte par checune singuliere operacion nest pas congneue. Et est semblable comme des maladies q̃ sont causees par operations voluntaires. Glo. Se une maladie est causee ou acreuee pour plusieurs fois boire trop/ len ne scet pas combien checune fois boire trop adiouste a la maladie/ ou combien precisement elle laccroist. Et semblablement est il des habis de lame/ et telz habis ne sont pas voluntaires/ ainsi que len les puisse deposer quant len veult/ mais ilz sont volūtaires pour ce que les operations de quoy ilz furent causees/ estoient en nostre puissance τ volente/τ ce dist il tantost apres   Tex

Mais pour ce il estoit en nostre puissance vser ainsi ou non/ et faire telles operacions ou non faire/ pour ceste cause sont telz habis vertueux τ les vicieux voluntaires. Donques en resumant/ ou en reprenant/ nous dirons apres de checune vertu quelles elles sont τ en quelles choses τ en quelle maniere/ Et auecques ce nous manifesterons τ declairerons/ quātes ilz sont/τ premierement nous dirons de fortitude

Lacteur commence cy a traicter de la vertu de fortitude/ Et premierement il enquiert la matiere et obiect de ceste vertu

lii.

xiiii ca.
La este dit deuant que fortitude est moiēne ētre paours et hardiesses Glo Il fut dit ou neufuiesme chapitre du second liure. Et est assauoir que il prēt icy τ par tout ce liure communement hardiesse pour le vice qui expede trop es perilz presumer. τ aucunefois prēt hardiesse τ est hardy en bien. Et appelle hardy celluy qui est vray fort.

Item il est assauoir que aucuns commencent ici le quart liure pource quil a deuāt determine daucuns principes de vertu/τ des vertus en general. Et il commence icy a determiner de checune vertu en especial. Et ceste diuision est bonne fors tant que le tiers liure est bien petit au regard du quart Les autres τ plusieurs dient que en cest tiers liure il determīe daucuns principes des operations des vertus/τ auecques ce de deux vertus qui sont vers les passions qui regardent principalemēt la vie humaine: Cestassauoir fortitude τ attrempance. Et apres ou quart liure il determine des autres vertus annexees a vie humaine/ comme sont liberalite/ magnificence/ τcetera. Et me semble quil ny a pas grāt force se le quart liure commence icy ou apres

Tex. Or est il ainsi que nous craignons τ auōs paour des choses terribles/ et telles choses quāt a dire siplemēt τ generalemēt sont maulx

g.iiii

Et pour ce les philosophes en determinant et diffinissant quelle chose est paour dient que paour est expectation ou suposement de mal aduenir ¶ Combien que fortitude soit moienne entre paour et hardiesce toutesuoyes elle est plus en reprimant et en obuiant a paour q̄ a hardiesce et la regarde plus et pour ce en parle ici aristote et auecques ce en toutes choses ou il chiet paour peult estre hardiesce. Et pour ce nous tous auōs paour de mal cōme sont mauuaises oppinions ou diffames de nous et souffrete ou pourete et maladie et iniustice ou estre hay et la mort ¶ Glo Ces maulx sont contraires les ungs a bien honneste les autres au biens de fortune les autres aux biens du corps ¶ Tex: mais la vertu nest pas vers tous mals car aucuns mals sont lesquelz il conuient simplement craindre et est bien de auoir en paour et q̄ ne les craindroit ce seroit mal sicōme seroit mauuaise opinion ou mauuaise renōmee ou infame car celui q̄ craint telle chose il est honneste et seroit vercondeux de mal faire et qui ne craint telle chose il est sans verconde et deshonneste et dient aucuns que tel hōme est fort mais est improprement dit et est pour ce quil a vne condition semblable aucunemēt a celui qui est fort car il nest pas paoureux ¶ Glo Il a fort corage et ne craint pas faire mal et ce est vice non pas vertu ¶ Tex mais par auenture ne conuient il pas craindre ¶ Glo. Et ces choses ici ne sont nulle fois acraindre fois en tant que checun doit bien craindre quil ne enchee en telz malz par sa culpe et pour ce dit il parauenture apres il met vne raison a ce ¶ Tex. Item celui q̄ na pas paour de telles choses il nest pas pour ce fort mais nous disons q̄l est fort par similitude car il est aucuns qui sont paoureux et couars es perils de batailles et sont treshardis de legierement despendre ¶ Glo. puis q̄lz sont paoureux en bataille ilz ne sont pas fors Car aristote entēt tousiours par fors ceulz qui ont la vertu de fortitude ¶ Tex. Apres se aucun a paour que len ne face iniure a ses enfans ou a sa femme ou que len ait enuie sur luy ou dauclne telle chose pour ce nest il pas a dire couart ¶ Glo Et doncques nest pas la vertu de fortitude vers telles paours ou contre paour de telles choses ¶ Tex. et aussi se vng homme ose bien attēdre les perilz destre batu pour ce nest il pas a dire fort ¶ Glo Ou cas q̄l natent peril de mort sicomme ceulx q̄ sont aux tournoys et dit vng eppositeur ici dedroit que il a en fiance vn tel prouerbe de bon tournoieur couart guerrieur ¶ Tex Dj conuiēt doncques dire en quelles ou vers q̄lles choses terribles len doit dire vng homme fort ¶ Glo La vertu de fortitude est selon laquelle vng hōme est dit fort il peut estre que cest celle vertu que len seult en francois appeller proesce. Or est il ainsi que vng homme nest pas dit preus pour ce syl nest bon a tournay. Daultre partie il nest pas dit couart pource se il craint infamie/ou que len ne face villenie a ses gens, et pour ce nest pas en telles choses la vertu de fortitude Tex

Et pour certain telles choses doiuent estre tresgrandement terribles. Car nul ne soustient tresgrans perilz plus que fait celui qui est fort, or est il ainsi que la mort est la plus terrible chose quil soit/car cest le terme et la fin de ceste vie/et semble que celluy qui est mort ne sente apres la mort ne bien ne mal Glo. Cest assauoir des choses sensibles qui appartiennent a ceste vie. Et pource q̃ vertu est tousiours vers les choses qui sont les plus fortes et de plus grant difficulte, car sicomme dit aristote ou premier liure du ciel et du monde. Toute vertu est determinee par le derrenier et souuerain de sa puissance. Et entre toutes choses terribles la mort est la derreniere et la souueraine. Doncques sensuit il que la vertu de fortitude est principalement en non auoir paour de la mort Tex. Et ne sembleroit pas vng homme estre fort ou preup pour nõ craindre ou souffrir mort en chescun cas et pour chũn negoce/sicõe en la mer ou vne maladie, mais en quelles choses doncques pour certain en tresbonnes, et telz sont ceulx q̃ soustiẽnẽt peril de mort en bataille pour le bien cõmun, car cest vng peril tresgrant et tresbon Glo. Il est tresbien car lon y meurt de legier, et est tresbõ car cest pour tresgrant bien. Sicõme il fut dit ou premier chapitre du premier liure, tant est vng bien plus cõmun, tant est meilleur et plus diuin

Tex. Et a ce saccordent les honneurs que len seult faire a tel gent es cites et es monarchies Glo. Les gouuerneurs des cites et les roys qui sont monarches en leurs royaulmes hõnorent grandemẽt ceulx qui es batailles se mettoient en peril de mort, pour le bien du pais Tex. Et ainsy celui est principalement dit fort qui se met es perilz de bonne mort

Glo. Sicomme pour la deffence du pais/gardez les roys pour liberte/pour ses amis pour sa famille.

Tex. Et en telz perilz qui viennent soudainemẽt Glo. Car a doncques est ce signe quil emprent la chose de bon habit qui a ce sencline et ne requiert pas longue deliberation ne grant preuision Tex. Et communemẽt telz sont les perilz qui aduiẽnẽt en batailles ou guerres, mais encor auec ce celuy qui est fort se contient sans paour es aultres perilz de mort/sicõe en la mer ou es maladies. Et nõ pas en telle maniere que pour telle cause comme sont les mariniers car ceulx qui sont fors en telz cas nõt pas esperance deschapper ou euader et ne font force de tel mort souffrir, et sont cõstans sans perdre pour ce vsage de raison, mais les mariniers sont sans paour pour ce quil ont esperance de euader et eschapper du peril car ilz ont experience que plusieurs fois ilz ont passes telz perilz et auecques ce ceulx qui ont ceste vertu de fortitude ilz emprennent vigureusement et courageusement les perilz es quelz e telle vertu ou la ou cest bien de mourir mais en telles corruptions C'est assauoir morir en mer ou par maladie il ny a ne lun ne lautre Glo. Car len ne emprent telle chose vigureusement comme operation de fortitude ne ce nest bien que ainsy mourir ne pour le bien comun len doit sauoir que fortitude est la vertu de quoy ou par quoy courage est afferme entre les maulx du corps qui porroient retraire du bien de raison et est certain q quelconques peult soustenir vng grant mal il peult soustenir les mendres maulx et les plus grant mal de corps quil soit cest la mort et pour ce fortitude est principalement ou regart de la mort Item il couient que ce soit pour bien et les perilz que len soustient en iustes batailles sont perilz de mort et pour le bien commun qui est le plus grant pour quoy len puisse mourir. et pour ce est fortitude principalement es fais de batailles Itez les assaillans ou emprenans se reputent plus fors et doiuent mieulx sauoir ce quilz ont affaire et quant et coment que les attendans ou deffendans et ainsi estre plus fort de soy bien deffendre pour quoy il appert que ceste vertu est plus principalement en deffendant que en assaillant. Ceteris paribus.

Du fait ou operation de fortitude. .x.v.c

Ne chose est terrible a vng homme qui nest pas terrible a lautre et nest pas vne mesme chose terrible a tous Glo. car vne chose est terrible a vng effant qui nest pas terrible a vng homme a agie Tex. Et est aucune chose q excede et passe puissance ou faculte humaine et doit estre terrible a tout homme qui a entendement Glo. Sicome le mouuement ou tremblement de la terre ou vne grant tempeste

Tex. mais en ce qui est terrible et ne excede pas faculte humaine il y a difference selon ce que la chose est plus grande ou plus petite et quelle e ou plus ou mains terrible Glo. Sicome en vng ost les enemis peuent estre plus ou mains et pl9 fors ou plus fiebles et plus sages de guerre et plus animez cotre nous et ainsi es autres choses Tex Et semblablement est il es choses que len ne ose.

Glo. Car les choses que len ne ose et celles qui sont terribles et q len craint sont vnes mesmes choses. Tex. Or est celui qui est fort ou preup de telle condition que il ne se esbahist pas et sans paour en la maniere que bon homme peult estre car celles choses gradement terribles if les

feuillet.

craint en la maniere qui les conuient craindre & non obstant la paour il les soustient et emprent sicomme raison le dicte et le veult et pour bien car cest la fin de vertu mais len peult craindre vne chose terrible plus quil nappartient ou mains quil nappartient Et encor peult len craindre aucunes choses comme terribles Glo. Si comme aucuns qui aroient paour du mouuement ou fretillement des ras ou des souris et semblable est escript sapietie.p̃vii Tex Et en ceste maniere les pecheurs et vicieux craignent et ont paour aucunefois dune chose qui ne fait pas a craindre ou en la maniere quelle nest pas a craindre ou quant il nest pas temps de la craindre ou en deffaillant en aucune autre circonstance. Semblablement est il des choses ou vers les choses ausibles Cestassauoir que len peult oser & non craindre Glo Les choses que len peult craindre et que len peult non oser sont vnes mesmes et pour ce aussi comme les vicieux craignent ce qui nest pas a craindre Semblablement sont vicieux ceulx qui osent ce qui ne fait pas a oser ou quant il nest pas temps et ainsi des autres circonstaces et apres ce aristote desclaire plus a plain la condition du fort Tex. Doncques celui qui soustient les choses que il conuient soustenir et craint celles qui sont a craindre et pour la fin q̃l appartient affaire et en maniere conuenable et quant temps en est et auec ce qui ose

et emprent les choses quil couient oser et emprendre et en la maniere quil conuient et ainsi des autres circonstances tel hōme est fort car le fort oeuure et souffre Glo Oeuure en osant et en prenant seuffre en craignant et en soustenant les choses terribles.

Tex. Toute chose selon la dignite de sa vertu et sicōme raison iuge et dicte Or est il ainsi q̃ la fin de toute operation est selon la nature de labit de quoy telle operation procede et est causee Glo. Cestassauoir quāt a estre bōne ou mauuaise Il veult ici monstrer que la fin pour quoy le fort se met en peril de mort est bonne comme sil arguast ainsi checun offre que fortitude est bonne doncques sont les operatiōs de fortitude bōnes doncq̃s sont fortitude et ses operations pour bien et pour bōne fin a celui q̃ les fait et ceste raison fait il par especialemēt contre aucuns qui disoient que cest folie de mettre soy ē telz perilz car le bien ne vient pas a celui qui meurt mais aux autres mais en verite il emprent telz perilz et pour le bien commun et pour le sien Car il pdroit sa vertu et feroit mal se il faisoit autrement.

Tex Et labit ou vertu de fortitude est bon a celui qui est fort doncques lui est la fin de tel habit bonne car checune chose est dicte bonne ou mauuaise par raison de la fin a quoy elle est ordōne doncques sensuit il que le fort soustient et oeuure tout ce quil fait selon fortitude pour bien et pour

feuillet.

bonne fin quant a lui.

Des fais ou opations des vices contraires a fortitude. xvi.ca

R disons apres des vicieux et premierement quant a superhabundace celui qui du tout est sans paour et ne craint chose qui soit tel vice ne a point de nom car sicome nous auons dit deuāt moult de vices sont qui ne sont pas nōmez Glo Ce fut dit ou.ip.et ou.v. chapitres du second liure et la cause est pour ce que trop peu de gens ont telz vices sicome il est de cest vice ici. Tex. Car se aucun estoit qui ne crainsist chose du mōde ne mouuement ou tremblement de la terre ne inundations ne autres terribles et horribles il seroit forcene ou il seroit come celui qui ne sentiroit nulle doleur et telz gēs selon les poetes estoiēt ceulx dun pais appelle celce Glo. ptolomee dit que es extremites de la terre habitable sont gens sauuages et peult estre que telz sont ceulx dont il fait ici mencion qui se boutent es perilz de guerre impetueusement sans paour et sans deliberation Tex. mais celui qui craint aucunes choses et toute suopes il excede et superhabū/ de en oser ou en emprendre vers les choses terribles il est appelle hardi ou trop hardis Glo. Celui que aristote appelle fort len dit en francois qui est hardi et de celui qui excede en oser len dit quil est trop hardi ou fol hardi Tex Et souuent auient que vng homme orgueilleux semble estre hardi et faint auoir en soy la vtu de fortitude et en la maniere q̄ le fort ou le hardi se cōtiēt ou se porte en choses terribles et se porte tel cōme il est lorgueilleux veult estre vng tel cest adire veu telz sembler et apparoir tel et ensuit le fort et fait cōme fort et cōme hardi la ou il peult et la ou il ne voit peril et pour ce moult de gens telz orgueilleux semblent estre fors et hardis et ilz sont vrays couars et paoureux car ilz se monstrent hardis en petites choses la ou il na cōme nul peril et ilz noseroiēt soustenir choses terribles Glo. Apres il parle de lautre vice contraire et dit ainsi. T. Et celui qui superhabunde et excede en craindre et en auoir paour il est appelle paoureulx car il craint les choses qui ne sont pas a craindre et en la maniere que ilz ne sont pas a craindre et toutes les deffautes des autres circonstances lensluent Glo. Cest adire que celui qui est paoureux quisconques deffault en aucunes de telles circonstances requises et deues. T. Et celui mesme qui superhabunde et excede en auoir paour aussi deffault il en oser et son vice est plus manifeste et mōstre en exces de paour q̄ en deffaulte de oser et la cause est car la paour lui donne tristece qui manifestēt celle paour Glo Et est assauoir que entant cōme tel vicieux suphā bunde en paour il est appelle paou‍reux et entant comme il deffault en o‍ser il est appelle couart en francois A‍pres aristote monstre vne difference entre le fort et le paoureux et dit que le paoureux est plain de desesperance car il craint que il ne luy mespriege en toutes choses mais le fort au contrai‍re en osant et emprenant et soustenãt est tousiours de bonne esperance. G. ¶ pour ce dit tulles en rethoricq̃ q̃ ma‍gnanimite cest adire vertu de auoir grãt courage et ꝯfidẽce ou ꝓfiãce sõt deux conditions apptenãs a la ver‍tu de fortitude apres aristote recapi‍tule pour adiouster Tex. Dõc q̃ les habis du paoureux ou du trop hardi et du fort sont es passions ou vers les passions dessusdictes ce sont paour et hardiesces mais cest differẽ‍temẽt car les vnges ce sõt les vicieux superhabundent et diffaillent a lau‍tre cest le vertueux car le vertueux se a ꝯtient en maniere moyenne ꝯ ainsi comme il conuient Glo. A‍pres il met vne differẽce ẽtre les trop hardis et les fors Tex. Et les foulz hardis sont au premier de gran‍de ou preste volente auant les perilz mais quãt ilz sont es perilz et ou fait ilz deffaillent Glo. Et la cau‍se est car ilz ne sont pas meus de labit de vertu qui est riglé par raison mais sont meus de passions de chaleur et es mouuement de fole hardiesce autre‍mẽt que raison ne desire et pour ce sõt ilz au cõmencement impetueux ꝯ em‍prenans et apres quant vient es pe‍rilz et leur premier mouuemẽt est pas‍se et refroide ou destaint comme vne legiere flãme ou comme vne fumee a doncques le cueur ou le pouoir leur fault et se departent ou desseffent a ouurer Tex. mais au contrai‍re les fors es operations et fais pe‍rileux sont agus et aspres constans et perseuerans et audeuant ilz sont paisibles sans estre esmeus Glo. Et la cause est car quãt ilz sont es pe‍rilz ilz ont vertu en eulz par quoy ils les soustiennent puissament et forti‍blement et au cõmencement ilz ne sõt pas meus des passions ne de chaleur ou de fole emprinse mais de raison a‍pres il met difference entre ceulx qui meurent par fortitude et ceulx q̃ meu‍rent par desesperance Tex. Si cõme il est dit deuãt fortitude est mo‍ienne ou moyenneresse vers les cho‍ses ausibles ou que sen peult oser et vers les choses terribles et ẽ es perilz qui sont deuant dis et auec ce comme dit est fortitude desire bien et soustiẽt les perilz pour bien honneste ou a fin que chose laide ou deshonneste ne ad‍uienne. par ce peult apparoir que mo‍tir pour fuir pourete et souffrete ou pour doleur de ce q̃ sen ne peult auoir la chose delectable que sen desire et cõ‍uoite Glo. Sicõme dido la ro‍yne qui mourut de deul quelle perdist son amant Tex. Ou pour au‍cune aultre tristece ainsi morir nest pas operation de fort ne selon la ver‍

feuillet.

tu de fortitude mais est operation et fait de paoureulx car fuir choses penibles et laboureuses cest vne moleste et vient de femini et de chetif courage et dautre partie nul ne soustient tel mort pour bien honneste mais pour euiter paine dõcques est fortitude telle chose comme dit est Glo par ce que dit est appert que fortitude est vng habit selon le quel et par le quel len emprent et soustient les perilz es batailles telz comme il conuient ou appartient et en la maniere quil se cõuient et pour la fin pour quoy il se cõuient et quant il conuient et ainsi des autres circonstances selon raison et par ce appert que morir ou soy occire par desesperance nest pas euure de fortitude et nest pas vertu mais ẽ vice.

De cinq autres manieres de fortitude non vraye. et de la premiere des cinq. xviii.c

Ans la vraye fortitude deuant dicte ilz sõt autres fortitudes selon. v. manieres Glo. La cause et la raisõ pour quoy ilz sont en tel nombre appert asses par le proces ensuiuant Tex. Et premierement est vne fortitude appellee politique ou ciuile Glo. Et ceste est de. iii. manieres ou a. iii. degres et cõmece a parler du premier Tex Et resemble moult a pl9 les autres a la vraye fortitude car cõment ceulx qui ont telle fortitude ce

sont les citoiens qui soustiennent les perilz es batailles pour cause de euiter les increpatiõs blasmes et reprouches qui sont establees et ordonnees es lois du pais contre ceulx qui es batailles se portent mal et aussi pour auoir les honneurs qui sont par les loys ordõnees a ceulx qui se contiennent vigureusement Glo Ainsi estoit il es loys anciẽnes et ẽcor les rõmains en vsoient et donnoient triũphes et courõnes de lorier et de palme et escriuoient tiltres triũphes et faisoiẽt statues ou ymages pour lonneur et memore de ceulx qui obtenoient nobles victores Tex. Et pour ces dites en sont telz estatue et telz lois par quoy les paoureulx couars sont sans hõneur vituperes ou deshõnores et les fors hõnores pour certain il lecõs sont trouues gens tres epcellens en ceste fortitude. Glo Et par acoustumance en telles operations deuiẽnent ilz et sont fais tresepcellens en vraye fortitude Tex. Et a cest propos homerus le poete en descripuant la bataille de troye racõte et parle de dyomedes vng duc de grece et de hector vng duc de troye et mettẽt qlz estoient telz et auoient telle fortitude comme dit est Car hector parloit ainsi ha. disoit il si ie me porte mal polidomas le me reprouchera et men reprendera et dyomedes parloit ainsi ha dit il se ie me porte mal ẽcor vẽdra le iour que hector sen ventera entre les troiẽs et dira tytonides sen est fui deuant moy Glo Polidamas fut ung des ducz de troye et tyrānides ce fut Dyomedes q̃ estoit ainsi appelle a cause de son pere Tex. Et ceste fortitude ciuile aprouche et semble a la vraie fortitude dessusdicte qui oeuure selon vertu et en vertu car ceste ici oeuure pour paour de laidure et de vitupere ou pour desir de honneur et en pour grace et affin de auoir honneur et euiter et reprouuer laidure Glo. par ce peult apparoir que ce nest pas vraye ou parfaicte vertu de fortitude car autre chose est oeuurer principalement pour honneur et autre chose est oeuurer pour bien honneste pour le quel est deu honneur Semblablement autre chose est oeuurer pour fuir vitupere et autre chose pour fuir pechie pour le quel est deu vitupere. Et pour ce vraye fortitude est principalement pour honneste obtenir et pour pechie fuir et ceste fortitude ciuile est principalement pour honneur querir ou pour blasme fuir mais elle est prochaine de vraye vertu car qui ayme honneur cest consequant que il aime bien honneste pour le quel est deu honneur et ne conuient fors quil prefere bien honneste a honneur et quil mue lordure de ceste amour q̃il aura vertu et ad ce est dispose celui qui a fortitude ciuile et par continuel et acoustumāce il peult legierement venir a vraye fortitude et semblablement peut len dire de la haine de vitupere et de la haine de pechie Tex Encor peult len bien

mettre soubz fortitude politique ou dire quelle se stent a ceulx qui se combatent pour ce quilz sont contrains de leurs princes par menaces G. Cest le second degre de fortitude politique Tex. Et telz sont pires que les autres dessusdictez entant car ilz ne sont pas ce pour la cause de verconde ne pour paour de vitupere ou pour fuir laidure. mais pour fuir tristece et douleur ou dōmage car les seigneurs les contraingnent par ce Glo Et en cest degre de fortitude peuent estre contenu soldoiers et tous ceulx lesquelz cuoitise de pecune constraint a combatre Tex. Et par telle maniere disoit Hector au troyens se ie puis attaindre disoit il q̃ conques ait paour ou sen fuir sās fait de bataille il naura pas paour souffissant de euiter les chiens Glo Aussi comme il uoulsist dire ie feray la char de luy mengier aux chiens et ceci raconte Homerus le poete en listoire de la bataille de troye Tex. Item ceulx sont oeuurer de telle maniere de fortitude qui cōmandent que len se combatte et quilz battent presentement ceulx qui sen ueullent fuir et q̃ ordōnent fosses ou aucuns telz empechemens affin que len ne puisse fuyr Glo Cest le tiers degre de fortitude ciuile qui differe du secōt. car ou second ilz sont cōtrains au deuāt du fait par menasses de paines auoir apres le fait et en cest tiers ilz sont contrains ou fait et de fait par paines pre

feuillet.

sentes Tex. Et toutes telles choses le contraingnent et il conuient auoir la vertu de fortitude non pas par necessite de contrainte mais pour contemplation de bien Glo par ce appert que le second et le tiers degre de fortitude ciuile ne sont pas vraye fortitude ne vertu.

De la seconde maniere de fortitude non vraye xviii.ca

Il semble que experience des besongnes que len a veues en plusieurs fais singuliers soit fortitude et pour ce socrates cuida que fortitude fust une science et telz sont les gens en toutes autres choses Glo Cestassauoir que en toutes telles choses ceulx qui les sceuent les font et emprennent forciblement et hardiement sicome nous voyons des manieres des cheuaucheurs de ceulx q̃ montent es arbres ou es lieux perilleux et a cest propos dit vegece q̃ nul ne doubte emprendre a faire ce q̃l se confie auoir bien apres Tex Et pour ce les cheualiers semblent estre fors et auoir la vertu requise en batailles Glo. Jl appelle ici cheualerie ceulx qui auoient longuement hante et exerce fais darmes et met .ii. causes pour quoy il semblent auoir la vertu de fortitude en tant come telz Tex. Car es batailles auiennent plusieurs choses qui sẽblent grandement terribles et perilleuses a

ceulx qui ne sont expers et il ne sont pas telles et les cheualiers sceuẽt bien que ce sont choses vaines et q̃ ne sont a craindre Glo Sicõme par auẽture seroit le son des armes ou des instrumens ou le cri des ennemys ou aucune autre apparence Tex. Et pour ce les cheualiers qui ne craignent pas telles choses quelles elles sont Item telz cheualiers expers peuent moult de choses faire en greuãt les anemis et ce peuent garder de souffrir et destre greues deulx pour leur experience et se peuent garder des cops et peuent bien ferir et se peuent bien contenir es armeures et en vser prestement et appertemẽt et les ont telles que ilz sont tresfortes et tresproufitables et couenables a faire et a nõ souffrir cestassz a ferir et a soy garder dõcq̃s tout aussi es armes se cõbatẽt cõtre gẽs nõ armes ainsi se cõbatent telz contre les armes non expers et aussi cõme ung champion bien aprins contre ung ignorant ou ydiot Car en batailles les tresplus fors ne sont pas les mieulx cõbattans mais ceulx qui par acoustumance sõt puissans de vser des armes et qui ont les corps agiles et abiles ace Glo. Apres ce il assigne la cause pour quoy telz cheualiers ne ont pas la vraye vertu de fortitude et monstre cõment de ceste fortitude et de fortitude ciuile sensuiuent diuers effectz . T.et telz cheualiers qui sont hardis pour lexperience quil ont eue ilz sõt paoureux

quant le peril epcede et surmōte leur industrie/leur art et leur science
Glo. Car les choses qui les meuuent a ce faire ce/ʒoit la confiāce quilz auoient en leur industrie/et en leur science si cques quant le peril epcede/adoncques fault leur science/et ainsi fault la cause qui les faisoit ouurer ou estre hardis Tex. Et quant il aduiēt quilz ne sont pas asses grant multitude ou quilz ne sont pas appareillees a souffisance pour euiter le peril par combatre/adoncḡ ilz deffaillēt et sen fuiēt les premiers Et se ceulx qui ōt fortitude ciuile les citoiens perseuerent et demeurent/ et illec meurent Glo Car la chose qui les meut a combatre cest paour de deshonneur et de villaine reprouche. Et ainsi quant le peril croit encor demoure tousiours ceste cause Et pour ce aiment il mieulx mourir que villainement et laidement fuir
Tex. Et telle chose aduint a ceulx de la cite de Hermon/ car en la bataille ou ilz estoient il leur semble que laide chose estoit fuir/et que la mort estoit mieulx a eslire que de sauuer sa vie par telle maniere. et les autres/cestassauoir les cheualiers qui se combatoiēt en leur compaignie se mettoient au cōmencemēt bien auāt es perilz aussi cōme les mieulx vaillans. Et quant ilz cōgneurēt et apparceurent les ennemis estre les plus fors ilz fuirent la mort et eslirēt et aymerent plus que a fuir laidure et vil

lanie. Mais cellui qui est fort et a la vraie fortitude nest pas tel Glo. Car il aymeroit et esliroit plus mourir que faire peche ou laidure/car selon les philosophes suppose que aps la mort nul neust biē ne mal si vault il mieulx morir/que mauuaisement viure.

De la tierce maniere de fortitude nō vraie. xix.ca

Es communes gens aulcūs mettent fureur sur vne espece de fortitude et leur semble que ceulx sont fors qui ouurent par fureur/et qui impetueusement et hardiment courēt sus a leurs aduersaires ē la maniere que les bestes sauuages font contre ceulx qui les ont naurees/ou les veullent naurer.
Glo. Il semble a aucuns que fureur soit fortitude pour aucune similitude. Car lune et lautre fait emprendre hardiment et soy epposer/ et contenir impetueusement es perilz Et ne prent pas aristote fureur pour vne maladie de laquelle vng homme est dit furieux et hors du sens/ Mais pour vne passion que ont souuent ceulx qui sont couroucees et ires
Tex. Et pour ce les fors ont semblance de fureur. Car fureur est tresimpetueuse quant aux perilz de quoy disoit Homerus le poete/en racontant et aussi enarrant commēt

Feuillet

Ung homme enseignoit hector pour combatre et lup disoit ainsi. Met Vertu et la mesle auec fureur, et esdiesse et met en œuure et Vertu et fureur. Glo.

Affin que fureur soit adrescee menee et conduite par Vertu, et que Vertu soit enasprie et aguisee et enforcie par fureur. Tex. Et dit homerus que hector mõstreroit la forte et aspre Vertu de lui par chñne de ses deux narines par lesquelles len voit le sang esboillir. Glo. En soy combatant hector se airoit et le cueur lup eschauffoit si fort que le sang lui sailoit par les narines. Tex. Et toutes telles choses signifiẽt adressemẽt de fureur et impetuosite. doncques est il ainsi que ceulp qui ont Vraie fortitude militent pour bien, et fureur y fait et adiouste aucune chose. aussy cõme en aide. Glo. Les fors ne sont pas meulx au commencement de fureur, mais sõt meus de raisõ: et quãt vient au fait il esmeuuent et adioustẽt fureur et ire affin quil puissẽt plus asprement et plus cõtinuelement soy combatre. Tex. Mais les bestes sauuaiges se combatẽt pour tristesce et pour les playes quilz ont, ou pour la paour de les auoir. Car silz estoiẽt ou bois ou en Ung pasu ilz ne se moueroient pas pour eulx aler combatre. doncques ce quilz sont esmeux a faire par douleur et par fureur nest pas operaciõ de fortitude. Et aussy au deuant ilz ne consideroient pas ne Voient les perilz a aduenir: Et se tous

ceulx qui soustiennẽt perilz et peines par fureur ou aultre passion estoyent fois de Vraie fortitude les asnes le seroient. Car quant ilz ont grant faim ilz ne laissent ne se partẽt de la pasture pour estre menasses, ne pour estre batus. Et encor Voions nous que les adulteres qui couoitent les femmes des aultres sont moult de hardyesses pour leur concupiscence.

Glo. Et toutesuoies est il certain que ilz ne sont pas telles choses par la Vertu de fortitude. Tex. Doncques les choses que len fait par impulsion et mouuement de douleur et de fureur ou de autre passion, quant au perilz en soy soubzmettre ne sõt pas faictes par la Vertu de fortitude, mais toutesuoies ẽtre les passions, celle qui est pour fureur est la plus tresnaturelle, et la plus propice a Vraie fortitude, suppose q̃ telle fortitude prenge au deuãt election et pour la fin deue. Glo. La Vertu de fortitude doit esmouuoir la passiõ de fureur, ou se elle est esmeue par nature tousiours en tous cas Vertu la doit gouuerner par raison, et sil estoit autrement les operacions ne seroiẽt pas bonnes. Texte. Et les hommes qui sont courreces et aires ilz ont en eulx douleur. Glose. Et sont tristes pour cause quil leur semble que len les ait iniuries, et pour ce querent ilz Vengence et si delictent. Car ilz ont celle mauuaise accoustumance selon leur complexion.

Tex. Et quant ilz puniſſent ilz ſe delictent et ſe combatent vigoureuſement, mais neantmains ilz ne ſõt pas fors ɋ de vraie fortitude: car ilz ne le font pas pour bien ne en la maniere que raiſon le deſire, mais ilz le font pour paſſiõ de douleur ou de ire ɋ toutesuoies y ait aucune choſe ſemblable a ceulx q̃ ont vraye fortitude. Glo. Car les vngs ɋ les autres ſe combatent aſprement, ɋ auecques fureur comme dit eſt, et par ceſt chapitre peut apparoir que fortitude qui eſt par fureur differe de vraie fortitude. premierement quant a la congnoiſſance, car elle ne conſidere pas les perilz. Item elle oeuure ſans election ɋ ſoudainement. Item elle ne oeuure pas pour bonne fin ne a bonne intencion. Item elle ſe delicte en vengence, ɋ en vraie fortitude non.

De la quarte ɋ quinte manieres de fortitude non vraie xx.ca

eulx qui font telles choſes pour ce que ilz ſont de bonne eſperãce ilz ne ſont pas fors de vraie fortitude, mais en ſont differens, car pour ce que ilz ont eues pluſieurs victoires ilz ſe conſient, ɋ ont grant eſperãce quant ilz ſont en telz perilz. Glo. Auſſi differe ceſte maniere de fortitude de la ſecõde maniere deſſuſdicte: Car celle ſecõde eſt pour experience, induſtrie, ſcience de batailler, mais ceſte ici eſt tant ſeulement pour grant eſperance. Tex. Et ſont ſemblables a telz qui ont vraie fortitude: car les vngs ɋ les autres ſont hardis, mais ceulx qui oeurent par induſtrie ſont hardis pour les cauſes deſſuſdictes. Glo. Ceſt aſſauoir pour bonne fin, ɋ par raiſon. Tex. Et ceulx ici ſont hardis pour ce quilz cuidẽt eſtre les plus vaillans. Et reputent que leurs aduerſaires ne leur peuent nuyre ne faire auoir a ſouffrir. Et telles hardieſſes font aucuneſois ceulx qui ſont yures, car par leur yureſſe ilz ſõt fais bien eſperans. Glo. La force du vin multiplie leurs eſperitz, et par ce ont ilz plus grant eſperance.

Tex. Et quant les choſes ne aduiennẽt pas telles comme ilz eſperoient ilz ſen fuient, mais cõme nous auõs dit deuãt il appartiẽt au vray fort ſouſtenir les choſes terribles qui ſont a ſouſtenir a hõe. Glo. Car lun dacions ou ſubiũcõns de citez ou corrupciõ de lair ou telles choſes, chũ les doit craindre ɋ fuir a ſõ pouoir ɋ nõ pas ſouſtenir ou attẽdre. T. ɋ ne tiẽt cõte des choſes q̃ ſõt terribles tãt ſeulemẽt ſelõ eſpance ɋ ce q̃ ſouſtiẽt ceſt pour bien obtenir, ou pour euiter pechie ɋ laidure, ɋ pource ſẽblẽt mieulx auoir la vertu de fortitude, et elle ſe mõſtre pl⁹ en ceulx q̃ ſõt ſãs paour ɋ ſãs pturbaciõ es choſes tribles q̃ viẽnet ſoudainemẽt ɋ deſpourueemẽt q̃ ſe telles choſes eſtoiẽt ſceues ɋ maniſeſtes deuãt, ɋ ſẽblẽt pl⁹ uenir ɋ eſtre

h.ii.

Feuillet

causees de habit de vertu, car ce que aucun eslist (z fait de longue preparacion deuant manifeste (z qui delibere par raison a grant lesir (z par cogitacion ou pensee, il semble mains estre fait selon habit, mais les choses faictes soubdainement semblent mieulx estre faictes selon habit. Glo. Il ne veult pas dire que les choses faictes selon vertu ou causees de vertu, soient sans deliberacion (z sans raison ou pensee, mais il veult dire que celuy qui est bien habitue en vertu il a bien tost delibere (z regarde (z conclud que est a faire, et procede briefment a lexecucion sans grant deliberacion, mais celuy qui na pas telle vertu, il y met plus longuement. Apres il parle de la quinte maniere de fortitude non vraie. Tex. Ite les ignorans aucunesfois semblent estre fors: (z ne sont pas loing de ceulx qui sont fors par bonne esperance, mais ilz sont pires en tant comme ilz nont en eulx nulle dignite ou espece de bien. Car ceulx qui ont esperance quant ilz sont ou fait de bataille ilz arrestent et demeurent par aucun temps, mais ceulx ici qui sont ignorans (z deceuz si tretost que la chose est autre quilz ne cuidoient ou pensoient, adoncques ilz sen fuient. Et celle chose aduint a ceulx de argie qui cheurent es mains des larrons quant ilz aloient contre ceulx de Sicome. Glo. Sicome et argye estoient deux cites es parties de grece, les citoiens de argie estoient ignorans du fait des guerres, si encontrerent a cas dauenture larrons (z pers en telz fais qui les mistrent a desconfiture bien tost. Tex. Or appert il doncques comme aucuns sont divers selon aucune qualite ou similitude en quoy ilz ensuiuent ceulx qui ont vraie fortitude, (z pource cuident aucuns quilz soient vraie fors. Glo. Et chune des cinq manieres de fortitude non vraye a aucune similitude a vraie fortitude, sicomme fortitude ciuile quant est en hardiesse en perseuerance fortitude militaire lui resemble quant a science hardiesse (z puissance fortitude par fureur en aspre (z puissance. Fortitude (z esperance en bonne confiance. Fortitude de ignorance en hardiement emprendre: Et chune de ces fortitudes deffault de vraie fortitude en aucune chose ou en plusieurs. Et chune deffault en election ou acceptacion de fin, et different selon ce quilz sont pour diuers moiens: sicomme la ciuile pour paour de vitupere. La militaire pour experience. Lautre pour passion de ire ou de fureur. Lautre pour esperance, lautre pour folye (z ignorance.

Comment fortitude regarde delectacion et tristesse xxi. c.

Fortitude est vers hardiesses (z paours en ces choses (z non pas semblablement, car elle est vers paour ou en paour des choses terribles. Et la cause est car celuy qui en telles choses terribles a bon couraige et nest pas trouble ne esbahi/mais se contiēt et se porte si cōme il appartient/il se mōstre mieulx estre fort que en hardiesses ☞Glo.

¶Car en tant comme fortitude est en attendant soustenant ⁊ soy defendant elle regarde paour/Et en tant comme elle est en emprenant ⁊ assaillant elle regarde de hardiesse/⁊ cest pl9 fort de soy biē defendre que de biē emprendre/sicomme il fut dit en la glose de la fin du quizieſme chapitre.ainſy a mise vne condicion de fortitude/A pres il met vne autre ☞Tex ¶Et dōcques comme dit est les gens sont diz ⁊ appelles fors/principalement par ce quilz soustiennent choses tristes/⁊ en les soustenant.et pource fortitude est auſſy cōme chose triste. Et a fortitude tristesse annexee ⁊ adioincte auecques soy/⁊ pour ce est elle loee ⁊ a louer iustement et par raison/car comme dit est cest plus fort de soustenir tristesses ⁊ choses tristes:que nest soy abstenir de choses delectables

☞Glo. ¶Et pour ce en lautre trāſlacion il conclud que fortitude est pl9 noble vertu ⁊ plus a louer/que nest attrempāce Et la cause est car vertu est es choses haultes ⁊ nobles et fortes/comme il fut dit ou quart chapitre du second liure. Et ainſy est plus grant vertu en ce qui est plus fort/et est plus a louer/comme soustenir tristesses de plaies ⁊ de mort. Apres il met vne autre condicion de fortitude

☞Tex. ¶Mais nō obstant telle tristesse la fin des operacions qui sōt faictes selon fortitude est delectable.

☞Glo ¶Sicomme il fut dit au tiers chapitre du second liure.

☞Tex. ¶Mais pour cause des grās tristesses que len soustient en tel fait/par plaies ⁊ telles choses celle delectacion est auſſy comme euanue et absorbee/⁊ ne la sēt len pas. Et est vne telle chose cōme ce qui aduiēt a ceulx qui se cōbatēt tous nudz en certains esbatemens et epercitacions: comme seroient par aduenture tournoiemēs Car la fin pour quoy en esperāce ilz seufftent tel labour elle leur est delectable:sicomme est auoir vne couronne ou aulcuns honneurs/mais estre batu ⁊ feru ce leur est tresgrāt peine ⁊ grant douleur silz sont semblables ⁊ se ilz ont char. Et tout tel labeur leur donne grant tristesse.Et pource quilz seufftent moult de peines et de tristeces ⁊ si grandes que la delectacion quilz ont en esperāce de celle fin leur semble comme neant /au regard des peines quilz endurent ☞Glo.

¶En telles choses ⁊ en fortitude peut estre delectaciō ou tristece apres le fait car se lō a victoire cest tresgrāt plaisir et vne des plus grandes delectaciōs quil puiſſe estre en ce mōde Et se lon est vaincu sans mort cest tresgrant tristece/mais auec ce len a delectacion de ce q̄ len a fait sō deuoir ⁊ selon vertu/mais qui meurt il na aps nulle delectaciō ne tristece ē ceste uie. pource q̄ fortitude ē pricipalemēt

h.iii.

Feuillet

quant en peril de mort. Aristote parle de la delectacion et tristece qui sont en fait de fortitude. Glo. Et telle chose aduient il ou fait de fortitude: car la mort et les plaies donnent grans tristeces a celuy qui est fort, combien quil les soustiene de voulente

Mais il les veult soustenir et souffrir pour bien, ou pour euiter laydure de peche Glo Apres il reprouue lerreur des stoiciens qui disoient que le vertueux na iamais aucunes tristesses: car la delectacion quil a en sa vertu absorbe et adnichile toute tristesse. Tex: Et de tant comme il a en soy toute telle vertu parfaictement et quil est plus beneure, en tant a il plus grans tristeces quant il meurt car tel homme est tres digne de viure: et de grant bien auoir, et auec ce il est priue par la mort de tresgrans biens quil auoit a present, et il scet et congnoist tout cecy. Doncques est ce chose tres triste, mais pour ce sil soustient telz perilz et telles tristeces, il ne doibt pas mains estre dit fort, mais plus, car ou fait de batailles, il eslist plus cest grant bien publicque, et si tresgrant bien quil est plus a eslire que les autres dessusditz qui sont mendres.

Mesmement, car en telz cas se ilz ne se exposent, ilz pechent et perdent leur felicite. Et apres il restrainct vne sentence dicte ou douziesme chapitre du premier liure, et ou tiers chapitre du second la ou il fut dit que les operacions des vertus sont delectables Tex Doncques ne ouure len pas delectablement en toutes vertus, car en aucunes operacions de fortitude il na delectacion, fors en tant comme len attaint la fin Glo.

Cest car len fait son deuoir il appert asses par le texte que en telz perilz il a tresgrans tristeces tant corporelles pour la douleur des plaies, come espirituelles, et de penser a ce que len pert la vie bonne et les grans biens presens et aduenir quant a ce monde. et en tel fait a peu de delectacion. Et neantmains le fait est voluntaire, et pose quil ne fust rien de nous apres la mort, neantmains selon le philosophe tout homme doit plus eslire telz perilz indeuement fouir et mieulx vouloir bien mourir, que honteusement viure. Et de ce sera dit plus a plain en fonziesme chapitre du neufuiesme liure ou texte et en la glose. Apres il monstre que ceulx qui ont fortitude militaire de la quelle il a parle ou viii chapitre nont pas les proprietes et condicions dessusdictes Tex.

Mais par auenture les tresbons cheualiers qui sont excellens en fortitude militaire ilz ne sont pas telz, mais auient souuent que ceulx q mais approuchent de la vertu de fortitude sont les meilleurs en telle cheualerie et nont en eulx nul autre bien Glo

Quant a la vertu de fortitude, car ilz ne se combatent pas pour vertu ne pour bien qui soit en leur conscience ne pour lamour du bien publique. Tex.

Et sont prestz et appareilles, et se
epposent hardiement au perilz, et per
muent leur vie a petit gaing. Glo.
Aussi come se ilz marchandassent
ou feissent contrault de bailler et ex
poser leur vie pour ung peu de profit
ou gaing, come seroit pour leurs sou
dees, ou pour autre pillage, et souuet
aduient que telz gens sont excellens
en faitz darmes. Et dit eustrace quil
est plus expedient aux citoiens pren
dre telz gens a souldee: que mettre en
perilz ceulx qui sont vrays fors, aps
il fut fait son epilogue ou il recapitu
le. Tex. Or auons doncques
parle de fortitude en tant comme dit
est, et par les choses dessusdictes len
peut asses predre la diffinition de for
titude grossement et scauoir que cest.
Glo. Par aduenture peut len
dire ainsy. Fortitude est ung habit p
lequel selon raison droituriere et regu
lee len emprent oseement, et soustient
len puissammet choses haultes, terri
bles et perilleuses pour bonne fin, ou
aisy. Fortitude est une vertu p quoy
len se a et contient moiennemet selon
raison enuers paours et hardiesses

De la vertu dattrempance et
quelle est en delectacions de tou
cher et de goulter xxii. ca.

Pres ce que nous auons dit
de fortitude, nous dirons de
attrempace, car il semble q
ces deux vertus soient es puissances
ou parties de lame qui sot douze ray
sonnables ou irraisonnables. Glo.
La partie ou puissance sensitiue est
irraisonnable quant est de soy, mais
elle est nee conuenable et habile a obe
ir a raison: sicomme il fut dit ou der
nier chapitre du premier liure. Et ceste
puissance ou appetit a deux parties,
cestassauoir la partie irascible en laql
le sont les passions de paour et de har
diesse, vers lesquelles est la vertu de
fortitude come dit est. Lautre partie
est la concupiscible en laquelle sont de
lectacions et tristesses vers lesquelles
est attrempance. Ite fortitude regar
de les choses qui sont corrumpables
de vie humaine, et attrempace regar
de celles qui la conseruet ou en singu
lier, come boire et mengier, ou en son
espece, come le fait ou sa coulpe char
nelle. Et sont ces deux vertus en la
sensitiue, et ainsi appert leur couenan
ce et leur difference. Tex. Or a
uons nous dit deuant que attrempan
ce est moienneresse vers les delecta
cions, et les modere: et quelle est male
et non pas semblable vers les tristes
ses. Et auons dit ainsi que desat
trempance est en ces choses meismes
Glo. Tout ce fut dit au neuf
uiesme chapitre du second liure.
Mais la cause pour quoy elle est
plus vers delectacions cest, Car de
lectacio est pour la presence de la cho
se desirre, et tristece est pour labsence.

Feuillet

Et checune chose oeuure plus efficalemēt/ ꜩ plus fort presente que absente Tex. Or disons doncque ꜩ determinons maitenāt en quelles delectations est ceste vertu. Et doit len sauoir que les delectations sont ainsi diuisees car les vnes regardent lame et les autres le corps ou sōt corporelles celles qui sont par aucun des .v. sens naturelz cōme en toucher gouster voir oir odorer par presēce daucune chose sensible et sont celles delectations notoires et pour ce met il epemple des autres Tex. Sicōme se roit se aucū a amour de hōneur vng autre a amour de discipline et de science et checun de ces ici sesioist et se delecte en la chose quil ayme et de ceste delectation ici le corps nen sent ou seuffre aucune chose principalemēt mais la pensee sil delecte. Or est verité que ceulx qui ont telles delectatiōs ilz ne sont pas pour ce dis attrempes ne desattrempes Glo. mais bien est verite que telles choses tendent a autres vertus meismement en hōneur sicomme il appert ou quart liure/ ou chapitre de magnanimite Tex. Et semblablemēt est il de autres ꝙlconques delectacions qui ne sont pas corporelles. Sicōme ceulx qui aiment fables ꜩ se delectent en racontemens et narrations de choses inutiles et en telz choses vsēt leurs iours ꜩ gastēt leur tēps car telz gens nous les appellons iangleurs et ne disons pas ꝙ ilz soient desattrempes /aussi est il de

ceulx ꝙ ōt tristeces desordōnees pour perte de leur pecune ou de leur amys car nous ne disons pas que ilz soient desattrēpes Glo. Mais en ce a bien vng autre vice et ainsi auons epemple de .iii. manieres de delectatiō nō corporelles. La premiere a semblance a espece de honneste. La seconde est en fais ꜩ en dis. Latierce est es biens de hors. Et en checune affection desordōnee et nō pas la dure/ cōme il a en desattrempance Tex. Doncques est attrempāce vers les delectations corporelles et non pas vers toutes Glo. Il en epcepte celles ꝙ sont en .iii. sens naturelz qui sentēt p moiē ꜩ de loing: cestassauoir voir oir et odorer et ainsi en demeure qui sentent sans moien qui sont dehors. cest assauoir touchier et gouster Tex.

Car ceulx qui sesioissēt es choses quilz voient sicōme en couleurs en figure/ en escripture/ en paintures/ ilz ne sont pas dis pour ce attrempes ne desattrempes/ ia soit ce que en telles choses len se doit esioir et delecter selō ce qui cōuient ꜩ appartient. /ꜩ y peut len soy auoir selon superhabundance ꜩ selō deffaulte Semblablemēt es choses qui sont en oir cōme ceulx qui sesioissent et delectent superabondamment et trop en melodies de voix humaines ꜩ de voix faictes p istrumēs nul ne les dit pour ce desattrēpes Et ceulx ꝙ en telles choses se ont ꜩ se cōtiēnent cōme il cōuient et apptient nul ne les dit pour ce estre attrēpes.

Et ainsi est il en sentir odeur quant est de soy et tousiours hors selon accident et pour autre cause car ceulx qui se esioissent trop en odeurs de pōmes ou de roses ou de choses aromatiques nous ne disons pas que pour ce ilz soient desattrempes mais ceulx qui se delectent trop en odeurs daucunes oignemens ou daucūs potaiges ou salses ilz doiuēt mieux estre dis desatrēpez pour ce que ceulx qui sont desatrēpes en touchier ou en gouster se esioissent de telles choses car par ce leur vient rememoration et se recordent des choses cōcupiscibles Glo. Sicōme par lodeur des oignemens ilz se recordēt des femes q̄ se appareillēt en aucūs pais de certais oignemēs et p lodeur de saulses il leur souuient des viandes et ne se delectent pas es odeurs simplement mais tant seulement en regard et pour la cause et reputation des choses delectables que sē touche et que len gouste Tex. Et ce peult len voir par ce que ceulx qui ont grant faim se delectent en lodeur des viandes Glo. Et quant ilz en ont assez mēge ilz ne se delectēt plus en telles odeurs et ainsy ilz ne se delectent pas principalement pour lodeur mais pour la viande Tex. Et soy esioir trop en telles choses est o peration de hōme desattrempe: car la chose que telle odeur represente lui est cōcupiscible/ et verite est q̄ les autres bestes ne se delectent pas selon les troys sens corporelz dessusdictz/ fors tant seulement selō accident Glo. Cestassauoir en raportāt a delectatiōq̄ sōt es deux autres sens corporelz cest en toucher et en gouster Tex. Car les chiens leuriers ne se esioissent pas des odeurs des lieures p raison de tel odeur/ mais pour mengier les lieures et aussi le lion ne se esioist pas en ouir la voix du beuf/ pour la voix mais pour le beuf mengier: car par la voix il sent et congnoist que le beuf est pres de lui. Et pour ce semble il que il en ait feste ¬ q̄ il se esioisse de telle voix Semblablement quāt le lion voit ou trouue ūg cerf ou une chieure sauuaige il ne se delicte pas en les veoir/ fors pour ce quil espere les mengier Glo. Et nō pas pour la beaute de leur couleur ou de leur figure ainsi est mis ēpēple de chūn de ces trois sēs naturelz/ cest adire corporelz Et est assauoir selon les eppositeurs/ que les bestes mues ne se delectēt pas en telles choses fors comme dit est en raportāt a toucher/ et a gouster pour ce que les sens corporelz ne leur sont donnes fors que a la conseruation de leur vie a laquelle sont necessaires touchier et gouster. mais telz sens sont donnes a homme pour celle cause mesmes et auec ce. pour ministrer ¬ seruir a la congnoissance de lame intellectiue a laquelle tous les cinq sens dessusditz sont necessaires et pour ce se delicte hōme es choses sensibles selō tous les v. sens et les bestes non fors tant seulement en deux Toutesuoyes il me semble q̃ aucunes bestes mues se delectent en voix ou en melodies autrement que en raportant au tast ou au goust Et ainsi le dit plinius du poisson appellé dalphin et ainsi est il de plusieurs oyseaulx et par aduēture que aucuns oyseaulx ou bestes se delectent en admirations par regarder aucunes couleurs ou autre chose mais telles delectations ne sont pas cōmunes aux bestes et est certain que eulx ne comuniquēt ou participēt auecques nature humaine en nulle delectatiō sensible tāt cōme ilz sont en touchier et en gouster Tex. Ilappert doncques que attrēpance et desattrempāce sōt en telz et vers telles delectations esquelles autres bestes cōmuniquent auecques hōme et dōcques sont telles delectations seruilles et sēblent estre seruiles et bestialz et sont les delectatiōs qui sont en toucher et en gouster

Glo Telles delectations sōt bestialz car en ce nous resēblons aux bestes et ceulx qui trop en vsent sont bestialz et gens a diffamer et sont delectations ciuiles car en tout homme ilz doiuent estre subgettez a raison.

¶Cōment attrēpance et desattrempance sont es delectatiōs dessusdictes. xxiii.c

Il semble que ceulx qui sont attrempez ⁊ desattrempes ne vsēt pas de gouster ou goust quant a ce fors peu ou neant Glo. Et tant seulement en tant cōme il participe a touchement Tex Car le goust est quant au iugement des saueurs et telz iugemens font ceulx q̃ espreuuent les vins et qui assauourēt et confisent les salses et les potages ⁊ ceulx qui sont desattrempes ne se delectent ou esioissent pas moult de telles choses Glo Fors que en raportant au sens datouchement car le sens de goust est tant seulement en la langue et le sens de touchement est auecques ce es autres membres T. Car toute leur delectation est en lusage de ce que est fait par touchement en viandes et en boires et en delectation charnel Glo. Qui diroit en luxure ie prens ici delectation charnel pour le mot q̃ met ou tepte.in venereis. Car il signifie pechié et la delectatiō dont il parle peult estre auec pechié et sans pechié Tex. Et pour ce vng qui estoit de la cite de epire vng humeur de brouet et lecheur prioit aux dieux et souhaidoist quil eust la gorge plus longue que le col dune grue Glo Et en la gorge est latouchement et non pas le goust

Tex Doncques le sens corporel selon le quel est desattrempāce est trescōmun a tenter bestes plus q̃ nul autre et pour ce est tel vice iustement et a bon droit reprouuable et a diffamer Car tel vice nest pas en nous en tant comme nous sōmes hommes ne selon ce mais en tant cōe nous sōmes semblables aux bestes et selon ce. Et doncques esioir soy et delecter en telles choses et meismement les amer cest vng vice bestial et vitupable: mais bien sont aucunes delectations selon le sens corporel de touchemēt qui en sont exceptees et sont tresliberalz sicōme sont celles que len a en certains esbatemens comme luites ou courses pour soy eschauffer et exerciter. G. Telles delectations sont ordonnees pour la sante du corps et pour auoir les corps habilles aux armes ou a aucun aultre bon labour corporel. Et pour ce les appelle aristote tresliberaulx car ilz sont faictez et establies pour bien et selon raison Tex. Et les delectations que len desattrēpe a en touchement ne sont pas pour tout le corps, mais tant seulemēt en certaines parties ou en aucune mēbres.

Quel est le fait de desattrempance vers les delectations et tristesses. xxiiii.ca

Les cōcupiscences les vnes sont comunes les autres sōt propres et adioustees. Glo Ilz sont comunement adioustees par nostre mauuaise acoustumance il est assauoir que sicō il fut dit en la chose ou .vi. chapitre du second liure paour et tristece sont vers vne mesme chose. mais paour est ou regart du mal aduenir Et tristece est du mal p̄sent Semblablement concupiscence est de bien aduenir et delectatiō est de bien present cestassauoir qui appert estre bien. Item epicurus disoit que il est .iii. manieres de concupiscences les vnes sont naturelles et necessaires comme concupiscence de mēgier quāt mestier en est car sans ce lē ne porroit viure les autres naturelz et nō necessaires comme celles qui sont de delectation charnel. Et les autres ne sont natureles ne necessaires. mais selon nostre fole opinion cōme trop boire a dultere.ic. Et selō aristote il souffist dire que les vnes sont cōmunes et necessaires et les autres nō. Car de telles qui sont a delectation charnel aucunes sont necessaires pour la continuation et conseruation de humaine espece et les autres non Tex. Les cōmunes sont cōme concupiscence de nourrissement qui est naturelle Car checun quant il en a besoing et indigence et concupiscence de nourrissemēt sec ou moiste cestassauoir de mēgier ou boire ou de tous les deux Sēblablement disoit homerus le poete que tout homme soit ieune ou aagie desire lit et lieu de repos. Glo. cestassauoir en general et en'cōmun indifferenment sans distinction fors quil souffise a nature et ainsi est il de boire et de mengier et pour ce les appelle aristote cōcupiscences naturelles et telles concupiscences sont cōmunes Car ilz desirent la chose en cōmun et sont cōmunes a tous generalement

Et checune chose oeuure plus effica
lemēt/ & plus fort presente que absen
te ¶Tex Or disons doncques &
determinons maintenāt en quelles de
lectations est ceste vertu. Et doit len
sauoir que les delectations sont ainsi
diuisees car les vnes regardent lame
et les autres le corps ou sōt corporel=
les celles qui sont par aucun des .v.
sens naturelz cōme en toucher gou
ster voir oir odorer par presēce daucu
ne chose sensible et sont celles delecta
tions notoires et pour ce met il exem
ple des autres ¶Tex. Sicōme se=
roit se aucū a amour de hōneur vng
autre a amour de discipline et de scien
ce et checun de ces ici se sioist et se delec
te en la chose quil ayme et de ceste de=
lectation ici le corps nen sent ou seuf/
fre aucune chose principalemēt mais
la pensee si delicte. Or est verite que
ceulx qui ont telles delectatiōs ilz ne
sont pas pour ce dis attrempes ne des
attrempes ¶Glo. mais bien est
verite que telles choses tendent a au
tres vertus meismement en hōneur
sicomme il appert ou quart liure/ ou
chapitre de magnanimite ¶Tex.
Et semblablemēt est il de autres quel=
conques delectacions qui ne sont pas
corporelles. Sicōme ceulx qui aiment
fables & se delectent en raconter ens
et narrations de choses inutiles et en
telz choses vsēt leurs iours & gastēt
leur temps car telz gens nous les ap=
pellons iangleurs et ne disons pas q̄
ilz soient desattrempes, aussi est il de

ceulx q̄ ōt tristeces desordōnees pour
perte de leur pecune ou de leur amys
car nous ne disons pas que ilz soient
desattrēpes ¶Glo Mais en ce a biē
vng autre vice et ainsi auons exem=
ple de .iii. manieres de delectatiō nō
corporelles. La premiere a semblan
ce a espece de honneste. La seconde est
en fais & en dis. La tierce est es biens
de hors Et en checune affection desor
dōnee et nō pas la dure/ cōme il a en
desattrempance ¶Tex. Donc
ques est attrempācē vers les delecta
tions corporelles et non pas vers tou
tes ¶Glo. Il en excepte celles q̄
sont en .iii. sens naturelz qui sentēt p
moiē & de loing: cest assauoir voir oir
et odorer et ainsi en demeure qui sen
tent sans moien qui sont dehors/ cest
assauoir touchier et gouster ¶Tex.
Car ceulx qui se sioissēt es choses
quilz voient sicōme en couleurs en fi
gure/ en escripture/ en paintures/ ilz
ne sont pas dis pour ce attrempes ne
desattrempes/ ia soit ce que en telles
choses len se doit esioir et delecter selō
ce qui cōuient & appartient/ & y peut/
len soy auoir selon superhabundance
& selō deffaulte Semblablemēt es
choses qui sont en oir cōme ceulx qui
se sioissent et delictent superabonda=
ment et trop en melodies de voix hu
maines & de voix faictes p̄ instrumēs
nul ne les dit pour ce desattrēpes Et
ceulx q̄ en telles choses se ont & se cō
tiēnent cōme il cōuient et apptient
nul ne les dit pour ce estre attrēpes.

Et ainsi est il en sentir odeur quant est de soy et tousiours hors (selon acci)dent et pour autre cause car ceulx qui se esioissent trop en odeurs de pommes ou de roses ou de choses aromatiques nous ne disons pas que pour ce ilz soient desattrempes mais ceulx qui se delectent trop en odeurs daucuns oignemens ou daucuns potaiges ou salses ilz doiuent mieux estre dis desatrempes pour ce que ceulx qui sont desatrempes en touchier ou en gouster se esioissent de telles choses car par ce leur vient rememoration et se recordent des choses concupiscibles Glo. Si come par lodeur des oignemens ilz se recordent des femmes q̃ se appareillent en aucuns pais de certains oignemens et p lodeur de saulses il leur souuient des viandes et ne se delectent pas es odeurs simplement mais tant seulement en regard et pour la cause et reputation des choses delectables que len touche et que len gouste Tex. Et ce peult len voir par ce que ceulx qui ont grant faim se delectent en lodeur des viandes. Glo. Et quant ilz en ont assez mengé ilz ne se delectent plus en telles odeurs et ainsy ilz ne se delectent pas principalement pour lodeur mais pour la viande Tex. Et soy esioir trop en telles choses est operation de homme desattrempe: car la chose que telle odeur represente luy est concupiscible/ et verite est q̃ les autres bestes ne se delectent pas selon les troys sens corporelz dessus dictz/ fors tant seulement selon accident Glo. Cest assauoir en raportant a delectation q̃ sont es deux autres sens corporelz cest en toucher et en gouster

Tex. Car les chiens leuriers ne se esioissent pas des odeurs des lieures p raison de tel odeur/ mais pour mengier les lieures et aussi se lion ne se esioist pas en ouir la voix du beuf/ pour la voix mais pour le beuf mengier: Car par la voix il sent et congnoist que le beuf est pres de lui. Et pour ce semble il que il en ait feste et q̃ il se esioisse de telle voix Semblablement quant le lion voit ou trouue vn cerf ou vne chieure sauuaige il ne se delecte pas en les veoir/ fors pour ce quil espere les mengier. Glo. Et non pas pour la beaute de leur couleur ou de leur figure ainsi est mis example de chun de ces trois sens naturelz/ cest adire corporelz Et est assauoir selon les expositeurs/ que les bestes mues ne se delectent pas en telles choses fors comme dit est en raportant a toucher/ et a gouster pour ce que les sens corporelz ne leur sont donnes fors que a la conseruation de leur vie a laquelle sont necessaires touchier et gouster. mais telz sens sont donnes a homme pour celle cause mesmes et auec ce pour ministrer et seruir a la congnoissance de lame intellectiue. a sa quelle tous les cinq sens dessus ditz sont necessaires et pour ce se delicte homme es choses sensibles selon tous les v. sens et les bestes non fors tant seulement en deux Toutesuoyes il me semble q̄ aucunes bestes mues se delectent en voix ou en melodies autrement que en raportant au tast ou au goust Et ainsi le dit plinius du poisson appellé dalphin et ainsi est il de plusieurs oyseaulx et par aueñture que aucunes oyseaulx ou bestes se delectent en admirations par regarder aucunes couleurs ou autre chose mais telles delectations ne sont pas cōmunes aux bestes et est certain que eulx ne cōmuniquēt ou participēt auecques nature humaine en nulle delectatiō sensible tāt cōme ilz sont en touchier et en gouster Tex. Il appert doncques que attrēpance et desattrempāce sōt en telz et vers telles delectations esquelles autres bestes cōmuniquent auecques hōme et dōcques sont telles delectations seruilles et sēblent estre seruiles et bestialz et sont les delectatiōs qui sont en toucher et en gouster Glo Telles delectations sōt bestialz car en ce nous reseblons aux bestes et ceulx qui trop en vsent sont bestialz et gens a diffamer et sont delectations ciuiles car en tout homme ilz doiuent estre subgettez a raison.

Cōment attrempance et desattrempance sont es delectatiōs dessusdictes. xxiii.c

Il semble que ceulx qui sont attrempez z desattrempes ne vsēt pas de gouster ou goust quant a ce fors peu ou neant Glo. Et tant seulement en tant cōme il participe a touchement Tex Car le goust est quant au iugement des saueurs et telz iugemens sont ceulx q̄ espreuuent les vins et qui assauourēt et confisent les salses et les potages ꝛ ceulx qui sont desattrempes ne se delectent ou esioissent pas moult de telles choses Glo Fors que en raportant au sens datouchement car le sens de goust est tant seulement en la langue et le sens de touchement est auecques ce es autres membres T. Car toute leur delectation est en lusage de ce que est fait par touchement en viandes et en boires et en delectation charnel Glo. Qui diroit en supure ie prens ici delectation charnel pour le mot q̄ met ou texte.in venereis. Car il signifie pechie et la delectatiō dont il parle peult estre auec pechie et sans pechie Tex. Et pour ce vng qui estoit de la cite de epire vng humeur de brouet et lecheur prioit aux dieux et souhaidoist quil eust la gorge plus longue que le col dune grue Glo Et en la gorge est latouchement et non pas le goust Tex Doncques le sens corporel selon le quel est desattrempāce est trescōmun a tentes bestes plus q̄ nul autre et pour ce est tel vice iustement et a bon droit reprouuable et a diffamer Car tel vice nest pas en nous en tant comme nous sōmes hommes ne selon ce mais en tant cōe nous sōmes semblables aux bestes et selon ce. Et doncques esioir soy et delecter en telles choses et meismement les amer cest vng vice bestial et vitupable: mais bien sont aucunes delectations selon le sens corporel de touchement qui en sont exceptees et sont tresliberalz sicõme sont celles que len a en certaines esbatzmens comme suites ou courses pour soy eschauffer et exerciter. G. Telles delectations sont ordonnees pour la sante du corps et pour auoir les corps habilles aux armes ou a aucun aultre bon labour corporel. Et pour ce les appelle aristote tresliberaulx Car ilz sont faictez et establies pour bien et selon raison Tex. Et les delectations que len desattrempe a en touchement ne sont pas pour tout le corps, mais tant seulement en certaines parties ou en aucuns membres.

Quel est le fait de desattrempance vers les delectations et tristesses.   xxiiii.ca

Les concupiscences les vnes sont comunes les autres sõt propres et adioustees. Glo. Il sont comunement adioustees par nostre mauuaise acoustumance il est assauoir que sicõme il fut dit en la chose ou .vi. chapitre du second liure paour et tristece sont vers vne mesme chose. mais paour est ou regart du mal aduenir Et tristece est du mal pnsent Semblablement concupiscence est de bien aduenir et delectatiõ est de bien present cestassauoir qui appert estre bien Item epicurus disoit que il est .iii. manieres de concupiscences les vnes sont naturelles et necessaires comme concupiscence de mengier quãt mestier en est car sans ce lẽ ne pourroit viure les autres naturelz et nõ necessaires comme celles qui sont de delectation charnel. Et les autres ne sont natureles ne necessaires. mais selon nostre fole opinion cõme trop boire adultere. &c. Et selõ aristote il souffist dire que les vnes sont cõmunes et necessaires et les autres nõ. Car de telles qui sont a delectation charnel aucunes sont necessaires pour la continuation et conseruation de humaine espece et les autres non   Tex. Les cõmunes sont cõme concupiscence de nourrissement qui est naturelle Car checun quant il en a besoing et indigence et concupiscence de nourrissement sec ou moiste cestassauoir de mengier ou boire ou de tous les deux Semblablement disoit Homerus le poete que tout homme soit ieune ou aagie desire lit et lieu de repos / Glo. cestassauoir en general et en cõmun indifferenment sans distinction fors quil souffise a nature et ainsi est il de boire et de mengier et pour ce les appelle aristote cõcupiscences naturelles et telles concupiscences sont cõmunes Car ilz desirent la chose en cõmun & sont cõmunes a tous generalement

feuillet.

Apres il desclaire lautre mēbre (z mõstre les quelles sont propres et adioustees ¶Tex mais combien q̃ checun conuoite lit pour repos toutesuoyes checun ne cõuoite pas ou desire lit tel ou tel ou ainsi fait ou ainsi pare ou autrement Et semblablement ne desirent pas tous vnes mesmes viandes ou boires, et pour ce semble il que telles distinctions ou diuersites q̃ vng desire vne chose et lautre lautre viengne de nous et de nostre volente ou election, mais verite est que ēcor il y a aucune cause naturelle. car vnes choses sont delectables aux vngs et autres choses aux autres pour la nature de leur cõplexion eu pour aucuns autres accidens. ¶Glo Sicõme ceulx qui sont fleumatiq̃s ont concupiscence dautres choses et viādes que ceulx qui sont coleriques et ceulx qui ont este nourris delicatiuement dautres que ceulx qui ont este nourris grossement Apres il mõstre comme desattrempance est faicte en telles concupiscences et premierement es cõmunes ¶Tex Or est il ainsi que es concupiscences naturelles et cõmunes peu de gens y pechent ¶Glo Il parle principalement de celles qui sont en mengier et boire ¶Tex. Et tant seulement en vne maniere cestassauoir en plus ou en excedant, car ceulx qui seulent mengier z boire indifferement ce que est mis deuāt eulx et en prennent tant quilz se emplent trop ilz sont ce

de superhabundance et excees de nourrissement prins oultre ce quil leur cõuient selon nature ¶Car concupiscence naturel nest fors pour rēplir la deffaulte ou indigence de nature et pour ce telz gens sont appellez casimages (z cest adire quilz ont leurs ventres enragies et peuent estre dis en francois gloutons ou gourmans et telz sont ceulx qui sont moult bestialz ¶Glo Car aussi comme bestes ilz ne curent fors de emplir leurs ventres ou pãces apres il monstre cõme desattrēpance ē ēdelectations propres, et adioustees ¶Tex mais en delectatiõ propres plusieurs y pechent et en moult de manieres ¶Glo Selon toutes circonstances et cõme il est touche deuant delectation ou concupiscence cõmune est cõme seroit quāt len a fal de conuoitier viandes indifferement mais la propre est cõe desirer telle viande ou telle et ainsi appareillee ou autrement et semblablement est il de concupiscence charnel ¶Tex. Car de ceulx qui aiment delectations qui se esioissent et delectent en choses q̃lz nappartiēnent pas ou plus quil nappartiēt ou indiscretement cõe plusieurs ou autremēt quil nappartiēt et selon toutes telles circonstances ou aucunes superhabōdēt et excedent les desattrēpes et quant ilz se esioissent daucunes choses dont il ne conuenist pas soy esioir z qui sont laides z a hair. ¶Glo. Cõme sont les sodomites z autres z aucuns qui appetent viandes contraires a leur nature ¶ Tex. Et sil se couient esioir et delecter en aucunes et se ilz se esioissēt plus quil ne couient ou appartient. Car silz esioissent en multiplicatiō de choses delectables cōme plusieurs font folement et indiscretement. G. Cōme en multiplication de viādes ou de vins ou de femmes en toutes ces manieres et en semblables peult estre ung hōme desattrempe ¶ Tex. Doncques appert il et est manifeste que desattrēpance est superhabundā ce et excess en delectations et appert aussi que cest chose vituperable. G. Il a monneste cōme desattrēpance regarde delectation. Apres il monstre cōme elle regarde tristece ¶ Tex. mais en tristeces ou vers tristeces il nest pas ainsi quant a ce propos cōme il est en la matiere de fortitude. G. Il fut dit deuant ou traictie de fortitude que le fort soustiēt tristeces ⁊ en ce est a loer et que le paoureux ne les ose soustenir et de ce est a blasmer et q̄ ce sont telles tristeces qui font auoir douleur et ne sont pas pour absence de delectation. ¶ Tex. Car nul nest dit attrēpe ne loe pour soustenir tristeces ne nul nest dit desattrempe ou vitupere pour ses non soustenir mais il est dit desattrēpe et vitupere pour ce quil a tristece plus quil nappartient de ce quil ne peult acquerir et auoir les choses delectables a concupiscence et ainsi delectation lui fait et donne tristece pour son absence. mais ung hōme est dit attrempe en ce quil ne se triste pas ou n a pas tristeur de labscence des choses delectables et en soy abstenir de telles choses ¶ Glo. Apres il met cōment le desattrempe conuoitte toutes choses qui lui semblent delectables et mesmemēt celles ou il a grant delectation et ainsi il est mene et gouuerne par concupiscence et non pas par raison et prefere delectacion ⁊ le slist deuāt tous autres biēs ¶ Glo. C est assauoir deuāt biē honneste ⁊ deuant bien vtile. ¶ Tex. Et pour ce est il triste quāt il ne peult aduenir ou auoir vne chose et il la cōuoite et desire et est telle concupiscēce auecques tristece cōbien que de prime face il semble inconueniēt a auoir tristece pour delectac'on ¶ Glo. mais ce nest pas inconuenient car ce est pour labscence de la delectacion ⁊ auecques ce il a tristece pour la presēce de la delectatiō car il na pas si grāt delectacion comme il vousist ne si lōguement ou si souuent cōme il desire et briefment tout homme desattrēpe a plus souuent plusieurs et plus grandes tristeces et est la vie de sui plus triste sans comparaison que delectable.

Du vice opposite a desatrempance et des condicions de celui qui est attrempe. xxv.C

En treuue peu de gens qui pechent en deffaillant et en

eulx esioissant en delectations mains
quil nappartient et telle insensibilite
nest pas la complexion et le goust et le
tast se doit mieulx recongnoistre en
telles choses tant come il luy appartiet et le touche ¶Tex. Et sil est
aucun au quel nulle viande nest delectable et quil ne fait difference de lune
a lautre telle persone seroit bie loing
de la comune nature et de lestre des
homes et pour ce quil nest pas moult
de telles gens cest vice na pas nom
impose ¶Glo. Il peult estre appelle insensibilite. Et est assauoir que
aucun peult fuir telles delectations
et faire abstinence ou pour cause de sa
te acquerir ou garder ou pour auoir
le corps plus legier et plus agile ou
pour reprimer mauluaise concupiscece
ou pour estre plus habile a contemplation et a aucun tresgrant bien sicome
aucuns hermites font et ainsi faire
nest pas vice. mais.ii.autres manieres peuent estre vne se aucun ne se de
licte en telles choses pour deffaute de
nature et pour la malice de sa complexi
on et tel est comme vng monstre et
insensible et cest vice naturel et non
pas personel ou voluntaire ne a pu
gnir vne autre maniere est se aucun
fuit voluntairement telz abstinences par quoy il abresge sa vie ou
corrumpt sa sante ou se fait inhabile
a bones oeuures excercer cest vice
blasmer et cause par imprudence et in
discrecion car iuner et mengier quat
est de soy nest ne bie ne mal. mais gou

feuillet.

uerner soy deuemet en ce cest vng bie
ordone a la conseruation de la vie et
finablement pour bien faire et pour
felicite. Item aucuns font ici question
se virginite est vertu et leur semble q̄
non pour ce q̄lle nest pas ou moien
come e chastete et est extremite et donc
ques est ce vice et insensibilite Je re
spon et di que selo raison naturel gar
der en parfait aage virginite et pure
te de son corps peut estre fait selo tou
tes bonnes circostaces et quant a lestat et condition ou complexion de sa
personne et quant au teps et a la ma
niere et principalement quant a la fin
Sicome pour mieulx vacquer a cotepla
cion ou pour autre quelconque tresgrant bien et ainsi cest vne espece de
attrempance aussi come sont chastete et
sobriete et est au moien selon raison.
Car telle persone se delicte en vian
des et en autres choses sicome il apptient et nest pas insensible sicome cel
lui q̄ ne but onques de vin nest pas
pour ce insensible et aussi come deux
persones peuent estre attrepes dont
lun boit vin et lautre non. Sembla
blement peust estre de deux dont lun
vse de delectacio charnel et lautre no
et doncques se chaste et la vierge ont
vertu dattrempance. mais virginite par impotence de nature ou par vi
olence ou par imprudence et indiscre
cion nest pas vertu. Apres il met les
fais et conditions de celui qui est attrepe et monstre premierement desquelles choses il se abstient ¶Tex.

mais celui qui est attrempe il se a et contient en delectations et tristeces moienement. Car il ne se delicte pas en choses laides esquelles se delicte mesmement le desattrempe, mais a plus en lui de tristeces vers telles choses et vniuerselement il ne se delicte pas en choses ou il nappartient et auecques ce en celles qui sont honestes il ne se delicte pas trop fort ne plus quil ne conuient ne selon quelconque mauuaise circonstance et aussi il nest pas triste pour labscence des choses delectables et ne les conuoitte fors a mesure et selon raison et na pas concupiscence de quelconque chose delectable plus que il ne conuient ne quant il ne conuient ne selon quelconque mauuaise circonstance. Glo. Car il appete tout selon lexigence de nature et selon ce quil le requiert. Apres il monstre quelles delectations il quiert ou poursuit.

Tex. Mais quiconques delectations qui sont necessaires et conuenables a sante et a bonne habitude de corps pour estre prest et habile a tout ce que len doit faire celles appetera et desirera celui q̃ est attrempe et par mesure sicõme il appartiẽt et autres choses delectables il les appetera en gardant toutesuoyes quilz ne facent empeschement aux choses dessusdictes / Cestassauoir a sante et a bonne habitude et auecques ce que ilz ne soient fors selon bien et honeste et auecques ce qu'ilz ne passent la substance ou faculte de ces richesses. Glo. Car il nappartient pas a vng poure hõme que rir telles viandes ou telles robes cõme il fait a vng riche. Et de ces .iii. cõdiciõs ici mises. La premiere est quãt au biens du corps. La seconde quant a bien honeste. Et la tierce quãt aux biens de dehors. Tex. Car quiconques quiert delectations selon aucune de ces .iii. manieres reprouuees il se aime plus que il ne doit dignemẽt. Et celui qui est attrempe nest pas tel mais il les aime tant seulemẽt selon ce q̃ raison et droicture veult & dicte.

Il cõpare le vice de desattrẽpance au vice de paour et de couardise. xxvi.c

Desattrẽpance semble plus estre voluntaire que paour ou couardise. Car le desattrẽpe fait sa mauuaise operatiõ pour delectatiõ & le paoureux se fait pour tristece & delectatiõ est desirable & plaist et tristece est fugible et desplaist. G. Et ainsi le paoureux a desplaisance en son fait et le desattrẽpe y a plaisance doncques est desattrẽpãce plus voluntaire meismement. car telle desectation attrait a soy la volente encor prouue il sa conclusion par vne autre raison. Tex. Item tristece esbahit et corrumpt la nature de celui q̃ la en soy et delectation ne fait pas quiconque telle chose doncques est plus voluntaire ce que est fait par delectacion. Glo. Tristece fait les esperitz

feuillet.

destraindre et retraire et desordene et blesce et desconforte nature et delectacion quant est de soy fait le contraire et par ce que tristece hesbahit come il pert son iugement et pour ce ail plus de ignorance en ce que est fait par paour et tristece que en ce que est fait par delectation et par consequent mains de voluntaire par ce q̃ fut dit ou premier chapitre du tiers liure ☙Tex. Et pour ce est le vice de desattrepance plus reprouuable et plus diffamable que le vice de paour ou de couardie de tant come il est plus voluntaire ☙Glo. Car tant est ung vice plus voluntaire tant est plus a blasmer. Ceteris paribus. Encor prouue il la conclusion par deux aultres moyens ☙Tex. Item car len peult plus et mieulx eschiuer desattrepance par acoustumance. car checun a en sa vie tressouuent et moult de occasions et de oportunites a ce et peult faire telles acoustumances sans peril mais en paours et en couardies il est au contraire ☙Glo. Car len vse checul iour de boire et de mẽgier mais len nest pas checun iour en bataille. et se peult len acoustumer sans peril a viure attrepement. mais non pas au fais de fortitude et doncqs est desattrepance plus vituperable que couardie toutesuoyes ne se suit il pas se ung vice est plus diffamable que ung autre que pour ce il soit pire. Car vitupere et diffame est quãt au peuple et de vice de quoy la laidure est manifeste et aussi ne sensuit il pas se fortitude est principalement pour sa fin. Et couardie nest pas pour fin contraire car le couart ne sen fuit pas affin que le bien comun perisse. mais pour euiter douleur et tristece et pour garder sa vie et verite est que desattrepance est plus diffamable et plus mauuais vice que couardie. Apres il monstre que ces deux vices sont voluntaires differentement ☙Tex. Et semble que le vice de couardie ou de paour nest pas semblablemẽt voluntaire sc vniuersel et singulier quant au fais car en vniuersel et en general auãt le fait len na pas grãt tristece. mais les choses singulieres qui sont ou fait es bahissent pour la tristece et doleur q̃ len sent ou qui appert de pres en tant que pour ce aucũs iettẽt leurs armeures ou se rendent ou font aucunes autres choses laidement et pour ce semblent telles choses estre violentes.

☙Glo. Car le principe et la cause de elles est dehors ceulx qui les font. Et est verite que telles opations sõt miptes et ne sont pas purremẽt voluntaires et fut dit ou premier chapitre de cest tiers liure que les operations sõt miptes et comẽt et pour quoy

☙Tex. Mais ou vice de desattrepance il est au contraire. Car les choses singulieres sont volũtaires pour ce que elles sont selon la concupiscence et selon lappetit du desattrepe et ce q̃ est dit en vniuersel ou en general est mains voluntaire et mains desire.

Car nul na concupiscence ou appetit en general de estre desattrempe.

Glo. Mais aucun desire et poursuit les choses singulieres et particulieres p[ar] quoy il est fait desattrempe

Il compare le vice de desattrepance au peche des enfans xv.vii.ca.

Nus rapportons le nom de desattrempance au pechies enfantibles car les desattrempes en telz pechies ont aucune similitude. Et ne y a force se le nom de desattrempance est dit et dirive de laultre ou au contraire: car il est manifeste q[ue] le no[m] derrenier impose est dit et dirive du no[m] premier impose. Glo. Il pre[n]t icy pechies deffant no[n] pas pour habit vicieu[l]x mais pour aulcunes deffaultes enfantibles et qui ne sont pas selon raison/ et ont similitude a desattrempance pour ce que lenffant et le desattrempe ensiuent leurs delectacio[n]s et accroist la concupisce[n]ce en lun co[m]me en lautre/ et est reprimee en lun co[m]e en lautre. Et pour ce en grec le mot qui signifie desattrempance et celui qui signifie pechies denfans sont presques semblables/ et est dit lun de lautre mais il nest pas ainsi en latin ne en fra[n]cois fors aucuneme[n]t et en p[ar]tie qua[n]t a la vertu opposite/ car chastete est une espece de attre[m]pance. Et nous disons de lenfa[n]t qui ne[n]suit pas mauuaises delectacions quant il est

bie[n] chastie. Et en grec desattrepance et peche denfant emporte[n]t en leur significacion mal chastie/ mal pugni/ mal corrige/ mal duit Tex. Et ne semble pas ce que ce fust mal translate ou transporte ung mot a lautre en cest propos/ car il ou vient pour chastier/ corrigier celui qui appete choses laides. Et mesmement qua[n]t telz appetit tent a gra[n]t acroissement, et telle chose est concupiscence et enface Car les enfans viuent selon co[n]cupiscence/ et en ce est leur appetit tresgra[n]dement delectable. Doncques se au co[m]mencement celui qui a concupisce[n]ce et le[n]fant ne sont persuasibles et obeissans a raison la co[n]cupiscence accroist grandeme[n]t/ et en ta[n]t quelle aura domination et seignourie p[ar] dessus raiso[n] Car lappetit de choses delectables ne peut estre assacie Glo. Qui conques met la fin a son entencio[n] en telles delectacions il ne luy souffit la maie/ mais tousiours en vouldroit plus et plus Tex Et loperacion delectable acroist les efforcemens de lappetit en lenffant qui nest pas sai[n]ge et en concupiscence Glo.

Tant plus use ung enfant de telles delectacions ou un incontinent, tant plus fort les appete, et tant met plus grant peine a les poursuir

Texte Et se ainsy aduient que les delectacions soient grandes, vehementes et fortes, elles fierent, et percent et attaignent iusques en la pensee et cogitacion de celui qui les a

i i.

Feufllet

Glo. Quant len obeist au de
lectacions/t len se laisse aler ilz crois
sent/t occupent la cogitacion/t obnu
bilent lentendement/et empeschent
vray iugement: t ne veult len oir ou
entendre/ou croire persuasion au cō
traire. Et ainsy est le vice de desattrē
pance conferme/t est len fait obstiné
t incorrigible Tex Et pour ce
conuient il que les delectacions soiēt
bien mesurees/t moderees/t quelles
soiēt petites/t en petit nombre/t que
il ny apt chose contraire a raison. Et
de celui qui est tel nous disons que il
est bien persuasible ou obeissant a rai
son/t bien corrigie et bien chastie. Et
aussy comme il conuient que lenfant
viue selon le commandement du pe
dagoge/semblablement cōuient il q̄
lappetit concupiscible se concorde cō
ferme t obeisse a raison. Car lentēs
ciō de ces deux/cestassauoir du peda
goge/t de raison est bien Glo.
Et pour ce que delectaciō sensible
ou concupiscible est en nous des enfan
ce/t est fort de la reprimer et de la re
guler sicomme il fut dit ou quart cha
pitre du second liure: Et cōuient soy
bien garder et guetter encontre/t en
ce mettre tresgrande diligence/sicom
me il fut dit ou derrenier chapitre du
second. pour ce sont les saiges et sont
faire a leurs enfās/t amis plusieurs
abstinences de delectaciō/t par les
loys en aulcunes polices sont ordon
nees certaines abstinences/et furent
iadis Tex. Et pour ce celui qui
est attrempe ou quel lappetit cōcupis
cible est subget/t obeist a raison il cō
uoite ou desire les choses qui sont cō
uenables/t en la maniere que il app
tient/et quant il conuient ou appar
tient/t selon toutes bonnes circōsta
ces. car ainsy le ordonne raison/et en
telle maniere et tant auōs dit de ver
tu dattrempance.

Icy commēce le quart liure ou
quel il traicte des vertus morales/q̄
ne regardent pas si principalement
vie humaine comme sont fortitude/
t attrempance. et contient pp vi. cha
pitres.

Quelle est la matiere ou obiect de liberalite et des vices opposites i. ca

Disõs apres de liberalite/ ⁊ semble que elle soit moienne ou moienneresse en pecunes ⁊ vers pecunes: Car ung homme est loe comme liberal/non pas pour ce quil se contient ⁊ se a bien en fais de batailles. Et nest pas loe de ce de quoy len loe celui qui est en attrempance: ne cõme celui qui en iugemẽt se a bien, et fait iustice. Mais il est loe comme liberal en donner ou epposer ou despedre pecunes/ou en les prendre ou acquerir. Et est plus loe de liberalite en les donnant ⁊ epposant/que en les prenant Et nous appellons pecunes toutes choses quelconques desquelles le digne pris ⁊ la valeur est mesuree ⁊ estimee par monnoie Glo La matiere ⁊ lobiect loingtain et dehors de ceste vertu cest pecunes ou richesses. Et la matiere plus prochaine et dedans est amour ⁊ desir de pecunes en la maniere que de la vertu dattrempance la matiere ou obiect loingtain ⁊ dehors ce sont viãdes ⁊ autres choses delectables/⁊ la matiere ou obiet prouchain. cest cõcupiscence qui par ceste vertu est moderee Tex Et prodigalite ⁊ illiberalite sont vices vers pecunes. Le premier est superabondance/⁊ lautre est deffaulte. Et nous mettons ⁊ attribuons illiberalite a ceulx qui estudient en pecunes acquerir ou garder plus que il nappartient/mais le nom de prodigalite nous le attribuons ⁊ eptendons aucunefois a ceulx qui sont desattrempes: Car ceulx qui sont incontinens ⁊ qui viuent par desattrempance et en ce gastent leurs pecunes ou leurs substances nous les appellons prodiges Glo Prodige est dit de prodigalite/⁊ est celui qui est fol large ⁊ qui despent trop ⁊ indeuement

Tex. Et pour ce semblent ilz estre tresmauluais/car ilz ont plusieurs vices ensemble, mais toutesuccies ilz ne doiuẽt pas propremẽt estre appelles prodiges. Car celup doibt estre dit prodige qui a ung mauuais vice pour lequel il est ainsy appelle. Et fait corrompre et gaster la substãce de quoy il se doit viure. Et pour ce mal mesme et non pas en raportant a autre mal il est dit ⁊ appelle prodige. Car le nom de prodige en grec signifie perdiciõ ⁊ vne maniere de corrupcion de son estre ⁊ de sa substance par quoy il se peut viure. En ceste maniere prends nous en cest propos prodigalite Glo Celui qui gaste et despend trop pour acomplir ses delectacions ⁊ voluptositez du peche de la chair/ou en gloutonnie/ou es autres pechies/il doit estre denomme du principal vice/⁊ est desattrempe/et nest pas proprement prodige. Car plusieurs sont telz vicieulx qui en moult daultres choses

Feuillet

choses sont chetifz conuoiteux & auaricieux: mais celuy qui generalement ne cure & ne tient compte ne quil despende il est prodigue ⸿Tex. Or est il ainsi de toutes choses vtiles profitables ou ordonnez pour autres que len en peult vser & bien & mal: Et richesses sõt du nombre des choses vtiles,& celui qui a vertu en aucune matiere il vse tresbiẽ de checune chose en ceste matiere,& ainsi celui qui a vertu en la matiere de pecunes il vse tresbien de richesses & de pecunes,& celuy est appelle liberal ⸿Glo. Doncques est liberalite vne vertu par laquelle len vse bien & deuement de richesses, & par laquelle est modere lappetit de richesses & de pecunes, aussy con̄me par vertu de attrempance est moderé lappetit des delectacions de toucher & de gouster

Qui est le principal fait de liberalite   ii. ca.

Vsaige de peccunes semble estre en les despendre, et en les donner, car les prendre et les garder est plus passion q̃ actiõ. ⸿Glo. Cest mieulx souffrir que faire, car la recepte de pecune est aussi comme la generacion de elle,& la garde est aussi comme non ouurer et non en vser, mais les expposer & despendre & donner cest proprement en vser. ⸿Tex. Et pour ce est ce plus le fait du liberal de donner et exposer a ceulx a qui il conuient et appartient, & non prendre dont il ne conuient ou appartient prendre ⸿Glo. Cest la principal conclusion de cest chapitre que se fait du liberal est plus ẽ donner que en prendre. Car donner est mieulx vsaige de pecune que prendre. & cest la premiere raison a ceste cõclusion. Apres il met la seconde ⸿Tex. Item vertu est plus en bien faire que en bien souffrir,& est plus en ouurer quelle nest en non ouurer laides choses ⸿Glo. Vertu est quant a ce propos ẽ deux choses. en mal euiter,& en bien faire: mais elle est plus principalement en bien faire. ⸿Texte

Or nest il pas doubte que a donner deuement il ensuit biẽ faire & biẽ ouurer,& a prendre pecunes deuemẽt il ensuit bien souffrir,& non faire chose laide ⸿Glo. Doncques est la vertu de liberalite mieulx en donner, que en prendre. Apres il met la tierce raison ⸿Tex. Item a celluy qui donne len luy doit rendre graces & non pas a celuy qui prẽt ⸿Glo. Et graces & louenges sont deues a vertu et p consequẽt vertu est plus en donner. Apres il met a ce la quarte raison. ⸿ Itẽ cest plus legiere chose nõ prendre que donner, car les gens mettent leurs biens hors dauecques eulx pl9 legieremẽt q̃ ilz ne se gardẽt de prendre, ce qui est ou estoit dautruy. Glo. Doncq̃s est ce plus fort dõner q̃ non prendre. Et vertu est tousiours

en ce que est plus fort / sicomme il fut dit ou quart chapitre du second liure. Et par consequent la vertu de liberalité est plus en donner / Et ad ce me il a pres la quinte raison. Tex. Item ceulx qui donnent sont communement pour ce dis liberaulx, mais ceulx qui ne prennent pas indeuement ilz ne sont pas communement quant ad ce loés de liberalité, mais neantmains ilz sont loés en iustices: Et ceulx qui ne prennent ilz ne sont pas de ce moult loés.
Glo. Ceulx qui ne prennent pas indeuement sont loés de iustice comme ceulx qui ne font a nul iniure
Apres il met la sixte raison. Tex.
Item les liberaulx sont mesmement aimés pour ceste vertu entre les aultres qui ont vertu pour ce que ilz sont proufitables a plusieurs, et tel prouffit ilz sont en donnant. Glo.
Et par consequent ceste vertu est plus en donnant, mais il semble que il vueille dire que les liberaulx sont plus aimés que les autres vertueux. Et par ce sembleroit il que liberalité fust la meilleur vertu & la plus digne de toutes les autres. Je respons que il ne sensuit pas, car combien que ceste vertu soit mieulx aymee du commun des gens, c'est de fait & pour leur proffit & de amour utile. mais quant est de amour honneste, iustice & fortitude sont plus de amer & sont meilleures et plus nobles vertus que liberalité. Et si sont par aduenture aulcunes autres vertus: Et il fut dit ou

quart chapitre du second liure de amytié utile et honneste

Les condicions de lomme liberal. iiii. c

Pour ce que les operacions qui sont selon vertu sont bonnes & sont pour grace de bien ou pour bonne fin il sensuit que celui qui est liberal donne & face son operacion pour bonne fin, & auecques ce que elle soit rectifiee & regulee & moderee pour raison, en telle maniere que il donne a ceulx a qui il conuient & appartient que il donne, & quelcomques choses il conuient estre donnees, & quant il est temps conuenable, & selon toutes les autres bonnes circonstances qui sont requises a donacion droituriérement faicte. Item il conuient & sensuit que il donne delectablement ou sans tristece, car tout ce qui est fait selon vertu est delectable ou sans tristece, ou a mains de tristece, que se il estoit fait sans vertu. Glo. Il dit cecy pour la vertu de fortitude car le fort a aucunefois de grans tristeces en son fait, mais il en a mains en tel cas que nul aultre qui seroit sans la vertu de fortitude. Or auons donques trois condicions du liberal, quant a son principal fait qui est donner: Une condicion est que la donacion soit rectifiee et regulee par raison & aussi quelle sait faicte de son propre

Feuillet

Lautre quelle soit pour bonne fin La tierce que elle soit auecques delectacion/ τ liement. Apres il desclaire q̃ sa donacion autremẽt faicte nest pas liberal Tex. Mais celluy qui donne a qui il ne conuient pas dõner τ qui donne τ non pas pour bõne fin il nest pas liberal/ mais doit estre appelle autrement Glo. Cestassauoir selon la fin pour quoy il donne Car se il dõne pour accomplir sa cõcupiscence il est incontinent: ou desattrempe: Et se il donne pour esperance de plus receuoir il est conuoiteuᵖ

Tex. Jtem celui qui est triste de ce que il donne il nest pas liberal/ Car il esllist plus τ ayme plus pecunes que bõne operacion/ τ ce nest pas condicion de liberal Glo puis que il luy desplaist donner il aymast mieulx retenir ce q̃ il donne se il peut autrement auoir son entencion: doncques ayme il mieulx pecunes ou ce q̃ il donne/ que il ne ayme bien dõner. τ par consequent il nest pas liberal.

Apres il met les condicions du liberal en ses faiz non principaulx qui sont non prendre/τ prẽdre/ ou refuser τ prendre Tex Dautre partie le liberal ne prent pas de la ou nest cõuenable a prendre/ car prẽdre en telle maniere ce nest pas condicion ou operacion de homme qui ne pense τ honore pecunes. Jtem se liberal nest pas demandeur ne requerant/ car cellui qui fait bien ce nest pas sa maniere souffrir de legier que sen luy face

bien Glo   Jl est prest a donner τ ne prent pas voulentiers/ toutesuoies aucunefois prent il en signe de amitye/ aussy auons deux condicions Vne quant est de non prendre/ lautre est quant de non demander. Apres il met trois autres cõdicions/ Vne quãt a prendre/ lautre quant a procurer/ et lautre est quant a retenir τ garder.

Jtem il prent de la ou il appartiẽt et est conuenable de prendre ce que il donne ou despent. cestassauoir de ses propres possessions lesquelles il possede/ non pas pour elles mesmes ne cõme bien final/ mais comme necessaire affin que il puisse dõner et despendre

Jtem il nest pas nõ chalant mais est curieux de ses propres possessions procure diligemment τ deuement. Car il en veult auoir tant que il ait souffisance τ puissãce de faire bien a aucuns Jtẽ il ne dõnera pas a chescun indifferemment/ affin que il luy demeure dont il puisse dõner a ceulx a qui il conuient ou appartiẽt dõner τ quant il conuient/ τ ou lieu ou il cõuient Glo   Apres il met quatre autres condicions de liberalite ou de liberal Tex   Jtem il appartient au liberal superabonder formẽt quant a donner Glo Non pas par superabondance qui passe raison cõme fait le prodige Tex. En telle maniere que il retienne le mains pour soy/ car cest la condicion du liberal de non regarder a soy mesmes

Glo. Cestassauoir a son proffit

et a soy entichir, car il ny doibt point regarder principalement. Et dit ainsi le texte en lautre translacion que il se efforce de estre contêt de petit viure quât a soy en necessite affin qil puisse subuenir & aider au iustes. et pourroit len dire q̃ le liberal regarde pour soy tout ce que est necessaire a sõ estat honneste, & du surplus il retient le mains pour soy. Et encor est ce pour dõner & distribuer autrefois en têps & en lieu ¶ Tex. Item liberalite doit estre attendue et iugee selon la substance & la faculte. Car le fait nest pas dit liberal en multitude de dons, mais en labit affection & voulente du donnant, car le liberal dõne selon la porcion de sa substãce, & pour ce peut estre vng hõme plus liberal q̃ donne mendres choses que tel aultre donne plus se celui qui donne mains dõne de ses pecunes qui sont mẽdres

Item ceulx semblent estre et sont communement les plus liberaulx. ¶ Glo Ilz font plus legieremẽt les euures & viennent plus tost a la vertu de liberalite ¶ Tex. Non pas quilz ont acquises leurs pecunes ou richesses, mais qui ont receu leur substance dautres ¶ Glo. Sicõme de leurs parens ou dautres p suc cession ou par donacion, & de ce il assigne deux causes ¶ Tex Car ilz nont pas eu experience de indigence de souffrete ou de pourete ¶ Glo. Et pour ce doubtent ilz mains

a donner, et craignent mains pourete: Et comme dit senecque pourete est plus aispe a louer que a porter, & pl9 legiere a la recommander que a la souffrir ¶ Texte. Dautre partie toutes gens aiment pl9 leurs propres oeuures, sicomme les parens ayment leurs enfãs, & les poet̃ es leurs dicties. ¶ Glo. Semblablemẽt quant aulcun a acquis richesses par son propre labour il les aime mieulx & comme son oeuure & son fait, et les donne mains voulentiers ¶ Tex.

Item le liberal ne enrichist pas de legier, car il ne prent pas voulentiers, & nest pas gardeur de richesses mais les met hors & les eppose Et ne les hõnore pas ou tient chieres pour elles mesmes, mais affin de les donner & despendre. Et pour ce les cõmunes gens accusent fortune de ce que ceulx qui sõt tresdignes de auoir les grans richesses ilz ne les ont pas, mais telle chose aduient bien, & non pas sans raison ¶ Glo. Il parle ici comme se il excusast fortune ¶ Texte. Car il nest pas possible bonnement que vn ait grãs pecunes ou richesses qui de les acquerir ou garder ne prent cure, sollicitude, & diligence, & ainsy est il es autres choses ¶ Glo. Et generalement de toutes choses qui sont acq̃ses et gardees par labeur il conuient prendre en cure qui les veult longuemẽt auoir, car il est difficile a garder

i .iiii.

feuillet

Et richesses sont acquises par labeur ou se seulles a sans labeur, si couient il auoir cure et pensee de les garder.
Et pour ce que par aduenture aulcun pourroit cuider que le liberal ne curast en riens de richesses, il declaire apres et dit la maniere. Tex. Toutesuoies le liberal ne donnera pas ses pecunes a ceulx a qui il nappartient les donner: ne selon quelconque autre circonstance indeue. Glose. Et a ce il assigne deux causes. Tex.
Car se il faisoit ainsi il ne ouureroit pas selon la vertu de liberalite. Dautre partie se il gastoit ainsi le sien il ne aroit apres que mettre ou que exposer ne de quoy exercer les euures de liberalite. Et pource comme dit est celui est liberal qui despend selon la quantite ou proporcion de sa substance, et en choses en quoy il appartient

Du vice de celui qui est du tout prodigue   iiii. ca

Celui qui superabonde et excede la faculte de sa substance en donner et en despendre, nous lappellons prodigue, et pource nous ne disons pas que les tyrans soient prodiges, car il ne aduient pas legierement ne souuent que ilz superabondent en dons ou en despens au regard de la multitude de leurs possessions. Glo. Les tyrans appliquent a eulx et vsurpent les pecunes publiques et auec ce des propres pecunes des leurs subgectz par exaction et autrement. Et pour ce combien que ilz donnent et despendent excessiuement et soient folz larges, toutesuoies ne sont pas prodiges. Car il demeure largement, et doiuent mieulx estre dis iniustes si comme il sera dit apres. Et par ce appert que prodige signifie plus et en perte plus que folz large. Car celui est prodige folz large qui par ce se met a pourete. Apres il repete et adioustant et recite les condicions du liberal affin que il monstre par ce le fait du vice contraire cest du prodige. Tex.
Doncques comme liberalite soit moienne vers donacions de pecunes et reception dicelles cellui qui est liberal les donnera et despendera en choses en quoy il appartient ce faire. Et aussy donnera et despendera tout ce quil fait a donner et despendre, et le fera semblablement en petites choses et en grandes. Glo. Car en grans despens et en petis: ou en grans dons et en petis il gardera toutes bonnes circonstances, et par ce differe liberalite de magnificence, qui est tant seulement en grans mises et en grans fais.
Tex. Et le fera delectablement et prendra de la ou il est conuenable, et quelconques choses il est conuenable de les prendre. Car comme la vertu de liberalite soit vers ces deux choses, cestassauoir exposer et receuoir, et en ce tienne le moien il sen suyt que liberal face lun et lautre, si comme il appartient, et ou il apptient.

Et se la donation que il fait est bōne et honnesteil couient et sensuit q̄ sa prise ou reception qui nest pas telle cest/ assauoir honneste elle est contraire a donaciō hōneste Glo Et donc ques ne peut il estre ensemble et que elles soient cōtraires il appert par ce que elles vienent et procedēt des principes et causes contraires. car reception honeste vient de volente qui prefere amour de peccune au bien de raison et donation hōneste vient de volente qui fait le contraire Tex Doncques en celui qui est liberal donation et receptiō hōneste se ensuiuēt et les contraires non Glo Cest assauoir cōme dit est donation hōneste et reception deshonneste. Apres il met cōment le liberal a tristece en .iii. cas. Tex Et se il aduient que il ait eppose ses peccunes autrement que a tres bōne fin et q̄ toutes bōnes circōstāces il en aura tristece Glo. Cōme par auenture en aucuns esbatemens. car il nest hōme qui aucune fois ne peche et ne peult estre sans peschie et par ignorance il eppose sa peccune autremēt q̄ il ne vaulsist quant il sen appercoit. Tex. Mais ce sera modereement et attrepeement et cōme il appartient car cest condicion de vertu que delecter et trister des choses dont il appartient et cōme il app/tient Glo. Cest le premier cas apres il dira le second Tex Item pour ce que le liberal est bien cōmunicatif en epposant ses peccunes il peut

asses souffrir sans grant tristece que lē lui face iniustice en lui substrahāt de ses peccunes. car il ne les honnore ou prise pas grandement Glo Il ne se triste pas de sa perte ou pour lamour des peccunes. mais aucune fois se peult plus trister pour autre cause annexee q̄ regarde son hōneur ou autre chose. Apres il met le tiers cas Tex Item il est plus greue et plus triste se il na pas despendu ce que appartenoit a despendre que se il a despendu ce que il ne couenoit pas despendre. mais ceste oppiniō ne plaisoit pas Symonides le poetes/
Glo. Le poete estoit plain de auarice et illiberal et pour ce il disoit que cest mains mal non despendre quāt il appartient que dispendre quāt il nappartiēt apres il vient a sō propros Tex. Mais celui qui est pdigeil peche en toutes ces choses ou circōstances. car il ne se delicte pas en choses ou il apptient soy delicter quāt est en vsage de peccunes ne en la maniere que il appartient et aussi ne se triste pas en telles choses en maniere conuenable et ceste chose sera manifestee et desclaree plus aplain ou proces qui ensuit.

De prodigalite en la comparant a liberalite. v. c

Que auons dit q̄ prodigalite et illiberalite sont sup/ habundance et deffaute ou regard de liberalite et sõt en deux choses. C'est assauoir en donatiõ (& en reception. car nous posõs et mettons q̃ despence soit donation. Glo. Il p̃rẽt donation generalemẽt pour toute mise de peccune soit dõner soit despẽdre. Tex. Doncques prodigalite superhabõde en donat et en nõ prenãt et deffault en prenãt. mais illiberalite deffault en donãt & superhabõde en prenãt ne mes en petites choses.

Glo. Lesquelles il refuse aucune fois ou il les dõne en esperance de plus recouurer. mais en lautre trãslation il dit que illiberalite superhabõde mesmement en prenant petites choses et dit eustrace en le opposant q̃ tel vice est quant a ce plus a vituperer. & est assauoir que ce mot illiberalite nest pas cõmun ne selon latin ne en francois. mais illiberalite q̃ est en non dõner ou en non exposer deuement est appellee auarice ou tenacite. ou chetiuete et celle qui est en prendre est appellee cõuoitise et ainsi se fait de illiberalite deux vices. Apres il met aucunes conditions du prodige par lesquelles il preuue vne conclusion.

Tex. Et les richesses de celui qui peche en prodigalite ne accroissẽt pas moult. car ce ne pourroit estre de legier puis q̃ il ne prent de nulle part & donne a cheũ sans discretion & pour ce ceulx qui ainsi dõnent sõt foulz cõme prdios leur substance lesse et se depart tantost et telz sont dis prodiges. Et pour ce nest pas tel prodige petit

meilleur que celui qui est illiberal.

Glo. C'est dit est selon plr̃ cõmun et non propre. mais cest a dire q̃ il est mains mauuais a parler propremẽt et cest la principal cõclusion de cest chapitre la quelle il desclaire par iiii. moiens ou cinq. Tex. Car il en peult estre bien gueri & p̃ aage et par souffrete ou pourete. Glo.

Ce sont deux moiens ou remedes pour guerir de prodigalite. mais le vice de illiberalite est aussi cõme incurable. et pour ce dit aristote selon lautre trãslation que le prodige est incorrigible et peult estre ramene au moiẽ en moult de manieres. mais le illiberal ne a nul remede. Ung remede ici touche cõtre prodigalite cest aage car tant plus vielist et il est mains large de despendre pour les experiences que il apperçoit que il soit du dõner folement et pour les deffences de nature qui croissent et retraient naturellemẽt de grãt despence et pour ce dit il en lautre trãsfacion que toutes les deffautes de nature sont enclinet a tenir lautre remede et euiter ceste pourete. car nul ne peult estre plus prodige quant il na mais que dõner.

Tex. Item tel prodige peut biẽ venir au moien et a vertu. car il a aucunes conditions du liberal en ce que il dõne volentiers et ne prent pas volentiers: mais il deffault en ce que il ne fait ne lun ne lautre sicõme il apptient ne biẽ. Et doncques se par acoustumãce ou par quelconq̃ autre voye

Cõme par fortune ou autre voye cest peage ou par poureté il peult estre transmue a donner cõme il appartient et bien il seroit liberal et donneroit a ceulx a q̃ il est cõuenable donner et ne prenderoit pas de la ou il ne appt̃ient a prendre ☙ Glo Apres il met vn autre moyen ❡ Tex. Item pour ce que dit est ne semble pas tel prodige estre mauuais selon meurs, car superhabonder en donner et neant prendre ce ne vient pas de mauuaistie ne de chetif courage, mais semble plus venir de folleur et de non scens ❡ Glo Tel prodige ne a pas l'appetit si corrũpu cõe celui qui est illiberal et par ce appert que il est mains mauuais Apres il met ac̃e vne autre raison.
❡ Tex. Item celui qui est prodige selon ceste maniere il semble moult meilleur cest a dire mains mauuais que celui qui est liberal et pour les causes qui sõt dictes et auecques ce pour ce que il prouffite a plusieurs et celui qui est illiberal ne prouffite a nul nõ pas a lui mesmes ❡ Glo. Mais quant aux cõmunes des gens tel prodige est amé, car il prouffite a aucuns et ne nuist a nul ❡ Dõcques disõs nous en recapitulant q̃ prodigalité est mẽdre vice que illiberalité, car elle est curable tãt cõme par aage cõme par poureté cõme par acoustumance. Item le pdige est mains malicieux. Item il prouffite a plusieurs et tout ce est a entendre du prodige q̃ despent trop sans auoir autre vice. Car vne autre maniere est de prodige qui prẽd de la ou il ne doit pas prẽdre qui est tout ensẽble prodige et illiberal en diuers fais et aucunefois se despent deshõnestement et est desattrẽpé et pire que sĩple illiberal siccõme il fut dit ou premier chapitre.

De cellui qui est prodigue en ptie et qui a en partie autres vices annexes. vi.c

Ais plusieurs prodiges sõt qui ne superhabondent pas tant seulement en donner cõme dit est. mais auecques ce il prẽnẽt de la ou il nappartient pas et selon ce ilz sont illiberalz ☙ Glo La vertu est ou moien selon raison et ces vci en vng cas tiẽnent vne extremité et en autre cas tiẽnent l'autre car en donner ilz sont prodiges et en prendre illiberalz. Apres il met deux causes pour quoy ilz prendent indeuement ❡ Et sont enclins a ainsi prendre pour ce que ilz veullent trop despendre et cest legiere chose a faire que despendre et ainsi leur substãce les fesse tantost et leur deffault et doncques ilz sont cõtrains de acquerir l'autre parc inl deuement ❡ Glo. Car selon vn vers de Caton. Qui sua cõsumunt cuz deest aliena sequutur. Ceulx qui gastent le leur quant il leur fault ilz veullent auoir l'autruy. Qui le sien gastera l'autruy auoir vouldra, apres il met vne autre cause ❡ Tex Et

auecques ce telz prodigues ne curent de bien ne de raison et prenent indifferentement de toutes pars. et pour ce que ilz ont conuoitise de donner et despendre ilz ne font force ne difference en quelle maniere ne de quelle part ilz prennent et pour ce leurs donatios ne sõt pas liberaulz. car elles ne sõt pas bõnes ne pour grace de bonne fin en telles causes cõme il appartient. mais aucunement aucunefois que ilz en richissent les mauuais qui deussẽt estre poures et a ceulx qui sont moderes selon bõnes meurs ilz leur donneroient rien mais aux adulateurs menteurs et flateurs ilz donnent moult de choses ou a autres selon aucune autre plaisance ou mauuaise delectatiõ & pour ce plusieurs telz prodigues sont desattrẽpes. car pour ce que il gastent et despendent de legier ilz ne sont force de despendre pour acomplir leur concupiscence et auoir les delectations Du vice de desattrepance et par ce sõt ilz gastes ⁊lo plusieurs lessẽt telles delectatiõs a poursuir pour ce qͥ ilz craignent la mise et la despence et les prodiges ne craignent pas telles choses Et apres il met a ce vne autre cause Tex Item ilz ne ordonnent pas leur vie a bien honneste. Et pour ce sensuit il que eulx declinent a viure selon delectatiõ corporelles.
⁊lo Bien honeste et telles delectations sont deux choses appetibles et donc ques qui ne appete et desire et aime bien honneste il est legiere-

ment encline et toutne a ensuir mauuaises delectatiõs. Apres il met vne autre conclusion Tex. Doncques se il auient que celui qui est simplement et purement prodigue soit fait tel que il ne puisse estre enduit a bien il conuient que il passe oultre es vices dessusdictz. mais se il vse de bõne doctrine il vendra au moyen & a ce que apptient selon vertu.

Du vice de illiberalite et par especial de celle qui est en non dõner. vii. ca

Illiberalite est vice incurable ⁊lo C'est a entẽdre que il est tresfort a guerir et ce preuue il par deux raisons. Tex Car vieillesce et toute impotẽce fait les gens estre illiberaulx ⁊lo pour ce que par richesses sõt suplees aucunement les deffautes et les impotẽces des gens il sensuit que ceulx desirent et conuoittent et aiment plus richesses qui ont plus de deffaulte de nature et pour ce sont plus illiberaulx cõmunement les femes que les hõmes et les vielles gens que les ieunes Et quãt vng ieune homme est enclin a illiberalite c'est signe que il a en soy aucune deffaute de nature et que il est de mescheante cõplexion et pour ce len les appelle en francois chetifz et c'est bien dit Tex. Item illiberalite est plus naturelle es gens qͥ prodigalite et il appert par ce que sa plus grãt partie des gens aime plus et mieulx peccunes recevoir ou garder que les donner. Glo. Et par consequent nature humaine est plus encline a trop tenir que a trop donner et la cause est. car par peccune est la vie soustenue et gardee et pour ce est elle appellee substãce et cest la seconde raison pour quoy illiberalite est forte a guerir. Mais p auenture aucun pourroit demander pour quoy illiberalite ne peult aussi bien estre curee par replexion cõme prodigalite est curee et oftee par euacuatiõ. Je di q̃ vne cause est que telle euacuation est trop legiere a faire et la replexiõ est forte a faire cest plus legier despendre q̃ acq̃rir. Item le prodige tent a fin de donner et non pas a fin destre poure com bien que il sensuit par accident. mais le liberal tẽt a fin destre riche et pour ce tant plus a et tãt plus desire auoir les autres causes sont deuant dictes Apres il desclaire ses fais du illiberal

Tex. Et est illiberalite en vi ce qui a moult de guises et sõt moult de manieres de illiberalite et est gene ralemẽt en deux fais cestassauoir en deffaute de donner et en superhabundance de prendre et ne sient pas illiberalite a tous toute entiere. mais aucunefois est diuisee et sont aucuns q̃ suphabundent en reception et les autres qui deffaillent en donation.

Glo. Apres il ẽquiert et descclai re les especes et manieres de illiberalite quãt a ceulx qui deffaillent a donner. Tex. Et ceulx que nous apellõs tenãs ou espargnãs ou auers ou chetis ou semblablemẽt tous telz deffaillent en donation. Glo. Ilz ont plusieurs noms et en grec et en latin et en françois il met ou texte vng tel nom Lanibiles et signifie en grec vendeur de comun. car il est si cõmun ou pais ou estoit adoncques q̃ estoit grant auarice de se vendre.

Tex. Et sont aucuns telz qui ne appetent pas les choses des autres Et encore quãt len leur offre ilz ne le veullent prendre et ceulx qui gardẽt leurs peccunes estroittement. aucũ se sont pour vne maniere daffrepance et moderance et pour pouor de saiuste. car ilz gardent ou se dient garder affin que ilz ne aient besoing de acquerir ou prendre ou temps aduenir par aucune voye laide ou deshonneste et du nombre de telz est celsui qui est appelle en grec vendeur de commun et quelconque autre qui est appelle par aucun nom qui signifie ou vient de superhabundãce en nom de donner. Item aucuns illiberaulx se abstiennent de prendre aucune chose de autruy pour ce que il ne peult pas legierement estre que vng hõme prẽne des autres et que les autres ne prennent iamais aucunes choses de lui et ainsi a telz gens il ne leur plaist ne donner ne prendre.

De illiberalite qui est en prendre. viii. ca

feuillet.

Ceuls sont illiberaulz et superhabondent en prenant de toutes pars et tout ce que ilz peuent prendre come sont ceulx qui pour gaignier font operations illiberales villaines et laides et telz sont ceulx qui se paissent et menguent du gaing des foles femmes incontinentes et tous telz gens. Glo. Come gouliardois et aucuns iugleours et aucuns cabuseurs. Tex. Et semblablement usuriers et tous telz qui veulent par tout gaignier et ou grant et ou petit et tous ces ici prennent de la ou il nappartient pas et plus que il nappartient et a tous ces ici une chose leur est comune cestassauoir laide gaingne ou gaingner vilenement et et laidement car ilz font toutes telles viles operations affin de gaingner. et pour ung peu de gaig ilz soustiennet opprobres et vilaines reprouces et diffames. mais ceulx qui prennent bien grans choses de la ou il nappartient pas et choses quilz ne doiuent pas prendre come sont les tirans qui par violence desolent et gastent les cites et qui rauissent et pillent les choses saintes ordonnees par le diuin honneur nous ne disons pas que ilz soient illiberaulx. mais nous disons plus que ilz sont pernicieux felons et iniustes. G. Aristote ne dit pas que ilz ne soient illiberaulz. mais ilz sont plus denomez des autres vices. car leurs operations dessusdictes viennent de illiberalite et auecques ce ilz viennent plus

principalement dautres vices qui sont plus grans et pour ce sont ilz dis pernicieux ou cruelz contre le peuple selon contre la deite iniustes contre les loys humaines. Apres il met autre maniere de illiberaulx iniustes. Tex. Et cellui qui ioue au dez le hazardeur ou qui acquiert par ieux semblables et cellui qui est despouilleur des mors. Glo. Len mettoit anciennement auecques les mors en leur sepulture aucunes choses de grant valeur et aucunefois len les embloit. Tex. Et le larron qui despouille les vis tous ceulx ici sont du nombre des illiberaulz. car ilz gaingnent et acquierent laidement et toutes telles besongnees ilz les font pour cause de gaigner et en soustiennent plusieurs reproces et diffames. Glo. Et est assauoir que en tant come ilz ont desordonee affection a gaigner ou acquerir ilz sont illiberaulz. mais entant come ilz sont contre les loys et prennent ce qui nest pas leur ilz sont iniustes et ainsi le vice de illiberalite les encline et mene au vice de iniustice. Tex. Et des dessusdietz ceulx qui sont despouilleurs des mors et ceulx qui sont larrons ilz soustiennent de tresgrans perilz pour cause de tel gaing et les autres qui sont ioueurs au dez ou semblables ilz prennent et gaignent sus leurs compaignons ou amis au quelz il fut couenable que len leur donnast et ainsi et les ungs et les autres veulent prendre gaing et de la ou il nappar tient pas et pour ce sont ilz villains gaingneurs et gaignent laidement. et doncques toutes telles prises ou gaignees sont illiberaulx et viennent du vice de illiberalite Doncques pouons nous bien couenablement conclure que illiberalite est proprement contraire a liberalite Glo. Cest a entendre plus que nest prodigalite et a ce prouuer il touche ii. raisons Tex Car illiberalite est proprement contraire a liberalite Glo. Cest a entendre plus que nest prodigalite et quant ii. vices sont contraires a vne vertu le plus mauuais dulx est le plus contraire. Apres il touche vne autre raison Tex Et plusieurs pechent en cest vice de illiberalite q̃ ilz ne font selon la prodigalite dessusdicte G Cest a entendre de pure prodigalite et ainsi liberalite est plus corrumpue em pesche par illiberalite que par prodigalite et par consequent elle luy est plus contraire Tex. Et en tant soit dit de liberalite et des malices opposites ou des vices contraires

De la vertu de magnificence et des vices opposites. tr.c

Il semble et est bien cõsequet de passer oultre et de dire apres de la vertu de magnificence. car ceste vertu est vers peccunes Glo. Cest la cause pour quoy il determine de magnificence Apres ce que il a dit de liberalite. car ilz ont conuenience et sont vers vne mesme matiere. Apres il met deux differences delles Tex Mais elles ne se estendent pas aussi comme fait liberalite en toutes operations qui sont en peccunes. mais tant seulement vers celles qui regardent mises ou despences et en ces mises elle sourmonte et passe liberalite en magnitude ou en grandeur et ainsi le denotte le nom de magnificence qui signifie grandeur de despence et auenant conuenable et honneste Glo Ainsi auons deux differences. car liberalite est en despences grandes et petites et en receptions et magnificence est tant seulement en despence et tant seulement en grant despence et en ce elle excede commune liberalite. mais cest exces ne passe pas oultre raison et est assauoir q̃ aucuns font grant difficulte en declarant come magnificence differe de liberalite. mais il ny a pas grant force et peult len bien dire que magnificence est vne partie ou vne espece de liberalite de la quelle aristote determine a part soy pour ce quelle a certaines proprietes et nobles conditions qui ne sont pas es autres fais de liberalite et qui voul deroit soustenir que ilz different du tout il couiendroit dire que magnificence est en grans despens et liberalite est en toutes autres receptions et despences Tex Et est assauoir que magnitude ou grandeur nest pas dicte absolutement. mais est en regart a aultre chose Glo. Car ce qui est grant ou regart dune chose est petit ou regart dune autre Tex. Pour ce couient et appartient autre despece faire a celui qui est maistre du nauire et aultre a celui que est maistre des espectacles Glo Le gouuerneur ou maistre ou capitaine dune nauire il appelle ou texte Trierache et signifie prince des galees qui estoient appellees trieries pour ce que il auoient trois ordres de nauirons et nest pas chose nouuelle. car il en fait mention ou Viel testament deutronomii. xxiiii Et le maistre des spectacles il appelle anthitheor et est celui qui estoit ordōne pour faire faire eschafaulx siçes et telles choses pour les esbatemēs et exercitations et les signers communs que len faisoit adoncques es cites sicōme il appert ou secont de politiques Tex. Doncques a ce q̄ les despens soient aduenans et couenables il couient considerer et regarder et celui qui les fait et celui qui les despent en choses petites ou moiēnes selon ce quil appartient et quil est digne destre fait il nest pas pour ce magnifique encor pose que pour la multitude de telles choses se tout estoit mis ensemble la despence fust aussi grande cōme du magnifique qui despent en grans choses et tout magnifique est liberal. mais checun liberal nest pas magnifique le vice contraire en maniere de deffaute est appelle paruificence Glo Paruificence ou regart de magnificēce est cōme illibera

lite ou regart de liberalite Tex Et le vice qui est en suphabundance est appelle banausie ou apirokalie.

Glo Ce sont mos de grec qui ne ont pas mos correspondans en latine en francois et signifie banausie ou est dicte cōme vne fornaise ou brasier ou tout est ars tantost Semblablemēt celui qui superhabūde en tres grans mises oultre raison, il a tātost fine et apirokalie signifie sans experience de bien Tex. Et quelconques appellations que telz vicieux aient ce nest pas pour ce que ilz superhabundent en tant que ilz passent le magnifique en despens ou en mises lesquelles il fait la ou il appartient et est couenable. mais ilz superhabondent en despendant largement en choses la ou il ne apptient pas et en maniere non couenable et de ceste chose dirons nous apres.

Des conditions du magnifique quanta despendre: x.c

Le magnifique resemble a celui qui a en soy science. car il a industrie par quoy il scet considerer et regarder ce que est auenant et hōneste et couenable faire et en ce il scet bien expoſer grans despēs sagement et prudētement. Glo. Cest la premiere conditiō. Apres il met la seconde Tex Item comme nous auons dit ou cōmencement les habis sont determines par les op racions/ et par les matieres en quoy ou vers quoy ilz sont Glo. Ce fut touche ou prohesme au comencement du premier/ la ou il met la difference des fins Tex. Or est il ainsi que les despens du magnifique sont grans & auenans et couenables: doncques couient il que les oeuures soient telles. Et ainsi appert il que la mise est grande & leuure est auenant & correspondant, p quoy il sensuit que leuure soit digne de telle despence /et la despence doit superabonder. Glo. Cest la seconde condicion, et est que leuure du magnifique est grāde Car despendre cest son operation /et leuure que il fait cest la matiere. Et lun doit estre proporcióne & correspondant a lautre: Apres il met la tierce codicion Tex Item le magnifique fait telles despences /et eppose grans mises pour bien & a bonne fin Car cecy est comun a toutes vertus Item il fait delectablement Glo Ce sont la tierce & quarte condicions qui sont communes aux autres vertus Apres il met la quinte Tex Item il fait telles despences legierement sans considerer a petites pecunes. Car auoir cure & diligence de scauoir particulieremēt les coptes des mises & receptes / cest condicion de home qui a le vice de paruissence Glo Qui est contraire a magnificece: Apres il met la septe codicion Tex. Item il a son entencion & regarde plus comme il pourra faire

euure tresbonne / excellente & tresnoble que il ne regarde comment elle sera faicte pour mains de pecune. Glo. Il regarde plus a la noblesse de leuure que a espargner la mise Et se aucun disoit que doncques puis que il ne prent garde a sa peccune que il semble que il soit prodige. pour ce met il apres sa septiesme condicion Tex Item il est necessaire que le magnifique soit liberal /car le liberal despend les choses qui sont couenables a despendre / & en maniere couenable Glo Et semblablement fait le magnifique / mais ce sont grans despences & en grans choses / aussy comme se le magnifique estoit vne grādeur de liberalite ou vne excellece de liberalite Glo. Apres il met la huitiesme codicion Tex Item du re despence equale il fera son euure de plus grant excellence et de plus grant magnificece que ne feroit vng autre qui nauroit pas ceste vertu: Car la possession & leuure ne ont pas vne mesme perfection. Vertu ou excellence / pour ce que lexcellence et la vertu de la possession est en auoir choses dignes & honorables, comme seroit or ou telles choses: mais lexcellence & vertu de loeuure est q̄ elle soit grant & bonne /et telle que elle soit digne de estre cōsideree a grāt admiracion. car leuure du magnifique doit estre merueilleuse. Et la vertu & la perfection de son oeuure & la magnificence en grādeur et en excellence.

k.i.

Glo. Et pour ce que il met son entencion a faire son oeuure de telle maniere/ z le scet bien faire pour ce le fait il mieulx que ung autre. Or disons doncques en recapitulant que le magnifique est saige. Il fait grans euures pour bien delectablement sans trop regarder aux comptes/ z regarde plus a la bonte de leuure/ et est liberal z le fait mieulx que ung autre.

En quelles choses le magnifique despend. xi. ca.

Magnificence est en grandeur de despes faictes en choses tres honorables. Glo. Et sont en general deux manieres de telles choses: cestassauoir le cultiuement diuin/ z le bien publique. Tex. Sicomme es nobles dons que len seult mettre z garder es temples des dieux/ ou en propriacions ou edifficacions pour les temples z en sacrefices. Glo. En quoy len despedoit ladis grandement/ z en bestes occises z en autres choses. Tex. Et semblablement en toutes choses appartenantes au cultiuement des demons. Glo. Les paiens anciennement mettoient plusieurs dieux qui estoient lassus es cieulx/ z auecques ce ilz disoient que il auoit ici en bas aultres appelles damones desquelz les unges estoient bons a honnorer par sacrefices et les autres mauluais/ z les conuenoit appaisier z blandir par certains sacrefices. Et nest pas a entendre que Aristote le creust sicomme il appert p ses aultres liures/ mais il use pci endroit du commun langage qui estoit adoncques. Tex. Et semblablement appartient a magnificence toutes grans choses qui sont faictes par la chose publique/ z pour le bien commun/ sicomme il conuient en aulcun lieu/ z en aucun cas largement despendre et donner comme seroit au prince des galees ou du nautre pour son ost ou pour faire ung conuiue et donner a disner a toute la cite. Glo. Ainsy estoit il anciennemet accoustume sicomme il appert ou second de politiques. Tex. Et en toutes ces choses sicomme nous auons dit deuant. Glo. Ou ix. chapitre. Texte. Il conuient auoir a celluy qui fait telle chose z considerer qui cest. Glo. Comme se cest un prince ou une personne priuee. Tex. Et quelles possessions il a ou grandes ou petites: car il conuient que les despens soient dignes: cestassauoir proporcionnes z mesures selon les richesses: Et ne conuient pas seulement regarder aux oeuures se elles sont bien seians z honorables/ mais auecques ce a celui qui les fait et considerer se il est bien seant z conuenable que il les face. Et pour ce ung poure homme ne sera ia magnifique car il na pas de quoy il puisse grandement despendre conuenablement. G. Le poure homme peut bien auoir le cueur z la voulente

Le iiii·liure dethiques · lxiiii·

de ouurer selon magnificēce, mais il ne peut vser ne la epercer par deffaulte de matiere ou de mise. ¶Tex. Et se il comptoit ou essaioit a faire vne grāt chose et magnifique il seroit fol. Car il nest pas conuenable que il la face selon la dignite et la proporcion de ses facultee. Et tout ce que est fait selon vertu il est fait a droit et a point.

¶Glo. Se vn homme commun despendoit pres que tout le sien a donner vn disner a vne comunite, ou en aucune autre chose de soy honneste il feroit que sot, et par consequent il nauroit pas la vertu de magnificence

Apres il monstre a quelz gens telz fais appartiennent ¶Ter. Mais il est bien seyant et appartient telles choses faire a ceulx qui ont grās possessions ou por eulx acquises ou par leur industrie, ou par succession de leurs parens, ou par ceulx de qui ilz leurs sont venues, ou par aucune autre voie ¶Glo. Comme par les testamens ou dons, ou tresor trouue etc. Apres il monstre quant a la condicion des personnes, et telles choses sont bien seans a faire a ceulx qui sont de noble lignaige. Et a ceulx qui sont glorieux en aulcunes offices ou estas honnorables et toutes telles grans choses : Car tous telz estatz ou offices ont aucune magnitude de grandeur, et epcellence, par quoy il leur est bien seant et conuenable faire grādes choses, et ainsy appert que le magnifique est principalement tel cōme dit

est. Et que magnificence est en telles despences, car comme dit est les oeuures de magnificēce sont tresgrādes et tres honnorables ¶Glo. Ce fut dit au comencement de cest chapitre. Il a mis deuant en quelles oeuures est magnificence primerainement: Apres il met en quelles oeuures elle est secondairement, ou mains principalement: Et met trois degres de telles creatures, cest a dire de telles euures, ou trois manieres ¶Ter. Et aucunesfois magnificence est en choses propres a soy et qui ne aduiennent a vne personne que vne fois en sa vie, sicōme nopces ou aucunes telles choses. ¶G. Cōme seroit estre fait cheualier ou docteur en aucune science solēnelle ou aucūe chose solēnelle q̄ ne aduiēt pas souuēt. Apres il met la secōde maniere

¶Ter. Itē se toute la cite ou comunite ou ceulx q̄ y ont dignites cōe sōt les principaulx gouuerneurs mettoiēt leur estude a receuoir honnorablemēt aucūs estrāgez messages ou passans, ou a euoier hors aucūs nobles dōs, ou aler offrir et faire presētemēt ou se il couenoit faire aulcune grāde retribucion a autres pour leurs bien faire: en telles choses despēt le magnifique: car il ne despēd pas grādemēt en sō vsaige quotidian, mais il fait volentiers en choses cōmunes, et les dōs du magnifique ont aucūes pdicōs sēblables au dōs q̄ sōt presarees a dieux. ¶Car il sōt de grāt admiraciō, et lē ne fait pas dōs au dieux pour
k.ii.

feuillet

besoing que ilz en ayent, mais tant seulement pour les honnorer. Semblablement, le magnifique regarde principalement a honeur. Apres il met la tierce maniere Tex

Item il appartiēt au magnifique preparer et ordōner toute edifice et habitacion noblement et auenāment selon la quantite de ses richesses: Car belle habitacion est paremēt et aornement conuenant a magnificence. Et luy appartiēt mieulx et pl9 faire despence en euures qui sont longuemēt durables. car telles euures sont tresbonnes Glo. Cest trop plus grande magnificence et meilleur chose de faire vn temple ou vn palais longuement durable de quoy il est aussy comme perpetuel memoire de celuy q̄ la fait. Et prouffite plus au bien publique que de faire vne telle chose belle et iolie et de petite duree: mais se elle estoit belle et durable ce seroit tresbiē.

Tex Et en toutes choses il cōsidere et fait ce que est auenant et conuenable Glo. Et quant aup euures et quant aup despens Tex.

Car il ne appartiēt pas faire vne mesme chose et dune maniere pour le honneur des dieux, et pour lhonneur des hommes, ne vne mesme ou temp'e ou sepulchre Glo. Le temple de dieu doibt estre plus noble que le palais du roy, et le lieu ou sont les sainctes reliques plus richemēt fait que la tumbe du roy Tex. Et

semblablement quant est en despēce selon la guerre et la maniere de loeuure, et en bien grans choses il fait biē grant despence, et lors son fait tres magnifique. et en choses qui ne sont pas si tresgrandes il fait grans despens selon la quantite et la nature de la chose, et a difference entre la grandeur de loeuure et la grādeur des despens Glo. Car vne tresbelle espere ou pelote, ou vne tresbelle fiole, telle chose a magnificence pour faire don a vn enfant, mais de telle chose le pris est petit, et qui donneroit tel pris ce seroit vn don illiberal qui biē droit du vice de illiberalite: Et pour ce le magnifique en chū genre ou espece de besoignes doibt faire grandement et selon magnificence. Car son fait doit estre tel, que il ne puisse pas estre de legier surmonte. Et conuient faire despence selon ce que loeuure est digne. Et doncques le magnifique est tel comme dit est:

Des vices opposites a magnificence xii. ca.

Le superhabondant est appelle boanausus qui superhabonde en despence en choses ou il nappartient pas despendre, sicomme il fut dit deuant

Glo. En la fin du neufiesme chapit. ou texte et ē la glose et cō il ne superhabonde pas pour ce que il despend plus q̃ le magnifique. mais il despend autrement /ꝛ de telz vicieuẓ il met trois condicions ¶Tex

Car en petites choses ou superflues il gaste ꝛ despend grandement ꝛ resplendit sans melodie/ꝛ de ce est vne parabole Glo. Car en chāt sans melodie a mauuaise pportion Semblablement tel vicieux despẽd hors pportion deue ¶Tex Et agouliardois ꝛ diseurs de comedies cestassauoir de villais dicties ou villaines chansons il donne grans disners comme nopces/ou il fait mettre pourpre/ou telz precieux paremens par la ou il marche/sicōme faisoient ceulx dune cite appellee megare.

Glo. Cest vne cite de grece/et dit eustrace que illecques furēt trouuees les comedies/ce sont dicties ou chansons de choses deshonnestes q̃ les desattrempes escoutent voulentiers Apres il met vne autre condicion de telz vicieux ¶Texte. Item il fait telles choses nō pas pour grace de bien ne pour bonne fin/ mais pour monstrer ꝛ manifester ou magnifier ses richesses/ Et pour ce que il cuide que lẽz face de luy grāde admiracion ꝛ grant loenge Glo Apres il met la tierce condicion .¶Tex

Jtẽ la ou il appartient faire grās despens il despend petit et trop peu: Et la ou il conuenist petit despẽdre il fait grans despences Glo Apres ce que il a dit de boanau

sie il determine de lautre vice opposite a magnificence qui est appelle paruificence/ꝛ signifie petit fait nō pas pour ce que le paruifique tende a petit despendre simplement ꝛ absolutement comme fait cellui qui est illiberal. Car il despend grandemēt mais il despend peu/ꝛ autrement que il ne deust /ꝛ ou regart de seuvre q̃ il veult faire. et pour ce peut len dire que aussi comme magnificence est vne liberalite en grās choses/ semblab̃lemēt paruificence est vne illiberalite en grans choses. Et il met cinq condicions qui sont ou pechie de tel vice.

¶Tex Et celui qui a le vice de paruificence et est paruifique/ il fait en toutes circonstāces tresgrant despence: Et le bien que il fait ꝛ despent il pert par vng petit de deffaulte.

Item tout ce que il fait en telle maniere il fait trop tard ¶Jtem il regarde tousiours conmẽt il pourra faire sa chose a plus petite despence ¶Item il est triste en despendant.

¶Jtem il cuide toutes telles choses faire plus grandes que il nappartient Glo. Ces condicions a le paruifique en ses fais/ cōme seroit faire vne feste/ donner vn disner/ ou vnes nopces/ou en autre matiere de magnificence Apres il parle de tous ces deux vices. ¶Tex

Dōcques ces deux habis dessusditz cestassauoir boanausie ꝛ paruificēce sont malices ꝛ vices. mais toutesvoyes ilz ne sont pas moult en reproche

k.iii.

Glo Ces condicions a le par
uifique en ses fais: comme seroit fai
re une feste, donner ung disner, ou
unes nopces, ou en autre matiere de
magnificence. Apres il parle de tous
ces deux vices Tex Doncquez
ces deux habis dessusdictz, cestassauoir boanausie et paruificece sont malices et vices, mais touteuoies ilz ne
sont pas moult en reproche ou obpro
bres a ceulx qui les ont, car ilz ne sont
pas nuisibles a autres ne a son prouchain Glo Car le premier qui
gaste le sien il fait proffit a plusieurs
Et le second qui retient le sien il ne
fait en ce toit a nulli Tex. Et
auecques ce ilz ne sont pas tresslais vi
ces Glo. Car cest fort de tenir
le moien en si grandes choses, et dautre partie come dit est le boanause profi
te a plusieurs, et le paruifique est en
partie excuse par ignorance et par in
clinacion naturelle que chun a, a regarder sa pecune.

De magnanimite et des vices opposites xiiii.ca

Magnificence est en grans choses et vers grans choses, et
ce appert asses par le nom de
elle Glo Car le nom de magna
nimite est dit ou signifie grandeur de
courage Tex Or prendre doncques premierement vers quelles choses elle est, et ne a force au difference se
nous parlons de ceste vertu ou de celuy qui euure selon ceste vertu Glo
Car ce q len dit de magnanimite

le peut dire du magnanime en la ma
niere que il appert des autres vertus
pdeuant Tex Le magnanime est
tel que il se dignifie et se fait et repute
digne de grans choses, et en est digne
Car quiconques se repute digne et non
pas selon la valeur de soy il est nice et
fol. Et il nest nul de ceulx qui euure
selon vertu qui soit nice ou fol: doncques est le magnanime tel come dit est.
Glo. Cestassauoir digne de grans
choses, et tel se repute Tex Et
celui qui est digne de petites choses et
se fait ou repute tel nous disons que
il est attrempe Glo Il ne prent
pas icy attrempe selon la vertu dattrempance de quoy il a parle en la fin
du tiers liure, mais pour une manie
re de moderacion et amesurement de
raison quant est en soy reputer digne
Et ne disons pas que il soit magna
nime pour ce que magnanimite est en
grandeur. Et semblablement disons nous
que beaute est en grant corps, mais
des petis disons nous que ilz sont bien
formes, bien mesures, ou bien coulou-
res: et ne disons pas qilz sont beaulx
Et celluy qui se repute et fait digne
de grans choses, et est indigne, il est
presumptueulx et chaymes.
Glo. Caymes en grec signifie aussy comme fumeur ou veteux.
Tex Mais celuy qui est di-
gne de grans choses et encor se fait di
gne de plus grans choses chun tel nest
pas caymes ou presuptueux Glo
Pour trois causes, premierement

car cestui a en soy dignite et bien et le chaymes non. Item il peut faire a cautele pour aucun bien/ ⁊ le chayme se fait digne tant seulement pour sa presumpcion. Item cestui le peut faire a cause daucun office digne ⁊ honorable que il a/ ⁊ par ce il se fait plus digne que il nest selon ses propres vertus ¶Texte. Et celui qui se fait de mendres choses que il nest digne, il est pusillanime. Car quelles choses que ce soient ou grandes ou moiennes/ou petites encor se fait il digne de mendres seulement. Et se tel est digne de grans choses: il est tresgrandement pusillanime. Car se il nestoit digne de grans choses que feroit il

¶Glo. Cest ung interrogant aussy comme il voulsist dire que encor monsteroit il plus sa pusillanmite ⁊ ne procure pour soy nul honneur/ ou trop peu. Apres pour ce que vertu est ou moien ⁊ grandeur ne semble pas moien/ mais semble extremite ⁊ magnanimite est ou moien ⁊ tient le moien

¶Tex. Et est le magnanime en une extremite quant est en grandeur mais en tant comme il fait son operacion selon ce ⁊ en la maniere que il appartient il est moien en ce que il se dignifie en fait digne selon ce que il est digne sans plus ⁊ sans mains. Et les autres/cestassauoir le presumptueux ou chaymes ⁊ le pusillanime superhabondent et deffaillent

¶Glo. Car sicomme il fut dit ou neufiesme chapitre/grandeur est dicte non pas absolutement mais en regard et relacion a autre chose

Et ainsy fut il dit ou septiesme chapitre du second liure que vertu est ou moyen non pas absolutemēt mais elle est ou moien determine par raison

Apres il monstre en quelles choses est magnanimite. ¶Tex. Et doncques se le magnanime se dignifie de grans choses et en est digne, et mesmement de tresgrās choses il sen suit que magnanimite soit vers une chose principalement et mesmement ⁊ que telle chose soit excellente

¶Glo. Car ce qui est dit par superhabondance en excellence ne doit pas estre commun/ mais especial appartenant a une chose ¶Tex.

Et quant nous disons aucuns estre dignes de grans choses cest a entendre des biens de dehors ¶Glo.

Comme sont richesses ⁊ honneurs ¶Tex. Et de telz biens le plus tresgrant ⁊ le plus excellent est celui que nous attribuons au dieux et lequel desirent principalement, et mesmement ceulx qui sont en grans estas ⁊ en grans dignites, et auecques ce qui est le loyer des plus tresgrans biens/ ⁊ telle chose est honeur. Doncques est honneur le tresplus grant bien de tous les biens de dehors. Et doncques le magnanime est selon ceste vertu vers honneurs et vers les opposites, ⁊ sont inhonoracions/ ⁊ se y a ⁊ contient vers telles choses sicōme il appartient: ⁊ appt asses sans autre raison p

fi.iiii.

epperience que magnanimite est vers honeurs, car nous voyons les magnanimes se dignifient de honeur selon ce que ilz en sont dignes ☞ Glo. La vertu de magnanime rectifie modere et rigle lappetit que il a au grãs honeurs affin que il les desire et procure tant cõme il doit faire sans plus et sans mains et semblablement elle modere et adresce selon raisõ lestimatiõ que il a de sa dignite ou valeur q̃ est principalement a entẽdre selon les vertus de lui et ainsi le magnanime a aconsiderer trois choses cestassavoir les honeurs le desir de honneur et sa valeur ☞ Tex. Mais le pusillanime deffault et ou regart de soy mesme et ou regart de magnanime.

Glo. Car il se dignifie de mẽdres choses que il nest digne et de mẽdres que ne fait le magnanime. ☞ Tex. Et le chaymes presũptueux superhabõde ou regart de soy mesmes, mais non pas ou regart du magnanime.

Glo Car il se dignifie plus que il nest digne, mais non pas plus que le magnanime.

De magnanimite par cõparaison aux autres vertus. riiii. c

Pur ce que le magnanime est digne de tresgrans choses il sensuit que il soyt tresbon : car tousiours celui qui est digne de plus grans choses est meilleur et par consequent celui qui est digne de tresgrans choses est tresbon, et ainsi veritablemẽt et cõuient que le magnanime soit bon et appetiet au magnanime en checune vertu faire grant chose ☞ Glo. Sicõme en la vertu de fortitude le fort entent a ouurer selon toutes bõnes circonstãcees, mais la vertu de magnalmite auec ce se encline a faire son fait tresgrandement et hautenemẽt et ainsi est il es autres vertus et affin que aucun ne cuidast que le magnanime ouurast de sõ propre scens tousiours ou que il entendist a faire grant chose sans regarder a iustice il oste ceste erreur et dit. ☞ Item il ne appartiẽt pas au magnanime fuir ou refuser celui qui le amoneste en raison ☞ Glo. Selon ung autre texte il dit q̃ il ne lui appartient pas fuir celui qui le escõuiẽt ou menace, car il sembleroit estre paoureux ou couart ☞ Tex. Item il ne lui appartient pas faire choses iniustes car pour quelque chose tãt fust grande feroit celui aucune laidure a qui nest riẽ grant ☞ Glo Aussi cõme se il voulsist dire que pour nulle chose tãt soit grãde le magnanime ne feroit iniustice. ☞ T. et q̃ regarderoit tout le deucroit faire une derisõ de celui q̃ diroit q̃ soy ou autre fust magnanime et il ne fust bõ et la cause est, car nul q̃ fust mauuais ou est mauuais nest digne de honeur pour ce q̃ honneur est le loyer de vertu et est attribue aux bõs. G. vertu honeur est le loyer accidẽtel (& non pas le principal mais nous le attribuons au bõs pour ce que nous ne pouons pas mieulx

Et sicomme Boece dit vertu est propre et souffisant loyer de elle mesme: et il entend par vertu lopacion en quoy est felicite, et non pas en honneurs comme il fut dit ou premier liure. et pour ce le magnanime ne quiert pas honneurs comme son bien final, ne comme loyer de sa vertu, mais il desire et procure deuement estat ou office honourable, affin de mieulx epercer operacions vertueuses. Et se honeur deu ne lui est donné, neantmaine il se repute et est asses remuneré en ce que il a fait son deuoir: Apres il met deux conclusions Tex. Et semble que magnanimite soit aussy comme aornement et parement des aultres vertus pour ce que elle les fait plus grandes. Glo. Car en la matiere de chune vertu le magnanime sefforce de faire grandement Tex.

Et pour ce elle ne peut estre sans les autres vertus Glo. Apres il met lautre conclusion Tex.

Et par ce que dit est appert que selon verite cest forte chose de estre magnanime, et nest pas possible de lestre sans grant bonté des autres vertus.

Glo. Nous pouons recueillir de cest chapitre aussy comme sip concidions du magnanime et de sa vertu Cestassauoir que il est tresbon. Item il fuit grans fais en chune vertu Item il ne refuse pas conseil Item il ne fait a nul iniustice. Item magnanimite est aornement des autres vertus Item cest fort destre magnanime.

Des fais du magnanime xv. ca.

Le fait de magnanime est principalement vers honneurs et inhonoracions.

Glo. Cest non auoir les grans honneurs qui lui sont deubz Tex Et se delecte moderement et attrepeement en grans vertus et honneurs Glo. Qui luy sont fais ou attribues de gens bons et vertueux. Et la cause est, car celui qui sen esioist grandement se merueille pour ce que il lui semble que telz honneurs passent sa valeur et sont bien grans pour luy, Doncques se il nest digne il nest pas magnanime par ce que dit est ou chapitre precedent Tex Aussy come en receuant ses propres choses ou membres que elles ne lui sont deues: Car nul honeur tant soit grant nest asses digne loyer de vertu parfaicte. Item il les a receus benignement et se prent a gre comme celui qui scet bien que sen ne lui peut attribuer ou donner plus grans choses que honeurs Item de lhoneur que sen fait pour autre chose que pour vertu Glo Comme pour ses richesses, ou pour autre chose Tex. Et de ces petis honeurs il en tient peu de compte, car il nest pas digne de te. les choses Glo

Mais de plus grans, car il entend digne precisement Tex. Item semblablement il ne tient compte de inhonoracions se elles lui sont faictes

Car len ne lui fait pas tel chose iniu
stement Glo. Il entent par in
honoration non pas qui lui feroit vil
lanie et deshōneur. mais qui ne lui fe
roit hōneur qui lui est deu iustement.
Tex Doncques sicōme dit est
le fait du magnanime est plus princi
palement vers hōneurs Glo.
Il a parle de la matiere principal et p̄
mieremēt de ceste vertu Apres il par
le de la matiere secondaire. Cōme sōt
richesses et grans estas et telles cho/
ses pour les quelles lē honnore aucu
ne fois gens Tex Mais encor
vers richesses et puissances grans of
fices ou estas et en toutes fortunes ₹
bonnes et males le magnanime se cō
tendera et portera et aura modere/
ment ₹ attrempeemēt en quelconque
maniere que ilz soient faictes ou aui
nent Glo Soient grandes ou
petites ou se ilz viēnent soudainemēt
ou souuēt ou autremēt. T. et quāt il
luy vendra bōne fortune il nen sera
pas moult ioyeux ne pour male for/
tune moult triste Glo Lautre
translation dit que le courage de lui
nest deprime en aduersites ne esleue
en prosperites Tex Car vers
honneur il nest ioieux ou triste fors
moderement et attrempeement le/
q̄l honeur il repute tresgrant et plus
grant que les choses deuant dictes.
Car ilz sont desirables pour hōneur
et ceulx qui les ont peussent par ce
estre hōnores et doncques celui a qui
hōneur semble estre peu de chose.

Glo. Cestassauoir quant est
pour soy en esioir ou contrister gran/
dement Tex Les autres choses
lui semblent encore mendres et pour
ce semble il a aucunes que les magna
nimes soiēt despriseurs ou despiteux
Glo Car ilz prisent peu telz
biens de fortune. mais ilz ne les ont
pas en despit simplement cōbien que
ilz les prisent peu ou regart des biens
de vertu Tex Mais toutesuo
yes les bōnes fortunes conferent ay
dent et font aucune chose a magnani
mite. car nous signifiōs et repputons
dignes de hōneurs les nobles les puis
sans et les riches Glo Nobles
de lignage puissans en offices riches
de peccunes Tex. Car il ont
superexcellence en bien ciuil et toute
chose qui est superexcellente en bien
elle en est plus hōnorable et pour ce
telle chose sōt ceulx qui ont ceste ver
tu ēcore estre plus magnanimes. car
ilz sont pour telles choses plus hōno
res d'aucuns Glo Les populai
res hōnorent les gens pour telles cho
ses Tex. Mais selon verite le bon
tant seulemēt est a hōnorer toutesuo
yes celui qui a les deux choses cestas
sauoir vertu et les biens de dehors il
en est plus digne de hōneur Glo.
Et quāt a reputatiō du peuple et
la verite car par telz biens de fortune
il peult exercer et faire grans opera/
tions en plusieurs vertus. Apres il
mōstre que telz biēs ne peuent faire
vng hōme magnanime Tex.

Mais ceulx qui ont telz biens sans vertu Glo Qui sont nobles puissans et riches Tex. Ilz se dignifient ou sont digne de honneur plus iniustement. car adroit dire ilz ne sont pas magnanimes pour ce que nul ne se tel sans parfaicte vertu. mais ilz sont despiteux ou despriseurs et iniurieux et par ce que ilz ont telz biens ilz sont fais mauuais et la cause est car ce nest pas legiere chose de porter modereement et bien bonnes fortunes sans vertu et ainsi pour ce que ilz ne les puent bien porter ilz cuident supexceller surmonter ou plus valoir q̃ les autres qui ne ont pas telles fortunes et les ont en despit et sont indifferentement quelconques operatiõs q̃ leur viennent a plaisir et seullet ensuir le magnanime et si ne sont pas semblables a lui. mais ilz sont telles choses cõment il fault en tant cõe ilz peuent. Glo Ilz se font grans et dignes de honneur aussi cõme fait le magnanime Tex. Mais ilz ne sont rien selon vertu et desprisent ou prisent peu les autres Glo Et les bons et les mauuais Tex. Mais le magnanime desprise iustement les mauuais et glorifie et honore vrayement et iustement les bons et sont moult de gens qui glorifient et honorent indifferentement sans distinctiõ et les bons et les mauuais Glo.

Nous pouons recolliger ou recueillir de cest chapitre aussi cõme. vii. cõditions ou proprietes du magnanime. premierement il se delicte attrempeement en grans et en bõs honneurs Item il les rechoit agreablemẽt Itẽ il tiẽt peu de compte dautres honneurs Item semblablement de inhonorations Item il ne se resioist point de bonne fortune fors bien peu. Item bonne fortune lui fait aide. Item il desprise les mauuais et prise les bons.

Aucunes proprietes du magnanime quant aux choses de dehors. xvi.ca

Le magnanime ne se eppose pas aux perilz pour petites choses et ne aime pas les perilz. car peu de choses sont que il prise et honore et repute grandes

Glo. Car de toutes choses excellentes et precieuses il est peu. Tex Mais il se eppose a perilz pour grans choses Glo. Sicõme pour iustice garder et pour le salut du pais et pour le cultiuement diuin il a. iii. mos ou tep̃te de grec le pmier signifie celui qui ce met en peril pour petites choses cest microkindinos le secõt, celui qui aime les perilz cest philokindinos le tiers celui qui ce met en peril pour grans choses megalokindinos et du secõd dit la sainte escripture qui aime peril en peril perira Tex Item quant il se eppose il fait forciblemẽt et hardiemẽt sans espargnier a sa vie aussi cõme se il reputast du tout que viure nest pas chose digne

de ſtre eſpargnie en tel cas Glo.
Ceſt plus digne choſe de ſa vie ex/
poſer en bons et grans fais que de la
eſpargnier et qui ne le fait quant il ap/
partient il neſt pas digne de viure et
ces deux proprietes deſſuſdictes re/
gardent la matiere de fortune. Apres
il met. ij. autres en la matiere de libe
ralite et ny met nulle en la matiere
de attrenpance. car elle eſt commune a
nous et aux beſtes et y peult auoir
peu de grans fais ou il ait magnani
mite   Tex   Il eſt puiſſant de be/
neficier ou bien faire a autres. mais
quant len ſui fait il en eſt vergoĩdeux
car beneficier autre ceſt ſuperexcelſe
re et eſtre beneficie dautre ceſt eſtre ex
cede   Glo. Et la condition du mag
nanime ceſt exceller et exceder en bien
et non eſtre ſurmonte. Apres il met
lautre propriete   Tex   Itez il fait
retribution a autre de plus que il na
uoit prins ou receu de ſui et p ce fait
il que celui de que il auoit receu ſui eſt
debteur. et quil a plus receu de bien de
lui Item les magnanimes ont plus
en leur memoire ceulx a qui ilz ont bien
fait et ne y ont pas tant ceulx de qui
ilz ont aucuns biens receup. car celui
qui recoit aucuns biens ou benefice
eſt mendre quant a ce que celui qui le
fait et le magnanime veult ſuperex/
celler et eſtre grant   Glo Ceſte
propriete ou condition a le magnani
me ſelon la diſpoſition de ceſte vertu,
non pas ſelon ſon election, car ſouuent
recorder et ſouuenir dune choſe la fait

plus tenir en memoire et checun recor
de ou penſe plus volentiers ce en quoy
il ſe delicte et le magnanime ſe delicte
plus en auoir bien fait que en auoir
bien receu. car de receuoir il ſe vergon
de comme dit eſt. mais quant eſt de ſon
election il ne vouldroit pas oublier
ceulx qui lui ont bien fait meſmemẽt
ſi ques a tant que il leur ait largement
remunere. car autrement il encourroit
le vice de ingratitude   Tex   Item
il ot delectablement dire les beneficeſ
qil a fait et ne ot pas delectablement
reciter ceulx quil a receulx. et dit ho
merus le poete que pour ce thetis la
deeſſe des eaues quant elle ſupplia a
iupiter le ſouuerain dieu elle ne lui re
corda pas les benefices qlle lui auoit
fais Semblablement ceulx de la cite
de la choue en requerant laide de ceulx
dathenes ilz ne leur recitoiēt pas les
benefices que ilz leur auoient fais.
mais ceulx quilz auoient receus des
atheniens   Glo   Car qui veult
empetrer benefice daucun il doit cap
ter et querir ſa beniuolẽce et ce peult
eſtre par le eſioir Et il ſe eſioiſt quant
il ot recorder les biens que il a fait ſe
il eſt magnanime et non pas les biẽs
que len ſui a fait. Apres il met lautre
condition   Tex.   Item il appt au
magnanime monſtrer qil na beſoing
ou meſtier de nul ou deffaute et ſe il
conuiẽt monſtrer ql a beſoing ce doit il
faire enuis ou a paine. mais il doit in
miſtrer et faire aide en biens preſtemẽt
   Glo Apres il met vne autre pro

priete qui regar de hôneur ¶Tex
Item il se doit monstrer grant excellemêt a ceulx qui sont indignes et en grans estas ou offices et q̄ ont les bônes fortunes. mais aux moyens il se doit monstrer grant plus modereement et attrempeement ¶Glo.
Il assigne a ce. ii. raisons ¶Tex.
Car cest forte chose et hônorable de surmonter et passer les grans. mais des autres moiens cest legiere chose.
¶Glo. Et Vertu est tousiours Vers les choses fortes. Sicôme il fut dit en la glose ou. xiiii. chapitre du tiers liure. Apres il met lautre raison
¶Tex. Daultre partie Vouloir estre hônore entre les grans et de grās il Vient de bon courage et tel se monstre hôme. mais querir et Vouloir estre hônore des humbles et moiens ou petis cest Vne chose charchāt et qui nest pas a soct Et est sēblablement côme se aucun Vouloit môstrer soy fort et preux et côtre ceulx qui ōt peu de puissance et ne proit a nul fait hônorable ne ou les autres sōt pour auoir epcellence ¶Glo Il est certain que tel hôme ne doit pas estre dit fort ou hardi. mais couart Semblablemēt q̄ quiert estre hônore de petis il nest pas magnanime mais pusillanime. Nous poons recueillir de cest chapitre aussi côme. Viii. proprietes ou conditions du magnanime. premierement il ne se met pas en peril pour petites choses. mais pour grandes. Item en tel cas il ne espargne

pas sa Vie. Item il est puissant de dôner et Vercōde de receuoir. Item il retribue plus quil ne recoit. Item il a p̄⁹ memoire des beneficez que il fait que de ceulx que len sui fait Item il est delectablemêt dire le bien que il a fait et non pas celui que len lui a fait. Ite il ne môstre onq̄s ou enuis soy auoir deffaute. Item il se monstre grant a grans et non pas tant aux moiens. mais attrempeement et modereemêt

Aucunes proprietes du magnanime qui regardent principalement les fais humains xVii. c

Il semble que le magnanime soit oiseux et tardif ou peu receux pour ce que il ne se entremet fort de peu de choses et qui sōt grādes et la ou il est hôneur ou quāt il en est besoing ⁊ est faiseur de peu de besoingnee. mais elles sont grandes et notables et honnorables. Item il est necessaire que il soit manifeste amāt ou amy et manifeste aneimy et q̄ il aime en appert et se il het que ce soit en appert car celler telles choses cest fait de paoureux et de couart ¶G.
Et il est necessaire que le magnanime ne soit pas couart ¶Tex Ite il doit plus curer de Verite que de lopinion des autres ¶Glo. Il ne doit rien lessier a faire pour le parler ou oppinion des gens de ce qui est a faire selon Verite ¶Tex. Ite il lui appartient dire et faire parler et

ouurer manifestement. car il monstre et manifeste liberalement tout ce que il veult pour ce que il est cōtentif ou desprisant et celui qui est contētif mōstre franchement toute sa volente ☞Glo. Il est cōtentif cest a dire que il ne prise les autres fors tant cōme ilz se sont a priser et ne leur fait hōneur tant cōme il les prise et pour ce il ne les craint et ne lesse pas pour eulx a dire ou a faire ce que appartient. mais il nest pas contentif en ce que il ne face a checun le honneur que il lui doit faire ☞Tex ☞Item l'est voir disant et veritable toutesuoyes se ce nest aucunefois par pronie car le vse de pronie a plusieurs ☞Glo. pronie est quāt len dit vne chose p quoy len veult donner a entendre le cōtraire Sicōme qui parleroit dū sage hōme notorement Et il diroit ainsi il ne scet rien non ou autre chose sēblable. ☞Tex ☞Item il ne peult pas cōiuire demourer et cōuerser auecques checun autre, mais seulement auecques son ami ou ses amies car autrement faire cest chose seruile et pour ce tous ceulx qui sont blandisseurs hūbles et seruiables et veullent a checū plaire ilz sont flateurs et de seruile condition naturelement Item le magnanime nest pas admiratif il ne fait pas grans admirations, car il ne repute chose grande des choses de dehors q aduiēnent cōmunement. Item il na pas moult en memoire les malz quil a soufferts. car il nappartient pas au magnanime de soy recorder fors de peu de choses et auecqs ce des maulx il ne sen recorde pas volentiers mais les a en despit et nen tiēt compte ☞Glo Selon lautre translation il dit que le magnanime dissimule les iniures qui lui ont este faictes et les oblie et pour ce dit seneque que q les memoires des benefices doiuēt estre tenans et durables et le memoire des iniures doit estre tantost passe et ce dit tulles en louant Iules cesar que il nestoit oblieux de nulle chose fors de iniures et tout ce q'il est est a entendre se les iniures nestoiēt trop grādes epcessiuement ☞Tex ☞Item il ne parle pas moult de gens ne de leurs fais ☞Glo. Car il ne fait pas grant compte des fais pticuliers qui aduiēnent cōmunement, mais il a son entencion et sa pensee a grans choses cōme au cultiuemēt diuin ou au bien publicque ☞Tex Et pour ce il ne parle guerre de soy ne d'autre et ne cure destre loe ne que les autres soient blasmes et il ne loe pas moult les gens et nest pas mal pleur et mesmes de ses anemis ne dit il nul mal se ce nestoit pour cause daucune grant iniure. Item de choses qui sont necessaires pour ceste vie ou de choses petites il ne se plaint iamais et nest pas deprecatif ou depriant autres pour telles choses car telles plaintes et telles predications sont ceulx qui mettent leur estude et leur cure vers telles choses ☞Glo. Cest assauoir cōment il pourroit auoir a mengier et a boire et a vestir. etc. mais le magna nime met son estude a plus dignes choses ☞Tex. Item il est puissant sauoir et veult plus auoir possessiōs qui soient bōnes et hōnorables et ou il ait maine de fruit ou de gaing que celles qui aportent plus grāt fruit et plus grant gaing. car telle chose appartient plus a celui qui a souffisance ☞Glo. Il se delicte plus en auoir beaulx chiens et beaulx cheuaulx ou telles choses que il ne feroit en auoir vaches ou brebis qui aportent plus de prouffit et de gaing ☞Tex. Item le magnanime se meut et va pesamment et lentement et auecques ce il a grosse voix et parle attrait et a loisir et attrempeement. car celui ǩ se occupe en peu de besoingnes nest pas hattif ne tost mouuāt et auecques ce celui qui se repute rien grant nest pas conuoiteux et auoir la voix acue et gresle et aler tost ou legierement sont pour telles choses ☞Glo. Car auoir la voix acue cest signe destre contencieux et tost aler est signe de homme trop hatif ou qui se entremet de trop de choses et le magnanime nest pas tel mais sa grosse voix et tardif mouuement sont signes de magnanimite et celui qui a telles conditiō de sa nature il est enclin a ceste vertu.

☞Tex. Doncques est le magnanime tel cōme dit est ☞Glo. Nous pouons recueillir de cest chapitre aussi cōme .xii. proprietes de magnanime. premierement il semble estre oiseux. Item il het et aime manifestemēt. Ite il cure plus de verite que de oppinion. Itez il fait et dit manifestement et plainemēt. Item il est voir disant. Item il ne cōmunique fors auec ses amis. Item il nest pas admiratif. Item il nest pas memoratif de mal. Item il parle peu et loe ou blasme peu. Itez il ne se plaint pas et nest pas requerant. Item il veult auoir possessions hōnorables plus ǩ prouffitables. Itez il a voix grosse et mouuemēt tardif. Or auons dōcǩ ou .viii. chapitre .vi. proprietes et ou p°v. vii. proprietes et ou. p°xi. viii. pprietes et en cestui .xii. et ainsi ou ōs xxxiii. proprietes ou conditions du magnanime desquelles aucunes sōt prochaines et les autres sōt doubles

Des vices opposites a magnanimite. rviii c

Elui qui deffault en la matiere de magnanimite il est appelle pusillanime et celui qui superhabonde est appelle chaymes fumeux et psūptueux et ceulx ǩ ont ces vices ne sēblēt pas estre mauuais ne iniustes. car il ne sont pas malfaicteurs ou malfaisant a autres mais toutesuoyes ilz sont pechans. ☞Glo. Quant est de la nature de ces vices ilz ne font nulle iniure a autre mais aucunesfois ilz sont bien aucuns vices adioincs meslez et an-

feuillet.

ne pes sicõe iniustice et aulcune faulsete: Apres il ple en especial du pusillanime Tex Et le pusillanime est digne dauoir biens. mais il se priue soy mesme des biens dont il est digne Glo. Cest a dire aup qlz il est habile et desquelz il fust digne dauoir biens se il ne perdist celle dignite par sa pusillanimite et par sa misere Apres il met .iii. causes de cest vice Tex Et semble que tel homme ait aucũ mal en soy. premieremẽt car il ne se dignifie pas des biens dõt il est digne ou peult estre Glo. Aussi cõme se ilz fussent trop grans pour lui et cest deffaute de affection Apres il met lautre cause qui est par deffaute dentendement Tex. Item il semble quil ignore soy mesme. car se il se congneust il appetast et desirast ce de quoy il est digne ou cas que ce sont biens Glo. Car naturelement checun appete bien comme il fut dit ou cõmencement du premier et ainsi le pusillanime est en partie ignorãt. Apres il met la tierce cause Tex Item telz pusillanimes ne sont pas du tout ignorans. mais doiuent plus estre dis perecheup.
Glo. Apres il met les malices de pusillanime Tex. Et en verite la fole oppinion que ilz ont les fait estre pires ou plus mauuais. car checun selon raison appete ce de quoy il est digne et par deffaute de ce les pusillanimes se deptent et lessent a faire bonnes operations et aueccq ce ilz se

departent et laissent bõnes et nobles speculations cõme se ilz en fussent indignes Semblablemẽt ilz laissent a procurer pour eulp les biens de dehors Glo. Cestassauoir richesses offices dignitez et grans estas p quoy ilz peussent epercer plusieurs operations vertueuses et sont a ce cõuenables et habilles se ce ne fust vice Apres il determine de lautre vice opposite Tex Mais les chaimes ou presũptueup ilz sont non sachans et folz et ignorans de leur cõdition et ne se cõgnoissent pas et ceci appt manifestement par ce quilz sefforcent de venir a honorables estas ou de faire choses hõnorables Et apres ilz en sõt regardez et reprins Glo Cõme indignes ou non puissans. Apres il desclaire leur fait Tex. Et se aoutnent et parent de vestemens et dautres choses et p vne maniere ou figure de eulp porter et de aler comme grans et par telles põpes ilz veulẽt manifester et monstrer leurs bonnes fortunes oultre raison et parlent de eulp mesmes et en dient grãs choses et se vantent affin quilz soiẽt grãdement hõnorez Glo Et ainsi ilz sont pompeurs et en fais et en dis: Apres il cõparage ces .ii. vices Tex. Mais pusillanimite est plus opposite et plus cõtraire a magnanimite q nest presũption et plus cõmun vice et pire ou plus mauuais que lautre.
Glo. Aucun pourroit dire cõtre car il est plus de gens conuoiteup de

peccunes et illiberaulx que il n'est de prodiges côme il fut dit ou viii. chapitre. Doncques par semblable sont plusieurs convoiteux de honneurs et ambicieux que pusillanimes. Et ainsy pusillanimité est mains comune.

Item presumpcion est orgueil, et pusillanimité est humilité ou pres de humilité. Doncques est presumpcion pire

Item le texte dit que le presumptueux est indigne, et que le pusillanime est digne. Doncques est presumpcion pire

Item plusieurs sont loués de refuser honneurs, et pusillanimité n'est pas blasmée en la saincte escripture. Response, qui entendroit par pusillanimité celui qui fait bonnes operacions et ne tient pas grant compte de honneurs: et par presumptueux celui qui veult les honneurs avoir sans ce quil face bonnes operacions: en ceste maniere le presumptueux est pire que le pusillanime, et est plus comun vice, et ainsi en use l'en comunement: Mais Aristote entent ici par pusillanimité celui qui laisse a faire opacions honorables qui peut bien faire, et s'en dept par desesperance ou par paresse. Et entent par chaype ou presumptueux celui qui aprent oultre son pouoir bonnes operacions pour avoir honneur. Et en ceste maniere pusillanimité est plus commune. Car il est le plus de gens qui laissent a faire le bien que ilz peussent faire: que il n'est de ceulx qui emprennent a bien faire oultre leur pouoir. Et appert ainsi que telle pu

sillanimité est pire que celle presumpcion, et est bien loing de humilité qui selon raison, et pour ce a le magnanime sa vertu de humilité. Et par ce peut apparoir la response au raisons devant touchées fors que de ce que Aristote dit que le presumptueux est indigne, et ainsy il semble pyre que l'autre qui est digne, mais il est a entendre que se pusillanime et le presumptueux soient equalz et parelz en autres choses. Et pour ce entent il icy endroit du presumptueux non pas quil est simplement indigne, mais quil est indigne des honneurs a quoy il tent

Et s'il entent comme dit est par estre digne avoir habilité en bien, l'en pourroit bien dire de celuy qui a telle habilité et le met en oeuvre que il est pyre que celuy qui n'a nulle habilité. Et ainsy le digne seroit pyre que le indigne. Tex Doncques est magnanimité vers grant honneur comme dit est

D'une autre vertu qui est vers honneurs moiens et petis xix.ca

Il semble que vers honneurs soit une vertu, sicomme il a esté dit devant. Glose du dixiesme chapitre du second Tex Laquelle vertu regarde magnanimité semblablement
l.i.

feuillet

comme liberalite regarde magnificence: Car ceste vertu dont nous voulons parler, liberalite ne se estendent pas tant ne attaignent pas iusques a grãdeur, mais elles nous disposent a faire selon ce quil appartient en choses moderees ou en moienne et en petites. Glo. Apres il preuue ceci par raison. Texte. Car aussi comme en moderees et petites receptions et donacion mises de pecunes il a moien et superhabondance et deffaulte, ainsi est il en appetit ou desirier de communs honneurs: Car len les peut acquerir et appeter plus quil nappartient et mains, et les vouloir auoir pour cause pour quoy il appartient, et de la ou il nappartient. Glo. Apres il desclaire par commun vsaige de parler. Tex. Et le philotime cest a dire celui qui ayme honneur nous le blasmons aucunesfois comme celui qui appete et desire honneur plus quil nappartient et le quiert auoir de la ou il nappartient pas que il le quiere, et blasmons aussi celui qui aime honneur comme celui qui ne eslist pas estre honore en bonnes operacions. Glo. Aussi come il ne cõfiast pas quil peust faire chose pour estre honore. Tex. Et est verite que au contraire nous louons aucunefoie celui qui aime honneur comme homme de bon et fort courage et qui ayme ce qui est bien, et aussi celui qui ne aime ou desire honneur aucunefoie nous le louons come modere et bien attrempe, si comme nous auons dit deuant.

Glo. Du dixiesme chapitre du second. Tex. Et puis quil est ainsi que vne fois louons cellui qui aime honneur autrefois le blasmons, il conuient que amy ou amãt de honneur soit dit en plusieurs manieres. Et est certain que en ainsi louant et blasmant nous ne nous rapportons pas a vng mesme. Mais quãt nous louons le amant de honneur cest celui qui aime et estudie en honneur plus que moult de populaires. quant nous blasmons amant dhonneur cest cellui qui le desire et le quiert plus que il nappartient. Glo. Apres il determine du moyen. Tex. Et cõme il soit ainsi que en ceste matiere la vertu moienne nait pas nom impose mais, est inommee aussi come selle fust deserte. Glo. Cest a dire que peu de philosophes en ont parle ou traicte. T. Il semble que les extremes soient doubteux. Glo. Et tãt cõme ilz sont aucunefois loes et aucunefois blasmes pour ce que telz noms philotime qui signifie amãt dhonneur, et aphilotime qui signifie non amãt dhonneur ilz sont aucunefois pris pour vices et aucunesfois pour la vertu moiene. T. Nãt mains en toutes choses ou il a superhabondãce et deffaute il y a moien. or est il certain q aulcuns apetent honneur plus q̃ lne puiẽt et aulcũs mains: donques se suit il q aucũ lappet cõme il puiet pour ce cest moien soit innome et q les extremez sont doubteux, et labit est les pẽtru

qui est moïenne vers honneur. Glo
Et est loé soubz les noms des vices extremes et en leurs noms. Tex
Car a amour superflue ou trop
grant desir de honneur est opposite non
amour de honeur Glo Comme
vertu a vice, et comme vice a vice
Tex Et a nom amour de honneur est opposite amour superflue de
honneur semblablement Et ainsi la
vertu moïenne ou regart de chun des
deux vices extremes semble estre vice contraire Glo Et pour ce lui
donne len les noms des vices comme
dit est Tex Et semblablement
est il en aucunes autres vertus
Glo Sicomme le liberal semble
estre illiberal ou regard du prodige,
et semble estre prodige ou regart de ce
lui qui est illiberal. Et ainsi le fort semble couart ou regart du hardi, et semble trop hardy ou regart du couart,
mais toutesvoies en ces exemples les
vices les vertus ont noms distinctes
Et en ceste matiere la vertu est innōmee comme dit est Tex Et en
ceste matiere les vices semblent estre
opposites lun a lautre, et non pas a la
vertu moïenne pour ce quelle est innōmee Glo Mais neantmains
selon verite ilz sont opposites a la
vertu moïenne

Cy traicte de mansuetude, et
dun des vices opposites xx. ca.

Mansuetude est une vertu mo-
ïenneresse vers ires ou courous: Et comme il soit ainsy que le
moien en ceste matiere soit innomme
proprement, et aussy les vices extremes sont a peu innōmes. pour ce nous
attribuons le nom de mansuetude a
la vertu moïene. Et toutesvoies cest
nom decline au vice qui est deffaute
en ceste matiere Glo Mansuetude est dicte a la semblance des bestes priuees et debonnaires, et signifie
mansuet aussi comme acoustume a la
main Tex Et le vice qui est en
supabondance il est appellé iracondie
cest a dire felonnie. car ire est une passion ou mouvement de couraige, et peut
estre causee par moult de choses et differentes Glo. Sicomme pour
despit, ou pour iniures de plusieurs
diverses manieres Tex. Et dōc
ques celui qui se aire ou comeut pour
les choses pour quoy il convient, et appartient a faire, et aux psonnes a qui
il appartient soy courroucier contre eulx
et auecques ce en la maniere quil conuient et quant il conuient, et par tant de
temps comme il conuient il est a louer:
Et tel homme nous disons quil est mansuet et debonnaire, et en ceste maniere
autant come celui qui ne se trouble pas et
qui ne se laisse pas mener par le mouuement et passion de ire et de courous,
mais se porte en telle chose selon ce que
raison ordonne, et par raison il se courouce des choses de quoy il convient
courroucier, et en tant, et par tant de
temps cōmēt il le conuient faire: Et
toutesvoies le nom du mansuetude

l. ii.

ou debonnaire semble plus signifier le peche ou vice qui tent a deffaulte Car il signifie que tel home nest pas punitif, mais quil est prest de pardonner Glo. Len doit scauoir que ire est vne passion et mouuement de lappetit sensitif a punicion ou a vengence, et quant tel mouuement est trop grant, et il nest pas ordonne par raison et restrene il empeche bon et vray iugement et trouble sentendement, et est vice que nous pouons appeller felonnie. Item aucunefois tel mouuemēt est bon, et a mestier et sert a la vertu de fortitude, sicomme il fut dit ou .vij. chapitre du tiers, et aussy fait aucunefois aide et seruice a raison et a iustice contre trop grant compassion quant il est modere par la vertu de mansuetude laquelle vertu selon les docteurs differe de clemence en ce que mansuetude attrempe les mouuemēs de courage, et clemēce regarde lexecuciō de punicion, et la modere tāt comme raison peut endurer Apres il parle du vice qui est par deffaute Texte

Et le vice qui est en deffaillant en ceste matiere comment quil soit nomme ou iniracsible ou autrement il est a blasmer Glo. Il peut bien estre appelle trop grāt debonnairete et le vicieux trop debonnaire, et pour ce les philosophes stoiciens disoient que tout ire est vice, et que len ne se doit en nul cas couroucier. Il desclaire apres par troys raisons que aucunefois deffaute de ire est a vitupe-

rer Tex. Car quiconques ne se courouce pour les causes pour quoy il se conuient courroucier, et quil ne se courouce en la maniere quil se cōuient couroucier, et qui ne le fait quāt il appartient, et qui ne le fait contre ceulx contre lesquelz il appartient, ce est fait et condicion de fol et de non sceus Glo.

Et pour ce que par aduenture les stoiciens disoient que ceste raison est nulle, car il ne cōuient nulle fois ne a nul home, ne pour chose quil aduienne couroucier. Aristote adiuste et dit

Tex. Pour ce que il semble que tel home ne sente ou apperçoiue mal qui luy aduienne, et que il nait pour ce quelconque tristece Glo. Len peut ainsy arguer, se il ne se courouce il na nulle tristece, et se il na tristece du mal il ne le sent pas, et se il ne le sent et apparcoit il est non sachāt fol et nice Apres il met lautre raison Tex.

Item quiconques ne se courouce aucunefois il ne veult nulle vengāce Glo. Il entent par vengance punicion laquelle len doit vouloir estre faicte selon raison. Et nest pas a entendre que telle puniciōn ne puisse bien aucunefois estre faicte sans ire. Mais communement ire nous y esmeut et nous rend plus pres et plus habiles a ce faire deuement, fors que elle soit moderee par raison Apres il met la tierce raison Tex.

Item soustenir celui qui est iniurieux et fait iniures et despite ses familiers, cest condiciō miserable ou seruile

Glo. Et qui repugne a frāchise de cueur et est cōtraire a noblesse de courage. Et pour ce disoit platon que les bons princes et nobles cheualiers sont debonnaires a leurs subgectz et aux estranges sont felons et cruelx. Et ces deux conditions sont compaignes et ensemble, et semblablement les vices opposites. car ceulx qui soustiennent ou honorent leurs ennemis ilz ont communemēt en despit leurs amis, et econuerso.

Dung vice opposite a mansuetude qui est superabondance en ire. xri.ca.

Vice de superabōdāce en ire peult estre fait selon toutes circonstances. Car len se peult courcier et airer vers ceulx a qui il ne se conuenist pas, et pour les choses pour quoy il ne se ouenist pas et plus fort quil ne se cōuenist, et plus tost quil ne se cōuenist, et p̄ plus lōg tēps que il ne se cōuenist soy courcier

Glo. Ce sont cinq circonstances selon lesquelles peult estre fait le vice de iracondie ou de felonnie, cest assauoir les persōnes vers qui ou cōtre qui. Item les causes pour quoy. Item la maniere. Itē le temps du cōmencier. Item le temps que elle dure.

Tex. Toutesuoies toutes ces choses ne sont pas ensemble en vne personne, car il ne pourroit estre

Glo. Il ne pourroit endurer ne porter telle tristece, et ne pourroit

viure ou conuerser entre les autres.

Tex. Et generalemēt mal se destruit de soy mesmes, et se il estoit entier il seroit importable. Glo. Selon les docteurs mal en tant comme mal cest la priuacion de bien. et pour ce se tout le bien dune chose estoit oste et priue il ne demourroit rien ne subgect ne autre chose, et tout subgect et toute nature est bonne quāt est de soy. Et ainsi qui osteroit la teste a vng aueugle il ne aroit plus celle priuaciō de veue. Apres il met quatre especes de iracondie. Tex. Du vice de iracōdie premieremēt sont ceulx qui sont hastis de eulx courroucer et se courroucent tost et de legier, et a ceulx a q̄ il ne se conuenist pas, et pour choses pour quoy il ne cōuenist pas, et plus fort que il ne conuenist, mais leur ire est tantost appaisee et passee et cest la meilleur condicion que il ait en ceste matiere. Et la cause pour quoy leur ire est tantost passee est pour ce que il ne la celent pas ou retiennent en leur cueur, mais tantost ilz rendent et retribuēt et querent punicion selon ce, et pour ce que ilz manifestent et ouurēt pour la velocite et hastiuete du mouuement de leur ire. Et apres ilz se reposent et est leur ire passee

Glo. Si comme vne chaleur ou vng feu qui tantost est espris il est plus tost passe que cellui qui est longuement musse et couuert, et nest pas si fort. Ceteris paribus

Apres il met la seconde espece.

l.iii.

feuillet

Tex. Item ou vice de superhabondance de ire sont ceulx qui sont appellés Accrocoles, cest a dire acus/ou aigres qui se courroucent pres que en toutes choses, et pres que tousioure/ et pour ce sont ilz ainsy nommez. Glo.

Les premiers se courroucent trop tost, et ceulx ici trop souuent. Apres il met la tierce espece. Tex. Item en cest vice sont ceulx qui sont appellés amers, et sont ceulx desquelz le ire est forte a oster et dure longuement car ilz la retiennent et celent et gardent en leur cueur, et quant ilz retribuent punicion et ont prinse vengence ilz sont apaisies, car la punicion apaise le mouuement et se impetuosite de ire pour ce que elle fait, cause delectacion en lieu de la tristece que len auoit deuant, et se il aduient que telz vicieulx enemis ne puissent auoir vengence ilz se prennent et portent griefment et ont grant affliction ou cueur. Et pour ce que leur ire nest pas manifeste et monstree len ne les apaise pas par suasions ne par paroles, mais conuient long temps a leur ire digerer: Et telz gens sont tristes et ennuieux a culx mesmes et a leure amys. Glo. pour ce que ilz ne peuent conuerser delectablement auecques nul tant comme dure telle ire et telle haine. Apres il met la quatte espece de iracondie. Texte. Item nous appellons fors et felons ceulx qui se courroucent et airent la ou il ne conuenist pas, et plus fort que il ne couenist et par plus grant temps que il ne couenist, et qui auecques ce ne se muet ou departent de leur ire, sans ce que ceulx contre lesquelz ilz sont irez soient tormentés ou punis. Glo. Car ilz ne ont pas tant seulement leur ire retenue en leur cueur, mais auecques ce ilz ont ferme propos de auoir et procurer vengence. Et pour ce leur ire ne se digere pas ou depart pour longueur de temps, ainsy aux quatre especes de telz vicieulx, cest assauoir les hastis, les acus, les amers, et ses fors. Et est assauoir que au deux premieres especes sont enclins les coleriques, et aux autres deux sont enclins les melancoliques et les flematiques: et sanguins sont enclins ou a mansuetude ou au vice qui est en deffaute: Apres il comparaige ces deux vices ensemble. Tex. Et en ceste matiere le vice de superhabondance est plus opposite ou contraire a la vertu de mansuetude que nest le vice de deffaulte.

Car premierement il est fait plus souuent, et est plus commun, et la cause est pour ce que nature humaine est plus encline a punir ses iniures

Glo. Que a les pardonner mais deuant ce que elle soit iniuriee, elle est plus encline a mansuetude

Apres il met vne autre raison pour quoy cest vice est plus opposite a la vertu: Car il est pire.

Tex. Dautre partie ceulx qui superhabondent en ire sont de dure et forte conuersacion, et ne peuent pas si tres bonnement conuerser

auec les autres ¶Tex Et de tout sont ilz pires que les trop debonaires
¶Glo Apres il se excuse de determiner de ces choses plus certainemēt
¶Tex Et par les choses dessusdictes en ceste matiere appert manifestement ce que nous auons pieca dit deuāt ¶Glo Ou p̃ti. chapitre du second/la ou il fut dit que cest fort de trouuer le moien et de y attaindre en chūne matiere de vertu ¶Tex. Car il nest pas legiere chose determiner en quelle maniere et a quelles p̃sones et pour q̃lles choses et cōbien de tēps len se doit airer et courroucer. Et auec ce en chūne circonstance est fort a determiner de celui qui se courouce iusques a quel terme il fait a droit et iusques a quel terme il peche. car il nest pas tousiours ainsy que celui q̃ passe et ist hors du moien soit en plus, soit en mains soit pour ce blasme ou vitupere, mais aucunefois ceulx qui deffaillent en ire et ne treuuēt pas le moien, nous les louons et disons que ilz sont debonaires. et aucunefois ceulx qui ont courage de hōme et q̃ sont dignes destre princes et seigneurs. ¶Glo
Car aux princes appartiēt vēgier les iniures et punir les maulx, et a ce sert aucunefois le mouuemēt de ire si cōme il fut dit en la glose du pp̃. chapitre ¶Tex Mais assauoir mon de celui q̃ se depart et ist hors du moien a q̃lle quātite et en q̃lle maniere il est hors quāt il doit estre blasme ou a cōbiē loing du moien et q̃llemēt loing il

lxxxiiii

doit estre blasme et vitupe ce nest pas legiere chose de rēdre et assigner de ce raison ou rigle certaine: Car le iugement de ce si despent des choses singulieres q̃ sont a cōsiderer es cas p̃ticuliers, et despent auſſy des sens natureulx et de bōne eptimacion. Et toutesuoies il est certain q̃ le moie habit doit estre soe selon lequel nous nous courrons et airons vers ceulx vers q̃ il appartiēt, et pour les choses pour quoy il app̃tient, et tellemēt cōe il appartient, et ainsi de toutes les autres circonstances. Et se les supabondances et deffaultes en ce sont vituperables. Mais se elles sont petites elles sont tollerables et peu a blasmer, ou neant: Et se elles sont grandes elles sont plus a blasmer: Et se elles sont moult grandes elles sont tresuitupables. Et doncq̃s est il manifeste et certain que len se doit aherdre et tenir au moien, et ainsi auōs dit quelz habitz sont vers ire ¶Glo Et sont trois habits cestassauoir vne vertu et deux vices, desquelz vng est deffaulte de ire, et lautre est superabōdance laq̃lle a quatre especes cōme dit est. Et aiſy il a determine des vertus q̃ regardēt les choses dehors, et apres il determie des vertus q̃ regardēt fais humais

Dune autre vertu appellee affabilite · xxii. ca.

N q̃uersaciō humaie en cōmuniq̃r et viure enſēble quātest en arraisōner et p̃ler ēſēble et autres manier̃es de soy contenir : Les vngs
f. iiii.

semblent estre plaisans/ȝ veullent toutes choses louer en rapostant a la delectacion ȝ plaisāce de ceulx auecques qui ilz couersent/ȝ ne leur contrarient ou contredient en rien, mais ilz cuident q̄ auecques chūn sen dr̄ye estre ȝ conuerser sans le contrister

Glo. C'est vn vice. Apres il parle ou met lautre. Tex. Et aucuns sont q̄ tout au contraire sont ꝓtrarians en toutes choses/ȝ ne leur chaut ou curent quelsconques personnes, ne quellement ilz contristent ou couroucent ceulx auecques qui ilz conuersent/ȝ sont discoles discordāns ȝ litigieux. Et pour ce que les deux habis extremes dessus dictz sont a blasmer et vituperables/ il est certain et manifeste que le habit qui est moyen entre ces deux vices est a louer: selon lequel celluy qui a tel habit ou vertu reçoit/accepte ȝ loo les dis ȝ fais des autres, lesquelz sont a recuoir/accepter ȝ louer en la maniere que il appartient. Et qui semblablement despite ou contredit les choses qui sont a contredire. ȝ tellement côme il conuient ou appartient Glo. Apres il determine des habis dessusdit. ȝ premieremēt de la Vertu Tex Et a ceste vertu sen ne luy rēd pas ou attribue aucun nom Glo. Elle nestoit pas nōmee en grec, nō est elle ꝓpremēt en latin ne en francois combien que elle puisse asses estre appellee amiablete Tex Toutesuoies elle resēble a amitye/car celuy q̄

en ceste matiere se a ȝ se porte selon le moyē habit il est tel com̄ est cellui que nous voulons dire amy modere. Glo C'est a dire du quel lamitye est moderee par raisō/ȝ c'est amitye hōneste si côme il sera dit ou huitiesme liure.

Texte. Fors tant que aueque̅s ceste vertu il prensist affection damour ȝ de dilection Toutesuoies ceste vertu diff. re de vraie amitie

Glo. De laquelle il traictera apres ou viii. ou ix. liures: Tex Par ce est elle qu'āt est de soy sans ce que celui qui a telle vertu ayt passion ȝ sans ce q'il ait dilection a ceulx a qui il parle/arraisonne ou couuerse.

Glo Il entent par passion laffection de lappetit sensitif/ȝ par dilection laffection de lentendement qui sont en amitye Tex Car il ne recoit ou accepte les paroles des autres et on ne le contredit pas par amitye ne par inimitye/ ne par affection damour ou de haine. mais tant seulement selon ce quil est disposé par ceste vertu de laquelle il fait/ȝ vse semblablement ȝ indifferentement a ceulx que il congnoist ȝ a ceulx qui ne luy sont pas cōgneue: Et semblablemēt a ceulx que il a accoustumez ȝ côme a ceulx q̄ il na pas accoustumes. G. A tous ceulx aueque̅s lesquelz il ouerse il vse de ceste vertu semblablemēt en general mais nō pas sēblablemēt en espāl. T. toutesfois il vse de ceste vertu si côe il appt̄iēt: car il ne cōuiēt pas sēbl̄ faire quāt a t̄ster ou delecter

ceulx que st a acoustumes et les estrã
ges Glo Et pce appt que ceste
vertu differe de amistie. car amistie
est tant seulement a ses congneuz et
non pas a tous. mais a peu sicõme il
sera dit ou.ix. liure. Apres il met.v.
proprietes de celui qui a ceste vertu.
Tex. Et vniuerselement cõ
me dit e, tel vertueux ple et fait col
locutiõ auecques chescun telement cõ
me il appartient. Item toutes ces pa
roles et raisons que il a en cõiucture a
uec les autres il see raporte et refere a
bien honeste ou a bien confereñt vtile
et proufitable Glo. Tel tel biẽ
fut dit deuant ou quart chapitre du
second Tex Et est son entenci
on principal que il ne contriste pas
ceulx auecques les quelz il parle ou q̃
il leur face delectatiõ selon raison. car
ceste vertu est vers les delectations
et tristeces qui sont faictes en parler
ensemble Glo. Les autres be
stes cõmuniquent ensemble en men
gier et en habitatiõ. mais cõmuniquer
en paroles est propre a nature humai
ne. Apres il met la tierce pprieté de ce
ste vertu Tex. Item se en telz
parlers a aucunes choses qui ne lui
soient bones. mais soient contre le hõ
neste de si ou q̃ ilz lui soient nuisibles
et contre son prouffit il aura indigna
tion de faire par ce delectatiõ a ceulx
qui les dient et eslira plus de les cõtri
ster et auecq̃s ce se telles paroles por
tent grant deshõneur pour celui qui
les fait ou se il lui portent nuisance et

contredire a telles parolees lui fait pe
tite tristece neãt mais en tel cas celui
qui a ceste vertu ne les receuera pas.
mais les desprisera et cõtredira. G.
Apres il met la quarte propriete.
Tex. Item il parle et couerse
differentement et autrement auecq̃
ceulx qui sont en dignitez et grans es
stas et dautre maniere auecques les
autres qui sont medres et dautre ma
niere auecq̃s ceulx que ilz congnoist
plus et deuant auec ceulx que il cõ
gnoist mains et semblablemẽt selon
les autres differences et diuerses qua
lites des persones il parle et fait a che
cun selon ce que il est aduenant et con
uenable en ceste matiere Item quant
est selon ceste vertu il desire faire de
lectation et plaisance et redoubte a cõ
trister Mais il considere les choses a
uenir ou qui peuẽt estre et ou cas que
ilz seroient plus grãdes cest assauoir
en bien honeste et en bien conferent et
vtile et meilleures que telle delecati
on il cõtredira et monstera le mains q̃
il pourra selon ce que raison et verite
le pourra endurer et souffrir Tex
Et semblablement fera il mesmemẽt
pour grace affin daucune bone delec
tation qui se deueroit ensuir ou tẽps
aduenir par ceste petite contristaciõ
Glo. Et la cause est cõme dit
vng cõmẽtateur car il vault mieulx
contrister vng petit celui auecques
lequel lẽ conuist et cõuerse que il fut
priue daucuns biens pñs et a uenir.
Tex Dõcques est cõme nous

feuillet.

auons dit celui qui est moyen et ver/
tueux en ceste matiere. mais il nest
pas nōme Glo. Sicōme il fut
dit deuant. Apres il determine du vi
ce de superhabundance Tex.
Et celui qui superhabonde en ce et q̄
met son entention et son estude a con-
delecter et complaire a ceulx auecq̄s
qui il parle et conuerse se il le fait tant
seulement pour faire delectation et
plaisance Glo. Et pour la re-
flexibilite de sa nature ainsi dit lautre translation Ter. Et nō pas
pour aucune autre chose Glo.
Cōme pour aucun proufit Tex.
Il est appelle plaisāt. mais celui qui
fait telles complaisances affin que p̄
ce lui soit faicte aucune vtilite en pec
cunes ou en autres quesconques cho
ses que len peult auoir par peccunes
ou autrement il est appelle blandisse-
ur adulateur et flateur Tex.
Et celui qui tous contriste il est appelle cōme dit est litigieux discoler &
discordable et semble que ces .ii. vices
extremes soient opposites lun a lautre et non pas a la vertu moyenne
pour ce quelle est innōmee.

Dune vertu en general qui re
garde verite: xxiiii.c

Ne vertu moienne est oppo
site a vanterie ou vantāce
mais elle est innōmee et est
pres que vers telles choses cōme est
la vertu dessusdicte Glo. Car

lune et lautre sont vers fais humai
mais celle de quoy dit est ou chapitre
precedent regarde delectation et ceste
regarde autre chose sicōme il appra a
pres Tex. Et nest pas mal de
parler en passant de telles vertꝰ pre
mierement car par tractier de telles
vertus nous saurons ce que appartiēt vers bōnes meurs en toutes cho
ses dautre partie pour ce que ces ver
tus de quoy nous auons parle et p̄
lerons sont moiennes et ou moien p̄
ce nous regarderons et cōsidererons
que il est ainsi vniuerselement de tou
tes vertus Glo. Car il est moult
de vertus particulieres dont il ne p̄
le pas sicōme nous volons que en p̄
ler les vngs sont trop hastifs les au
tres trop tardies les autres trop loigs
les autres trop briefes les vngs plent
trop les autres trop peu et en vestu
re les vngs se vestent trop court les
autres trop long les vngs trop coite
ment les autres trop rudement et ain
si de plusieurs autres choses et gene
ralemēt par tout la vertu est ou moien selon raison. Apres il met la diffe
rence de ceste vertu precedente T.
Doncques est il ainsi que en conui/
ure conuerser et parler ensemble sont
aucuns qui entendent a delecter et fui
re delectacion ou a cōtrister desquelz
nous auons dit deuant. Or disons
apres de ceulx qui dient ou monstrēt
verite et de ceulx qui dient ou mōstrent falsete en cōuersation humaie
et peult estre uerite ou fiction en paro

les et en operations Glo. Fiction est quant len peult faire apparoir falsete comme ce fust verite et peult estre telle fiction en paroles en fais et en signes et aucunefois en se taisant. Glo. Celui qui superhabonde est appelle venteur qui faint et se vante de grans choses et glorieuses lesquelles ne sont pas en verite et q̄ faint les choses plus grandes que ilz ne sont et celui qui deffault est appelle yron Glo. Cest ung nom grec. car tel vice na pas nom en latin ne en francois Tex. Et est celui qui au contraire nye les grans choses que il la faictes ou les fait moindres que il ne sont et celui qui est moien est appelle artholiastos cest a dire par soy manifeste ou par soy merueilleup et est celui qui est veritable et en vie et en role et confesse ses bons fais q̄ ne les fait ne plus grans ne plus petis q̄ ilz sont et est assauoir que checune de telles choses peult estre faicte pour aucune autre fin Glo. Si come aucun pourroit confesser ou nier ou faindre aucuns fais pour paour daucune paine ou pour esperance de gaigner ou dautre chose Tex. Et peult estre faicte sans autre fin regarder Glo. Mais tant seulement pour verite dire et monstrer ou pour falsete et faintise et telz sont les gens selon ceste vertu et selon les vices opposites Tex. Car checun tel comme il est est quel que il est. Glo. Selon ses vertus ou selon ses vices

Tex. Telles choses dit il est fait et ainsi dit se il ne fait aucunefois autrement pour aucune autre chose qui peult suruenir. Or est il ainsi que mensonge ou mentir est une chose mauuaise de soy et de sa nature et qui est a fuir et verite est de soy mesme bonne et a loer et ainsi celui qui est veritable (et) est a loer et les autres qui sont extremes et mencongiers ilz sont vituperables et a blasmer Glo. Cest assauoir celui qui dit mains que verite et celui qui dit plus Tex. Mais le venteur qui superhabonde est plus vituperable Glo. Si come il sera dit ou chapitre qui ensuit.

De la dicte vertu et des vices opposites. xxiiii c

Disons apres des uns et des autres Et premierement du veritable et ne disons pas ou entendons de celui qui dit et confesse de ite en iugement ne quant a chose de contention qui regarde iustice ou iniustice. car telles choses appartienent a une autre vertu. Glo. Cest assauoir a la vertu de iustice dont il traictera ou quint liure. Tex. Mais nous entendons ici endroit de celui qui est veritable en vie et en parole sans regart a aucune differēce quāt a iustice ou iniustice et dit et monstre verite pour ce que il est tel selon cest habit et dispose selon ceste vertu Glo. Car par ce il se delicte

Mensonge
Verite

Venteur

Veritable

Veritable

feuillet.

en dire et monstrer verite et aime ve‍rite pour elle mesme. Apres il met les conditions de telz vertueulx.

veritable Tex. Et tel home semble estre modere et attrempe en ses fais et en ses dis Glo Sans excedr et sans deffaillir et dit verite ne plus ne
veritable mains Glo Item il aime ve‍rite et dit verite en choses ou il na pas grans force ne grant difference
Glo. Quant a nuire ou a ai‍der Tex Item encor dit il plus
veritable volentiers verite la ou il a telle diffe‍rence et la cause est, car il craint et re‍doubte a mentir. Et de toute doubte mensonge en tant come mensonge il a horreur et abhomination et tel ho‍
veritable me est a loer. Item pour ce q cest fort de tenir le moien tel vertueulx decli‍ne plus volentiers vers le mains et est plus grant prudence pour ce q les su‍perhabondances en telles choses sont chargantes et ennuieuses Glo.
venterie Cestassauoir que magnifier ses fais et se vanter fait mal a oir aux autres Apres il parle du vice qui est en super habondance et en met. iii. manieres.
vain Tex. Et celui qui faint choses de soy et fait plus grandes que elles ne sont ou que ilz ne furent oncques et ne fait pas telle faintise pour aucu‍ne autre fin il semble estre mauuais car autrement ne se essoiroit il pas de mentir: mais toutesuoyes il semble plus estre vain que simplemēt mau‍
vain uais Glo. Il est vain car il a le courage desordene et se delicte e tou

tes choses vaines et inutiles. mais il na en soy quanta ce nul autre mali‍ce puis que il ne tent a autre fin. Et nest iniurieux ne nuisant aautrui. A pres il met lautre maniere et vente/
henterie rie Tex Et celui qui faint tel‍les choses pour aucune autre fin se il se fait pour grace et affin dauoir hon neur et gloire il nest pas tresuitupera‍ble en tant come venteur Glo: Car il seble que il aime honeur et ho‍neste. Apres il met sa. iiii. maniere.
venterie Tex. Mais faire telles van teries affin dauoir argent ou quelcō que chose de quoy len peust auoir ar‍gent cest plus laide chose et plus vi‍
vitu. tuperable. car ung home nest pas dit venteur pour ce se il a en soy de quoy il se puisse vanter mais il est tel pour son election et selon le habit e inclina tion naturelle ou acquise par la quel le il est tel cestassauoir venteur come celui qui est mencongier car tel men‍teur ment pour ce que il se delicte en mentir. Glo pose que il natten dit pas ce auoir honeur ou prouffit.
ambitieux Tex. Et vng autre ment pour ce que il appete gloire et lautre ment pour ce que il appete gaing Glo
couuoiteux Ce sont les. iii. manieres deuāt dictes de venterie mais la seconde et la tier‍ce emportent autres vices La seconde le vice de ambition Et la tierce le vi‍ce de cōuoitise. Apres il met leurs cōdi
venterie tions Tex. Et ceulx qui se va‍tent affin dauoir gloire il faingent choses qui sont a loer et qui apptiēnēt

Le iiii.e liure dethiqs   lxxxvi

a felicite. Glo. Sicome sont o
perations vertueuses noblesce et ri
chesses. Tex. Et ceulx qui se
vantent affin de gaing ilz faingnēt
telles choses qui facent delectation et
plaisance a leurs pchains deuāt les
quelz ilz se vantent. Et gardent que
les choses de quoy ilz se vantent pose
que elle ne soient pas vrayes que lēn
ne en puisse apperceuoir la falsete sico
me faindre estre bon medicin ou estre
sage diuineur Glo. Sante est
chose delectable et desiree et est fort
de prouuer et apperceuoir le mensonge
dun medicin Semblablemēt sauoir
les choses aduenir ou occultes est au
cune chose delectable et desiree et est
fort de prouuer les mensonges des di
uineurs car ilz ont quāt a ce plusie
urs et merueilleuses cauteles sicōme
ie ay autrefoie desclaire en ung trai
tie cōtre telz gens Tex. Et pour
ce plusieurs qui veullent gaingnier
faingnēt telles choses. car illecques
sont les choses dessusdictes Glo.
Cestassauoir vaine gloire gaing ou
prouffit et mensōge conuerte. Apres
il determine de lautre vice q est vere
deffaulte. T. Et ceulx qui dizt mal
de eulx mesmes que il nest selon veri
teilz sont appelles yrons et sont se
lon leurs meurs plus gracieux q ne
sont les venteurs car ilz ne font pas
pour cause de gaigner. mais pour fu
ir et eschiuer que ilz ne molestent ou
chargent et cōtristent ceulx auecques
que ilz cōuersent et pour fuir orguell

Apres il met .iii. manieres de telz dis
cieulx Tex Et sont aucuns
telz qui nyoient mesmement de eulx
mesmes grās choses et glorieuses si
cōme fist socrates Glo. Ilz sa
uoient les sciences et telz estoient ap
pelles sages et il deffēdi que il ne fust
appelle sage. mais amant et desirant
science ou sagece et ce signifie en grec
cest nō philosophe. Apres il met lau
tre maniere Tex. Item aucuns
telz sont qui nyent leurs fais ou leurs
biens mesmement petis et manifestes
et ce font par faintise et cautelle et les
a sen de legier en despit. Glo.
Car leur dissimulation et leur cau
telle est legierement apperceue Tex
Et aucunefoie faingnēt ilz et sōt tel
les humilites pour vaine gloire et p
vanterie sicōme firent les citoiens de
lacone en leurs vestemens ou vestu
re Glo. Ilz prinrent vne ma
niere de eulx vestir plus simplement
et plus blesement que il nappertenoit
a leur estat affin que ilz semblassent
plus humbles et plus moderes. Ain
si fit vne fois le maistre de lordre des
predicateurs et aucunes ses cōplisses
et puis lasserent tout Tex. Car
superhabondance en telles choses et
tresgrant deffaute est vne maniere de
vaterie. G. Car par telle faintise ilz
veullent apparoir meilleurs que les
autres. Apres il met la tierce manie
re Tex. Et ceulx qui vsent de
cest vice qui est vers le mains et en u
sent modereemētet faingnēt nō estre

dissimulez
Socrates
sages
dissimulez
dissimulez
dissimulez

feuillet.

ou sont mendres aucunes choses qui ne sont pas trop patentes et les choses manifestes ilz les dient plus petites que ilz ne sont et faingnent moderee ment telz semblent estre gracieux en cōuersatiō et est assauoir que au voir disant et qui a ceste vertu le vice du vanteur est plus opposite que lautre pour ce que il est pire Glo. Et la cause est car le vanteur est cōmune ment meu de plus mauuais mouue mēs Cestassauoir dorgueil ou de cou uoitise cōme il est dit deuant et lautre vicleux nom cōme dit est.

gracieusemēt
voir disant
vanteur
Bouffon

Dune vertu qui est vers ieux et esbatemens. xxv.c.

Omme il sont ainsi que en ceste vie et en cōuersatiō hu maine vng repos soit en ieu ou en es batement Glo. Aussi cōme le labeur corporel ne peult estre longue ment continue, mais cōuient auoir in terposition de repos Semblablemēt est il du labour de lame et de la pensee solicitudes et les cures precedētes que len ne peult pas tousiours legieremēt deposer ne oster et pour ce est en tel cas tres vtile et tres proufitable ieu et esba tement pour telles solicitudes depo ser a tēps iusques a tant que la pensee soit aussi cōme reposee et recree et que les esperitz reprēnēt leurs vigueurs Tex Pour ce est il en telles cho ses vne maniere de pler et de soy auoir auecques les autres qui se accordent

bonne grace
ieux d'esbat
solitudes

a raison par quoy len dit a ieu choses qui appartiēnent a dire et si cōme il ap partient et semblablement quāt a oir et a escouter. car il a grant difference en telle matiere entre pler ou dire au cunes choses et les oir et escouter.
Glo Car len peult bien oir en esbatemens aucunes choses hōneste mēt lesquelles len ne pourroit pas hō nestemēt dire Tex. Et doncqz est il manifeste que vers telles choses peult estre suphabondāce et deffault ou ragart du moyen et dōcques ceulx qui en rire ou iouer superhabondent et excedēt sont appelles bomoloches
Glo Il signifie en grec le huart qui aguette pour rauir les entrailles des bestes es boucheries Semblable ment cestui estudie a tout tourner a truffes et aussi cōme telles entrailles de bestes sont ordes cestui dit paroles ordes et villainnes et telz sont char chans et enuieulx et desirēt du tout ieu et risee et entendēt plus et regars dent a ce que il facent rire les gens q̄ ilz ne font a dire choses auenās et hō nestes et que ilz ne font a eulx garder de courroucer et de non trister celui de qui ilz dient leurs truffes et ceulx q̄ ne dient iamais aucunes choses risi bles et auecques ce ilz sont molestes a ceulx qui les diēt et leur en desplait telz sont appelles agrestes et durs. et ceulx qui es ieux se portent moderee ment et se contiēnent attrēpeemēt ilz sōt appelles eutrapeles cest a dire biē tournans Glo En grec cest

qui
dire
ruysques
gracieux

Le iiii͏̈e. liure dethiq̃s lxxviii.

bien ou bon et trapeses cest tournant et pour ce eutrapese cest celui qui scet bien a point tourner les paroles a ieu et esbatement et peult estre que de ce vint ce que len dit en frācoise bon tru pefin sicōme il fut dit en la glose du .p̃ chapitre du secōd **Tex** Et telz mouuemēs signifient ⁊ mōstrent les meurs des persōnes **Glo** Cest assauoir les cōtenances que ilz ont en ieup et en soy esbattre ou trop ou peu ou moiēnement **Tex.** Car aussi cōme len iuge la disposition du corps par les mouuemēs semblablemēt len iuge les meurs par les operations et pour ce que cōmunemēt plusieurs se esioissent en ieup et en risees et se delictent plus que il nappṫient en oir et en escouter tances et mocqueries des autres pour ce telz gens appellent les superhabondans moiens et les bomolo ches ilz appellent eutrapelles et gra cieux. mais il est manifeste p̃ les choses dessusdictes que ilz ne differēt pas petit **Glo.** Mais grandement car les ungs sont vicieux et les autres vertueux. Apres il determine p̃ticulierement de ceste vertu et des vi ces opposites **Tex.** Et au moiē habit q̃ est vertu en ceste matiere est propre la cōdition la quelle ceulx qui sont habilles et disposes a bien cōuer ser auec les autres et qui en esbatemē dict et escoutēt volentiers telles choses cōme il apptient dire et oir a personne moderee et honneste et qui est liberal cest a dire de franc et liberal

courage. car en telle p̃tie cest assauoir en esbatemens celui q̃ est de franc courage dit ieu de celui qui est de seruile cōdition ou nature ou maniere ⁊ aussi le ieu du biē discipline differe du ieu de celui qui est īdiscipline ou mal doc trine et ce peult aussi apparoir p̃ les comedies des anciens et par celles q̃ len fait a present **Glo** Jlentēt ici par comedies aucuns ieup cōme sont ceulx ou ung hōme represente saint pol lautre iudas autre ung hermite et dit checun son personage ⁊ ont aucuns roules ⁊ rimes ⁊ aucunefois en tels ieup len dit de laides poles et or des ou iniurieuses et deshōnestes.

Tex Car aucune qui les escoutent se delictēt ⁊ rient quant ilz oient laides et villaines paroles et les autres non. mais ont suspicion de mal sur ceulx qui les dient et pour ce ilz ne different pas petit quant a hōnesteté dire ou volentiers en telz ieup laides paroles ou courtoises et pourroit len faire question assauoir mon se len doit dire celui estre bien truffāt et cōuiciant selon ceste vertu par ce q̃l prent garde a dire choses qui apparṫiennent a estre dictes de hōme de frāc courage ou p̃ ce que il regarde a non contrister et courroucier ceulx qui les scoutēt ou a les delecter ou faire leurs plaisirs **Glo.** Et ainsi ou il a son regart a ce que il dit ou a ceulx q̃ le escoutent **Tex.** Mais le se cond membre est incertain et indeter mine car une chose est haineuse a un

feuillet.

hôme et delectable a vng autre pour ce que checun oit volentiers choses q̃ lui sont delectables et souftient le parler et escoute volentiers de telles choses comme il fait et dit volentiers
Glo. Et la volente et condition de ceulx a qui len pse est souuent incertaine et pour ce il retourne au p̃mier membre et veult dire que len doit pl9 regarder a ce que len dit q̃ a ceulx qui escoutent Tex. Et celui q̃ a ceste vertu ne dira pas toutes manieres de couices ou de moqueries ou derisions car aucunes en sont contumelieuses iniurieuses et en reproche.
Tex. Et pour ce ceulx qui font et ordonnent les loys deuient et deffendent aucunes cotumelies et derisiõs estre dictes. mais par auenture aucunefois couient il dire en esbatement aucun couice ou mocquerie et celui qui est gracieux et liberal qui a ceste vertu il se aura et cotendra en ces choses en tel maniere que il sera a soy mesme loy et rigle Glo. Car il se gardera de dire couices ou mocquerie qui tournent a iniure ou a infame. mais il les dira telles qui tournẽt a esbatement auecques honestete et aucunesfois a correction sans diffamation p̃ belle et bône maniere Tex. Et tel est celui qui est moien et vertueux en ceste matiere et est appelle epidipe ou eutrapele cest a dire apte ou bien tournant (z celui qui superhabõde est appele bomoloche il est mẽdre en mal uaistie que nest le desireur Glo.

Car tel desireur tent a la confusion de ceulx dont ilz se moque et le bomoloche ne tẽt fors a faire rire les autres
Tex. Et ou cas q̃ il les peult tourner et conuertir a ieu ou a risee et affin quil face ses gens rire il dit telle chose que vng hõme gracieux et vertueux ne daigneroit dire et aucunesfois telles que le vertueux ne vouldroit pas oir et le vicieux q̃ deffault en ceste matiere et est appelle aigrea greste et dur il est inutile en telles collocucions et esbatemens, car il ni côfere et ny fait riẽs, mais est triste en contre choses et abhomine ieu qui est necessaire aussi côme vng repos en vie humaine Glo. Apres il met la difference de ceste vertu a deux vertus precedentes Tex. Dõcques sont en ceste vie les .iii. moiennes vertus dessus dictes et sõt toutes .iii. vers cõmunication humaine en parole et en fais, mais elles differeut. car vne est vers verite en dis et en fais et les ii. autres sont vers delectation vne est en ieup et lautre est en derisions selon lautre maniere destre en ceste vie
Glo. Lune est en ieup et lautre est en autres choses qui sõt appellees serieuses et est quant len parle a escient et sans esbatement.

De vergongne qui est vne passion et nest pas vertu. xxvi.c

LE seconde sen ne doit pas dire côe dune vertu, car elle

c.iiii. liure dethiques

resemble plus a passion que a habit.
Glo. Cest a dire q̃ a Vice ou a
Vertu, et quelle chose est habit il fut
dit en glose ou p̃mier chapitre du second: τ q̃lle chose est passion il fut dit
en glose/ou Vi.chap du second Tex
Et est Vercõde determinee τ diffi
nie en ceste maniere. Verconde est pa
our de ingloriacion, cest a dire paour
de auoir confusion, deshõneur ou Vi
tupere. Et Vercõde se parfait τ se mõ
stre semblablemẽt cõme fait le paour
que len a en perilz Glo Telles
passions τ mouuemẽs de lappetit ne
sont pas sans transmutacions corpo
relles. Et pour ce par Vercõde et par
paour de mort le corps τ la face muẽt
couleur, et en ce sont il semblablemẽt
en general/mais il y a differẽce en especial Tex Car ceulx qui ont
uerconde rougissent, τ ceulx qui ont
paour de mort palissent. Glo. La
raison est, car nature qui est saige enuoie les esperits τ les humeurs aux
mẽbres qui sont desolez τ descõfortez
Et pour ce que le cueur est le siege et
la fontaine de la Vie il aduiẽt q̃ en pa
our de mort les esperits τ le sang se re
traient dedans Vers le cueur: τ par ce
les membres dehors demeurent descouloures/mais deshonneur τ Vitu
pere sont fais par dehors: Et pour ce
Viennẽt les esperits τ le sang au frõt
τ en la face quant len a paour de deshonneur τ de confusion Tex
Doncques puis que Verconde et
paour de mort sont corporelles en ce

lxxxix.

que ilz ont annexees transmutaciõs
corporelles, ilz semblent plus appartenir a passions que a habis Glo
Apres il demonstre τ declaire le
subiect de ceste passiõ, cest assauoir en
quelz gens est Verconde. τ premierement quant a laage, et apres quant
a la condicion Tex. Et ceste
passion, cest assauoir Verconde ne cõ
pete pas, τ nest pas cõuenable a tout
aage, mais est cõuenable en aage de
ieunesse, car nous auõs opinion que
les ieunes doiuent estre Vercondeux.
Et la cause est, car pour la feruer τ
chaleur de leur aage ilz Viuẽt ou sõt
enclins a Viure selon leurs passions,
τ desirs τ souuẽt pecher, mais ilz en
sont gardes τ sen retraiẽt souuẽt par
Verconde: Et encor appt il autremẽt
p̃ ce q̃ des ieunes gens no̅ loõs ceulx
qui sont Vercondeux, mais Vng Viel
hõme nul ne le loe pour ce q̃ soit Ver
condeux, car no̅ auõs opinion τ cui
dons q̃ il ne conuiengne pas que il fa
ce aulcune chose dont len doye auoir
Verconde Glo pour deux cau
ses. premieremẽt car ilz sont experirassie. Sautre partie car ilz nont plus
la force de chaleur q̃l les mouue a ou
urer selon leurs passions, τ selõ leurs
desirs Apres ce que il a parle de la
age il p̃le de la cõdicion du subiect de
Verconde Tex Itẽ Verconde ne
compete pas a hõme Vertueux, ne il
nest pas Vercõdeux, car Verconde est
pour mauluaises opacions, τ le uer
tueux ne fait nulle telle operacion.
m.i.

bergongne, crainte

bergongne.

bergongneux.
Veillards

bergongne. bertueux

feuillet

Glo. Apres il oste trops cauillacions ou obiectiōs q̃ pourroiēt estre faictes contre ce q̃ dit est. Ter. Et pose q̃ aucunes choses soyent laides et mauuaises selon verite et aucunes tant seulement selon opinion, et selon reputacion Glo. Et ainsi aucun pourroit dire que le vertueux ne seroit ne les vnes opacions ne les autres Glo: c'est assauoir ne mauuaises ne qui semblassent mauuaises Ter. Et pour ce n'est il iamais vercūdeux, mais telles opaciōs sant le mauuais: c'est assauoir aucune chose laide Glo Ou selon verite, ou selon opinion. Apres il oste vne autre obiection Ter. Item se aucū disoit q̃ le vertueux a telle pp̃iete que se ainsi est oit que il feist aucune chose laide, il s'en aroit vercōde, et par ce peut estre dit vercondeux, qui ainsi diroit c'est incōuenient premieremēt. car vertu a parler pp̃remēt est de choses volūtaires et le vertueux ne seroit iamais mauuais ttes volūtairement. d'autre p̃tie selon ceste opinion vercōde seroit chose vertueuse p̃ supposiciō. c'est assauoir car ou cas que le vertueux feroit mal il s'en vercūderoit, et il n'est pas ainsi es vertus Glo. Car leurs pp̃prietes et leurs accidens leur appartiennent et conuiennent absolument Apres il oste la tierce obiectiō. Ter. Itē se aucū disoit q̃ vercūde est mauuaise chose et nō auoir vercūde de ou vter et faire laides choses, pour ce ne

s'ensuit il pas en rien que auoir vercōde de faire telles choses soit chose bonne ou vertueuse. G. Qui argueroit ainsy: vercūde est mauuaise chose et non vertueuse, ergo iuercūdee est vertueuse il ne s'ensuit pas pour ce q̃ vercōde et iuercūde sōt de mal. car le vercūdeux a honte de ce q̃ il a fait mal et le iuercondeux n'a honte de faire mal et aisi appt que vercūde n'est pas vertu, car elle n'est pas en hōe vertueux toutesvoyes elle est a loer en ieune hōe, cōe signe de biē et disposiciō de vertu Ter. Et aussy cōe vercūde est vne passion a loer en aucūs, et toutesvoyes ce n'est pas vertu. Semblablemēt continēce n'est pas vertu, mais est vne chose mixte ou meslee auecques aucūe chose appartenante a vertu. Et de ce s'en mōstrera la verite plus a plain en ce q̃ ensuit Glo. c'est assauoir ou .vii. lture ou il fut dit que est incontinent, en la glose ou ppi. chap̃. du p̃mier. Et de ce q̃l dit q̃ continēce est meslee c'est pour ce que se confliēt obeist a raison. Et auec ce il a plusieurs mauuaises passiōs et tētacions lesquelles n'a pas le vertueux Il est verite que ou .p. chap̃ du secōd il fist mencion d'une autre passion appellee nemesis, et est tristesse du bien q̃ aduiēt au mauuais, mais il souffist icy auoir parse d'une: car semblablemēt les autres ne sont pas vertus mais sont passions. Ter. D̃ disons maintenant de iustice

Cy cõmence le quint liure de ethi
ques ou quel il determine de la vertu
de iustice laquelle regarde principale
ment les operacions dehors/ Et les
vertus dont il a determine deuãt re
gardent principalement les passiõs
de dedans nous/ & sont pour les mo
derer: & ptient cest liure. ppiiii.chapit

Jcy lacteur cõmence a deter
miner de iustice et en met vne di
stinction i.ca.

Ous entendons dire a
pres de iustice & de iniu
stice/& vers quelles opa
cions ilz sont/& cõme iu
stice est moyẽne/et de chose iuste com
ment elle est moyẽne et entre quelles
choses Glo Il touche trois
poins. Le premier regarde lobiect de
iustice/ce sont opacions & nõ pas pas
sions cõme il est es autres vertus
Le second regarde la maniere cõe le
moyẽ est en iustice/car cest autremẽt
q̃ es autres vertus/sicõe il apperra a
pres. Le tiers point regarde les ex
tremes entre lesquelz est le moiẽ de iu
stice/& sont autrement que es autres
vertus/sicõe il sera dit apres. Et est
assauoir q̃ iustise est vn habit & vne
qualite de nostre ame q̃ nous encline
a faire choses iustes/& ainsi chose iu
ste est aussy cõe leffect de iustice/ius
tice est cõe cause/et semblablemẽt est
il de chose iniuste & de iniustice. T.&
est nostre entẽciõ plec des choses en

la maniere q̃ nous auõs pse des autres
vertus cõe il fut dit au pmencement
Glo: Cestassauoir ou second chapi
tre du pmier ou il fut dit q̃ il en souf
fist parler grossemẽt. Tex. Dĩ vo
tions no q̃ tous ceulx q̃ plent de ceste
chose veullent dire ou ẽtendre p iusti
ce vn habit q̃ encline les personnes a
ouurer iustes choses. Et en ceste ma
niere t enteẽt par liustice vng habit q̃
encline les gẽs a faire choses iniustes
& leur plaisent. Et pour ce nous sup/
poserons premieremẽt en general ces
choses estre vraies: Et est assauoir q̃
vne maniere est es puissãces & es sci
ence/& vne autre est es habis. Glo Il
fut dit e la glose du vi.chap du secõd
q̃ il entẽt par habis & quoy par puis
sance:& de puissãce fut il dit en la glo
se du p viii.cha. du pmier Tex. Car
vne mesme puissãce & vne mesme sci
ence sont de choses cõtraires. Glo.
Sicõe la puissãce de lame p quoy
nous voids cest la veue ou voiemẽt
elle cognoist & blãc et noir q̃ sont con
traires/& le touchemẽt sent & chault
& froit. Sẽblablemẽt vne sciẽce cõe
medicine fait cognoistre sante & ma
ladie/& ceste sciẽce est de iustice & de ĩ
iustice Tex. Mais habis cõtrai
res sõt de choses ptraires/& ne vient
dun habit q̃ vne maniere de choses si
cõe de sãte il ne viẽt pas choses ptrai
res mes tãt seulemẽt choses saines &
puables a sãte: & pource disõs no
q̃ vn hõc va sainemẽt q̃ va cõe hõe sain
G. Sãte est vn habit corpel & vertu

justice

iniustice

habitudes puissances

santé beau.

Feuillet

science

est habit de lame /⁊ cōbien que il met
te icy difference entre habit ⁊ scieces:
toutesuoyes sciece est habit et est ver
tu intellectiue cōme il appert ou .vi.
liure. Et ne ecline fors a verite ⁊ nul
le foys a erreur contraire, en tant cōe
habit ⁊ ou regart de son subiect. mais
en tāt cōme sciece est ou regart de son
obiect elle fait scauoir choses contrai

puissances

res: Et aussy la voulente qui est vne
puissance peut vouloir choses iustes

habitude de

⁊ iniustes, mais le habit de iustice ne
encline oncques fors a choses iustes.

habitude

Tex. Et aduient moult de fois
que len congnoist vng habit par con
gnoistre son ⁊traire, ⁊ moult de foys
sont les habis congneue p la cōgnois
sance de leurs ⁊ṡate. Car p ce que len
congnoist q est bonne disposicion de
corps p ce len congnoist q est mauuai
se disposicōn contraire. Et aussi p les
subiectz, c'est assauoir p les corps bię
disposes len congnoist la bonne dispo
sicion, ⁊ p la bonne disposicion len cō
gnoist les corps estre bię disposes. car
bonne disposicion de corps est auoyr
la chair bię ferme ⁊ bię ⁊posee par ce
q y prent garde len scet q maluaise dis
posicio est auoir la chair molle ⁊ mal
composee. Et aussy qui congnoist q
se subiect c'est le corps est bię dispose il
congnoist q il a la chair bię ferme, et
bien cōposee Glo. par ce veult
il ⁊clure que p iniustice sen peut con
gnoistre iustice. Et aussy p les condi
cions dun hōme sen cognoist se il est
iuste, ⁊ par ce sen congnoist iustice

Et pour ce quant il parle de iniustice
ou de chose iuste ou iniuste, il donne a
entēdre aucūe chose de la vertu de iu
stice Ter. Et cōmunement ce
nom signifie pluseurs choses, ⁊ est dit
en pluseurs manieres, si comme se iu
ste est dit en pluseurs manieres, iuste
est aussy dit en pluseurs manieres

Or est il ainsy que iustice ⁊ iniustice
sont dictes en pluseurs manieres,
mais pour ce q leurs significacions
sont prochaines ⁊ ont aucūe symilli
tude ⁊ conuenāce, pour ce telle equo
cacion nest pas apparēte: et nest pas
de telles manieres comme sont aucu
nes significacions par equiuocacion
de quoy la difference est manifeste p
ce que lūe significacōn est loig ⁊ des
semblable de lautre, ⁊ sont de diuer
ses raysons ⁊ especes. Si comme par
equiuocacōn len appelle clef vn mē bre
q est ou col dune beste, ⁊ appelle len
clef a quoy len ferme les huys. Or
disons ⁊ prenons doncques en quan
tes manieres est dit homme iniuste.

Glo. Apres il met qua
tre distinctions. La premiere a trops
membres Ter. Et semble

iniustes

que cellup qui est dit iniuste qui est il
legal. Et cellup qui est auer ⁊ cellup
qui est inequal: Glo.
Aucun est dit illegal pour ce
que il ne garde pas les loys establies
⁊ ordonnees par les princes ⁊ par la
communite, vng homme est dit a
uer pour ce que il veult auoir plus
de bien, ou plus de prouffit que il ne

ne doit, et ung est dit inequal pour ce que il veult auoir mains de peine ou de dommaige que il ne doibt, mais ine qual enporte fu et lautre, cestassauoir celuy qui veult plus de gaing que il ne doit, et celui qui veult mains de dommaige que il ne doit. Tex. Et par ce appert manifestement que iuste est dit en deux manieres, cestassauoir de celui qui est equal et de celui qui est legal. Glo. Legal est qui garde les loys, et equal est qui ne veult plus de bien auoir ne mains de mal soustenir que il doit. Tex. Ité iuste chose est dicte de chose legale et de chose equale. Ité chose iniuste est dicte de chose illegale et de chose inequale. Glo.

Apres il declaire les membres de la premiere distinction. Tex. Et le iuste qui est auer il nest pas dit auer de tous biens, mais seulemét des biens qui regardent fortune et infortune: Glo. Ce sont richesses et pecunes: car nul nest dit auer pour ce se il desire vertus ou honeurs Tex. Et lesquelz biens sont bons simplemét et tousiours quát est selon eulx: mais aucús sont a qui ilz ne sont pas tousiours bons. Glo. Neexpediés, car plusieurs sont mors es perilz p richesses, sicóe il fut dit ou second chapitre du premier. Tex. Mais les hómes populaires et auers orent et prient pour telz biens et les desirent et quierét et il ne conuenist pas aisy faire, mais len doit orer pour les choses et les desirer qui sont bónes simplemét quát

est de elles mesmes. Et auecques ce len doit orer et desirer que elles soient bonnes a ceulx mesmes q̃ les desirent Et semblablemét len doit eslire pour soy les choses qui sont bonnes et auec ce q̃ elles soiét expediétes pour soy mesmes. Glo. *Iusto* Et le auer desire pecunes et ne pése ou ne cure se elles lui sont expedientes, ne se la maniere de les acquerir est iuste ou non iuste. Tex. Et tousiours celui qui est iuste ne eslist pas plus de bié q̃ il ne lui est deu: mais aucúefois eslist il mains, cestassauoir de médre peine ou dommages q̃ il ne doit pour ce q̃ mains de mal ou regart de tresgrant mal semble estre bié. Et ung hóme est dit auer en tát cóe il eslist plus de bié ou de pffit que il ne doit, pour ce semble il que tel iniuste soit auer, mais il est mieulx a dire que il est iequal, car iequal cótient tout, cestassauoir et celui q̃ veult plus du bien et celui q̃ veult mais du mal que il ne doit vouloir. Glo. Comme dit est il entent icy par bien pecune et proffit, et par mal diminucion de pecule ou peine. Tex. Et celui q̃ est illegal il peut estre dit inequal, mais telle illegalite ou inequalite contient et regarde toute iustice: et est commúe a toute iniustice. Glo. Cestassauoir a tout peche ou trásgression des loys, et tel pecheur est appellé inequal a parler largemét pour ce que il fait plus ou mains que il ne doibt, et ne se amesure pas selon les loys.

m.iii.

Feuillet

De iustice legale　ii. ca.

Justes
iniustes

Par ce que celuy qui est illegal est iniuste,& celuy qui est legal est iuste comme dit est il sensuyt que toutes choses legales soient aucunement iustes　Glo.

Il dit aucunement pource q en aucune policie sicõe est celle ou le peuple gouuerne les loys de telle policie ne sont pas toutes simplement & proprement iustes, sicõme il appert ou tiers de politiques　Tex. Et les choses sont legalz qui sont determinees, ordonnees ou cõmãdees par les loys positiues,& chune de telles choses nous disõs estre mises iustes. Or est il ainsi q les loys parlent de toutes choses en contrectant & regardãt, ou le proffit commun de tout le peuple, ou de aucus tresbõs & principaulx, ou de ceulx q sont seigneurs,& ce est ou selon vertu ou selon autre maniere　Glo.

Sicõe en aucune policie ou aulcuns ont la seignorie non pas selon vertu: mais pour leurs richesses ou puissance,& les ordonneurs de loys ou estatz en telle policie regardẽt seulemẽt ou principalemẽt au proffit & a la volẽte de telz seigneurs. Et de ce sera dit apres plus aplain & en cest liure & en politihiqs.　Tex. Et pour ce selõ vne autre maniere choses iustes legalz proprement sont celles p quoy felicite est faicte ou gardee,& chune de ses pties en cõmunicacion ciuise　Glo. Il entẽt p les pties de felicite les vertus

iustes
iniustes

m.ii.g.

loy.

loy

iust'

& les autres choses q sont aide ou seruice a felicite sicõe les biẽs de nature & de fortune.　Tex. Car la loy cõmande q lẽ face les oeuures de fortitude: sicõe q le cheualier ne se dept pas de lost auãt la bataille & ou fait q lne sẽ fuye pas,& q lne iecte pas iuses armes. Et aussi la loy cõmande q lẽ face les oeuures dattrẽpance sicõme que lẽ ne face adultere ou force ou villanie a femme,& cõmãde aussi les oeuures de misericorde, sicõe nõ batre ou ferir, et non tẽcer ou mesdire. Et sẽblablemẽt selon les autres vertus ou malices q la loy cõmande les vnes choses & les autres defend.

Il dit selon lautre trãslacion q la loy cõmande toutes vertus & defend toutes malices qui peuẽt estre faictes volũtairement　Tex. Et sa loy est droituriere qui est mise ou faicte droiturieremẽt & iustement,& celle q nest ainsi mise est faicte sans preuision.

Doncques est iustice vertu pfaicte non pas siplemẽt, cestassauoir ou regard tant seulemẽt de celluy q a telle vertu, mais auec ce ou regard de lautre,& en raportãt a autre: G. Car attrẽpãce selon ce quesse est vne uertu particuliere elle reprime & modere principalemẽt les passions & mouuemens dedãs nous,& aisi des auts uertus mais ceste vertu iustice legal & vniuersele auec ce defẽd adultere,& tolẽce q regardẽt autre psonne,& ainsi attrẽpance peut estre dicte ptie de ceste iustice en tãt qlle regarde autre,& aisi des autz

Et pour ce determine il apres de ceste vertu en comparaison des autres

Tex. Et pour ce disons nous maintesfois en prouerbes que iustice est la plus tresnoble de toutes les vertus/et que hesperus ne lucifer nest sy tresmerueilleuse Glo. La planete ou estoille appellee Venus est la plus belle et la plus clere qui soit ou ciel/et aucunefois elle lieue auāt que le soleil/et adoncques est appellee lucifer: Et aucūefoys elle resconce apres soleil couchant/et pour ce est appellee hesperꝰ/et de ce est dit le vespre. Tex

Et en iustice legal est cōtenue toute vertu mesmemēt parfaicte pource que par elle a len vsaige de vertus parfecte laquelle est parfaicte en ce/et par ce que celui qui la scet peult vser quāt a autre/et ou regart daultre/et nō pas tāt seulemēt a luy mesme/car moult de gens sont qui peuent vser des choses qui regardent autre Glo.
Sicōme aucūs qui gouuernent bien eulx/et leur hostel/mais ilz ne sauroient gouuerner vne cōmunite

Tex   Et pour ce fu bien dit le prouerbe du philosophe bians. Glo.
Bians fut vn de ceulx qui furēt ladis appellees les sept saiges Tex
Et dit que le principe monstre sōme
Glo.   Quant vn hōme est subgectu na fors a soy garder q̄ il ne face iniustice/et aulcūs sen gardent pour la paour des princes/mais quāt il est fait prince il a a faire iustice entre soy et ses subgetz/et entre les subgetz lun

vers lautre/et aucunefois il ne scet
Et se il auoit par deuant volente de faire iniustice et ne losoit faire/ou volente de faire aucū grant bien et ne se pouoit faire/adōcques quant il a domination il monstre que il est et estoit saige ou ignorant bon ou maluais.

Tex   Et pour ce iustice semble et nulle autre vertu semble estre bien daultruy: Car par elle est fait bien conferent et vtile au prince/et au peuple commun Glo. Ou a aucū du peuple/et les autres vertꝰ comme dit est regardent le bien propre de ceulx qui les ont   Tex   Doncques celuy qui est tresmauluais q̄ oeuure de malice et quant a soy et quant a ses amys/et celuy est tresbō qui vse de vertu non pas tant seulemēt quāt a soy mais auecq̄s ce quant a autre/et cest forte chose ou forte besoigne Glo
Car il cōuient auoir parfecte prudence et grant experience   Tex.

Doncq̄s ceste iustice nest pas partie de vertu ou de vertu particuliere mais elle est toute vertu. Et iniustice contraire nest pas partie de malice/mais est toute malice. Et en telle maniere different vertu et ceste iustice: Il appert asses p̄ les choses deuāt dictes q̄ elle est vne mesme chose q̄ vertu et en aucūe maniere nest pas vne mesme chose/car entāt cōme elle regarde autre q̄ celui q̄ le a elle est dicte iustice et en tant q̄ cest vng habit p̄ quoy vng hōme est tel elle est simplemēt vertu
Glo.   Justice legal peult estre

m.iiii.

feuillet

prinse en .ii. manieres. Une est que elle
signifie et comprent toutes les ver/
tus ensemble et ainsi elle differe de che
cune vertu particuliere comme ung
tout differe de sa partie. mais en au/
tre maniere vertu et iustice sont une
mesme chose. mais vertu signifie plꝰ
ceste chose ou regart du subiect cestas
sauoir de celui qui a vertu ou qui est
vertueux et iustice signifie plꝰ ceste
chose ou regart de autre comme dit est
plusieurs fois.

Dune autre iustice particulie
re que iustice legale   iii. c

Nous querons ici et entendons
determiner dune iustice qui
est partie de vertu. car une
est telle sicōme dit est. Glo. Ou
premier chapitre ou ceste vertu est ap
pellee iustice equale   Tex   Sem
blablement voulons nous dire de in
iustice qui est partie de malice. et nest
pas toute malice sicōme est iniustice
illegal comme dit est ou chapitre prece
dent. Apres il prouue par .iii. raisons
quil soit une telle iustice particulie
re   Tex   Et que telle iniustice p
ticuliere soit il appert par signe. car q
conques oeuure selon les autres ma/
lices il fait iniustice legal. mais il ne
fait pas pour ce auaricieusement. cest
a dire que il ne oste pas a autre le sien
Sicomme celluy qui en bataille
par maulaise paour iette son escu ou
celui qui par ire dit mal a autre ou cel
cesui qui par illiberalite ne veult pre
ster peccunes a son ami   Glo.   Et

ainsi sont les autres malices sans tel
le iniustice et aucunefois au contrai
re elle est sans elles   Tex   Et
moult de fois aduient que aucun pe
che par telle auarice ⁊ iniustice en pre
nant ce quil nest pas sien et seil ne pe
che pas selon aucune des autres ma/
lices ne selon toutes et toutesuoyes il
peche selon aucune malice. car nous
le vituperons et selon iniustice en di
sant que il est iniuste. Doncques est il
une iniustice qui est aussi comme par
tie de toute malice et semblablement
est chose iniuste qui est dicte pratie de
tout ce qui est iniuste illegal ⁊ qui est
fait contre la loy.   Glo.   Et par
consequent est il une iustice particu/
liere et par especial sicomme il est de
iustice opposite. Apres il met la secon
de raison   Tex   Item aucune
fois ung homme comet et fait adulte
re tant seulement pour cause et affin
de gaingner et de prendre aucun prou
fit et ung autre fait adultere pour sa
concupiscence et y despent du sien et
en seuffre dommage et cestui en ce fai
sant doit estre dit luxurieux plus q̄
il ne doit estre dit auaricieux ou iniu
ste mais lautre semble plus estre in/
iuste et nonpas luxurieux car il fait
tel adultere non pas pour concupi/
scence. mais pour gaingner.
Glo.   Doncques est iniustice
ung especial malice autre que intem
pance ou adultere ⁊c. ⁊ p consequēt ius
tice ē une espāl. B iuxaꝑ il met .a. iii.
raisō. T Itē ē toutes liustificaciōs ou

mauuaises operacions qui sont faic
tes selon iniustice illegal/ z Vniuersel
le sen fait tousiours relacion a aucũe
especiale malice: Sicomme se aucun
fait iniustice de adultere sen le rapor
te a luxure: Et se aucun laisse le duc
ou le capitaine de lost/ceste iniustice
est raportee au vice de paour ou cou
ardie. Et se aucun fiert et bat vn au
tre cest raporte au vice de ire/z ainsy
des autres. Mais se aucun gaigne ou
acquiert ce quil ne doit pas estre sien:
ceste iniustice/ou ce mal nest raporte
a nul autre malice quelconque fors a
iniustice. Et par ce appert clerement
que sans iniustice illegal qui contiẽt
toute iniustice il conuient mettre vne
iniustice especial qui est partie de tel
le iustice total. Et tous les deux ont
cõuenience en vne voix/z en vn nõ ẽ
Glo. Car ilz sont appelles
iniustices/z semblablement les deux
vertus opposites chune est appellee
iustice Tex. Et la cause est car
ilz ont conuenience ou genre de leur
diffinicion Glo. Il fut dit en
la glose du septiesme chapitre du se
cond que est genre z que est diffinicion
Tex Car toutes les deux sõt
dictes ou regart daultre/ mais elles
different, car iniustice particuliere est
vers honneur ou pecunes, ou salut
de corps/ou se nous auions vn nom q̃
comprẽsist toutes telles choses nous
dirions que elle est vers cela. Et aucunefois fait sen telle iniustice par de
lectacion qui est en gaigner. Et iniu

stice illegal est vers toutes choses ge
neralement en quoy vn hõme vertu
eux se peut exerciter Glo. Et
semblablement different iustice par
ticuliere et iustice egal

Recapitulation des choses dictes

Rappert donequees mani
festemẽt que plusieurs iusti
ces sont z que il est vne par
ticuliere iustice hors la iustice qui est
toute vertu. Et de ceste particuliere
iustice dirons nous apres z monstre
rõs que cest z quelle elle est. Et auõs
deuant determine que chose iuste est
diuisee z que vne est iniuste illegal z
lautre est iniuste equal. et auõs dit
que sont chose iniuste illegal z est ius
tice illegal: z que lequal et plus nest
pas a dire vne mesmes chose, mais a
regart lun a lautre cõme partie a son
tout Glo Car inequal signifie
plus z mais, z plus nest fors plus
Tex. Et auons dit que iustice
illegal z iustice inequal ne sont pas
vne chose, mais a regart lun a lau
tre comme partie a son tout. Pour ce
q̃ toute chose lequal est illegal, mais
il ne se conuertist pas/ car il nest pas
vray que toutes choses illegal soyẽt
inequal. Et auons dit que toute cho
se qui est iniuste en plus elle est lequa
le, mais aucune est inequale qui nest
pas en plus Glo. Sicomme
chose iuste qui est en auoir mains de

feuillet.

paine ou de labeur que len ne doit
Tex. Et auons dit que iniustice inequal nest pas vne mesme cho
se auecques iustice illegal. mais cho
se iniuste illegal et iniustice inequal
sont come parties et chose iniuste ille
gal et iniustice illegal sont come les
tous et cotienent tout. car iniustice in
equal est partie de toute iniustice.
Glo. De toute iniustice cest
assauoir de iustice illegal et vniuerselle Tex. Et semblablement
iustice equal est partie de toute iusti
ce et doncques auons a dire de iniusti
ce qui est partie de toute iniustice et se
blablement de chose iuste et de chose
iniuste legal qui est selon toute vertu et de iniustice opposite. car telle iu
stice est vsage de toute vertu quant
est vers autre et iniustice est vsage de
toute malice vers autre et aisi ne trac
terons nous plus de chose iuste ou in
iuste en ceste maniere. car il est manifeste come ceulx sont a determiner se
lon telles iustices et iniustice pour ce
que vne grant partie de choses selon
iustice legal sont pres que comadees
par les loys selon toute vertu par ce
que la loy comande a viure selon che
cune vertu et defend a viure selon che
cune malice Glo. Car les loys
positiues determinent les choses appartenantes a ceste iustice legal. Et
pour ce il nen couient plus parler yci
endroit Tex. Car les choses q̃
sont ordonees par les loys positiues
sot pour faire et pour causer toute ver

eu quat est a la discipline de ce que ap
partient pour viure en vne comunite Glo. Les loys dune policie
donent et mettet discipline pour viure selon ceste policie et les loys dune
autre policie seblablemet mettent rigle et discipline de viure selo telle policie Tex. Mais quat est a tou
te discipline selon la quelle vng ho-
e est simplemet bon home assauoir mont
se telle chose appartient a la sciece de
politiques ou a autre il sera dit apres
Glo. Du .iii. de politiques ou
il fait ceste question se cest vne mesme
chose estre bon home et estre bon cito
ien Tex. Car par aueture nest
ce pas vne mesme chose estre bo hom
me et estre bon citoien Glo.
Car en bone policie quiconq̃s est bo
citoien il est bon home et quiconq̃s est
bon home il est bon citoien. mais en
aucune policie q̃ nest pas droictemet
et propremet iuste aucu peult estre bo
home simplement q̃ nest pas bon cito
ien et aucu estre bon citoien q̃ nest pas
bon home siplement et pour ce souffit
ce q̃ dit est de iustice legal car ce qui est
oultre plus appartient mieulx a loys
positiues en checune policie.

De deux manieres de iustice p̃-
tuliere. v ca

E iustice particuliere sont
deux especes ou deux ma-
nieres une est celle qui est en distribu
tion de honeur ou de peccunes ou de

quelcōques autres choses qui sont p
tables entre ceulx qui cōmuniquent
en vne ciuilite ou policie Glo. Il
entent par autres choses cōme seroit
labeur ou paine ou despēce et pour ce
distribution est ici prinse largement
pour distribution prinse estroitement
et pour distribution. car en distributi
on a aussi cōe vne distributiō de pale
ꝛc. Tex. Car en telles choses
ou de telles choses peult auoir lun ou
regart de lautre selon la proportiō ou
equalite de la valeur ou dignite des
merites ou demerites des personnes
cest equalite et autrement est inequa
lite Tex Lautre espece de iustice particuliere est celle qui nous adre
sce en cōmunications Glo La
premiere est en diuisant a plusieurs
vne chose comme commune et la
seconde est en transportant vne cho
se propre de lun a lautre ou en ce que
lun fait a lautre et la premiere est appelle iustice distributiue et la seconde
est dicte iustice cōmunicatiue et de ce
ste met il apres vne diuision Tex
Et de ceste iustice cōmunicatiue sont
deux parties ou deux manieres. car
les vnes cōmutations sōt volūtaires et les autres inuoluntaires les
voluntaires sont celles cōme sont vē
dition achapt prest plegerie vsage de
postlouage Glo. Vsage cest
quant len preste lusage dune chose et
len en retient la propriete Tex
Et sont dictes volūtaires pour ce q̄
le cōmencement et la cause de telles

cōmutations est voluntaire et de la
volente des parties Glo. Et
les autres sont dictes inuolūtaires .
car ilz sont cōtre la volente dune des
parties et sicōe il fut dit ou premier
chapitre du tiers vne chose est inuolū
taire ou pour cause de ignorance ou
pour cause de uiolence et pour ce dit a
pres des inuolūtaires cōmutatiōs les
vnes sont occultes cestassauoir pour
cause de ignorāce de celui qui lesseuf
fre Tex Et de cōmutations in
uoluntaires les vnes sont occultes,
muciees ou couuertes sicōe sarrect adul
tere Glo. En tāt cōme adultere re
garde celui qui le fait et la fēme il est
uolūtaire et est uice de desattrēpance
et de luxure sicōme il fut dit ou tiers
chapitre. mais entant cōme il regarde le mari de la fēme cest vne cōmuta
tion iniuste et inuoluntaire et est a en
tendre quāt ce est cōtre la volente du
mari Tex Malefice ou empoi-
sonnement paragogie Glo. Cest
substractiō de vne chose qui peust ve
nir a autre cōe seroit empecher ou des
tourner le cōduit par quoy leaue viēt
a son voisin Tex. Seduction
ou substraction cauteleuse de autrui
struat occision faicte en traison
Glo Cōme par traire vng vi
reton couuertement Tex. Et
faulz tesmoignage et les autres cōmutations transmutacions sont ui
oletes et manifestes sicōe baterie em-
prisonnement mort et estre tue rapine
mutilation accusation iniuriacion

ou souffrir iniure.

Quil y a moien en chose qui est iuste selon iustice distributiue vi.ca

Pur ce que celui qui est inequal et chose iniuste est inequale il appert manifestement que chose iuste et moienne ou regart de chose iniuste ☞ Glo. Car chose iniuste peult estre selon plus et selon mains et iuste est le moien cōme il desclaire apres ☞ Tex. Et que chose iuste est equal il appt, car en qͥsconque operacion ou il peult estre pͪs ou mains il couient que len y puisse prendre equal et doncques se iuste chose est inequal il sensuit que iuste chose est equal et ce appert a tous sans autre probation et pour ce que ce qui est equal est moien entre plus et mains il sensuit et couient que chose iuste soit moiēne ☞ Glo. Apres il mōstre que chose iuste est moiene selon aucune proporcionalite et sera dit qͫ est pͬportianalite ou chapitre ensuiuant.

☞ Tex. Or est il ainsi qͫ vne chose est dicte equale ou regart dautre chose a qui elle est equale doncques couient il que equalite a tout le mains soit en .ii. choses ☞ Glo. Car une chose nest pas equale a soy mesme, mais a vne autre ou a plusieurs

☞ Tex. Doncques est il ainsi de necessite que chose iuste est moiene et est equale et est ou regart dautres choses et en aucunes choses car selon ce qͫ elle est moiēne elle est ou regart de .ii. choses qui sont ce qui est plus ⁊ ce qui est mains et selon ce quelle est equale il couient que ceste equalite soit en .ii. choses et selon ce que elle est iuste elle est en aucūs et ou regart dauсūs. car elle est iuste ou regart des autres dōcques par ce qͫ dit est il couient par necessite que chose iuste selon iustice distributiue soit a tout le mains en .iiii. choses. car ceulx a qui len fait telle chose iuste sont ii. persones au mains et les choses en quoy len leur fait distribution sont .ii. au mains ☞ Glo.

Jl couiēt que iustice distributiue ou distribution soit faicte au mains a .ii. psonnes et qͫ chescū de ces .ii. ait vne porcion ou par le de ce que len distribue et ainsi sont .ii. persones et .ii. porcions ☞ Tex. Et doit estre vne mesme equalite ou proportion entre ceulx a qui leur sont distribuees les choses en quoy len leur fait ceste iustice et qui leur sont distribuees et couient que aussi cōme lune des choses que len distribue regarde lautre que en telle maniere les persōnes a qͫ eulx sont attribuees et distribuees aient lune a lautre ☞ Glo. Cest assauoir quāt a dignite ou deserte ou merite de persōne, car se vng est pͬs digne de honneur ou de peccune que lautre ou double len lui doit de ce distribuer au double ⁊ se ilz sōt equalz ilz en doiuent auoir equalement ☞ Tex. Car se les personnes ne sont equalz

ilz ne deueront pas auoir proporciõs
equales mais quant ceulx qui sont e
qualz recoiueut en distribution porci
õs inequales ou ceulx qui ne sont e
qualz recoiueut porciõs equales dilec
ques viennēt et naissent les messees
cõtencions et accusacions ☙ Glo.
Et semblablement se les persõnes sõt
inequalz et les porciõs inequalz dau
tre maniere et en autre proporcion q̃
les psõnes sicõe a celui qui a gaigne
plus au double qui lui bailleroit plus
ē quadruple ce ne seroit pas iuste cho
se. Apres il desclaire son propos par
vne autre raison ☙ Tex. Encor
appert manifestement ce que dit est p
ce que est selon la dignite des person
nes mais bien est verite que dignite
nest pas dicte en vne mesme maniere
de tous, car ceulx qui se gouuernent
selon policie demotratique reputent
que liberte est la dignite selon la quel
le len doit faire la distribuciõ et ceulx
qui se gouuernēt selon policie oligar
chiques les vnges dient que celle dig
nite est auoir richesses et les autres q̃
est noblesse de linage et ceulx qui se
gouuernent selon policie aristotratiq̃
dient que cest vertu ☙ Glo. Po
licie demotratique est celle ou tout le
peuple gouuerne. oÿgratique est cel
le ou aucũs et peu a leur prouffit prin
cipalemēt ᷑ nõ pas au cõmũ aristotra
tique est ou aucuns ᷑ peu gouuernēt
au prouffit cõmũ principalement et
selon vertu et de telles policies sera
dit plus a plain. Apres ou. viii. liure

et en politiques.

Cõment et en quelle propor
cion le moien est prins en iustice
distributiue. viii.c

Oncques chose iuste est p̃
porciõnee cestassauoir moiē
ne selõ aucũe pporcionalite
ᷓ est proporcionalite non pas tãt seu⸗
lemēt en vne nombres propres. mais
en tous nombres ☙ Glo propor
cion est le regart dune chose a lautre
en quantite cõme se vne chose cõtient
vne aultre et autant auecques nous
disons que cest proportiõ double vne
autre proportiõ est triple et lautre est
quadruple et ainsi en moult de manie
res et proporcionalite cest equalite de
pporciõ sicõe se. ii. choses sõt sue dou
ble a lautre. Ces. ii. proporciõs dou
bles sont equales et ce est appelle pro⸗
porcionalite sicõme nous disons que
la proporcion de. vi. a. iii. est equale a
la proporcion de. iiii. a. ii. ☙ Tex
Et est pporcionalite est equalite des
proporcions ᷓ cõuient que elle soit au
mains en. ii. i. termes ou choses car de
la proporcionalite qui est appellee des
ionicte ou diuisee il est manifeste q̃lle
est en. iiii. termes mais en celle qui est
appellee continue len vse dun terme
pour. ii. et est dit. ii. fois sicõme en di
sant il a telle proportion de. viii. a. iiii
cõme il a de. iiii. a. ii. Il appert que len
no nmz quatre p̃. ii. fois et est q̃ ssi cõ
me se estoient. iiii. choses proporciõ⸗

feuillet.

nece'ensemble Glo Aristote met les epemples en lettres, mais la chose est plus clere en nombres doncques proporcionalite diuisee est comme qui diroit il a telle pporcion de .viii. a. iiii. come il a de .vi. a. trois et proporcionalite cõtinue est come en disant il a telle proporcion de .viii. a. iiii come il a de .iiii. a deux Tex. Et en iustice distributiue sont requis au mains quatre termes diuisez et que il ait telle proporciõ entre deux de ces termes cõme entre les deux autres et les unes termes sont les psonnes a qui len fait distribucion et les autres sont les porcions qui leur sont distribuees or mettõs doncques que la proporcion des persones quant a dignite ou merite soit cõme la proporcion de .vii. a. vi. et que la pporcion de le honeur ou de la peccune distribuee soit cõme la pporcion des .iiii. a deux doncques par une argumẽtacion appellee de pporcion transmuee il cõuient que il ait telle pporcion de vii. a quatre cõe il a de .vi. a deux Et auecques ce que elle soit telle mesme des toutes les dignites prises ensẽble a toute la chose distribuee prise ensemble et se la chose est ainsi composee Ce est iniustement fait et doncques vii. et. vi. ces deux termes ioincts ensemble ont celle mesme proporcion a quatre et a deux conioins ensemble. Et cest iuste distribucion et est le moien et ce que est hors telle proporcionalite est moien et iuste Glo.

Car cõme dit est proporcionalite est equalite de proporciõs et equalite est moiẽne et inequalite qui est en plus (en mains est iniuste et cõme il est dit deuant aristote met ces epemples en lettres mais il appert plus clerement en nombres et en lieu de ces quatres nõbres il met ces quatres lettres .a. b. c. d. ainsi que .a. ou .vii. est la dignite ou le merite ou le labeur dune personne et .b. ou. vi. est la dignite ou le merite de lautre et .c. ou .iiii. est le honeur ou peccune distribuee a une personne et .d. ou deux est le honneur ou peccune distribuee a lautre psonne et appert q̃ une psonne regarde lautre en proporcion double et appt aussi que une personne regarde lautre en pporciõ double et appert aussi que psonne regarde une chose par trãsmutation en pporcion triple et lautre personne semblablemẽt regarde lautre chose en pporcion triple et les psonnes ensẽble regardent les choses ensemble en proporcion triple et en ceste equalite de pporcion est la iustice Tex Et les mathematiciens appelliẽt telle pporcionalite geometrique Car il aduiẽt souuẽt en geometrie que il a telle proporcion du tout en tout comme de partie a partie ou du grãt au grant comme du petit au petit Glo. Cõme il appert asses es exemples dessus mis et est une autre proporcionalite appellee arismetique q̃ est dautre maniere sicomme il sera dit ici apres.

Tex. Et ceste proporcionalite

qui est en iustice distributiue nest pas cōtinue, car len ne vse pas en ce dun terme ou lieu de deux pour ce que la persōne a qui len distribue et ce que len distribue ne sont pas vne mesme chose. Or auons dōcques quel chose iustice est proporcionelle en la maniere q dit est mais chose iniuste est hors de proporcionalite et est faicte vne en plus et lautre en mains sicōme il appert par ce que auient es oeuures de telles distributions car celui qui a du mal plus quil ne doit il seuffre iniustice et celui qui en prent mains quil ne doit il fait iniustice. Tex/ Car mains de mal a raison et semblance de bien ou regart de plus de mal pour ce que le mendre mal est plus eslisible que le plus grant mal et ce que est eslisible est bon et tant est plus eslisible et il est plus bon Glo Non pas simplement, mais est a entēdre quil est plus eppediēt car de deux maulx en cas de pplexite lui doit eslire le mēdre et est a entendre de mal de peine, car de deux pechiez len ne doit iamais nul eslire en nul cas et ne y peult len estrecōtraint ne estre mis en telle perplexite Tex Doncques vne espece de iustice est celle de quoy nous auons dit.

Quelle difference il y a entre iustice distributiue et iustice commutatiue. viii.ca

Ne autre espece de iustice est qui nꝰ adresce en ce qui est fait en cōmutations tāt vo luntaires cōme inuoluntaires et ceste iustice ou chose iuste selō elle est de autre espece que celle de deuant, car iustice distributiue est tousiours faicte en distribucion de choses cōmunes et selon la proporcionalite dessusdicte Et ce appert en exēple car se aucūs ōt distribue aucunes peccunes pour mettre en marchandise quant vient a distribuer len en distribue a checun selō la proporcion des peccunes qui furent cōtribuees Glo Et semblablement est il en distribution de hōneurs ou de peccunes faite selō la dignite ou merite des persōnes cōe dit est ou chapitre precedent. Tex. Et iniustice opposite a ceste iustice est quant en distribution nest gardee telle proporcionalite ꝓ en cōmutacions ce que est iuste et equal et ce que est iniuste et inequal. Glo. Et en ce iustice cōmutatiue a cōuenience auecques iustice distributiue, mais elle en differe en ce que sensuit Tex Mais nō pas selon la proporcionalite deuant dicte appellee geometrique, mais selō proporcionalite arismetique Glo proporcionalite geometriq est equalite de proporcions cōe il fut dit ou chapitre precedēt, mais proportionalite arismetique est equalite de quātitez ou de expees ou surcrois, car sicōme il fut dit en la glose du chapitre precedent il a telle proportion de .vii. a .vi. cōme il a de .iiii. a .ii. et cest proportionalite geometriq ꝓ toutesvoyes .vii. surmonte ꝓ expcede .vi. en plus q̄ .iiii.

feuillet.

ne surmõte. Et cõ pour ce nest ce pas pporcionalite arismetique mais pour ce que .pii. surmonte. Bi. entant cõme Biii. surmonte deup cestassauoir en Bi. pci est pporcionalite arismetique et en pporcionalite geometrique et en iustice cõmutatiue len ne regarde pas a lequalite de la pporcion des personnes mais a lequalite du prouffit ou dommage et ce desclaire il apres

Tex. Car il na force ne difference en cõmutations se le bon et Ver tueup apriue blecie ou greue le mauuais ou le mauuais le bon ou ce celui qui a fait adultere estoit bon ou mauuais. mais la loy regarde tant seulement a la difference et quãtite du nuisement ou malfait grief ou dõmage et use des personnes cõe se elles estoient equales Glo. Sans regarder la proporcion de leur dignite ou ualeur Tex. Et regarde se aucũ a fait liuste chose et lautre a souffert telle chose iniuste et se Vng a blescie et lautre a este blecie et pour ce telle chose qui est iniuste et inequale le iuge tempte et met peine a la remener et reduire a equalite. car se Vng a este naure et lautre le ait naure ou se lun a occis et lautre soit mort telle actiõ et telle passion sont diuisees par inequalite

Glo. Il prent ici passion pour souffrance distinguee contre action si cõme estre batu estre occie et estre despoullie et iniure cest passiõ et faire telles choses cest action Tex Et pour ce le iuge tempte a faire equalite

en ostant de la partie ou est le gaing et mettãt uers la partie ou est le dommage Glo. Le iuge doit soustraire dune part et adiouster a lautre tãt que les choses soient mises en equalite selon ce que il est possible. Apres il oste Vne doubte pour ce que aucũ di soient que ces noms gaing et dõmage ne ont pas lieu en iniures mais tãt seulement en peccunes ou en possessions Tex Car a dire ou a parler simplemẽt gaing est dit en telles choses cestassauoir en iniures cõbien que il ne sẽble pas a aucuns q̃ gaig soit propre nõ en telles choses cõme seroit dire que se gaing est a celui qui a fereu et le dõmage a celui qui a fereu mais le contraire est Voir. car quant la passion sicõme seroit la bateure est mesuree et prisee ou contrepensee dõcques ce que Vng a souffert est appelle dõmage et ce q̃ lautre a fait est appelle prouffit quant a lui Glo Apres il met deup conclusions La pmiere est que chose iuste en cõmutations est moienne entre gaing et dõmage et prent gaing generalement pour accomplissemẽt daucũes Volentes et contre Volente dautre et contre raison et le contraire est dõmage a lautre pesonne ou partie Tex Et de re q̃ est en pl9 et de ce que est en mains chose equale est le moyen et deup choses sont cestassauoir gaing et dõmage et gaing est en plus de bien et mains de mal et dõmage au contraire est ouoir plus de mal et mains de bien et ce que est moien est equal, et est ce que nous disons estre iuste. Et doncques la chose iuste selon la iustice qui nous adresse en comutacions est moiene entre dommaige et proffit Glo. Apres il met une autre coclusion, e est que pour ce a len recours au iuge. Tex. Et pour ce quant les gens doubtet et ne sont pas a accort ensemble ilz vont a refuge au iuge. Et recourir ou retraire au iuge cest aler querir ce que est iuste, car le iuge doit estre aussy comme droit anime et vif: Et queret les gens le iuge aussy come celuy qui moienne entre les parties. Et sot les iuges appelles moieneurs come ceulx qui attaignet au moien quat ilz vienent et attainget a iustice. Et doncques chose iuste est moiene et le iuge est moien en tant comme il fait equalite.

Comment le moien est prins en comutacions

t doit faire le iuge en la maniere que fait celuy q veult ramener et reduire a equalite une ligne qui est divisee en parties inequales. Car de la plus grade porcion ou partie il en soustrait et oste, et ce il adiouste a sa medre partie, mais quant toute la ligne ensemble est divisee a la droicte mesure et a la droicte rigle, adoncques diet les mesureurs que elle est bien divisee se lune partie est equale a lautre, et ce que est equal est moien entre la grant ptie et la partie selon proporcionalite arismetique Et pour ce chose iuste est appellee dysraron et le iuge est appelle dysiastos et iustice dysiaste Glo. En grec disraion signifie mesure ou rigle, ou pres de ce, et dilecques est dit dysia ou dica en latin qui signifie taille. Tex.

Car se deup choses estoient equales come sont ces deup nombres deup et deup et len soustrahist de lun une unite et len ladioustast a lautre, celle autre chose ou nombre a qui len fait addicion epcederoit lautre en deup et se roient iii. et i. mais qui en soustrairoit une unite et ne ladiousteroit pas a lautre, il epcederoit lautre tant seulement en une unite, et seroit deup et lautre seroit un. Et doncques quat ce que est oste de lun est adiouste a lautre, tout epcede le moien en une unite, et sont come trois et deup, et le moien epcede lautre de quoy len sous trait, aussy en une unite et sot come deup un. Et doncques p ce pouos nous cognoistre combien len doit soustaire de celuy q a plus, et combien len doit adiouster a celui qui a mains, car ce en quoy le plus epcede le moien: cest ce que len doit adiouster a celui qui a se mains: et ce en quoy le mains est epcede du moien, len le doit soustraire du plus. Et tout ce appt en epeples en termes pose q soiet iii. lignes equales: la pmiere soit aa: la ii. BB. et la tierce gg. et pose q le soustraite de aa une porcio et q le residu soit apelle a: et celle porcio soit adioustee a gg: et soit appellee gd. Doncques
n.i.

appert il que toute ceste ligne d/g/g/ excede le residu appelle a c en tãt cõe est g d. Et auecques ce en vne partie de gg appellee g z. Et dõcqs d/gg excede bb en tant cõme est g d. Glo.

Les paroles sont assez obscures, mais la sentence est assez clere, et appt clerement en ces nombres ici ii. et iii. ce sont trops nõbres equalz. Dõcqs substrahes du premier vne vnite, et ladioustes au tiers vous ares ces iii nõbres i. et ii. et iii. Et appert q deuãt est le moien selon pporcionalite arismetique. Et appt aussy que se vous ostes vne vnite du tiers et vo9 le adioustes au premier vous ares iii. nõbres equalz cõme deuãt. Tex. Et telle equalite est a faire et a garder es artifices q sont de diuerses manieres car autrement seroient ilz destruites et periroient se celui qui fait aucũ outrage ne en rapportoit a la value de tant, et de tel comme il a fait, et se celui qui recoit telle chose ne en bailloit ou faisoit contre tant vaillant Glo.

Comme se vn charpẽtier fait de son mestier pour vn masson se le masson ne faisoit autant vaillant pour luy, ou se il nestoit iustement paie. et ainsy des autres artifices ilz periroient Tex. Et ces noms dõmaige et gaing vindrẽt premieremẽt de commutacion volũtaire. Car en telle commutacion celui qui en raporte plus ql nauoit mis du sien len dit que il gaingne: et celui qui en raporte mains que il nauoit mis au commen-

cement len dit quil a dommaige: sicõme il appert en vendre et acheter et en toutes autres volũtaires commutacions desquelz faire la loy donne licẽce Glo. Car aucunes commutacions sont defendues et illicites cõme de sa femme permuer ou vendre et cõme seroit vendre offices publiques q̃ sont a donner par iustice distributiue selon la valeur ou science ou merites des personnes Tex. Et quant nulle des parties nen raporte ne plus ne mains, mais tant vaillant pour tant vaillant, ou pour ce mesme (sicõme ble pour ble tãt pour tãt) tel pour tel: adoncques dient ilz que ilz ny ont ne gaing ne dommaige. Et par ce appert que chose iuste est moienne entre aucun gaing et aucun dõmaige, cest assauoir qui est en cõmutacions qui sont contre la volente dune des pties Et est chose iuste quant chũne de telles parties a equakemẽt deuãt, et apres telle commutacion Glo. Il dit notablemẽt entre aucũ gaing et aucũ dommaige, cestassauoir q est en commutacions inuolũtaires desquelles il fut dit ou quint chapte, car en commutacions volũtaires et qui sont licites selon la loy, sicomme est vendre et acheter: Il peut estre aucunefois que il y a gaing ou dommaige sans faire iniustice, sicomme se vng achete a iuste prix vne chose et asses tost apres elle soit plus chtere, et la vende plus il gaingne salue iustice.

Reprobacion de lerreur de ceulx qui disoient que generalemēt chose iuste est cōtre souffrir tant pour tant. x.

Il sembleroit a aucūs q̄ simplement & generalemēt chose iuste nest autre chose fors que chūn seuffre & recoiue tant pour tant de ce que il a fait sicōme disoient les pythagoriens qui en ceste maniere diffinisoiēt chose iuste Glo.

Telle chose est appellee en latin pena talionis, & est cōme se vn hōme auoit a vn autre coupe le poing que len lui coupast le siē & oeul pour oeul & dent pour dent Tex Mais telle chose na pas lieu en iustice distributiue Glo. Car en telle iustice len ne regarde pas ce que lun a fait a lautre, cōe se il a feru ou desrobe mais len distribue a plusieurs vne chose comune selon la proporcion des personnes en dignites ou en merites, cōme il fut dit ou sipiesme chapitre. Tex.

Et auecques ce elle na pas tousiours lieu en iustice qui nous adresse en cōmutacions sicōme vouloit dire celui qui feist ceste loy ce fut vng appelle radamas qui entēdoit ceste loy en toute iustice cōmutatiue, & disoit que la veniāce est droituierement faicte se celui qui a mal fait seuffre et recoit telz maulx cōme il a fait. Or est il ainsi que en moult de lieux ou en plusieurs cas raison ne se accorde pas a ce Sicōme se vng prince auoit feru aucun de ses subiets il ne puient pas selon iustice que le prince soit feru. Et se aucun subiect auoit feru le prince il ne conuient pas seulement, et ne souffist pas q̄ il soit ainsi feru mais doit estre puni plus griefment. Glo

Car les psōnes ne sont pas equales, & auecques ce qui fiert le prince il fait iniure a la chose publicque, & est cōuincible de lese maieste. Mais par auenture il pourroit a aucūs sembler le contraire par vne clause de le viii. chapitre ou li dit que en iustice cōmutatiue la loy regarde tant seulement a la difference ou quantite du nuisement ou meffait, & vse des persōnes cōme se ilz estoient equalez, & la glose dit sans regarder la pporcion de leur valeur. La responce a ce appert assez qui entent les parolles du huitlesme chapitre. car il dit que len doit regarder la quātite du nuisemēt & du mesfait; & il est certain que quāt le iniure est personnel sicōme est ferir, tel mesfait est plus grant en vne personne que en lautre: mais quant est des possessions cest autre chose Car se vng homme doit cinq solz a vng autre ou se il a v solz du sien il ny a differēce selon est vertueux et lautre vicieux, ou se lun est poure & lautre est riche, quant a ceste iustice. Car la loy fait comme se ilz estoient equaulx Et ainsi est a entendre ce que fut dit ou huytiesme chapitre Tex

Item quant a faire veniances ou pugnicions selon iustice il y a
n.ii.

moult grant difference se les euures sont volūtaires ou inuolūtaires. S
Car se aucū auoit feru vn aultre contre sa volente p ignorance inuisible ou autremēt / il nen deueroit pas estre puni. Et en toutes telles choses tant mains y a de volōtaire / et mains doit estre le fait / et tant plus si de celui q̄ de certain ppos et y aguet sert il est plus a punir q̄ cellui qui sert p chaleur de ire / ceteris paribus. Encor sont aucunes instāces ou il ne cōuient pas punir en rendāt tant pour tant / si comme il appert clerement de adultere / et aussy de latrecin. Car cōbien qui souffise a celui q̄ a este desrobe se il est restitue / toutefuoies auecques la restitucion doit estre puni celui q̄ a desrobe pour ce que il a fait contre la loy et contre le bien publicque. Donc appt il que la loy de souffrir tāt pour tant nest pas iuste en toutes cōmutacions Apres il mōstre en quoy elle est iuste et ou elle a lieu Tex. Mais en cōmutacions commutatiues telle chose est iuste a faire selon pporcionalite et nō pas selon equalite Glo. Cōmutacion cōmutatiue est quant par cōtraict volūtaire expres ou teu vng hōme baille sa chose ou fait seruice a autre pour aucune autre chose et ne conuiēt pas que telles deux choses soient equales selon elles ou semblables : mais elles doiuēt estre pporciōnees en valeur selon iuste estimacion tout considere. Et comme se vn fait a lautre aulcū seruice il nest pas

necessite que lautre lui face tel seruice et tant. mais il souffist que il le recōpense en autre chose ou en autre maniere selon la proporcion et valeur de son seruice Tex. Car par ce q̄ vng fait a lautre chose pporcionnee cōtre ce que lautre lui a fait par ce est maintenue la cōmunite ou cite / car cest ce que les gens querent / cestassauoir recōpensacion. Donques ou cest bien ou cest mal de querir telle chose : se ce nestoit bien ce sembleroit seruitute / cest assauoir faire pour aucun et q̄ il ne feist rien encōtre : Doncq̄s est ce bien car se ce nestoit bien lē ne deueroit faire nulle retribucion. Et toutesuoies p faire retribucion est maintenue et gardee cōmunicacion et societe humaine : Et pour ce les bons font prestement le sacre de graces affin q̄ retribucion soit faicte Glo. Sacre de graces cest rendre graces et remercier ceulx de qui len a receu bien. Cest appelle sacre pour ce que len y ple aucunefois de choses sainctes / cōme en disant dieu le vous rende ou ainsy. et en regraciāt len a volēte de retribuer si tost q̄ lē auroit possibilite. T. Car faire retribuciō cest pprieté de la vertu de grace. Glo. Laq̄lle vertu de grace ou de regraciaciō est vne espece de iustice et traire au vice de ingratitude.
Tex. Car il puiēt deseruir ou reseruir a celui q̄ a fait grace ou courtoisie et q̄ celui q̄ a receu ou grace ou bnfi ce recōmēce a faire grace a celui de q̄ il a receu grace. S. Aps met la maniē

comme ce doit estre fait ¶Tex. Et
vne coniugacion ou cōbinacion qui
est faicte selon dyameter fait la retri
bucion estre selon proporcionalite
¶Glo. Dyameter est
vne ligne qui trauerse de
biez du cuignet a lautre
en vne figure quarree ¶Tex. Si
cõme qui disposeroit quatre choses en
vne figure quarree la ou il aroit .iiii.
cuignes ou angles appelles a/b/g/d
¶ metteroit le charpantier en g/¶ le
chaucemēt que fait le cordōanier en b
et la maison que fait le charpētier en
g/¶ le chaucemēt que fait le cordoua
nier en d. Or conuiēt il dõcques que
le charpētier prēne de loeuure au cor
douanier ¶ que il se retribue de la sie
ne. Et doncques se ce que a fait pmie
remēt le charpētier est equal selon p̃
porcionalite a ce que il a receu de lau
tre ce sera ce que nous auōs dit. ¶Glo
Cestassauoir iuste cōmutacion tāt
pour tāt non pas selon lequalite des
choses/mais selō la pporciō de leur
valeur. Car vne maison vault pl9
que vn chaucement ¶ vne liure de sa
fren vault pl9 que vne liure de chan
delle ¶Tex Et se il nest fait ainsy
cõme dit est ce ne sera pas equalite,et
se il nestoit ainsy pmutacion ciuile ne
pourroit durer. Et ny a force ou diffe
rence se leuure de lun est meilleur que
lautre. Car len peut bien faire ¶ se cō
uient selon iustice tant q̄ il y ait equa
lite ¶Glo Et q̄ celuy de qui leu
ure est mains bonne en face plus sicõ

ques il a value de lautre ¶Tex
En la maniere dessus
dicte est il es autres ars
Car autremēt periroiēt
les ars se celuy qui a fait aulcũ ostura
ge ne receuoit tant ¶ tel selon valeur
cōme il a fait ¶ se celui qui la receu ne
faisoit tant ¶ tel. Car cōmunicacion
qui est en commutacions nest pas cō
munemēt entre personnes dun artifi
ce ou dun mestier cōme sont deux me
decins,mais est entre personnes de di
uers artifices comme sont vng mede
cin ¶ vn laboureur de terres qui sont
de diuers mestiers : ¶ ne sont pas es
qualz,mais il les conuient reduire a
equalite ¶Glo Comme se le me
decin a visite ou gari vn laboureur/
doncq̄s se laboureur se seruira de son
mestier en luy baillant de son blef ou
de son vin/tant que il souffira selon
raison ¶ iustice

Cōment la forme de propor
cionalite dessuldicte est garde
et dont vint mōnoie xi.ca.

Et pour ce conuient il q̄ tou
tes choses de quoy len fait
commutacion soiēt compa
rees aulcunemēt ¶ a values lune a
lautre. Et pour ce fut premierement
trouuee monnoie,¶ de ce vint elle
Et est monnoie aulcunement le mo
ien en commutacions:car par elle me
sure len toutes telles choses, et la su
perhabondance et la deffaulte.

Feuillet

Glo. C'est assauoir combien vne chose vault plus ou mains q̃ l'autre.

Tex. Car se le charp̃tier a fait au cordõanier vne maison il conuient que le charp̃tier ayt du chaucement du cordouanier a la qualite et a la value de la maison, et aussi q̃ aroit baille du blef au cordõanier pour son chaucem̃et. Et se il n'estoit ainsi il ne seroit nulle cõmutacion ne cõicacion car nulle telle chose ne seroit q̃ ne feroit equalite. Donc q̃s puiet il telle chose mesurer p̃ vne autre chose q̃lle q̃ elle soit. St cõme il est dit deuãt. Glo. Il a mise deuãt la mesure artificiel, c'est mõnoie, or parle ici de la mesure naturel. Tex. Et selon verite, indigẽce humaine: ou necessite ou besoing c'est ce qui cõtient telles choses. Glo.

Cõme vraie mesure naturelle

Tex. Car se les gẽs ne eussent indigẽce ou necessite des choses, il ne fust nulle telle cõmutacion, ou se l'z eussẽt indigẽce nõ pas semblablemẽt mais autrement que il'z ne ont les cõmutacions ou cõicacions ne fussent pas telles cõme il'z sont. Glo. Et pour ce appt que en cõmutacion len a prise les choses en regardãt a indigẽce et necessite humaine, et nõ pas a leur naturel valeur ou perfectiõ: car ainsi vne souris vauldroit mieulx q̃ vne pierre pcieuse pour ce que la souris a vie sensitiue. Tex. Et fut faicte et trouuee premieremẽt mõnoie pour la cõmutacion qui est de necessite.

Glo. Car en communications de choses l'une a l'autre, et en les trãsportant, cõme formẽt pour vin, ou pour drap, etc. il y auoit trop de difficultes. Et pour ce dit cassiodore en vne epistre que mõnoie fut anciennemẽt trouuee p̃ tresgrãt raison, et est tresproffitable et aussy cõme necessaire en cõuersacion ou cõmutacion humaine. T.

Et fut composee et instituee selon cõposicion ou conuẽcion humaine, et pour ce est elle appellee mõnoie. Car elle n'a pas son prix ne son cours p̃ nature, mais par la loy et p̃ ordonnance humaine, et est en nostre puissance de la transmuer et la faire inutile. Glo. C'est assauoir quãt a auoir son cours et son vsaige en pmutaciõ. Et est assauoir que en grec ce mot numisma c'est mõnoie, et est dit de nomo q̃ signifie loy. Et pour ce dit il q̃lle a son prix p̃ la loy et nõ pas par nature, mais cõbien que son prix soit establi p̃ volẽte humaine, toutesuoyes necessite naturelle nous cõtraint ou meut a vser de monnoie, et aussy est il aucune matiere q̃ est de sa nature plus propre a faire monnoie que vne autre, selõ ie desclarap en vn traictie de mutaciõ des mõnoie. Tex. Et adoncques sera la commutacion faicte iustemẽt quãt les choses seront mesurees et mises en equalite. Glo. Selon indigẽce et necessite humaine et p̃ pris de mõnoie. T. Et telle pporciõ cõme le laboureur de tref a au cordõanier ch'un ẽ sõ ouurage telle pporciõ ait l'euure du cordõ a cel du laboreur et cõe ceste ordonnãce de proporcionalite mettre en figure cõme celle du chapitre precedent, car il conuient que le laboureur ait du chaucemẽt a la value q̃ le cordonanier a de son formẽt ☞ Tex.

Et se il nestoit fait en ceste maniere vne des parties aroit les deux superhabõdãces ☞ Glo. C'est assauoir vne de labeur et de peine, et lautre de dõmaige ☞ Tex. Mais quãt chescun a ce que est sien selon raison adõques sont ilz equalz et cõmuniquent ensemble. Et ceste equalite peut estre faicte ou descripte en ceste maniere/posons que le laboureur de terres soit a/ et son formẽt soit g/ et le cordõanier soit b/ et son euure ou chaucemẽt soit d/ qui est a prisie et a value et fait egal au formẽt. Et se il nestoit ainsy fait et ainsy mesure lun cõtre lautre nulle cõmunicacion ne seroit entre les gẽs.

☞ Glo. Cecy est asses cler. Apres il desclaire pl⁹ a plain aucũes choses dictes deuãt ☞ Tex. Et q̃ il soit ainsi q̃ indigence ou necessite humaine contenue cõme mesure naturelle ce q̃ dit est il appert et est mõstre par ce q̃ quant deux personnes ne ont pas necessite lun de la chose a lautre tous ij. ou que lun en a mestier et lautre non ilz ne cõmuniquẽt pas ensemble par cõmutacion, sicõme fait celui q̃ a necessite dune chose auecques celui qui a de telle chose habondãce, sicõme celui qui donne a lautre formẽt pour vin/ et cõuient en ce faire equalite selon la va-

leur ☞ Glo. En compensant et cõ siderant la necessite des choses selon le commun cours et la quãtite delles Et pour ce que il peut estre que celuy qui a du formẽt a superhabõdãce na pas necessite de vin, et celui q̃ a du vĩ a superhabonance a necessite de formẽt Aristote monstre apres comment ilz font leurs cõmutacions ☞ Tex.

Mais se celui qui a du formẽt a superhabondãce ne a a present besoing de vin, toutesuoies pour la cõmutacion aduenir et pour achetter vin ou autre chose quant il en aura necessite la monnoie nous en est plege ☞ Glo. Que l'en recoit pour le formẽt ☞ Tex. Et quant cestui portera sa monnoie il aura et prẽdra pour elle vin ou autre chose, mais il est de mõnoie aucũes fois cõme des autres choses: car elle nest pas tousiours equale ☞ Glo. Et les autres choses variẽt et muẽt leurs pris en diuers tẽps et aussy cõe en sep e ple deuãt dit Vng hõme ne peult pas aucunesfois auoir du formẽt a lautre pour sõ vin mais cõuiẽt q̃ il baille monnoye. Semblablemẽt peut aduenir q̃ cest autre ne a uroit pas du vin pour la monnoye q̃ il recoit sãs grãt pte/ car p aduẽture elle sera muee en mendre pris ou elle naura pl⁹ son cours ☞ Tex. Toutesuoies la mõnoie veult et doit plus demourer ẽ equalite. G. c'est assz. pl⁹ q̃ les autres choses car mõnoie ne doit estre muee de son pris et de son cours, fors tres peu souuẽt, et en peu de cas

n .iiii.

pour le bien publicque/car cest la mesure des choses de quoy len fait commutacion. Et toute mesure doit estre certaine et durable. et de ce ay le autrefois dit plus plainement en ung traicte de mutacions de monnoies. Tex.

Et pour ce ouuent il toutes choses apprecier a monnoie. et en ceste maniere ce sera tousiours commutacion/ et par consequent sera commutacion entre les gens: Doncques est la monnoie ou le denier aussy comme mesure par quoy len amaine a equalite les choses qui par ce sont mesurees. Et se il nestoit nulle commutacion, il ne seroit nulle communicacion. et nulle commutacion ne seroit qui ne feroit equalite. et nulle equalite ne seroit se elle nestoit faicte par mesure. Glo. Et monnoie est telle mesure come dit est par quoy il appert que lusaige de monnoie est aussy come necessaire en commutacion ciuile. Et autrement ne pourroit estre bonnement, et encor appt il par ce que ti dit apres

Tex. Or est il impossible daucunes choses grandement differentes que len les puisse mesurer lun a lautre selon la verite de leur nature Glo.
Car ilz sont de diuerses manieres come une maison et un tonneau de vin

Tex. Mais telle mesure peut estre souffisamment faicte selon indigence et necessite humaine: Et doncques conuient il supposer et establir une chose par quoy ce puisse estre fait. et telle chose est pour ce appellee monnoie qui fait toutes choses estre mesurees ensemble de quoy len fait commutacion. car toutes telles choses sont mesurees par monnote. Et ce appert en lexemple, posons que une maison appelee a/ vaille cinq liures/ et un lit appelle b/ vaille mais et ne vaille que la quinte partie. De la maison doncques est il manifeste quant lit baillent sa maison et sont cinq lis. Et est manifeste que ainsy faisoit on commutacion auant que monnoye fust.

Glo: Come en donnant v. lis pour une maison, et aussy des autres choses. Et recite Justin que il est ou estoit en son temps un pais ou len marchandoit ainsi sans monnoie, mais en verite telle commutacion ou communicacion nest pas bonne, et ne pourroit durer en bonne policie Tex. Or ne est il pas difference se len donne cinq lis pour une maison/ ou le pris en monnoie que les cinq lis vaillent. Et ainsi auons dit que est chose iuste, et que est chose iniuste.

Comment iustice est moienne xii. ca.

L est manifeste par les choses deuant determinees que chose iuste est moienne entre deux choses de quoy lune est faire chose iniuste, et lautre est souffrir chose iniuste. et la premiere est plus auoir que il nest deu. et la seconde ce mais auoir que deu nest par raison et iustice est moienne non pas come les autres vertus dont nous auons dit deuant sont moienes, mais seulement en tant come par elle est faicte chose iuste qui est moienne. G. Les autres vertus dont il a pleu deuant

moiēnes en deup vices qui sont oppo
sites lun a lautre et a la uertu qui est
moiēne sicōme liberalite est moienne
entre prodigalite et auarice. mais iu
stice est seulemēt opposite a vice de in
iustice et est moiēne ou fait moien en
tre faire chose iniuste et souffrir chose
iniuste cōme dit est et cōbien que faire
chose iniuste soit uice toutesuoyes souf
frir chose iniuste nest pas vice quant
est de soy mais cest peine Tex.
Et iniustice est operatiue ou faiseres/
se et par elle sont fais les eptremes
   Glo Cestassauoir plus du biē
ou du gaing & mains du mal ou de la
peine et il fut desclaire q̄ est eptreme
ou .v. chapitre du second en la glose.
Apres il met aucūes choses par quoy
ce que dit est appert plus cleremēt.
   Tex. Et cest iustice ūg ha=
bit selon lequel celui qui est iuste est o
peratif et faiseur de iustes oeuures se=
lon election Glo. Il fut dit en
la glose ou premier chapitre du secōd
que est habit et fut dit ou .viii. chapi
tre du second que vertu est habit elec
tif et ce q̄ il dit de iustes oeuures il en=
tent quant a iustice cōmutatiue
   Tex.   Et par lequel il est distri
butif ou fait distribution de biens et
de peines entre soy et autre et entre
autre et autre non pas en telle manie
re que il eslise plus que il nappartient
du bien pour soy et mains pour son p=
chain. Et au cōtraire mains pour soy
du labeur et la peine et plus pour son
pchain. mais que il eslise equalemēt

de ce que est a eslire selon proporciona
lite Glo. De ce fut dit ou .vii.
chapitre Tex. Et semblable=
ment fait il entre autre et autre.
   Glo. Par la uertu de iustice q̄
a ce faire lencline Eustrace dit que p
ce que dit est len peult prendre la diffi
nicion de iustice et dit que iustice est
ūg habit par lequel ceulx qui se ont
sont fais electifz & operatifz de ce que
est equal en distributions et en cōmu
tations et a ceste diffinition pourroit
len bien accorder et reduire les autres
diffinicions de iustice q̄ mettent tul=
les plotin et autres philosophes & cel
les qui sont es loys des rōmains com
bien que ilz soient impures Tex.
Mais iniustice est operatiue au cō=
traire de chose iuste et ce est superha=
bōdance ou deffaute de chose utile &
prouffitable ou de chose nuisible et pe
nible penal et hors proporcionalite &
pour ce iniustice est superhabondans
ce et deffaulte car elle est cause de sup
habondance de chose simplement p=
fectable & deffaute ou mais de la cho
se laborieuse et penal et hors propor
tionalite et quant est entre autre & au
tre il fait du tout sēblablement
   Glo Car il distribue a luy su
perhabondance de prouffit et deffau
te de peine et a lautre il distribue au
contraire Tex Mais en ce que
il passe et est hors pporcionalite il nest
pas determine precisemēt cōbien ce est
car ce est sicōme il eschiet Glo.
Car celui qui est iniuste passe hors

feuillet.

iustice vne fois plus vne autre fois mains ¶Tex. Et de iniustificacion il est deux manieres car celle qui est en mains cest souffrir chose iniuste et lautre q̃ est ẽ pl9 cest faire chose iniuste ¶Glo. Iniustification est faire ou souffrir iniustice et de ce sera dit plus a plain ou.v.vi.chapitre et il entẽt ici par le mains mains de prouffit et pl9 de peine et par le plus au cõtraire plus de prouffit et mo le de peine et par ce que dit est deuant. ¶Tex. Et selon ceste maniere soit dit de iustice et de iniustice quelle est la nature de checune de telles et semblablemẽt de chose iuste et iniuste en general.
¶Glo. Car il en parlera tantost apres plus en especial. &c.

Par quelles operacions vng hõme doit estre dit iniuste xiii.c

E t pour ce que il peult estre que vng hõme fait chose iniuste et si nest pas iniuste dõques peult estre questiõ pour quelles iniustificacions quãt il les fait il doit estre dit iniuste selõ checune espece de iniustice sicõme larron ou adultere ou rauisseur ou se aucũ disoit que en ce na nulle differẽce et que checun est fait iniuste pour quelsconques iniustes operacions ce ne sembleroit pas verite, car se vng hõme gesoit auecques la fẽme duny autre et sceut bien de qui la fẽme est ¶Glo. Autrement seroit le fait iniuoluntaire p ignorance ¶Tex. Et que le principe de ceste chose ne fust pas pour elecciõ mais pour passion et forte temptacion presente tel hõme fait chose iniuste et toutesuoyes il semble que il ne doye pas estre dit iniuste ¶Glo. Car il ne se fait pas pour aucun gaigne pour soustraire ceste fẽme a son mari ¶Tex. Semblablement peult vng homme embler aucune chose et nest pas pour ce iniuste ne larron.
¶Glo. Sicõme seroit celui qui embleroit a vng forcene son gleue affin q̃ il ne occist soy mesmes ou autre.

¶Tex. Et peult aucun faire adultere et toutesuoyes il nest pas pour ce dit adultere ¶Glo. Adultere est celui qui soustrait a autre sa fẽme affin de la congnoistre charnesement pour desclairer ceste partie du texte. Albert recite vng exemple que met Homerus le poete et dit que vng filz congnut charnesement vne ieune femme que son pere tenoit affin que elle lassat son pere et que par ce son pere retournast a sa mere et ainsi il fit ceste chose pour lamour de sa mere simplement et non pas pour autre chose

¶Tex. Et semblablement peult estre es matieres des autres vices
¶Glo. Ceste question proposee sera determinee apres ou.v.vi.chapitre ¶Tex. Et nous auons dit deuãt en quelle maniere et en quelz cas la loy de rendre tant pour tãt est iuste
¶Glo. Ce fut dit au.v.chapitre.

iiii.c
Our la responce & solucion de la question maintenant pposee il cōuiēt non ignorer et sauoir que la chose iuste ou le iuste de quoy nous entendons a parler ce est ce que est simplement iuste et tel iuste cest iuste politique. Glo. Il entent ici par iustice ce que soit selon la loy et selon droit et cest aucunefois appelle droit. car a parler pprement droit est ordōnāce de dieu ou de nature ou de hōme pour le bien et cōmutation humaine et loy est la descripcion de droit en escript ou en pensee ou en memoire et iuste est ce q̄ loist ou est affaire selon droit cōme dit est et iustice est la vertu ou habit q̄ nous encline a faire ce que est iuste et iustification est operation p̄ laquelle chose iniuste est faicte iuste et par ce peult apparoir que est iniuste et iniustice et iniustification et est assauoir de ces mos que len vse souuent de lun pour lautre sicōme len entent par droit ce q̄ est iuste ou iustice ou la loy ou la sentēce de iustice cōme len sceut dire vou lez oir droit et ainsi de autres mos ou termes dessusdis. Tex. Et est tel iuste ordōne pour la cōmunite de vie humaine quant a auoir souffisāce des choses ad ce apptenantes. Glo. Telle cōmunication est cōmunite ciuile ou lē doit toruuer tout ce que est necessaire et cōuenable a vie humaine selon cōmune possibilite.
Tex. Et tel iuste est entre gēs qui sont frans et qui sont equalz en liberte. Glo. Ce dit il a la differēre de iuste qui est entre pere et filz et de celui qui est entre seigneur et son serf et de celui qui est entre vng hōme et sa femme et de ce dira il apres en cest chapitre. Tex. Et est tel iuste selon pporcionalite quant a iustice distributiue ou selon nombre et equalite quant a iustice cōmutatiue et pour ce tout ceulx qui ne sōt frās et equalz ilz ne communiquent pas ensemble selon iuste politique. mais selon vne autre maniere de iuste qui nest pas a dire iuste simplement mais tāt seulement est iuste selon aucūe similitude. Glo. De ce dira il apres en cest chapitre. Tex. Car ce q̄ est simplement iuste est entre ceulx a qui loy est mise et dōnee et loy est mise a ceulx entre les quelz peult estre iniustice. car veniance et punition est le iugemēt de iuste et de iniuste. Glo. pour ce que par punicion est declaire qui auoit tort ou droit. Tex. Et en quelsconques persōnes est trouuee iniustice en telles est trouuee faire iniuste mais iuste nest pas trouuee en tous ceulx qui sont iniustes. Glo. Car il fut dit ou quint chapitre du second que il est possible que vng hōme face choses iniustes et non estre iniuste. Tex. Et faire iniuste cest prendre ou traire a soy plus des biens ou choses qui sont simplement biens et mains des choses q̄ sont simplemēt malx. Glo. Et

feuillet.

est a entendre plus ou mains que il ne appartient et des biens vtiles ou delectables dont il fut dit ou quart chapitre du second et sont dis biens simplement quant est de soy combien que len en puisse mal vser ¶ Tex Et pour ce en gubernation ou policie iuste et droituriere nous ne laissons ne souffrons que quelconque persone ait princey domination ou seignourie selon home ¶ Glo. par ce que il dit selon home il entet selon la volente et affection que les hommes ont comunement a leur prouffit ou a leur delectacion ou plaisir ¶ Tex. Mais selon raison et selon la loy mise. car se il gouuerne selon home il fait ce que dit est ¶ Glo. cestassauoir qu il se attribue plus de biens et mains de malz ¶ Tex. Et par ce il est fait tirant ¶ Glo. Tirant est le seigneur qui ppose pferre et met son prouffit ses volentes et affection deuant le prouffit commun. et deuant le bien publicque de ses subiectz cest contre la nature des princes ou de office de prince ¶ Tex. Mais le prince est gardeur de iuste et conseruateur de iustice ou de equalite ¶ Glo Aucuns sont ici question assauoir mont la quelle chose seroit meilleur ou estre gouuerne par bon prince ou par bonne loy & brief me semble q len ne pourroit estre gouuerne par bonne loy sans prince. car come aristote dit ici le prince est garde de iuste et selon lautre translacion il est conseruateur de iustice Sē

blablement vng prince ne pourroit pas bien gouuerner sans loy ou ordonances aucunes mais toutesfois la bonne loy fait plus au gouuernemēt que ne fait le bon prince pour ce quelle est plus durable et nest pas sy variable come le prince ne come est la volente du prince ¶ Tex. Car se il est iuste il nest pas autre chose quelconque q il ait plus a cueur principalement et pour ce le prince ne se donne pas ou attribue plus que a vng autre de ce que est bien simplement ¶ Glo Cest assauoir de bien vtile ou delectable comme il est dit deuant ¶ Tex. Se ce nest entant comme il luy est deu selon la proporcionalite de iustice distributiue et ainsi le iuge labeure pour autre ¶ Glo Cestassauoir pour le bien publicque ¶ Tex. Et pour ce disoient les anciens que iustice est bien daultrui sicomme il fut dit deuant ¶ Glo Du second chapitre et entent de iustice legal dont le prince est conseruateur comme dit est ¶ Tex. Et doncques est pour ce deu au prince loyer et retribucion ¶ Glo. Car il laboure plꝰ pour autre que pour soy ¶ Tex Et ce est honneur et gloire ¶ Glo. Selon aucūs philosophes Le souuerain loyer est le fruit et le biē de vertu en ceste vie et selon verite et selon aucūs philosophes cest beatitude apres la mort. mais les subiectz ne peuent retribuer au prince plꝰ grāt loyer que honneur et celuy doiuent. ¶ Tex Et ceulx a q tel choses ne souffissent ilz sont fais et deuiennent tirans ⁋Glo. Car oultre ce ilz tendent a leur ppre vtilite et non pas au prouffit comun. Apres il desclaire vne chose deuant dicte en cest chapitre ⁋Tex. Mais iuste qui est entre le seigneur et son serf ou du seigneur a son seruant et iuste qui est entre le pere et son enffant ou du pere a son enffant ce nest pas iuste politique de quoy nous auons dit, mais il y a aucune semblance et que ce ne soit pas iuste simplement et pprement il appt par telles raisons. Premierement car nul ne fait iniustice aux choses qui sont de soy mesme ou siennes. Or est il ainsi que le serf du seigneur du hostel cest la possession il est sien et le filz est come partie et membre de son pere iusques atant que il soit grant et emancipe ou separe de auecques le pere et nul ne eslist nuire a soy mesme et pour ce nest pas iniustice a soy mesme et doncques nest pas pprement iniustice entre telz persones ⁋Glo. Iniustice et iustice sont ou regart daultrui ou destrange et le filz nest pas estrange du pere ne le serf de son seigneur. Apres il met ace vne autre raison ⁋Tex. Item pose que entre eulx sont aucun iuste politique ce est selon la loy et etre ceulx qui sont couenables a receuoir loy et auons dit que telz sont ceulx entre les qlz est equalite quant est de estre seigneur ou subiect ⁋Glo. Ainsi q lun nest pas subiect a lautre sicomme est le filz au pere et le serf a son maistre ⁋Tex. Et pour ce a il plus de iuste entre le mari ou regart de sa feme que il ne a ou regart de ses possessions come est son sergent et que ou regart de ses enffans et tel iuste qui est du mari a sa feme est dit iuste pconomique et est autre et dautre nature q nest iuste politique ⁋Glo. Pconomique est gouuernement de hostel et en vng hostel sont trois combinacions Vne est du mari a sa feme lautre est du seigneur au seruat lautre est du pere a ses enffans et vng meisme est mari seigneur et pere· et selon ces trois combinacions sont trois manieres de drois differens et de diuerses natures et sont appellez en especial iuste de mariage iuste dominatif iuste paternel et en general checun est iuste pconomique et est iuste aucunement. car le mari doit aucune chose a sa feme et elle a lui et ainsi du seigneur au serf et du pere au filz. mais ce nest pas iuste pprement pour les causes dictes ou texte et pour ce que la feme le serf et le filz ne sont pas subiectes a la loy ne au prince sans moyen et ce moyen est le seigneur de lostel et auecques ce entre telles persones comunement ne a pas lieu iustice distributiue ne comunicatiue come vendre et acheter et telles choses Touteffois le iuste ou droit qui est entre vng home et sa feme est plus pres de iuste politique que les autres. car vng home et sa feme sont plus equalz et pareilz en plusieurs choses que ne sont seigneur ou serf et que ne sont pere

et enffāt et pour ce est elle appellee da
me.

De la diuision de iuste politi
que en les especes: xv.c

Le iuste ou de droit politi
que vne maniere ou espece
est iuste naturel ou droit na
turel et lautre est iuste legal ou droit
positif Glo. Les rōmains en
leurs drois mettent ceste diuision as
sez cōfusement et parlent de ceste ma
tiere mains pprement. car ilz diēt q̄
droit naturel est cōmun a toutes bestes. mais droit est iuste sicōme dit ysi
dore et iuste ē dit de iustice et iustice est
vne vertu de lame et nest pas es bestes mais est tant seulemēt en hōme
qui a vsage de raison en soy daultre p
tie ilz dient que droit est art de equite
et les bestes ne sceuent nul tel art. Et
pour ce droit naturel de quoy len doit
parler en science moral et es loys nest
pas es bestes mais tant seulement en
nature humaine et pour ce est il appelle politique ou ciuil. Car il est cōmun en toute policie ou ciuilite ou cō
munite. mais aucuns ȳsēt de ces mos
droit ciuil autrement et mains pprie-
ment Tex. Droit naturel est
le droit qui a par tout vne mesme ver
tu et puissance Glo. Quant
est a induire a bien et retraire de mal
Tex. Et que il nest pas droit
pour ce seulemēt que il semble estre ai
si ou non et iuste legal Glo.

Cest assauoir qui nest pas droit par
opinion ce dit tulles Doncques droit
naturel est ce que chascū qui a vsage
de raison ottroiroit estre droit de premiere face sans autre argumētation
ou auctorite ou de ordōnance sicōme
seroit dieu honorer bienfaicteurs a
mer bons cōuenās tenir et telles choses qui sont cōme principes euidēte-
ment sicōme par auenture seroit son
pais deffendre punir le malfaicteur et
aucunes regles de droit et ainsi il est
de droit naturel que les vngs soient
princes et les autres subiectz et que
les vngs soiēt frās et les autres serfz
sicōme il appert ou premier de politiques combien que seruitute violente
ne soyt pas selon nature et semblable
ment diuision de possessions et cōmu
tacions cōme vēdre achater et telles
choses sont de droit naturel. car natu
re humaine ne pourroit autrement
bien viure et doncques droit naturel
est ce que il appellent Jus gentium.
fors que ilz le declairent cōfusement.
Tex. Et iuste legal ou droit
positif est ce en quoy il nauoit pas dif
ference au cōmencement auāt que il
fust mis et ordōne se len faisoit ainsi
ou autrement mais quant il est ordō
ne mis et establi il a difference sicōme
seroit la loy de rachater checū qui est
prins en guerre pour vng marc ou au
tre pris ou cōe seroit sacrisier vne chie
ure ou deux ouailles Glo. Les
atheniens auoient guerre contre les
lacedomoniens si fut ordōne du cōm

mun accort que chacū prisōnier d'une part et d'autre seroit quitte pour certaine sōme et auāt ceste ordōnāce lē pouoit plus taxer et apres a auāt nō et pour ce est ce droit legal et positif et est cest exēple de droit temporel et l'autre est de droit spirituel de sacrifices.

¶Tex. Item encor est il une autre maniere de droit legal et positif plus particulier et est ce que est institué pour aucune persōne ou pour aucune cité singuliere sicōme en une cité ou l'en sacrifioit a brasíde en especial. Glo. Braside fut une dame qui fit plusieurs biens en une cité appellee amphipoli. et pour ce apres sa mort ilz la reputoient deesse et lui sacrifioient et ce estoit une ordōnance et ung droit propre pour celle cité et sā ceste maniere de ce droit sont cōtenus puileges et pour dit l'en que des drois l'un est cōmun et l'autre propre l'un publique et l'autre priue et selon Perile droit cōmū c'est droit naturel mais aucune fois appelle l'en droit cōmun celui qui est propre pour ung royalme et cōmun a toutes citez et parties de pcellui royalme et ainsi dit l'en iustes que les loys des royalmes sont droit cōmun. mais aucuns sont ignorans qui cuident que l'empiere de romme fut ou doye estre seigneur de tout le monde et ce ne peut estre et dient que ce que est contre les loys de rōme est contre droit absolument et contre droit escript et ce n'est pas bien dit car autres drois sont et ont esté en plusi/

eurs regions escrips et non escrips cōbien que ceulx de rōme fussent en aucun temps tenus en grans pais et q̄ ilz fussēt bien raisōnables et sōt pour la plus grant partie. ¶Tex. Itē Une autre maniere de droit legal ou positif est ce que l'en dit iustes sentenciaulz Glo. C'est assauoir les sentences des arbitres selon aucuns expositeurs. mais l'en peult bien dire que ce sont aucunes sentēces dōnees en grans auditoires par iugemēt de multitude de sages et par plusieurs fois qui sont a tenir cōme loys escriptes en cas semblables sicōme sont les arrestz de plement. Apres il reprueue ung erreur ¶Tex. Et semble a aucūs que tous drois soiēt telz c'est assauoir legalz ou positifz. Glo. Ce fut l'opinion des cyroniens qui ensiuoient aristipus qui fut disciple de socrates. Apres il met leur motif ¶Tex. Car toute chose par nature ou de nature elle est immouuable et immuable et a p tous lieux une mesme puissance aussi cōme le feu le quel ard semblablemēt et ici et en perse et les gens dessusdictes regardoiēt que les iustes ou les drois sont muez.

Glo. Ceulx mesmes que no9 appellons natureulx sicōme le droit de rendre depost ou de rendre a chacū ce qui est sien il semble que il n'en soit nul plus naturel et toutesfois en aucun cas il n'en a pas lieu et se mue sicōme seroit rendre a ung forcene son glaiue. Apres il respond ¶Tex. Toutes fois il nest pas ainsi generalement q̃ toute nature soit simplemẽt immuable. mais daucune est ainsi et daucune non sicõme par aucture des dieux ou des intelligences leur nature est imuable. mais quant est a nous ou ders nous aucune chose est de nature ou selon nature et neãt mains toute telle chose est muable. mais avecques ce une est naturelle ou de nature et lautre non et donequés est question des drois dessusdictes qui peuẽt soy auoir autrement assauoir mont seql est droit par nature ou naturel et seql est droit ou iuste legal et fait par composicion et volente humaine se il est ainsi que tous deup soiẽt muables sẽblablement, mais il est manifeste que telle question ⁊ semblable determinacion est en autres choses. car nous sauons que par nature la main deptre est la meilleur et la plus vigoreuse la soit ce que il auient et eschiet peu de fois q̃ aucuns ont les deup mains cõe deptres. Glo. Sẽblablemẽt droit naturel est cõmun a tous et par tout et tousiours fors tãt seulemẽt en tres peu de cas sicõme il appert en sẽple dessus mis et de rendre au soccẽse fan glaue Tex. Mais les iustes ou drois qui sõt selon cõposicion humaine et pour le prouffit des cõmunites ilz sont aussi cõme les mesures des choses. car les mesures du vin ou du fourment ne sont pas par tout egales mais la ou il a grant habondance de telles choses ou quel lieu len

les va achetter illecques sont les mesures plus grãdes et la ou len ses reuent elles sont plus petites sẽblablemẽt les drois qui ne sont pas naturelz mais qui sont humains ilz ne sõt pas ung mesme ciuilite ou policie
Glo. Que se larron soit puni cest droit naturel mais la qualite ⁊ la quantite de la punicion est tapee establie et ordonnee par droit humain legal et positif et pour ce aucuefois est telle peine ou punicion ordõnee plus grande en ung temps que en autre selon la difference et variacion des inclinations et des meurs des gens et ainsi des autres choses et pour ce sõt diuerses loys en diuerses policies.
Tex. Mais il en peult estre une tresbõne la quelle toute seule seroit par tous lieux selon nature.
Glo. Car se par tout le monde estoit gouuernemẽt selõ la meilleur policie qui peult estre par nature il seroit par tout une mesme policie.

Dune maniere de faire iuste ou iniuste. et la response a la question du .iiii. chapitre.   xvi.c

Les iustes ou drois naturelz et legalz checun ou regart des operations eest cõme une chose uniuerselle ou regart des sigulieres car les choses ouurees sont plusieurs et checune de celle est une et singuliere et le droit ou le commandement est uniuersel Glo.

Sicomme honnorer son pere ou son seigneur cest ung cōmandement vniuersel ou general. Et sans ce sōt plusieurs singulieres honoracions q̃ sont a faire en lieu ⁊ en temps ⁊ en la maniere que il appartient. Apres il monstre que est iustificacion et iniuste:⁊ quelle difference il y a entre iustificacion ⁊ iuste ou droit Car iniuste est ou pour ce que nature le dit estre iuste, ou pour ordonnance humaine. Et cecy mesme quāt il est mis en fait ⁊ il est ouure cest iiustificacion. Glo

Sicōme qui droit en epylepse que auoie ce que nest pas sien cest iniuste: mais prendre de fait ⁊ embler, cest iniustificacion Ter Semblablement iustification a parler cōmunesmēt cest opacion de iuste ou de droit, mais a dire plus ppremēt cest abresment de iniustificacion Glo A parler communemēt se ung homme doit a lautre ⁊ il ne le paye sans plait cest iniustificacion, ⁊ sil se paye sans plait cest iustificacion. mais a parler propremēt iustification est quant aucun est par contrainte ou autrement ramene de iniustice a iustice Ter.

Mais quelles especes ⁊ quantes sōt de iustes dessusdictz, cestassauoir des drois naturelz ⁊ des drois legalz il sera dit apres Glo En politiques. Apres il monstre par quelles iustificacions ung homme est iuste ⁊ cest responce a la question du .viii. chapitre Ter. Et comme choses iustes et iniustes soyent telles cōme dit est, celuy fait chose iniuste, ⁊ celuy fait chose iuste quiconque fait telle chose voulant. Glo Quāt ung hōme fait chose iniuste de sa volente pure adoncques fait il iniuste p̄prement ⁊ non pas par accident, ⁊ le fait iniustemēt, ⁊ est iniustification telle par quoy il est dit homme iiuste: ⁊ semblablement de chose iuste. Ter

Et quāt il fait telle chose nō voulant il ne fait adoncques ne iuste ne iiuste fors tant seulement par accidēt par ce que il fait les choses lesquelles eschēent estre iustes ou iniustes

Glo Hors son intencion sicomme celuy qui trait vne saiette pour serir ung cerf, ⁊ fiert ung homme.

Ter. Car iustification ⁊ operation de chose iuste sōt determinees par volontaire ⁊ inuolontaire: Et se le fait qui est iniuste est volontaire, il est vitupere, ⁊ auecques ce est adoncques iniustification, ⁊ ainsy aucune fois sera ung fait iniuste, mais pour ce ne sera ce pas iiustificatiō se il nest volōtaire: Glo par ce appert la respōse a la q̃stiō du .viii. chap̄. cest assauoir p q̃lles opations ou iustificatiōs ung hōme doit estre dit iuste ⁊ appt q̃ cest par celles q̃ sont volontaires. Apres il declaire que est volōtaire Ter Et la chose est dicte volōtaire sicōe il fut dit deuāt laq̃le chose est en la puissance de celluy qui la fait ⁊ laquelle il oeuure sachant et non pas ignorāt la personne a qui il la fait sicomme quelle persone il fiert & de quoy & pour quoy/& que il sache chūne de ces choses nō pas p accidēt. Glo Il sera declaire assez tost apres. Tex. Et auecque ce que il ne face pas telle chose par violence sicōme se vng hōme prenoit la main daucū & en feroit vng autre/ce seroit ptre la volente de celuy de qui est la main/& ne seroit pas en sa puissance de ce euiter Glo Apres il declare cōment vne chose est sceue par accident Tex Et aucunefois peut aduenir que celuy qui est feru est pere de celuy q̄ fiert/& que celuy q̄ fiert scet bien q̄ il fiert vng homme/& que cest aucun de ceulx qui sont presēe mais il ne scet pas que ce soit son pere Glo Mais ainsy est escheu/& pour ce cestuy scet bien que il fiert par accident & non pas pprement Tex. Et semblablement est il a determiner de la fin pour quoy len oeuure/& de toutes les autres circonstāces de sopatiō Glo. C'est assauoir que ilz ne doibuēt pas estre ignorees ne sceues tant seulemēt p accident quant ad ce quelles soiēt dictes volontaires Apres il monstre par ce que dit est cōment la chose est inuolontaire. Tex. Et la chose qui est ignoree & non cōgneue/ou q̄ est p̄gneue & non ignoree & n'est pas en nostre puissance & siberte/ou q̄ est faicte par violēce/toute telle chose est inuolontaire Glo Il touche trops choses. premieres

ment ce que est ignore & non sceu. Itē ce que n'est pas en nostre poste. Itē ce que est par violēce Tex Et sōt plusieurs choses naturelles lesq̄lles nous faisons ou souffrons sachans/& desquelles nulle n'est volontaire ne inuolontaire/sicomme sont veillier & morir Glo Car telles choses ne cheēt pas ē nostre electiō ne soubz nostre volēte. Apres il applicque ce que dit est a choses iustes & iniustes.

Tex Et quant ad ce q̄ est par accidēt il est semblable es choses iniustes & es iustes. Car se vng rend a lautre son gaige ou sō depost nō pas de volēte mais par paour/en ne doit pas dire que il face iuste opatiō fors tant seulement par accident Glo Car la chose est quant est de soy instrumēt il ne la fait pas par volente/ne par consequent iustement

Tex Semblablemēt se aucun veult rendre a celuy a qui il est deu sō depost ou son gaige/& il est ātraint a non rendre/len doit dire que il fait iniuste ou tort par accidēt Glo. Car il retient lautruy nō pas iustement/pour ce q̄ c'est inuolōtairemēt

par quelles iustifications vn hōme est iniuste/et p q̄lles non. r vii.

Les choses q̄ sont volontaire nous faisons les vnes p ce que nous les eslisons deuant/et les autres faisons sans eslire uant/ɛ celles que nous eslisons deuant nous les conseillons deuāt. Et toutes celles qui ne sont deuāt cōseillees ilz ne sont pas deuant esleues

Glo Apres il met vne diuision

Tex. Doncques sicōme asses peut apparoir par les choses dessusdictes il sont trops manieres de nuysemens en cōmunicacion humaine/en cōmunite/en conuerser ensemble.

Glo. Vng nuysement est sās volente/lautre p volēte sās election ɛ les tiers par volente ɛ election. Et il declaire lun apres lautre par ordre.

Tex. Et les nuysemēs q̄ sont fais auec ignorāce sont pechiee Glo

Il ne prēt pas icy pechies pour vices ɛ pour coulpe: mais pour erreur et mal aduēture Tex. Cestassa noir quāt aucū ne cuyde pas faire la chose que il fait/ne vers celuy vers q̄ il la fait/ne a linstrumēt a quoy il la fait/ɛ ne cuydoit pas la f̄ n̄ q̄ sensuyt: Car ou il ne cuida pas iecter ou traire ce que il ne cuidoit pas iecter/ou il ferit ce que il ne cuidoit pas ferir/ou vne fin sensuit laquelle il ne cuydoit pas de ce ensuir/sicomme se il cuidoit vn peu poidre/ɛ il a naure/ou il fiert la personne que il ne cuidoit pas ferir ou e la maniere que il ne cuydoit pas ferir Glo Exemple: premierement se vng desfent vne arbaleste p inaduertance il trait et ne cuyde pas traire Item sil cuydoit traire vng bougon ɛ il trait vng vireton: Item se il cuidoit ferir vng oyseau ɛ il fiert

vng homme. Item se il cuidoit ferir petit coup/ɛ il fiert trop fort. Item se il cuidoit ferir pour garir ɛ il sensuyt mal Apres il met vne autre distinction Tex. Et quant tel nuysement est fait sans preuision despourueument ɛ que len ne sen donnoit garde/cest vng infortune Glo Et mal aduēture/sicomme se aucun destendoit vne arbaleste ou vng engien ɛ il ne y cuydast toucher Tex.

Mais quant len scet bien q̄ len fait telle chose ɛ cest sās malice/adōques cest pechie Glo Sicōme celuy qui trait la ou gēs ont acoustume de passer ɛ ne cuyde ferir aucun ɛ fiert, il fait mal ɛ peche ɛ commet illicite: mais ce nest pas malice apēsee Car plup desplaist auoir feru

Tex. Car quant le principe de la cause du fait est en la puissance du faisant cest pechie: ɛ quant tel pechie est hors de sa puissance/cest infortune Glo Apres il met le secōd membre de la premiere diuision

Tex. Et quant aucun fait mal ɛ scet bien que il fait/mais il ne lauoit pas deuant conseille ne delibere/cest iniustif cacton: sicomme sont les choses qui aduiennent auy hommes/et que ilz font pour ire/ou pour autres passions qui ne sont pas necessaires/ou naturelles Glo

Necessaires sicomme tresgrāt faim/naturelles/sicomme tresgrant paour Car aucunefois sont plusieurs qui se vouldroient excuser par
o.ii.

par telles passions entant que le fait n'est pas iniuste qui autrement seroit iniuste ¶Tex. Car telz gens ainsy nuysans et pechans font chose iniuste. Et telz fais sont iustificacions mais toutesfois ceulx qui les font ne sont pas pour ce iustes ne mauuais car tel nuysement n'est pas fait pour malice ¶Glo. C'est assauoir pour malice appensee et deuant aduisee, ne de habit: mais est fait p(ar) soudaine passion sicomme sont les incontin(en)es. Dont il fut touché ou pp(remier) chap. du p(re)mier et sera dit pl(us) a plain ou septiesme liure Apres il met le tiers m(em)bre de la premiere diuision ¶Tex. Et quant aucun fait nuysement et mal par election, adoncques est il iniuste ou mauuais ¶Glo. Car il ouure de malice appensee et de certaine science.

Et est assauoir de ces troys membres ou nuysemens dessusdits que le premier est mal a parler de mal generalement, mais ce n'est pas operacion iniuste et ne rend pas le faysant iniuste. Et le second est mal et est op(er)acion iniuste, mais il ne rend pas le faysant iniuste. Et le tiers est mal et est op(er)acion iniuste et rend le faysant iniuste. Et pour ce que le premier membre est cler il declaire apres les deux autres membres ¶Tex. Choses q(ui) sont faictes par ire ne sont pas iugees estre faictes par preudence ou premeditacion comme deuant aduisees. ¶Glo.

Ce p(re)uue il par deux raysons.

¶Tex. Car celuy qui fait aucune chose par ire il ne comm(en)ce pas: mais celuy commence qui le prouoque et esmeut a ire ¶Glo. Il ent(en)t de ire q(ui) uient soudainement, et non pas de vielle hayne Apres il met la seconde rayson ¶Tex. Item de ce que est fait par ire les parties ne sont pas doubte se il est fait ou non fait, mais ilz doubtent et contend(en)t se le fait est iuste ou non ¶Glo. Car a celluy q(ui) fiert par ire il luy semble quant a leure que il a droit ¶Tex. Car ire est iniustice manifeste, et n'est pas ainsy en telz cas c(om)e il est en p(er)mutac(i)ons.

¶Glo. Desquelles il fut dit ou .V. chap. ¶Tex. Ou l'en fait doubte ou cont(en)t l'en des fays desquelz il con uient par necessite q(ue) l'un ou l'autre soyt mauuais se il n'estoit fait p(ar) oubliance.

¶Glo. Sicome se ung disoyt a l'autre tu me doys arg(en)t, et l'autre respon deroit Je scay bien paye, il c(on)uiendroyt q(ue) l'un dist mal et mauuaisem(en)t se il ne estoit excuse par oubliance ¶Tex. Mais ceulx q(ui) contendent d'un fait p(ar) ire ilz p(ro)fessent la chose et c(on)tend(en)t ou doubt(en)t en quelle maniere elle seroit iniuste ¶Glo. Sicomme quant ung dit que il auoit b(on)ne cause de se rir, et l'autre dit que non ¶Tex.

Et n'est pas ainsy de ceulx qui font mal par aguet car ilz ne ignor(en)t pas que ilz font mal: Et pour ce cel luy qui fait mal par aguet cuyde bi(en) que celuy a qui il le fait souffre iniuste, et l'autre qui fait mal par ire ne cuyde pas ainsy: car il est en courroux

Glo. Or auons doncques que
celuy qui a fait mal par ire confesse le
fait et nye que ce soit mal: et cuide que
non. Et celuy qui fait mal en commu
tacion nye le fait et scet bien qu'il ment
et confesse que ce seroit mal, et ainsi est
per pire que lautre, ceteris paribus
Apres il declaire le tiers membre. Tex

Et se aucun nuist de election, ou
par election il fait chose iniuste. Et
pour ce que il fait iniuste il est selon tel
les iniustificacions iniuste. Car il est
hors proporcionalite, ou hors equali
te. Glo. Hors proporcionalite
quant est ou regart de iustice distribu
tiue, et hors equalite quant est equali
te a iustice commutatiue iouxte ce que
fut dit ou vii. ou viii. chapitre. Or
est il ainsi que il a determine par quel
les operacions ung homme est iniuste: et
par quelles non. Apres il monstre qu'elz
pechies sont veniels et quelz non. Tex
Et de maulx volontaires les ungs
sont veniels et dignes de pardon et les
autres non. Car toutes les choses que
les gens pechent non pas tant seule
ment estans ignorans, mais par igno
rance precedente ilz sont veniels et doi
uent estre pardonnes. Glo.

C'est assauoir quant l'ignorance
n'est pas tant seulement acompaignan
ce et ensemble auec l'operacion, mais
quant elle est precedente et cause de l'o
peracion et telle que se elle ne precedast
celuy qui est ainsi ignorant ne feist pas
le fait, et s'en repent quant il le apper
coit, et scet, et de ce fut dit plus aplain

ou tiers chapitre du tiers liure. Tex
Mais toutes les choses que l'en pe
che non pas pour ignorance Glo
Qui soit cause du fait Tex.
Mais quant les pechans sont
estans ignorans pour aucune passion
qui n'est pas naturelle ne humaine:
Glo. Passions naturelles peu
ent estre dictes qui viennent de neces
site de nature quant a la partie de l'a
me appellee vegetatiue de quoy il fut
dit ou xx. chapitre du premier, et sont
telles passions comme faim et soif.

Et passions humaines sont qui
viennent de la partie sensitiue: comme
delectacions et tristeces, et les unes et
les autres peuent aucunefois estre sy
fortes et sy excellentes que ilz font le
peche excusable et venial Tex
Telz pechies ne sont pas veniels
ne a pardonner Glo Tel est se
pechie de celuy qui fait mal par ire ou p
concupiscence: et scet bien en vniuersel
ou general que tout tel fait est iniuste,
comme celuy qui occist ung homme
par ire ou p puresse, et entent a l'occire
Ou qui fait adultere par concupiscen
ce, et de ce fut dit plus aplain ou tiers
chap du tiers liure

L'acteur fait icy vne question
iouxte les choses dessusdictes
xviii.
ucil pourroit doubter se sou
fisamet est determine de iniu
ste souffrir et de iuste fayre.
G. car il est dit que toute iuste faire est

o.iii.

Volontaire: si peut estre question se il est ainsy de iniuste souffrir. Et loccasion de ceste question vint du dit de Euripedes le poete ☞ Tex. premierement len doubteroit se il est ainsy come disoit euripedes le poete qui ou nom dune autre personne qui se excusoit inconuenientement / et indeuement disoit ainsy. Jay occis ma mere / et apres disoit une briefue parole, ie le fait car ie le vouloye et elle le vouloit, ou elle le vouloit et ie ne le vouloie ☞ Glo.

Ung appelle Bellorofone occist sa mere du commandement de elle de quoy il se excusoit par deux voyes. premierement car elle le vouloit / et doncques disoit il que il ne feist pas iniustice. Dautre partie car il estoit a ce contraint par le commandement de elle / et le feist contre sa voulente. Apres il forme la question ☞ Tex. Doncques est question assauoir mont se len peut dire veritablement que aucun seuffre iniuste chose luy voulant, ou se toute souffrance de chose iniuste, ou toute iniuste souffrir est inuolontaire en la maniere que toute iniuste faire est volontaire ☞ Glo. Apres il met une autre question annexee ☞ Tex.

Et est question assauoir mont se toute iniuste souffrir est dune maniere ou tout dautre / et aussy de iniuste faire se tout est volontaire, ou se ung est volontaire et lautre inuolontaire. Et semblable question peut estre faicte de iniuste souffrir ☞ Glo.

Apres il argue aux parties

Tex. Et comme il soit verite que tout iuste ouurer soit volontaire il semble estre raysonnable que liuste souffrir et iuste souffrir soient opposites semblablement. Glo. Quant a ce que est estre volontaire ou inuolontaire. Et dire que tout iniuste souffrir soit volontaire cest inconuenient car aucuns seuffrent iniuste non voulans. Glo. Comme ceulx qui sont batus ou desrobes. Apres il met une autre question incidentelle. Tex.

Mais aucun doubteroit assauoir mont se de chun qui seuffre ce que est iniuste il est verite que ce souffrir soit iniuste et que telle souffrance ou passion soit iniuste. Glo. Sicomme dient aucuns oppositeurs, combien que ceste question soyt bien exprimee en grec. Toutesfoys les translateurs ne la peuent pas bien mettre en latin si doit estre excuse se ie ne le exprime proprement en francoys. Apres il met la responce. Tex. Et quant ad ce tout est en une maniere / et en ouurer et en souffrir: Car tant en lun comme en lautre peut aduenir que len fait ou seuffre choses iustes par accident. Et est manifeste que il est semblable des choses iniustes. Glo. Car celuy qui par ignorance fait une chose iniuste quant est de soy cest par accident et semblablement de chose iuste. Et pour ce ne le fait il pas iustement: sicome il fut dit en la glose du premier chapitre T. Car ce nest pas une mesme chose ouurer chose que soit iniuste et faire iiuste

Et n'est pas vne chose souffrir choses iniustes/ et souffrir iniuste Glo.
Il entent par ce quil dit faire iniuste que se action soit iniuste: et pouons dire que c'est faire iniustement. et par souffrir iniuste il entent que la passion ou souffrance soit iuste: et c'est souffrir iniustement Tex. Et semblablement c'est impossible que ce soit toute vne mesme chose en ouurer iuste et en souffrir iuste Glo. Car ce n'est pas toute vne mesme chose en tous cas faire iuste et faire iustement ne souffrir iuste et souffrir iustement Tex.
Mais est possible que aucun seuffre iniuste et que nul ne face iuste ou que aucun seuffre iuste et que nul ne face iuste Glo. Car laction et la passion sont dune maniere quant à ce qui est estre iuste/ ou iniuste. Et ce pouons nous appeller iustement ou iniustement/ et pouons mettre pour exemple quatre combinacios. premierement se vng iuge punist vng mauuais et cuide que il soit innocent il fait iuste non iustement. Item se il punist vng mauuais et il scet bien que il est tel: il fait iuste et iustement. Item se il punist vng innocent et cuide que il soit mauuais/ il fait iuste non iustement. Item se il punist vng innocent et scet bien que il est tel/ il fait iniuste iniustement. Et semblablement que il est dit de faire l'en peut dire de souffrir Apres il argue en vne question deuant proposee/ et prouue que aucun iniuste souffrir est volontaire par deux raisons aux quelles il respond apres Et met premierement vne distinction iuste non iustement/ iuste iustement: iuste non iustement/ iuste iustement.
Tex. Verite est que faire simplement iniuste est quant aucun nuist luy voulant et saichant a qui il nuist et quel nuisement il fait et en quel maniere. Et celui q est incontinent nuist a soy mesme luy voulant/ doncques s'ensuyt il que il seuffre iuste lui voulant Glo. Comme celuy q s'en pure de sa volente et scet bien q il fait mal et quant au corps et quant a l'ame
Tex. Et fait iniuste a soymesme. et c'est vng doubte q sera apres determine Glo. Ou chapitre ensuyuant Tex. C'est assauoir mont se aucun peut faire iniuste a soymesme Glo. Apres il met le second argument. Tex. Item se aucun pour cause de incontinence luy voulant est blece ou dommagie par vng autre qui se veult dommager: en tel cas il seuffre iuste luy voulant
Glo. Comme se aucun souffroit de sa volente que vne fole femme luy ostast le sien Apres il respond a la question Tex. Mais la diffinicion de ce que est faire iuste est quant aucun nuist luy saichant a qui et en quoy/ et comment il nuist Il conuient auecques tout ce adiouster que ce soit hors la volente de celuy a qui il nuist/ ou au mais cuyde nuire.

v.iiii.

Feuillet

Et ainsy aucũ est blecie et seuffre choses qui sont iniustes luy voulant: Glo. Il veult bien telles choses mais il ne veult pas que elles soient iniustes et males: et p ce il veult iuste par accident Tex. Mais nul ne seuffre iniuste luy voulant ce estre iniuste Glo. Apres il respõd au deux argumẽs deuãt fais. Tex. Car nul ne veult telle chose. Et pour ce celuy q̃ est incontinẽt ne veult pas souffrir iniuste, mais il fait la chose de sa volente, car nul ne veult fors ce que il cuide estre bien Glo. Nul ne peut vouloir fors vray bien ou apparent bien. Tex. Mais celuy q̃ est incõtinẽt il fait lopacion laquelle il ne cuide pas que elle soit cõuenable a faire Glo En vniuersel il scet bien que cest mal, mais pour seure que il peche ce iugement vniuersel est absorbe p concupiscẽce ou autre passiõ q̃ le trait a faire cest iugemẽt, et adoncques il appert que cest bien. Apres il respond a lautre argumẽt Tex. Et quãt est de celuy q̃ seuffre que len luy oste le sien ou le donne indeument. Sicõe disoit homerus le poete de vn appelle glaucue qui dõna a dyomedes armes dor pour armes dazain et cent beufs pour ix. boucs. Celuy q̃ ainsi fait ne seuffre pas iniuste, car il est en sa puissãce dõner ce qui est sien: et souffrir iniuste nest pas en la puissãce de celuy qui le seuffre, mais cõuiẽt quant a ce que il soit aucun q̃ face iniuste. Glo. Et pour ce souffrir

iniuste est inuolũtaire, et faire iniuste est volũtaire. Apres il recapitule. Tex Et ainsy est manifeste de iniuste souffrir que il nest pas voluntaire Glo Selon vng docteur quatre cas sont ou len seuffre iniuste volontairemẽt, mais nõ pas de parfaicte volente. Premieremẽt quãt la volente est teue, sicõme se vng veult bien que son voisin luy tue son cheual affin que il amẽde il seuffre volutairemẽt cest fait iniuste q̃ ne fust pas iniuste ne puni qui eust sceu sa volente Secondement quant la volente est parcial et nõ pas entieremẽt sur tout le fait, sicõme liniustice que lẽ faisoit aux martyrs ilz la vouloient bien souffrir pour la foy et pour leur salut, mais ilz ne le vouloient pas, et ne leur playsoit pas que leurs psecuteurs pechoient. Tiercemẽt quant la volẽte nest pas simple ou pure, mais mixte, sicõme celui qui prent a vsure qui veult soy obliger a paier plus que il ne doit pour ce que il veult plus ce faire que estre sans pecune, et ne peut estre autrement. Quartement quant la volente est liee et non franche, sicomme vng enfant, ou vng malade qui na pas vsaige de rayson seuffre aucune fois voulentiers que len luy face dõmaige et mal Et nest pas semblable de lincontinent qui est fait tel par sa coulpe et par sa volente. Et donc quant Aristote dit que nul ne seuffre iniuste voulant et saichant, il entent de volente eppresse non teue et entie/

re nõ pas pcial et pure non pas mixte et franche non pas liee mais ou tiers liure il dit Ung fait estre voluntaire cõme que il soit fait se ce nest pour ignorance inuincible ou pour violence car il parle illecques de faire ou de action par quoy len est ou bon ou mauuais. mais il parle ici de souffrir dõmage ou peine qui peult estre sãs malice et sans vertu.

Il traicte cy encor une autre question. xix.c

Et ce que nous auons estru a dire en ceste matiere encor demeurent .ii. questiõs Une est assauoir mont lequel fait iniuste en distributiõ ou celui qui distribue a autre oultre sa dignite et valeur ou celui qui a et recoit plus que il ne doit auoir. Lautre question est assauoir mont se aucun peult faire iniustice a soy mesme. Glo. Ceste questiõ sera determinee apres ou .xxii. chapitre Apres il traicte la premiere question et est assauoir que aucun peult faire distribution entre soy et ung autre ou entre plusieurs autres quãt au premier point il argue a la fasse partie.

Tex. Et se il estoit ainsi cõme dit est que celui qui distribue a autre trop fait iniuste et nõ pas celui qui recoit Doncques se aucun distribue plus a autres et mains a soy mesmes que il ne deust auoir et ce fait li voulãt et sachant il sensuit que il fait iniuste a soy mesme et ce dire est incõueniẽt car ainsi sont ceulx qui sont moderes et amiables car checun modere et attrempe est minoratif cest adire que il retient mains pour soy Glo. Et ce fait il par sa frãchise courtoisie et beniuolence Apres il met deux responces Tex. Mais il nest pas simplement verite que celui qui ainsi distribue retiẽt pour soy le mains de bien, car quant il retient mains pour soy des biẽs de dehors et utiles adõc ques il habonde en autre plus grant bien cestassauoir en gloire et ce est simplement bien Glo. Cest bien de vertu bien hõneste mais pour ce q ceste solucion ou responce ne va pas a sentencion de largumẽt qui estoit tant seulement de la distribution des biẽs de dehors pour ce il en met apres une autre plus real Tex. En cor y a une autre solution selon la diffinicion de ce que est faire iniuste. Glo. En laquelle il fut adiouste que ce est hors la volente de celui a qui se fait nuisement sicomme il appert ou chapitre precedent Tex. Car celui qui ainsi distribue ne souffre riẽs hors sa volẽte pour ce ne souffre il pas iniuste. mais il seuffre tant seulement aucun nuisement ou decement Glo. Quant aux biens de hors et ainsi est respondu a la question quant au premier point. Apres il respont quant au second point qui est quant a distribuer entre autres

feuillet.

Tex Et est manifeste que celui q̃ distribue entre autres hors propercionalité il fait iniuste. mais tousiours nest il pas voir que celui qui plus recoit face iniuste Glo. Mais tant seulement quant il en est en cause et en oeuures a ce par prieres ou autrement en corrumpant le iuge Glo. Les docteurs font ici q̃stion assauoir mont lequel peche plus de deux parties ou le iuge corrumpu ou la partie q̃ le corrumpt et telle question a lieu en iustice distributiue sicõme du iuge q̃ distribue benefices et en iustice commutatiue cõme en plaidoiries contensieuses et briefmement le iuge peult estre corrumpu et peruerti pour .iiii. causes en general les deux sõt amour et haine de quelles le iuge regarde a aultre pl⁹ que a soy et en tel cas il est principalement corrumpu p soy mesme et non pas par la ptie qui peult ce ignorer et ainsi la question na pas lieu en ces deux causes les autres deux causes sont paour et cõuoitise es quelles il regarde plus a soy mesmes et en tel cas peult il estre corrumpu par la ptie qui menace ou qui fait choses terribles ou qui pmet ou dõne choses concupiscibles et ici a lieu la question si pouons dire premierement qu el se iuge corrũpu par cõuoitise peche plus que le iuge corrumpu par paour. car le peche est plus grant qui est plus voluntaire et plus a plaisance se les autres choses sont par elles que celui q̃ est mains voluntaire et auecq̃s des

plaisance sicõme il appert asseɀ p le p mier chapitre du tiers liure et le pechie fait par cõuoitise est plus voluntaire que par paour sicõme il appt p le .ppvi. chapitre du tiers et est plus legier a euiter car plus fort est a soustenir tristes choses q̃ soy abstenir des delectables sicõme il fut dit ou .ppi. chapitre du tiers. Item secondemẽt pouons dire que le iuge corrupu par cõuoitise peche plus que la partie corrũpant. car le iuge fait telle iniustice de son auctorité et de sa ppre poste et est principal acteur cõe que il soit incite p la partie. Item il oste et emble a laultre partie et a la partie corrũpant elle ne oste pas. mais elle recoit et ce nest pas si mal ãteɀ il dõne ce qui nest pas sien et recoit et prẽt ce qui nest pas sie et le corrũpant prent ce q̃ nest pas sien mais il dõne ce q̃ est sien. Item il est pl⁹ obligie garder et a sauoir iustice q̃ nest la partie et auecq̃ ce lestat de la psõne aggraue le pech'e tiercement pouõs dire q̃ le iuge corrũpu p paour ne peche pas tant cõme fait la ptie corrũpant. car menacier et faire iniures est plus volũtaire q̃ soustenir paour et nõ flectir et pour ce est il pechie plus grant. Item celui q̃ fait paour est pl⁹ principal acteur et efficient et laultre est plus subiect et cõme pacient et ces trois cõclusions sont a entendre selõ le cõmun cours et nõ pas en tous cas et est a entendre q̃ les autres choses soient pareilles. car se vng iuge pour vne ptie menace faisoit perdre a vne partie.ii.solz le pmier pecheroit plus que le second et pourroit estre que il pecheroit plus que la partie qui le menace.Apres il preuue son propos p trois raisons Tex. Car celui a qui le fait chose iuste et q la recoit et seufre il ne fait pas iniuste quãt a ce mais celui qui fait iniuste du quel il est uerite que il le fait voulant et ou quel est le principe et la cause de locution ou operation et cest en celui qui distribue et non pas en celui qui prent et recoit Glo. Apres il preuue la seconde raison Tex Item en plusieurs manieres peult une chose estre dicte faire cestassauoir ou cõme cause principal ou cõme cause instrumëtal sicõme len diroit que une espee occist et toutesfois si est ce chose sãs ame ou ence len diroit que la main occist ou le sergent de celui qui le cõmande car qconque telle cause instrumëtel ne fait pas iniuste cõbien que les choses faictes soient iniustes Glo. Cest a dire que linstrumët ne fait pas intustement mais la coulpe est en la cause efficiëte principal et cest le distribuãt non pas le receuant et ce que il dit du sergent est a entëdre ou cas que il deuroit estre epcuse pour le cõmãdemët de son seigneur sicõme il peult souuët aduenir. Apres il met la tierce raison et suppose q il ait en iustice distributiue semblablemët cõme en iustice commutatiue et que ainsi fait iniustice celui qui distribue autrement que il ne doit cõme le iuge qui cõdempne ou a-

bolist autrement que il ne doit.
Tex. Item celui qui est ignorant de aucun droit legal ou positif et pour ce iuge chose qui est de soy iniuste len ne doit pas dire que il fait iniuste Glo Fors par accidët et ne oeuure pas iniustemët ne p le vice ou habit de iniustice Tex. Car iuste legal est ung droit et iuste premier et naturel est ung autre Glo
Nul ne peult ignorer droit naturel q est dit premier pour ce que droit positif en descent et en est diriue. mais ung iuge peult bië ignorer aucun droit positif et par ce mal iugier et combien q ignorance de droit ne lepcuse pas q il ne peche et fait chose iuste toutesfois nest ce pas pechie fait p iniustice pprement mais bien peult estre reduit a iustice Tex. Mais se aucun congnoist les drois et il iuge iniustemët il fait auaricieusemët ou pour grace et prouffit acquerir ou pour peine et dõmage euiter Glo. Et tel iuge est corrũpu par conuoitise ou par paour Tex. Car en ceste maniere est il se aucun entre autres psones fait parties et distribucion selon iniustificacion et quicõques pour les causes dessusdictes iuge en distribucion iniustement il recoit plus que il ne doit Glo. Car en ce faisãt il a compli st son mauuais plaisir cõbien que il ne pte pas a la distribucion sicõme le prelat qui distribue maluaisement les benefices Tex. Car aussi en iugement cõtencieup le iuge

corrũpu qui a iugié iniustement ung chãp a la partie il ne prẽt pas le chãp pour soy mais il prent argent Glo. Semblablemẽt celui qui distribue i iustemẽt cõbien que il ne part pas en la distribuciõ toutesuoyes il y prẽt sõ plaisir ou aultre chose iniustemẽt p ce ste sentence du philosophe et par les raisons dessusdictes il appt cleremẽt que quicõques distribue aucũs honneurs ou offices autremẽt q̃ selon les merites et valeurs des persõnes et ce fait voulant et sachant il fait pechie et iniustice et dõcques quicõques de. ii. persõnes souffisantes eslit ou promeut ou a aucune dignite benefice ou office celui qui scet estre le mains souffissant et ce soit pour amour ou pour gaing ou cõme que ce soit autrement il est iniuste et mauuais et purrtit sa nature et la proporcionalite de iustice distributiue et peche griefmẽt ia soit ce que la loy ne dye pas que il en puisse estre reprins en iugement cõtẽcieux car il sensuiroit trop de plais et de haines et dautres difficultees et icõueniens plus grans et pour ce est il souffert cõbien que ce soit tresgrãt mal

Deux docteurs font icy une question assauoir mont se le iuge doit cõdãner celui que il scet certainement estre inocent ou cas que il seroit prouue par tesmoigs en forme de droit que il est coulpable et pour ce que aucũs errent en ceste q̃stion et pour obuier aux grans perilz q̃ peuent venir de telle erreur ie vueil ceste matiere traictier ung peu plus longuement. Aucũs peu sachans dient que en ceste question sont contraires et discordãs theologie et les drois et tiẽnent que selon droit et selon verite le iuge en tel cas doit condẽner linnocent et leurs motifs sõt telz premieremẽt car les droits qui parlent de office de iuge et les docteurs veulent q̃ le iuge face son iugemẽt selon les choses alleguees et prouuees et dit saint ambroise que bon iuge sicõ il est iuge et ace sõt plusieurs droits canõs et ciuilz et droit diuin deuteronomii vii. ou il est escript que celui qui sera occis perra par la bouche de deux tesmoigs ou de quatre. Secõdement il appartient pricipalement au iuge garder et seruir a iustise et au point tous telz droits car cest son office et de ce dit aristote ou. viii. chapitre q̃ le prĩce est gardiẽ de droit et le iuge cest le prĩce ou celuy q̃ tient le sien du prĩce et q̃ le represente. Tiercemẽt selon aristote ou pmier chapitre du pmier le bien tãt est pl9 cõmun et pl9 vault et plus est a amer doncq̃s la pbacion cõmune est manifeste faicte publiquement en forme de iugement est a preferer deuãt la probacion prticuliere, priuee et occulte et le iuge doit plus amer la cõseruacion de droit cõmun q̃ est bien cõmũ que du droit ou du bien ppre dune persõne priuee ou de la vie dicelle et doit peser le iuge ou cas dessus mis que ce nest il pas q̃ cõdẽpne le innocent. mais ce fait le droit ou la loy qui ad ce le côtraint. car côme dit aristote ou .viii. chapitre le iuge est côme droit anime et vniant et est esta/bli pour faire selon les loyx et nō pas selon son opinion. Quartemēt il est dit en vne decretale qui se cōmēce Si sacerdos Que se le prestre scet par cōfession le crime dun hōme il ne peult tel hōme punir ne excōmunier p son ppre nom. car il ne scet pas telle cho/se cōme hōme mais cōme dieu. Sem blablemēt en nostre cas le iuge ne scet pas linocence de celui qui est accuse cō me iuge mais il la scet cōme robert ou guillaume et il cōgnoist le mal fait cōe iuge et doncques ne doit il pas iugier par cōgnoissance priuee quil a cōme guillaume mais doit iugier par la cō gnoissance publicque quil a cōme iu ge en figure de iugement. Quinte/ment se il nestoit ainsi il sensuiuroit grant incōuenient, car de checun mal faicteur le iuge pourroit dire quant il lui plaizoit quil scet de certain que il nest pas coulpable et ne le vouldroit cōdemner. Septement par raisō sem blable pourroit il vng flateur cōdem ner a son plaisir sans autre pbacion fors tant seulement pour dire quil scet de certain quil est malfaicteur, et sem blablement pourroit il cōdemner li nocent et ainsi il ne conuendroit nulz droix en tel cas fors la cōsciēce du iu ge et toutesuoyes dit aristote ou pre/mier de rhetorique que lē doit trespeu de choses commettre au iuge et est son

intenciō que nulle chose de quoy len puisse faire loy ou qui puisse estre de/terminee p droit elle ne doit estre lais/sie en larbitraige, ou volēte du iuge. Dōcqs p les raisons dessusdictes, p autres raisons et allegacions aux ql les len pourroit respōdre p ce q sera dit apres Il sembleroit a aucūs que le iu ge deust condēner celui que il scet ino cent ou cas dessusdit.

Ais le cōtraire est verite et appert premierement, car a ristote dit ou chapitre pre/cedent et en cestui que celui oeuure in iustement qui fait chose de soy iniuste lui voulant et sachant et hors la vo lente de celui qui la seuffre et ainsi se roit le iuge en condēnant linocent ou cas dessusdit et il est certain que nul ne doit oeuurer iniustement ne pechez en quelconque cas. Secōdement ari stote dit ou .viii. chapitre du second que aucūes choses sont inuolutes en malice de ce que ilz sont nōmees et tel les choses len ne les peult pas faire vne fois bien autre fois mal mais ilz ne peuēt estre oncques bien faictes en quelcōque cas ne en quelconque ma niere sicōme enuie et larrecin et ce mes me dit saint Augustin et les docteurs catholiques Or est il tout cler que cōdēner linnocent de certaine scien/ce est telle chose et est mauuaise de soy suppose que elle ne fust pas deffendue et est contre pitie et contre nature en te et auecques ce cōtre le cōmādement

de dieu quia cesui qui est iuge dit ain
si Exodi.xxiii. Tu ne occira pas
sinocent et le iuste.car dit il ie suis ad/
uersaire a cesui qui est felon et iniuste
Il appert doncques que la cause pour
quoy il deffent telle chose cest pour ce
q̃ cest felonie et iniquite. Tiercement
nul droit positif ne peult derroguer a
droit naturel ne obligier a faire con
tre droit naturel et en cas de perplexi
te ou il couiendroit faire contre lun ou
contre lautre len deueroit auãt faire
contre droit positif que contre droit na/
turel et autremẽt len pecheroit. Car
droit naturel est ordonne de dieu et
droit positif est establi p̃ hõmes et len
doit plus obeir a dieu que aux hõmes
Or est la verite que punir le innocẽt
est contre droit naturel selon les diffi/
nicions que de tel droit mettẽt aristo
te ou.v.d.chapitre et tulles en la fin
de vielle rhetorique et appt̃ asses. car
raison naturelle en tous temps et en
tous lieux dit que il ne doit pas estre
puni et naturellemẽt punicion est de/
ue pour coulpe et non pas pour bien
faire et cest vng principe moral q̃ che
cun ottroieroit et est general sans in/
stance. mais que len doie iugier selon
les choses prouuees cest droit positif z
peult auoir instance en cas de faulx
tesmonage pour ce que adoncques ne
seroit pas le iugement selon verite
  Quartement vne decretale qui se cõ
mence Inquisit Dit ainsi que se vng
marie scet de certain empechement en
son mariage pour quoy il ne peult ex

cercer leuure charnel sans pechie mor
tel ia soit ce que il ne puisse sempesche
mẽt prouuer en leglise ou en iugemẽt
en tel cas il doit eslire soustenir la sen
tence de excomunication plus que p̃
cõmixtion charnel faire pechie mor
tel cest le texte doncques en cest cas la
loy qui cõmande que les maries gisẽt
ensemble nest pas a tenir et ne obli/
ge pas en cest cas simplement mais/
doit pl9 eslire soustenir la peine de la
loy que obeir a elle Semblablement
la loy qui diroit que len iugast selon
les choses prouuees nest pas a tenir
ou cas q̃ le iuge ne peult ce faire sans
venir contre verite et se aucun p̃ caul
lacion disoit que la decretalle pl̃e de ce
lui qui en tel cas ne peult exercer oeu
ure charnel sans pechie mortel mais
en nostre cas le iuge peult bien con/
dẽner le innocent sans pechie. car cõ
bien que ce fust pechie autrement tou
tesfois puis que les drois le veullent
il en est excuse. Responseie dis p̃ rai
son sẽblable seroit excuse se marie de
congnoistre sa cousine quãt il est iuge
par leglise selon les drois et il appert
le contraire par la decretalle qui cõseil
le que nõ face pour euiter pechie mor
tel z q̃ suppose q̃ il est allegue z prou
ue ou congneu que il a espousee z que
il ne peult prouuer que elle est sa cou
sine or est il tout cler que se droit posi/
tif ou iugement fait selon tel droit ne
peult excuser de cõgnoistre sa cousine
q̃ droit positif deueroit moult mains
excuser de occire vng innocẽt a es/

&ent Encor pourroit estre autre cauil
lacion car ou cas de la decretale le ma
rie ne peult estre excuse de cognoistre
sa cousine pour ce que la decretale dit
que non face et se ne fust ce il en seroit
excuse par la sentence de droit mais il
nest ne droit ne decretale qui die que
le iuge ne doie en tous cas iugier selon
les choses prouuees. Response congnoistre sa cousine ou cas dessusdit
nest pas pechie pour ce que la decreta
le le deffent mais elle le deffent pour
ce que cest pechie et estoit auant que elle
fust faicte et seroit se elle estoit encor a
faire sicome il appt asses par la teneur
de elle et par semblable et p plus fort
condener le innocent est pechie pose q̄
nul droit escript ne le deffedist ce seroit
contre dieu et contre droit naturel qui
souffist estre escript es cuers des hom
mes et auecques ce cest contre droit diuin escript sicome ie diray apres. Encore ay ie pense que aucun pourroit ca
uiller et dire que ou cas de la decretale le marie ne pecheroit pas pour con
gnoistre sa cousine absoluement, mais
pour ce que il en fait consciece. Semblablemēt le iuge en nostre cas peche
roit se il faisoit conscience de condener
le innocēt, mais il ne se doit pas faire
puis que droit dit que il le doit condener. Response se il fust ainsi que le ma
rie ou cas dessusdit pechast seulement
pour ce que il fait consciece la decreta
le cōseillast que il deposast celle consci
ence sicome elle conseille en cest chapi-

tre mesme ou cas que il aroit legiere
creance de lempechement et non pas
certaine science et semblablemēt en no
stre cas se le iuge auoit legiere creance
sans science de telle inocence il deueroit iugier selon la probacion. Encor
pourroit aucun dire que ce nest pas sē
blable du marie et du iuge es .ii. cas
dessusdis pour ce que le marie est persone priuee et le iuge est persone publi
que et par ce est plus tie et obligie a
iugier selon droit que le marie nest a
tenir la sētēce de droit. Respōse briefment ie di que nul pour raisō de office
publicque ne autremēt ne peult estre
obligie a pechier ne a faire chose qui
est quant est de soy mauuaise. Quintement au ppos principal que le iuge
ne doie pas le innocēt condener ou cas
dessusmis il appert par le droit diuin
escript Exodi .xxiii. ou semble
que nostre seigneur determine ceste q̄-
stion et dit ainsi. Gardes que tu ne
ensuiues la turbe ou multitude a
faire mal et ne cōsent pas en iugemēt
a sa sentence de plusieurs en telle maniere que tu deuies et voise hors de verite cest le cōmandement de dieu par
quoy il appert que le iuge ne doit pas
lessier a iugier selon verite pour la sē-
tence ou pour le dit de la multitude
des tesmoings ou dautres car il ne
doit iugier pour nulle probacton se il
ne cuide que elle puisse estre vraie si
cōme len pourroit monstrer p plusieurs auctorites qui sont es decres et

ailleurs desquelles alleguer ie me passe a present pour cause de briefte prouer biorum.p̃ vii. Qui iustificat impium et qui condēnat iustū abhominabilis est vterqz apud deum.

Tie di apres que nō obstāt tout ce que dit est la loy q̃ dis roit ou qui dit q̃ le iuge doit iuger selon les choses alleguees & pu uees est bōne et iuste et raisōnable et premierement il appt ce que dit aristo te ou .vpi. chapitre ou il dit que la loy est dōnee vniuerselemēt et sont aucu nes choses de quoy len ne peult iuste ment dire vniuerselemēt et aucunes sont ou il est necessite de mettre la loy vniuerselemēt et nest pas possible q̃ ce soit en tous cas iustement. mais la loy prent son dit selon le plus et tou tesfois elle ne ignore pas q̃ en ce peult aduenir pechie et deffaulte, et neant mains elle est iuste et droicturiere et nest pas pechie en la loy ne en celui q̃ la met mais est en la nature de la cho se car telle est la nature des choses ou urables par nous ce a dit aristote Et la cause de ce il la met ou premier de re thoricque ou il dit q̃ telle chose auiēt pour ce que les cas et les circonstan ces des operations humaines sont in finies et innombrables et dit oultre q̃ par ce aduiēt que vng hōme aucune fois seroit coulpable selō la loy et nest pas coulpable selon verite En tel cas le iuge doit vser de vne maniere ou espece de iustice appellee Epytyhie, Cest a dire direction adrecement ou correction de droit et doit iugier selon verite & non pas selon la loy cest la sē tence daristote escripte en la science de philosophie ou les loys sōt fondees & doncques a nostre propos il est cer tain que comunement et ou plus de cas les choses prouuees en forme de droit sont vraies et ne peult souuent aduenir que le iuge sache le contraire et pour ce sa loy ou ordōnance de iu gier selon les probacions est bōne & iu ste et neātmains en ce peult aduenir pechie et erreur et peu souuent sicōme en nostre cas principal et adoncques le iuge doit vser de la vertu appellee Epytyhie et tout ce appert p la senten ce du philosophe dessusdit. Item ad ce propos fait vng exemple souuent recite de la loy qui disoit que tout de post est a rendre laquelle est iuste & ne antmains elle nest pas a tenir en ren dant a vng fourcene son glaiue Je cō clu doncques et di premieremēt que se le iuge nestoit certain de la innocence de celui qui est accuse il deueroit iuger selon les probacions sicōme il est dit en la deduction de la quarte raison et la conclusion principal Secōdemēt se il est certain de la innocēce il ne doit pas le iugement ou la cause cōmettre a celui qui le condēneroit, car ainsi se roit le innocent cōdemne par le fait de cest iuge. Tiercemēt se tel iuge a sou uerain il est bon que tel iuge remette la cause auecques toute la verite/ et q̄ il encharge la conscience du souuerain.

Quartement se le souuerain ne veult receuoir la remission: cestui doit non condēner et assouldre linnocent cōme dit est. Quintement se le souuerain le recoit il doit faire selon consciēce, fors que il ne condēne celluy que il cuide fermemēt estre innocent, et doit vser de la vertu de iustice appellee Epyeysre, dont il est dit deuant.

Septemēt se il estoit ordōne que le iuge qui ne iugeroit selō ses choses prouuees encourist aucune peine: sicōme par aduēture estre priue doffice a temps ou tousiours il deueroit plꝰ soustenir la peine que condēner celuy q̄ il scet innocent, et endurer telle fortune affin que il ne pechast. Et par ce que dit est appert clerement q̄ le bon theologien et le bon iuriste ne sōt pas discordans. Car lun et lautre octroye que la loy dessuz dicte est iuste, et q̄ elle nest pas, cest cas a tenir, ne deux sciences veritables ne sont auecq̄s discordantes.

pres ie respons auꝛ argumēs contraires. Au premier quant laduersaire q̄ dit que les droitz veullent que len iuge selon les choses alleguees etc. Je di q̄ cest a entendre quant au plus, et en toꝰ cas ou le iuge ne sauroit de certain que la probacion est faulse. Au second il dit q̄ il doit les droitz garder au point etcetera. Il appert par ce que dit est que il y a bien instance, mais ce nest pas souuent.

Au tiers quāt il dit que la probacion commune est a preferer etcetera. Je di que il est a entendre de celle qui est ou qui appert vraie, et non pas de celle que le iuge scet estre faulse. Et quāt il dit oultre que le iuge doit plꝰ aymer la conseruacion du droit commun que du droit priue etcetera. Je di que il doit encor plꝰ aymer a soy garder de pechier, et dy que en ce faisant il garde le droit appelle Epyeysre et auecques ce le droit cōmun de iuger selon les probacions ne peut pas parce, mais demeure et est iuste comme dit est. Et a ce que il dit oultre que ce ne fait pas le iuge, mais droit qui la contraint. Je di que la personne du iuge prononceroit la sentence, et di que droit ne paour de soustenir peine ne le peut a ce contraindre. Car sicōme il fut dit ou second chapitre du .iiii. aulcunes operacions sont que len ne doit faire pour nulle contrainte. Et de telles est condemner linnocent, si comme il appert par les raisons de la conclusion principale. Au quart argument ou il allegue vne decretale qui dit que le prestre ne doit pas punir celluy de qui il scet le crime par cōfession. Car il le scet comme dieu nō pas comme homme. Semblablement en nostre cas, etcetera. Je respons que ce nest pas semblable pour ce que il ny a pas petite differēce, et nest pas tout vne chose soy absteꝛ

p.i.

nir de punir et non punir le pecheur/ et autre chose est de punir linnocent. Car le premier peut estre sans peche/ et lautre non. Dautre ptie non reueler pfession est comandemēt de dieu. et condēner le innocent nest pas comandemēt de dieu mais est defendu sicōme il est dit deuāt. Et quāt il dit oultre que le iuge ē cest cas ne punist ou condēne pas en cest cas cōme guillaume/ mais cōme iuge etc. Je respons que ce ne vault/ car cōme q̄ il soit luy mesmes en sa psonne condēne cellui qui nest pas a condēner. Dautre partie par semblable raison pourroit lē dire ou cas de vne autre decretale dessus alleguee q̄ le marie peut cōgnoistre sa cousine non pas cōme son cousin. mais cōme son mari adiugie par lesglise. Aussy pourroit dire vng prestre que il condēne vng larron a mort nō pas cōme prestre, mais cōme iuge, et que il bat vng clerc non pas comme clerc/ mais cōme son aduersaire/ etc.

Au quint quāt il dit que il sensui roit inconuenient, car ainsy pourroit le iuge absouldre chūn malfaicteur. Je di que non/ car comme iay dit deuant tel cas ne peut aduenir, fors q̄ trespeu souuent: Et pourroit tost estre apperceu se le iuge abusoit en ce Et auecques ce cōme il est dit deuāt il pourroit encourir aucune peine: et deueroit en tel cas declairer publicq̄ment ce quil meut sa cōscience. Dautre partie ce nest pas si grant incōues

nient de absouldre vng malfaicteur comme de condemner vng innocent.

Au siptesme quant il dit que par semblable raisō pourroit il vng malfaicteur condemner sans probacion/ etcetera. Je dis que se il est certain du crime dun malfaicteur, il ne se doibt pas pour ce condemner sans probascion: pose que il ne puisse estre prouue

Et la cause de la dissimilitude est pour ce q̄ le iuge ne peult sans peche condemner linnocent/ comme souuēt est dit. Et a ce fait ce que dit aristote en la fin du .xxi. chapitre/ ou il dit q̄ le iuge quant il vse de la vertu appellee epyeykie sicōmeil doit faire en cest cas, il ne doibt pas diligemment executer rigueur en punissāt, ia soit ce que la loy luy aide quant ad ce.

Comment il excluo et oste aucuns erreurs en ceste matiere xx.ca

Lusieurs gens cuydent pour ce que il est en leur puissance faire chose qui est iuste/ que semblablement ce soit legiere chose de estre iniuste Glo. Cest la premiere erreur que il repreuue Tex.
Et il nest pas ainsy: Car bien est verite que coucher auecques la femme de son voisin/ et ferir son prouchain/ et donner de sa main argent

pour faire homicide, telles choses sont faictes de legier, et sont en la puissance des gens, mais le faire come ceulx qui ont en eulx telz vices ce nest pas legiere chose ne q̃ sont tantost en leur puissance ☞Glo Car il conuient long temps et acoustumance par plusieurs opacions auant q̃ le vice soit engendré et conferme p lequel len face telles iniustes prestement subtilement et delectablement: car il nest pas tantost bon larron qui veult, et par plus forte raison len ne peut pas estre legierement iuste. Et ce entent aristote ici endroit principalement contre aucuns qui disoient le contraire. Apres il oste ung autre erreur ☞Tex. Semblablement cuident aucuns q̃ cognoistre les choses iustes et iniustes nest pas moult grãt sagesse, car les choses iustes et iniustes de quoy les loyx parlent ne sont iustes fors selon accident ☞Glo Car ce sont choses generalz ☞Tex. Mais la maniere de les ouurer et de les appliquer et distribuer cest ce qui les fait simplement iustes ☞Glo Car quãt ilz sont faictes p la vertu de iustice et ilz sont determinees et practiquees deuement et distribuees en particulier au negoces et aux personnes selon toutes bonnes circonstãces, doncq̃s sont ilz prõprement iustes. Or est ce impossible q̃ telles pticularites soient escriptes es loyx. Et pour ce dit il que ce que diẽt les loyx est iuste selon accident. Car

se il estoit praticque autrement que a point il ne seroit pas iuste. Et pour ce doit len souuent que ceulx qui ont appris les loyx et ne ont veu les fais ilz ne sceuent faire iustice ☞Tex Et cest plus forte chose a scauoir, que ne sont les choses qui guerissent le corps ☞Glo Car il a plus de diuersite es choses volontaires es quelles est iustice que il na es choses naturelles es quelles est medecine ☞Tex Et en medecine cest legiere chose scauoir ce q̃ il est dit du miel et du vin et de ellebore, et de cauteres, et de incisions: mais la maniere de distribuer telles choses et de les ordonner et appliquer a ce que sante soit acquise cest autant forte chose come destre medecin. ☞Glo Et encor est plus fort estre iuste que estre medecin come dit est. Apres il met le tiers erreur ☞Tex Et par les erreurs dessusdictz cuident aucuns q̃ ung hõe iuste ne puisse pas mains legierement faire chose iuste que il peut faire chose iuste. Car le iuste ne peut pas mais ne plº faire qlconques telles choses come seroit cognoistre charnelement la fẽme de son voisin et ferir la teste du voisin. Et celuy q̃ a la vertu de fortitude peut legieremẽt ietter son escu et fuir en qlcõque ptie: mais auoir paour indeuement et faire iniustemẽt ce nest pas faire telle chose fors touteffois selon accident G. car il eschiet et aduiẽt aucũefoiz q̃ le couart et liniuste fait telles choses

fueillet

Mais faire les choses dessusdictes cōme couart ou cōme iuste, cest auoir paour indeumēt et faire iniustement sicōme faire incision ou nō faire dōner medecine la patiue, ou non dōner ce nest pas medeciner et guerir. mais telles choses faite en la maniere que il appartient:cest medeciner et guerir Glo. Et ce ne peut pas faire de legier celuy qui nest iuste, mais le iniuste estant iniuste il peut bien partir ce que il doit, mais ce ne fait il pas iustemēt ne delectablemēt. et aussy le iuste peut bien ferir son voisin par accident a cas dauenture, mais sui expi stant iuste il ne peut ferir iniustemēt

Tex. Et est assauoir q̄ choses iustes sont vers telles personnes qui ont les biens q̄ sont dis biens simplement Glo. Et absoluemēt, et ce sont les biens de dehors, cōe richesses, honneurs et puissance Tex

Et peut len auoir en telles choses supabōdāce et deffaute: mais aucūs sont qui ne en peuent auoir a supabō dance ou trop, sicōme par aduenture les dieux Glo. Ceulx q̄ sont tresparfais en vertus tant plus ont de biēs de dehors et ilz sont meilleurs Et selon lopinion de platon, ilz sont cōe dieux, et apres la mort sōt ou ciel auecques les dieux. Et pour ce que Aristote ne afferme pas ceste opinion dit il par aduēture Tex. Mais aucuns autres sont aux quelz nulle part de telz biens nest prouffitable

tant soit petite: car ilz sont mauuais et incurables de leur malice. Et tous telz biens leurs nuisent en ce q̄ ilz en sōt plus mauuais. Et les autres sōt aux quelz telz biens iques a certaine quantite ou pporcion sont prouffita bles, et ce est chose humaine Glo.

Cest a dire cōmune aux bons hōmes, et par ce appt q̄ trops manieres de gens sont et q̄ bien vser de tresgrā des richesses, et de excellens hōneurs cest selon philosophie naturele estat de pfection, et mal vser de quelzconques telz biens tant soiēt petis, cest bestialite, et ne sont pas telz vies signes de viure. Et biē vser de telz biēs a mo iēne quātite est cōmun estat aux ver tueux

Dune especiale partie de iusti ce appellee epyeykie   xxi. ca

Lappartient dire tantost ci apres de epyeykie et de epy eyke Glo. Epyeyke est vne especial maniere de iustice par laq̄lle est adrecie ou corrigee en aucūs cas iustice legal, et na pas nō ipose en latin ne en frācoise mais en grec, et en grec epy cest dessus, et epzia cest iusti ce, et epzre cest chose iuste, et epzree cest la psonne iuste. Et est ceste vertu ain sy appellee pour ce q̄ p elle en certain cas est gardee iustice pl excellēment q̄ le nest baillee p les polices de la loy sicōme il appra apres, et fut touchie en la derreniere q̄stion du.xix. chap.

Et celuy vse de ceste vertu qui ne rēt pas au forcene son glaiue ꝛc. ¶Tex. Et conuient dire en quelle maniere epeykie regarde la chose iuste ꝛ iustice:ꝛ comme eppeykes se a sa chose iuste. Glo. Troys choses sont en cest ppos/cestassauoir lhabit/lob tect, et le subiect. Lhabit est la vertu: cest eppeykie. Lobiect est la matiere, cest eppeykes. Le subiect ꝛ la persone cest eppeykes, et de ces troys choses ie diray par ordre. Et premierement de lobiect en arguant ꝛ puis en respondant ¶Tex. Car aucuns q̃ ont leur itēcion en ceste matiere il ne leur semble pas que chose iuste ꝛ eppeykie soit vne mesme chose siplemēt ꝛ vniuerselement, ne que ce soit du tout autre chose. Car aucunesfois nous louons celui qui est eppeikie ꝛ vse de ceste vertu, et disons que il est vaillāt hōme et vertueup. Et en le louāt nous voulons monstrer par telle maniere que il est meilleur que iuste Glo. Cest a dire meilleur que celui qui fait iustice cōmune/ou meilleur que se il feist en tel cas selō le droit escript Car comme dit vne loy que q̃ ensuit les paroles de la loy sefforce contre la volente de la loy ¶Tex. Et aucunesfois a ceulp qui ensuiuent vne autre raison il semble inconueniēt se epieyzies est autre chose que iuste que elle doie estre louee. car il leur semble que il conuient que chose iuste ne soit pas bōne ꝛ louable: ou que epieyzies soit autre chose que bonne ꝛ louable

ou que se aucun de ces deup est louable ꝛ bien que tout est vne chose. Et pour ce font ilz tel doubte en ceste matiere. Glo. Cest vng argumēt tel que il vouloit dire que pour ce que bien nest dit selon leus opinion que en vne maniere il cōuiēt se iuste est bon que tout soit vng,/ꝛ se tout nest vng il puient que lun ou lautre soit mal Apres il determine la verite ¶Tex. Et toutes les choses dessusdictes ont en soy verite en aucune maniere, ꝛ ne sont en rien contraires se ilz sont bien entēdues: Car epieikes est meilleur que aucun iuste/ou que aucun droit, ꝛ si est iuste ꝛ droit Glo. Epieikes est selon droit naturel ꝛ est meilleur que droit positif ¶Tex. Et nest pas epieikes vng autre genre que iuste/ꝛ pour ce nest il pas meilleur que quelconque iuste Glo. Iuste est vng genre cōmun a droit positif ꝛ droit naturel soubz leq̃l est contenu epieikes ¶Tex. Doncq̃s iuste ꝛ epieikes sōt vne chose. Glo. Cest a dire q̃ chū de iuste legal ꝛ de epieikes est iuste ꝛ sōt vn gēre. T. Et cōe selon verite tous les deup soiēt bons toutesfois epieikes est meilleur,/ꝛ en ceste ptie le doubte est pour ce q̃ epieikes est iuste mais nō pas selon la loy mais cest direction ꝛ adressemēt de iuste legal: cest adire de droit positif Glo. Car les deffautes de tel droit sont suplees par Epieikes selon raison naturelle,/sur laquelle est fonde droit positif,comme il apperra apres.

p.iii.

Feuillet

Et pour ce dit que eppeykee est direction de tel droit. Apres il assigne la cause de son dit, & la cause pour quoy Eppeykes est meilleur que iuste legal: & est adressement de tel droit. et pour ce que toute loy est donnee vniuerselement. Et aucunes sont de quoy il conuient dire & mettre loy vniuerselemēt, & si nest pas possible de ce dire vniuerselement & droitturierement, mais la loy parle & prent: & est mise quant au plus. Et ne ignore pas q̃ il luy puist aduenir deffaulte & pechie, & neantmains la loy est droicturiere: Car le pechie nest pas en la loy ne en celuy q̃ le met ou ordonne, mais le pechie est en la nature de la chose. car verite est que la nature des choses ouurables par nous est telle Glo. Côme il fut touchie en la glose du p̃p. chapitre en la seconde question. Aristote assigne la cause de ce, au premier de rhetorique ou il dit que cest pour ce q̃ les cas & les circonstances qui peuent aduenir es opacions humaines sont infinies & innombrables. Et dit apres que par ce aduient que vng homme aucunesfoys seroit coulpable selon la loy & non pas selon la verite. Et en tel cas le iuge doit vser de Eppeyke, cest adire que il doit iuger selon la verite non pas selon la loy. Tex.

Et comme il soit ainsy que la loy parle vniuerselemēt & il eschet ou aduient aucun cas au quel il nest pas prouffitable de la loy garder & tenir,

adoncques la loy, ou celuy qui fist la loy pecha Glo. Non pas que i feist mal, mais il establi la loy ou il pouoit eschoir deffaute & pechie

Tex. En la mettant simplement & vniuerselemēt, cest chose droituriere que se aucune chose soit qui a dresse ceste deffaute, & q̃ il dye & sentencie comme celuy sentēciast q̃ fist la loy sil fust present Glo. Cest le droit appelle eppeykes qui adresse telle deffaute Tex. Et sil eust peu scauoir & aduiser tel cas il eust dit & precepte en mettant la loy Glo.

Sicomme de ce que en vne cite fut deffedu sur peine de perdre la teste que nul estrange ou forain ne montast sur les murs de la cite. Et quant les ennemis les assaillerent ilz ioussent prinse, mais les forains la defendirent & pour ce ne furent ilz pas punis, car ilz ne firent pas contre sentencion de celuy qui mist la loy qui fist celle loy ou defence affin que les forains ne occupassent & fussēt seigneurs de la cite

Tex. Et pour ce eppeyk̄s est iuste chose & meilleur que aucun iuste, & non pas meilleur que quelcōque iuste vniuerselemēt, mais il est meilleur q̃ celui iuste ou droit ou il peust cheoir pechie & erreur p ce quil est baillie simplement et vniuerselement et cest la nature de eppeyhes cestassauoir que il est direction ou adrecemēt de la loy la ou elle deffault pour aucune chose particuliere Glo. Len

doit sauoir que ainsi cõme des autres
choses naturelles les vnes viennent
tousiours sans instãce cõe est le soleil
leuer chescun iour les autres aduiennent quant au plus et cõmunement
mais aucunefois et peu ya deffaulte
sicõe vng hõme naistre a .ij. doie en
vne main et quant ya deffaute adõc
qs nature fait du mieulx q̃l'e peult
Semblablemẽt il est aucun droit naturel ou il ne peult eschoir instance sicõme amer dieu viure selon vertu et
en ce na pas lieu eppeykies. mais il est
bien autre droit naturel la ou il peult
auoir instance en peu de cas sicõe rendre ce que len garde en depost et nõ oc
cire son voisin et quant il ya instance
adõcques doit faire le iuge le mieulx
que il peult et user de eppeykies Item
eppeykies a lieu en droit pur positif
Item il a lieu en tous cas de quoy il
nest loy ou coustume sicõe il sera dit a
pres Tex. Et la cause est, car len
ne peult pas toutes choses determiner selon loy mais de aucunes choses
est impossible donner et mettre loy ⁊
pour ce en tel cas est mestier de la science et discrecion du iuge Glo.
Car cest impossible que celui q̃ mist
la loy leust mise pour auiser tous les
cas et toutes les malices qui pouoiẽt
aduenir Tex. Car de chose q̃
est non determinee la rigle est non determinee sicõme il est es edificacions
de lisle de lesbie la ou tailleurs de pier
re ont leur rigle de plunt laq̃lle il trãs

muent selon la figure de la pierre ⁊ ne
demeure pas en vng estat Glo.
Les pierres y sont de telle nature que
au cop du martel ilz se fendent tortu-
eusement si couient pour les ioindre a
point ⁊ pour mettre la bosse contre la
fosse iustement que les macons ayent
rigles de plunt Tex. Et en ceste maniere doit estre la sentẽce du iuge ou regart d'aucunes choses
Glo. Car aucunefois ne peult
il pas faire droit simplement rendre a
chescun le sien mais il fait a mieulx q̃
il peult selon la discrecion par la vertu de eppeykie Tex. Or auons
doncques manifestement que cest que
eppeykies et cõe cest chose iuste et meil
leur que aucun iuste Glo. Ain-
si a dit de lobiect de ceste vertu et a-
pres dit du subiect Tex. Et y
ce est manifeste quel est ce ui qui est e-
ppeykie. car cest le hõme qui est electif
⁊ operatif du iuste dessusdit et tel epy-
ekie nest pas diligent de executer iustice au pis en punissant mais il appe
tice les peines ia soit ce q̃ il ait la loy
qui lui aide a les faire plus grandes
Glo. Car tout iuge doit estre
p9 enclin a misericorde que a rigueur
Apres il parle de labit Tex.
Et eppeykia cest habit et est vne espe
ce ou maniere de iustice et nest pas au
tre habit ou autre vertu que iustice:

Comment il respond a la se-

cõde question proposee cy deuãt
ou xix chapitre   xxiii.ca

Il appert aucunement p̃ les
choses dessusdictes se les gẽs
peuent faire iniustice a eulx
mesmes ⸿Glo. Car il fut dit ou
p̃ viii. chapitre que le incõtinent qui
dõne le sien a vne fole sẽme et le pert
il ne fait pas iniustice a soy mesme
puis que il le veult et ainsi nul ne fait
iniustice a soy mesme. Apres il met ii
motifs au contraire ⸿Tex Car
des choses iustes aucunes sont iustes
selon toute vertu et ordõnees p̃ la loy
⸿Glo C'est assauoir tout iu
ste legal sicõme il fut dit ou secõd cha
pitre ⸿Tex Sicõme verite est
que la loy ne cõmande pas que vng
hõme se occie et toutes choses que la
loy ne cõmande elle les deuee et deffẽt
⸿Glo Il est a entendre quant
aux peines nõ pas quant aux graces doncques semble il que celui qui
se occist fait iniuste a soy mesmes. A-
pres il met vng autre motif ⸿Tex
Item quant vng hõme nuist et fait
peine hors la loy a aucun qui ne lui cõ-
trariott pas ou nuisoit ⸿Glo
Il dit cecy a la difference de celui qui
fiert vng autre en soy deffendant car
tel ne fait pas iniuste ⸿Tex. Et
il fait celle chose lui voulant il fait iniuste et ce fait il lui voulant quant il
scet a qui il nuist et commẽt Or est il

ainsi que celui qui pour ire occist soy
mesme il euure telle chose lui voulãt
et hors la loy droicturiere car la loy ne
seuffre pas telle chose doncq̃s tel fait
iniuste ⸿Glo Et sembleroit
a aucun que c'est a soy mesme mais nõ
fait et pour ce sensuit la responce
⸿Tex Mais a qui il fait iniuste
pour certain a la cite ou a la cõmunite et non pas a soy mesmes. car il seuf
fre ceste chose luy voulant et nul ne
seuffre iniuste lui voulant ⸿Glo.
Sicõme il fut dit ou p̃ viii. chapitre
⸿Tex Et que il face iniuste a
la cite il appert p̃ ce que pour tel fait
la cite se damnifie et est ordõne certai
ne inhonoracion en lieu de peine acon
ques occist soy mesmes cõme a celui q̃
fait iniuste a la cite ⸿Glo Si
cõme en aucune cite ou policie il est or
dõne que les corps de ceulx qui sont
homicides de eulx mesmes soient trai
nes et pendus ou iettes es chãps sãs
sepulture. Apres il desclaire son prin
cipal propos quant aux iniustices p̃
ticulieres et met principalement son
intencion ⸿Tex Encore a-
uec ce que dit est vng hõme qui est in
iuste selon ce ou pour ce tant seulemẽt
q̃ il fait iniuste particulier et n'est pas
du tout mauuais tel ne fait pas iniuste a soy mesme et tel est autre que ce
lui qui est du tout mauuais car il est
aucunemẽt iniuste et ainsi est il mau
uais particulierement aussi cõme celui qui est couart et non pas cõme celui

q̃ a en soy toute la malice et tel ne fait pas iniuste a soy mesme ☞Glo. Le declaire il apres par .iiii. raisons

☞Ter. Premierement, car il sensuiroit que len ostast a aucun ce que il ne doit pas auoir et cest impossible car il conuient que iuste et iniuste soient entre plusieures persones ☞Glo. Pource que quiconque fait iniuste il prent plus que il ne doit et doncques nul ne peult faire iniuste a soy mesme Apres il met vne autre raison

☞Ter. Item quiconques fait iniuste proprement il conuient que le fait soit voluntaire et par election et auecques ce faire iniuste est auant q̃ souffrir iniuste ☞Glo. Car faire iniuste precede naturelement souffrir iniuste aussi come sa cause precede so̧ effect ia soit ce que il ne procede pas en temps ☞Ter. Et pource celui qui a premier souffert iiuste et fait aucune chose encontre il ne semble pas q̃l face iniuste ☞Glo. Car il loist a checun deffedre soy et rebouter force par force modereemēt en soy gardant par raison et sans blasme ☞Ter. Et celui qui seroit iniuste a soy mesme il seroit et soufferoit et seroit agēt ou faisant ou pacient tout ensemble en vne chose ou regard de soy mesme ☞Glo. Et cest impossible. Apres il met la tierce raison ☞Ter. Ite si aucun faisoit iniuste a soy mesme il sensuiroit q̃ il souffrist iniuste sui voulant ☞Glo. Et ce ne peult estre

sicōme il fut dit ou .viii. chapitre. Apres il met la quarte raison ☞Ter. Item auecques les autres raisōs desusdictes nous voions par inductiō es particulieres iniustifications que nul ne fait iniuste a soy mesmes, car nul ne fait adultere auecques sa propre feme ☞Glo. Il semble que seneque veulle dire le contraire, car il dit que se aucun congnoist sa propre feme et il cuide que ce soit la femme de son voisin il fait adultere. Ie respons que tel fait est iniuste car loperacion est iniuste et mauuaise pour lelection mais il ne fait pas iiuste a soy mesme mais quant en soy est il fait iniuste a son voisin et a la communite et peult bien aduenir sicōe dit seneque que aucun fait iniuste et nul ne seuffre iniuste Apres il repete la principale cause et racine de sa conclusion ☞Ter. Ne nul ne mine ou abat sō mur pour sui nuire ne nul ne emble a soy mesme ce qui est sien et briefment la question assauoir mont se aucun peult faire iniuste a soy mesme est du tout solue selon la diffintciō de souffrir iniuste en laquelle il est dit que cest volūtairement ☞Glo. Ce fut ou .viii. chapitre ou il fut dit que nul ne seuffre iniuste voluntairement et nul ne fait iniuste fors voluntairement et doncques nul ne fait iniuste a soy mesmes.

feuillet.

Comment il compare ensē-
ble iniuste faire et iniuste souffrir
et determine dune iustice impro
prement dicte et methaphorique.
xxiiii. C

Il est manifeste que iniuste
faire et iniuste souffrir tous
deux sōt males choses car in
iuste souffrir est mains auoir que ne
requiert le moien de iustice et iniuste
faire est plus auoir que tel iuste ne re
quiert et tel moien est aussi cōme estre
sain et moien en art de medecine est cō
me auoir bonne habitude de corps est
moien en art de epcercitatiue.
Glo. Qui cōme art de medecine
passe ou ist hors du moien en trop ou
en peu boire ou mengier il va hors de
sante et en epercitatiue cest adire en
mouuement et labeur corporel qui en
fait trop ou peu il va hors de bonne
habitude ou habilite de corps car la
beur de corps subtilie le humeur naturelle et quāt il est trop grāt il seche
telle humeur laquelle vault mieulx
destre subtiliee et empiree par desiccati
on Tex. Mais toutesuoyes in
iuste faire est pire que iniuste souffrir
car iniuste faire est auecques malice
et vituperable et est malice simplemēt
ou bien pres de malice Glo.
Quant len fait iniuste de volente et
de election ou dapensement et deliberacion cest simplement malice. mais
quant len fait iniuste volūtairemēt
et non pas de election mais pour ire
ou pour autre passion cest mal. mais
ce nest pas pure malice ne selon la bit
de iniustice Tex. Car il nest
pas ainsi que tout faire iniuste volūtairement soit auecques malice et in
iuste souffrir est plus malice et sās in
iustice Glo. Iniustice faire rēt
vng hōme mauuais et est mal de pei
ne Tex. Doncques est in-
iuste souffrir mains mal selon soy que
nest iniuste faire et si peult estre q̄ selō
accident iniuste souffrir est plus grāt
mal mais len ne cure en art ou en scie
ce de ce que est selon accident et que in
iuste souffrir soit plus grant mal par
accident il appert en exemple sicōme
se len disoit que plemesie Glo.
Cest vne apostume ou corps tres pe
rilleuse Tex Est plus grāt
mal que achoper ou hurter son pie ia
soit ce que aucunefois seroit pl⁹ mal
par accident soy achoper sicōme se par
ce aduenoit que len chait et que se fust
pris de ses ennemis et que len fust mis
a mort Glo. Semblablemēt
aucunefois pour souffrir iniuste vng
hōme par accidēt est meu a faire vng
plus grant iniuste sicōme soy desespe
rer et soy occire. Apres il determine
de iuste selon similitude Tex
Verite est que aucun iuste est en vng
hōme qui est iuste selon methaphore
ou selon similitude et encor nest il pas
tel que vng hōme face iniuste a soy
mesme. mais aucūes choses ou pties

de lui sont injuste aux autres, et encor n'est ce pas juste en quelconque maniere mais est tant seulement juste dominatif ou dispensatif. g. tel juste ou droit est autrement appelle paternel ou yconomique et de ce fut dit ou .p viii. chapitre, et comme ce n'est pas droit ou juste proprement Tex Car si comme il appert es raisons et paroles autresfois dictes Glo. Du livre de l'ame et ou dernier chapitre du premier d'ethiques Tex La partie de l'ame qui a en soy raison differe de la partie qui est irracionelle et a ce regardent ceulx qui ensuivent platon et par ce leur semble que aucun peult faire injustice a soy mesme Car en telles parties de l'ame il advient que ung homme seuffre aucune chose contre les desirs de son appetit.

Glo. Quant raison veult une chose et elle fait le contraire par ce qu'elle est sourmontee et vaincue par l'appetit sensitif si comme par ire ou par concupiscence il semble qu'elle seuffre injustice Tex. Et doncques aussi comme aucun juste ou droit est entre celui qui commande et celui a qui il commande. Semblablement est il aucun juste entre les parties de l'ame dessusdictes Glo. Car raison et la partie intellective doit commander a la partie sensitive doit obeir, mais en ce n'est pas proprement juste ou injustice. Car juste et justice sont entre personnes diverses et non pas entre les parties d'une mesme personne Tex. Et doncques en ceste maniere soit determine de justice et des autres vertus morales.

Cy fine le cinquiesme livre d'ethiques.

Cy commence le sixte liure/ et met lacteur cy son entention et fait vne distinction a son propos.   Premier chapitre.

Pource que nous auons dit que il conuient eslire le moyen et non pas la superhabondãce ne la deffaute Glo Ce fut dit au vii. chapitre du second et ce qui se suit aussy, car illecques fut dit que le moyen est a prendre selon ce que dit raison droituriere Tex Et auons dit aussy que le moyen est a prendre selon ce que dit droite raison Doncques est il consequent et bien que nous diuisons ceste chose Glo Cestassauoir droite raison ne suffist pas Tex. Voir est que il est dit deuant que en tous les habis dessusdis ou vertus aussy cõme en aultres choses Cestassauoir aux ars en chascun est vng signe auquel tout homme qui a en soy droite raison regarde et selon ce il croist ou adiouste ou apetice son euure ou sa matiere, et considere quel est le terme de telz signes lesquelz nous disõs estre moyens entre superhabondãce et deffaute selon droite raison Glo. Ce fut dit au vii. chapitre du second. Apres il monstre que ce ne souffist pas Tex Mais dire ay sy combien que ce soit verité toutesuoies par ce nest rien manifeste par aucune souffisance. Car en toutes autres estudes ou besoignes de quoy il est art ou science sen peut dire ceste verite generale, cestassauoir que il conuient labourer et ouurer et non pas faire negligence, et que les choses ne soient plusreurs ou mẽdres q̃l nappartiẽt, mais dõnent estre moiẽnes selõ ce que dit droite raisõ, mais se aucun scet cecy seulement il ne saura ia plus par ce mettre rien a effect, sicõme qui demanderoit quelles choses il conuient appliquer a guarir se corps, et auant respondoit et disoit que tout ce il conuient que medicine et cestuy qui a telle science commandent. Glo. Ceste generalité ne souffit pas. Tex Et pour ce quant es habis et vert⁹ de lame ce que est deuant dit que les vnes sont vertus de meurs ou morales et les autres sont vertus intellectuelles Glo Ce fut dit en la fin du premier liure. Tex Et auõs passé et dit des vertus morales et voulons dire des autres. Et dirons premieremẽt de lame en ceste maniere, il fut dit deuãt que deux pties de lame sõt vne q̃ a raisõ et lautre qui est irrationelle Glo Ce fut dit au dernier chapitre du premier Et est ãssauoir que par la partie qui a raison il entẽt la partie intellectiue et sentendemẽt et par ses vert⁹ itellectuelles desquelles il determine en ce sixte et par la p tie irrationelle, il entent la partie sensitiue en homme la quelle a ses perfections p̃ Vertus morales desquelles il est dit deuant. Tex. Or auons a dire maintenant de la partie qui a raison par semblable maniere Et commēt supposer que de la ptie qui a raison sont deux manieres ou parties Vne est par la quelle len a speculation ou contemplation ou consideration vers les choses de quoy les principes sont necessaires et qui ne peuent estre autremeut. Et laultre partie est par la quelle len considere vers les hoses qui sont contingentes ou variables Glo. La premiere partie est appellee entendement speculatif et est vers les veritez necessaires come ilz sont es sciences mathmatiques et en aucunes autres. Et lautre partie est appellee entendement pratique, et est vers les veritez qui sont es ars et es sciences des fais humains ou il a plusieurs veritez qui ne sont pas simplement necessaires Tex Car achascun des choses qui differēt en genre, il cuient vne ptie de lame pour cōgnoistre lune, et lautre pour lautre congnoistre pour ce que la congnoissance de chascune telle chose est faicte selon aucune similitude et propriete Glo. La chose que len congnoist ⁊ la partie de lame qui la congnoist ont aucūe proporcion et conuenience ensemble ⁊ dōcques des choses qui differēt grandement les parties de lame qui les

cougnoissent differerent aucunemēt mais enquerir se ilz differēt plus ou mains ou se ilz different selon substance ou selon accident ou autrement il nappertient pas a ceste science sicomme il fut dit ou xix. chapitre du premier Et dōcques suffist il supposer icy que les parties de lame dessusdictes different aucunement

Tex. Or disons doncques que de ces parties lune est scientifique, ou speculatiue, ⁊ lautre est rationatiue ou pratique et raisonner et conseiller cest vne mesme chose

Glo Rationatiue viēt de raisonner et en est dit raisōner icy en droit cest ce que len appelle en ꝑsculx de batre ou arguer en debattant

Tex. Et nul ne conseille ou quiert deliberatiō des choses q̃ ne peuent soy auoir autremēt Glo Sicōme il fut dit au vii. chapitre du tiers liure Tex Et pource cōuient il que la partie de lame racionatiue ou practique soit de lame qui a raison vne partie autre que la partie speculatiue.

Il commence a parler des vertus intellectuelles et premierement en general .ii. chapitre

Dus deuōs doncques pꝛēdre de chascun deux, cestassauoir de entendement speculatif et de entēdement pratique labit tresmeilleur et cest la vertu de chascun de ceulx:

Et chascune vertu est ordenee a sa propre operation. Or est assauoir que en lame sont troys choses qui ont seigneurie et dnation au regart de laction et au regart de la verite pratique. Et ses troys choses sont la sensitiue lentendement et lappetit ou voulente, mais la sensitiue nest pas principe de aucune action, et ce appert manifestement par ce que les bestes ont la partie sensitiue, et toutesuoyes ilz ne communiquent en aucune action. Glo. Il entend action humaine qui est faicte par deliberation ou par election, et pource quant il dit deuant que la sensitiue a dnation ce nest pas au regart de laction, mais cest bien au regart de la verite dont la congnoissance despent de la sensitiue. Tex. Et aussy comme affirmation ou negation sont en la pensee ou entendement semblablement et proporcionalement sont en lappetit prosecution et suite. Glo. Il entent par affirmation assentement a ce qui est voir ou appert voir. Et par negation dissentement ou non accort a ce que est faulx ou appert faulx. Et entent persecution de bien vray ou apparent suite et de mal semblablement. Tex.

Et pource que vertu morale est habit electif. Glo. Sicomme il fut dit au vii. chapitre du second.

Tex. Et election est appetit de chose deuant conseillee. Glo. Sicomme il fut dit au ix. chapitre du tiers. Et pource conuient il se

laction est vertueuse que la raison soit vraye et que lappetit soit droit par ainsy que lentendement die voir. Et que lappetit poursuie ce que la raison ou entendement dit estre bon, et donc telle raison vraye cest la pensee et la verite pratique. Glo. Car se lentendement dit verite de ce que est a faire il ny a pas en ce perfection et nest pas verite practique se lappetit ne poursuit, sicomme il desclaire apres.

Tex. Car le bien et le mal de pensee speculatiue cest absolument vray ou faulx pource que telle chose est operation de tout entendement speculatif. Glo. La bonne opation de la speculatiue, cest soy assentir a verite et nest pas verite practique, et la mauuaise operation est soy assentir a faulsete. Tex. Mais le bien dentendement practique cest verite non pas absolument, mais verite accordant soy auecques lappetit droit ou droiturier. Et de laction ou du fait election est cause efficiente, mais elle nest pas de cause finale, et de election sont cause appetit et raison lesquelles choses sont pour aucune fin, et pour ce election nest pas sans entendement et pensee et si nest pas sans habit moral. Glo. Lequel enseigne lappetit a poursuir ce que est iuge par sentendement. Tex. Car ne bonne action ne sa contraire, cest assauoir mauuaise action ne sont pas sans pensee ou entendement ne sans inclination morale. Glo. Quant est a la perfection ou compliſſement de tel action en bien ou en mal elle neſt pas ſans vertu ou ſans vice qui enclinent ace. Tex. Et la penſee ou entendement abſoluement conſidere ne meut pas la perſonne a faire ſaction mais elle meut entant come elle eſt ordonnee en aucune fin et en tant comme elle eſt penſee practique. Et telle penſee a ſeigneurie non pas tant ſeulement ſur loperacion de lame qui eſt en lame meſme, ſicome doler dung couteau, ou ferir dung marteau pour faire vng ymaige ou vne maiſon. Tex. Car tout homme qui fait telle operacion factiue il la fait pour aucune choſe et penſe a ce. Et telle choſe neſt pas encore ſa fin ſiplemēt, mais en outre elle ordōne aucune choſe eſtre faitte pour ce Glo. Sicomme loperacion dung charpentier eſt pour ſa maiſon eſtre faitte et la maiſon eſt pour auoir habitacion iouxte ce que fut dit de lordenāce des fins ou premier chapitre du premier liure. Tex. Mais il neſt pas ainſi de operaciō actiue car telle action eſt ſimplement fin et eſt lappetit termine en telle action Item il enſent de ſaction qui eſt operaciō de vertu qui demeure et eſt dedens en lame & la fin pncipale eſt ſeliate humaine. Sicomme il fut dit ou.ix. chapitre du premier Tex. Et par ce que dit eſt il ſenſuit que election eſt entendemēt appetitif ou quelle eſt appetit intellectif Glo

Il appert par ce que dit eſt en ceſt chapitre et ou .ix. chapitre du tiers que en election ſont a conſiderer deux choſes vne eſt deſirer ou appetit lautre eſt entendement raiſon deliberacion Et doncques dit il que election eſt lentendement qui adreſce & rigle lappetit ou election eſt lappetit q̄ eſt adreſcie et rigle par lentendemēt et ceſte partie eſt la plus vraye ſemblable. Car la fin de election eſt bien & bien eſt ſobiect de lappetit auſſi come verite ou voir eſt lobiect de lentēdemēt & pour ce que election enclot en ſa diffinicion entendement ou appetit et ſes parties ſont aucunemēt cauſe de ſeur tout pour ce dit il deuant en ceſt chapitre que de election ſont cauſe appetit et raiſon. Tex. Et homme eſt tel principe et telle cauſe de ces operacions. Glo. Ceſtaſſauoir par election, laquelle neſt nullement es beſtes, ſicomme il fut dit au quint cha. du tiers. Tex. Et eſt aſſauoir que la choſe qui eſt faitte et paſſee neſt pas eſliſible ſicōe que la cite de trope fut priſe nul ne eſlit telle choſe qui eſt paſſee mais de choſe qui eſt a aduenir Glo Et electiō preſuppoſe conſeil ſicomme il appert ou .ix. chpitre du tiers. Tex. Et qui eſt contingente et qui peut eſtre que il nait eſte fait. Et pour ce diſoit bien agathan le philoſophe que dieu eſt priue dune ſeule choſe ceſtaſſauoir que il ne peut faire que ces choſes qui ſont faittes naient eſte faittes. Et doncques par ce que dit est deuant il appert que congnoissance de verite ou sauoir verite est operation de chascune des parties intellectiues dessusdictes. Cestassauoir de tendement speculatif et dentedemēt practique. Et les habis selon lesquelz chascune de ces parties dit et congnoist verite tresbien mesmemēt et principalement telz habis ce sont les vertus des parties dessusdictes.

Du nombre des vertus intellectuelles et de celle qui est appellee science. iii. chapitre.

Or commencons doncques de rechief en supposāt ce q̄ est dessusdit et disons de ces vertus itellectuelles. Telles vertus selon lesquelles lame dit verite ou en affirmant ou en nepant ilz sont cinq en nombre et sont cestes, art, science, prudence, sapience, entendemēt. Glo. La suffisence du nombre des especes de ces vertus pourroit assez apparoir apres ce que il sera dit de chascune determineement quelle elle est mais en general nous pouōs quant a present ainsi dire que verite ou elle est vers les fais humains ou vers autres choses. Quāt au premier sont art et prudence et different car prudence est vers operacions actiues qui regardent vertus et vices mais art est vers les factiues qui ne regardent vertus ne vices. Et de

verite qui est en autres choses ou ce sont principes et de ce est entendemēt ou ce sont conclusions et de ce est science, ou lung et lautre et de ce est sapiēce

Et est assauoir que il prent icy entendement autrement que deuant et que ailleurs il se prent pour vne partie ou puissance de lame ou pour son operaciō. Et icy il se prēt pour vne vertu comme dit est et sera dit apres au .vi. chapitre Apres il exclud deux choses Tex. Car suspicion et opinion ne sont pas de cest nombre, pource que il aduient aucunesfois que par suspicion et par opinion len dit faulx. Glo. En soy fondant en telles choses len pourroit ouurer contre vertu moral Apres il determine de science Tex. Et desmaintenant peult assez apparoir quelle chose est saēce mais toutesuoyes il en conuient plus certiff. et non pas ensuir ceulx qui preuuent science selon similitude. Glo. Sicomme aucun diroit que il scet bien que tel homme se siet ou que il court Car de telles choses combien que ilz soient certaines toutesuoyes nest ce pas sciēce propremēt Tex. Car nous tenons que ce que nous scauōs ne peust soy auoir autremēt, mais les choses contingētes q̄ peuēt estre ainsi et autremēt no⁹ ne scauōs pas se ilz sont ainsi ou non quant ilz sōt hors de nostre regart ou presence Si comme se ie voy vng homme qui se siet quant ie ne le voy ou sens plus

ie ne ſcay ſe il ſe ſiet ou non. Tex.
Et doncques toute choſe de quoy il
peult eſtre ſcience elle eſt de neceſſite et
doncques elle eſt perdurable Car tou
tes choſes qui ſont de neceſſite ſont p̄
durables et telles choſes ſont ſans comencement et non point corrumpables Glo. Il entent que les veritez des concluſions des ſciences ſōt
perdurables en telle maniere que tou
teſſois et quantes que ſcy les propoſe
roit ilz ſeroient vrayes ſi comme il eſt
dit de concluſions de mathematiques
et des autres ſciences Tex.
Encore eſt il verite que toute ſcien
ce quant eſt de ſoy il ſemble que elle
peut eſtre apriſe, et que toute choſe q̄
peult eſtre apriſe peult eſtre ſcience
Et toute doctrine daucune ſcience
eſt faicte par induction ou elle eſt fai
te par ſilogiſme Et induction eſt pri
cipe et cauſe par quoy eſt faicte la con
gnoiſſāce de la propoſicion vniuerſel-
le Glo. Si comme qui diroit ceſte
ſectue garit de fieure et ceſte, et ceſte, et
ainſi des autres Et doncques vni-
uerſeſement toute ſectue garit de fie
uere tel proces eſt appelle induction.
Tex. Et ſilogiſme eſt fait de
propoſicions vniuerſelles Glo
Si comme qui diroit ainſy toute
choſe qui garit de fieure eſt froide il
appert que toutes les premiſſes ſont
vniuerſeles et la concluſion auſſy
Tex Et conuient doncques
que les premiſſes daucun ſilogiſme,
ſoiēt pridies, et que elles ne ſoiēt pas

monſtrees ou prouuees par autre ſilogiſme Glo. Et auſſy conuiēt
il que elles ſoient congneues par cel
les meſmes ſi comme il eſt es ſciences
mathematiques ou par induction ſi
comme es ſciences naturelles ſans ce
que ilz ſoient prouuees par autre ſilo
giſme, car autrement ſeroit le proces
infini Tex. Et doncques
ſont ilz prouuees par induction
Glo Il eſt voir daucunes com
me dit eſt et appert en ſeptieſme deuāt
mis en la gloſe ou il eſt dit que toute
ſectue garit etc. Et il fut dit ou ix.
chapitre du premier queſt induction
comme nous auons dit ou liure des
poſteres Glo Et pource tout ſi
logiſme neſt pas cauſe de ſciēce mais
tant ſeulement celuy qui eſt demon-
ſtratif et euident Tex.
Car quant les principes ſont congneu
es daucun il ſcet par eulx la concluſi
on mais ſe il ne les congnoiſſoit plus et
deuant que la concluſion il nauroit
pas ſcience par telz principes fors ſelō
accident Glo Car ſe les principes
ou premiſſes neſtoient pas cauſe de
la congnoiſſance de la concluſion.
Tex Et quant a preſent ſoit
determine de ſcience en ceſte maniere
Glo Car de ce a il determine pl9
aplain ou liure de poſteres, ou il appertient mieulx que icy endroit·

De la vertu intellectiue qui eſt appellee art   iiii. chapitre

Es choses cõtingentes (z qui se peuent auoir en vne maniere et autremẽt vne est agible et lautre est factible Car autre chose est faction (z autre chose est action Et de ce nous no9 croions es raisons que nous auons dittes hors ceste science ❡ Glo Cest ou vi. liure de methaphisique ou il appert la difference entre action (z faction car actiõ e opatiõ qui demeure en celui q̃ la fait sicõdroir ou entẽdre Et faction est celle qui passe en aucune matiere de hors sicomme edifier forgier (zc. ❡ Tex. Et pour ce habit actif auecques raisõ est autre que nest habit factif auecques raison Et action (z faction ne sont pas cõtenus lun soubz lautre car actiõ nest pas faction ne faction nest pas actiõ Et pour ce nous voions qui se par quoy len sceit edifier e vng art (z que cest habit qui.e factif auecques raisõ ou par raison Et voions que nulle art qui ne soit habit factif auecques raison ne il nest nul tel habit a faire aucune chose factible selon la raison a ce requise. Et chose factible est qui ne regarde quant est de soy vertu ou vice Et dit selon raisõ ou auecques raison a la difference daucunes bestes q̃ euurẽt aussi cõe artificielemẽt cõe larõde ou lapie fait sõ ny mais ce nest pas par raisõ ne par art mais est par enseignemẽt de nature.

❡ Tex Et tout art est vers la generacion ou nouuelle faction daucune chose et vers artifier ou ouurer et vers speculer (z considerer en quelle maniere sera faitte aucune des choses contingentes qui peuent estre et non estre ❡ Glo Il touche trois choses qui regardent ou sont en art vne est, la chose faitte, lautre est la facon, lautre est la pensee cogitaciõ ou labit Et par ce que il dit contingentes il exclude choses naturelles (z perpetuelles qui ne sont pas faittes par art sicomme les mouuemens du ciel a parler de art proprement

❡ Tex. Et des quelles le principe (z la cause est en celui qui fait telle chose (z nõ pas en la chose faitte ❡ Glo Par ce il exclut les mouuemens naturelz comme de la pierre qui descent aual par la pesanteur qui est en elle. Tex. Car art nest pas des choses q̃ sõt ou q̃ sõt faittes de necessite ne de celles qui sont selon nature Car ilz sont en elles mesmes leur principe Et par ce que action est autre chose que faction il est necessaire que art soit de faction et nõ pas daction ❡ Glo Et par ce differe art dauecques prudence Car prudence est daction sicomme il fut dit en la glose du tiers chapitre.

❡ Tex. Et selon aucune maniere art et fortune sont vers vne mesmes chose ❡ Glo Cestassauoir vers choses qui sont faittes p entendement de homme, mais art est par raison et fortune est sans raison ❡ Tex Et pour ce disoit a gathon le philosophe que art a ame fortune et que fortune a ame art Et doncques comme dit est art est ung habit factif auecques vraye raison. Et aucontraire athereme est ung habit factif auecques faulse raison vers chose contingente et qui se peut auoir autrement. Glo. Et aussi comme erreur est contraire a science aussi est il ung habit contraire a art qui est appellee athereme ou inhercie et na pas nom propre en francois. Et est assauoir que aussi comme fortitude est dicte en plusieurs manieres par similitude a vraye fortitude sicomme il fut dit ou xviii. chapitre du tiers Semblablement la diffinicion icy mise est de art proprement comme grammaire ou logique et telles sciences appellees ars liberaulx.

Car aussi comme en vray art len quiert le moien et ordene len une euure par subtilite et par raison. Semblablement sont composees plusieurs choses en plusieurs parties de telles sciences

De prudence. v. chapitre.

Nous commencerons a dire de prudence en considerant premierement quelz gens nous disons estre prudens Et semble que les gens soient dis prudens pour ce que ilz sceuent bien conseiller vers les choses qui leur sont bonnes et pourfitables et non pas selon aucune partie sicomme quelles choses sont bonnes a sante ou a la vertu de fortitude mais uniuerselement a tout ce que appartient a bien viure et ce appert par signe car nous disons aucuns estre prudens determineement en aucune chose et non pas simplement quant ilz ce sceuent bien raisonner et conseiller a aucune certaine fin qui soit bonne. Glo. Car conseiller a mauuaise fin nest pas prudence mais est astuce cautele malicieusete

Texte. Et de choses desquelles nest pas art Glo Si comme est prudence en fais darmes ou en tenir iurisdicion Tex

Et donc celui est simplement prudent qui scet bien conseiller uniuerselement de tout quanque appartient a bien viure Or est il ainsi que nul ne fait conseil de choses de quoy il est impossible quil soient autrement ne de choses contingentes qui ne sont pas en sa puissance Glo Sicomme il fut dit au vii. chapitre du tiers

Tex Et pour ce que science e par demonstracion et demonstracion ne peult estre de choses desquelles les principes se peuent auoir autrement Glo Sicomme il fut touche au tiers chapitre et est dit au liure de posters Texte

Car toutes les choses qui ensuiuent de principes contingentes et de quoy ilz sõt cause: telles choses sõt contingentes et se peuent aultremẽt auoir. Glo. Et doncques nest ce pas scièce de telles choses, mais est de choses necessaires comme dit est au tiers c. Tex. Et lẽ ne fait pas conseil de choses qui sont de necessite et non contingentes. Et doncques prudence nest pas science ne art. premierement ce nest pas science, car la chose actible de quoy est prudence est contingente et peut soy auoir autrement. Item prudẽce nest pas art, car aultre genre et aultre chose est action et aultre est faction. Glo.

Sicomme il appert au chapitre precedent. Et apres il concluc la diffinicion de prudence. Texte.

Et doncques il demeure et sen suit que prudẽce est ung habit vray factif auecques raison vers les choses qui sont bonnes ou males a homme. Glo. Du de homme, et ceste diffinicion ap pert assez p ce que dit est, et par ce que sera dit a pres. Tex. Car de faction la fin est aultre chose que nest la factiõ ou operation. Sicõme fin de edification cest la maison, et aussi des aultres ars, et doncques le bien et la fin de faction nest pas en cellui q̃ la fait mais cest dehors en la chose faicte.

Tex. Mais de action la fin nest pas tousiours autre chose que laction mesme, car bõne action est la fin de elle mesmes. Glose.

Et pource la fin principale de pru

dence qui est actiue est bien ouurer et bien viure simplement, mais la fin de art et de faction est autre combien quelle soit ordenee a ceste et soubz ceste. Sicõme il fut dit au premier chapitre et au viii. chapitre du premier liure. Apres il declaire ce qui est dit par signe. Tex. Et pource nous disons et cuidons estre prudẽt ung qui estoit appelle periclea et tous telz. Car ilz peuent considerer, regarder et sauoir toutes choses q̃ sont bõnes a eulx et a aultres. Et cuidons et disons que telz sont bons economes et bons politiques. Glose.

Cest adire que ilz sont bõs gouuerneurs ou ordeneurs du hostel et du ne communite. Apres il monstre comme attrempance regarde prudẽce. Tex. Et pour ceste mesmes cause nous appellons la vertu dattrempance par ung nom qui signifie aussy comme qui diroit sauluement de prudence ou regard de prudẽce. Glo. En grec auannesfoys ilz appellent attrempance virosis. Cestassauoir sauuement de pensee et de raison, et prudence mais ilz lappellent sronesis. Tex.

Car attrempãce garde telle estimation et vray iugement. Glo. De ce que est bien ou mal a eslire et se desclaire il apres par le contraire. Tex. Car chose delectable ou triste ne corrumpt pas par des attrempance ou paruertist toute estimation ou tout vray iugement,

gathon le philosophe que art a ame fortune (z que fortune a ame art Et doncques comme dit est art est vng habit factif auecques vraye raison. Et aucontraire atherenie est vng habit factif auecques fausse raison vers chose contingente et qui se peut auoir autremēt Glo. Et aussi comme erreur est contraire a science aussi est il vng habit contraire a art qui est appellee athereme ou inhercie et na pas nom propre en francois. Et est assauoir que aussi comme fortitude est dicte en plusieurs manieres par similitude a vraye fortitude sicomme il fut dit ou vii. chapitre du tiers Semblablement sa diffinicion icy mise est de art proprement comme grammaire ou logique (z telles sciences appellees ars liberaulz. Car aussi comme en vraye art sen quiert le moien (z ordene sen vne eure par subtilite et par raison. Semblablemēt sont composees plusieurs choses en plusieurs parties de telles sciences

De prudence. v. chapitre.

Nous commencerons adire de prudence en considerant premierement quelz gens nous disons estre prudens Et semble que les gens soient dis prudens pour ce que ilz sceuent bien conseiller vers les choses qui leur sont bonnes et pourfitables (z non pas selon aucune partie sicōme quelles choses sont bonnes a sante ou a la vertu de fortitude mais vniuerselemēt a tout ce que appartiēt a bien viure (z ce appert par signe car nous disons aucuns estre prudens determineement en aucune chose (z nō pas simplemēt quant ilz ce sceuent bien raisonner, (z conseiller a aucune certaine fin qui soit bonne. Glo. Car conseiller a mauueise fin nest pas prudēce mais est astuce cautele malicieusete
Texte. Et de choses desquelles nest pas art Glo Sicomme est prudence en fais darmes ou en tenir iurisdiciō Tex
Et donc celui est simplement prudent qui scet bien conseiller vniuersellement de tout quanque appartient a bien viure Or est il ainsy que nul ne fait conseil de choses de quoy il est impossible quil soient autremēt ne de choses contingētes qui ne sont pas en sa puissance Glo Sicōme il fut dit au vii. chapitre du tiers
Tex Et pour ce que science ē par demonstraciō (z demonstraciō ne peult estre de choses desquelles les principes se peuent auoir autrement Glo Sicomme il fut touche au tiers chapitre et est dit au liure de posters Texte
Car toutes les choses qui sensuiuent de principes contingentes (z

de quoy ilz sont cause: telles choses sont contingentes & se peuent aultrement auoir. Glo. Et doncques nest ce pas science de telles choses, mais est de choses necessaires comme dit est au tiers c. Tex. Elle ne fait pas conseil de choses qui sont de necessite & non contingentes. Et doncques prudence nest pas science ne art. premierement ce nest pas science, car la chose actible de quoy est prudence est contingente & peut soy auoir aultrement. Item prudece nest pas art, car aultre gente et aultre chose est action & aultre est faction. Glo.

Sicomme il appert au chapitre precedent. Et apres il conclud la diffinicion de prudence. Texte.

Et doncques il demeure & sen suit que prudece est ung habit vray facti fauecques raison vers les choses qui sont bonnes ou maises à homme. Glo. Dit de homme, & ceste diffinicion appert assez par ce que dit est, & par ce que sera dit apres. Tex. Car de faction la fin est aultre chose que nest la faction ou operation. Sicomme fin de edification cest la maison & aussi des autres ars, & doncques le bien et la fin de faction nest pas en cellui qui la fait mais cest dehors en la chose faicte. Tex. Mais de action la fin nest pas tousiours aultre chose que laction mesme, car bonne action est la fin de elle mesmes. Glose.

Et pource la fin principale de pru-

dence qui est actiue est bien ouurer et bien viure simplement, mais la fin de art et de faction est autre combien quelle soit ordenee a ceste & soubz ceste. Sicomme il fut dit au premier chapitre et au viii. chapitre du premier liure. Apres il declaire ce qui est dit par signe. Tex. Et pource nous disons & cuidons estre prudet ung qui estoit appelle periclea & tous telz. Car ilz peuent considerer, regarder & sauoir toutes choses q sont bones a eulx & a aultres. Et cuidons & disons que telz sont bons pconomes & bons politiques. Glose.

Cest a dire que ilz sont bons guerroieurs ou ordeneurs du hostel & du ne communite. Apres il monstre comme attrempance garde prudece. Tex. Et pour ceste mesmes cause nous appellons la vertu dattrempance par ung nom qui signifie aussy comme qui diroit sauluement de prudence ou regard de prudece. Glo. En grec aucunesfoys ilz appellent attrempance vsrosis. Cestassauoir sauluement de pensee & de raison, & prudence mais ilz lappellent fronesie. Tex.

Car attrempance garde telle estimation et vray iugement. Glo. De ce que est bien ou mal a eslire & se desclaire il apres par le contraire. Tex. Car chose delectable ou triste ne corrumpt pas par dest attrempance ou paruertist toute estimation ou tout vray iugement, si comme du triangle se il a troys angles equalz a deux angles droiz ou non, mais telles choses delectables ou non, ou tristes corrumpent les extimations ou iugemens des choses ouurables par nous. Glo.

Briefuement ung homme desattrempé peut bien estre geometrien ou sauoir autre science speculatiue ou aucun art, mais il ne peult estre prudent ne auoir vray iugement des choses ouurables par action humaine.

Tex. Et la cause est, car les principes des choses ouurables par nous ce sont les fins de telles choses par nous ouurables. Glo.

Car aussy comme les premisses sont principes et causes de la coclusion en speculatiue. Semblablement les fins sont principes des operations en practique sicome il appert au second de phisique. Tex. Et quant le iugement est corrumpu pour delectation ou pour tristece, adoncques le principe est corrumpu et ne semble pas que il conuienne que tel principe soit fin de loperation ne que pource il conuienne eslire et ouurer, car le malice de la delectation est cause de la corruption du principe quant a se congnoistre.

Glo. Sicome en epelepse en moralité et en bien viure, cest ung principe que non faire adultere, mais quant sa concupiscence ou delectation nest moderee refrenee et attrempee par la vertu dattrempance, adonc ceste concupiscence absorbe obumbile et

aueugle le iugement et la congnoissance de cest principe, semblablement de ce principe len ne doit rien auoir de larcin, se iugement en est corrumpu par conuoitise et auarice, et de chascun se ne doibt pas faire iniure a son prochain se iugement en est corrumpu par ire, mais pource que les delectations vers lesquelles sont attrempance sont plus connaturelles a nous et plus communes pource dit il par especial que desattrempance corrumpt prudence, et attrempance la garde. Apres il concluid la diffinicion de prudence.

Tex. Et pour les biens humains auecques vraye raison.

Glo. Apres il met deux differences entre art et prudence.

Tex. Et toutesuoies de art est il aultre vertu a ce requise, Mais de prudence non. Glo.

Prudence et art sont deux vertus intellectuelles, mais pource que art quant est de soy ne adresce pas lappetit, sen en peut user bien et mal. Et pour en user bien aultre vertu est requise, sicomme iustice, mais prudence adresce lappetit, et nen peut len mal vser, car elle ne peut estre sans vertu moral. Apres il met une aultre difference. Tex. Item en art celluy qui peche voluntairement quant est en tel art il est plus eslisible Cestassauoir moins mauuais en tel art que celluy qui peche inuoluntairement. Glose. Sicomme cellui qui fait quelque maison mauuaisement par ignorance Tex.

Mais vers prudence celluy qui peche voluntairement il est mois esliisible et pire en prudence que celluy q̃ y peche luoluntairement/aussi cõme il est aux autres vertus morales.

Glo. Car quãt aucun peche non voulant il y chiet pardon/sicõme il fut dit au premier chapitre du tiers Et la cause de la difference est pource que art ne quiert pas rectitude de appetit et prudence ladresce/τ pource prudence participe plus auec ques les vertus morales que ne font les autres vertus intellectuelles.

Tex. Doncques appert que prudence est vne vertu τ que ce nest pas art Glo. Apres il met entre prudence et opinion deux conueniences τ deux differences.

Tex. Et cõme de lume soient deux parties qui ont raison

Glo. Cestassauoir vne p quoy sen a cognoissãce des choses non muables/τ lautre par quoy sen a cognoisance des choses variables/τ cõment ilz peuent differer/il fut dit en la glose du premier chapitre Tex.

Prudêce est vne vertu de la partie qui est opinatiue Glo. Cest adire quelle est en la partie de lame/en laquelle est opinion/τ ainsy prudence et opinion ont queniẽce quãt au subiect Tex. Car opinion et prudence sont vers les choses contingentes ou variables τ qui se peuent autrement auoir Glo.

Cest lautre conuenience quant a sõbiect Et a entendre de autre opinion non pas de tout/car aucũ est bien de choses necessaires/sicõme il fut dit au vi. chapitre du tiers Apres il met les deux differences Tex. Mais touteuoyes prudence nest pas habit auecques raison tant seulement Glo. Mais auec ce est requise rectitude dappetit car nul mauuais nest prudẽt/sicõme il sera dit ou vii. liure Et oppinion ne regert pas telle rectitude Apres il met lautre differẽce Tex. Et de ce est signe/car de tel habit comme est oppinion il est de oubliãce/mais nõ pas de prudẽce Glo. Supple/si cõmunement ne si legierement τ la cause est car en ceste vie tousiours aduiennent les fais qui requierent visage de prudence/τ nest pas ainsy de oppinion Item a prudence est requise inclination et rectitude dappetit/τ est partie de prudêce/τ toute inclinatiõ naturelle ou acquise p coustume est plus tenant que oppinion.

De entendement. vi.c.

Pource que sciẽce est epistimation ou congnoissãce de choses vniuerselles τ de choses qui sont de necessite/τ pource que de toutes choses demõstrables τ de toute science sont aucũs principes/car science est engendree par raison Glo. Cest assauoir par sillogisme demonstratif. Texte.

Pource doncques scięce ne art ne prudence ne peut estre la vertu intellectiue par quoy len scet le principe ou les principes de chose congneue par saience/car ce de quoy est scięce, il est demonstrable et sceu par aultre chose.

Glo. Et les principes sont sceuz par eulx mesmes et non par aultres/car autrement seroit le proces infini/ et est a entendre des premiers principes, cōme seroit cestuy chascun tout est plus grant que sa partie. Tex.

Et les autres deux vertus cestassauoir art et prudence sont vers choses contingentes et qui peuent auoir soy autrement. Glo. Et les principes de saence sont necessaires.

Tex. Et en oultre sapience nest pas de telz principes presentement car il appartient a cestuy qui a sapience auoir demonstration daucunes choses. Glo. Sicomme il sera dit au chapitre ensuiuant et des principes ne peut estre demonstration.

Tex. Et doncques les habis par quoy nous sons mentir disons voir vers choses non contingentes ou contingentes sont science ou prudence. Glo. Il comprent icy en droit art soubz prudēce p ce que tous deux sont vers choses contingentes.

Tex. Sapience et entēdemēt et nul de ces troys habis nest de principes, ie dis les troys prudences/sapience sapience. Il demeure et sensuyt doncques que sa vertu ou habit appellee entēdemēt est de principe. Glo.

Cest adire que par tel entēdemēt nous congnoissons les premiers principes et la vertu intellectiue par quoy nous les congnoissons cest entendement, et estassauoir que il prēt icy entendement aultrement que ailleurs sicōme il fut dit en la glose du second chapitre.

De sapience. vii. cha.

En commun parler nous assignons sapience. Glo.

Sapience nest pas vniuersellement tout entendement et toute science, mais elle est entēdemēt des premiers principes generaulx a toutes saences/ et est science de propositions et des causes vniuerselles cōme dit est. Tex. Es ars a ceulx qui sont les plus certains selon telz ars, sicōme nous disons que en art de pierre tailler ou de maisonner Phidias estoit sapient ou sage masson. Et en lart de faire statues ou ymages Policlotus estoit sage ymagier. Et p ce nous voulons signifier que sapience nest aultre chose fors la vertu perfection et excellence de tel art. Glo. Car qui euure le plus certainemēt et parfaictemēt nous disons que il est sage masson ou sage feure. Tex.

Or conuient il donc considerer que aucuns soient sages du tout et simplemēt et nō pas selō vne ptie ou quant a vne chose especiale/mais en la maniere que notoit vng hōme nomme

hōneurs le poete en ung liure appel
le margite ou quel en soant ung hō
me il disoit ainsi que les dieux ne sa
uoient pas ainsi mis ou fait ung sa
ge foisseur ne ung sage aieur ne se se
lon aucun autre particuliere sapience
Glo. Et vouloit d̄.re que
mais il sauoient fait siplement sage
ou sage hōme Car aussi cōme il fut
couche au quit chapitre les ungs sōt
prudens auariement, sicomme pru
dens cheualiers ou prudens mari
niers, et les autres prudens simple
ment Semblablement est il de sapi
ence, car les ungs sont sages absou
luement. Tex. Et par ce
il appert et est manifeste que sapience
est la tresplus certaine de toutes les
sciences. Glo. Car il est dit
que en chascun art le ouurier qui est
tresexcellent et trescertain, il est sage
en tel art, et donques cellui qui est sa
ge simplement il est trescertain en sa
pience. doncques est sapience trescer
taine et souueraine entre les siēces
Et sapience cest la science de metha
phisique qui considere les principes
generaulx de toutes sciences, et les
causes principalles de toutes choses
les meilleures et les plus dignes cho
ses qui puissent estre comme sōt dieu
et les intelligences et sa science de tel
les choses qui sont simplement nece
saires et immuables selon le philo
sophe est trescertaine quant est de soy
et selō nature Tex Et pour
ce conuient il que cellui qui a sapien

ce sache non pas tant seulement les
conclusions qui sont monstrees par
les principes, mais auecques ce il cō
uient que il die et mōstre verite vers
les principes Glo. Car par me
thaphisique qui est sapience sōt prou
uez les principes des autres sciences
et le methaphisicien argue contre ce
ulx qui noient ces principes, sicōme
il apert au quart de methaphisique
Tex Et par ce que il sēsupt
que sapience est entendement et scien
ce. Glo. Sapience nest pas
uniuersellement tout entendement
et toute science, mais elle est entende
ment des premiers principes gene
raulx a toutes sciences, et est science
des proposicions et des causes uni
uerselles comme dit est.

Que sapience est la plus noble
des vertus intellectuelles. viii.c.

Ce nest pas sapiēce chascu
ne science, mais elle est siē
ce des tresplus honnoran
bles choses qui soient, et est aussi cō
me siēce qui a chief ou teste Glo.
De ce sont deux causes une est,
car aussi comme par la teste sont a
dresces les mouuemēs et les opatiōs
des aultres mēbres, sēblablemēt par
les principes de quoy est sapiēce sont
adresces les proces des autres scien
ces, et p les causes quelle psidere sont
toutes choses gouuernees, et lautre

cause est, car aussi comme la teste dun hõme est par dessus tous les aultres membres. Semblablement sapience est sus toutes les aultres sciences la tres plus noble et haulte p̄ hõnorableté et par dignité. Apres il monstre par especial côter auãs que prudence nest pas la plus noble science et que elle nest pas sapience / et que politique nest pas sapience. Tex. Et se aucun cuidoit que entre toutes ou sus toutes les autres sciences ou congnoissances la meilleur et la plus vertueuse ou hõnorable fust politique ou prudence ce seroit inconuenient Glo Il sera dit ou chapitre ensuiuant comme politique et prudence different Apres il prouue son dit par trois raisons Et ce ne puet estre se il nestoit ainsi que hõme fut la tresmeilleur chose de toutes telles qui sont au monde Glo Or nest il pas ainsi sicomme il sera dit apres en cest chapitre Et une science ou cõgnoissance tant est meilleur comme elle est de meilleurs choses et de plus hõnorables sicomme il appert ou premier liure de same Et doncques est il aucune science meilleur que prudēce ou politique q̄ sont de choses humaines Apres il met une autre raison Tex. Item comme il soit verité que aucune chose est saine et profitable es hommes qui nest pas saine ne proufitable es poissons Et aucunes choses sont qui tousiours et par tout sont unes, sicõme ce qui est

blanch, il est blanc a tous et partout Et ce que est droit comme une ligne ou ung riglet il est droit par tout Semablasement estre saige est une chose par tout et tous le diroiēt estre dune mesme maniere mais estre prudence est une chose ou regart daucũ et autre quant a autre / car len diroit que cellup est prudent qui bien considere toutes choses particulieres qui luy sont proffitables et a tel attribue len prudence, et pour ce par similitude les gens dient aucunes bestes estre prudentes pource que ilz ont une industrie naturelle de faire leurs prouisions Glo. Sicomme le fourmy et les mouches a miel / et doncques puis que sapience est une par tout, et prudence varie selon ce que unes choses sont proffitables aux ungs et aux autres Il sensuyt que sapiēce est autre que nest prudence Apres il met une autre raisõ que sapiēce nest pas politique. Tex Item semblablement est il manifeste que sapience est autre chose que nest politique, car se il estoit ainsi que sapience fust politique, et que ce fust la vertu par quoy ilz procurent les choses qui leur sont proffitables, il sensuiuroit que plusieurs sapiences fussēt, car ilz ne peuent dire que par une mesme saēce ou habit len saiche tout quanque est bõ a toutes bestes se ilz ne disoient semblablement que il nest que une medecine pour toutes choses.

Glo Il veult dire ainsy que

aussi comme aux bestes de diuerses
especes il quient autre/et autre nour
rissement et medecine comme au che
ual et au falcon Semblablement aux
gens de diuerses inclinations, il con
uient autre et autre police et pruden
ce ou scie et les gouuerner, mais sa
piece est vers tous et tousiours vne
mesme Et doncques sapience nest
pas politique Apres il oste vne obie
ction contre ce que il est dit que sapie
ce est la meilleur science Tex.

Et se aucun disoit que homme est
le tresmeilleur de toutes choses mor
telles, il ne a en ce force ne difference
quant ad ce que dit est, car autres cho
ses sont plus diuines et plus excellen
tes selon nature que nest homme, si
comme sont les choses tresmanifestes
desquelles le monde est compose

Glo. Ce sont les corps du ciel
Car ilz sont plus nobles que corps
humain Et aussy les intelligen
ces qui les meuuent sont plus no
bles que ame ou entendement humai
Et doncques la science de telles cho
ses est plus diuine et plus honnora
ble que la science qui est de choses hu
maines comme il est dit deuant Apres
il conclud Tex. Et doncques
est il manifeste par les choses dessus
dictes que sapience est science et ente
dement des choses qui sont par nature
honnorees Glo Il appert asses p
ce que dit est au chapitre precedent et
en cestuy Tex. Et pource dit
len que Anaxagoras Thales et telz

philosophes furent sages et que ilz ne
furent pas prudens Car len voit que
ilz estoient ignorans des choses a eux
vtiles et proffitables Et dient les
gens que ilz sauoient choses supflu
es et merueilleuses fortes et diuines

Glo. Telles sciences specula
tiues comme du ciel et des intelligeces
sont dictes superflues pource que ilz
ne sont pas necessaires a vie monda
ine et merueilleuses, car ilz passent co
muns engins ou entendemens et for
ces, car ilz requierent grant diligen
ce Et diuines quant a la partie la
quelle parle de dieu et de substan
ces incorporelles Et aristote nome
deux philosophes par especial qui fu
rent reprins pour telles estudes vng
fut anaxagoras qui auoit grans he
ritages desquelz il ne cura mais al
la estudier Et quant il reuint ses a
mis luy dirent que par sa negligece
ses possessions estoient desertes et en
non valoir Et il respond ainsy, se
eulx voulsissent dist il, ie ne le voul
sisse pas Et tales alloit en regardat
aux estoilles si cheit en vne fosse dot
luy dist vne vieille O tales tu ne
sces qui est a tes pies pres de toy com
ment pourras tu congnoistre les cho
ses qui sont au ciel Apres il preu
ue son dit par deux raisons Tex.
Et dient les gens que telz sages phi
losophes estudioient choses inutilles
pource que ilz ne quierent pas biens
humains Glo Et doncques
ilz ne sont pas prudens Tex.

Tex. Item prudence est vers les choses desquelles len scet conseiller/ car nous disons que bien conseiller est la principale operation du prudent. Et nul ne conseille des choses qui ne peuent soy auoir autremēt ne desquelles il est aucune fin laquelle fin soit ouurable par nous. Glo. Et par consequent prudence nest pas vers les choses necessaires/ et speculatiues desquelles est sapience.

Tex. Et celui est simplemēt bon conseillier qui scet coniecturer et trouuer selon aucune inquisicion de raison le plus tresgrant bien de choses ouurables par nous. Glo. Et doncques ceulx qui ont sapience ne sont pas prudēs et saiges speculatifs et praticiens. Sicomme est race dit de aristote au commencement de son escript sus cest liure. Apres il desclaire comme prudēce est vers choses ouurables par nous. Tex. Et prudence nest pas tant seulemēt de choses vniuerselles, mais auecques ce il conuient cōgnoistre les choses singulieres/ car prudence est actiue. Et toute action est vers choses singulieres. Et pource aucuns qui ne sceuent pas les choses vniuerselles de prudence, et sont bien plus experts en autres choses. Glo. Cestassauoir aux fais humains singuliers. Tex. Ilz sont tous actis et mieulx pratiquēt que ceulx qui sceuent telles choses vniuerselles aussy comme en medecine, se aucuns sauoient en general que chars legieres sont de bōne digestion et saines, et ilz ne sçauoient lesquelles sōt legieres ilz ne feroient ou regarderoient plus ou mieulx quilz sçauroient particulierement, lesquelles sont legieres ou non. Glo. Semblablement plusieurs semblent estre prudens en parler vers vne chose, et le cōtraire appert ou fait, si comme aucun qui a lostel lisent et deuisent trop bien de fait darmes, mais cest tout.

Tex. Et prudēce est vertu actiue, et pource couuient il que le prudent ait lun et lautre. Glo. Cest assauoir la science ou congnoissance des choses vniuerselles. Et le experience des singulieres. Tex. Ou encor plus experiēce. Glo. Car il dit au proesme de methaphisique, que nous voyons les expers plus profiter.

Eudoxus. ix. cha.

Ōtre ces vertus intellectiues, il en y a vne qui est architectonique et principale, ce le maistre de seuure qui regarde et cōmande sus tous, et par semblable la vertu qui prent garde et est maistresse sus toutes euures humaines. Elle est dicte architectonique et cest politique. Tex. Et est verite que politique et prudence sont vng mesme habit et different aucunemēt

Le sixte liure d'ethiques C.xvi.

Glo. Ilz ont conuenience en genre, car l'un et l'autre, c'est vers operations humaines, et les adresce et selon raison differēt, car prudence regarde vne persōne, et politique regarde la communite, et pourroit sen dire que prudence est commune et generale a plusieurs especes. Vne est prudēce monostique quant est pour soy mesmes et ceste retient le nom cōmun et est appellee prudence, l'autre est prudence yconomicque quant au gouuernemēt d'un hostel, l'autre est prudence politique quant a la cite ou communite. Apres il diuise politique. Tex.

Et de l'abit qui est vers le gouuernement de la cite vne partie est aussy comme prudence architectonicque, laquelle met et establist ou ordōne les loys. Et l'autre espece applique et execute par ses euures singulieres ce que les loys dient. Et est appellee politique par le commun nom et est actiue et consolatiue. Glo.

De tout ce que les loys commādent et executent les sentenses.

Tex. Car la sentēce donnee selon la loy, et la fin extreme ou terme de la chose ouurable par nous. Glo. La sentence est commandement de operatiō, et illecques est la fin du conseil et le comencemēt de l'execucion, sicomme il appert au viii. chapitre du tiers. Tex. Et pource de ceulx qui mettent en fait et font execution de ce que est cōmande selon les loys, l'en dit que telz gens seulement conuersēt ciuilemēt. Car ces icy tāt seulement besoignēt et euurent en la maniere que font en autres ars les ouuriers de sa main.

Glo. Car aussy comme en edifsier sont les maistres de seiuue q̄ ordonnent et commandent, et les autres qui besoignēt de la main et massonnent. Semblablement en policie sont ceulx qui sont les loys ou publient, et ceulx qui euurent selon ce et cōuersent. Apres il ple de prudence proprement dicte et personel, et des aultres especes de prudence. Tex.

Et semble que prudence soit principalement, et mesmement vers les choses qui regardent soy mesmes et vng seul, et tel habit retient le commun nom de prudence. Et des aultres especes de prudēce. Vne est dicte yconomicque, l'autre positiue de lois et l'autre politique. Glo. Yconomicque est prudence de gouuerner vng hostel. Et positiue de loys est prudence de establir les loys. Et politique est prudence de les executer, et toutes les especes de prudēce tendēt a la fin a quoy tent prudence monostique, c'est assauoir au bien de l'omme et ouurer de vertu, mais c'est par moiens, car qui fait bien pour son hostel ou pour sa cōmunite il fait bien pour soy mesmes, et euure de vertu dont il vault mieulx. Tex. Et de prudēce politique vne partie ou espece est consiliatiue, et l'autre est iudicatiue. Glo. Et ainsy peut lē d

re des aultres especes, car en chascue
est la consolatiue qui enquiert p raison de ce que est affaire Et la indica
tiue qui determine ⁊ conclut ce que
doit estre fait   Tex   Et dõc
ques sauoir que est conferent ⁊ vtile
pour soy mesme ceſt vne espece de cõ
gnoissance humaine   Glo.
Qui appartient a prudence   Tex.
Et espece a moult de differences
Glo   Pour la diuersite des cho
ses qui ont mestier a vie humaine
Apres il recite vne erreur ⁊ puis la
reprouue   Texte   Et semble
a aucun que celluy qui est prudent ⁊
non autre qui scet ce que est bon pour
soy seulement ⁊ qui se expercite en ce
procurer Et leur semble que ceulx
qui sont politiques ⁊ pensent du bi e
cõmun que ilz sont polipragmons
est a dire quilz se meslent de trop de
choses ⁊ de ce que appartient a la mul
titude. Et pour ce disoit euripides
le poete en plantes sa psonne dung tel
oment dist il seroie ie prudẽt quãt ie ne
suy en mes negoces mais ie participe en cheuallerie auecques plusieurs   Glo. Aussi cõe sil vous
fust dire il laboure pour la chose publi
que et pour ce ie ne puis entendre a
mes besõgnes ⁊ ainsi ie ne puis estre
prudent Apres il touche leur raison.
   Texte   Car telz gens se en-
tremettent des choses suy f ues quãt
a eulx ⁊ sõt plus que a eulx nappar
tient Et ceulx qui tiennent ceste erreur querent leur propre pourfit Et

cuident que len doie tout faire ⁊ ouurer pour ce Et ceste opinion vint
ce queles populaires dient telz gens
estre prudens   Glo.   Qui querent pour soy seulement les biens de
dehors. Apres il reprouue ceste erreur par deux roisons   Tex
   Et ia soit ce que par auenture
le bien propre de soy mesmes nest pas
sans pconomie ne sãs ciuilite ou policie   Glo   Il dit ceſt mot par a
uenture pour ceulx qui viuroient so
litairemet, mais des aultres nul ne
fait son propre proffit se il ne fait le
proffit de sa maison ⁊ de la cõmunite.   Tex.   Item vng homme
ne sauroit ordener ce que il conuient
pour soy propre se ne entendoit aues
ques ce aux choses communes.
   Glo.   Car les choses propres sont partie des cõmunes Et a
uecque ce ceulx qui pour leur vie cor
porelle quierent les biens de dehors,
⁊ ne curent du bien commun les rudes gens les reputent prudes, mais
ilz ne le sõt pas pource que ilz ne que
rent pas le bien de vertu, car procurer ⁊ sauuer le bien publique est vne
tresgrãt vertu Et ce doit faire chas
cun selon ce que il luy apartient ⁊ est
vraye prudẽce Et apres ce dit il au
vii. liure de ceulx qui quierent leurs
delectations corporelles, car les populaires dient que telz aiment soy
mesmes, mais ilz ne se aimẽt pas ve
ritablement.

Lacteur declaire aucunes choses de prudéce quil a deuãt dictes. p.c.

Ce que dit est que pruden ce est vers choses singulieres il peust apparoir par signe Car ieunes gens sont bien fais geometriens et saiges et parfais en telles disciplines mathematiques mais ilz ne sont pas ieunes fais prudens et la cause est car prudence est de choses singulieres lesquelles sõt congneu es par experience Et cellui qui est ieune nest pas encore expert pour ce que la multitude du temps fait experience Glo Len nest pas fait prudent fors pour plusieurs experiéces en peu de téps. Apres il fait une question iouste ce que dit est Tex

Mais aucun pourroit faire question par quoy len peult bien en ieunesse estre mathematicien et ne peult pas estre sage mathematicien ou naturien A ce peult len respondre la cause est pource que les choses de mathematique sont congneues par abstractiõ ymaginaciõ et fãtasie mais des autres sciences dessusdictes aucuns principes sont sceuz par experience Glo. Ceste responce est quant es sciences naturelles Tex.

Dautre partie des autres scien ces les ieunes ne croiét pas aucunes choses qui y sont necessaires, mais il les dient et en perlent sans les entendre Glo Ceste responce est pour

methaphisique quãt a la partie qui est des cause uniuerselles de substances separees comme sont dieu et les intelligences Car la congnoissance de telles choses passét oultre ymaginaciõ et requiert engin et entendement exercite en estude et purgie de mauuaises affections ou concupiscences.

Tex. Et en mathematiques les choses ny sõt pas si inmanifestes Glo Mesmement quant a ceulx qui sont enclins a telles sciéces qui sont plus legieremét aprinses en ieunesse que en parfait aage. Apres il monstre encor que prudence é vers choses singulieres Tex. Ité en conseillant len peult pecher et errer ou vers la proposiciõ uniuerselle ou vers la singuliere sicõme en medicine aucú peult errer vers ceste uniuerselle toute eaue pesante est mauuaise / ou vers ceste singuliere ceste eaue est pesante Glo. Semblablement aucun peult errer vers ceste uniuersele nul ne doit prendre ce qui est a autrui ou vers ceste singuliere ceste chose est dautrui Et ainsi donques prudence qui oste tel erreur est vers choses singulieres. Apres il compare prudence et science.

Tex Et est manifeste par ce que dit est que prudence nest pas science pource que prudence est de chose singuliere car telle chose est ouurable par nous Glo. Et science est de choses necessaires uniuerselles et non pas ouurables par nous.

o.ii.

Apres il compare prudence a entendement premierement quant a conuenience. Tex. Mais les choses de quoy est prudence attaingnent et ont conuenience a la vertu de entendement Car entendement est de principes qui sont tmes pmieres lesquelz ne sont pas sceuz ne prouuez par raison Et prudence est vers les choses singulieres laquelle nest pas congneue par raison ou par science, mais par la vertu sensitiue et non par celle qui est des propres sensibles.
Glo. Aussi comme veue est sensitiue de couleur et oye de son et ainsi comme en mathematiques nous congnoissons ung triangle par ung sens appelle ymaginacion, semblablement est il en choses ouurables par nous mais cest par ung sens ou vertu sensitiue qui appartient a prudence ou par plusieurs. Et cellui par quoy nous congnoissons le triangle est daultre espece. Glose. En mathematique les choses singulieres sont congneues par ymaginacion et en prudence par industrie. Apres il met dissimilitude entre prudence et entendement. Tex. Mais faire question et conseiller Glo Qui appartient a prudence different comme plus commun et mains commun Tex.
Car tout conseiller est faire question, mais tout faire question nest pas conseiller. Glose. Sicome sont les questions speculatiues

Dune partie de prudence appellee eubulie. xi. chapitre

Il conuient apres parler de eubulie et enquerir que ce est assauoir mont si ce est science ou opinion ou est cie ou chose daultre genre et daultre maniere. G.
Il nomme ces choses par especial pour ce que aucuns auoient opinion que eubulie fust aucune de elles. Et en grec Eu cest bon et Bulosie cest conseillement. Et ainsi eubulie est aussi comme qui diroit consiliacion Et pour mieulx entendre cest chapitre et cellui dapres se doit sauoir que quant a propos deux manieres de diuisions sont, Une est dung genre en ses especes, Sicomme nous disons des bestes sung est cheual laultre beuf et laultre est dung tout en ses parties. Come nous disons que le corps dung homme a pies teste et mains. etc.
A propos aristote a parle deuant des especes de prudence qui sont prudence monostique de laquelle il determine en cest liure dethiques et prudence yconomique et prudence politique laquelle est diuisee en deux especes, si comme il fut touche au ix. chapitre, mais les parties principales et integrales de prudence sont la consiliatiue, sa indicatiue, sa preparatiue qui commande Et aucuns adioustent la quarte executiue Item a sa consiliatiue ou a bien conseiller il couient

querre ⁊ trouuer moiens par quoy len peult attēdre a la fi que lē entēt ſont aucuns qui les treuuent preſtement ⁊ legierement ſans diſcution ⁊ ceſt par vne eſpeciale partie de pruDence qui eſt appellee euſtocie . car en grec eu ceſt bō ⁊ ſtocie ceſt piecturacio̅ Et conuient aucune fois vſer de ceſte partie pour la breuete du corps du temps ⁊ pour euiter perilz Et autre fois conuient les moiens enquerir ⁊ trouuer par longue ⁊ meure diſcucio̅ ⁊ par raiſons Et ceſt par la partie de prudence artiliatiue qui eſt appellee eubulie de quoy il determine en ceſt cha̅ Itē quant a la ptie de pruDence iudicatiue de moies q̅s ⁊ trouuez a iuger lequelz ſont plus honneſtes ⁊ plus conuenables pour venir a la fi̅ quant a ce fait vne partie de prudence iudicatiue qui eſt appellee ſineſis de quoy il dira ou chapitre enſuiuant et apres dune autre appelle gnome Tex. Et premie/rement eubulie neſt pas ſcience Car len ne fait pas queſtion de ce que len ſcet Et eubulie eſt vne partie de conſeil ou appartient a conſeil ⁊ quiconques conſeille il enquiert ⁊ fait raiſons Item eubulie neſt pas euſtocie Car euſtocie eſt piecturacio̅ de moiens toſt ⁊ preſtement ſans diſcucio̅ faire par raiſon, ⁊ ceulx qui vſent de eubulie conſeillent long temps Et pour ce ſceut len dire que les choſes quant ilz ſont conſeilles il les co̅uiēt ouurer toſt et preſtement , mais len

doibt conſeiller meurement ⁊ lo̅guement Item autre choſe eſt ſollercie ⁊ autre eubulie ⁊ euſtocie ⁊ vne ſollercie Glo. Ceſt vne autre raiſo̅ il ſuppoſe que nulle ſollercie neſt eubulie ⁊ toute euſtocie eſt ſollercie do̅cques eubulie neſt pas euſtocie Sollercie eſt vne vtu ou habilite de e̅querir ⁊ trouuer moies toſt et preſtemēt ſans diſcucion et eſt general tant en ſpeculatiue comme en practique et iuſtice eſt en eſpecial ⁊ ſeulement en practique de conſeil. Et telles vert9 ont liberalitez ⁊ viennent de bonne diſtinction dengin naturel ⁊ auecques fait a ce acouſtuma̅ce Tex.

Item eubulie neſt pas opinio̅ ne opinion queſconques neſt pas eubulie. Glo. Il appert aſſez par ſa raiſon qui preuue que elle neſt pas ſcience, car len ne fait pas queſtion de ce que len croit par opinion. Apres il monſtre que eſt eubulie

Tex Mais pour ce que quiconques deffault en conſeil il peche, ⁊ quiconques co̅ſeille bien il fait adroit, pour ce conuient il que eubulie ſoit aucune rectitude ou adreſcement. Glo. Rectitude eſt legenre de ſa diffinicion de eubulie Rectum en latin ceſt droit, comme vne choſe eſt droite ⁊ de ce eſt dicte rectitude Tex Di neſt pas eubulie rectitude de ſcience ne de opinion. Premierement ce neſt pas adreſcement de ſcience, car en ſcience il ne chiet ne pechie, ne erreur

o.iii.

Item eubulie nest pas rectitude de opinion, car rectitude de opinion est verite Glo Et rectitude de eubulie nest pas verite mais bonte Et ne disons pas quelle soit vraye ou faulse, mais quelle est bonne ou male. Tex.

Et auecques ce toute chose de quoy len a opinion est ia determinee et tenue vraye, mais eubulie nest pas sans question ou inquisicion faicte p raison Et doncques eubulie deffault en tant que elle ne va pas iusques a la pensee qui afferme ou nye Car elle ne prononce encor rien. Et opinion nest pas question ou inquisicion mais est ia enunciacion cest adire affirmacion ou negacion Car cellup qui fait consultacion soit bien soit mal il fait question et raisons dune part et daultre Et doncques conuient il que eubulie soit rectitude de conseil qui nest pas rectitude dopinion ne de science comme dit est Et son nom en grec signifie quelle est rectitude de conseil Tex.

Et pour ce a congnoistre eubulie il conuient premierement enquerre et sauoir que est conseil et de quelle chose il est. Glo. De ce fut determine es vii. viii. ip. chapitres du tiers. Apres il met quatre condicions de eubulie Tex.

Et pour ce que rectitude est dicte en plusieurs manieres. Il est manifeste que eubulie nest pas toute rectitude car cellup qui est incontinent est malues il acquiert et ataint en raisonnant comme par conseil a ce que il propose voir et obtenir Et pour ce il conseille droit et aucune rectitude de conseil mais en tel conseil il prent et establist pour fin ung grant mal Glose. Nous disons par similitude quant aucun vient par subtilz moiens a sa maluaise conclusion que il a en droit conseil ou bon conseil sicomme len diroit ung homme bon larron Tex. Mais selon verite bien conseiller est bonne chose et pour ce eubulie est telle rectitude de conseil la quelle est pour acquerir et obtenir aucun bien Glose.

Cest la premiere condicion que eubulie est rectitude de conseil et pour bien Apres il met sa seconde.

Tex. Item aussi comme en speculatiue len peult faire vraie conclusion par faulx silogismes et falses premisses Glo. Sicomme en disant tout bon oysel a quatre pies tout bon cheual est oysel doncques tout bon cheual a quatre pies Tex.

Semblablement en practique la fin qui est bonne len le peult faire sortir et poursuir par moien qui nest pas couenable mais est faulx terme Glo. Cest adire moyen aussy comme en silogisme le moyen est appelle terme. Tex. Et pour ce sinquisicion ou prosecucion ou adrecement par quoy len obtient ce que il conuient querir et non pas par moyen conuenable telle chose nest pas eubulie Glo. Mais il conuient que ce soit par bon moyen ⁊ cest la seconde condicion. Apres vient la tierce Tex. Item il auient aucune fois que la consiliacio͞ ou co͞nsultacion dure trop long temps Glo. Et ainsi passe lopor tunite de faire lepausacion Tex Et aucune fois que elle dure trop peu. Glo. Et est conseil pu͞ncipite ⁊ trop brief Tex. Et doncques a tel conseil eubu lie nappartient en aucune maniere mais est rectitude de tel conseil q̃ vse de ce que est proffitable a la fin ⁊ pour bonne fin ⁊ en la maniere ⁊ ou te͞ps conuenable Glo. Cest la tier ce condicion que elle est par temps co͞ uenable Aprs il met la quarte Tex. Item len peut co͞nseiller en deux manieres. Cestassauoir a bien simpleme͞t ou a aucune fin. Et bien conseiller simplement cest soy a dresser a ce que est simplement la fin principale de vie humaine/mais bie͞ conseiller a aucune fin cest conseiller a autre fin particuliere. Et pour ce que il appartie͞t a ceulx qui sont pru dens conseiller bien simplement il se͞s suit que eubulie est rectitude p̃ quoy len conseille en la maniere que il est confere͞t ⁊ vtile a la fin pu͞ncipale de la quelle fin prudence a vraye esti macio͞ Glo. Ceste fin e͞ felicite pour la quelle vraye prudence fait toutes ces operacions Ainsi auons que eubulie rectifie conseil a bien Ite͞ par bon moyen Item en temps bien

mesure Item pour felicite Et neant mains aucune eubulie est pour au tre fin prochaine ⁊ particuliere mais toutesuoyes telle fin est ordenee a fe licite

De deux autres parties de pru dence qui so͞t appellees sinesie ⁊ gno͞ nie.   vii.chapitre

Ne autre chose est appellee sinesie est son contraire asine sie selon lesquelles nous di sons les vnes synes ou sceues et les autres asynes ou non scenes ⁊ asines Glo. En grec syn est aueq̃ ques ou ensemble et nens cest pensee Et ainsi sinesie signifie ensemble pensee pour bien iuger. Et en grec a cest sans ⁊ doncques asynesis cest sa͞s pensee ordenee a bien iuger Et de ce est dit en latin asynus ⁊ en francoys asne cest vne rude beste Et pour ce ceulx qui ne ont bon iugement nous les appellons asnes Et la vertu op posite cest sinesie ⁊ ceulx q̃ lont peue͞t estre dis bien senez. Tex. Et synesie nest pas saece ou opinion du tout indifferentement Car ainsi tous seroient bien senez. Glo. Car chascun a aucune science ou aucune opinion Tex Item synesie nest pas vne science particu liere comme qui diroit que cest medici

ne Car ainsi synesie seroit tant seulement de choses saines ou comme qui
diroit que cest geometrie qui est de
magnitudes quantitez et mesures
Item synesie nest pas de choses neces
saires ⁊ immouuables Item elle nest
pas de chascu fait huain mais elle est
des fais humais desquelz aucu fait
doubte ⁊ desquelz len conseille Et
pour ce sensuit il que synesie est vers
les choses mesmes, vers lesquelles
est prudence Et toutesuoyes synesie
et prudence ne sont pas vne mesme
chose du tout car prudence est precep
tiue et commande pour ce que sa fin
de prudence est determiner quelle cho
se est affaire ou non. Glo. Come il fut dit en se glose du chapitre
precedent car prudence a plusieurs p
ties ⁊ a vne de ses pties cest a dire a la
iudicatiue appartient synesie, et icy
endroit il dit que prudence est precep-
tiue Cestassauoir quant a la partie
qui est apres la iudicatiue, et qui est
apres synesie Texte. Et
prēt lē vne mesme chose synesie ⁊ eusy
nesie, et aussi senez et bien senez
Glo. En grec Eu signi-
fie bien et pour ce eusynesie cest bonne
synesie ⁊ sont prinses lune pour lautre aussi comme fortune et bonne fortune ⁊ comme nous disons fortunez
ceulx qui sont bien fortunez.
Apres il mōstre que synesie nest
pas acquisicion de prudence Et
est ceste partie pour exposer et declarer aucuns mos de grec Tex

Item synesie nest pas auoir prudē
ce ou acquerir prudence.
Glose. Car synesie est en
vser de prudence quant a sa iudicatiue. Texte.
Mais aussy comme sinienay
signifie vser de science, semblablemēt
sinesie est en vser de opinion practique
en iugeāt des choses de quoy ē prudē
ce, et ē biē iuger de ce que vng autre
dit. Et pour ce que eu en grec cest biē
de ce vient le nom de eusinesie, ⁊ selon ce sont aucuns dis eusines, cest a
dire bien senez en celle partie qui est
vser de science, ⁊ aussy comme le vsa
ge de science nous appellons souuēt
sinienay Glo.

Cest vng mot grec qui na nul
mot correspondent en latin ne en frā
cois si comme plusieurs aultres dessus mis Apres il determine de vne
aultre vertu, Laquelle est appellee
gnome. Tex

Et la partie de prudence appel
see gnomin, selon laquelle aucuns sōt
dis gnomones, ceste partie regarde
⁊ est le droit iugemēt ou adrescemēt
de epyphope. Glo.

Tout aussi comme sinesie regar
de la iudicatiue de prudence aux
choses lesquelles sont communes ou
generales. Et semblablement
gnomin regarde sa iudicatiue aux
choses especiales de la prudence qui
est requise en droit epyphaie duquel il
fut dit au xxi. chap. du quint, ⁊ peut
len dire que gnomin est vng especial

sinesie q̃ a lieu entel droit de epiriape
 Apres il preuue son dit par signe
  Texte. Et de ce est signe/
car nous disons principalemẽt de cel
luy qui est epyhaique que il est eug-
nomonique Glo. Cest adire
bien sentenciant/ τ bien iugeant/ et
bien moderant la rigeur de la loy
 Tex. Et disons que cel
luy qui est epyhaique eugnomie a en
soy eugnomie Et eugnomie est la
iudicatiue droite Vraie de epyriaie

De la comparaison des vertus
aux parties dessusdictes ensemble a
prudence. piiii.cha.

 Dus les habis dessusditz tẽ
 dẽt ẽvne chose ou a vne cho
se raisõnablemẽt/car a vne mesme p̃
sonne nous attribuons ce que nous
disons/gnome sinesie τ entendemẽt
 Glo. De ce parlera il apres
assez tost Texte Et disons
de ceulx qui sont prudens et bien senez que il ont gnome τ entendemẽt
τ toutes ses puissances ou habis sõt
vers choses singulieres Glo.
Et de ce desclaire il apres tantost
 Texte. Car vng homme
est dit bien sene τeugnome ou signo
me Glo Cest adire senten-
ciant ou attrempant/ou iu geant
 Tex. En ce que il est bien

iudicatif/ τ les choses appartenãtes
a epyriaie vers lesquelles est gnome
sont communes a tous biẽs humais
qui regardent autre personne.
 Glo. Car iustice est au re
gart de autre/sicomme il fut dit au
secont chapitre du quint
 Tex. Et toutes les cho-
ses ouurables par homme sont sin-
gulieres/ et conuient que celluy qui
est prudent les congnoisse Et dõc
ques synesie τ gnome sont vers choses ouurables par nous et telles cho
ses sont singulieres τ entendement
des extremes ou termes en chascune
des sciences cestassauoir en speculati
ue τ en practique la vertu de entendement est des premiers termes extremes des principes τ de telz choses
nest pas probacion faicte par raison.
 Glose. Car lẽ les sup-
pose vrays sans autre probacion.
 Texte. Et en specu-
latiue len procede selon demonstraci
ons desquelles les premiers termes
et extremes segnifient choses immo
biles et non variables.
 Glose. Comme de
cest principe chascun tout est plus grãt
que sa partie Et en demonstracions speculatiues tout est vniuersel
tant principes τ premisses comme cõ
clusions Texte.
Et en raison practiques aucun
des principes est des choses singulieres τ contingentes q̃ peut autremẽt

estre, et ce est la seconde propositiõ ou la minor. Glo. Sicomme qui diroit ainsy toute chose qui est daultruy len doit rẽdre, ceste robe est daultruy et est de robert, doncques elle luy doit estre rendue. La maior est vniuerselle et est cõgneue par la vertu intellectuelle appellee entendement, car cest vng pricipe moral, et la mineur est singuliere et congneue par entendement pratique. Tex. Et ceste proposicion est principe comme cause finale et plus prochaine de la cõclusion, car en moralite les vniuselles sont pour les singulieres, et telles singulieres sont congneues par sens et par experience, laquelle congnoissance est appellee entendement. Glo.

Cest verite qui est ainsy appellee en ceste matiere et en cest propos, car entendement est dit en plusieurs manieres, sicomme il fut touche en la glose du second chapitre. Apres il desclaire que telz habis soiẽt vers choses particulieres: Tex. Et pource que telz habis sont vers choses singulieres et sensibles, il semble que len les ait de nature. Glo. Et ou ceulx qui les ont sont a ce disposez naturelement et sont parfaictes na pas experience. Tex. Et nul nest sage ou methaphisiciẽ de nature. Glo. Combiẽ que de nature les vngs y soient mieulx disposez que les autres, mais ceste disposicion est lointaigne et la disposicion naturelle aux habis dessusditz est prochaine. Tex. Mais aucun a gnonie et sinesie et entendement aussy comme de nature. Glo. Et pour ce dit lẽ que telz sont prudens de sens naturelz. Tex. Et de ceste chose est signe ce que telz habis ensuiuẽt les aages, et en aucun aage a len entendement et gnonie aussy comme se la nature de laage en fust cause. Glose. Sicomme seroit en laage de cinquante ans ou de soyssante quãt len a veu plusieurs experiences. Tex. Et en practique de prudence de quoy est entendemẽt est le principe et la fin du proces. Car les demonstracions des silogismes operatifs sont de telles proposicions particulieres. Glose. Quãt a la mineur et a la conclusion qui est la fin. Texte. Et de œuures humaines singulieres. Glo. Apres il met vng enseignemẽt. Tex. Et pour ce es enunciacions ou conclusions demonstrables ou prouuables vers operacions humaines il conuient auoir son ententes dis ou opiniõs de gẽs experts, tan ciees ou auoir sõ entente de prudens plus ou non pas moins que es demõstracions. Glose. Cest a dire argumens et raisons que len sceut faire en telle matiere. Texte. Et est assauoir que

la cause est/car telz gens ont acquis par experience vray iugement par quoy ilz voient clerement les principes de telles choses. Ainsy doncques auons dit quest prudence et quest sapience et vers quelles choses elles sont
  Glo.   Quant a lobiect
  Tex.   Et de quelle partie de lame chascune delles est vertu/car vne est vertu de vne partie de lame et laultre de laultre   Glo.   Cest quant au subiect/car sapience est la partie pratique et parle icy de ces ii. seulement/car ce sont les plus principales.

  Daucuns doubtes de sapience et de prudence.   xiiii.cha.

  Hon pourroit douter et faire question a quelles choses sont vtiles et proffitables sapience et prudence.   Premierement car sapience ne considere pas les choses par lesquelles homme est fait beneure. Car elle ne considere nulle generation   Glo.   Cest adire operation singuliere par lesquelles vertu est engendree/de laquelle vertu operation est felicite/sicomme il fut dit au ix. chapitre du premier/et sapience ne considere fors choses vniuerselles/sicomme il fut dit au vii. chapitre   Tex.   Et de prudence bien est verite que elle a consideration des operations/ mais il ne appert pas par ce que elle ait mestier ne que elle soit profitable a felicite. Car prudence est vers choses qui sont iustes et belles et bonnes   Glo.
  Ilz sont iustes au regart daultre et a aultres choses belles en soy et honnestes bonnes a cellup qui les a.
  Texte   Et ces choses sont lesquelles il appartient ouurer a bon homme/mais nous ne somes en rien plus operatifz de telles choses pourtant se nous les auons/car les vertus morales sont habis.   Glo.
  Cestassauoir habis operatifs qui enclinent a bonne operation en maniere de nature et non pas en maniere de art ou de science   Tex.
  Et se appert par semblable car nous ne sommes pas plus enclins a faire œuures saines ou de bonne habitude pour la congnoissance de celles choses et se nous sauons medecine ou lart de exercitatiue, nous ne sommes en riens plus operatifs de telles choses   Texte   Sante est habit naturel par quoy nous ouurons choses sainctes/sicomme bonne digestion et de cest habit est art de medecine Et bonne habitude est habit naturel/par quoy nous sommes fors et agilles/et ouurans telles choses Et de cest habit est art exercitatiue. Et donques aussi comme len ne fait pas bonne digestion pour sauoir medecine/mais pour estre sain Semblablement len ne fait pas bonne operation

pour estre prudent ou pour pruden=
dence/mais pour ouurer par vertu.
Apres il met et exclud vne respon=
ce. Tex. Et se aucun disoit
que bien est verite que il ne conuient
pas estre prudent pour faire bonnes
operations quant len est ia vertu=
eulx, mais il le conuient quāt a estre
fait vertueulx Glo Aussy cō=
me se lē disoit que medecine nest pas
necessaire a celluy q̃ est sain pour bien
digerer/mais elle est proffitable pour
acquerir sante Semblablement di=
soit len que prudence est proffitable
pour acquerir vertu non pas pour
vser En apres il exclud ceste respon
ce par deux moiens Tex

Mais par ceste responce il sen/
suiuoit premierement que prudence
ne seroit pas vtile ne proffitable a
ceulx qui seroient vertueulx. Itē
encor ne seroit elle pas necessaire a ce
ulx qui ne auroient pas vertu, car
sans difference quant a ce nous pou
ons aussi bien faire bonnes operati
ons par la doctrine et par les persu
asions des aultres qui seroient pru=
dens/comme se nous mesmes auiōs
prudence et auons par ce suffisāce fa/
culte de ce faire/sicomme vers sante
quāt nous voulons estre sains no⁹
ne apprenons pas pource lart de me
decine Glo. Car il suffist
vser de conseil des medecins Et sē=
blablemēt a cest propos il suffist vser
de conseil des prudens pour bien ou
uter sans sauoir ou apprendre prudē

ce Apres il fait vne question assa
uoir mon laquelle vertu est la plus
principale de sapience ou de pruden=
ce Tex. Encor peut estre
question de ce que il semble inconue=
nient se len dit que prudence est mois
bonne et moins digne que sapience.
Glo. Sicomme il fut dit
au viii.chapitre. Tex.
Mais semble que elle soit plus
principale, car elle fait les besoignes
a principalite et dominacion et com=
māde, et ordene de toutes choses.G.
Politique qui est vne espece de
prudēce ordene toutes les choses de
la communite et commande sus tou
tes sciences et methaphisique et art et
sus toutes commande lesquelles doi
uent estre receues en la cite et lesquel
les non sicomme il fut dit ou premier
chapitre du p̃mier Et par ce appart
que elle ordene de sapience Tex

Et de ces choses nous dirons a
pres plus certainement. Car ce que
est dit maintenant est seulement par
maniere de doubte et question Glo
Et non pas par maniere de sē
tence et de determination

De la valeur des deux vertus
dessusdictes vb.chapitre

Premieremēt nous disōs que
p pose que sapiēce et prudēce ou

aucunes de elles ne serssent ou seruissent dautre chose neant mains il est de necessite que toutes deux soient eslisibles. Car lune et lautre sont vertus et perfections de lune et de lautre des parties de lame.

Glo. Cestassauoir sapience de sa ptie appellee entendement speculatif / et prudence est vertu dentendement pratique / sicomme il appert assez par le premier chapitre.

Texte. Dautre partie les vertus dessusdictes sont a felicite / et non pas en la maniere que medecine fait a sante. Glo. Car medecine sert et aministre dehors. Et ceste dissimilitude est propre pour sapience. Tex. Mais tout ainsy comme sante fait a soy mesmes et a ses operations / semblablement fait sapience a felicite / car sapiece est une ptie de toute vertu et par elle est fait ung home beneure quant a ce que il a telle vertu en soy / et quant a ce que il euure selon elle. Glo. Et telles operatios sont immanentes / cest adire que ilz demeurent en sentendement et en la pensee / et par ce que dit est appert assez la respose au premier argument du chapitre precedent. apres il monstre en especial la valeur de prudence. Tex. Ie di ie que bonne operation a sa perfection selon prudence et selon vertu morale fait auoir droicte entention a bonne fin / et prudence adresce les choses qui sont ordonnees a celle fin. Glo.

Car vertu morale regist lappetit sensitif et ladresce a bonne fin / et prudence rectifie lentendemet quat aux autres circonstances et moies a pour suir sa fin. Et par ce appert le contraire de ce que estoit dit ou chapitre precedent que sen nest pas plus operatif pour prudence car si est. Apres il conclud une similitude mise ou chapitre precedent de sante. etcetera. qui appartiet a une partie laquelle est nutritiue. Tex. Mais quant est a la quarte partie de lame cestassauoir la neutritiue ilz ne conuient pas mettre telle vertu / car ouurer ou non ouurer nest pas de rien en sa puissance. Glo. Car elle na point de liberte mais euure par nature. Et quant est de ce quil appelle sa quarte partie len peult dire que la premiere est sa partie intellectiue en laquelle est sapience laseconde est lappetit intellectif en quoy est en partie prudence la tierce est lappetit sensitif humain en quoy sont les vertus morales. Et ces trois parties ont raison en soy ou participent aucunement en raison / sicome il fut dit vers la fin du premier liure. Et selon ceste consideracion sa quarte partie seroit la neutritiue plantatiue et vegetatiue qui ne participe en rien raison si comme il appert vers la fin du premier. Apres il monstre que prudence est necessaire a ce que len soit vertueux. Texte. Et quant adce comme estoit dit deuant que len nest pas plus operatif de choses bonnes et iustes pour prudence, il conuient vng peu comencer par ce que fut des susdit, et ce prendre pour commencement. Glo. C'est ce que il comence a dire qui fut dit deuant au quint chapitre du second. Tex.

Et la maniere est telle, car nous disons aucun ouurer et faire choses iustes. Et neantmoins nous ne disons pas que ilz sont iustes aussy comme ceulx qui sont les choses ordenees p̄ les loys et les sont ou non voulans. Glo. Sicomme par contraitte ou par paour de peine. Tex.

Du pour ignorance ou pour autre chose. Glo. Sicomme pour gaing ou proffit. Tex. Et non pas pour la plaisance que ilz ont en ce que les euures sont bonnes et iustes. Et doncques combien que ilz eurent et facent bien les choses que il conuient faire et quelconques choses qui appartiennent a homme vertueux, sicomme il semble de prime face toutesuoyes conuient il autre chose a ce que celluy qui fait telles euures soit bon. Et ie dis que ce est que il euure por election ou pour la grace des choses ouurees. Glo.

C'est adire affin que ilz soient pour le bien de iustice et de honnesteté. Tex. Or est il ainsy que vertu morale fait selection tresbōne et droicte, mais quelconques choses sont habiles pour attaindre et parvenir a la fin ce ne appartient pas a ver-

tu morale, mais ce appartient a vne autre puissance ou vertu. Glo.

C'est assauoir vng aultre principe operatif et est prudence: sicomme il desclaire cy apres. Tex.

Et a ceulx qui sont sachans et entendans il conuient dire de vertu morale et de prudence plus manifestement, et est assauoir que il est vne puissance ou principe operatif appellé deinotique. Et celle puissance est aussy comme industrie naturelle ou engin et subtilité par quoy l'en est habile a ouurer les choses q̄ sont a vne entention. Et auecques ce de attaindre et obtenir par telz moiens la fin que l'en entent. Et doncques se l'entention est bōne celle puissāce est louable, et se elle est mauuaise telle puissance est appellee astuce ou malicieuseté, et pour ce ceulx qui sont prudens et ceulx qui sont astuis nous les appellons deinos. Glo. C'est vng mot grec qui n'a pas correspōdent en latin ne en francoys, et est dit de domestique qui est commun aux prudēs et aux astus. Apres il monstre que prudence adiouste outre domestique. Tex. Et prudēce n'est pas du tout ceste puissance deinotique, mais prudence n'est aucunement sans elle, car l'abit de prudence n'est nullement fait en l'ame ne aucunemēt adiouste a ce voiement, mais c'est assauoir a ceste puissance cognitiue qui est deinotique sans vertu morale. Texte. Car il est ainsy que prudence en ct rectitude de lappetit et tendence a bonne fin Et cecy est par vertu moral. Tex.

Et côme il est dit plusieurs foys ꝑ est manifeste les silogismes en bonne practique,ꝑ deues scauoir que les choses ouurables par nous ont leur principe ꝓ ce principe cy,cest que la fin pour quoy sen euure soit tresbonne Et de ce pourroit sen mettre exemple en quelconque matiere de vertu

Glo. Sicomme celluy qui est attrempe il met sa fin en ce que es delectations de toucher ꝓ de gouster il tienne tousiours le moien,ꝓ ceste fin est le principe de toutes ces operations en la matiere de ceste vertu

Tex. Mais tel principe ne appert a nul sil nest bon home ꝓ vertueux, car la malice opposite a vertu peruertist le iugement ꝓ fait mentir,ꝓ sentir faulx vers les principes practiques,ꝓ pource est il manifeste que cest impossible que vng hôme qui nest bon soit prudent.

Comment vertu morale ne peut estre sans prudence. p̄ vi.c.

Il conuient derechief entendre a parler de vertu.
Glose. Il a môstre que prudence ne peult estre sans vertu Or veult môstrer que vertu ne peut estre sans prudence. Tex.

Et est assauoir que vertu moral regarde vne habitude naturelle semblablement comme prudence regarde demotique Car prudêce ꝓ demotique nest pas vne mesmes chose, mais ilz ont aucune multitude

Glose. Car chascun treuue voies aptes ꝓ habiles pour son entencion, mais demotique ie fait ꝑ nature,ꝓ prudence par estude et tousiours a bonne fin, sicomme il fut dit au chapitre precedent Tex.

En telle maniere vertu naturelle a similitude a vertu morale q̄ est la principale,ꝓ appert assez par ce que en toutes gens qui ont aucunes meurs quelconques il semble que ilz les aient aucunement de nature, car estre iustes, estre attrempez, estre fors ꝓ autres choses semblables nous les auons tantost de nostre natiuite.

Glo. A cest propos dit tulles que nous auons bien de nature les sentences des vertus se nous les laissôs croistre Et cy est a entendre quant a lentendement,ꝓ a lappetit intellectif ce,ꝓ volente Ce ꝓ ceste partie raisônable tent a bien sicomme il fut dit ou xxi.chapitre du premier mais quât a la partie sensitiue elle encline communement a mal et a contraire de raison sicôme il fut dit illecques mesme Toutesuoies aucuns ont de leur nature fort fiche ꝓ bien enrachine en leur courage amour de honnestete ꝓ et de iustice et sont merueilleusement enclins a reprimer les mouuemens

de lappetit sensitif, qui a obeira raison
et telz sont bien nees et bien nobles de
nature. Et cest ce que aristote appelle
vertu naturel Et plusieurs autres
sont enclins au contraire   Tex.
Mais toutesuoyes nous querons
principalement laultre vertu et ten
dons a ce que elle soit bonne, et que
telles vertus naturelles soient par
faictes en nous selon autre maniere
Glo. Cestassauoir par vertu
moral la quelle nous querons prin
cipalement acquerir par acoustuma
ce a bonnes operacions, et que telles
vertus naturelles soient adrescies p
prudence   Tex.   Car les ha
bis naturelz sont en enfans et en be
stes   Glo   Sicomme ung lyon
qui est liberal et fort   Tex   Mais
quant ilz sont sans entendement et
sans bon vsaige de raison il semble que ilz
sont nuisibles Car tout ainsi comme
ung corps bien fait quant il est meu
sans voiement il lui eschiet que il est
plus fort et plus perilleusement de
ceu pour ce que il na pas voiement
par quoy soit gouuerne son mouue
ment ainsi est il en nostre propos
Glo.   Cestassauoir celui qui est
naturelement encline a fortitude ou
a liberalite, ou a quelzconques aul
tre vertu se il na en soy la lumiere et
le voyement de raison il fault plus
perilleusement que ung autre ou co
me seroit cellui qui est enclin a absti
nence quant il ne a en soy discrecion
cest peril pour lui Et semblablement

est il de toute puissance soit de natu
re soit de fortune Car generalement
tant est ung homme plus puissant
tant plus nuist il se il est plus perilleusement
et a soy et a aultre se il na prudence.
Tex.   Mais se ung homme
qui a bonne inclinacion prent auec
ques entendement et raison il differe
moult.   Glo.   Quant a expelle
ce de bien   Tex.   Car quant
de lung habit et lautre cestassauoir
vertu naturelle et vertu acquise sont
ensemble adoncques est ce proprement
vertu Et doncques tout ainsy com
me en la partie de lame opinatiue
ou raisonnant sont deux espaces cest
assauoir doncques, demotique, et pru
dence Semblablement en la partie
ou appetit moral sont deux especes,
vne est vertu naturelle, et laultre est
vertu principale et acquise, et ceste pri
cipale vertu nest pas faicte sans pru
dence. Et pour ce disoient aucuns
que toutes vertus sont prudence Et
socrates en sa question que il faisoit
en ceste matiere disoit bien en vne ma
niere et pechoit en autre, car en ce que
il cuidoit que toutes vertus fussent
prudence, il pechoit et erroit, mais en
ce que il mettoit que elles nestoient
pas sans prudence il disoit bien
Glo.   Apres il desclaire par
les dis des philosophes de son temps
Tex.   Et de ce est signe que
maintenant tous quant ilz diffinissent
vertu ilz mettent que cest ung habit
et dient a quelles choses elle se extent

et que elle est selon droitte raison Et droitte raison en choses ouurables p̃ nous ⁊ selon prudence. Et par ce il semble que tous ceulx qui diffinis/soient vertu diuinent ou sentent aucunement que vertu est tel habit qui est selon prudence, mais il conuient vng peu passer oultre ce que ilz dient Car vertu nest pas tant seulement habit qui est selon raison, mais qui est auecques raison. Glo. Il ne souffit pas dire que vertu est selon raison quant a la diffinicion, car ainsi sensuiroit il que vng homme pourroit estre vertueux qui euure selon la droitte raison dung autre par qui il est instruit ⁊ conseille et cest inconuenient Et pour ce conuient il dire que vertu est auecques raison, cest a dire que le vertueux a en soy droitte raison Tex. Et en droitte raison et telles choses est prudence.

Et doncques socrates philosophe cuidoit que vertus fussent raisons. Et disoit que toutes vertus estoient sciences Et nous disons que toutes vertus soyent ou sont auecques raison Glo. Socrates disoit trop mal car il disoit que vertus sont raisons, et les autres disoient pou. Car ilz disoient que vertus sont selon raisons Et aristote dit assez ⁊ tient le moien ⁊ dit que elles sont auecques raison Tex. Doncques est il manifeste par les choses dessusdictes que ce nest pas possible que vng homme soit bon principalement sãs

prudence ne que il soit prudent sans vertu moral.

De la connexion des vertus ⁊ la solution dune question mise en la fin. p̃ vii chapitre

P ar les choses deuant dictes peut assez estre solue la raison que font aucuns qui disputent ⁊ arguent que les vertus sont separees. Glo. Cestassauoir que sen en peult auoir vne ou plusieurs sans auoir les autres. Tex. Car vne mesme personne nest pas habille de nature ou bien nee a toutes vertus mais les vngz a aucuns ⁊ les autres es autres Tex. Et pource il sensuit que vng homme a en soy ⁊ scet aucune vertu Et dune autre vertu il ne la prendra ne le saura iamais Glo. La vertu en quoy il sera enclin il saura en sa maniere de socrates qui disoit que ses vertus sont sciences ⁊ que ilz sont ainsi separees. Apres il respont par vne distinction deuant mise Tex. Et ce que ceste raison conclut est bien verite selõ les vertus naturelles Glo. Cest assauoir que sen peut auoir lune sãs lautre ⁊ les vnes sans les autres Tex Mais il nest pas ainsi des vertus selõ lesquelles vng homme est dit simplement bon.

p.i

feuillet.

Glo. Cestassauoir des vertus morales et acquises et ce preuue il apres. Tex. Car comme prudence soit vne vertu quiconques a prudence toutes autres vertus morales sont ensemble auecques vne.
Glose. Il dit notablement que prudence est vne vertu. Car se chascune vertu eust vne prudence propre pour elle len peult bien auoir vne vertu sans lautre mais parfaitte prudence regarde principalement, felicite qui est vne come il fut dit en vi. chapitre Et est simplement telle prudence de toutes choses qui appartiennent a bien viure sicome il fut dit ou quit chapitre Les docteurs font icy question assauoir se toutes les vertus morales sont conuexes, cest adire se len en peut auoir vne sans les autres toutes. Et en passant briefment, ie diray de ceste question ce que il me semble a present sans meilleur iugement

Et premierement des vertus morales aucunes sont mais principaulx et desquelles les vices opposites sont par aueture pechies veniaulx en aucuns sicomme la vertu de affabilite et celle qui est en esbatemens dont il fut dit en la fin du quart liure Et quiconques a aucune vertu moral il nest pas necessite que il ayt cestes icy ou semblables, mais outres vertus moralz sont principalz et desquelles les vices opposites sont corrupcions de lame sicomme les quatre vertus appellees cardinalz Cestassauoir fortitude attrempance iustice et prudence Et autres qui sont a cestes reduittes comme mansuetude liberalite et

Et quant a cest propos il est assauoir des vertus principaulx que len en peut auoir aucune en chascune de deux manieres comme est en sa pensee volente desir et affectio de ouurer selon telle vertu quant il conuiedroit mais len na pas experiece ne exercitacion ne oportune de ouurer hors selon ceste vertu Lautre maniere est auoir telle vertu en pesee et en couraige Et auecques ce auoir experiences et estre exercite es euures de hors selon ceste vertu Et cest auoir plus complettement Je di doncques premierement que quiconques a vne vertu il a chascune vertu en aucune des deux manieres dessusdictes, car quiconques a vne vertu il conuient quelle soit par vraye prudence riglee et a dreschee a la fin humaine principal cest assauoir a tout bien viure et a toute honnestete Et par consequent ceste vertu estant en tel homme ne peult auoir nul vice quesconque maluaise opinion Car qui peche nest pas prudent sicome il appert par le p̄v. chapitre Et par ꝓsequent en nulle matiere de quelconque vertu il ne pecheroit, mais tousiours en tout et par tout il feroit son deuoir affin que il ne perdist sa felicite et sa vertu Apres ie di que il ne conuient pas que quiconque a vne vertu que il les ayt toutes en la secode maniere ou complettement Car

Le sixte liure dethiques C.xxx.

eest possible que ung preudome iuste et attrempe ne ait iamais este ou peu en fait qui touche fortitude sicõme en fait darmes. Et doncques il na pas lexperience ne la prudence pticuliere requise en telles besoignes ainsi comme a ung qui en ce est excercite mais neant moins se le cas auenoit en sa matiere de telle vertu il feroit tousiours son deuoir sans faillir et se il nestoit pour ignorance inuisible ou pour impotence. Semblablement peult estre que aucun vertueux na pas la faculte ou oportunite de exercuter les euures de liberalite ou de magnificence ou daucune autre vertu, mais neant moins telz ont telz vertus en leurs ames acquises par bõnes operations & dedens par bõnes cogitacions & par bons desirs ainsi comme la complissement daucunes vertus est acquis par exercitacion en operacions dehors. Je di oultre que pour ce que chascũ na pas possibilite de soy exerciter en toutes vertus & de les auoir complettemẽt len doit considerer esquelles lẽ a plꝰ de possibilite tant de nature comme de fortune & soy appliquer et ordonner a telles vertus principalement. Et ainsi y doibt le pere ordõner ses enfans & le prince ses subiectz tant cõme il se touche sicomme ung homme fort de corps & puissãt de mise il doit estre ordonne a fortitude & a liberalite. Et ung de grant discretion & de grant auctorite a garder iustice &c.

Et chascun a attrempance et a commune iustice desquelles vertus la matiere est pres que a tous. Et nest nul ou peu qui ne ait ces vertus communes complettement ou les vices opposites. Et ainsi appert comme les vertus sont conuexes, mais les vices ne sõt onques cõnexes et nest pas semblable, car les vertus tendẽt toutes a une fin & les vices non sicõme il appert du conuoiteux et du fol large & du desattrempe, et dautre part chose moienne et droitte et bien faicte nest que en une maniere mais faillir et pechier est en manieres infinies sicomme il fut dit ou viii. chapitre du second. Et iouste ce dit Ouide que enfer a mil entrees. Et la sainte escripture dit que la voye de perdicion est lee & la voye de salut est estroitte &c. Apres il conclud lu princi pal intencion de prudence. Tex.

Et doncques est il manifeste que homme auroit mestier de prudence pour ce que ce est une vertu & perfection dune partie de same suppose ẽcor que elle ne fust pas practique. cest adire operatiue. car droitte e'ectiõ ne peult estre sans prudence & sans vertu. Glo. Pource que vertu moral encline a bonne fin & prudẽce adresce les moyens a celle fin.

Apres il soult une question mise en la fin du viiii. chapitre.

Texte. Mais toutesuoyes prudence nest pes plus principal que sapiẽce car elle nest pas vertu de me-

p.ii.

seur partie de lame. Cest adire de la speculatiue. Car il est semblable de prudence ou regart de sapience quāt a cest propos comme de la science de mediane ou regart de sante Car medicīe nest pas meilleur que sāte pour ce que elle ne vse pas de sante mais elle regarde en quelle maniere sante pourra estre faicte, et commande aucunes choses pour la grace et a la fin de garder et de acquerre sante, mais elle na pas sus sante commandemēt ne principalite. Glose.

Semblablement prudence politique ne commande pas sus sapience cōme elle doibt iugier des choses diuines ne medicine comme sante doit digerer mais prudence ordonne comme len peut auoir sapience. Aps il met vng autre exemple. Tex

Encor appert ce par vng autre semblable car ce seroit ce inconueniēt se aucun disoit que prudence politique eust principalite sus les dieux pour ce quelle commande et ordonne de toutes les choses qui sont en la cite

Glo. Et doncques ordonne elle de seruir les dieux. Car les gouuernemens de la policie ordōnēt que aucuns soient deputez a dieu congnoistre et seruir principalement mais non obstant ce ceste office est plus noble que nest gouuerner la cite ou la policie et telle science ou sapience que nest prudence politique et architectonique.

Cy fine le vi. liure dethiques.

Cy commence le septiesme liure dethiques et met icy lacteur vne distinction en maniere de proheme. premier chapitre

Pres ce que dit est nous ferons vng autre prlape ou comencemēt et dirōs de choses qui sont a fuir vers les meurs des hommes il sont trois especes, cest assauoir malice. Glo. Il entent par malice vice conferme qui est habit opposite a vertu, les autres especes seront apres declairees. Tex. Incontinence de bestialite et les contraires a deux de ces maulx sont manifestes car le contraire a vtu nous lappellons malice. Et le contraire a incontinence nous lappellōs continence, mais a bestialite le peut assez bien dire que sa contraire est vne vertu qui est par sus nous appellee herope et diuine. Glo. Comme dict les philosophes hōme est moyen ētre les substances separees et les bestes mues ou etre les angles et les bestes. Et doncques quant aucun est si sās raison que il ensuit son appetit comme vne beste sicōme aucuns barbarins qui beuoient le sang et mengoient la chat des hommes, et aucuns sodomites en maniere de bestes sau-

uages desquelles viennent les monstres sicomme dit pluuins telz gens sont paruers oultre cōe malice Et pource sont ilz dis pires que hōmes comme dehors et soubz les mettes de condicion humaine mais au contraire aucuns sont si tresexcellens en bien et en vertu que passent oultre et sus les communs vertueux et telz sont comme dieux de angles, et sont dis en grec herops cest adire diuins et entre ces deux estas sont quatre autres Cestassauoir incontinens et vicieux et continens et vertueux. Doncques vi. estas sont de quoy les trois sont maluais et different ainsy Car a bien ouurer sont requis trois choses Cest assauoir deliberation et vray iugement et droit appetit, le incontinent a deliberation et vray iugemēt vniuersel mais il fault en appetit, le vertueux a deliberation et fault en iugement, et en appetit le bestial fault souuent a tout, quant vng a aucuefois deliberation et vsage de raison et que en excedant les termes il est fait trespuers et tresinique et pires que oms vicieux nous disons que il est dyabolique. Le premier incontinent est malues le vicieux pire le bestial tres terrible, le dyabolique tresmaluēs Et les trois estas opposites differēt ainsi Car le continent a en soy grant rebellion de lappetit sensitif le vertueux na point de telle rebelliō ou peu le heroīke nen a tant soit peu et excede en vertu. Et le premier est bō, le secõd meilleur le tiers tresbon ⁊ tout ce apperra plus a plain ou proces qui ensuit. Apres il declaire ce que il a dit. Tex. Et en ceste maniere homerus le poete mettoit que preamus disoit de son filz hector que il estoit tresbon ⁊ ne sembloit pas estre enfant ou filz de hõme mortel mais de dieu. Glose. De celui hector descendirẽt les francois ce dit vng expositeur ⁊ ainsi le dict les histoires. Tex. Et pource silest ainsi comme len dit que aucuns hommes soient fais diuins pour la superexcelence de leur vertu il sensuit que telle vertu ⁊ tel habit est opposite ⁊ contraire a bestialite car aussi comme nous ne disons pas de dieu que il ait vertu humaine mais disõs que il a vne chose plus honnorable que nest telle vertu. Et aussi la peruerste ⁊ malice de bestes est dautre maniere que nest malice humaine. Et pour ce que cest chose non commune ou qui aduient pou souuent cestassauoir que vng homme soit diuin en la maniere que les citoiens de satrone. Glose. Ce fut vne cite en grece. Tex. Ont acoustume appeller vng homme car quant auoient aucun en tresgrãt admiracion ilz disoient que cest vng hõme diuin. Semblablement entre les hommes len en treuue peu de bestiaulx ⁊ nest pas chose commune et sõt plus ou pais des barbarins. Texte. Tholomee ⁊

hali dient que es extremes et boutz de la latitude de terre habitable sẽt hõmes sauuages qui menguent les gens ⁊ qui ont les visages contresaitz ⁊ corrũpus ⁊ est pour la malice de leur complexion qui vient de la desattrempance du pais en chaut ou en froit. Et dit hermes que illecques sont maluais esperis ⁊ dyables et bestes mal faisantes aux hommes. Glo. Apres il touche deux autres causes de bestialite. Tex. Et aucũs sont fais bestiaulx pour cause de maladies ou pour perte daucuns membres ou de leurs amis. Glo. Aucunefois par telles choses ilz perdent sens ⁊ auis et est en eulx corrumpu iugement de raison. Texte. Ou pour superexcedence ⁊ surmõtemẽt de malice ⁊ de tresgrant peruersite ⁊ iniquite. Glo. Ce sont gens dyaboliques. Ainsi appert cõe aucũs sõt bestiaulx pour vne des trois causes cestassauoir pour complexiõ pour occasion ⁊ pour malice, et ces icy nous les diffamons par sus tous mais de ceste disposiciõ bestial sera faicte aps aucune recordacion. Glo. Ce sera ou ix. chapitre. Tex. Et de malice il en est dit deuant. Glo. Cestassauoir es liures precedens ou il est determine des vertus ⁊ des vices. Tex. Or est adire maintenant de in

continence et de mollete ꝛ de vice et de delices Glo Esquelles est mollete Tex Et aussi de continence ꝛ de perseuerance. Car len ne doibt pas cuider de ces choses icy que toutes soyent une mesme auecques vertu ꝛ malice ne aussi quelles soyent du tout autri. Glo.
Apres il met la maniere de determiner de telles choses. Tex
Et conuient aussi come es autres matieres supposer et mettre les choses qui apparoissent. Et premierement nous mettrons les doubtes ꝛ monsterons principalement les choses qui sont prouuables vers ces passions. Glo. Car incontinence molesse ꝛc. sont en passions
Tex. Et qui ne pourra determiner ou souldre le plus de questions ou doubtes possibles en ceste matiere ou les plus principaulx. Toutesuoyes la chose sera souffisamment monstree se len souldt les fortes doubtes Et se les autres choses prouuables sont ainsi lessees comme confessees

Aucunes supposicions pour la matiere de lacteur.
ii. chapitre

Il semble que continence et perseuerance soyent a mettre entre les choses bonnes et loables Et que incontinece ꝛ mollete soyent des choses males et vituperables. Item cellup qui est continent, cest cellup qui permait et demeure ou iugement de raison. Et cellup qui est incontinent il est et va hors de raison. Item le incontinent scet bien que il fait males euures mais il les fait pour passion et pour concupiscence Et le continent scet bien quelles concupiscences sont mauuaises, mais il ne les ensuit pas ꝛ est a ce meu par raison. Item il semble a aucuns que cellup qui est attrepe est continent et perseuerant Et aucuns dient que le continent est attrempe ꝛ les autres dient que non Et aussi dient aucuns que le desattrempe est incontinent et le incontinent est desattrempe et premierement tout pour tout Et les autres dient que ilz different. Item aucunefois dient ilz que le prudent nest iamais incontinent ꝛ aucunefois aucuns dient que aucuns prudens de grant engin ꝛ de grant industrie sont dis incontinens en ire, et aucus en honneur, et aucuns an gaing. Doncques sont celles choses que len dit communement en ceste matiere
Glo. Cestassauoir de cōtinence et de incontinence de perseuerance et de mollete. et sont aussi comme vi. supopsiciōs ou dix cōmūes.
p. iiii.

Aucunes doubtes de continence et de incontinence. iii. chapitre

a
On doubteroit comme ce peult estre que homme ait droitte expistimation (et vray iugement et que il soit incōtinent. Car ainsi comme aucuns dient ce nest pas possible que vng homme qui a science soit incontinent.
Glose. Cest assauoir en la matiere en quoy il a science.
Tex. Car si comme socrates cuidoit et disoit ce seroit dure chose et forte affaire tant cōe telle science est en vng hōme que vne autre chose eust commandement et dominacion sus ceste science aussi comme il fut seul et sa science serue
Glo. Socrates entendoit en cest propos par science que science est plus forte et plus digne que nest la sensualite et ainsi doncques la sensualite ne la peult contraindre mais elle luy doibt seruir Tex.
Et socrates se tenoit fort en cest argument et se combatoit en soustenant du tout que il nest nulle incontinence. Et cuidoit et maintenoit que nulz ne peust faire fors tresbien se ce nest par ignorance.
Glo. Car puis que vng homme a en soy science et raison nulle autre chose ne peult traire sa volente au contraire de ce que il scet estre bon a faire ainsi disoit socrates
Apres argue aristote au contraire Texte.
Et doncques cest sermon ou argument fait doubte des choses qui apparoissent toutes manifestes
Glose. Car il est certain que aucuns sceuent bien que ilz font mal et sceuent auant se fait que toute telle operation est mauuaise.
Tex. Et se il est ainsi que vng homme en seure que il a la passion (et desirer euure par aucune ignorance il est tresbon de enquerir quelle maniere de ignorance ce peult estre Car il est manifeste que celui q̃ est incontinent il necuide pas auant la passion que celle chose doie estre faicte ou temps de la passion
Glo. Apres il met vne faulse response. Texte.
Mais aucuns sont qui ceste chose ottroient en vne maniere et en autre non Car ilz confessent bien que il nest rien meilleur que science et que len ne peult aller contre, mais ilz ne confessent pas que len ne puisse pas bien ouurer de quoy len a bonne opinion que ce nest pas le mieulx Et dict que licōtinent na pas science mais il a opinion, (et pource est il surmonte (et ont les desirs selon ses concupiscēces signourie et commandement sus lui
Apres il oste ceste responce.
Tex. Mais tousiours se il a opinion (et non pas science

Et la suspicacion ou opinion assentement nest pas fort contre ce a quoy lappetit trait mais est fieble, tremis aussi comme ont ceulx qui doubtent, doncques luy deueroit il estre pardonné
se il ne demeure pas en tel oppinion
doubteuse et se il en ist hors p͞ tresfortes concupiscences Glose
Comme se vng homme estoit fort tempté de boire du vin ou de ferir son vallet et il eust doubte ou peu dopinion
que ce nest pas bien a faire Car
sil faisoit contre ceste opinion se ne seroit pas grant peche Tex.
Et toutesuoyes nul pardon
nest deu a malice ne a quelconque
chose vituperable Glose.
Et incontinence est vituperable siege il appert ou chapitre precedent Et donecques na pas si
continent tant seulement sieble opinion contre ce que il fait Et ou
cas quil auroit forte opinion ce seroit
semblable comme se il auoit science
Car aussi fort si assentiroit il
Et pource que forte opinion en
bien quant a pratique cest prudence/
pource en acomplissant ceste raison il
fait la seconde question de la comparaison de incontinence et de prudéce
Tex. Et donques selon opinion qui est contraire a lappetit est
fort cest prudence Car prudence est le
plus tresfort assentement qui soit en
telles choses. Glo. Et
par consequent cellup qui est incontinent auroit en soy prudence

Tex. Mais cest incontinence car il sensuiuroit que vng mesme peust estre ensemble incontinent
et prudent Glose.
Apres il met vne autre raison.
Texte Et auecques
ce il est monstre deuant que le prudét
est actif et operatif ou faiseur de bonnes choses particulieres, & que il a les
autres vertus. Glose.
Ce fut dit ou p͞v.et ou p͞vi
thapitres du septe et par consequent
le prudent nest pas incontinent.
Apres il met la tierce question
de la comparaison de continence & de
attrempance Tex.
Item se aucun est dit continent
en ce que il a concupissences et maluaises cogitations il sensuit que celluy
qui est attrempe nest pas continent.
Et que le continent nest pas attrépe. Car auoir concupiscences tresgrádes nest pas condicion de homme attrempe ne les auoir tresmaluaises
Et toutesuoyes conuient il que
elles soient telles. Glo.
Cestassauoir maluaises & fortes et ce declaire il apres.
Texte Car se ilz estoient
fortes et bonnes il sesuiuroit que le habit qui les reprime et qui les deffens
ensuir fust maluais Et doncques
toute continence ne seroit pas bonne
Glo. Et le contraire fut
dit ou chapitre precedent. Tex.
Et qui diroit que les concupiscences du continent fussent petites

(& non pas mauuaises ce ne seroit pas chose en rien honnore de les surmonter & qui diroit que elles fussent mauuaises & fiebles ce ne seroit pas grāt chose de les reprimer

Glo. Et toutesuoyes continence est tresgrant chose & honnore sicōme il appert assez par le chapitre precedent Et doncques puis que les concupiscences du continent ne sont pas bonnes et fortes ne bonnes et fiebles il sēsupt que ilz sōt mauuaises & fortes & ce Vouloit il declairer Apres il met la quarte doubte ou question de la diffiniciō ou descripciō de continence & de incontinence Texte.

Item ce continence fait vng hōme demourer ou perseuerer en toute oppinion il sēsupt que aucune continence soit mauuaise C'est assauoir celle qui fait demourer & persister en faulse oppinion Et semblablement se incontinence fait issir hors de toute oppinion il sēsupt que aucune incontinence soit bonne.

Glo. Et toutesuoyes aucune continence est bonne, & toute incontinence est mauuaise & Vituperable, sicōme il fut dit au chapitre precedent Apres il prueue la derniere consequence par trops moyens, et premierement par vng exemple.

Tex. Car issir hors dune oppinion est bon, sicomme il appert par Sophocles le poete en son liure appellé philocteon, auquel il dit que Neuthosemus estoit a loer pour ce que il ne demeura pas en loppinion que Vlixes luy auoit persuadé & fait auoir & la cause fut, car mentir luy faisoit tristece & desplaisir.

Glose. En lobsidion ou bataille de troye Neuthosemus Qui fut de rodes auoit proposé mētir a linstigation & amonnestement de Vlixes, & apres il issit hors de propos Apres il met lautre moyen

Texte. Item vne raison sophistique qui meut & conclud faulx elle est cause de doubte, & telles raisōs sont les sophistes pour cōcludre choses inoplables affin quilz apparoissent sages quant ilz peuet a ce attaindre Et tel silogisme fait doubter & est la pēsee dun hōme par ce siee, car il ne veut pas demourer en telle conclusion pource quelle ne luy plaist pas & si ne peut proceder au contraire en respondant pource que il ne scet souldre le sophime.

Glo. Et ainsy vng homme est aucunesfois a loer de faire cōtre vng argument, lequel il ne scet souldre, car vng logicien feroit bien vng tel argumēt a prouuer que fornication nest pas pecher que vng hōme simple ny scauroit respondre ou prouuer que il est asne Neantmoins le simple homme scet bien que telles cōclusiōs sont faulses & telle chose ē en la fable de Birria. Aps il met se tiers moyen. Tex.

Item selon ceste posicion il sensuyueroit que en aucun cas imprudence auecques incontinence fussent vertut Car vng homme fait pour incontinence les choses contraires de celles que ilz cuident estre bonnes Et par imprudence il cuide que les choses qui sont bonnes que ilz soient mauuaises, et que il ne les couiengne pas faire Et pource par incontinence et par iprudence il fera bõnes euures et nõ pas mauuaises. Glose.

Sicomme par imprudence aui seroit que congnoistre sa propre femme fust pesche, et par incontinence se toit contre ceste faulse conscience Il seroit operation qui nest pas mauuaise de soy, mais toutesuoies il pescheroit et nest pas euure de vertu, mais semblable Et pource cest argument ne conclud pas verite simplement

Apres il procede sur la quite doubte assauoir laquelle est pire ou incontinente ou de sattrempãce Et pource que il appert de prime face et est verite que desattrempance est pire il argue a lautre partie Texte

Item cellup qui euure et poursuit par delectatiõ choses delectables par ce que il a persuasion a ce
Glose Tel est le desattrempe. Tex. Il semble moins maluais que cellup qui ne fait pas telles choses pour aucune persuasion ou apparence, mais pour incontinece, car cellup qui euure par persuasiõ

et est deceu, il seroit plus legier a guerir et pourroit estre couuertp par raisõ au cõtraire, mais cellup qui est incontinent il est culpable du prouerbe auquel nous disons en ceste maniere Quant seaue suffoque vng homme quel mestier est il que il boiue encore.
Glose. Comme se il disoit, il nen est nul mestier Semblablement cellup qui a lappetit corrumpu et suffoque par incontinence pourmeint luy donneroit len leaue de persuasion, pour neant luy feroit lë raison au contraire Tex.

Semblablement se vng homme fait aucuns maux par persuasiõ dõques se il auoit persuasion au cõtraire il laisseroit telz maulx a faire

Mais le incontinent na pas persuasion a mal, mais a bien, et neantmoins il fait mal
Glo. Il est assauoir que cest argument ne conclud pas fors selon apparence, car selon verite la desattrempance qui a tout corrupu et le iugement et le appetit ensemble il est trop pire que nest le incontinent et ce apperra plus a plain apres.

Apres il met la sixte doubte
Tex. Item se incontinence et continence sont vers toutes choses Glose.

Sicomme vers concupiscence et vers ire, et vers gaing, sicõme il fut touche en la fin du chapitre precedēt
Tex. Doncques nul ne seroit simplement incontinent

Car il nest nulz qui aient toutes telles incontinences/τ toutefuoyes dit len daucuns que ilz sont simplement incontinens. Et doncques en ceste maniere sont/τ cheët telles douptes τ y sont fais telz argumens comme dit est desquelz il conuient aucus interminer/τ nyer/τ les aultres laisser comme vrays, car la solucion de chascun doubte cest inuenacion de voir cest trouuer verite.

La responce a sa question comment incontinent a science.
iiii. chapitre.

Premierement il conuient entendre assauoir moult se lincontinent τ le incontinent ont science/τ sont sachans/τ en quelle maniere/τ puis apres vers quelles choses sont a mettre continence τ incontinence/assauoir moult se elles sont vers delectations toutes/τ vers toutes tristeces/ou se elles sont vers aucunes separement. Et par especial/τ auecques ce assauoir moult se le continent et le perseuerant sont vng mesme ou se ilz different/τ semblablement des autres questions quesconques sont appartenantes a ceste speculation ou a ceste matiere. Glo.

Il proposa au second chapitre aucunes suppositions par vne ordre τ au tiers aucunes questions par vne ordre/cestassauoir selon ce que elles despendent lune de lautre.

Texte. Et se commencement de nostre intencion est assauoir moult se le continent τ incontinent sont differens entre eulx en ce quilz sont vers diuerses manieres. Je dit doncques que cestassauoir moult se vng est dit incontinent pour ce seulement que il euure vers telle maniere ou non ou pource que il se porte et contient en telle maniere ou en autre ou pour lune cause τ pour lautre.

Glo. Sicomme fortitude est vers paours τ liberalite vers peccunes. Item liberalite τ iustice sont vers peccunes vne en donnant lautre en restituer. τc. Texte.

Apres est a considerer assauoir moult se continence τ incontinence sont vers toutes choses ou non.

Glose. Apres il respont a ceste question. Texte. Et est verite que vng homme nest pas simplement incontinent vers toutes choses, mais est incontinent vers les choses vers lesquelles len est dit attrempe. Et nest pas vers telles choses vers lesquelles len est dit desattrempe τ nest pas vers telles choses ainsi comme est le desattrempe. Car adoncques incontinence seroit desattrempance, mais incontinence τ desattrempance sont vers vne mesme nature en differentes manieres/car le desattrempe est aucunement mene par ce que il essit τ cuide que il conuiengne tousiours poursuiuir les choses delectables qui sont presentes, mais le incontinent ne cuide pas que len doie telle chose poursuiuir ne eslire, et toutesuoyes il la poursuit. Glo.

Le desattrempe a faulx iugement et mauuais appetit, et le incontinent a vray iugement et mauuais appetit. Apres il oste vne solucion qui fut touchee au chapitre precedent.

Texte. Et doncques de ce que aucuns dient que les incontinens ont bien vraye opinion de ce que est affaire hors lequel et contre lequel ilz sont et euurent incontinentement, mais ilz ne ont pas science, ie di que ceste distinction ne fait nulle difference quant a la verite et quant a raison a cest propos, car aucuns incontinens ont telles oppinions de quoy ilz ne doubtent en rien, mais cuident sauoir certainement ce de quoy ilz ont oppinion. Et doncques qui diroit que celuy qui ont oppinion sont contre telle oppinion plus que ceulx qui ont science pource ilz croient fieblement ce ne souffist pas, car quant a ce il na difference entre oppinion et science, car aucuns croient et se adherdent aussy fort et non pas mois a choses de quoy ilz ont oppinion comme les aultres font a celles de quoy ilz ont science, et ce est manifeste par loppinion que tenoit Eraclitus le philosophe.

Glose. Il est recite au quart de methaphisique, comme il auoit opinion et tenoit fermement que toutes choses sont en mouuement sans fin, et pource disoit il que vne proposicion ne peut estre vraye tant longuement comme len met a la prononcer. Verite est que et oppinion different de leur nature, car science est euidente, mais en ce ne different ilz pas que len ne se puisse aussy fermement soy assentir a lun comme a lautre.

La vraye response a ladicte question par aucunes distinctions. v. chapitre.

Ais pource que len est dit sauoir aucune chose en deux manieres, car len peut auoir science en soy et non vser de elle. Et en autre maniere len la peut auoir et en vser. Pource celuy qui a science et na pas presentement consideration ou vsage de elle et fait contre ceste science ce que il ne conuensist pas faire, il differe de celuy qui a presentement la consideration et lusage de telle science et semble dure chose et forte ou non possible que celuy qui a telle consideration et vsage face contre ceste science, mais il ne semble pas si fort se il fait contre sa science quant il ny considere pas. Glose. Il entent de celuy qui a labit de science et peut considerer quant il lui plaist, mais de presentil ny considere pas si comme il appt des conclusions que fait ung geomettrien il nen pense pas tousiours Apres il met une autre distinction

Texte. Item encor sont deux aultres manieres de proposicions desquelles il conuient user.

Glose Cestassauoir en silogisme practique et operatif Et sont une Uniuerselle et lautre singuliere

Tex Et cellup qui a ces ii proposicions et scet lune et lautre il peut estre que il euure contre ceste sciēce et que il a consideration et usaige de la proposicion uniuerselle, mais non pas de la particuliere ou singuliere Et les choses singulieres sont celles qui sont ouurables par nous.

Glo. Comme ung marinier peut sauoir ceste uniuselle tout peril est a euiter Et auecques ce ceste singuliere il a peril en tel lieu et bien peut considerer a luniuerselle quant il dict au lieu perilleux, mais p inaduertence il ne considere pas quant il est en tel lieu en ceste singuliere, tel lieu est perilleux Semblablement comme il sera dit apres lincontinent scet bien ceste uniuerselle nulle fornication nest affaire et ceste singuliere, cognoistre ceste femme seroit fornication, mais en sa fureur et chaleur de sa passion ou delectation ou temptation Il ne considere pas, et ne pense pas a la singuliere, mais a la delectation.

Apres il met la tierce distinction.

Tex. Une proposicion uniuerselle peut estre considere en ii. manieres differentes Cestassauoir en elle mesme generalement ou les choses singulieres, sicomme qui sauroit ceste uniuerselle, toutes uiādes seches sont bonnes a tout homme.

Glo. Cestassauoir luniuerselle en soy Tex.

Et qui auecques ce sauroit que cestup est homme et que ceste uiande est seche cest lautre maniere mais qui ne sauroit que la chose singuliere est telle ou qui ne la pourroit auoir, ou qui nen pourroit ouurer ce seroit aultre chose Et selon ces manieres diuerses differe ce que Socrates disoit estre impossible.

Glo. Cestassauoir que ung homme euure ou face contre sa sciēsce Tex. Entāt que ce len scet en la premiere maniere, cestassauoir en luniuersel ce ne semble nul inconuenient se len fait contre telle science, mais se len auoit science en autre maniere ce sembleroit chose merueilleuse. Glo

Suppose que len fist contre la sciēce uniuerselle et singuliere, et en toutes manieres, et de ce sera dit apres plus a plain. Glo.

Il met la quarte distinction et lapplicque a la solucion de la question

Tex. Item encor en une aultre maniere sans les dessusdictz comme les hommes ont science et non pouoir user de tel habit est une chose differente de ce que est le auoir autrement Glose En la pmiere distinction de cest chapitre il parle de cellup qui a science et puissance de en vser et nen vse pas, et en ceste quarte distinction, il parle de cellup qui a science, et na pas puissance ne vsage de en vser. Tex.

Et pource tel homme qui na pas ceste puissance, il a labit de science en vne maniere et en autre non, si comme cellup qui dort, et cellup qui par cause de maladie na pas bien son sens, et cellup qui est pure et plain de vin. Et toutesvoyes en ceste maniere sont disposez ceulx qui sont aux passions, car ires ou couroux et concupiscences charnelles, et quelcõques telles choses tiennent la pensee liee. Et auecques ce aucunesfois ilz transmuent le corps manifestement. Glo.

Et se sont eschauffer refroidir, et muer couleurs. Tex. Et a aucuns sont cause de maladies par quoy ilz sont mis hors de leur bon sens. Glose. Sicomme aucuns que len dit amoureux ou aymer par amours en tant que ilz en affolent et sont malades dun mal que les medecins appellent amor heroic.

Texte. Et doncques est il manifeste que les incontinens sont de semblable condicion et de telle maniere. Glose. Cest adire au temps de la temptation et de la passion leur pensee est aussy comme liee, combien que ilz aient science, toutesuoies sa passion ne les en laise vser. Et cest la response a la question et a

la solution de la premiere doute qui sera encor apres plus desclairee.

Apres il oste vne faulse response. Texte. Et combien que telz incontinens dient paroles de science, ce nest pas aucun signe, et ne sensuit pas pource que ilz aient vsage de science. Car ceulx qui sont es passions dessusdictes. Glose. Cest assauoir qui sont endormis et soumeilleux ou malades ou yures. Tex.

Dicnt aucunesfois demonstracions de sciences et paroles de forte philosophie telles comme ilz sont aux liures Dempedecles. Glo.

Ce fut vne philosophie qui bailla sa science en mettres fois a entendre, et ainsi ceulx qui sauoient autre fois aprinse quant ilz estoient yures ou malades ilz disoient bien les paroles, mais ilz ne pensoient pas a la sentence. Texte. Et aussy enfans qui ont recorde par cueur aucunes choses ilz dient bien les paroles et ne sceuent ou entendent ce que ilz dient, car a les entendre il y conuient congnoissance et estude, et a ce est requis long temps. Et pource les incontinens qui dient bonnes paroles et de grant prudence contraires a ce que ilz font, il est a estimer et cuider que ilz soient aussy comme ceulx qui feignent, et quilz dient les choses que ilz ne croient pas.

Glose. Il est certain que estre yure ou soumeilleux ou malade, et telles passions epeschent vsage de raiso

feuillet.

Semblablement le incontinent au deuant de sa passion de concupiscence et de sa temptation il a vsage de raison et vray iugement et en vniuersel et en singuliere comme seroit de ce que tout adultere est mal et pis congnoistre ceste femme seroit adultere, mais quant vient a la passion il se change, donc au commencemēt il ba taille et varie Et pēse vne fois que auoir delectatiō auec ceste fēme ē bō et puis repense que cest mal et mue pē see plusieurs fois Et quant la passi on enforce il ne pense plus que ce soit mal et pose que il le die si ne se croit il pas: et apres quant la passion est pas see il recongnoist en soy que cest mal et ce repent, et ainsy au temps de la passion il est aussy comme vng hom me yure.

Autre respōse a ceste mesme que stion selon le proces naturel de scien ce practique Vi. cha.

a Len pourroit sauoir la veri te de ceste question se il consi deroit le proces comme la cho se est naturelemēt causee Car il a en ces proces vne opinion ou proposia on vniuerselle et aucūe autre qui est des choses singulieres desquelles la propre congnoissance vient ou est fai cte par les sens de dehors. Glo.
Cest oir, veoir, toucher, odorer, et gouster Et doncques quant ces

deux oppinions ou propositions dē quoy len a opinion et cuidance soiēt conionctes ensemble en vng silogis me qui est vne proposition copulati ue la conclusion sensuit de necessite, mais en science ou silogisme specu latif la conclusion est en la pēsee, car la pensee la dit et en silogisme de cho ses factiues et practiques Auecques ce il sensuit tantost ouurer, sicomme se aucun pēsoit ainsi toute chose dou ce il conuient gouster et ceste chose est douce cōme seroit vne ou autre chose singuliere Glose Dōcques il conclud en sa pensee que cest vin est a gouster de present et si consent.

Texte Et doncques auec ques ce il est necessaire ouurer et execu ter ceste chose suppose que il le puis se faire et que il ny ait aucun empes chement Glo. Celluy qui est attrempe il met en fait et execute tantost sa conclusion, car concupiscen ce ne le trait pas au contraire, sicom me se il pensoit ainsy Toute deshon neste est a fuir et boire a telle heure est deshonneste, et doncques est ce a fuir et doncques il fait abstinēce Et aus sy le desattrempe met tantost sa con clusion a effect, car raison ne se trait pas au contraire, sicomme se il pen soit toute chose delectable est a pour suir et boire maintenant est delecta ble et possible, doncques il boit, mais le proces de lincontinent est bien aul tre en partie et en partie non, sicom me il apperra apres Et est assa uoir que combien que il soit ainsi cõmunemẽt et est fort a faire que il soit autrement. Toutesuoies il nest pas de pure necessite soy consentir en tel cas a la conclusion ne la mettre a effect. Car la volente de homme par sa franche liberte peult suspendre son fait ou action et attendre & deliberer & faire autrement non obstant que lentendement se assente et aide les premisses vrayes. Apres il declare le proces de lincontinent. Tex.

Et quant il auient que la proposiciõ vniuerselle est en la pẽsee daucun incontinent laquelle proposicion denie ou deffent a gouster telle chose selon raison. Et dautre partie la concupiscence dit vne autre vniuerselle cestassauoir que toute chose denie ẽ delectable & a gouster. Adoncques lincontinent prent la proposicion singuliere sans la seconde vniuerselle disant ou pensãt ceste chose est a gouster. Et ainsi il euure selon ce & gouste. Glose. Et ne prent pas la minor proposiciõ ou la singuliere soubz la premiere vniuerselle la quelle selon raison deffent gouster deshonnestement. Et deueroit dire ou penser gouster a present ceste chose est deshonneste mais il ne auertist pas a ce pour la concupiscence qui lempesche et ce declaire il apres. Texte.

Car quant la concupiscence est forte bien est verite que raison dit que toute chose delectable deshonneste est a fuir mais concupiscence mesme et

trait au contraire. Car concupiscẽce peut mouuoir chascune des parties de lame. Glo. Mesmement la partie rationelle en cest propos car concupiscence absorbe et lie raison se la personne na bonne solicitude en grant diligence de prendre la proposicion singuliere sans luniuersele de raison & de la maintenir en sa pensee en resistant a concupiscence soitablement. Et ceulx qui ne le font ilz sont comme ceulx de quoy dit lescripture Ad tempus credunt et in tempore tẽptationis recedunt. Ilz se deportent de raison ou temps de la temptacion.

Tex. Et pour ce auient il que len fait aucunement contre raison et contre opinion ou contre ce que len cuide en ce que len euure incontinentement. Glo. Apres il declaire cest contrariete. Tex.

Et nest pas ceste contrariete en la partie raisonnable selon elle mais tant seulement selon accident. Car la concupiscence qui est en lappetit sensitif est contraire a raison mais incõtinent na pas opinion cõtraire a droite raison. Glo. Incontinent na pas en la partie de lame raisonnables opinions cõtraires mais tant seulement p a vray iugement de raison mais il nen vse pas pour ce que il est lie et iupesche par cõcupiscence qui tent au contraire.

Tex. Et pour ceste cause nous ne disons pas que les bestes soient incontinentes. Car ilz ne

q.i.

feuillet.

ont pas la proposiciõ ou opiniõ vniuerselle qui est selon raison, mais il ont tant seulemẽt fantasie et memoire des choses singulieres

Glose. Il entent par fantasie apprehension ou congnoisance sensitiue des choses presentes et memoire est des choses passees

Apres il monstre comme la contrariete et repugnance dessusdicte cesse en sincontinent Tex.

Mais conuient ceste ignorance de se incontinent est desliee et cesse et comment il est faict de rechief sachant et retourne a soy cest par telle raison et par semblable maniere comme il est de celluy qui est endormy ou pure.

Glo. Car quant il est despure ou bien esueille et les fumees sont passees et riens digerees adoncques il a ses sens desliees et desempeschees et ainsy est il de lincõtinẽt quãt la passion est passee Tex.

Mais rendre les causes comme telle passion de puresse ou de dormir est faicte ou ostee ce nest pas propre ou appartenant a ceste science, mais conuient telles choses oyr des philosophes naturelz Glo.

Apres il soult la raison socrates faicte ou tiers chapitre qui disoit que uul ne peust faire contre sa science Texte. Et pour ce que la derreniere proposicion du silogisme practique laquelle est opinion et cuide ce sensible est principal et a domination et seigneurie des actions ou operations Et le incontinent nã pas celle proposition singuliere quãt il est la passion de concupiscence ou se il a cest seulement en habit et non pas en vsage ne en maniere que il entende car se il en parle cest aussy comme cellui qui est yure est plain de vin et recite les paroles Sempedecles

Glose. Et ne les entẽt ou ne le croit pas sicomme il fut dit en la fin du cha. precedent Tex.

Et pour ce aussi que la proposicion singuliere la quelle est derrenier terme en ceste practique nest pas vniuerselle ne saëtifique Cest adire que delle nest pas science Car elle nest pas du nombre des vniuerseles pour ces causes icy il semble que ce que socrates disoit estoit verite en partie Car la passion nest pas faicte tant cõme la science qui est principal soit presente. Glo. En vsage et en cogitacion ou pensee. Texte.

Ne celle sciëce vniuerselle nest pas attraicte ne vaincue par la passion mais lestimation singuliere est traicte par la chose sensible.

Glo. La chose de hors qui est sensible sicõme la presence du vin fait prendra la proposicion singuliere soubz luniuerselle qui dit que toute chose delectable est a poursuir et empeche que la singuliete du silogisme practique ne soit prins soubz luniuerselle qui est de raisõ et cest que toute chose deshonneste a fuir et ainsi la passion de concupiscence et vers la sin guliere & non pas vers suniuerselle de raison. Et pour ce disoit daniel au maluais prestre la beaulte de la femme disoit il te deceut & concupiscence subuerti ton cueur. Tex.

Et doncques de ce que est lincōtinent estre sachant & comme il euure incontinentement soy sachant tant en sept dit.

Question vers quelle matiere est incontinence simplement dicte, et la reason dicelle vii.chapitre

Dus disons apres assauoir mout se aucun est simplemēt incontinent ou se chascun incontinent est tel selon aucune partie. Et se il est ainsi encor conuient il sauoir selon quelles choses il est simplement incontinent
Glo. Apres il met une supposicion Tex. Or est il manifeste que les continens & les perseueras, & les incontinēs & les molz sont telz vers delectations & tristes.
Glo. Cellui qui resiste & se combat contre concupiscense et a victoire il est continent Et cellui qui resiste a concupiscence et continue sans estre vaincu & sans auoir victoire il est incontinent Et cellui qui est tantost vaincu & se rent sans y resister il est mol & de ce sera dit plus a plat ou

vii.chapitre. Apres il met une distinction. Tex. Et des choses qui sont & causent en nous delectation les unes sont necessaires a vie humaine & les autres nō mais sont essisibles selon elles combiē que il y ait aucunefois superhabundance et trop. Glose. Le dit il a la difference des vertus dont len ne peult auoir trop. Apres il desclaire ces deux membres. Tex.

Telles delectations necessaires sont aucunes corporelles, & telles sōt celles qui sont en boire et menger, et vers opportunite de coulpe charnel
Glo. Boire et menger est necessaire pour soustenir la vie du suppost, et lautre chose est necessaire pour lumain lignaige continuer, et dit opportunite a la difference de fornication ou autre coulpe charnel indeue.
Texte. Et vers telles delectations corporelles auons nous mis et dit estre desaftrempe
Glo. Le fut ou xxii. chapitre du tiers liure Tex Mais les choses delectables q̄ ne sont pas necessaires, et toutesuoyes sont essisibles selon elles.
Glose Non pas comme fin principal mais comme utiles ou comme bonnes quant est de soy.
Tex Sont comme victoire honneurs grans richesses & telles choses q̄ sont bōnes et delectables
Glose. Apres il applique ce que dit est a son propos.
q.ii.

Tex. Et ceulx qui en de/
sirer et poursuir telles choses superha
bondent et excedent hors la droitte
raison qui doit estre en eulx nous ne
disons pas que ilz soyent simplemēt
incontinens mais nous y adiouſtōs
en disant que sont incontinēs de pec
cunes et de gaing et incontinens de
honneur et de ire. Et ne disons pas
absoluement et simplemēt que ilz sōt
incontinens mais aussi comme au‍
tres et sons dis telz selon similitude
aussi comme cellup qui a vaincu en o
limpie. Glo. Olimpie est
vne montaigne ou se faisoit certais
esbatemens et exercitacions sicōme
il fut dit en la glose de le vi. chapitre
du premier liure. Texte.
Il est victeur aucunement mais
sautres qui a vaincu en bataille il est
victeur simplement et selon la cōmu
ne diffiniciō qui differe vng peu de
la propre mais toutesuoies elle est au
tre. Glo. Il veult dire que
cellup qui est victeur en telz gens il ē
victeur selon vne maniere a lui opro
priee et non pas simplement mais cel
lui qui est victeur en bataille est vau
tre maniere et semblablement est il de
incontinent en honneur ou en ire et de
incontinent simplement. Apres
il preuue son dit par signe. Tex
Et que ceulx qui sont inconti/
nens de honneurs et de choses dessus
ditz ne soyent pas incontinens sim/
plement il appert par signe Car incō
tinence est vitupere non pas tant seu

lement comme pechie. Glose.
Car elle tent a mal et pechie cō/
me il prēt icy pechie car elle tent a biē
mais cest en excedant comme cellup
qui desire hōneur plus que il ne doit
Car tel nest pas trop maluais se il y
a autre vice a compaignie comme in
iuste etc. Texte. Mais est
vitupere comme vne malice ou sim‍
plement ou selon aucune partie
Glo. Cest malice simple
ment quāt raison et lappetit tendēt
a mal Car quant raison en vope des
tre corrumpue cest pres du vice con/
traire a vertu mais cest malice selon
aucune partie quāt raison tent a biē
et lappetit trait la personne a mal
Tex. Mais des autres
incontinences nulle nest vituperee
comme malice. Glo Cō‍
me seroit incontinence de honneur
ou des autres choses dessusditz Car
nulle telle incontinence nest vitupe‍
ree comme malice quant est de soy et
suppose que il ny ait autre vice ad/
iouste. Texte. Mais
cellup cui poursuit les superhabun/
dances des choses delactables vers
lesquelles nous disons aucuns estre
attrempez et desattrempez. Et qui
suit plus que il ne conuenist les tristes
ses de faim et de soif et de chaut et de
froit Et toutes telles choses qui sōt
en touchier et en gouster, et qui les
poursuit et fuit non pas par election
mais hors election ou contre election
et entendement et raison qui sont en

lui tel est le incontinent simplement et non pas selon addicion. Comme nous dirions aucun estre incontinent en ire mais tant seulement il est incontinent simplement et absoluement

Et de ce appert par signe. Car vers telles passions et concupiscences corporelles ceulx sont dis molz qui ne peuent endurer. Et nest pas ainsi vers les autres choses Glose.

Nous ne disons pas que ceulx qui sont molz qui ne peuent endurer deshonneur ou pourete/mais ceulx sont molz qui ne peuēt soustenir faim ou soif de ce que ilz desirent ou temptacion charnel et incontinens et molz sont prochains et vers une maniere

Tex. Et pource mettons nous en une mesme chose estre incontinens et desattrempe mais nous ne le disons pas de nul des autres Glose. Cestassauoir des incontinēs de honeur de ire ou de gaing

Tex. Et aussi pour ce disons nous que les incontinens et les desattrempez sont aucunement vers une mesme delectation ou tristeces Et sōt vers telles choses mais non pas semblablement Car les desattrempez viuent par election et les incontinens non Et pource du desattrempe qui sans concupiscence ou pour legiere et fieble temptacion poursuit les superhabundances de telles delectacions et fuit les tristeces moderees nous disons que il ē pire que le incontinent et peche plus que lincontinent

qui poursuit telles delectacions pour tresforte concupiscence Et doncques se le desattrempe auoit la concupiscence que sen sceut auoir en ieunesse et se il auoit fort tristece vers les choses necessaires que feroit il. Glo

Aussi comme se il voulsist dire que en poursuiant delectacions corporelles et en fuiant et eschiuant les tristeces des choses necessaires comme fain et soif il excederoit oultrageusement et feroit pis sans comparaison que ne fait lincontinent.

De incontinence dicte selon similitude viii.cha.

§ Es concupiscenses et delectaciōs aucunes sont du gēre et du nombre des choses bōnes et loables Car des choses delectables. les unes sont eslisibles de nature. les autres sont leur contraire, et les autres sōt moiēnes comme nous auons diuise deuant Glose.

Cest ou chapitre precedent ou il a parle et diuise de cest tiers mēbre.

Tex. Sicomme seroiēt pecunes et gaing et victoire et honeur Glose. Eustraces dit que les choses delectables selon leur nature sont comme vertu et philosophie les delectables contre nature sont comme vices et bestialite les autres moyennes comme il est dit ou texte ou chapitre precedēt cestassauoir victoire et

q.iii.

Et selon ce sont trois manieres de delectations non necessaires a vie corporelle. Et pour ce que ainsi est sen nest pas vitupere quant a toutes telles choses moyennes pour les convoiter ou desirer et amer. mais pour les amer aucunement cestassauoir en superhabundance et trop. Et pour ce tous ceulx qui côques hors raison ont et possident ou qui quierent et poursuient aucune telle chose qui de sa nature est bonne ou du nombre des choses belles et loables côme seroit vers honneur et qui estudient a telles choses et les quierent plus que il nappartient quelz ne sont pas vituperez, côme mauuais. car telles choses sont ou non bien des bonnes. Et ceulx qui a ce mettent leur entête et leur estude sont de ce soyez mais toutesuoyes en telles choses peult estre superhabundance sicomme se aucun par trop grant amour de ses enfans se rebelloit contre les dieux côme fist vne dame appellee nyobe ou comme fist Satirus qui fut nomme philopater vers son pere que il amoit trop et pource se porta il folement et sotement

Glo. Le premier exemple est de nyobe qui amoit tellement ses filz quelle malgreoit les dieux quant ses filz auoient aduersite aucune et dict aucuns que elle les preferoit aux filz dune deesse appellee lacena, lautre exemple est dung qui amoit son pere tellement que il luy seruoit de delectations laides et deshonnestes

et pour ce fut il appelle satirus qui signifie plain de luxure. Et quant son pere mouroit il se trebucha et se occist, et pour ce fut il surnomme philopater cestadite amant son pere. Et est assauoir que côbienque amer trop son filz ou son pere ne sont pas grant mal, toutesuoies maugreer dieu ou faire seruice detestable et telles choses qui se peuent ensuir sont tresgrans vices et vituperables. Tex.

Et vers telles choses ne a nulle malice pour les causes dessusdictez car chascune de ces choses est de sa nature et selon soy essible. Glo.

Cestassauoir honneur et amour de ses enfans et de ses parens et telles choses. Texte. Et les superhabondances de telles choses sont mauuaises et sont a fuir. Semblablement sen doibt sauoir que ces superhabondances ne sont pas incôtinences. Car incontinence nest pas tant seulemêt a fuir, mais auecques ce elle est du nombre des choses vituperables. Glo. Nul nest vitupere pour amer honneur a ses parens, mais quant il excede cest vne deffaute de discretion que aristote appelle pechie mais amer delectacions corporelles cest vne chose vituperable et pource fornication et adultere nest pas a fuir tant seulemêt quant a superhabondance, mais du tout, et simplement et quant est de soy vituperable. Texte. Mais pour la similitude de la passion et coupisccêce que

Le septiesme livre dethiques C. viii.

len ensuit en l'arp incontinēce nous appellons chascun des dessusdictz incontinens auecques addiaon

Glo. En disant incontinēt de honneur ou de peccune Tex.

Et est sēblable cōe len dit de aucū quil est maluais mede ou maluais iugeur Et len ne dit pas que il soit maluais simplement ou que il soit maluais hōme Et pource en cest propos nous ne disons pas que les choses dessusditz soient incontinētes pour ce que nulle telle chose nest malice Mais aussi comme est malice nō pas simplement mais selon similitude et auecques addiaon Semblablement telles superhabondāces sōt incontinentes auecques addiaon et par similitude Glo. Par ce que dit est il appert que incontinence de honneur ou trop desirer honneur nest pas trop grāt vice et a ce fait ce que fut dit ou v viii. cha. du quart liure Et semblablement appert par cest chapitre de incōntinēce de peccune ou de gaing. Et toutesuoies de ces deux pechiez lun semble estre orgueil et lautre connoitise qui sont reputez tresgrans pechiez et vices principaulx et moult vituperables mais selon verite desirer trop hōneur nest pas grant vice quant est de soy Car par ce est len exite et meu a ouurer selon vertu pour acquerir iustement honneur mais peult estre que par acadent len chiet et vient par ce en autres vices sicomme qui poursuiroit

ou procureroit pour soy honneur qui est deu a autre ou q̄ poursuiroit quelcōques hōneurs par maluais moies Car ainsi par trop amer hōneur aucūs sont fais iniurieux et iniustes et telz sōt appellez orgueilleux Semblablemēt amer peaune pour en mieulx exerciter les eures des plusieurs vertus sicomme de liberalite et de magnificēce mais se par trop amer peccune sen chiet en iniustice cest par accidēt et est appelle conuoitise ou auarice Tex. Et donques nous deuons estimer de lautre partie que continēce et incōtinence simplement dictes sont tant seulement vers les choses vers lesquelles sont attrepance et desattrepance Et aussy quant est vers ire nous disons aucun estre incontinēt selon similitude Et pour ce y adioustons nous en disant incontinēs de ire Sicōme nous disons incontinēs de honneur ou de gaing

De bestialite et de incōtinence bestiale.   ix. chapitre

a Aunes choses sont delectables par nature, et de ces choses les vnes sont delectables simplement. Glo. Si ōme seroit vser de viāde ou sentir chaleur attrempee Tex. Les autres sont delectables selō

q iiii.

diuerses manieres de bestes (τ de hõ)mes Glo Car a aucunes bestes sont delectables herbes et aux autres char ou autres choses Et es hões coleriques sõt delectables Vnes choses (τ es aultres Vne aultre selon diuerses complexions (τ aages (τ selon diuerses regions Texte

Et aucunes choses sont delectables non pas selon nature.
Glose. Mais pour erreur de nature et par corruption de lappetit pour les causes qui ensuiuent. Tex

Mais les vnes pour aucunes enfermetez maladies ou occasions
Glose. Sicõme aucunes femes grosses ont appetit de menger fruis vers ou chair crue pour aucune cause que les medecins sceuent bien Et aucuns ont lappetit corrumpu par prodicion l'aucũ membre ou autrement, sicõme il fut dit ou premier cha.

Texte. Les autres pour mauuaises acoustumãces les autres pour la tresgrant malice (τ peruersite de leur nature. Glo· Et telz sont es extremitez de la terre habitable et peu ailleurs, (τ de ce fut touche ou premier chapitre. Et est assauoir que ceste diuision est autrement en sa translation arabique et dit ainsi des delectacions les vnes sont naturelles les autres sont bestiaulx les autres ferales cestadire saluages et cruelles Item les vnes sont causees par raisõ de temps C'est assauoir par desordõnãce en chaut ou en froit

(τ cetera. les autres par raison de maladies les autres par acoustumãces les autres par mauuaise nature Et la malice de la complexion est cause de corrupcion de lappetit (τ de peruerses ymaginations Apres il declaire ce que il a dit par exemple et premierement quãt a choses delectables pour peruersite de nature.

Tex. Je di doncques que ceulx sont bestiaulx qui sont telz comme fut vng homme du quel l'en raconte quil fendoit et ouuroit les femes grosses (τ deuoroit leurs enfans ou ceulx qui se esiouissoiẽt de telle bestialite comme l'en dit d'aucuns sauuages qui habitẽt vers vne region appellee pontus

Glose.
De ce est dicte la mer prochaine a la mer pontique En ce païs fut en voie Ouide en exil Et illecques fut legat Pilate (τ mist le pais en obeissance des romains (τ pour ce fut appelle pontus (τ y sont gens en aucũs lieux de sauuages conuersations.

Texte. La estoient aucuns qui mengoient chars crues. les autres chars humaines, les autres presentoient ou prestoient a leur voisins leurs enfans pour les mengier. Et telle chose estoit ce que l'en dit de phalaris

Glose.
Ce fut vng tyrant qui se delittoit en effusion de sang humain et auoit vng lit de fust ou il couchoit

chascun que il pouoit prendre et quant ilz estoient plus longs il les coupoit a la mesure dudit lit et quant ilz estoient trop cours il les estedoit a la mesure du lit et les desmembroit

Tex. Et tous ceulx sont bestiaux Glo. Par peruersite de nature Apres il met exemple de ceulx qui sont telz par maladies.

Texte. Les aultres sont telz par maladies et par sorceneries ainsy comme len raconte dun qui occist sa mere et la sacrifia et en menga. Glo. Len dit que ce fut ung roy de perce appelle perces q par maladie fut hors de son ses et mist sa mere par pieces en la maniere que len sacrifioit les bestes et au saultier est faicte mencion de ceulx qui ocoioient leurs enfans en sacrifice

Texte. Et dun autre seruiteur qui occist son compaignon et en menga le foye et telles bestialitez sont causees par maladies Glo. Apres il met exemple de celles qui sont causees par coustume Tex. Du telles delectations desnaturelles viennent par acoustumance sicomme aucune en tirer et esraeher leurs cheueux ou leurs peulx et qui rungent auecques les dens leurs ongles et aucuns se delectent en menger charbons et terre et les autres en abus et delit charnel auecques enfans masles.

Glose. Cest ce que nous appellons sodomie. Apres il reduit tout ce a deux membres.

Texte. Et aucuns aduiennent les concupiscences dessusdittes de leur mauuaise nature et aux austres par mauuaise coustume que ilz ont apprinse en enfance Et doncques tous ceulx ausquelz telles choses aduiennent p nature nul sage ne diroit que ilz fussent incontinens, car aussy ne dit len pas que femmes soient incontinentes pource que ilz ne mainent pas ou gouuernent les concupiseces, mais sont menees par elles Et semblablemet est il de ceulx qui ont telles delectatios pour maladies ou pour acoustumances Glo. Ce fut dit au vi. chapitre que les bestes ne sont pas incontinetes pour ce que ilz ne ont pas iugement vniuersel ne raison en elles Et pres que semblable est il de telz gens bestiaux, car raison sy est en eulx aussy comme desteinte, et ont si peu et a si petit de vigueur que elle ne peult contre telles concupiscences Et semblablement dist il des femes, car pour la moleste et fragilite de elles raison nest pas de elles si forte que elles puissent soy combatre ou tesister aux concupiscences communement, et pour ce treuue len peu de femmes sages et fortes ou vertueuses Apres il mostre comme en ce est incontinence telle quelle est impropre Tex.

Et auoir auans de tous les ac

adens dessusdictz cest estre oultre les termes de malice ou bestialite.

Glose. Et incontinence nest pas oultr telz termes.

Texte. Et pour ce se cellup qui a telles concupiscences les surmonte ou est surmonte et vaincu par elles ce nest pas continence ou incontinente simplement mais selon similitude en la maniere que nous dirons estre incōtinēt cellui qui a verite telle maniere de passion Et est assavoir que en tous vices se peult estre toute telle superhabondāce oultre les termes de malice humaine cōme en insipience ou imprudence et cōme en aucūe paour ou couardise et cōme en desattrempance et en cruaudelite ou ire Et de telles superhabondāces les vnes sont bestiaulx les autres par maladies Glose.

Les vngs bestiaulx sont telz par nature les autres par maladies les autres par acoustumance qui est vne maladie de lame Et pour ce que il a mis exemple devāt de ceste bestialite qui passe les termes de desattrempāce et de telle q̄ passe ire ou crudelite il met apres exēple de celle qui est en paour

Texte. Car il est bien aucūs telz par nature qui craingnent toutes choses, et qui a paour du son ou du freteisseps des soris selō paour bestial. Et aussi pour maladie comme vng qui auoit paour dune bellette ou mustele. Glose. La saincte escripture fait mēcion de telle chose Sapience v̄ vii. Apres il met exemple ou vice contraire a prudence Tex. Et de ceulx q̄ sont insipiens et non senez les vngs sont de leur nature sans raison et ensuiēt seulement la sensitiue partie et viuēt comme bestes si comme font aucuns barbarins en loinstans pais.

Glo De ce fut dit ou premier chapitre Tex. Et les autres sont folz et non senez par epilences et par forseneries Glo Apres il monstre que ce nest pas vraie incontinence. Tex.

Et peult estre que aucun a telles concupiscences et que il na par elles surmōte ne vaincu si comme phalaris qui tenoit vng enfant et auoit concupiscence de le mengier Et concupiscence de en abuser par delectations de luxure incōtinēte. Et ne fut pas surmonte ne vaincu par ces concupiscēces mais il laissa chascūe pour lautre et ainsi se passerent Et par ce sembleroit que il fut continent mais non selon verite Et doncques aussi comme de malices elle est dicte malice simplement qui est selon hōme ou humaine et lautre est dicte selon addicion vne est dicte malice bestial et lautre est dicte malice par maladie ou maladieuse et nō pas malice Semblablemēt selon telle maniere est vne inptinēce bestial et vne maladieuse et selon seulement est incontinēce simplement qui est selon humaine desattrēpance Et doncques est el manis feste que incontinence & continēce sōt simplement vers les choses vers lesquelles sont desattrempance & attrēpance & que vers les aultres choses est une aultre espece de incontinence qui est dicte selon methaphore & similitude.

Que incontinēce de ire est moins laide que nest incontinence de concupiscence. ix.chapitre.

Pres nous considerons que l incontinence qui est vers ire est moins laide que nest celle qui est de concupiscences
Glo. Et ce preuve il par quatre raisons Texte.
Premierement car il semble que ire oye aucunement raisō, & que par soy soit menee, et semble que elle precede raison en la maniere que aucūs seruans vistes & hatis qui se cueurēt exerciter auant que ilz aient oy tout le cōmandemēt, & apres ilz y pechent & faillent en leur action, & comme les chiens quant ilz oient hurter ilz abaient tantost sans attendre que ilz aient congnoissance se cellup qui hurte est amy ou non. Semblablement à propos ire & raisō, mais pour la chaleur et hastiueté de nature elle ne eust

pas tout le commandement de raisō mais meut tantost a poursuiuir punicion par ainsy, car raison ou y maginacion manifeste, & dit que iniure ou despris est fait, et cellup q̄ est courcé est aussy comme cellup qui silogise ou argue en soy mesmes en disāt que doncques il conuient soy cōbatre ou reuenger contre cellui qui fait iniure et se punir. Et pource tantost len se a ire et courousé.
Glose. Si tost comme iniure appert ou est faicte raison, dit que elle est a rappeser ou adrescer & amender. Et auant que raisō ait delibere du tout & ordene la maniere la chaleur & la grāt hastiueté de ire esmeut a proceder plus tost et aultrement que il nappartient et ainsy se courcé eust le commencement de raisō, & ne entent pas a la fin, et auāt que raison ait delibere du tout et ordene la maniere la chaleur et hastiueté de ire esmeut a proceder plus tost.
Tex. Mais concupiscence meut a poursuir la chose delectable
Glo. Et sans ce que raisō dise ou commence a dire que telle chose est a poursuiuir comme elle fait en ire Tex. Et pour ire ensuit aucunement raison & concupiscēce non. Et doncques est incontinence de concupiscence plus laide que de ire. Car cellup qui est incontinent de ire est aucunement vaincu de raison Et cellup qui est incontinent de concupiscēce nest nullemēt ne aucuemēt

Painau de raison.   Glo.
Mais tantseulement par la cupiscence et par la chose delectable qui
le trait a la poursuiuir Et le peche
est moins net ou il a plus de raison.
Ceteris paribus Apres il met la se
conde raison   Texte.   Item
sen pardonne plus Voulentiers et rai
son est a ceulx qui font choses par ap
petit naturel que a aultres, et pource est plus deu pardon a toutes telles
concupiscences quant ilz sont commu
nes et en tant comme ilz sõt commu
nes   Glo.   Sicomme concupiscence de boire ou de menger qui est
a tous commune, et pource quant lẽ
passe ung peu outre raison, en telles
concupiscẽces cest chose legiere a par
donner, car ilz sont communes et ne
cessaires et naturelles   Tex.
Mais ire est plus naturelle et est
plus fort a resister a elle que il nest a
concupiscences qui sont en superhabondance et non pas necessaires. G.
Mais superflues, sicomme de
viandes trop delicatiues, et exquises
et trop et en trop grant superhabondance ou delis, et trop contement ou
trop richement parees oultre ce que
appartient Apres il desclaire comme
ire est plus naturelle par deux exem
ples   Tex.   Et que ire soit
plus naturelle il appert par exemple dun homme qui fut reprins de ce
que il auoit feru son pere, et aussi il re
spondit que aussy son pere auoit feru
le sien en retournant dessus, et auec-

ques ce mesmes le pere de cestui quãt
il estoit enfant quon dit ainsy cestuy
me fera ou bouttera quant il sera hõ
me, car cest la nature de nostre ligna
ge et dun autre aussi que son filz trai
gnoit, le pere luy dist quãt il fut trai
ne ou trait iusques aux huis pense a
toy dist il laisse seuffre toy, car iusques icy trainnay ie mon pere.
Glo   Et des choses dessus
dictes, la cause est, car ire vient de cha
leur boullant et de complexion natu
relle, mais concupiscences de delectations superflues vienent de yma
gination ou de mauuaise acoustu
mance, et pource est ire plus naturel
Apres il met la tierce raison.
Tex   Item les incontinẽs
de concupiscences sont plus iniustes
en tant comme ilz sont plus couuers
et font leurs choses par aguet et par
appaisement Et cestuy qui est plain
de ire il nest pas couuert et ne euure
pas par aguet, mais il monte et ma
nifeste son ire   Glo.   Selon
tholomee en son quadripartite, et selõ
hali. Ceulx des regions qui sõt vs
horient communement manifestent
et monstrent leur couraige, mais ce
ulx des parties doccident sont plus
couuers et celent plus leurs pensees
Tex   Et concupiscence est
aussy comme les anciens disoient de
venus la tricheresse nee de cypre qui
auoit vne diuerse et variable corge
te en couroye   Glose.
Pource que la concupiscence char

nel lie et enlace les personnes par maniere de deception subtile, et comme par aguet. Et aucuns entendent par ceste couroie que en la maniere que celup qui ieue due couroie entour une verge deçoit les gens, car quant ilz cuident que la verge soit dehors de la couroie elle est dedens, semblablement quant len cuide estre hors de ceste concupiscence len y chiet.

Tex. Et honneurs le poete disoit que la deception de Venus a emblé le courage dun qui estoit moult sage. Glo. Car la concupiscence entre celeement et couuertement et lie subtilement le couraige et embrase aucunesfois tous les plus sages. Et apres ce ilz querent par aguet et par deception les voies comment ilz pourront acomplir leur desir, sicomme traire et deceuoir la femme de leur voisin ou la fille.

Tex. Et pource telle incontinence est plus iniuste et plus laide que nest celle qui est vers ire, car cest simplement incontinence, et est aucunement malice. Glose.

Car elle est prochainne du vice du desattrempance lequel est malice simplement. Et aussi pour ce qui celle concupiscence quiert ses moyens par aguet et malicieusement. Apres il met la quarte raison qui est fondee sur ce que cellup est pire qui peche auecques delectacions, sicomme il est en concupiscence que nest cellup qui peche auecques tristece sicomme il est

en ire. Car tristece fuit le pechié est moins voluntaire. Texte.

Item nul ne fait telle iniure soi adultere auecques tristece, mais chascun fait aucune chose par ire il la fait auecques tristece. Et celup q fait iniure par concupiscence il la fait auecques delectacions. Et mesmement se aucuns ont iuste cause de soy courcer, adoncques les choses qui sont faictes par concupiscence sont plus iniustes et plus malluaises. Incontinence, car en ire nest pas iniure. Glo.

Si grande comme en concupiscence, car cellup qui se cource il est meu p iniure que il repute estre a lup faicte et en ce il ne fait nulle iniure combien que elle puisse ensuyr et a en ce tristece combien que il ait apres delectation en la punicion, mais cellui qui peche par concupiscence il a en ce delectation et est meu en ce iniustement, car il ne peut acomplir son desir sans iniure, et se courcie se peult bien faire, sicomme se liuree qui lup estoit adressee par raison. Toutesuoies par accident aucunesfois dit il pis par ire que par concupiscence, et aucunesfois au contraire. Apres il recapitule. Tex.

Doncques est il manifeste par ce que dit est que incontinence qui est vers concupiscence ne est plus laide que celle q est vers ire. Et auecques ce est il maifeste par ce que dit est que continence et incontinence sont vers delectations corporelles.

De bestialite en la comparant
a desattrempance.

pi. chapitre.

Or conuient il doncques prendre la difference de ces delectations corporelles, car comme
dit est selon les principes et les causes
de elles les vnes sont humaines et
naturelles, et selon leur tresgrant exces, sicomme aucune coulpe charnelle ou gloutonnie. Semblablement au
contraire aucunes delectations sont
naturelles et selon leur espece et selon
leur quantite. Texte. Et
les aultres bestiales ou pour desfau-
te de nature ou pour passions et peruerses acoustumances ou pour maladies, et des deux manieres de delectations dessusdictes attrempance et desattrempance sont tātseulement. Tex-
les premieres qui sont naturelles. Et
pource nous ne disons pas que les bestes soient attrempees ne desattrem-
pees selon seulement fors methaphore, cest adire par similitude, et ainsi
disons nous de toute vne espece de
bestes que elle differe, vne aultre est
en cotumelie et laidure ou ordure ou
en foleur, ou en gloutonnie
Glose. Nous disons que le
porc est desattrempe en rudesse et ordure plus que la brebis, et le moineau
en luxure plus que la teurte telle, et le

loup en deuore plus que le beuf. Et
disons que le gouppil au regnart est
sage, et lasne est fol, et telles choses par
similitude. Tex. Car nulle
telle beste na election ne proces de raison, mais toute telle beste est hors de
nature raisonnable, cest de elles en la
maniere des hommes qui sont forcenez. Glo. Il est semblable en
ce que ne bestes ne gens forsenez ne
ont vsage de raison en eulx, mais il
est dessemblable en ce, car les hōmes
forcenez ont ame rationelle, et les bestes non. Tex. Et bestiali-
te est mēdre malice que nest desattrēpance ou malice humaine, mais elle
est plus terrible. Glo. Il repute la secōde conclusiō notoire et prie-
ue la premiere aussy par quatre mo-
yes, cestassauoir que bestialite nest pas
si imputable cōme est malice humaine. Tex. Et que bestialite
soit mendre malice il appert premierement, car en homme bestial la chose
qui est tresmeilleur, cestassauoir entedement nest pas corrumpu et peruerti en luy en la maniere que il est en
vng homme vicieux, mais il est du
tout corrumpu quant a vsage, car il
na pas vsage de raison. Glo.

Vsage de raison nest du tout a
nully ou bestial, et pource est son fait
moins volūtaire, et per cōt moins
imputable, mais au vicieux vsage
de raison demeure et liberte de voulente qui est par vice corrumpue et per-
uertye, et aussy est son fait plus vo-

lutaire et plus imputable. Apres il met le second moyen ¶Texte

Et est semblable comme qui feroit une comparaisõ dune chose qui a ame a celle qui na point dame, et tous deux font mal, assauoir moult laquelle est pire, car la mauuaistie de celle qui na pas en soy voulente qui est pricipe de lopperatiõ est une mal naistie plus innocente ¶Glo.

Et doncques le mal qui est fait par bestialite est plus pres de innocēce que cellup qui est fait par desattrēpance ou par malice humaine.
¶Tex. Car entēdemēt est le principe ¶Glose.

Et le bestial na pas entendement quant a lusage par quoy il soit seigneur de ses operatiõs Apres il met le tiers moien ¶Tex.

Et auecques ce cest semblable cõme se aucun faisoit comparaison en mal de iniustice a homme iniuste car labit ou le vice de iniustice encline a mal et ainsi fait bestialite, mais sõme iniuste a pouoir en soy du mal exerciter ou non Et pource est homme iuste pire que iniustice Et sēblablement la desattrempance ou lincontinent qui peut son inclination reprimer est plus a blasmer que le bestial. Apres il met conclusion et touche le quart moyen ¶Texte

Et lun et lautre est pire
¶Glose. Cestassauoir homme iniuste que iniustice, et le desattrēpe que le bestial ¶Tex:

Car ung maluais homme fera plus de mal mille fois que une mauuaise beste ¶Glo Pource que la beste nuist tantseulement par force de corps communement, et le mauuais homme nuist plus par engin, et auecques ce par force.

Les differences de continence et incontinence et aultres pii.cha.

Nous auons dit deuant que attrempance et desattrempance sont vers delectations et tristeces qui sõt par toucher et gouster et vers les concupiscences de telles delectatiõs et faictes de celles tristeces ¶Glose Ce fut dit au xxii.chapitre du tiers liure. ¶Tex

Et est ainsy que vers telles passiõs len se peult auoir en une maniere telle que len soit surmonte et vaincu par elles et p telles, lesquelles plusieurs surmontent et par ce sont faitz meilleurs, et ce peult len auoir en autre maniere telle que len a victoire et que len surmonte telles par lesquelles plusieurs seroient surmontez qui sont quant ad ce de petite vigueur et ont peu de resistence ¶Glose

Tout ce dist il a la differēce de delectations ou tristeces qui sõt trop vehementes et trop expressiues. Apres il applicque ceste distinction a sõpropos et met la differēce des habis dessusditz et pmieremēt sustinent et

feuillet.

incontinent au perseuerãt ⁊ au mol
Texte. Et des gens des/
susditz ceulx qui sont vers delectati
ons ung en est dit continent ⁊ lautre
est dit incontinent
Glo Cellup qui est vain
cu par delectations il est dit inconti
nent/⁊ cellup qui les vainct/il est dit
continent Tex. Et de ce
ulx qui vers tristeces sõt/lun est mol
⁊ lautre est perseuerant
Glo. Cellup qui ne peut
soustenir les tristeces que plusieurs
enduroient il est mol/⁊ cellui qui les
soustient il est perseuerant Et le phi
losophe parle des tristeces qui sont
pour absence de la delectable/car selõ
ce que les delectations ⁊ tristeces sõt
grandes ou petites/⁊ selon les con
ditions des persones telz habis peu
ent estre varies en plusieurs manie
res/⁊ peut estre celle tristece que ung
sera contre elle en perseuerant/⁊ con
tre une plus grande il seroit mol/ et
aussi contre sa premiere ung austre
seroit mol/⁊ ainsi est il de continen/
ce ⁊ de incontinence au regard de de
lectations/⁊ pource contre le plus in
continent et le moins incontinent
sont plusieurs moiens/⁊ aussi aulx
austres habis Tex.
Et ceulx qui declinent plus a mal/
itz ont les pires. Glo.
Sicomme cellup qui ne peut sou
stenir une petite tristece ou resister a
une petite concupiscence il est pire
que cellup qui ne seroit pas vaincu

fois par plus grant tristece ou par
plus forte concupiscence Apres il
procede cõme les habis dessusditz di
ferent de attrempance ⁊ desattrem/
pance Tex. Et des de/
lectations les unes ne sont pas ne
cessaires ⁊ les autres sõt necessaires
iusques a certain terme ou quantite
Car les superhabundances de elles
ne sõt pas necessaires ne la deffautte
ou le peu Glo. Ce fut dit
ou viii. chapitre Tex. Et
semblablement de cõcupiscences ⁊ de
tristeces. Glo Car aucunes
concupiscences sõt necessaires a pour
suir ⁊ aucunes tristeces a fuir et les
autres non Apres il descẽt
a propos Tex. Et pource
que il est ainsi cellui qui quiert et pour
suit les suphabõdãces des delecta/
tions ou qui poursuit les delectati/
ons modernes selon superhabundã
ce et les conuoie trop Et quiert tel
les delectations en les esusãt ⁊ pour
elles mesme ⁊ nõ pas pour autre cho
se ou pource que autre chose en ensuit
tel est desattrempe.

Glo. Cest cellup qui met
sa fin en delectations corporeles cõ/
me cellui de quoy len dit que il vit af
fin que il menguce ⁊ ne mẽgue pas
affin que il vius

Tex. Et est nes
cessite que il soit non penitent ou nõ
repentant Glose
Car tant comme il met sa fin
en telle chose il ne se peult repetir de

Le septiesme liure dethiques F.liii.

sa optenir Tex. Et est necessite que il soit non penitent Tex.

Et pour ce ne peult il guerir de son vice qui est incurable
Glo. Car il nen peult guerir fors par auoir en displaisance et il ne peult tant comme il ait telle vesente et tel opinion corrumpue.

Et par auenture entent Aristote que cest impossibile selon nature que il en garisse & selon verite il en peult garir sans laide especial de dieu. Semblablement cellui qui fuit les tristeces corporelles non pas pour ce que il est vaincu de elles mais par election il est desattrempe Tout ce fut dit ou iii. ou traittie de attrempance et ou ix. chapitre du second.

Tex. Et cellui q deffault vers telles delectations il a le vice opposite a desattrempance & cellui q est moyen il est attrempe Glo.

Il ne vouldroit soustenir nulle tristece Car se il en vouloit soustenir aucune & par elle il fust vaincu il seroit mol & non pas desattrempe.

Tex. Mais de ceulx qui pechent en telles choses & nō pas par election cellui qui est mené et peche par delectation il est incontinent.

Et cellui qui est mené & peche pour fuir la tristece qui vient de concupiscence pour labsence de la chose delectable il est dit mol excepte maniere different lincontinent & le mol Glo.

Par ce que dit est appert comme lincontinent & le mol different du des

attrempe par ce que il ne peche pas par election Et appert aussi comme ilz different lung de lautre et par ce peult apparoir comme le continent et le perseuerant differēt car lung est vers delectacions et lautre est vers tristeces. Tex. Et du tout en tout cellui qui par election euure & fait aucune laidure sans ce que il soit meu par cocupiscence ou par fieble et petite concupiscence il est pire que nest cellui qui fait telle chose meu de forte concupiscence sicomme se aucū fiert sans ce que il soit courouce Car se cellui q fait telle laidure estoit en grant passion de concupiscense que feroit il.

Glo. Comme se il voulsist dire que se il auoit forte concupiscence il feroit pis sans comparaison.

Et semblablement fut dit ou vii. chapitre Tex. Et pour ce est le desattrempe plus mauuais que nest lincontinent Car de deux choses dessusdictes dont lune est pechier par concupiseēce Et aussi cōme vne espece de mollete Glo. Pour la tristece de labsence de lobiect delectable qui est annexe a la concupiscense. Tex. Et lautre que est pechier par election ce fait le desattrempe. Glo. Apres il compare le mol et lincontinent et compare le perseuerant & le continent.

Tex. Et le continent est opposite a lincontinent Et le perseuerāt est opposite au mol Et pour ce que vng homme est dit perseuerer

k.i.

par ce que il se tient contre aucūe cho
se et resiste Et ptinence est en ce quel
le surmonte et a victoire/doncques
aussi comme surmonter (z auoir victoire est meilleur chose que nest soy tenir sans estre vaincu Semblablemēt
il sensuit que continence est meilleur
et plus eslisible que nest perseuerance
      Glo   Car aussi est plus
fort de vaincre la concupiscence de la
chose presente que de resister a la triste
ce de la chose absente Et est assauoir
que il ne prent pas icy endroit perseuerance si largement cōme len en vse
communement Et comme nous disons que se vertueux perseuere en bōnes euures mais il prent perseuerāce
ce icy pour resistence et tristeces de lab
sence des choses delectables Apres
il met vne difference entre le mol et
lincontinent   Texte   Et cel
lui qui deffault a resister aux tristeces
contre lesquelles plusieurs resistent (z
le peuent bien faire il est mol et deli-
catif Car delice ou delicatiue est vne
mollete   Glo   A parler proprement mollesse refuit desordonne-
ment toute tristece/(z delice ou delicatiue refuit en especial tristece de labeur   Tex.   Comme cellui
qui traine son vestement pour ce que
il nait labeur et paine ou tristece ou
a la souslever Et feint que il a grāt
labeur a la trainer (z que il en est greue Et ne cuide len pas que il soit impotent et fiesble mais il est semblable
a cellui qui est impotent (z mescheāt.

Glose.   Car en refuiāt
labeur il a labeur de sa robe trainer
Et en francois len dit que telz que
ilz sont trop doulles.   Apres
il met la condicion de lincontinent q̄
resiste (z est vaincu (z se mol na point
en soy de resistence   Texte.
Et semblablement est il vers
continence et incontinence   Glo
Quant a estre vaincu ou nō
comme il est vers perseuerance (z molesse quant a resister ou non.
      Tex.   Mais se aucun
est surmonte et vaincu de tresfortes
et excellentes delectacions ou tristeces ce nest pas merueille. mais est cho
se a pardonner se il est ainsi que il ait
tendu (z resiste encontre.   Glose.
Peult estre que il excuse en tout
ou en partie Et de ce met il trois exemples en autre matiere/mais se les
temptacions nestoiēt fortes il seroit
incontinent ou mol   Texte.
En telle maniere racompte, the-
odorus le poete de philotetes qui a-
uoit este mors dung serpent appelle
vipere   Glose.   Philotetes soustint longuement sa doleur
sans riens dire Et apres quāt il ne
peult plus il se escria que sa main sui
fust coupee   Tex   Et aussi
dung autre appelle liarkinus sicom
me raconte vng autre poete.
      Glo.   Et dit que vng
tyrant auoit violee sa fille (z il con-
tertient longuement son ire et sa ce-
soit et quant il ne peult plus il se oc-

Le septiesme liure Oethiques   C.kiiii.

ast de deul et doleur   Tex.
Et est en la maniere que il auient a
ceulx q̃ se efforcent a eulx contenir et
garder de rire et puis commencent a
rire trop fort et soudainement sicõme
il aduient a vng appellé zenophan-
tus.   Glose.   Pour ce
que il dit les membres natureulx de
son pere descouuers. Semblablemẽt
aucuns repriment et contretiennent
leur concupiscence longuement. Et
puis quant ilz ne peuent plus endurer la force de la temptacion il prom-
pent et procedent soudainement au
pechie et sans discretion et ainsy auiẽt
il souuent a ceulx qui laschent leur a-
coustumãce tout a vng coup et tout
a vne fois et non pas petit a petit.
Tex.   Mais se aucun est
vaincu de delectacions ou de tristeces desquelles plusieurs se peuent abstenir tel est incontinent ou mal sup-
posé que il ait telle impotẽce que il ne
puisse soy tenir encontre pour cause
de maladie ou pour nature de son linage   Glo.   Car aucune
fois a telz ce leur est fort et grief que
est legier a vng autre   Tex.
Sicomme il estoit des rois
de scite qui estoient molz pour la nature de leur linage et comme sont les
femmes ou regart des hommes.
Glo.   Les rois de scite et
leurs predecesseurs estoient nourris si
souef et si delicatiuement que ilz ne
pouoient ne soustenir labeur ne endurer tristeces   Apres il oste vne
doubte   Tex.   Et pour-
roit sembler a aucun que cellui qui aime ieu il quiert tel repos a superhabondance.   Glo.   Pour ce
que il fuit trop labeur et difficultez
Et me semble que trois manieres
de ieu sont vne est en exercitaciõ corporelles comme luitter courrir et de
tel ieu na cure le mol, mais lautre est
pour solacier et faire rire ceulx auecques qui sen conuerse   Et en ce est
vne vertu dõt il fut dit ou xx v. chapitre du quart, sa tierce est a recrea-
tiõ et repos de solicitude et de labeur
de corps sicomme ieu de tables et de
esches. Et ceulx qui aimẽt trop telz
ieux cest signe que ilz sont molz. Et
par cest texte appert vne difference
cestassauoir entre le mol qui tient a
superhabondance de repos et lincontinent qui tent a superhabondance
de delectaciõ comme il dit apres en
touchant deux manieres de incontinence.   Tex.   Et des especes de incontinence vne est appelle
preuolacion Et lautre est dicte debilite ou feiblesse Car des incontinens
les vngs conseillent et deliberẽt bien
mais ilz ne se tiẽnẽt pas en ce que ilz
ont conseille delibere et conclut pour
la passion de concupiscẽce par la quelle ilz en sont mis hors.
Glo.   Ceste incontinen-
ce est appellee debilite et telz sont com
me ceulx de quoy il est dit en leuuan-
gille que ilz croiet bien a temps mais
ilz sen departent ou temps de la tẽp-
r.ii.

tacion. ¶Texte Et les au
tres pource que ilz ne conseillet et ne
deliberent ilz sont tantost menez par
la passion de concupiscence & la pour
suient sans attendre.
¶Glo. Et pour ce sont ilz
dis preuolans ou deuant volans.Car
se ilz attendissent que ilz eussent de
libere ilz refrenassent leur passion
Et pour ce il met apres vng enseig
nement ou cautelle. ¶Tex.
Aucuns sont ainsi come
ceulx qui se doubtent que les autres
ne les catoillent pour ce ilz se catoil
lent & constriquent premierement.
¶Glose. Et par ce quãt
ilz ont fort esmeues & eschauffees les
parties catoilleuses ceulx q̃ les veul
lent catoiller ne leur font mal.
¶Texte. Semblable
ment ceulx qui sentent deuant & qui
sceuent deuant que la temptatiõ ou
passion de concupiscence est aduenir
& sesmeuuent et commencent deuãt
a conseiller & deliberer par raison et
a resister & refrener la cupiscence telz
gens ne sont pas vaicus ne par cho
se qui soit cause de delectacion ne par
chose qui soit cause de tristece.
¶Glo. Sicomme est
labsence de la chose conuoitie ou de
lectable. Apres il monstre quelz
les gens ont ceste incontinence preuo
lente. ¶Tex. Et mes
mement ceulx sont incontines selon
incontinence effrenee ou preuolente
ou hastiue qui sont agus C'est adire

coleriques Et ceulx qui sont melen
coliques Car les coleriques sont tel
lement incontinens pour la velocite
(hastiuete) du mouuement de leur co
se Et les melencoliques sõt telz pour
ce que ilz sont fort meuz Et par ce ne
les vngs ne les autres ne entendẽt
raison ne conseil pour ce que ilz ensui
ent leur fãtasie ou leur premier mou
uement. ¶Glose. Car
les coleriques sont trop hastis pour
leur chaleur et aussi les melencoliques
pour ce que ilz ont en leur pensee trop
forte impression de la chose delectable
Et au contraire ceulx ont plus incõ
tinence appellee debilite qui sont sã
guins ou fleumatiques. Car pour
cause de humidite de leur complexiõ
la similitude de la chose delectable
nest pas en eulx si tost ou si fort impri
mee ou si fichee Et par ce peult appa
roir que mediane peult bien valoir
a bonnes meurs.

Se le continent demeure conti
nent en toute opinion. xiii.cha.

¶ Le desattrempe nest pas re
pentant ou taillie a soy re
pentir de son mal sicomme
il est dit deuant ¶Glo. Au
chapitre precedent. ¶Texte.
Car il remaint et demeure en sõ
electiõ & maluais propos, mais tout

incontinent est de legier reputant. Glo. Car il a tousiours bonne election et bon opinion vniuersel si comme il fut dit ou quint chapitre Tex. Et pour ce n'est il pas ainsi comme nous disons en vne doubte ou raison dessus mise. Glo. Ce fut vers la fin du tiers chapitre ou il fut argue que le desattrempe est mains mauuais z plus legier a guerir que n'est l'incontinent. Tex. Mais il est ainsi que le desattrempe est non guerissable ou incurable et l'incontinent est guerissable. Glo. Car il a vray opinion z bonne election a quoy il retourne de legier apres la passion ou temptacion Et doncques est le desattrepe pire aussi comme sa maladie incurable est pire. Et c'est la premiere raison Apres vient la seconde. Tex. Item malice ou desattrempance est semblable a maladie continuelle comme seroit ydropisie mais incontinence resemble a maladie non continuelle comme seroit epilence. Glo. Car le desattrempe est meu par son habit et inclinacion qui est en luy continuellement Et si continet a en soy bonne opinion mais il en est hors pour la temptacion qui se passe. Et doncques aussi comme la maladie continuelle est la pire en vng mesme genre que l'autre aussi e le desattrempe pire. Apres ensuit la tierce raison. Tex.

Item en incontinence z desattempance sont du tout en tout diuerses manieres de malice Car desattrempance ou malice ne appert pas estre mal a celluy qui est tel mais incontinence appert estre mal a cellui qui est tel. Glo. Car le desattrempe met sa fin en la delectacion z cuide que ce soit bien Et doncques aussi comme la maladie que s'en ne sçet pas est la pire et la plus perilleuse Semblablement est il pire que n'est l'incontinent qui sçet que il fait mal Apres il compare les deux especes de incontinence de quoy il a parle on chapitre precedent Tex. Et de incontinens ceulx qui sont excessis c'est a dire preuolans z hastis ilz sont moins mauuais que ne sont les foibles qui ont raison et delectacion en leur fait z ne demeurent pas en leur deliberacion Car ceulx icy qui sont foibles ilz sont vaincus de mendre passion ou de mendre temptacion que ne sont les autres Glo. Et par ceste raison fut il dit en la fin du vii. chapitre et ou chapitre precedent que le desattrempe est pire que n'est l'incontinent. Tex. D'autre partie ilz ne pechent pas sans auoir en conseil et auis pardeuant ainsy comme font les autres qui sont hastis. Glo. Mais les foibles sont contre leur conseil que ilz ont eu Et les autres preuolans sont sans deliberacion Et le desattrempe fait a deliberation et fait selon elec

mais elle est maluaise ¶Texte
Et tel incontinent fieble est semblable a cellui qui est legier a enyurer et qui est pure dung pou de vin (τ de mains que plusieurs autres ne seroient ¶Glo Et doncques aussi comme cellui qui est pure dung pou de vin est pis disposé selon le corps que ung autre qui nest pas tel Semblablement cellup qui est vaincu du ne petite temptacion il est pis disposé selon lame quāt a ce que cellup qui nest pas de si petit vaincu Apres il compare enseñble incontinence (τ desattrempance ¶Texte Et doncques est il manifeste que incontinēce nest pas malice simplemēt mais tant seulement selon aucune maniere Car incontinence est hors election et desattreupance est selon election
¶Glose. Et les meurs des gēs sont plus iugiés bonnes ou maules en regardant a election que par les operacions sicomme il fut dit ou quint chapitre du tiers Et est assavoir que incontinēt preuolant euure sans election (τ lincontinent fieble a aucune election de son pechie / mais sa principal election est bonne que il a (τ deuant (τ apres la temptacion ou passion Apres il met vne difference entre incontinence (τ desattrēpance ¶Texte. Et donc que se lincontinent est semblable au desattrempé selon ses actions en la maniere que vng pſul disoit a ceulx de la cité de millesie q̃ leur disoit que

ilz nestoient pas folz mais faisoient telles euures comme font les folz Semblablement les incontinens ne sont pas iniustes mais ilz fōt choses iniustes Glo Il declaire plus a plain comme le desattrempé est pire que lincontinent.
¶Tex. Or est verite que lincontinent est tel (τ tellement disposé que il poursuit les delectacions corporelles selon superhabōdāce (τ hors ordre de droitte raison Et ne le fait pas comme cellup qui a persuasion (τ raison de ce faire car il ne cuide pas bien faire mais le desattrempé a persuasion (τ est tellement disposé a persuir delectaciōs par son maluais habit Et pour ce lincontinent apres la passion ou temptacion sen reuient de legier (τ delesse sa crudelite ou opinion que il auoit vers la chose singuliere en quoy il pechoit / mais le desattrempé croit (τ maintient sa faulse opinion (τ ne se depart iamais Et la cause est car vertu (τ malice regardent le principe des operacions par telle maniere que malice corrupt cest principe et vertu le sauue Et cest principe en actions humaines cest la fin que sen entent Glose. Sicōme il fut dit ou quint chapitre du sexte et ou texte (τ en la glose
¶Tex. Et tel fin est principe des actions et en la maniere que en phisique les suppositions sont principes des conclusions. Et aussi cōme en mathematique len ne

enseigne pas les principes ou suppositions par raisons ou par demostracions Semblablement en moralite la fin nest pas mostree par argumes mais vertu naturelle ou acquise par acoustumance est en nous principe et cause de ce que est ouurer adroit de q̃ uoir de la fin et vraye estimacion.

Glo. Car aucuns sont enclins a honnestete de leur nature Et ceste inclinacion est parfaitte par bonne acoustumance et par mauuaise corrumpue. Et aucũs sont enclins au contraire et ceste inclinacion est acomplie p̃ mauuaise acoustumãce et ostee p̃ bonne Et a ce fait ce qui fut dit ou ij. chapitre du sexte Tex.

Et cellui qui a vraye estimacion de la fin vers les delectacios corporelles il est attrempe. Et cellui qui est a ce contraire il est desattrempe. Glo. Le attrempe tient cest principe que toutes delectacions laides ou deshonnestes sont a fuir Et le desattrempe tient pour principe que elles sont toutes a poursuir et met sa fin en delectacions corporelles Et doncques aussi comme cellui qui erre es principes de mathematique seroit fort a corrigier aussi sont fors a corrigier ceulx qui errent es principes moralx Et pour ce dit lescripture. peruersi difficile corriguntur.

Apres ce que a parle du desattrempe il parle delincontinent

Tex. Mais aucun est qui excede et ist hors de droitte raisõ pour cause de la passion de concupiscence Car telle passion le surmonte en tant que elle le fait ouurer nõ pas selon droitte raison mais elle ne le surmõte pas en tant que il soit tellemẽt dispose que il cuide et croie que il conuiengne poursuir telles delectacions sans ce que nulle en doie estre defendue. Et doncques cellui qui est ainsi incontinent est mains maluais que nest le desattrempe. Et nest pas simplement maluais Car la chose est sauluee en lui la quelle est tresbon principe. Glose Cestassauoir vraye et droitte estimacion de la fin ia soit ce que il soit maluais aucunement entant comme en particulier il a estimacion de ouurer contre raison ou temps de la passion de concupiscẽte. Tex. Et lautre qui est contraire cestassauoir lincontinẽt il demeure et parmaint en sa raison et ne excede pas pour sa passion ou temptation et bon habit et que incontinẽt e est maluais habit.

Se cellui est seulement continẽt qui demeure en droitte raison.
viii. chapitre

Il conuiẽt enquerir assauoir p̃ moult se le continẽt est cellui q̃ demeure et persiste en quelconque raison opinion ou election ou se cellui tant seulement est continent

t.iiii.

qui demeure en droitte raison. Et sē blablement se lincontinent est cellup qui ne demeure pas en election ou opinion quelconque Ou se cest celsui q̃ ne demeure pas en raison opiniō ou electiō droitturiere en la maniere que nous auons fait deuant ceste doub̃te. Glo. Ce fut la quarte doubte ou question du tiers chapitre Apres il soult ceste question
Tex. Et la verite est que celsui qui demeure en quelcōque opinion indifferentement il est dit cōtinent selon accident & improprement. Et semblablement celsui qui est & se depart de chascune opinion ou electiō il est incōtinēt selon accidēt, mais celsui est continēt ou incontinent selon soy et proprement qui demeure ou qui se depart de opinion ou de election vraie et droitturiere
Glo. Apres il expose ceste response. Tex. Car se aucun eslist aucune chose pour autre et en lieu dune autre il eslist selon soy et simplement la chose que il cuide auoir mais il esliste par accidēt celle que il prēt premierement.
Glose. Sicomme celsui q̃ en lieu dargent prēt estain eslist argent simplemēt et eslist estain par accidēt.
Apres se vng homme a ceste election que il ne congnoisse iamais charnellement autre que sa femme Et il auient par erreur que il eslist congnoistre vne autre & cuide que ce soit sa femme tel homme est hors de son opinion par accident et est incontinent par accident mais il est continent simplement.
Texte. Et pour ce aucun est qui demeure en son opinion quelconque il soit ou vray ou faulx et autre qui excede et sen depart soit vray ou faulx mais cellup est simplement continent qui demeure & se tiēt en vraye opinion Et cellup est simplement incontinent qui sen depart.
Glo. Toutesuoyes le continent peult bien faire cōtre vraye opinion par accident et par ignorance ou par erreur inuiable sicomme il ē dit deuant en glose de celsui qui cōgnoist autre femme que la sienne ou cōme le iuge condempne vng innocent informe par faulx tesmoings Et sē blablement peult lincontinent faire ce que seroit a faire selon bon opinion et ce faire par accident et par ignorance. Texte. Et est assauoir que aucuns sont demourās et trop arestes en leur opinion et sont pschirognomes cest adire gens de forte sentence affichiez & ahurtez qui sōt fors a persuader et ne sont pas legierement tournez de leur opinion et telz gens ont aucune chose semblable a celsup qui est continent en sa maniere que le prodigue a similitude ou liberal ou semblance Et se trop hardi a celsui qui a la vertu de fortitude
Glose.
Car le prodige donne et

et le liberal donne comme il appartient Semblablement telz gens desusditz demeurent en leur oppinion plus que ilz ne deussent Et se continent il demeure tant comme il doibt (z non plus Et communement telz qui sont ainsy affichiez a leur opiniõ (z pertinax et proternias/ilz sont melencoliques (z sont telz pour la forte impression de leur complexion ou oppinion. Apres il met commēt ilz different du continent Tex.

Mais ilz sont aultres que nest le continent (z different de luy en plusieurs choses/car le continēt nest pas trãsmue de son oppinion pour la passion ou concupiscence de quoy il est tēpte/mais quant il aduiēt (z il appartient il est de legier transmue par persuasion et pour raison Glo

Cestassauoir quant il voit forte et vraye raison au contraire de sa premiere opinion il sen depart tantost sans difficulte Tex. Mais les aultres q̃ sont ainsy fichiez et obstines en leur oppinion ne se muent pour raison que ilz oient Et aueques ce plusieurs sont ainsy affichiez ou ahurtez (z ahers a leurs oppiniõs pour les concupiscences que ilz pueuent (z acceptent Et pource que ilz sont menez et traitz a ce par delectation Et telz gens qui sont deuant nommez pschironomes Cest adire gens de leur propre sentence/ et sont indisciplinez (z agrescez Glo.

Ilz sõt indisciplinez pource que ilz ne daignent apprendre des aultres (z vsent de leur propre sens (z sõt agrescees par ce que ilz ne peuent pas bien conuerser aueques aultres

Tex Et ilz sont ainsy affichez pour aucune delectation que ilz querent (z pour aucune tristece quilz fuient/car ilz ce esioissent et delectent quant ilz ont victoire Et se len ne les peut mettre hors de leur oppiniõ ilz en ont grant ioye Et ont grant tristece se leurs raisons sont infirmes et non tenues/aussy comme se cestoient sentences et auctoritez Et pour ce selon verite ilz resemblent plus a lincontinent que ilz ne font au continēt Glose. Car ilz appetent (z desirent delectation (z fuient tristece superhabondamment et oultre raison Et aiment plus a vaincre en mal (z ce est chose vituperable.

Apres il met quant a ce la condicion du continent Tex.

Mais aucuns sont qui ne demeurent pas es oppiniõs qui deuãt leur semblent vrayes et ne se departent pas de leur oppinion pour incontinēce Glo Mais pour lamour de verite (z de vertu/(z pour aucune plus forte raison qui leur appert Et de ce met il vng exemple lequel il auoit mys deuant au tiers chapitre Texte Sicomme sophocles le poete raconte en vng liure appelle philotete de Neotholesmus q̃ a la psuasion de Vlixes q̃ fut de edisse auoit expose dire faulx/car il issit hors de ceste opinion Et combien que ce fust pour delectation, toutesuoies elle estoit bonne Car il luy sembloit bon, & se delictoit en dire verite Et nest pas ainsy que chascun qui euure pour delectation soit desattrempe ou maluais ou incontinent, mais tel est cellup qui fait ou euure aucune chose pour delectation laide & deshonneste.

Comment continence est moienne entre deux maulx.
‎p̃ v. chapitre.

Crise est que aucũ peut estre tellement dispose que il se delicte & esioist moins que il na partient en delectations corporelles ia soit ce que il poye bien par raison que il en deust plus vser, mais il ne demeure pas en ceste raisõ, & pour ce entre cellui qui est tel & lincontinent se continent est moyen, car lincontinent ne demeure pas en raison, mais tout au plus & a superhabondance en delectatiõs Et lautre ist hors de raisõ & tout au moins, mais le continent demeure en raison & ne se transmue ne dune part ne dautre Et dõcques conuient il se continence est bonne que ces deux habis contraires soient maluais Et telz tiennent ilz estre Glo. Et en la maniere que attrempance est moienne estre desattrempance & insensibilite, sicomme il fut dit au xx v. chapi. du tiers.

Semblablement continence est moienne entre icõtinence qui tent vers desattrẽpance & lautre maniere deuãt dicte qui traict a insensibilite.

Tex Mais pource que cellup de ces deux habis ou qualitez qui tent en moins et en peu de gens & en peu souuent, il est certain que aussy comme attrempance semble estre contraire a desattrempance tant seulement en telle maniere semble ptinẽce estre ptraire seulemẽt a lin continent qui tent au plus Apres il met similitude entre continence et attrempance Tex Et comme plusieurs soient dis & nommez telz ou telz par similitude, pource est continence appellee attrempance.

Glo. Et aussy tous ceulx qui se abstiennent de ɔcupiscence par raisonnous les appellons continens combien que plusieurs telz soient attrempez Apres il met la cause de ce

Tex. Car le continent a puissance de ce non faire contre raison pour delectations corporelles, et telle puissance a lattrempance, mais le continent a maluaises concupiscẽces et se attrempe non Glose

Car il ne a nulles concupiscences ou peu Tex Et auecques ce se attrẽpe est tellement dispose par bon habit vertueux que il ne appete pas soy delitter fors par raison, & le continent est tellement que il appete soy delitter oultre raisõ, mais il nest pas mene nullemẽt p tel appetit ne

par concupiscence ☙ Glo
Apres il compare lincontinent ¶ le desattrempe ☙ Texte.
Et lincontinent ¶ le desattrempe sõt sẽblables ¶ sont differens/car lun ¶ lautre poursuiuent corporelles delectatiõs/mais le desattrempe le fait pource que il cuide que il se conuiengne faire ¶ que ce soit bien Et lautre ne cuide pas que ce soit bien

Et prudence ¶ incontinence peuent estre ensemble ꝑ vi.cha.

L ne peult estre que vne personne soit prudent ¶ incontinent ensemble ☙ Glo.
Cest la verite ¶ la response de la question laquelle fut proposee la seconde ou tiers chapitre Et ceste responce il appreuue icy par deux raisons ☙ Tex. Premierement car il fut monstre deuant que quicõques est prudent il conuient auecques ce que il soit vertueux ☙ Glo
Car il fut conclut au vi.chapitre du septe liure que cest impossible que vng homme soit prudent se il nest bõ Et se il est incontinẽt il nest pas bõ ¶ doncques nest il pas prudent
Item vng homme nest pas prudent pource seulement que il scet ¶ cõgnoist que est affaire: mais est prudẽt pource que il est praticien ¶ operatif

Glo. Sicomme il fut dit au xii.chapitre du septe
Texte. Et lincontinent nest pas pratiqué ¶ operatif de ce qui est affaire selon raison ☙ Glose.
Apres il met la seconde cause pour quoy les incontinens aucunesfois sẽblent estre prudens. ☙ Tex.
Mais ce ne empesche pas que vng incontinent ne puisse bien estre deinos/cest a dire subtil et ingenieux ¶ plain de grant industrie Et pour ce semble il aucunesfoys que les incõtinens soient prudens/mais ilz ne le sont pas pour la cause de la difference qui est entre deinotique ¶ prudence/sicomme il fut dit deuant.
Glo. Cestassauoir au ꝑ viii. chapitre du septe ou il fut dit que deinotique ẽ subtilite ¶ industrie/mais auecques ce prudence est requise ¶ conuient que len tende a bonne fin.
Apres il compare lincontinẽt au prudent ☙ Texte. Et le incontinent est prochain au prudent quant a raison ☙ Glo Car lun et lautre a bon iugement vniuersel selon raison ☙ Texte.
Mais il differe du prudent selon election ☙ Glo Car il ne en suit pas le iugemẽt de raisõ quãt a election particuliere/car il a bonne election vniuerselle/sicomme il fut dit au vii.chapitre ☙ Tex.
Et nest pas lincontinent comme cellup qui scet ¶ considere du tout ce que il fait/mais il est ainsy comme

ung endormy ou comme cellup qui a trop beu de vin ❧ Glo. Cestassauoir au temps de la passion qui tient la pensee liee et absorbe le iugement de raison, sicomme il fut dit au quint chapitre.
❧ Tex. Et neantmoins il euure voluntairement, car il scet bien aucunement et que il se fait et a quelle fin il se fait ❧ Glose. Il scet bien confusement que il fait fornication et que il euure pour delectation
❧ Tex. Mais toutesuoyes nest il pas simplement maluais, car il a en soy election bonne et iuste
❧ Glo. Cestassauoir en habit et deuant le temps de la passion de la concupiscence, mais au temps de la temptation ou passion ceste bonne election est corrumpue ❧ Tex. Et doncques lincontinent est demi maluais et nest pas iniuste, car il ne euure pas par conseil ne par aguet ou cautele. Et bien appert par ce que si continent quest fieble ne demeure pas ou arreste es choses ou conclusions que il a conseillies ❧ Glo. Sicomme il fut dit au xxii. chapitre, mais cellup qui est iniuste il delibere et conseille deuant, et demeure et perseuere en son maluais conseil. ❧ Tex.
Et lincontinent qui est melencolique ou agu, il na pas du tout conseil ou deliberation ❧ Glo. Sicomme il fut dit au vii. chapitre Apres il met a ce ung exemple ❧ Tex. Et resemble lincon

tinent a une cite ou comunite laquelle est pourueue de toutes choses qui luy sont necessaires et qui a bonnes loys et iustes, mais elle ne use de nulle de ses loys, sicomme Anaxandrides le poete reprochoit a sa cite en disant pour quoy elle vouloit auoir loys, quant elle ne auoit cure de loys.
❧ Glose. Semblablement lincontinent a bon iugement et bons principes, mais il nen use pas au temps de la passion de sa concupiscence
❧ Tex. Et cellup qui est simplement maluais, sicomme est le desattrempe il est semblable a la cite qui a maluaises loys et en use. Et est assauoir que continence et incontinence sont vers superexcellences au regard des facultez ou puissances de plusieurs, car le continent a puissance denuourer en son propos contre telles concupiscences que plusieurs ne les pourroient vaincre. Et lincontinent ne se peut tenir contre concupiscences lesquelles plusieurs pourroient vaincre, car ilz sont mendres.
Et ce fut dit au xxii. chapitre.
Apres il compare ensemble plusieurs manieres de incontinences.
❧ Tex. Et des deux manieres des incontinences deuant dictes celle est plus legiere a guerir selon lesquelles les melencoliques euurent incontinentement que nest lincontinent de ceulx qui conseillent deuant et ne demeurent pas en leur deliberation
❧ Glose.

Les premiers sont appelles preuolans, et les aultres sont appelles fiebles, sicomme il fut dit au vii. chapitre. Et la cause pour quoy les premiers sont plus legiers a guerir, cest pour ce que par auoir conseil auant le fait, ilz pourroient estre continens
Apres il compare les incontinens selon vne autre difference

Texte. Et ceulx qui sont continens par coustume ou acoustumance ilz sont plus legiers a guerir par naturelle inclination de leur complection, car acoustumance est plus legiere a transmuer que nest nature Et la cause est, car acoustumance est forte a transmuer, pource quelle ensuit nature et luy resemble Glo.

Et selon lautre translation il dit ainsy Combien que la permutation de acoustumance soit forte a faire pour la similitude que acoustumance a auecques nature Touteffoyes la permutation de coustume est plus legiere affaire que celle de nature, et est assauoir que il nest pas a entendre que nature face vng homme estre continent, mais aucuns pour la malice de leur complexion sont trop enclins a superfluitez de delectations corporelles Et se deux hommes estoient equalement enclins a ce lun par nature, lautre par acoustumance cestuy qui seroit a ce encli par nature seroit plus fort a guerir que ne seroit laultre, mais telle tequalite pourroit entre eulx estre que il conuiendroit autrement parler

Texte. Et de ce disoit Eunenus ou Ebenus le poete en ceste maniere ie di que la meditation et pensee longue et durable demeure es gens amiablement et delectablement Glo. Et par ce est confermee acoustumance Texte

Et ceste pensee acoustumee se finist et parfect es hommes en deux manieres de nature Glo. Et selon vne autre exposicion cest poete dit ainsy. Mon amy ie te dy que longue meditation ou pensee demeure, et que elle est faicte aussy comme nature et dure, et finist auecques les personnes Apres il recapitule

Tex. Et doncques auons nous dit quelles choses sont continence ou incontinence et perseuerance et molete, et en quelle maniere ces habis dessusditz sont coparez les vngs aux autres.

Comment il met icy plusieurs oppinions de delectation.
viii. chapitre

I l appartient a cestui qui traitte de philosophie politique co considerer de delectation.
Glo. Cestassauoir au philosophe moral et ce preuue il par troys raisons, et auecques ce mesmement est il bien conuenable a parler apres ce que il a dit de pintece et de incontinece qui

sont vers delectations corporelles Car apres au p. liure il traictera principalement des delectations de lame intellectiue ¶Tex. premierement/car la fin a quoy regardent ceulx qui ordonnent la policie/ et la communite et qui soit aussy comme architectō ¶Glose. Il fut dit que cest en la glose du ix.chapitre du sixte/et est proprement le maistre de seuure en edifficatiō et telz sont les princes en la policie ¶Tex.

Cest delectatiō pource que nous disons vne chose estre simplemēt bōne et laultre simplement mauuaise selon ce ¶Glose Car nous disons ceulx estre bons qui se delittent en bien et ceulx mauuais qui se delittent en mal/sicomme il appert par le pii.chapitre du premier Et aussy nous disons les operations bonnes qui sont pour bonnes delectations/et telles maluaises qui sont pour maluaises delectations/car les operations tendent a fins delectables Et pource sont regulees mesures adiessees et iugees selon les delectations

Apres il met la seconde raison ¶Tex Item cōsiderer dz delectations est vne des choses necessaires a moralite/car nous auons mys et dit deuant que Vertu et malice sōt vers delectations et tristesses

¶Glose Ce fut dit au tiers chapitre du second Apres est la tierce raison ¶Tex. Item plusieurs dient que felicite est auecques delectation ¶Glo. Cest la Delicte/sicomme il fut dit au vii.chapitre du premier/et sera dit au p.liure.

¶Tex. Et pour ce en grec se nom qui signifie beneure est dit de esioir ¶Glo Aussy disons nous que felicite est ioye Et doncques appartient il au prophete moral cōsiderer de delectation Apres il recite de ses troys oppinions ¶Tex

Et semble a aucun que nulle delectation quelconque ne est bonne selon soy et selon accident Et se aucune chose est bonne et delectable ensemble toutesuoyes estre delectable nest pas estre bon/mais aux autres semble que aucunes delectations sōt bōnes et que plusieurs en sont mauuaises Encor est vne autre opiniō daucuns qui dient que suppose que toutes delectations fussent bōnes sy ne nest il nulle qui soit tresbonne chose ¶Glo. Apres il met vi.moiens pour la premiere oppinion

¶Tex. Et les premiers dist du tout generalement que il nen est nulle bonne premierement/car toute delectation et generatiō est passemēt de aucune chose sensible en nostre nature ¶Glo Car nous auons delectation en ce que nous sentons que aucune chose entre en nous ou est coniointte a nous qui est conueniente a nostre nature/et ainsy disoiēt les anciens que delectation est generation. ¶Tex. Et nulle generation nest de la condicion

des fins/sicomme sen diroit que nulle edification nest la maisō Glo.
Ilz vouloiēt dire que nulle chose nest bonne se elle nest fin/ et delectatiō nest pas fin/ mais est voye et tres passement en aultre chose Texe.
Item celluy qui est attrēpe fuit delectations Glo Et en est soe et nul attrempe ou vertueux ne fuit ce que est bon Tex.
Item le prudent parsuit et quiert non auoir tristece/ et semblablement quiert il non auoir delectation. G.
Doncques sensuyt il que aussy comme tristece nest pas bonne que delectation nest pas bonne Texte.
Item soy tenir vers delectation est empeschement au prudent et tant plus sen esioist et si delitte tant plus est en peche/ sicomme il appert es delectations de luxure/ car nul qui est occupe en telle delectatiō ne peult entendre a aultre chose Glo.
Pour ce que toute lintention de luy est traicte et tenue par telle delectation Et doncques nest pas delectation bonne selon soy puis quelle est empeschement de bien et que tant plus est grande et plus empeche le bien. Texte. Item nul art nest delectation quescōque Et tout bien humain est euure ou operation de aucun art Item les enfās et les bestes poursuiuent les delectations.
Glo Et doncques pour suit delectations est en homme vne chose enfantible ou bestial/ et par con

sequent elle nest pas bonne; et est assauoir que il respōdra a ces raisons au chapitre ensuiuant Apres il recite la raison laquelle est de la seconde opinion Tex. Et la raisō de lautre opiniō qui dit que elles ne sont pas toutes bōnes est pource que delectations sont laides et reprēuables et aucunes sont noysibles Car aucunes choses delectables sont cause de plusieurs maladies Et la tierce oppinion qui dit que nulle delectation nest tresgrant bien/ est fōdee sur ce que delectation nest pas fin/ mais elle est generation Glose.
Sicomme il fut dit en la raison de la premiere opinion Texte.
Ce sont icy pres que toutes les choses que len dit en ceste matiere

Responce aux oppiniōs dessusdictes viii. cha.

L appert par ce que il ne sensuit pour les raisons dessusdictes que nulle delectatiō nest bonne/ et nulle delectation nest tres grant bien Glo Il ne fait mention de la moienne oppinion/ car elle est auantment vraye Apres il met deux distinctions qui sōt a son propos Tex. Premieremēt verite est que bien est dit en deux manieres ou que vne chose peult estre dicte bonne en deux manitres. Car aucune chose est bonne simplement.

Et lautre est bonne non pas simplement/mais est bonne a aucun, sicomme a cestuy ou a ung aultre.
☞ Glo. Il entent par bien simplement le bien de iustice ou de quelconque vertu. Et pource que est bien ou bon a aucun il entent ce que est bon tantseulement selon apparence/sicomme seroit fornicatiõ ou quelconque mauuaise operation qui appert a aucun estre bonne. Tex.
Et les natures des personnes & les habis ensuiuent ceste diuision.
Glo. Car aucune nature corrũpue & vicieuse encline a bien appent. &c. T. Et pource les mocions cest a dire les operations & les generations ensuiuent la diuision dessusdicte. Glose. Par generatiõ il entent delectations selon le parler des anciẽs & veult dire que les vnes sont bonnes simplemẽt & les autres apparentement, & aussy des operations. Tex. Et les delectations qui sont mauuaises simplemẽt sont mauuaises en soy. Et a aucun ne semblent pas telles/mais sont eslisibles a cestuy ou a ung autre. Et aucunes delectations ne sõt pas eslisibles siplement ne a cestuy ne a ung autre/fors tantseulement aucunesfois & par peu de temps. Et les aultres ne sont pas delectations/mais ilz semblent estre pour aucune tristesse & pour cause de medecine/sicomme il aduient a aucuns malades.
Glo. Par ce que dit est appert vne diuision de quatre membres. Premierement aucunes delectatiõs sont simplement bonnes. Item les mauuaises les vnes sont eslisibles a aucun tousiours ou souuent/sicomme fornication ou autre desattrempance. Item les autres sont eslisibles peu souuent/sicomme aucune bestialite ou sodomie. Item aucunes ne sont pas delectatiõs, mais ilz le semblẽt/sicomme ceulx qui ont vne espece de meselerie qui se deuffent en eaue bouillante se leur semble.
Apres il sensuit vne autre distinction. Tex. Item des choses bonnes vne est operatiõ & lautre est habit. Glose. Sicomme sciẽce ou vertu qui sont en lame aussy bien quant sen dort ou quant sen repose, comme quant sen euure. Et sont les operations meilleures et plus parfaictes que ne sont les habis/sicomme il fut dit au xi. chapitre du premier.
Tex. Et les delectations qui precedent labit et par lesquelles vng homme est cõstitue en labit qui est perfection de son ame elles sont delectables/mais cest selon accidẽt/car telles operation & auecques concupiscence & auecques indigence & desir/pource que labit est imparfait & ne a pas sa perfection naturelle.
Glose. Car aucunes operations precedent vertu par lesquelles elle est engendree & faicte/sicomme il fut dit au premier chapitre du secõd
Et telles operations ne sont pas

parfaictement ou simplemēt delecta
bles pour ii.causes Une est, car elles
sont auecques tristeces pour concupis
cence qui tent au contraire, lautre est
pour la Vertu qui nest pas parfaitte
et que len desire estre parfaitte.
    Tex.   Mais delecta
cions qui sont es operations faictes
apres la perfection de labit ilz sont
sans tristece et sans concupiscence sicō
me considerer speculer apres ce que sē
a labit de science Car la nature de la
me ne a plus indigence de tel habit.
    Glo.   Semblablement
quant la Vertu est parfaicte adonc/
ques les operations qui ensuient sōt
simplement delectables sans aucune
tristece.   Tex.   Et ce
peult assez apparoir par signe. Car
ceulx des quelz la nature est trop re/
plete et mal disposee il ne se delittent
pas en telles choses comme sōt ceulx
desquelles la nature est bien disposee
Car la nature bien disposee corporel/
lement se esioist et delitte es choses q̄
sont simplemēt delectables Et celle
qui est trop replete se esioist es choses
contraires Car telz trop replés se es/
ioissent et delittent es choses agues
sures et amaires desquelles nulle nest
delectable ne simplement ne selon na
ture   Glo.   Apres il respont
es raisōs du chapitre precedent et nō
pas selon lordre qilz furent proposees
    Tex.   Encor dirons nous
apres que il nest pas necessite que au
cune delectacion ne soit tresbonne ou

que une autre chose soit meilleur en
la maniere que aucuns le disoient et
se causoiēt de ce que la fin est meileur
que nest la generacion de la fin. Car
il nest pas ainsi que toutes delectaci
ons soient generacions ne auecques
generacion   Glose
Mais tant seulement celles sōt
telles qui sont auāt Vertu et sōt cau
se de Vertu.   Tex.
Mais aucunes delectaciōs
sont operacions.   Glo.   Du
annexe auecques operacions
    Tex.   Et sont fin Et
telles delectacions ne tendent pas a
autre fin mais tant seulement celles
qui mainnent a la perfection de na/
ture   Glo.   Cestassauoir
par lesquelles Vertu est engendree et
causee   Tex.   Et pour
ce la diffinicion de delectaciō nest pas
bonne que mettoient ceulx de la pre/
miere opinion en disant que delecta
cion est sensible generacion.
    Glo.   Car nulle delecta
cion nest generacion fors seulement
celle qui precede labit et qui est delec/
tacion imparfaitte   Tex.
Mais nous deuōs plaire ou dire
que delectacion est operaciō de labit
qui est selon nature Et en lieu de ce
que ilz dient sensible nous dirōs non
empechee.   Glo.   Donc
ques delectacion est operaciō nō em/
pechee de labit qui est selō nature Et
est assauoir que il entent de delectaci
on parfaitte qui est sans tristece

Jté delectacion nest pas du tout opation mais elle e͂ a͂nexe⁊ co͂iointe ⁊ est p̱fection de opreacion, sicome il sera dit ou p̱. liure   Jtem il dit non empechee, car empechement fait difficulte ⁊ donne tristece   Jté de habit qui est selo͂ nature, car vertu ou telle chose est conuenable a nature·   Tex.

Mais ilz estoient meuz pour ce que delectacion est vers ce que est bié principalemét ⁊ ce est operation ⁊ ilz cuidoiét que toutes operacions fust generacio͂ ⁊ il nest pas ainsi, car celle que est vsage de habit nest pas generacio͂ mais elle est apres   Glo·

Et par ce appert la response a la premiere raison de la opinion par laquelle estoit prouué la tierce opinion   Apres il monstre bien que la raison de la seco͂de opinio͂ ne conclud pas toutesuoies la seconde opinio͂ est vraye.   Jtem dire que aucunes delectations sont maluaises pour ce que aucunes choses delectables nuysent et causent maladies cest semblable come se len disoit que choses saines so͂t maluaises pour ce que ilz nuysent quant a la peccune ⁊ sont chieres Et ainsi espargnier a peccune seroit mal, ou auoir choses sainnes seroit mal ou tout les deux, ⁊ pour ce telles choses ne so͂t pas maluaises pour ce que ilz nuysét car aucune fois estudier q̃ est bo͂ne chose nuist a sante.

Glo.   Mais cest tant seuleme͂t par accidét   Aps il respo͂t a la quarte raiso͂ de la p̱miere opinio͂ q̃ disoit que delectacio͂s empeche͂t le prude͂t et doncques sont ilz maluaises

Tex.   Jté nulle delectacio͂ q̃ procede ⁊ viét de prude͂ce ou de quelconque habit ne empesche prude͂ce ou tel habit, car les delectacio͂s q̃ vie͂nét ou so͂t de speculer estudier ⁊ apre͂dre sont plus estudier ⁊ plus apre͂dre, mais celles q̃ sont sauuages so͂t empecheme͂t   Glo.   Cestassauoir celles qui ne so͂t pas selon prude͂ce come fornicacion adultere ilz empeche͂t le prudent ou prude͂ce   Apres il respo͂t a la quinte raiso͂   Tex.   Jté raiso͂nableme͂t il est ainsi que nulle delectacio͂ nest euure dart   Glo.   Car nul art na enseigne come len se doibt delecter,co͂bien que art enseigne faire aucunes choses qui sont delectables

Tex.   Car art nest pas de operation   Glo.   Cest assauoir des operacions esquelles est parfaite delectacio͂ come sont euures de vertu

Texte   Mais est dune autre puissa͂ce.   Glo.   Cestassauoir de entendement practique sicome il fut dit au sexte liure Et pour ce celle raison prét faux moye͂ en disa͂t que tout bien humai͂ est euure daucu͂ art.

Tex.   Et si pourroit len respo͂dre a leur raison que aucu͂s ars sont de delectacions sicomme art de faire pigme͂s p̱fections ⁊ odeurs ⁊ art de faire potages ⁊ sausses   Glo.   Celle respo͂se nest pas propre car telz ars des instrume͂s de musique ilz ne apre͂nent pas ou enseignent a soy delecter mais a faire les choses qui sont delectacion Apres il respont a la seconde a la tierce et a la sexte raisons ensemble Tex. Itē a ce que fut dit que lattrempe fuit delectacions et que le prudent quiert vie non triste Et que les enfans et les choses poursuient delectacions toutes ces choses sont solues par vne maniere Car il est deuant dit cōme des delectacions les vnes sont bonnes simplement et les autres non. Et toutes telles delectacions qui ne sont pas bōnes simplement mais seulement a ançul les enfans et les bestes les poursuient et le prudent quiert nō estre cōtriste pour labsence de elles car telles delectaciōs sont auecques cupiscence et auecques indigence et sont corporelles comme boire et mēgier Et le prudēt fuit les superhabōdances de telles delectaciōs selon lesquelles len est dit desattrempe Et pour ce lattrepe fuit telles delectacions toutesuoyes il ne fuit pas toutes delectacions Car aucūes delectacions sont propres alattrepe.

Glo. Cestassauoir celles qui sont es operaciōs que il fait selō Vertu.

Des comparaisons de delectacion. xix. cha.

m Ais toutesuoyes tous cōfessēt que tristece est mal et que elle est fugible ou a fuir/et est aucūe tristece que est simplemēt mal Et autre qui est mal entātcōme elle

est empechemēt de biē Glo. Tristece de biē sicōme est enuie cest simplemēt mal/et tristece de mal est mal entāt cōme elle est pechie que sen nest pas si prest ou si entētif a biē.

Tex. Et a chose fugible est cōtraire ou chose fugible est mauuaise ou chose bōne donc ques est il necessaire que delectacion soit aucune chose bōne Glo. Car il suppose que a chose male est cōtraire chose bonne Et pour ce met il apres vne faulse responce que a ce faisoit spēsippus qui fut nepueu platon et lui succeda en lestude. Tex. Et la solution que a ce faisoit spesippus le philosophe ne souffit pas/car il disoit que vne chose peut estre contraire a lautre cōme le plus grāt est contraire au plus petit ou cōme il est cōtraire a se equal et moyen. Glo. Et par ce il disoit que entre delectaciō et tristece a vng moyen que est estre nō triste et est bō Et les deux extremes cestassauoir delectacion et tristece ne sont pas bonnes aussi comme des deux vices contraires entre lesquelles vertu est moyene il ne conuiēt pas se vng est mauuais que lautre soit bon Apres il oste ceste responce Tex. Mais spesippus ne diroit pas que delectacion soit tray mal simplemēt Glo. Car il disoit que cest vng imperfait et que ce nest pas siplemēt mal sicōme il sēsuiuroit per ceste responce/car ce seroit vice extreme Apres il prouue que aucune delectaciō est tresgrāt biē

Tex. Et se len disoit que aucunes delectacions sont maluaises ce ne empeche en riens que il nen soit aucunes tresbones aussi come il est aucune sciece tresbone. Cest sapience sicome il fut dit ou .viii. chapitre du sept̃e, car sapiẽce a parler generalament est appellee science Tex. Et neantmoins plusieurs en sont maluaises Glo. Selon Eustrace et albert aucunes scieces sont dictes maluaises ou pour ce que ilz ont mal uais principes sicome sont aucũs auguremẽs ou sortileges ou pour ce que ilz sõt de maluaises matieres, sicõe nigromance ou pour ce que len les tourne a maluaise fin sicome a larrecin et ne sont pas propremẽt saences.

Tex. Et est necessaire que aucune delectaciõ soit tresbonne, car de chascun habit ou vertu sont aucũes operacions qui sõt faictes sãs empechemẽt, et dõcques pose que felicite soit operaciõ de toutes vertus ou de aucũes de elles se telle operaciõ nest empechee il puiet que elle soit treselisible, et telle operaciõ est delectaciõ

Glo. Sicõme il appert ou chapitre precedent en sa diffiniciõ de delectaciõ Tex. Et dõcques est aucũe delectacion tresgrãt biẽ ia soit ce que il en soit plusieurs maluais.

Glo. Apres il declaire sõ intẽciõ par signes et met aucũes choses q̃ de e sensuiet Tex Et pource tous ont piniõ et cuidẽt que vie bieeuree soit electable, et reputẽt raisonablemẽt

delectaciõ en felicite et felicite en delectaciõ, car nulle operaciõ pfaicte nest empechee, et felicite est des operaciõs pfaictes. Glo. Et toute operacion non empechee est delectacion ou en delectacion dõcques est felicite en delictacion Tex Ité pource assi que telle operaciõ ne soit empechee celup q̃ est bieneure a mestier de auoir les biẽs du corps. Glo. Sicõme sante est bõne habitude corporele.

Tex. Et les biẽs de dehors et de fortune. Glo Car par la deffaulte de telz biẽs il pourroit estre empeche en ses bõnes operaciõs Tex. Car cõbien que les stoiciẽs diẽt que cellup q̃ est tourne et chut en tresgrãs infortũes soit bieneure se il est bõ telz gẽs ne diẽt riẽ de voir veulet ou nõ

Glo. Et mesmemẽt de felicite politique a la quelle telz biẽs sont requis sicomme il fut dit ou .viii. chapitre du pmier et es autres aps Tex. Ité pource que felicite a mestier des biẽs de fortune il sẽble a aucũs pour ce que felicite et fortune sont une mesme chose mais fortune nest pas felicite, car quãt elle est supexcellente elle empeche felicite Glo. Sicomme quant aucun a trop de richesses oultre son estat Tex Et p auẽture telle supexcellẽce nest pas iustemẽt appellee bõne fortũe, car quãt a felicite telle fortũe a certain terme Glo. Cest adire que felicite requiert fortune moderee, car aucũe fois tresgrant fortune nest pas bonne fortune

Après il met sa seconde raison & monstrer que aucune delectation est chose tresbonne ⸫ Tex̃ Item ce que toutes choses et bestes et hommes poursuient et quierent delectacions cest vng signe que delectaciõ est tresbonne chose aucunement Car la re nommee nest pas du tout perdue ou faulse laquelle plusieurs peuples renõment & publient Glo. Car nature ne deffault pas en tout ne en la plus grant partie mais en la mẽ die Et doncques puis que la plus grãt partie par nature est bien ordõnee elle est encline a delectacion. Et ainsi se tient comune renõmee il sẽ suit que delectaciõ est bien Et est si gne que aucune delectaciõ est tresgrãt bien Et se aucun disoit le cõtraire pour ce que vne chose quiert vne de lectacion et vne autre quiert vne au tre delectaciõ il mõstre aps̃ par deux raisõs que ce ne empeche pas ce que dit est ⸫ Tex̃ Mais pour ce que vne mes me nature ou vng habit nest pas tres bõ ou regart de chascune chose ne se lon verite ou selõ apparence semble que tous ne poursuient pas ou quierent vne mesme delectacion Glo.

Car vne beste a vne nature et lau tre vne autre, Et aussi des hommes selon diuerses natures & selon diuerses complexions. Tex̃. Et toutesuoyes toutes choses sensitiues quierent & poursuient delectacions.

Item par auenture toutes choses quelconques appetent & desirent ou quierent et poursuient vne chose cõ bien que ilz ne lapperceuent pas & ne le cuident pas Et combien que plusieurs ne le diroient pas mais toutesuoyes appetent ilz & poursuient vne chose Car toutes choses ont en elles par nature vne chose diuine Glo.

Par auenture aristote entendoit ainsi que chascune chose par naturel desirer appete son estre bien ou sõ bien estre & la fin et en ce se delitte laquelle fin nest pas apperceue ou congneue des choses insensibles Car les pierres ou les plãtes ne lapparcoiuẽt pas & ceste fin cest dieu ou aimer dieu quãt aux choses qui ont entendement Et quant aux autres choses ceste fin cest lordonnance naturel & leur perfectiõ laquelle vient de dieu Et selon ce toutes choses ont vng desir naturel lequel se repose & se delicte aucunemẽt en chose diuine, & ceste delectaciõ est tresgrant bien. Apres il met la cau se pour quoy aucuns disoyent que de lectaciõ nest pas bonne Tex̃.

Mais les delectaciõs corporelles ont aussi cõprins p̃ heritage le nom de delectacion pour ce plusieurs sont enclins en elles et que tous les parti cipent Glo. Car les choses cor porellement delectables sont necessaires a vie corporelle Tex̃. Et elles seules sont congneues comunement pour ce cuident plusieurs que elles seules soient delectables Glo.

Et len le blasme cõmunement pour ce que len les poursuit trop.

f.iii.

Et pour ce cuident aucuns que delec/
tacion ne soit pas bien. Apres il
monstre encor que deleitacion est bon
ne, car autrement sensuiroient trois
inconueniens   Tex.   Item
il se manifeste que se delectacion nestoit
bonne ne operacion delectable il sen
suiroit que le bieneure ne vesquit pas
delectablement   Glo.   Et le
contraire appert par ce que fut dit ou
vii.chapitre du premier   Tex
    Car a quel fin auroit il mestier
de delectacion quant sa feliñte est bon
ne se delectacion nestoit bonne. Ité
il se suiroit que le beneure peut mener
sa vie en tristece Car selon leur opini
on tristece nest ne bien ne mal ne de/
lectacion aussi.   Glo.   Et
par consequent il ne appartienent en
rien a felicite ne ny nuysent ne aident
    Tex.   Ité la vie du vertueux
ne seroit pas delectable se ses operaci
ons nestoient delectables.   Glo.
    Et cest impossible que la vie du
Vertueux ou du Beneure ne soit delec
table sicome il dit deuant plusieurs
fois.

    Des delectacions corporelles
vers lesquelles sont continence et in
continence.   xx.chapitre

    Ous entendons a parler des
delactaciõs corporelles dõt au
cunes dient que les vnes delles sont
moult eslisibles sicõe sõt celles qui sõt
bõnes, mais ce ne sont pas les corpo/

relles vers lesquelles est ou lesquel/
les quiert se desattrempe Di pour/
roit icy aucun doubter et dire ainsi pour
quoy doncques sont mauuaises les
tristeces contraires car ce que est con
traire a mal est bon ou bien. A ce
peult sen respondre que delectacions
corporelles ne sont pas simplement
mauuaises mais elles sont bõnes en
tant comme elles sont necessaires a
repeller et oster tristeces Et en ceste
maniere toute chose qui nest de soy
mauuaise peult estre bonne   Glo

    Apres il met vne autre maniere
comme delectacions corporelles sont
Bonnes.   Tex.   Du sen peut
dire que telles delectacions sont bon
nes iusques a vng terme Cest a dire
iusques a vne mesure ou quantite
    Glo.   Cestassauoir en tant cõ/
me ilz ont mestier et sont conuenables
pour oster tristece et indigence corpo
relle Et de ce declaire il apres.

    Tex Car de quelconques habis
et de tous mouuemens et operaciõs
desquelz il nest nulle superhabondã/
ce du meilleur   Glo.   Cestadire
en quoy sen ne peult trop exceder de
tous telz habis ou operacions la de/
lectacion est telle que sen ne peult en
elle exceder par superhabondance

    Tex.   Sicõme en contemplaciõ
de verite ou amer dieu Car en ce tãt
est loperacion plus feruente ou plus
haute et esse est meilleur Et sa delec
tacion qui est en ce tant est plus grã/
de et telle est meilleur Et pour ce tel

les delectations sont bonnes simplemēt veritablement absoluemēt et vniuerselement ☞ Tex ☜ Mais des biens corporelz comme sont operacions de delectacions illecques peult estre superhabondance Et cellui qui est maluais est dit maluais en ce que il poursuit et quiert de telz biens la superhabondance mais nous ne disōs pas que il soit maluais en ce que il a persuit las delectacions necessaires Car tous se esioissent et delectent aucunement en potages et en vin et en delit charnel mais ceulx sont maluais qui se delittent en maniere non conuenable Et quant en tristece se maluais fait aucunement le contraire Car il ne fuit pas tant seulement sa superhabondance de tristece mais il fuit du tout toute tristece Car superhabondance de delectacion nest pas tantseulement contraire a superhabondance de tristece. Car cellui qui poursuit les superhabondances des delectacions fuit toute tristece. Glo.

Il fuit tristece et grande et petite et persuit grandes delectacions.

Apres il adiouste aucunes choses en declairant ce que dit est Tex.

Or ne conuient il pas seulement dire verite mais auecques il est bon de monstrer cause de la faussete Car ce fait bien a adiouster foy et ayde a sa verite pour ce que toutesfois que il appert par raison par quelle cause la chose qui sembloit vraye nest pas vraye cecy fait croyre plus et mieulx

ce que est voir Et donques conuient il dire pour quoy les delectacions corporelles semblent plus essisibles que autres Premierement vne cause est pour ce que telles delectacions mettēt hors et ostēt tristece Et les tristes quierent delectacions pour les superhabondances de tristece aussi comme se delectacion fust medicine contre tristece et quierent du tout delectaciōs corporelles Car quant ilz sont fortes et vehemētes ilz leur sōt faictes droittes medianes Et pour ce les quierēt ilz et auecques pour ce que ilz apparessent plus iouste leur contraire

Glo. Ilz sont plus apparentes en remediant a grant tristecee Et pource aucūs qui veulēt fort boire menguent choses salees pour auoir soef qui e tristece et pource leur apparoist plus grande la delectaciō que ilz ont en boire Apres il met la cause pour quoy delectacions ne semblent pas bonnes vniuersellemēt Tex. Et telle delectaciō corporelle ne semble pas estre bonne pour deux choses premierement car sicomme il fut dit deuant.

Glose. Le fut dit deuant au ix. chapitre.

Texte

Aucunes delectacions appartiennent a operacions de maluaise nature lesquelles aucuns appetent de leur natiuite et de la malice de leur complexion et sont comme bestes ou pour tresmaluaise acoustumance comme sont les operacions et les delectacions des mauuais hões, et les autres delectacions sont aussi cõme medecine pour ce que ilz supplient lindigence et ce que fault a nature.

Glose. Sicomme sen se delitte en mẽgier pour oster la fain et en boire pour la soef etc.

Tex. Et meilleur chose est auoir vne perfection que ce nest de se querir. Glo. Sicõme meilleur est estre repeu et assasie que nest mengier. Et estre sain que acquerir sante. Tex. Et telles delectacions ont ceulx qui quierẽt eulx refrigerer ou recreer pour oster des faulte et indigence. Et doncques sensuit il que telles delectacions sont bonnes selon accident. Glo.

Et non pas simplement mais tant seulement pour ce que ilz ostent la deffaulte, sicomme la medicine ou emplastre qui a souage sa maladie est delectable pour sante et bon mais non pas simplemẽt. Et ainsi appert que delectacions corporelles les vnes sont simplement mauuaises et les autres qui ne sont pas telles ilz ne sont bonnes fois par accident entant cõme ilz supploiẽt aucũe deffaulte. Et autres delectacions sont en mettant fois aucunes superfluitez. Et pour ce sont ilz bonnes selon accident. Cõbien que ilz soient forment sensibles et vehemẽtes sicomme celles qui sõt en fait de luxure. Apres il met sa seconde raison a monstrer que telles delectacions sont desirees comme vnes medicines.

Tex. Item pour ce que telles delectacions sont forment sensibles et vehementes elles sont quises et poursuis de ceulx qui ne se peuent esioir ou delecter en autres choses.

Glose. Sicomme en speculer en estudier ou en bonnes operacions. Tex.

Et doncques telz gens preparent en eulx mesmes vne soef vng desir et esmouuement a la concupiscence de telles delectacions et les procurẽt. Et quant en ce ilz ne nuysent ne a soy ne a autre ce nest pas chose a blasmer, mais quant ilz sont nuisibles ce est mauuaise chose.

Glo. Sicomme glouton nie et adultere. Tex.

Et ce quierent ilz pour ce que ilz ni ont autre chose en quoy ilz se delictẽt. Glo. Apres il assigne la cause pour quoy len requiert estre recree par delectacions. Tex.

Len quiert telles delectacions pour ce que en moult des choses sen a triste et pour les mouuemẽs naturelz. Car toute chose qui a en soy vie sensible ẽ en labeur tousiours sicõme tesmongnẽt les sciences naturelz qui diẽt que veoir et oir sont tristes mais aucuns diẽt que nous ne apperceuons pas ceste tristece pour ce que nous y sõmes acoustumez. Glo. Car combien que len se delitte aucunefois en oir et en veoir, toutesuoyes peut se mouumēt desperis sen ē trauaille ⁊ ēnuie et entre sen aucunement en tristece. Et du labeur que len a en veoir est signe ce que lē ne peut tenir les yeulx ouuers longuement sans cliner.

Apres il assigne raisō pour quoy aucuns par especial ont plus mestier de delectation Tex. Sem blablement en ieunesce pource que lē est en acroissance sen a grant mestier de delectation/car les ieunes sōt sors disposez aussy comme sont ceulx qui ont trop beu de vin Glose.

Car ses ungs cestassauoir les ieunes pource que ilz croissēt ⁊ les autres pour la chaleur du vin ont grāt mouuemens de esperitz en eulx ⁊ ai sy pour reconforter les esperitz ilz ont grant mestier de delectatiō Et pour ce les ungs ⁊ les aultres ont fortes delectations Tex. Et les mesencoliques selon la disposicion de leur nature ont tousiours mestier de medecine, car leur temps seuffre continuellement une maniere de corrosion Et pource sont ilz tousiours en fort appetit ⁊ vehement desir de choses delectables/ ⁊ delectation se elle est forte elle met hors tristece Et ain sy tant de celle qui luy est cōtraire cōme de celle qui vient dautre partie.

Glo. Car ses esperitz de eulx sont secs ⁊ ont en eulx mesmes cause de tristece. Dautre partie sicomme la delectation qui est couple charnel/ elle ne met pas hors tantseulement la tristece contraire qui estoit en retenīt sa supfluite/mais elle met hors pour seure la tristece de faim ou de soif ou aultre chose Et semblablement la delectatiō que ung malade a en boi re ne luy oste pas tantseulement la tristece contraire de soef/ mais auecques ce sa tristece de son mal Apres il assigne cause pour quoy les delecta tions intellectuelles sont simplemēt bōnes. Tex. Et pource telz mesencolieux deuiennent ⁊ souuent sont faitz desattrempes ⁊ mauuais/mais les delectations qui sont sans tristece contraires elles ne ont point de superhabondance Glo

Ce sont celles qui sont en opera tions vertueuses ⁊ ne sont pas pour oster tristeces contraires Tex

Ce sont vers les choses qui sont naturelement delectables ⁊ non pas selon accident ⁊ ie dy les choses dele ctables estre selon accident qui sōt de lectables en tant cōme elles sont me decinables Et quant il aduient que cellup qui estoit sain soustient labeur de maladie ⁊ il aduient que il garist par medecine cest selon accident Et pour ce la medecine semble estre dele ctable Glo.

Mais se la medecine passoit au cunement ⁊ excedoit oultre certaine quantite Du se elle estoit prinse oul tre certain temps elle seroit nuisible. Et semblablement les superhabon dances des delectations corporelles qui sont oultre aucune necessite ou indigence ilz sont fort deshordōnees mauuaises ⁊ nuisibles. Tex. Mais ie di celles estre delectables selon soy ⁊ selon nature qui sõt se propre fait ou euure de telle nature. Glo. Car de chascune chose sa propre operation cest sa perfection Et ceste operation lui est delectable naturelement ⁊ sensiblement se cest chose qui ait appartenance Et pour ce que entendre ⁊ speculer est la propre operation de entendement illecques est vraye delectation naturelle Apres il assigne sa cause de ii. accidens qui sont en delectatiõs huaines. T. Mais il nest nulle chose en quoy homme se delecte tousiours et q̃ soit vne mesme pource que nostre nature nest pas vne chose simple Mais elle est composee dune chose ⁊ auecques ce dune autre chose qui est corporelle Et pource quant nostre nature fait aucune chose selon vne de ses parties cest hors la nature de lautre partie Glo. Vne de ces parties cest lintellectiue ⁊ lautre est la sensitiue qui est corruptible, ⁊ la delectation qui est en lopperation de la partie intellectiue nous est naturelle ⁊ simplement bonne. Mais en telle operation est necessaire en ceste vie lopperatiõ de la partie sensitiue ⁊ des esperitz corporelz Et en ce sen labeure ⁊ trauaille, ⁊ par ce cõuient auoir repos ⁊ recours a delectation corporelle Et soy departir de la delectation intellectuelle Tex. Et quant elle se depart de sop-

peration de lune ⁊ elle se approche de lautre, sors ce que elle fait ne lup semble ne triste ne delectable Et pource se la nature de vne chose estoit du tout simple adoncques vne mesme action seroit tousiours tresdelectable ⁊ telle nature Glose. Sicomme se vng homme estoit tant seulemẽt entendemẽt ou ame intellectiue ⁊ il ne eust rien de la partie sensitiue il se delecteroit continuelement en contemplation Tex. Et pour ce dieu qui est tressimple sans quelconque composicion ⁊ du tout immuable il a tousiours ioye perpetuelle. en vne simple delectation Glo. Cestassauoir en contemplaciõ de soy mesme Tex. Car il nest pas vray que toute operation delectable soit tantseulement en mouuement ou en transmutation, mais aucũe delectation est tãt seulement en immobilite sans quelconque mutation et telle delectation qui est en repos et sans mouuement est plus ioyeuse et plus grande que celle qui est en mouuement Glo. A ce saccorde ce quant nous prions dieu pour les trespassez nous lup requerõs que il leur donne repos perdurable Apres il met la cause dun accident qui auient en delectation Texte Et selon ce dit Homerus le poete de toutes les choses qui sont transmutatiõ est la tresplus doulce et la plus delectable aux hões, mais cest pour cause dun malice ⁊ defaute de nature Car aussy comme ung hōme qui est maluais est de legier transmuable Semblablement nature humaine a mestier de transmutation pource que elle nest pas simple ne parfaictement bonne Glose Le maluais hōme est variable pour cause de malice moral. Et celluy a mestier de variacion ou de mutation pour cause de īperfection de nature hūaine qui nest pas simplement bonne, mais est cōposee de choses cōtraires Tex.

Doncques auons ainsy dit de cōtinence et de incontinence et de delectation et de tristece Et comme de ces choses les unes sont bōnes et les autres sont maluaises. Or disons apres de amitie.

Cy fine le vii. liure dethiques.

Cy commence le viii. liure dethiques et dit ainsy que determiner da mitie appartient a science morale i. cha.

Pres les choses deuāt dictes il sensupt que nous debuons passer oustre, et traicterons de amitie Glo. Apres il preuue par vi. raisons que len doibt icy considerer et traicter de amitie Tex. Premierement cest raison pource que amitie est vne vertu ou elle est auecques vertu Glo. Car si come il sera dit apres, amitie est vng habit electif en sa maniere que est vertu, et aussy comme vne espece de vertu reduitte et ramenee a iustice Et doncques science morale qui conside re des vertus doit considerer des amitiez Texte Item amitie est vne chose tresgrandement necessai re a vie humaine, car il nest nul qui esliſiſt viure sans amis suppose que il eust tous les aultres biēs, car par especial ceulx qui ont les grās richef ses et obtiennent les principaultez et les grans puissances ilz ont tresgrā dement mestier de auoir amis

Glo. Et de ce il assigne ii. causes Tex. Car quel proffit seroit ce de auoir telle fortune bonne qui ne feroit de ce benefice a aultre

Glose Pour certal il ne au roit en ce ne vtilite ne delectation bō ne, car cōe dit tulles, nous ne sōmes pas nez tātseulemēt pour nous mes mes, mais pour nos parens et amis et pour le pais Texte Et tel benefice doibt sen faire mesmemēt a ses amis, et est chose tresbien a loer dautre partie cōment pourroient e stre gardees tresgrandes richesses et les tresgrans biens de fortune estre sauuez sās amis ce ne pourroit estre Car tant est fortune plus grande et elle est moins seure Glo. La cause est, car tant est plus grande et plusieurs en ont enuie et estudient et aguettent encontre. Tex.

Et se les fortunez choiēt en po urete et en souffrette ou en autres in fortunes ilz cuident et tiennent que en tel cas le seul et singulier refuge cest a ses amis Glo. Apres il declaire par la differēce des aages Tex. Et aux ieunes gens amps leur sont necessaires pour les garder de pecher Glo. Car en tel aage ilz sont trop enclins cōmune ment aux concupiscēces Tex.

Et aux plus vieulx sont amys necessaires pour leur faire seruice et pour suppliet la deffaute de leur acti on et operation pour cause de dōner aide et confort a leur debilite et febles se Et a ceulx qui sont en aage sou ueral cestadire moiē et pfaitz amps leur sōt necessaires a leurs actiōs a cōplit. Glo. Or auōs dōc que amitie a mestier et est necessaire a bōe vie hu maine. Apres il met ad ce sa iii. raisō

Tex. Ité il semble que amitie soit de cellup qui est engendre a celup que il a engêdre, comme du pere au filz ⁊ cecp nest pas tantseulemêt en hommes, mais il est ainsp en opseaulx ⁊ en plusieurs bestes
Glo. Car ilz mettent grât peine par lôg temps a nourrir leurs opseaulx ou leurs faons Tex
Et voions entre les hommes que ceulx qui sont dune gent ou du linage aiment lun lautre Et mesmement par especial telle amitie naturelle est entre les hômes Et pour ce nous loons ceulx que len appelle Philantropos cestadire ceulx qui aiment les hommes Glo.
Aucuns seulêt telz appeller natureulx quant ilz aiment foimêt ceulx a qui ilz conuersent. Tex.
Et chascun peut veoir que hômes aiment naturellement hommes pource que len monstre la voie a tous ceulx que len voit en erreurs de chemins aussp comme se tout hôme eust familiarite a chascun homme ⁊ fust son amp Glo Il nest nul sp estrange quât len voit que il foruoie que len ne soit naturellement incline a se adrecer, ⁊ que len ne face qui le peut ⁊ scet se empeschement np a ou haȳne ou pour peruersite de nature. Et dit sucâ le poete que les iuifz ne donsoient enseigner la voie fors seulement a ceulx de leur lop. Vnde ait quesitam ad fontem solos deducere derpos. glosa. i. iudeos vertentes al

police anum propter emerrop des
Apres il met la quarte raison
Tex. Item il semble que les citez soient maintenues par amitie ⁊ ceulx qui les gouuernent ⁊ qui mettent les loys ilz estudient ⁊ entendent plus a amitie que ilz ne font par iustice Glose. Car aucunesfoys len ne fait pas punicion selon rigueur de iustice pour euiter discencion ou pour garder concorde et amitie Et est assauoir que il entent icp de iustice particuliere ⁊ non pas de iustice legale, ⁊ ilz different, sicomme il fut dit au premier chapitre du quint Et en tout aussp de amitie commune et nô pas de amitie parfaicte dont la differêce sera dicte apres Tex Car amitie appert estre vne chose semblable a concorde Et est vne chose que les gouuerneurs des citez appetent tresgrâdemêt, car ilz se effoicent mesmement de bouter hors des citez contencion qui est ennempe ⁊ aduersaire a concorde
Glose Doncques appartiêt il a science morale pfiderer de amitie puis quest biê moral. Apres il met la quinte raison Tex. Ité ceulx qui sont amis ne ont mestier de iustice Glose Car iustice est au regart dautre, sicomme il fut dit au second chapitre du quint Et ceulx qui sont parfaitz amis sont comme tout vng Et tout ce que est de lun est a lautre quant a vsage Et daultre partie iustice tent principalement

a repeller iniure/τ entre amis na nul se iniure Tex. Et ceulx qui sont iustes ont mestier de amitie.

Glo. Car sans ce ne pourroient ilz viure seurement ne delectablement Tex. Et pource il appartient aux iustes garder tresdiligemment ce que a mestier a amitie Glose. Et doncques la science qui considere de iustice doit considerer de amitie. Apres il met la septe raison Tex. Item amitie nest pas tantseulement chose necessaire, mais auecques ce cest chose bonne τ honneste, τ appert par ce que nous loons les philosophes, cest adire ceulx qui bien aiment leurs amis Et semble que amer ses amys soit vne chose bonne τ vertueuse, et pource cuident les stoiciés que ce fust vne chose estre bonne τ estre bons amis.

Aucunes anciennes opinions damitie   ii. chapitre

Ξ amitie ne sont pas peu de doubtes, car aucuns mettent que amitie est vne similitude, τ que ceulx qui sont semblables sont amys ensemble Et pource dient ilz vng prouerbe que vne chose semblable aime son semblable, τ que vng opseau va a son semblable, sicomme vng estourneau Et aisy de quelconques telles choses, τ les autres dient lopposite Et dient que tous ceulx qui sont semblables sont contraires les vngs aux autres Glo. Et pour ce que souuent lun empesche le gaing de lautre, τ pour ce dit lē que deux poures ne se entreameront ia a vng huys Apres il met ses raisōs τ oppinions daucuns aultres.

Tex. Et des autres qui en quierent de ceste chose plus haultement τ plus naturellement, cestadire par raisons fondees sur similitude de nature vng appelle euripedes disoit que la terre quāt elle est seche elle desire la pluie τ le ciel tresuenerable quiant il est replet de pluie Il desire que elle soit a terre Glo. Et parce Euripedes vouloit dire que contrariete est cause de amitie, car le sec desire τ aime la moitie τ econuerso Texte Et a ce saccorde Eraclitus qui disoit que la chose contraire est profitable τ confere a sa contraire Glo. Aussy cōme les medecins diēt que les maladies sont gueries par leurs contraires Contraria contrariis curantur Tex. Et disoit que des choses dissemblables τ differētes est faicte tresbonne armonie ou consonance, τ disoit que toutes choses sōt faictes par la controuersie des elemens du monde par quoy ilz se departirent de ce que ilz estoient ensemble en vne confusion, τ les aultres dient contre ceulx cy, sicōme empedocles qui disoit que tout sēblable appete sō sēblable.

Glose Selō verite vne chose appete bien plus son semblable

et refuit son contraire quant est de soy mais par accident Une chose appete son contraire, sicomme par maniere de remede ou de medecine sen appete delectations corporelles comme il fut dit au dernier chapitre du vii. liure et aussy hait ung homme aucunesfoys celluy qui est de condicion ou artifice semblable, mais cest par accident

Apres il monstre quelles doubtes sont a delaisser & quelles a poursuir a ceste matiere ¶ Texte

Mais nous deuons maintenant laisser les questions naturelles qui pourroient estre faictes en ceste matiere, car telles ne sont pas propres a nostre presente intention, mais quesconques questions sont des choses humaines, & qui sont conuenables & appartenantes a meurs & aux passions humaines nous y deuons entendre, sicomme seroit assauoir mon se entre tous hommes peult estre amitie ou ce cest impossible que ceulx qui sont mauuais soient amys, & assauoir mon se il est tantseulement une espece de amitie ou se ilz sont plusieurs.

Glo Apres il oste une erreur ¶ Tex. Et aucuns cuiderent que il ne fust que une toute seule espece de amitie, mais ilz eurent telle creace pour ung signe ou argument qui nest pas souffisant, car les choses qui sont de diuerses especes receuoient bien comparaison selon plus ou selon moins Glo Ilz auisoient que deux choses ne peussent estre comparees se ilz ne estoient dune espece Et pour ce que nous disons que amitie qui est pour honnestete est meilleur que amitie qui est pour utilite ilz disoient que ces deux amities sont en une espece, mais il ne sensuipt pas, car comme dit aristote sen fait bien comparaison de choses de diuerse espece, sicomme nous dirons que couleur noire est plus forte que blanche ou meilleur que pire.xcete. Et donques conuient dire des especes de amitie plus haultement et plus parfaictement.

De la diffinicion damitie. iii. chapitre

Par auenture apperra la verite de ces choses se nous auons congnoissance que est chose amiable, il semble que toute chose ne soit pas a amer, mais tant seulement ce que est bien honneste ou bien qui est delectable, ou bien qui est utile, cestadire profitable Glose. Car mal comme mal ne peult estre chose amable Tex. Et le bien utile est ce par quoy sen peult auoir bien honneste ou delectation, & pour bien honneste ou pour bien delectable comme pour fin Glo. Et est assauoir que au texte il appelle bien honneste bien sans adicion et simplement & par ce entent se bien de homme simplement cest le bien selon sa partie sensitiue. Apres il met une doute. Tex

Di pourroit estre doute assauoir mon se les gens aiment ce que est bon simplement ou ce que est bon quant a eulx, car aucunesfois y a il differēce Glo. Sicomme sen diroit que estudier est simplement bien Et toutesuoies ce nest pas bon a cellup qui a indigence & na de quoy viure Tex Et semblablement est il de bien delectable Glose Car chose douce est simplement delectable, mais elle nest pas delectable a cellup qui a le goust infect.
Apres il respont Tex.
Mais la verite est que chascun aime ce que ce est bon a soy & que simplement bien est simplement amiable & a chascū est amable ce que lui est bon Et se aucun disoit que chascunaime nō pas ce que luy est bon mais ce que luy appert bon cecy ne fait nulle difference quant a propos, car a chascū est amiable ce que luy appert bien, car il aime telle chose comme son bien.
Glose. Apres il monstre que amitie nest pas en choses qui ne ont ame Glo Et comme trois causes soiēt pour lesquelles aucunes choses sont amees Glose. Cestassauoir honnestete delectacion & vtilite Tex. Nous ne disons pas que amacion de choses qui sont sans ame soit amitie.
Premierement, car telles ne peuent auoir en elles reamacion & ne peuent amer nous, dautre partie sen ne les aime pas pour ce que lē seur veult se aucun bien, mais seroit par auenture vne derrision de vouloir bien au vin que len aime, car se len veult q̄ soit sauue & garde ce nest pas pour son bien finablemēt, mais affin que len en ait aucun bien Et tous dient communement que il conuient vouloir bien a son amy pour sa grace et pour lamour & pour se bien de luy.
Glo Cest adire affin que il ait bien, semblablement nous ne auons pas amitie des bestes mues. Car se ilz nous aimeut ceste amour est dautre nature que nest amour humaine Et pource vng qui aime son chien se il dit que se chien est son amy cest selō similitude & nest pas amitie proprement ditte Or auons dōcques eu deuant la premiere partie de la diffinicion damitie Ce est vouloir bien & maintenant auons la seconde cest assauoir pour la grace de cellui a qui len veult bien Apres il enquiert la tierce Tex Et ceulx qui veulent bien a aultre en ceste maniere sen dit que ilz sont beniuoles, mais se les aultres ne leur veullent bien ce nest pas amitie, car amitie et beniuolence entre ceulx qui veullent lun a laultre bien contre bien Glo.
Apres il met sa quarte partie.
Texte Encor y conuient adiouster que telle beniuolēce ne soit pas lattente & occulte, mais patente et manifeste entre eulx, car plusieurs qui oncques ne veirēt lun lautre ont beniuolence lun a lautre. pour ce

que ilz ont oy parler lun de lautre et cuide chascun lun de lautre que il soit vertueux ou profitable. Et doncques se ilz ont aucune chose damitie Cest que ilz sont beniuoles lun a lautre mais comme disoit len que ilz fussent amis quant ilz ne sceuent la beniuolence lun de lautre. Glo.

Apres il conclut la diffinicion de amitie. Tex. Doncques il conuient que les amis veulent bien lun a lautre et que ilz sachent que ilz sentreueillent bonnes choses Et pour aucune des choses dessus dictez.

Glo. Cestassauoir pour chose honneste ou pour chose delectable ou pour chose vtile, et amitie peult estre ainsi diffinie ou descripte. Amitie est beniuolence non latente ou amitie entre plusieurs persones de lun a lautre ou entre changeable pour aucun bien.

De trois especes damitie et determine de deux de elles.
iiii. chapitre

Es choses amables dessus dictez qui sont honneste delectable et vtile different ensemble en espece Et les amations de elles different aussi Et doncques les amitiez qui sont selon elles different en espece Et doncques sont trois especes de amitie selon le nombre des especes de choses amables Car selon chascune des choses peult estre reamation non latente et manifeste Et ceulx qui sentraiment veulent bien a lautre en la maniere que ilz sentraiment. G. Car ceulx q sentraimment pour biens delectables veulent lun a lautre bien delectable Et les autres veulent lun a lautre biens profitables mais a chascun se retorque ou raporte principalement a soy mesme Et les autres veulent lun a lautre bien honneste ou bien de vertu sans le retorquer a soy mesme Et doncques auons nous iii. especes damitie Vne pour bien vtile, lautre pour bien delectable, lautre pour bien honneste. Apres il determine de deux premieres. Tex. Et ceulx qui se entraimment pour chose vtile ou proffit ilz ne se entraiment pas seulx mesmes Car lun aime lautre non pas pour la persone amee mais selon ce que ilz prouuent lun de lautre aucuns biens ou prouffit Semblament est il de ceulx qui se entraiment pour delectacion car ilz ne aimet pas ceulx qui ont la vertu de eutrapelie

Tex. De laquelle vertu il fut dit ou xx v. chapitre du quart.

Texte. Pour ce que ilz sont telz et vertueux, mais pour ce ilz leur sont delectables Et en ceste maniere ceulx qui aiment pour bien vtile ilz ne aimet pas les persones pour elles mais pour le prouffit que ilz en ont et que ilz en attendent auoir, et aussi ceulx qui aiment pour leur delectacion ilz aiment pour la chose qui leur est delectable Et tous telz ne ai ment pas cellup que ilz aiment selon ce que il est tel en soy mais selon ce que il leur est non proffitable ou delectable. Et doncques telles amities sont selon acident Car cellup qui est ainsi ame selon ce que il est quant en soy mais telz sont ames selon ce que ilz donnent, ou que ilz sont les ungs proffit et les autres delectacions

Glose Apres il monstre que telles amities ne sont superflues ne estables ou perdurables

Tex. Et pour certain telles amitiez sont legierement dissoibles et de legier deffaictes Car ceulx qui sont ainsi aimez ne sont pas tousiours semblables quant est a l'accident et a la cause pour quoy estoient amez car tantost comme ilz ne sont encor ou delectables ou utiles lors ceulx que pour telles choses les aimoient cessent et se departent de les amer Et la chose qui est utile ne dure pas ou ne vamaint pas tousiours utile mais aucune autre fois est utile une autre chose Glo Si comme au malade ou temps de sa maladie le medicin ou la medicine lui est utile et autre fois non. Et a cellui qui veult passer la mer le marinier lui est utile pour le temps et ainsi des autres Et aucune fois peult estre la variacion de une part et autrefois dautre sicomme nous dirons que le riche est utile au poure durant sa pourete ou tant comme le riche dure en sa richesse. Texte. Et

Doncques quant la chose nest plus et est passee pour la quelle ilz estoient amis lors est lamitie passee aussi comme se lamitie et laffection fust aux choses et non pas aux personnes

Glo. Car auecques telles choses vient telle amitie auecques elles sen va. Apres il monstre en quelles persones est amitie pour utilite Tex. Et telle amitie utile é mesmement en vieillars et anciens Car ilz ne quierent pas ou persuiēt choses delectables mais ilz quierent choses utiles. Glose.

Vielles gens ne appetent pas tant delectacions corporelles pour ce que nature est en eulx refroidee Et ilz quierēt choses utiles pour le sustenemēt de leur nature qui est fieble

Tex. Item aucuns ieunes aiment de telle amitie et sont ceulx qui quierent et poursuiēt gaig Et telz amis ne conuiennent ou ne conuersent pas ensemble du tout car aucunefois ne sont il pas delectables lun a lautre Et ne ont mestier de compaignier ensemble fors se ilz sont profitables lun a lautre Car en tant ont ilz seulement delectacion lun de lautre comme ilz ont en ce esperance de gaingner Item en telle espece de amitie met len amitie de pelerins

Glo Et entent de ceulx qui de lointain pays en autre vont et communiquent ou conuersent ensemble pour marchādise ou pour gaig

Texte. Mais le amitie

de ieunes gens semble estre plus pour delectacion. car ilz viuent selon les passions des concupiscences & quierent & poursuiuent mesmement ce que leur est delectable selon le temps present. Et comme il soit ainsi que les aages denfance de adolescence et de ieunesse soient tost passees. Et vnes choses sont delectables en vng aage & les autres en autres. pour ce sont telz gens tantost faiz amis. Et tantost est celle amitie passee. Et auecques ce car lamitie de telz sen va & ce passe ou des part auecques la chose delectable. Et de telle la transmutacion et delectacion est briefment faicte/ dautre partie les ieunes sont faiz amis legierement & priuement & aiment tresardamment ou foiment. Car ilz aiment selon la passion ou temptacion et pour delectacion & telles choses sont moult fort aimer pour le temps. Et pour ce ilz aiment tantost et tantost delessent a amer. Et aduient moult de fois que leur amitie ne dure que par vng seul iour ou moins. Et tant comme elle dure ilz veulent demourer & viure ou conuerser tout le iour ensemble. Car ainsi sont disposez selon telle amitie.

De la tierce espece damitie qui est honneste. V. chapitre

Mais lamitie de ceulx qui sont bons et semblables en ver-

tu elle est parfaicte. Glose
Et est amitie simplement & non pas selon accident. Tex.
Car telz amis veullent lun a lautre choses simplement bonnes et selon lesquelles ilz sont bons selon eulx mesmes. Glo. Et non pas selon accident. Car les vertus sont simplement bonnes. Tex.
Et pour ce sont ilz amis pour sa grace & pour le bien deulx. Car pour leurs amis mesmes aiment ilz. Et sont ainsi disposez non pas selon accident. Glo. Sicomme sont ceulx qui aiment seulement pour prouffit ou pour delectacion sicomme il fut dit ou chapitre precedent. Tex.
Et doncques lamitie de telz gens est permanente et dure tant longuement comme ilz sont bons & vertueux. Et les vertus sont durables & permanentes. Glo.
Sicomme il fut dit ou vi. chapitre du premier doncques est telle amitie durable longuement. Apres il monstre comment elle est parfaicte.
Texte. Et en telle amitie chascun des amis est bon selon soy et bon a son amy car les bons sont prouffitables en soy et sont prouffitables & vtiles lun a lautre. Et semblablement ilz sont delectables lun a lautre & sont bons simplement et bons lun a lautre. Car a chascun ses propres actions ou operacions lui sont delectables & sont vertueuses. Et doncques est telle amitie parfaicte. Tex.

Et doncques par raison telle amitie est permanente et durable, car elle comprent en soy toutes les choses qui appartiennent a amis Car toute amitie est pour bien de vertu et pour delectacion de chose qui est simplement delectable ou qui est delectable a celluy qui laime et selon similitude a ce que est simplement delectable Et en ceste amitie sont toutes les dictes choses Et en elles sont les amis semblables selon eulx mesmes Et ont les autres choses Car ce que est bon simplement il est delectable simplement Et doncques sont telz biens mesmement et principalement amables. Glo Car il contient veritablement toutes les raisons et les causes damer et de estre ame. Tex.

Et amer en telle maniere est tresgrant bien et telle amitie est tresgrande et tresbonne. Glo Apres il monstre que telle amitie nest pas commune. Tex Et est vray semblable que telles amities soient cler semees et non pas communes car peu de gens sont telz cestassauoir bons et vertueux. Item a telle amitie conuient long temps et longue acoustumance ou conuersacion Car selon le prouerbe ancien nulz ne peuent sauoir se ilz sont amis ensemble iusques a tant que ilz aient consomme et gaste ou dependu ensemble une mesure de sel. Glo· Come seroit ung septier ou une myne. Texte.

Et si ne couient pas que ung homme accepte ung autre pour ami jusques a tant ou auant que il leur appare a chascun de lautre que il est a amer Et que il croye que lautre est son amy Et ceulx qui tantost font lun a lautre euures amiables ilz monstrent par ce que ilz veulent estre amis mais encor ne le sont ilz pas se ilz ne sont quant est de soy vertueux et amiables et auecques ce il conuient que chascun deulx sache que lautre est tel Glose Et ce ne peult estre en peu de temps car il y conuient longue experience Et pour ce auains apperent vrays amis qui ne sont encor pas amis Tex. Et doncques appert que volente damitie a uoir est tost faicte mais amitie non Or auons doncques que ceste espece damitie dont nous auons dit est parfaicte et selon temps et selon autres choses et generalement selon toutes les choses qui sont dictes des autres especes damitie Et que chascun de telz amis fait a lautre tout ce que appartient estre a ami fait.

De la comparaison des especes damitie. Vi.chapitre

Amitie qui est pour bien delectable a similitude a amitie qui est pour bien de vertu Car les bons sont delectables lun a lautre Et semblablement ceulx qui

se entraimēt pour biē vtile sont sēblables a ceulx qui se entraimēt pour
biē de vertu Car les bons sont vtiles lun a lautre ☞Glose

Apres il met aucune similitude
de ce quant a permanence. ☞Tex.
Et es amis pour delectaciō
ou pour proffit les amitiez sont aucunement permanentes et tiennēt mesmement quant ilz sont lun a lautre
aucune chose equale sicomme delecta
cion pour delectacion Et auecques
ce que les delectacions soient dune espece et dune maniere Sicomme il est
de ceulx qui se entraiment pour la delectaciō que ilz ont a iouer ensemble
et non pas comme vng qui aime fait
aucunefois a cellui que il aime quāt
ne se delicte pas en vne mesme chose
Mais lun se delecte biē a regarder
lautre et lautre qui est aime se delicte
ou seruice que lautre lui fait et saime
pource. ☞Glo. Sicōme
se vng est tresbeau et lautre est lait
Mais il a en luy aucunes contenā-
ces qui plaisent a lautre Ou quant
seure ou le temps de delectaciō finist
vers lun ou vers lautre lors finist la
mitie Car adōcques se regart de lun
nest plus a lautre delectable ou le seruice de lun nest plus a lautre delectable ☞Glo. Apres il met vne
autre maniere ou cause de pemanēce
☞Tex. Et plusieurs telz
sont permanēs en amitie se il est ainsi que ilz aimēt les meurs lun de lautre et se ilz sont de acoustumance sem

blables. ☞Glo. Si com
me vng luxurieux aime lautre et vng
auaricieux lautre Car similitude est
cause de amitie se il ny a empechemēt
par acidēt sicomme il fut dit en glose du second chapitre Apres il met
la deffaute de telle permanence
☞Tex. Et ceulx qui en cho-
ses amiables ne rendent pas delectacion pour delectacion mais proffit
pour delectacion ilz sōt moins amis
et moins permanēs ☞Glo.
Pour cause de la dicte similitude
Car vng aime par delectatiō et lautre pour proffit. ☞Texte. Et
ceulx qui sont amis pour vtilite ou
pour gaing il lessent estre amis quāt
le gaing deffault Car ilz ne aiment
pas lun lautre proprement mais ilz
aiment le gaing ☞Glo. Apres
il met deux differences de ces deux
amities a amitie parfaicte ☞Tex.
Et verite est que gēs de quelcōque cōdiciō peuent estre amis pour
delectaciō ou pour proffit Cestassauoir les maluais lun a lautre et les
bons es maluais et ceulx qui ne sont
ne vicieux ne vertueux ☞Glo.
Sicōme sont les continens et les
incontinēs. ☞Tex. Peuēt estre
amis ensemble et amis a chascun de
ceulx qui sont des autres condicions
mais il est certain que tant seulemēt
les bons sōt amis pour eulx mesmes
Cestassauoir de amitie perfaicte.
Itē lamitie de bons seule et nō autre est nō transmuable et nō variable

t.iii.

feuillet.

Et vng bon ami ne orroit pas de legier nul qui die mal de son ami lequel il a par long temps esprouué et ne usera ia telz desiriers. Glo. Qui par leurs mauuais parlers sefforcent de mettre dissention entre amis. Tex. Car il scet que son amy ne vouldroit iamais faire iniustice ne contre quelcõques autres choses qui appartiennent a estre en vraye amitie ne qui en sont dignes, mais es autres especes damitie telles choses peuent bien estre faictes. Glo. Sicõme quant len voit que ilz ne sõt amis fors pour proffit len peult de legier croire que ilz ne sõt pas vrais amis et que ilz aiment plus le gaing que la personne et ne sõt pas vertueux et par cõsequẽt ilz seroient de legier meuz a faire iniustice. Itẽ puis que ilz aiment mieulx leur proffit que leur ami ilz ne seroient riens pour luy se ilz ne cuidoient auoir proffit. Tex. Et par ce telz ne sont pas amis proprement mais seulement pour leur proffit en la maniere daucunes citez qui ont alliances ensemble pour aidier lune a lautre a soy deffendre en bataille. Et telle amour est seulemẽt pour proffit et sẽblablement est il de ceulx qui ont amitie ensemble pour delectacion si cõme sõt les enfans, toutesuoyes par auenture conuient il que nous les appellons amis. Glo. Pour en suir le commun parler combiẽ que ilz ne soient pas proprement amis. Et aussi par auenture amitie pour delec

tacõ est plus liberal que amitie pour proffit se la delectacion nest vilaine.
Apres il recapitule. Texte.
Et doncques appert il comme damitie sõt plusieurs especes. Et que lamitie des bons et selõ ce que ilz sõt bons est premierement et principalemẽt amitie. Et les autres sont amitiez selon similitude pour ce que les amis en elles sont amis selon aucun bien lequel est aucunemẽt semblable a vray bien. Car a ceulx qui aiment delectacion chose delectable leur semble aucun bien. Glose. Et semblablement est il de ceulx q̃ aiment pour proffit. Tex. Et les deux amitiez dessusdictes ne sõt pas tousiours couplees ensẽble, car ceulx qui sont amis pour chose vtile ne sõt pas tousiours amis pour chose delectable. Car les choses qui sõt cõiõctes selon accident ne sont pas tousiours conioinctes. Item il appert que amitie ẽ diuisee es especes dessusdictes et que les maluais peuent estre amis pour delectaciõ ou pour gaing entãt cõme ilz sõt en ce ensemble, mais les bons sont amis pour eulx mesmes et selon ce que ilz sont bõs. Et dõcques les bons sont simplemẽt amis et les autres sont amis selon accident. Et entant comme ilz ont aucune similitude a vrays amis.

De la comparaison des especes

damitie a leur fait
Vii.chapitre

En la maniere que il est es Vertus que les ungs sont bons selon habit de vertu et les autres selon operation Glo. Sicomme aucuns ont la Vertu de fortitude ou de liberalite et nen vsent pas presentement de fait et les autres en vsent de present. Texte.

Semblablement est il en amitie Car les ungs conuiennent conuersent et se esioissent ensemble et font biens lun a lautre Glo. Ce sont deux ouuraiges de amitie Ung est conuiure ensemble liement Et lautre est faire bien ou aider lung a lautre

Glo. Et les autres endormeut ou sont separez lung de lautre loing et ne font pas les euures dessus dictes mais ilz sont disposez en telle maniere que ilz sont enclins a faire lung a lautre choses amiables Car la distance des lieux ne deffait pas simplement amitie mais elle empeche son operation Et se telle absence et separation de amis dure longuement il semble que elle face oublier lamitie

Texte. Car generalement tous habis qui sont engendrez et acquis par operations ilz sont sauuez et gardez par semblables operations Et quant les operations cessent telz habis affieblient et deffaillent.

Tex. Et pour ce dit len en prouerbe que non appeller ses amis de fait ou despiece plusieurs amities, il entent par ses appeller conuiure parler et conuerser aueques eulx Et pour ce les gens qui sont vielz et ceulx qui sont de dure conuersation ne sont pas aptes ou habiles a amitie Car en eulx a trop peu de delectation Et nul ne peult demourer par long temps aueques homme triste ne auec celui qui nest delectable Car nature fait bien mescongnoistre chose triste et appeter chose delectable Et encor est une autre maniere de gens qui receuent et appetent les meurs lun de lautre et leur plaisent mais pour aucune cause ilz ne veulent conuiure ensemble Et telz sont plus semblables aux benniuoles que es amis car il nest chose quelconque plus propre aux amis que conuiure ensemble Et quant amis ont necessite ou indigence, ilz appetent receuoir lun de lautre Vtilite, mais ceulx qui sont beneurez et ont habondance des biens encor appetent demourer par long temps auec leurs amis. Car en nulle maniere il ne leur conuient ou appartient estre solitaires Et les gens ne conuersent pas voulentiers ensemble qui ne sont delectables et non tristes et qui ne se esioissent en vnes mesmes choses et telles condicions ont communement ceulx qui conuersent et sont nourris ensemble.

Glose. Par ce que dit est appert que de amitie sont deux euures Ung est aider ou faire proffit

⁊ soubuenit lun a lautre Et tel fait est le moins principal ou le moins propre en amitie Car se chascun de deux amis auoit habondance de biens celle euure nauroit entre eulx nul lieu mais lautre fait est propre a amitie ⁊ est conuerser et viure ensemble delectablement comme dit est.

Tex. Et doncques lamitie des bons est principalement ⁊ mesmement amitie comme plusieurs fois est dit Car ce que simplemēt bō ou delectable il est simplement amable et eslisible Et a chascun quant a soy tel est a lun amable ⁊ eslisible Or est ainsi que vng bon homme vertueux est tel ou regart de lautre Et dōcques est il amable ⁊ eslisible pour les ii. causes. Glo. Cestassauoir car chascun de telz amis est bō en soy ⁊ delectable a lautre. Apres il declaire vne chose deuant supposee cest assauoir que amitie est habit ⁊ nest pas tant seulement en operacion.

Tex. Et amacion ressemble a passion. Glo. Amacion est plaisance desir offectiō ⁊ mouuement de lappetit en aucune chose.

Tex. Et amitie semble estre habit Car amacion peult estre es choses qui sont sans ame.

Glo. Sicōme nous disōs que nous amons vin ⁊ amacion est dicte de amer. Tex. Mais les amis ne raiment pas lun ou en fraiment sans election Et election vient de habit. Tex. Item

les amis veullent bien a leurs amez pour la grace des amis ⁊ tel fait ne peult venir de passion. Glose.

Car amer pour passion de appetit sensitif est seulement pour la grade de cellui qui aime Et pour ce est ce plus concupiscence que amitie Et ne se peult estendre a amer pour la grace de ce que est ame. Texte.

Mais il vient de habit. Glo. Lequel est en sa partie racionelle Et doncques puis que tel fait vient de amitie il sensuit que amitie est habit. Texte. Et ceulx qui aiment leur ami pour la grace de lui ⁊ lui est vtile ⁊ proffitable cōme il fut dit ou quint chapitre. Tex.

Et doncques chascun deulx aime ce que lun est bon ⁊ retribue chascun a lautre equale chose en volente ⁊ en espece. Glo. En volente car chascun veult a lautre bien Et en espece Car en vne mesme maniere cestassauoir pour la grace de lui.

Tex. Car amitie est vne equalite. Glo. Car il conuiēt que cellui qui aime soit ame de cellui que il aime de pareil. Tex.

Et les choses dessusdictez sont mesmement et principalement en lamitie des bons.

Des especes damitie en les comparant a leur subiect. viii. cha.

a Mitie est mois faicte en gēs de dure conuersacion et en vieillars de tant quilz sont plus discoles. Glo. Ilz ont aucu nes ou plusieurs telles condicions/ ilz ne ont soing fors de eulx mesmes Ilz sont presumptueux/ilz vsent de leur propre sens/ilz reputent aultres ignorans/ilz les ont suspectz ou soupsconneurs/ilz sont ahurtez en leurs opinions/ilz sont discordables.

Texte. Et se esioissent moins de conferer ou parler auecques aultres Et ces choses sont mesmement amiables et sont et causent amitie Et pource les ieunes gens sont bien tost faitz amis et les vielz non/ car ilz ne peuent estre amis de ceulx desquelz ilz ne se esioissent en conuersacion Et semblablement les durs en conuerser ne peuet estre fais amis mais telz sont aucunesfois begninos les ensemble/car ilz veullent bien lun a lautre et secueurent ou obuient aulx necessitez lun de lautre/mais ilz ne sont pas du tout amis pource que ilz ne veullent demourer ne eulx esioir ne delitter ensemble lesquelles choses sont mesmement amiables et appartenantes a amitie Glose.

Apres il traicte de multitude de amis Tex. Et ne aduient pas que len soit amy a moult de gens selon parfaicte amitie en la maniere que en folle amour charnele vng homme ne aime pas plusieurs femes/car telle amitie resemble a superhabondance/et telle chose est nee et ordenee pour estre faicte a vng Glo Ou a peu de gens et non pas a multitude/pource que telle amitie faicte doibt estre la censee et forte et elle ne pourroit estre telle se elle estoit estendue ou departie en plusieurs Apres il met a ce vne aultre raisõ Tex Item ce nest pas legiere chose que moult de gens plaisent a vng mesme tresgrandement Glo Car a peine peult estre que en plusieurs len ne treuue aucune cause de desplaisance Tex Et par aduenture nesce pas bon Glo.

Car ce tant de gens plaisoient formēt a aucun il conuiendroit que il se fist a chascu deulx plaisance Et ilz ne pourroient en bonne maniere, et de ce sera dit plus a plain au viiii. chapitre du ix.liure Apres il met la tierce raison Tex. Item en amitie parfaicte il conuient prendre experience et par longue acoustumace Et du tout en tout cest trop bien fort affaire quant a multitude Glo Apres il monstre que il nest pas ainsi es autres especes damitie. Tex Mais len peult bien auoir amitie en plusieurs manieres qui plaisent pour bien vtile ou pour bien tresdelectable/car moult de gens peuet estre telz Glo Cest assauoir vtiles et delectables Et dautre partie telles mistracions sont faictes en peu de temps Glo

Il ny conuient pas longue experience Apres il compare ces deux especes damitie ensemble T Et de telles gens lamitie q est pour bien delectable est plus amitie que lautre se il est que ilz recompensent lun lautre en vne mesme chose et que ilz se esioissent et delectēt ensemble en vne mesme chose et telles sont les amities des ieunes gens Et la raison est car il aduient plus liberalement que ne font ceux qui aimēt pour gaing et qui sont negociateurs

Icem encor appert il par ce que les beneureux qui habondēt en biens ne ont mestier de receuoir dautres biēs vtiles ou gaing, mais ilz ont mestier de choses delectables, car ilz veulent viure ou conuiure auecques aucuns delectablement, car les gēs seuffrent bien par vng peu de tēps, mais nul ne le soustiendroit continuelemēt Et encor ce que est simplement bien ne soustient nul longuemeut se il luy fait tristece Glo. Et pour ce ceulx qui se delictent en choses vertueuses ny peuēt perseuerer Et par ce que dit est appert assez que amitie pour chose delectable est meilleur que nest amitie pour proffit Tex.

Et pource les bons quierent amis qui soient bons en soy, et auec ce que ilz soient bons a ceulx que ilz aiment Et en ceste maniere auroient ilz en eulx tout ce qui conuient, et a pertient a vraie amis.

De lamitie des princes iij.c.

Mais ceulx qui sont constitues en grans puissances comme sont princes et grās seigneurs ilz vsent de telles amitiez diuiseemēt Car les vngs leur sont amys proffitables et vtiles Et les aultres leur sont amis selon ces deux manieres

Car ilz ne quierent pas gēs qui seulement soient delectables selon vertu ou auecques vertu ne gens qui soient vtiles quāt au biē de vertu, mais pour la delectation que ilz appetēt ilz querent gens qui soient iouans et esbatans Glo. Cōe sont menestretz de bouche ou chāteurs ou iougleurs et sēblables Tex. Et pour vtilite ilz quierent gens appelles de inos Glo. Il fut declaire que ce est a dire au vj. chapitre du septe.

Tex. Cest a dire gens de grāde industrie qui soient prestz de faire la voulente et commandemēt des seigneurs Glose. Soit bien soit mal et sachent trouuer voie dauoir cheuances et proffis Tex.

Et ses deux condicions, cest asauoir estre ainsy profitable et estre aissy delectable sont a peine trouuez en vne personne, mais il est dit deuant Glo Au quint chapitre.

Tex. Que celluy qui est bon et vertueux est ensemble delectable et vtile Glo Et les gēs dessusditz que les princes sont leurs amis ne sont pas vertueux Et pource il auiēt souuēt vng pour vne chose et autre pour aultre Et ainsy voions no9 que ceulx qui les seruēt de delectatiōs ne sceuent trouuer les proffis ne ceulx qui sceuent trouuer les profis ne sont pas esbatans Tex.

Et tel vertueux nest pas amy a celluy qui est superexcellent en puissance se tel vertueux ne se excede en ver

Le viii. liure dethiques   L.iiii.   ꝑ cviiii

tu de tant cõme lautre lexcede en pu
iſſance, car ſe il neſt ainſy les ſuperex
cellences ou exces en quoy lun paſſe
lautre ne ſeroient pas proporcionne
es, touteſuoyes ceſt fort, ceſt choſe q̃
nauient pas ſouuẽt, ne ont pas a
couſtume les princes auoir telz amis
Et eſt aſſauoir que les eſpeces dami
tie dont nous auons dit ſõt en equa
lite ou ſelon equalite.   Glo.
    Ceſt adire que lamy veult a lai
me t fait tant t tel cõme lame veult
a lamy Et pource que il eſt tout cler
en amitie parfaicte il ſe deſclaire es
aultres deux eſpeces   Tex.
    Car vnes meſmes choſes ſont
faictes aux amys lun de lautre t ce
veullent ilz lun a lautre   Gloſe.
    Sicomme delectation pour dele
ctation ou profit pour profit
    Tex.   Ou ilz font com
mutation t recompenſſent vne choſe
pour autre, ſicomme delectatiõ pour
vtilite t de ce auons dit deuant
    Gloſe.   Au ſepte chapitre
    Texte.   Que ces deux eſpe
ces damitie ſõt moins amites ou mẽ
dres que neſt amitie parfaicte t que
ilz ſont moins permanentes Et ces
deux eſpeces aucuneſfoys ſemblent e
ſtre amities t aucueſfoys non pour
ſa ſimilitude t pour la diſſimilitude
que ilz ont a vraye amitie, car ilz ſe
blent eſtre amitiez ſelon la ſimilitude
que ilz ont a amitie qui eſt ſelon ver
tu enfant comme lune a en ſoy bien
delectable, et lautre a bien vtile Et

ces deux choſes ſont en celle amitie q̃
eſt ſelon vertu   Glo.   Sicom
me il fut dit au quint chapitre.
    Texte.   Mais en ce que en ce
ſte amitie eſt impmuable et permanẽ
te et dure longuement et les aultres
ſont toſt paſſees elles different de ce
ſte et en pluſieurs aultres choſes Et
pource que ces deux eſpeces damitie
ou telle difference ou diſſimilitude a
vraye amitie il ne ſemble pas que el
les ſoient amitez.
    La diuiſion des eſpeces damitie
qui ſont entre perſonnes inequalles.
                                        v. chapitre
    Ne aultre eſpece ou maniere
V   de amittie eſt ſelon ſuperha
    bondance ou inequalite des
perſonnes, ſicomme du pere au filz,
Et generalement du plus viel au
plus ioſne et du mari a ſa fẽme Et
de tout hõme qui a ſeigneurie aucto
rite ou commandement a celluy ſur
qui il a telle choſe, et telles amities
ont differences enſemble, car vne meſ
me amitie neſt pas des parés a leurs
filz t des ſeigneurs a leurs ſubgectz
Et auecques ce amitie neſt pas vne
meſme du pere au filz et du filz au pe
ne du mary a ſa fẽme ne de la fẽme a
ſon mary   Glo.   Apres il pieu
ue ſon dit par troys moyens   Tex.
    Car lun a vne vertu et lautre
autre, et vng a vne œuure et lautre
autre. Glo.   Car le pere doibt faire
au filz aute choſe que le filz au pere
ſicõe reuerẽce q̃ le pere ne doit au filz

Et quant est de ce que il dit que vng a vne vertu etc. len doit sauoir que amitie peult estre prinse ainsy comme aristote la descript au second de rethorique ou il dit que amitie est passion de appetit qui encline a bien vouloir et a bien faire a son amy pour la grace de luy, et en ceste maniere amitie nest pas vertu, car vertu nest pas passion, sicomme il fut dit au septe chapitre du second mais pour ceste passion moderer et conduire affin quelen vse deuement et prudentement si comme il appartient et toute bonne circonstance par raison, vne vertu est necessaire q est ditte amitie. Et pour ce les docteurs et les philosophes appellent aucunesfois amitie vertu.

Tex. Item lun aime pour vne raison ou pour vng motif et laultre aime pour lautre. Glo.

Sicome le pere aime le filz pource que le filz est yssu du pere, et le filz ne aime pas le pere pource que le pere est yssu de luy. Tex.

Et doncques sont les amacions et les amitiez dessusdictes aultres et differentes. Glo. Apres il monstre par quoy telles amities sont gardees. Tex. Et de telz amys chascun ne fait pas a laultre vne mesme chose ou semblable, mais quant les filz retribuent a leurs peres ce que appartient. Et les parens font a leurs filz ce que ilz doiuent, a doncques est lamitie permanente et durable et bonne. Et est assauoir que a toutes amitie qui sont selon superhabondance ou inequalite il conuient garder proporcionalite et que selon ce soit faitte amacion, en telle maniere que lamy qui est le meilleur soit plus ame que il ne aime et que cellup qui est plus profitable soit plus ame que il ne aime. Et semblablement en chascune maniere damitie ou il a inequalite, car quant lamacion est faitte selon la dignite des merites, adoncques la chose est mise aucunement en equalite et se appartient a amitie. Glo.

Sicomme se iehan et guillaume sont amis et iehan est meilleur ou plus profitable a guillaume que guillaume nest a iehan. Mais nous disons donc que guillaume doibt mieulx amer iehan que iehan ne doibt guillaume selon ce que iehan est meilleur. Et est a entendre que guillaume est plus oblige a aimer, mais il nest pas oblige a plus amer. Sicomme il sera dit plus aplain au 9 chapitre et au 10 liure. Apres il monstre la dissimilitude de ceste proporcionalite en iustice et en amitie. Tex. Mais equalite nest pas semblablement prinse en choses iustes ou en iustice et en amitie, car en iustice len regarde premierement a la dignite et valeur des choses. Et secondement len regarde a les reduire et ramener ou remettre en equalite les choses inequales, mais amitie est fondee en vnion et equalite ou pres, et doit il puict pmierement regarder sicome il dit differece des estas

ne est pas conuenable de amitie.
Texte.
Et ce que dit est appert par ce que ceulx ne sont pas amys entre lesquelz est faitte tresgrande distãce ou tresgrande difference et inequalite en vertu ou en malice ou en habondance de biens de fortune ou en aucune autre chose, car telle distance fait que ilz ne sont plus amys ne ilz ne dient plus que ilz soient amys
Glo. Et ce monstre il par trops signes. Tex. Et ce que dit est appert aux dieux, car ilz superhabondent oultre et sur les hommes en tous biens.
Glose.
Il entent par les dieux les substances separees comme sont dieu et les angles que les anciens appelloient Dieux, ce dit Dieu que pour leur excellence que ilz ont en tous biens ilz ne ont pas amitie aux hommes, car ilz ne conuersent ne ne comuniquent pas auecques homme: sicomme il appartient a amitie. Et selon verite chascun homme doibt amer dieu sur toutes choses et Dieu aime les hommes mais lamour que Dieu a ces hõmes nest pas amitie en la maniere que amitie est icy prinse, mais est vne beniuolence par laquelle dieu nous commuicque ses biens Et aussy lamour que les hommes ont a dieu nest pas amitie, mais est vne reuerence regraciacion et subiection non pas comme a amy, mais comme a son createur se

quel est a honnorer et a aourer Et semblablement dit aristote en vng liure que on appelle de grans moralitez Tex. Item il appert des roys ou empereurs, car ceulx qui tresgrandement sõt loing de tel estat ne se dient pas dignes de estre leurs amis Glose. Mais leurs subgectz et que ilz ne leur doiuent pas amitie, mais reuerence
Texte
Item il appert par ce que ceulx qui ne sont en riens dignes ne reputent pas que ilz doiuent estre amys de ceulx qui sont tresbons et tressaiges Glo Et ainsy appert que grant distance de condiciõ empesche amitie ou nest pas conuenable a amitie. Tex. Mais en telles choses na pas certaine diffinicion ou certain terme ou assignation de distance iusques a laquelle les gens sont amys et non oultre, car aucunefois demeure encor amitie nonobstãt que moult de choses soient ostees de lun des amys Glo. Sicomme se ilz estoient tresriches et vng deux fut deuenu poure aucunefoys demeure encor lamitie Tex. Mais quant il y a trop grant separatiõ ou distance, sicomme de vng hõe qui seroit fait dieu a lautre qui est encore homme, adoncques ny est pas amitie Et iouste ce que dit est peult estre doubte, car par auẽture il sembleroit doncques que les amis ne deueroiẽt pas vouloir a leurs amys tresgrãs et

tresexcellens biens aussi comme vou
loir ilz fussent dieux ou roys Car se
ilz auoient telz grans biens ilz ne se
roient plus seurs amys Et dautre
partie ainsi vouldroient ilz perdre
leurs biens, car leurs amis sont leurs
biens.   Glo.   Apres il respont
Tex. Mais ce que est dit de
uant est bien dit, cest assauoir que vng
amy veult bien a son amy pour la gra
ce de luy enfant come amy, Doncques
veult il bien que il demeure tel que
il soit son amy, et par consequent il luy
veult tresgrans biens comme a home et
non pas telz come estre translate entre
le dieux   Nous disons dautre par
tie par aduenture vng homme ne ay
me pas son amy deuant tous   Car
chascun veult plus pour soy mesmes
tresgrans biens que pour son amy.
Glo.   Et doncques il veult
que il demeure son amy pour le bien
de soy mesme   Et est assauoir que
quant est au mouuement et au fait
qui vient de labit de amitie et pour
amitie sauuer et garder et continuer
vng homme de simple estat ne voul
droit pas que son ami fust fait roy ou
empereur, car par ce ne pourroit il plus
conuiure ne conuerser auecques luy
comme auecques amy familierement
mais quant est a iustice et selon veri
te simplement a parler de son amy, q̄
estoit digne de telle excellence il le de
ueroit vouloir tout pour samour de
ce que en ce voulant il euure selon ver
tu tant pour samour du bien publi

que qui est a preferer au propre com
me il fut dit au premier chapitre du
premier et cest le bien publicque de pro
mouuoir la dignite a principalite, et
ainsi cellui qui vouldroit recouurer
pose que il ne fust pas son subiect il
doibt plus vouloir perdre lusage de
ceste amitie et le bien que il en pourroit
auoir que perdre son propre bien de ver
tu et de iustice distributiue Et en rai
son qui est dicte que les dignes soient
promeuz selon leur valeur.

La comparaison daimer et destre
aime, et de permanence damitie et de
lamitie de gens dissemblables.
pi. cha

I semble que moult de gens
veullent plus estre amez que
amer, et cest pour lamour que
ilz ont de estre honnorez Et pource
plusieurs ayment que len leur face a
dulation, car cellui qui est adulateur
ou flateur est amy ou aime supercoye
damment ou il faint estre tel et que il
aime plus que il ne aime Et la cau
se pour quoy moult de gens veulent
estre honnorez cest pource que estre a
me semble estre pres de ce que est estre
honnorez   Glo.   Car les
gens sont honnorez pour le bien qui
est en eulx Et pour ce mesme sont ilz
aimez.
Tex.   Et moult de gens

appetent estre honnorez, mais ilz ne semble pas que ilz desirent honneur pour honneur mesme. Et plusieurs se esioissent de estre honnorez de ceulx qui sont es grans puissances ou des grans seigneurs pour esperance, car par ce ilz cuident que ilz pourront obtenir des grans seigneurs pour eulx de ce de quoy ilz ont mestier ou besoing. Et ainsy ilz se esioissent de honneur telle comme dun signe de la bonne affection des seigneurs a eulx. Item aucuns appetent & desirent estre honnorez des bons qui sont vertueux & sachans affin que la propre oppinion que ont de eulx mesme soit affermee & confermee. Et ilz ont grant iope de estre bons, & ilz sen croient au iugement de ceulx qui sont bons & sages & qui les dient, mais ilz se esioissent en estre amez selon ce que est estre honnorez. Glo. Car estre ame est bon selon soy, & estre honnore est bon selon accident & pour autre chose desire, car les ungs le appetent pour proffit & les aultres pour oppinion de leur bien, sicõme dit est. Tex. Et dautre partie amitie est esligible selõ soy. Glose. Car auoir amis est tresgrant bien entre les biens de dehors nous. Et pour ce dit Chaton. Utilius regno est meritis acquirere amicos. Tex. Et semble que amitie soit plus en amer que en estre ame. Glo. Et la cause est, car tout & toute vertu est en operation et plus en faire que en souffrir. Tex. Et ce appert par signes car les meres se sioissent moult en amer leurs enfans. Et aucunes les baillent a nourrice & les aiment grandement & scevent bien que ilz sont leurs enfans, mais ilz ne quierent pas nullement estre reamees de leurs enfans se il ne estoit ainsy que lun & lautre fust, cestassavoir que ilz les amassent & fussent amees, mais il leur suffist ce semble se ilz voient que leurs enfans facent bien. Et les meres les aiment ia soit ce que pour ignorance ilz ne peuent pas retribuer ne faire aux meres les choses qui appartiennent. Glose. Car ilz ne peuent pas leurs meres reamer. Tex. Or est ainsy donc ques que amitie est plus en amer que en estre ame, & que ceulx qui aiment leurs amis sont plus loez que ceulx qui sont amez quant a ce. Car se fait de la vertu damis cest damer. Glo. Et que mieulx soit amer que estre ame cest bien souffrir. &c. Mais nonobstant ce mieulx est a uoir la cause en soy de estre ame que cause de amer. Apres il parle de la permanence de amitie. Tex. Et pource ceulx qui se entraiment selon ce que chascun de eulx est digne de estre ame ilz demeurent longuement amys & est leur amitie permanente. Et en ceste maniere ceulx qui sont inequaulx peuent estre mesmement amis, car par ce ilz seront faiz equalz. Glo.

Sicomme se Jehan excede guillaume en vertu ou en vne autre bonne condicion Et guillaume aime plus iehan que iehan ne face guille. et que il excede en amer de autant comme il excede en sa condicion adoncques est bonne et iuste proporcion et bonne equalite. Tex. Et amitie est aussy comme en equalite et en similitude.
Glo. Apres il compare selon ce diuerses especes damitie.
Texte. Et la similitude qui est en samitie de ceulx qui sont amis selon vertu fait mesmement et principalement samitie estre durable et permanente. Glo. Et ce preuue il en ostant de telle amitie quatre empeschemens de permanence damitie. Tex. Car premierement les vertueux demeurent songuement bons en eulx mesmes.
Glo. Sicomme il fut dit au quint chapitre. Tex. Item ilz demeurent longuement bons sun a lautre Item ilz ne ont mestier que sun face pour lautre mauuaises choses Item nulz deulx ne vouldroit ministrer a lautre pour lautre faire mauuaises choses, mais peult len dire que luna lautre deueroit ou empescheroit ou deffendroit faire telle chose, car il appartient aux bons de seur condicion que ilz mesmement ne pechent. Glo. Et doncques nul ne doit pour son amy faire chose deshonneste ne requerir que il face pour suy chose deshonneste Et qui plus est il ne doibt soustenir que son amy face telle chose Et pour ce dit tulles que la premiere loy de amitie est que nous ne facons pour nos amys fors choses honnestes, et que nous ne les requerrons dautre chose. Apres aristote monstre quelle amitie nest pas durable. Tex. Mais les mauuais ne ont quant a ce rien ferme ne estable, et ne demeurent pas longuement semblables, car ilz sont faitz amys en ce que ilz se esioissent ensemble de malice, mais seur amitie dure peu de temps. Glo. Et la cause est car amer malice qui de soy est a hair cest contre la nature de voulente humaine Et pource les mauuais ont seurs affections variables et seur voulente ne se arreste pas ou repose en vne chose et ainsi ilz ne peuent estre longuement semblables ne songuement amys. Tex. Mais ceulx qui sont vtiles ensemble et delectables ilz demeurent amis plus longuement que ne font les dessusditz, car ilz sont amis par tant de temps comme ilz font les vngs aux autres delectations ou vtilitez. Glo. Et vtilite et delectation ont aucune espece de bien, mais malice non. Toutesuoies nulle telle espece damitie ne est si durable comme est amitie pour bien honneste comme souuent est dit. Apres il parle damitie qui est entre gens dissemblables. Tex. Et samitie de ceulx qui sont aucunement contraires semble estre faicte

pour proffit ou vtilite sicomme le po
ure aime le riche et l'gnorant le sachāt
Car chascū appete et desire ce de quoy
il a mestier et indigence et ou lieu de
ce redonne autre chose   Glo
    Le poure aime le riche pour ce que
il recoit proffit de lui Et le riche ai
me le poure pour son seruice ou pour
pitie et affin que il prie dieu pour sup
    Texte   Et a ceste maniere
damitie attraient aucuns la fole a
mour charnel de deux personnes des
quelles lune est belle et lautre laide
    Glose   Cest amitie pour de
lectacion car aucunefois sont les per
sonnes contraires en ce que lung est
bel et lautre lait mais le lait se delicte en sa beaute de lautre et le bel se de
licte ou beau parler de lautre ou en
autre chose. Sicōme se racōte de vlixes
et de briseis samie   Tex.   Et
pour ce que aucunefois entre telz ami
est contrariete il semble vne derision
ce que aucuns amās diēt simplemēt
que ilz doiuent estre amez au tant cō
me ilz aiment ilz dient bien Et se ilz
ne ont en eulx telle dignite ou va
sseur seur dit est vne derision   Glo
    Apres il mōstre comme vne chos
se appete son contraire   Tex.
    Et par auenture vne chose ne
appete pas son contraire selon ce que
il lui est contraire mais selon accidēt
Car lappetit est du moyen qui est bō
et propice aussi comme vng corps sec
ne appete pas que il soit du tout moi
ste ne ce nest bon mais il appete et est

bon que il viengne au moien et sem
blablement est il du chault ou regart
du froit et en autres choses mais tel
les choses traittier nous lessons mai
tenant car cest vne matiere estrange
de nostre present propos.

    Comment les especes damitie
ensuient les parties de cōmunicaciō
politique.   vii. chapitre

    Sicomme il fut dit ou cōmen
    cement amitie et iustice sont
vers vne mesme chose et en
vne mesme Et toute cōmunicatiō
a aucunement iustice Et doncques
amitie est en cōmunication
    Glo.   Cest la premiere con
clusiō de cest chapitre laquelle il preu
ue par ses moyens dont le premier est
dit car sicōme il fut dit ou premier cha.
iustice est pour auoir concorde et ami
tie Et doncques est amitie en cōmu
nitacion aussi comme iustice   Tex
    Item ceulx qui cōmuniquent en
semble par mariage se entreappellēt
amis et aussi ceulx qui cōmuniquēt
ensemble pour fais darmes Et sem
blablement est il es autres cōmunica
cions Et generalement en tant se
lon ce que aucuns cōmuniquent en
semble en tant que est entre eulx a
mitie est aussi iustice   Item il ap
pert par le prouerbe cōmun Car sen
dit et est droit que choses damis sont
cōmuns entre ceulx qui sōt freres ou
qui sont nourris ensemble toutes leurs
                                v.i.

choses leurs sõt communes et les autres ont leurs choses diuiseement et separeement Et les vnes ont plus de choses cõmunes et les autres moins Et selon ce les amitiez sont les vnes plus grandes et les autres plus petites Glo. Et doncques est amitie en cõmunication. Tex.

Jté les choses iustes sont differentes selon diuerses amitiez Car selon iustice les parens doiuent a leurs filz vnes choses Et les freres ensẽble vnes autres et les citoiẽs ou voisins ensemble vnes autres Et ainsi de tous autres qui sõt amis Et dõcques en chascune espece damitie sont les choses iustes autres que en lautre Glo. Et doncques se varient les iustes et les amitiez selõ les cõmunications Et par consequent amitie est trouuee en cõmunicatiõ ou fondee Tex. Jté iustice et iniustice sont plus grãdes en tant que les gẽs sont amis sicõme priuer de ses pecunes son familier compaignon est pl9 dure chose et plus iniuste que en priuer vng autre voisin Et deffaillir de aide a sõ frere est plus dure chose que faillir a vng estrange Et ferir sõ pere que quelcõque autre chose Et aussi chose iuste acroist auec amitie aussi cõme se ilz fussent en vne mesme chose,/et cõe se ilz actainsissẽt a vne equalite Glo. Car de tant cõme samitie est plus grant vng amy ẽ plus tenu a lautre sicõme iustice et tout ce est en cõmunication Apres

il entent a monstrer vne autre cõclusion Cestassauoir que toute cõmunicatiõ est reduitte ou ramenee a cõmunicatiõ politique Et toutes cõmunicatiõs ont similitude a aucũes pties de mũnicatiõ politique,/et toutes cõuiennent en aucune chose conferente et vtile pour acquerir aucũe chose necessaire ou conuenable a vie humaiue,/et communication politique est ordonnee au commencement et perseuere pour grace de conference et de vtilite politique Car cest la chose que ceulx qui mettẽt et establissẽt les loys querent et a quoy ilz tendent Et auecques ce tons dient que querir le commun proffit est iuste chose Glo.

Apres il monstre comme chascune autre communication est contenue soubz communication politique et en elle comprinse Tex.

Et les autres communicatiõs appetent et quierent aucũ particulier proffit sicomme ceulx qui compaingnent ensemble a nager en mer ou en eaues ilz euurent ou labeurent pour acquerir pecunes ou aucunes telles choses Et ceulx qui communiquent ensemble en fait darmes ilz appetẽt et querẽt la chose que len peult acquerir par guerres sicomme auoir pecunes ou victoire ou seignourie sus aucune cite ou pais Et ceulx qui sont dune lignee pour ce que est proffitable a leur linage Et ceulx qui sont dune ville pour ce que est vtile a leur ville Et les communications qui semblent estre faictes pour delectacions ilz sont pour aucun proffit sicome de ceulx qui carolent ou dansent ou chantent ensemble ou qui iouent ensemble des instrumens de musique. Car telles communicatiõs sõt pour cause de sacrifice ou de mariage ou de nopces Glo Telles communications furẽt iadis ordonnees ⁊ establies affin que le peuple boullist plus volentiers ⁊ se tensist ou demorast es sacrifices ⁊ fust meu a deuocion Et pour les nopces affin de nourir amour entre les espouses ⁊ aussi estre leurs amys Tex Et toutes ces communications sõt soubz communication politique Car politique ne regarde pas le proffit present au particulier mais ce que est conferent ⁊ proffitable pour toute la vie ⁊ pour tous Et pour ce politique ordonne de toutes communications particulieres Car elle est souuerainne ⁊ vniuerselle et a dominacion sur toutes les autres.

Glose Apres il monstre en especial come la communicatiõ qui est pour les sacrifices laquelle il sembleroit moins estre est soubz politique ⁊ pour aucun particulier proffit.

Tex Et tous ceulx qui font sacrifice ou congregacions pour telles choses ilz attribuẽt honeurs aux dieux ⁊ en ce ilz acquierẽt pour eulx mesmes repos auecques delectacion Car les sacrifices ancienement ordonnez ⁊ telles assemblees estoiẽt faictes apres ce que les fruis sont cuillis Et dõcques ilz offroient les premices de leurs fruis ⁊ entẽdent ⁊ vaquẽt mesmemẽt en telles choses es temps des susdictz. Glo C'est assauoir en antõpne Car en tel tẽps ilz peuẽt vaquer ⁊ eulx reposer entre la collection des fruis passez ⁊ le labuer des fruis a venir Et ce faisoiẽt les iuifs sicõme il est escript en leuitique ⁊ par ce appert que les assemblees faictes pour les sacrifices sont pour repos ⁊ pour delectacion ⁊ auec ce ilz sõt pour garder amitie Et pour faire oraisõ pour le salut de la cõmunite ⁊ pour le bien publique Apres il met la cõclusion Tex. Et dõcques toutes cõmunicatiõs sõt parties de cõmunication politique Et par consequẽt quelles sont les parties ou les cõmunications politiques telles sõt les amitiez Glo Et cest la conclusion principale de cest chapitre laquelle sensuit de deux conclusions deuãt prouuees Vne est que amitie est en cõmunicatiõ, lautre est que toute cõmunication est cõtenue soubz politique.

La diuisiõ des especes de cõmunication politique: viii.cha

8 Cõmunication politique sõt trois especes⁊ les corruptions ou transgressions de elles sont en nombre equal les bõnes sont royalme ⁊ aristocracie ⁊ la tierce peult estre appellee couenablemẽt tymogracie ⁊ est dicte de thimos Glo En la premiere vng seul

a seigneurie et dominacion Et la seconde aucuns et peu Et en la tierce Une multitude Et en tous ces trois ceulx qui gouuernent entendent au bien comun Et aristocracie est dicte de aris qui signifie Vertu car en elle seignourient aucuns Vertueux et tresbons Et tymocracie est dicte de tymos qui signifie pris et trahos qui signifie puissance et en ceste policie len seult donner pris et loier aux poures pour venir aux assemblees et puniss soit len les riches se ilz ny venoient. Et en telle policie seignourient plusieurs qui sont de moien estat Tex

Et plusieurs ont acoustume ceste tierce appeller par se comun nom politique Et de ces trois comunications le tresmeilleur est roialme et la moisbonne est tymocracie Glo. Et lautre cestassauoir aristocracie est moyenne et de ces trois bonnes et trois mauuaises determine il plus a plain en politiquez Tex. Et la comunication ou policie qui est transgression et corruption de celle qui est appellee roialme et sa contraire est tyrannie Car lune et lautre sont monarchies Glo

Monarchie en grec monos cest Ung et archos cest prince Et monarchie cest la ou ung tout seul a souueraine seignourie sus une comunite. Et se aucuns appellent monarche celui qui seroit seigneur sus tous Uniuerselement cest une chose impossible selon raison si comme aristote preuue ou vii. de politique Et doncques dire que lempereur de rome selon droit doit estre seigneur sus tous et y tout cest une derision Car nul nest tel seigneur fors dieu Tex Mais ilz different tresgrandement car le tyrant quiert et a entencion a son propre proffit et gaing Et le roy entent et quiert le proffit de ses subges Car celui nest pas roy qui nest de soy et par soy souffisant en tous biens Glo Cestassauoir es biens de lame et es biens corporelz et es biens de dehors come sont les biens de fortune. Tex. Et tel seigneur ne a mestier besoing ou indigence de riens Et doncques il ne met pas son intencion a acquerir ses proffis mais les proffis de ses subges Et le prince qui nest tel cestassauoir par soy suffisant il est appelle clerotes non pas roy Glo. Cleros en grec cest sors et de ce est dit clerotes, et est celluy qui est esleu price et qui na pas la souffisance dessusdicte Et pour ce telle election nest pas faicte par raison mais aussi comme par sort et a lauenture Et pour ce cestui qui est esleu roy pour soy seul, ou pour ceulx qui descendroient de luy, il doit estre au commencement pourueu en telle maniere que desore en auant il ne ait mestier des biens de ses subgectz pour son bon estat mener, mais quant au fait des guerres il couuendroit autre ordonnance

Tex Et le tyrant est contraire a cestui Car il entent il poursuit et quiert son proffit Glo Et auoir proffit de ces subges Tex Et telle cho se est plus manifeste en ceste policie tyrannique pour ce quelle est tresmauuaise Car a ce que est tresbon ce que est tresmauuais lui est trescontraire. Et de policie roial sen tourne par transgression et corruption en tyrannie cõme en son contraire Car tyrannie est corruption ⁊ mauuaistie ou empirement de monarchie Et quãt le roy est fait mauuais il deuient tyrant. Glo

Car aussi cõe char viue par corruption est conuertie en charongne et puis en pourreture / en ceste maniere est conuerti roiaume en tyrannie Et de ce sera dit plus a plai en politiques

Tex Et de aristocracie sen tourne en olygarchie par transgression ou corruption Glose En grec oligon cest peu ⁊ archos cest prince ⁊ oligarchie cest la policie ou vng petit nombre de gens ont seignourie et gouuernemẽt a leur proffit ⁊ non pas au proffit cõmun Tex Pour sa malice ⁊ auarice des princes qui attribuent a soy les richesses de la cite ou cõmunite sans ce que ilz soient dignes de ce Et se donnẽt ⁊ attribuent tous les grans biens ou la plus grãt partie ⁊ les meilleurs Et aussi les principalites ou dominacions ilz les attribuent a eulx mesmes Glo.

Sicõme a ceulx de leur linage ou de leur affinite ou amitie pour vi anifie ou autrement Tex. Et les en richissẽt du plus ⁊ du meilleur des biens de la cõmunite Glo:

Et ainsi leur malice est en trois poins Vng est car ilz distribuent les biens ⁊ dignitez aux indignes iniustement Lautre est car ilz vsurpẽt les bien richesses pour eulx ⁊ pour les seurs le tiers car ilz distribuent les princeis ⁊ dominacions a eulx mesmes tousiours Sicõme se il auenoit en la policie de lesglise que ceulx qui ont la souuerainnete distribuassẽt les dignitez ⁊ les biens aux indignes Et que ilz en prinsent pour eulx trop largemẽt feissent que la souuerainnete demouraist tousiours a vng linage ou pais particulier pour certain ce seroit olygarchie la pire policie qui soit apres tyrãnique Tex Et doncques par corrupcion de aristocracie est fait que aucuns ont seignourie ⁊ sõt peu ⁊ sont mauuais ⁊ sõt ou lieu de ceulx qui estoient bons ⁊ vertueux Et de tymocracie par trãsgression ⁊ corruption sen tourne et vient en democracie. Glo En grec demos cest peuple ⁊ crathos cest peste ⁊ democracie cest la policie ou les populaires gouuernent Tex Car ces deux policies sõt prochaines pour ce que en democracie vne multitude a la domination ⁊ le gouuernemẽt Et daultre partie pour ce que ceulx qui sont es honneurs ⁊ es princeis sõt equaulx

Glo. Quant a autorite ⁊ ainsi est il en timocracie quant a ces deux condicions mais ilz different Car timocracie tent au bien ⁊ au proffit des riches ⁊ des poures Et democracie tent au bien des poures tãt seulemẽt.

B.iii.

Feuillet.

Tex. Et democracie entre les mauuaises policies est la moins mauuaise (z en peu de chose elle passe z ist hors (z differe de policie timocratique Et donequez les policies sont transmuees lune en lautre mesmement et principalement en la maniere dessusdicte Et les bonnes sont de legier transmuees (z corrumpues. Glo. Et de ce appert plus aplain en politiques.

La distinction des comunications yconomiques ou domestiques aux especes dessusdictes p similitude. xviii.e

En peult prendre les similitudes des especes dessusdictes aussi come en exemple es comunicacions qui sont en vne maison Car la comunicacion du pere au filz a semblance (z figure de royalmie ou de policie royal Car la cure des filz appartient au pere Et pour ceste cause homerus le poete appelloit ioues peres Glo.

Joues ou iupiter fut vng roy qui gouuerna son peuple par affection paternel (z disoient les paiens que il estoit roy du ciel (z roy des dieux Tex. Car royalme ou gubernacion royal veult (z desire estre princep paternel.

Glo. Car le roy doit gouuerner son peuple par telle amour come pere sus ses filz Tex. Mais en la terre de perse la dominacion du pere sus ses filz est tirannie Car illecques les peres vsent de leur filz come de leurs serfz (z le princep ou dominacion que le seigneur a sus ses serfz est come tyrannie Car en ce le seigneur quiert (z fait son proffit principalement et tel princep semble estre droicturier Glo. Car cest la nature de seruitute quel le soie estre au proffit du seigneur

Tex. Mais le princep de quoy il vsent en ce peche ou deffault pour ce que de subges differens les princes doiuent estre differens Glo. Et come dit est ilz vsent en perse dune mesme seigneurie ou princep a leurs filz (z a leurs sers Et ilz deussent gouuerner leurs filz par princep royal et leurs sers par princep tyranique.

Apres il parle dun autre princep Et le princep ou dominacion du mari a sa femme resemble ou est semblable a aristocracie car le mari a sa seigneurie telle comme il lui appartient selon ce que il est plus digne que la femme Et es choses ou il est couenable que il ait seigneurie (z dont il ait la cure Et rent ou delesse a sa femme quelques choses qui appartiennent a elle.

Glo. Apres il met deux manieres de comunication domestique semblables a oligarchie Tex. Et quant le mari prent la dominacion sus toutes leurs choses adoncques est transposee (z muee la dominacion en oligarchie car il fait ce que nest pas digne a faire (z ce que nest pas mieulx Glo. Car il ne doit pas tenir sa femme come serue qui na seigneurie de riens (z est contre la dignite de mari que il ait sa cure (z la seigneurie daucunes choses qui appartient aux femmes Et se il le fait cest come oligarchie ou les princes vsur pent a eulx ce que appartient aulx autres. Tex. Item quant les femmes ont princep. ou domination sicomme pour ce que ilz sont hors as doncques telz princeps ne sont pas princeps ne ne sont pas selon vertu mais ilz sont pour leurs richesses ou pour leurs puissances en la maniere que il est princeps oligarchies. Glo.

Apres il parle dune autre communication. Tex. Et la coïcation ou princep que ceulx qui sont freres ont en vne maison semble estre tymocratique car ilz sont equalz fors tant come ilz differêt en aage Et pour ce en ce a moult grant difference ce ne semble pas estre amitie ou coïcation fraternelle. Glo. Mais semble estre paternel car quant le frere ainsne est grandement plus anciê des autres il leur doit estre come pere

Tex. Et la comunication domestique dauculs q̃ demeurêt en vne habitacion ensemble par cõpaignie sãs ce que lun ait sus lautre domination elle est mesmement semblable a democracie car ilz sõt tous par equal Et se aucun deulx a sus les autres princep ou poste elle est fieble et petite. Glo. Sicõme entre escoliers ou pelerins car cellui qui porte la bource a sõ tour a vng peu dauctorite sus les autres.

Des especes damitie selõ les coïcatiõs dessusdictez ꝑB.cha

Il semble que selon chascune vrbanite ou coïcatiõ auise

soit aucune espece damitie En tant cõme en chascune telle coïcotiõ est aucun iuste ou aucune iustice. Glo.

Car amitie ⁊ iustice sõt vers vnes mesmes choses sicõe il fut dit ou pñt chapitre. Tex. Et premierement lamitie du roy a ses subges est en sup habõdãce de beneficie. Glo. Lest adire que le roy doit plus de biê a ses subges que ses subges a luy car il est vertueux ⁊ plus puissant ⁊ les doit plus amer sicõme il sera dit apres

Et se aucun disoit que amitie ne peult estre entre le roy ⁊ sõ subget pour la tresgrant distance de leur condicion iouste ce que fut dit ou ꝓ.cha. La responce est que la distance peult estre si grande que entre eulx nest pas amitie quant a couersation ⁊ a similitude damour, toutefois y est elle quãt a bien vouloir ⁊ a bien faire Et lamour du roy au subget est pl⁹ amour de concupiscence en rapportant a soy ⁊ pour bien receuoir Et doncques ne sont pas telles amitiez semblables sicõme sont celles dentre deulx vertueux equalz ⁊ cõpaignons. Tex.

Et pour ce que il fait bien a ses subges. Car se il est bon roy il a a la cure deulx, ⁊ met grãt diligêce a ce que ilz facent bien ⁊ que ilz soient bons Et les aime de grant affection aussi cõme le pasteur a la cure de ses ouailles ⁊ les aime. Glo. Et ce exppose aulx perilz pour elles contre les loups ⁊ les mauuaises bestes Et aussi doibt faire le roy pour ses subges.

t.iiii.

feuillet.

Tex. Et de ce disoit homere vng poete que le roy agamenõ estoit pasteur des peuples. Glo. Agamenon fut cellui qui tint le siege deuant troye. Tex. Et lamitie paternel ou du pere a ses filz est aucunement telle cõme est amitie royal ou du roy a ses subges. Glo. Amitie royal et paternel sont semblables cõme il sera dit apres.

Texte. Mais elle differe de elle en magnitude ou en grandeur des benefices. Glose.

Et toutesuoyes le benefice que le roy fait a ses subges est de plus grant estente ou extention et a plusieurs mais non pas si grant en vng singulier. Car le pere est au filz cause de son estre sa quelle chose e tres grande & cause de nourrissemẽt & de discipline. Glo. Ce sont trois benefices que le filz a de son pere sa substance & nourrissement quant au corps & discipline quãt a lame. Car par le engendrer le pere luy donne estre par le nourrir il lui garde & conserue sõ estre & par le chastier il luy dõne ou lui acquiert bien estre & ce sõt trois tresgrãs benefices. Tex. Et telles choses sont attribuees aux primogeniteurs. Glo. Apres il met la cõuenience damitie roial Et damitie paternel Tex. Et le pere est par nature princep & seigneurie sus ses filz & ses progeniteurs sus leurs neppueulx Et semblablemẽt le roy sus ses sub-

gectz. Glose. Et doncques peult lẽ dire que le roy est seigneur naturel car combien que il soit accepte par la volẽte du peuple. Toutesuoyes ainsi comme droitte raison a naturelemẽt seignourie en vng homme sus sa partie sensitiue & la rigle. Semblablemẽt le roy gouuerne par raison & par iustice ses subgectz & reprime & corrige leurs mauuais mouuemens. Tex. Itẽ ces amities cestassauoir royal & paternel sõt en exces & superhabondance damer. Glose.

Cest adire qne le roy doibt plus amer ses subges & le pere ses filz que econuerso premieremẽt car le roy est plus vertueux & vraye amitie est fondee en vertu. Itẽ il est plus puissant de bien faire. Itẽ il est bien faicteur. Et doncques aime il plus cellui a q̃ il fait bien que econuerso si comme il sera dit ou .v. liure. Et toutes ces causes sont ou pere au regart du filz. Et auecques ce le filz est partie et euure du pere. Et chascũ aime plus naturelement son euure sicomme il sera dit ou ix. liure. Et toutes ces causes sont ou pere ou regart du filz. Et anecques ce le filz est partie. Et doncques naturelement le pere aime plus le filz que le filz ne aime le pere. Et neantmoins le filz est plus tenu a amer le pere & plus obligie au pere que le pere nest tenu ou obligie au filz. Car autre chose est estre tenu a plus amer. Et cestie plus tenus a amer/et ainsy le filz est obligé a amer le pere: et si ne pourroit selon nature tant le amer/comme le pere le aime, et ainsy nous sommes tenus et obligez a amer dieu/et si est impossible que nous le aimons tant comme il nous aime. Tex.

Et pource les parens sont honnorez de filz. Glo. Et les roys des subgectz et non pas econuer so. Tex. Item tant en amitie royal come en amitie paternel une mesme chose nest pas iuste ou deue de chascune des parties, mais de chascune et a chascune selon ce que digne est et en ceste maniere est il de amitie. Glo. Car le roy doibt une chose faire a ses subgectz et les subgectz au roy. Une autre et ainsy est il du pere a ses filz. Or auons doncques que amitie paternel est telle come lamitie qui est en policie royal. Apres il parle de amitie de mariage. Tex.

Mais lamitie du mari et de sa femme est telle côe lamitie qui est en aristocracie, car en telle policie cellup qui est le meilleur a plus de bien ce selon la quantite de sa vertu. Et en elle chascun a ce qne a luy est conuenable et ainsy est gardee iustice. Glo. Et amitie aussy, et semblablement sont amitie et iustice cômunications de mariage. Apres il parle de amitie fraternel. Tex. Et amitie de freres est semblablable a lamitie de ceulx qui sôt nouriz ensemble et qui tous sont equalz et pres que dun aa

ge. Et telz sont le plus souuent dune mesme discipline et de unes mesmes meurs, et ceste amitie est semblable a celle qui é selon tymocracie, car en ceste policie les citoyens veullêt estre equalz et vertueux et participer en la dominacion ou princey et par es qualite/et en ceste maniere est amitie entre eulx. Glo. Et semblablement est il de amitie fraternel Et de ceulx qui sont nourris ensemble.

Apres il met côme amitie est es policies corrupues ou obliques. Tex.

Et es transgressions et corrupacions de bonnes policies tât en la maniere que il a peu de iustice ou de iniustice/aussy a il peu de amitie. Et mesmement en la plus tresmauuaise cest tirannie, car illecques ne a amitie fors que peu ou neant et la cause est, car la ou il na riens commun au seigneur et au subgect. Glose.

Comme seroit donner lun a laustre ou prester ou contracter illecques ne a ne amitie ne iustice. Tex.

Mais le seigneur a tel regard au subgect côme le menesterel a son instrument, et comme lame a a son corps. Et comme le seigneur a a son serf, car ilz se aident de ses choses et en usent a leur proffit et utilite. Glo.

Cestassauoir le menesterel de son instrument, tout ainsy côme le charpentier de sa hache lame de son corps Et le seigneur de son serf. Et semblablement tout ainsy fait le ty

rant de ses subgectz desquelz il use cõme de ses serfs. Tex. Et amitie ne iustice ne sont pas a choses qui sont sans ame. Le tyrant doncques na pas uraye amitie ne iustice a son cheual ou a son beuf ne a son serf, selon ce que il est serf. Car nullement rien nest commun au seigneur et au serf selon ce que il est serf. Glo. Pource que tout le bien du serf est au seigneur et est le serf sa possession de son seigneur et na rien qui soit sien des biens de fortune. etc. Tex. Et la cause est car le serf est ung mesme instrumēt vif et qui a ame, et doncques nul ne a amitie auecques son serf selon ce que il est serf.
Glo. Et ce est selon ce que nostre seigneur disoit a ses disciples Jam non dicam vos seruos. etc. Vos autem dixi amicos. Tex.
Mais bien luy peult auoir selon ce que il est homme, car il semble que tout homme puisse auoir aucun iuste et tout aultre hõme auecques lequel il peult communiquer ou en composicion ou en contract. Et doncques en tant comme il communique auecque lui en iuste ou en iustice il peut auoir amitie auecques luy selon ce que il est homme. Glo. Toutesuoies que ung seigneur traicte auecque son serf du pris ou daultre chose il chiet entre eulx iustice, et peut estre amitie mais quāt il se repute purement serf il en use cõme dune beste ou dun instrumēt et nõ pas cõme se il fust hom-

me. Et pour certain en tirãnie a peu damitie et peu de iuste ou de iustice, mais es policies appellees democraties a plus damitie et de iustice. Glo.
Que es autres policies obliques et maluaises cestassauoir oligarchie et tirannie. Texte. Car ilz sõt plusieurs choses pour le bien de la cõmunite. Glose. Pource que ilz tendent a faire les poures equalz es autres et en policie dicte oligarchie a moins damitie et de iustice que en democracie et plus que en tirannie.
Daucunes especes damitie, et puis damitie de lignage. pvi.c
Dite amitie est communicatiõ, si cõmme il est dit deuãt Glo. Au pii. chapitre
Tex. Et pource pourroit aucun diuiser et separer densemble amitie de lignage et amitie de nourriture ou de ceulx qui sont nourris ensemble. Glo. Les ii. amitiez different ensemble et des autres amitiez.
Tex. Car les autres amitiez cõme de ceulx qui sõt dune policie ou dune cite et de ceulx qui sont dune lignee. Glo. Il entent quant a ceulx qui ne sont pas prochains, si cõe iadis tout le peuple disrael estoit diuise en xii. lignees, car entre ceulx q̃ sõt prochains est amitie de lignaige
Tex. Et de ceulx qui frequētēt ẽsẽble en nauire ou en mer et quelcõques telles amitiez ont plus de similitudes a amities cõicatiues que les aut̃s deuãt dctes et il sẽble que ilz

uiengne dire et confesser que ilz bien nent de commnnication Glo.
Car amitie de lignage est causee et vient aussy comme de nature, car ilz sont dun sang, et amitie de nourriture vient de habiter et converser ou gesir ensemble, mais les amities dessusdictes viennent plus de communiquer en donner ou en prester ou en marchander ou en choses semblables Tex. Et en telles manieres de amitie pourroit aucun or donner et mettre amitie de pelerins, mais amitie de lignaige est de mout de manieres Glo. Selon plusieurs degrez de cognacion ou de lignaige Tex. Et toutes telles amities dependent et viennent de amitie paternelle, car les parens aiment leurs filz aussy comme se ilz fussent aucune chose ou partie de eulx mesmes Glo. Et par ce appert que ceste amour est tresprochaine de celle qui est amour de soy mesme, de laquelle est derivee toute autre amitie, sicomme il sera dit au ix. livre Et par ceste raison se pere aime plus le filz que le filz se pere et ce apperra plus aplain. Tex. Et les filz ou enfans aiment leurs parens, aussy comme se ilz fussent aucune chose ou partie de leurs parens.
Glose. Et pource le pere aime plus le filz que econverso, comme il sera dit apres Tex. Item les parens avecques ce sceuent mieulx lesquelz sont yssus deulx que les filz ne sceuent desquelz parens ilz sont yssus Glo. Doncques est lamour des parens plus certaine et plus confermee Tex. Item les parens doibvent plus amer les filz de tant comme celuy qui engendre approche plus de celuy que il engendre que la chose faicte ne approche de celuy qui la faicte Glo.
Et le pere par generation tent au filz et en approche, et le filz par estre engendre sesloigne du pere, et ainsy le pere est plus prochain du filz que le filz nest du pere. Et plus grande prochainete est cause de plus grande amour Apres il met a ce la quarte raison Tex. Item la chose qui est la partie dun tout approche plus de son tout que le tout ne fait de la partie, sicomme une dent ou ung cheveu ou quelconque telle chose, au regard de son tout qui a telle partie.
Glose. Lexemple est bien a propos, car se cheveu est ne en la teste de la teste est et en est separe ou peult estre, et semblablement ainsy est il de la dent au regard de sa ioue, ainsy est il du filz au regard du pere. Tex.
Car tout ne approche en rien de sa partie ou il en approche moins que elle ne fait de luy Glo. Car toute chose qui est possidee est aussy comme de la substance du possident, mais il semble de prime face que ceste quarte raison et la tierce soient contraires
Car la tierce dit et raconte que le pere est beaucop plus prochain du filz

que le filz nest du pere, et ceste cy dit que le filz est plus prochain du pere, que le pere du filz Et pour ce lē doit sauoir que en tant cōme le filz ist du pere que le pere lui donne estre par generation, en ceste maniere le pere est plus prochain: mais en tant cōe possession et partie du pere en ceste maniere le filz est plus prochain Et la premiere prochainneté est naturelemēt cause au pere de plus amer, mais la seconde est cause au filz de estre plus amé Car le filz est obiect amable qui meult de pres le pere a ce que il soit plus amé Et dōcques le pere le doit plus amer pour chascune de ces deux raisons Et pour ce les peres mesme qui ne sont pas vertueulx sont bien a leurs enfans sicōme nostre sauueur disoit en leuangile aux iuifs Vos cū sitis mali nostis bona dare filiis vestris Texte Jtem lamour que les pares ont a leurs enfās dure par plus long temps que ne fait lamour des enfans aux pares Car les pares aimēt leurs filz tantost cōme ilz sont nez, mais les filz attendent a amer leurs pares pour vng proces de tēps iusques atant que ilz preuuent entēdement ou sens Glo. Et que ilz les sache congnoistre Et amour est affermee et accreue par proces de tēps p̄ par durer longuement. Tex.

Et par les raisons dessusdictes il est manifeste que les meres aiment plus leurs enfans que ne font les peres Glo Il appert assez par la seconde raison Car les meres sōt plus certaines que les peres de ce que les enfans sont leur Jtem par la derniere raison Car les meres sont plus de temps auecques leurs enfās que ne sont les peres mesmes celles q̄ les nourrissent sicōme ilz doiuent faire selon nature et selon raison Jtē il appert par autre cause car lē aime plus les choses que lē a par grāt labeur et paine Et la mere a pour lenfāt plus de paine que le pere quant a le porter en son ventre et quant a le enfanter et quant a le nourrir Jtem et pour ce que apres la generacion lēfant est forme ou ventre de la mere q̄ est cōmune aux autres bestes et nous voions pres que en toutes que les meres aimēt plus que les peres mais non obstant ce en espece humaine lamour de pere e noble et meilleur, et auecques ce naturelement le filz doit plus amer le pere que sa mere. Apres il declaire ce que il auoit dit deuant.

Tex. Et les parens aiment leurs filz presque aussi comme eulx mesmes Car les filz pour ce que ilz sont nez et issus des pares ilz sōt comme vne chose auecques leurs parens fors tant que les parens sont separes de eulx, mais les filz aimēt leurs parens comme ceulx desquelz ilz sont nez et issus

Glo Et non pas comme ceulx qui sont issus de eulx.

Apres il determine de amité fraternel. Tex.

Tey. Et les freres se entraiment ensemble comme ceulx qui sont
nez z yssus duns mesmes pares, car
le pdetite ou unite quilz ont a leurs
parens les fait estre ensemble come unes
mesmes. Glose. Car quant ii.
choses ont union a la tierce ilz sont
par ce unies ensemble oultre elles.

Tey. Et pource dit len que le
sang des freres est aucunement ung
car ilz vient duns parens dun pere
et dune mere. Et cest la cause naturele damitie fraternel. Apres il met
pour quoy elle acroist. Tey. Et
a telle amitie fait moult grant chose
estre nourris ensemble ou estre dung
aage ou pres, car celluy qui est daucun aage aime celluy qui est de tel aage, z a ce que aucuns sont nourris ensemble fait a ce que ilz soient dunes
meurs, z pource amitie fraternel est
semblable a lamitie des nourris ensemble. Glose. Et auec ce ilz sont
semblables en confection aucunement
z souuent semblablement nourris. Et
similitude est cause damitie come il fut
dit au second chapitre. Apres il parle dautre amitie de linage. Tey.

Et les nepueux z autres cousins
ou qui dun linage ont amitie ensemble de par ses parens entant come ilz
sont plus prochains de eulx, pource
que ilz sont descendus duns mesmes
parens. Et sont les ungs plus prochains ensemble, z les autres sont pl9
estranges ou plus longtains selon
ce que ilz sont plus pres ou plus loig-

de la pmiere racine ou souche ou estoc
Glo. Et finablement telle co-
gnitio et telle amitie se depart z deffaut par esloignement. Et par non
conuerser ensemble, z par oubliance. Et
selon ce dure telle amitie lune plus lautre moins. Et selon comun cours a-
mitie de lignage fait au quint degre,
Et ainsi le mettent les loys. Apres
ilz met bien les proprietes de telles a-
mities. Et lamitie que les filz ont a
leurs parens z les homes aux dieux
est come amitie a bien qui est superexce-
sent, car les parens ont bien fait a leurs filz mesmes, z tresgrandement en
ce que ilz leur ont este cause de estre et
de nourrissement et de estre disciplez.

Glo. Sicomme il fut dit au chapitre
precedent. Apres il met une autre propriete. Tey. Item telle amitie qui
est entre les parens z leurs enfans a
en soy delectation z plus que amitie
de gens estranges de tout, z pourtant
que ilz menguent ensemble en vie comune. Glo. Car par ce ilz se delittent ensemble z font proffit les ungs
aux autres. Apres il met la propriete damitie fraternel. Tey. Et
en lamitie fraternel sont toutes les
causes damer qui sont en lamitie de
ceulx qui sont nourris ensemble. Et
encor plus entre freres qui sont bons
et vertueux, z come du tout semblables
Et pmierement de tant come ilz sont pl9
prochains selon lignage. Item pource que
ilz sentraiment de leur natite. Glo.
Car lamitie est plus forte z ipri-

feuillet.

mee de ce que elle commence en enfance Tex Item pource que ilz sont plus dunes mesmes meurs/ car ilz sont yssus et venus dunsmesmes parens/ et nourris ensemble de mesmes choses et disciplinez ensemble dune mesme doctrine Item pource que par long temps ilz ont eues experiences et plusieurs probations les vngs des aultres Et pour ces causes leur amitie est tresgrande et tresferme

Glo Tout ce que dit est doit estre entendu selon commun cours, car aucunesfoys sont deux freres fort dissemblables et aucunesfoys nourris separeement Apres il parle des aultres amitiez de linage. Tex

Et es autres gens qui sont du linage/samitie doibt estre prinse selon la proporcion et se regart que ilz ont a amitie fraternelle et selon ce que ilz sont plus pres ou plus loing.

De amitie de mariage p vii. c.

Amitie qui est entre le mari et sa femme semble estre amitie selon nature/car les gens sont plus ordenez par nature a communiquer ensemble en mariage que en policie ou communite ciuile de tant come manoir ou habiter et comuiquer ensemble en maison est premier naturelement et plus necessaire que nest habiter en cité ou en communite Glo

Car aussi come ses lettres sont pties des sillabes/et les sillabes des dicions des oraisons ou proposicions. Semblablement les premieres parties de maison ou de hostel sont le mari et sa femme et apres les enfans et les sers Et de plusieurs maisons est faicte vne rue et de plusieurs rues est faicte vne cite/sicomme il appert au premier de politiques Et doncques communication de policie pource que la partie en naturelement premiere que son tout est proces ou voie de generation et non pas quant a finale perfection

Tex Item pource que procreation de lignee ou generation est commune aux bestes Glo.

Doncques est telle chose plus naturelle que comunication politique, laquelle nest pas ainsi comune Et ainsi appert que amitie de mariage est naturele/car les gens sont naturelement enclins a telle communication combien que il soit voluntaire que cellui espouse ceste ou vng autre

Tex. Et les aultres bestes ont comunication de masse et de femelle tant seulement pour cause de generation ou procreation de lignee, mais homme et femme ne habitent pas ensemble tant seulement pour ceste cause, mais auec ce pour les choses q leur sont couenables a vie humaine, car il peut apparoir tant que les euures de eulx sont diuisees/et diuerses et sont autres euures du mari et autre de la feme. Glo. Car le mari traicte et fait les plus grans choses que celles de dehors et sa feme fait aultres choses come filler et garder ses choses de lostel

Tex Et p ce ont suffisace ensemble

en ce que chascun met ses propres eu
ures ou propres choses au commun
proffit de toutes les deux   Glo.
   Par ce appert que amitie et com
munication de mariage est pour ii.
causes ou pour deux fins selon aristo
te/Une est pour auoir lignee et pour
sauuer et continuer humaine espece/
et ceste est commune aux bestes et elle
ne fait pas le mariage/Lautre cause
est pour le bien des personnes pour ai
der lun a lautre quant a communica
tion domestique ou dostel et ceste cau
se est propre et especial a nature humai
ne   Encor pourroit len dire que la
tierce cause est pour euiter ou fuir for
nication, mais les ii. premieres souf
fisent assez, car sen ne doibt pas prin
cipalement plus faire bien pour eui
ter mal, mais sen doibt euiter mal et
fuir pour bien faire   Tex.   Et
pource en ceste amitie a proffit et dele
ctation. Et auecques ce se les mariez
sont bons et iustes/et telle amitie sera
pour bien de vertu/et chascun deux
peut auoir vertu propre pour soy
   Glose.   Car la vertu de lom
me et ses operations sont dautre ma
niere que celles de sa femme   Tex.
   Et de telles choses ilz se eſtoiront
ensemble   Glo.   Et doncques
de ceste amitie sont comprinses tou
tes les causes et especes damitie des
susmises, cestassauoir au tiers chapi
tre pour le bien vtile et pour le bien de
lectable et pour le bien de vertu. Et
auecques ce il a en ceste amitie dou

ble delectation charnelle et vertueuse
Et di oultre que par auenture mist
delectation de coulpe charnel aux be
stes tantseulement pour cause et affin
de generation, mais elle mist es gens
telle delectation pour la cause dessus
dicte, et auecques ce pour nourrir gar
der et accroistre amitie entre homme
et femme et ce appert par signe, car si
comme dit plinius nulle femelle de
puis quelle a conceu et est pleins ne
appette telle coulpe charnele fors tant
seulement feme. Apres ie dis que selon
raison naturelle et selon droit qui est
naturel et conuenable a toute bonne
police, il est iuste que ung ait une seu
le feme par mariage. Premierement.
Car se plusieurs auoient une feme
len ne sauroit duquel lenfant seroit.
   Item la feme seroit par ce moins
habile a conceuoir, sicomme dient les
naturelz   Item ce seroit occasion
de discorde entre les mariez et plusi
eurs aultres inconueniens sensuiroi
ent   Et se ung homme auoit plusi
eurs femes semblablement ce seroit cau
se de discencion entre les femmes
   Item chascune seroit negligente
du comun proffit de lostel   Item le
mary ne souffriroit pas a gouuerner
elles et leurs enfans   Item ce seroit
contre equite et contre amitie que le
mari diuisast sa chair en plusieurs et
la feme non/et autres inconueniens sen
suiroient. Ite nate le monstre ce semble en
aucuns oyseaux, sicome sont les tourterel
les q̃ ainsi sont ensemble/et se aucun disoit

que il fut autremēt en la loy de moy se de aucūs patriarches ce fut par dispensacion diuine et appartient a autre science. Apres ie dy que selon droit naturellement conuenable a bonne police lun ne peult pas laisser lautre voluntairement pource que les enfans ont mestier de lun et de lautre quant vient a nourriture et a doctrine et a prouision Et voions es bestes que le masle ne lesse sa femele tāt que les faons ont mestier de luy.

Item lamitie ne laide commune de vie domestique entre eulx ne se roit pas ferme ne certaine ou seure se ilz se pouoient ainsy departir

Item nature le monstre es turterelles qui sont ainsy ensēble et dit len que cest bonne et noble nature Apres il met comme telle amitie est confermee   Tex.   Et les filz ou les enfans semblēt estre cause que la generation de ceste amitie soit ferme et estable Et pource les mariez steriles ou brehaignes se departent plus tost densemble que les amis   Glo. Car anciennement ilz pouoiēt departir quant ilz ne pouoiēt auoir lignee. etc.   Tex.   Car les filz sont vng bien cōmun aux deux mariez   Glo.   Apres il respont a vne question que len pourroit faire.

Tex.   Mais querir en quelle maniere le mari et la femme doibuent conuiure et conuerser ensemble, et generalement comme vng ami se doibt auoir vers son amy ce nest autre chose que querir quelle iustice lun doibt faire a lautre, car len ne doibt pas vne mesme iustice ou faire vne mesme chose selon iustice a son amy et a vng estrange ou a celuy auecques qui len est nourry et a son disciple.

Glo.   Et pource determiner de telles choses particulierement appartient plus a politiques Et des mariez par especial a yconomique

Comment accusations et complaintes sont faictes en amitie.
v̄iii. chapitre.

Trops especes damitie sōt en la maniere que il fut dit au commencement   Glo. Au quart chapitre cestassauoir pour proffit pour delectation pour vertu   Tex.   Et selon chascune de ces especes les vnes amities sont en equalite et les aultres en superhabondance, car en amitie pour bien de vertu les amis peuent estre bons equasement et peult estre que lun est meilleur que lautre, semblablement peut bien estre de ceulx qui sont amis delectables et aussy de ceulx q̄ sont amis pour proffit Car il peut estre que ilz sont profitables lun a lautre equalement ou differentement Et en chascune espece se ilz sont equalz il conuient que ilz soient equalement amables et que entre eulx soit bōne equalite quant a amer lun lautre

Glo. C'est a dire que se ung est meilleur du fait plus de prouffit de tāt doit estre plus amé. Et doit sen plus faire pour sui, 7c. et par ce dure l'amistie sans accusations ou complaintes.

Apres il met en quelle espece d'amistie sont principalement accusations.

Tex. Mais accusations querelles 7 complaintes sont faictes seulement ou mesmement 7 principalement en amitié qui est pour utilité, 7 c'est chose raisonnable car ceulx qui sont amis pour bien de vertu ilz sont tousiours prestz de bien ouurer 7 de bien faire l'un a l'autre. Car c'est la proprieté 7 la nature de vertu 7 de ceste amitié. Et accusations ne contentions ne sont pas entre telz gens qui contendent a faire l'un pour l'autre bien 7 plaisance. Car nulz de eulx ne vouldroit contrister cellui qui l'aime, 7 qui bien lui fait, mais se il est aggreable 7 gracieux il lui retribue en faisant le bien. Et se il auient que l'un deulx soit superexcellet en ce que il fait plus pour l'autre que l'autre ne fait pour lui, il ne accuse pas pource son ami. Car son ami lui fait ce que il appete et desire, car l'un 7 l'autre appetent bien 7 honnesteté.

Glo. Et pour ce dit Cathonnet Exiguum munus cum det tibi pauper amicus, 7c. Car l'en doit prendre a gré le petit don de son pouure ami.

Tex. Et entre ceulx q̄ sont amis pour delectations ne sont pas souuent accusations. Car se ilz se esioussent et delectent a demourer 7 conuerser en semble chascu̅ a ce que il appete quāt a ce. Et se l'ung deulx ne se delitte pl' a demourer auecques l'autre pour certain se il accuse de ce il semble une derision quant il est en sa puissance de non demourer ou conuerser auecques lui. Glo. Ceste cause n'a pas lieu en amitié de mariage si comme il fut dit en la glose du chapitre precedent. Et est assauoir que entre amis pour delectation peuent estre autres causes de dissentions 7 de accusations. Si come ung home 7 une feme qui sen traittent folement ont discort pour ielousie ou pour autre folie. Item accusations sont quant les amitiés sont de diuerses especes come si deux personnes se entraiment l'un pour delectacion 7 l'autre pour prouffit en la maniere que ung iuste home aime ung iugleur pour delectatio̅ 7 le iugleur l'aime pour prouffit 7 ainsi est il d'un viel supurieur 7 de sa concubine.

Tex. Mais en amitié qui est pour utilité ou pour prouffit tousiours que sont les accusations 7 les complaintes. Car ceulx qui usent l'un de l'autre chascun a son prouffit ilz ont mestier de plus que ilz ne reçoiuent 7 cuident auoir moins de leurs amis que il ne conuenist. Et pour ce se complaignent ilz. Car ilz ne appertient pas tant de bien de leur ami come mestier leur fust 7 come ilz en sont dignes. Glo. Selon ce que ilz cuident 7 telle opinion ont ilz pour l'affection que ilz ont au gaing 7 au prouffit. Car i p.i.

ne aimēt leur ami fois pour leur proffit si comme il fut dit plus a plain au vi.chapitre ¶Tex̱ Et d'autre ptie leurs amis ne souffissent pas ne leurs facultez a leur faire tant de bien & de proffit come ilz euſſēt meſtier de receuoir Glo. Apꝛs pour declairer plꝰ a plai ſō propos il met ii.manieres de telle amitie ¶Tex̱ Et en la maniere que il ē vng iuste ou droit non escript.et lautre est selon droit escript et legal. Semblablement de lamitie qui est selon oportunite de proffit vne est morale & lautre est legale. Glo Amitie morale corresp̄ot a droit non escript & est quant les amis font proffit lun a lautre selō bōnes meurs sans contract Et amitie legale correspont a droit escript & est quant ilz font proffit lun a lautre par cōuenances ¶Tex̱ Et en telles amitiez sōt faictes accusations mesmemēt quāt les amis ne veulent communiquer lū a lautre selon vne mesme amitie et par ce se departent les amitiez.
Glo Sicōe quant lun baille de ses biēs a lautre selō amitie moral & liberalement & lautre ne veust faire telle chose sans part ou obligation de restituer. Aprs il declaire ce que il auoit dit ¶Tex̱ Et d'amitie pour vtilite legal lune est pour cōication ou cōuentien des parties. Si come en marchandant de main en main Glo Et en cea trespetite amitie car cest sans defectation
¶Tex̱e Et lautre est plus

liberal quāt se donne a son ami tēps de rendre mais toutesuoyes il ꝓfeſſe a rendre quid pro quo.chose pour chose & est la debte clere & manifeste & nō pas en doubte/mais la dilation est faicte par amiablete, & pour ce est il ainsi d'auaulnes telz que il ne couient pas que ilz en aiēt lettres ou que ilz requierent leur debte par iustice Car ilz gardēt lun a lautre legalite & tiēnent conuenātes & pour ce cuide l'en que ilz soiēt a amer Et amitie pour vtilite moral n'est pas en dits ou en uenances, mais est come vng hōme donne simplemēt a son ami ou a aucun autre Et toutesuoyes il repute & lui sēble que il doye de son ami reporter tant ou plus aussi come se il ne lui donnaſt pas purement mais come se il lui promettoit ¶Tex̱.
Et se cellui qui recoit ne retribue semblablement lautre se complaidera & s'accusera cōe cellui qui est cause de la dissolutiō ou de partie de telle amitie Si telle chose auient pour ce que tous ou plusieurs veulēt biē honnestes Glose. Selon raison & les appreuuent en parler
¶Texte Mais neāt moins en leurs fais ilz esliſent biens vtiles Et faire a sō ami proffit sans esperance de retribution cest bien honneste Et lui faire proffit auecques telle esperance cest affection de biē vtile Glose Aprs il met cōme complaintes doiuēt estre eschiuees & euitees ¶Tex̱. Et il

appartiēt a cellui qui a receu proffit
& est puissant qne il face retribution
selon ce que il est digne que elle soit
faicte et de son bon gre Et cellui qui
ne veult faire telle retribution il ne
doit pas souffrir que lautre lui face
proffit comme a ami Car il pecheroit
des le commencement en ce que il receueroit proffit de cellup de qui il ne
appartient pas que il le recoiue Car
se il sauoit fait il ne auroit pas receu
comme dami ne lautre ne lui dōnoit
pas pour lui. Glo Mais en
esperance de retribution & principalement en retorquant a son proffit
Tex. Et doncques aussi
comme en contract & en conuenāces
sen doit paier semblablement en ces
cas cellui qui recoit benefice doit retribuer Et se il est puissant de rendre
il doit aucunement confesser & faire
entendre a cellui de qui il recoit Car
se il estoit impotent de rendre lautre
ne reputeroit pas que il sup deust riē
donner Et pour ce se il est puissāt il
doit rendre & doit chascun au commēcement entendre et prendre garde de
qui il recoit courtoisie. Glo.
Assauoir moult se sen lui fait en
esperance de retribution ou sans telle
esperance Tex Et auecques
ce quelle chose il recoit Glo
Affin que il considere se il est ou
sera puissant de retribuer souffisamment Tex. Et affin que il
soustiengne et recoiue telle chose ou
que il la refuse Glo. Aucuns

font pēi question assauoir moult se
chascun qui a receu proffit de sō amy
est tenu a retribution Et briefmēt
cōme dit est en amitie pour proffit &
qui est morale cōe dit est nul ne doit
receuoir se il ne a propos de retribuer
& doncques se il recoit il est morale-
mēt & selon bonnes meurs obligie a
retribuer/mais il peust estre absolu
de ceste obligatiō en plusieurs cas si
comme se il est fait apres impotēt de
rendre & sāns sa coulpe Itē se le dōnāt
ne veult receuoir Itē si le donnāt
lui a fait apres iniure ou dommage
plus grant Itē se se receuant appercoit apres que il lui donnoit pour
maluaise fin il ne lui doit pas retribuer ne rendre cōme a ami mais lup
doit rendre en refusant son don & son
amitie Et par auēture en plusieurs
autres cas ou il conuiēt p sideter toutes les circonstāces & ouurer par prudence & selon raison Apres il propose vne question Tex Mais
icp a vne doubte assauoir moult se la
retributiō doit estre mesuree selon la
quātite du proffit de cellui qui recoit
& se elle doit estre faicte en regardāt
a ce ou en regardant au benefice ou
proffit quāt a cellui qui la fait & a sō
intētion Glose. Et est
aussi comme querir se la retribution
doit estre faicte selon lestimation du
receuant ou du donnant. Tex.
Et la cause de cest doubte ē
Car ceulx qui recoiuent telz proffitz
ilz dient & leur semble souuent que ce

sont petites choses quāt a ceulx qui leurs sont. Et que telz bienfacteurs peuent legierement receuoir d'autres aussi grans biens que plus grans. Et par ces deux manieres ou causes ilz deprisent ou sont petis les proffis par eulx receuz, mais au contraire il aduient souuent que ceulx qui ont fait proffit aux autres dient que ilz leur firent telz biens et que il leur secourirent en grans perilz et en grās necessitez et en telles choses. Glose.

Apres il met la response.

Tex. Nous dirons doncques que puis que l'amitie est pour utilite et proffit. Verite est que le proffit du receuant est la mesure de la retribution et la cause est, car celui qui recoit il a mestier de la chose, et scet quel proffit il en a. Et pource il lui souffit se il retribue equal. Glo. Ceste response a lieu et est vraie en amitie utile.

Car en telle amitie l'en ne doit pas moult peser la affection du donnant pour ce que il entent principalement a son proffit. Ité se receuāt scet mieulx quel proffit il prent en ce que il recoit que ne fait le donnant. Et selon tel proffit doit estre mesuree la retribution. Ité en marchandise cellui qui achete il achete la chose tant cōme elle luy est bien proffitable. Ité cellui qui donne mesure le don selon l'estimation de cellui qui le recoit. Ité se donāt ne baille pas la chose en maniere de prest, mais en pur don sans couenāt combien que il ait esperance de retribution. Et doncques l'auctorite de estimer ou mesurer la retribution demeure ou receuant. Et semble que le donnant la mette en sa volente.

Ité le donnant mesure son don, doncques le receuāt quant se redonne doit mesurer son don. Ité il ne soit pas au donnant repeter ne demander retribution doncques ne lui soit il pas la taxer et. Tex. Et dōcques doit il faire aussi grant aide a l'autre cōme l'autre lui fist. Glo.

Mais il ne cōuient pas que elle soit sēblable car se le poure a receu argent du riche il souffit se il lui recompēse en peine de corps ou en aucun seruice. Tex. Et luy doit rendre au tant cōe il a receu de, suiz plus car ce est le mieulx. Glo. Car celui des amis qui premier dōna il fist grace a l'autre auecques le don. Et doncques l'autre est tenu a lui aucunement en plus que n'est le don. Ité se il ne retribuoit plus il ne seroit pas liberal. Car le liberal superhabonde en donner sicōme il fut dit ou tiers chapitre du quart. Car par plus retribuer en telle amitie gardee et a cure mais toutesuoyes quant il n'a pas bōnement puissance de retribuer tant ou plus il doit supplier la deffaulte par regraciations ou par excusatiōs ou autrement. Texte. Mais en amitiez qui sont selon vertu il n'a nulles excusations. Glose.

Sicomme il est dit deuant en cest chapitre. Tex. Car selection et la voulenté de cellui qui fait bien a son ami est aussi comme mesure de la retribution pour ce que de vertu et de bonnes meurs le principal est en election. Glose. Sicomme il fut dit ou quint chapitre du tiers et doncques en telle braye amitié n'est pas retribution a faire selon la quantité du don mais l'en doit principalement regarder a l'affection et la voulenté du donnant sicomme nous avons en l'euangille de la poure femme qui donna deux petis deniers a l'œuure du temple.

Que accusations sont faictes en amitiez qui sont selon inequalité. xix. chapitre

S amitiez qui sont selon superexcellence et esquelles les amis ne sont pas equaulx illecques a difference et discord quant chascun des deux c'est assauoir et le grant et le petit se repute digne d'auoir plus grant bien que il n'a, car par ce quant ilz estiment ainsi est l'amitié dissolue et corrumpue. Glo. Du corrumpue. Apres il met sa raison qui meut a ce les grans. Tex. Car en amitié vertueuse cellui qui est le meilleur cuide et repute que il doit auoir plus de bien pour ce que au meilleur est deu plus de bien. Semblablement en amitié utile cellui qui est plus profitable cuide que il doit receuoir plus de proffit. Car il ne dit pas que cellui qui est inutile doie auoir equal a cellui qui est utile. Car se les proffis qui viennent d'amitié ne estoient distribuez selon la dignité des operations et des merites ce seroit faire comme ministration pour seruitute et non pas par amitié. Car l'en cuide et repute que aussi comme ceulx qui contribuent leurs peccunes pour mettre en marchandise et qui plus y met plus y prent que semblablement il doit estre en amitié.

Glo. Apres il met les raisons des petis. Tex. Mais les amis qui sont l'un indigent et plus poure que son ami et l'autre moins bon que le sien ilz arguent au contraire et dient que il appartient a ami qui est bon et excellent que il prouoye souffisamment a ses petis amis qui en ont mestier. Et dient ainsi quel proffit seroit ce estre ami a ung puissant et riche qui ne receueroit nul bien de luy.

Glo. Aussi comme se il voulsist dire ce ne vauldroit rien. Apres il determine la verité. Tex. Et semble que l'une et l'autre partie ait droit et se iustifie assez. Et que il conuient plus distribuer bailler ou donner et a l'un et a l'autre selon droit de amitié mais non pas en une mesme chose. Car a cellui qui est indigent ou souffreteux l'en lui doit donner plus de gaing ou de proffit. Car honneur est la retribution deue pour vertu ou pour benefice donner, mais gaing ou proffit est aide contre indigence ou besoing Glo. Apres il declaire son propos par exemple Tex

Et en telle maniere semble il estre fait es Tibanites cest adire es gubernatiõs des citez Car len ne honore pas cellui q̃ ne fait iamais bien a la cõmunite mais a cellui qui bien fait a la cõmunite len luy donne biẽ commun Car il nest pas conuenable que vne mesme persõne soit des biẽs cõmuns enrichis et honnore. Et de autre partie nul ne soustiendroit paciãment que len lui fist moins en toutes choses Et pour ce len baille et attribue les honneurs a cellui qui donne et expose de ses pecunes pour la cõmunite Glose. Car tel ne regarde pas au gaing mais est liberal et lui est deu honneur Texte.

Et a cellui qui est poure ou diminue en peccunes pour sa communite len lui fait dons Ytiles Glo.

Et aussi appert que a ceulx qui bien font pour la chose publique que se ilz sont riches len leur doit faire honneur et se ilz sont poures sẽ leur doit faire proffit Tex. Et sẽblablement amitie est sauuee et gardee comme dit est par ce que chascun fait a lautre selon ce que digne est destre fait Car adoncques est equalite. et en ceste maniere doit lẽ faire quãt les amis sont inequalz Cestassauoir que cellui qui a este plus proffitable en dõnant de ses peccunes ou en aucune autre chose vertueuse sẽ lui doit retribuer honneur et faire pour lui ce

que lẽ peult Car a iuste requiert restitution possible et non pas selon ce que il fust digne destre fait pour ce que ne pouroit estre en tous benefices sicomme il est des honneurs que nous deuons au dieux et a nos parens Car nul ne leur peult oncques retribuer chose condigne ou equiualente mais toutesuoyes cellui qui les sert et honneure selon sa puissance il est vertueux Glo. Apres il met vne conclusion qui sensuit Tex

Et pour ce semble il que il ne soist pas au filz abneer sõ pere mais il loist bien au pere abneer son filz

Glo Abneer cest aussi comme deneer ou refuser faire aide et aministration. Apres il preuue ceste conclusion Texte. Car cellui qui doit est tenu a rendre et se il ne peult faire chose condigne ou rẽdre equiualent selon ce que il a receu doncques il demeure tousiours debiteur Glose Or est il a supposer que le filz ne peult rendre au pere les biens que il lui a fais ne faire equiualent Car le pere lui a donne estre en substance et nourrissement et doctrine sicõme il fut dit ou v. de chapitre Et doncques il ne lui peult denoyer ayde Tex. Mais ceulx a qui len doit ilz ont puissance de delessier et quitter leur debteur. Et dõcques il loist au pere relẽquir son filz Glose Et doncques le pere peult deneer ayde a son filz car il nest pas a ce obligie Et ce doit estre entendu quant le filz est en aage et nourri et parcreu et quant il se peult aider de soy. Item sicomme il peult apparoir assez par le chapitre precedent aucune obligation est legal comme quant ung est tenu a lautre ou par la loy ou par lettres ou par conuenances et lautre est obligation moral tant seulement selon bonnes meurs. Et doncques a propos il peult estre que le pere nest pas oblige au filz ne le filz au pere par obligation legal et que le pere ne pourroit contraindre son filz par ses loys a lui faire aide mais quant est de lobligation moral le filz est tousiours oblige au pere et de commun cours comme dit est et non pas le pere au filz entent comme filz combien que il puisse estre autrement oblige. Apres il corrige ceste conclusion. Texte. Et auecques ce par auenture nul de deux ne se doit departir lun de lautre se ce nestoit pour superexcellence en malice. Car sans la mitie naturelle qui est entre eulx auecques ce est chose humainne que ilz ne deuoient pas ou reffussent lun a lautre aide et subside. Glose.

Sicomme le pere au filz se le filz nest maluais et le filz au pere se le pere nest tresmaluais. Car il semble que quant a ce il puiendroit plus grant malice au pere que au filz pour ce que le filz en nous oblige au pere que le pere nest au filz. Et doncques lobligation du filz au pere ne peult estre soulue ou deffiee par le bien fait du filz mais el

le peult bien estre par la malice du pere pour ce dit la sainte escripture. De patre impio queruntur filii.

Texte. Et se lun de eulx estoit mauuais lautre deueroit fuir ou differer a lui ministrer du sien.

Glose. Ou lui faire moins. Car par ce il lui aideroit quant aux meurs mesmement le pere au filz. Car par substraction de aide pecuniel il se chastieroit ou restraieroit ou feroit moins de mal. Texte. Car plusieurs sont qui veulent bien receuoir des biens de fortune et fuyent a bien faire aussi comme se cestoit chose inutile. Et en tant soit dit de ces choses.

Cy fine le huitiesme liure dethiques

p.iiii.

Cy commence le neufiesme liure
Dethiques ou il monstre pour quoy ₇
comēt amitie peut estre gardee. i.c

E̾n toutes amitiez de
personnes dissembla
bles ou non pareilles
faire a chascun retri
bution selon propor
tion est ce q̄ fait equa
lite Et par qnoy amitie e͂ sauuee en
la maniere que il fut dit deuant que
iustice est gardee en communication
politique quant ten fait ou courduc̄
nier retributiō p̄digne pour ses chau
semens ⁊ au d̾rappier pour ses draps
⁊ ainsi des autres Glo. Ce
fut dit ou pi. chapitre du quint.
Tex Mais en telles cō
cations est trouuee vne mesure com
mune Et en ceste mesure toutes tel
les choses sont rapportees ⁊ par elle
sont mesurees Glose. Cest p̄
mōnope si comme il fut dit en pi. cha
pitre du quint Et par ce il est certain
que sun doit a sautre tant pour tant
mais en amitie les bienffais ou ser
uices des amie ne peuent estre ainsi
mesurez ou apreciez Et pource est as
mitie aucune fois troublee si comme il
declaire apres Texte. Et en
amitie aucune fois samant accuse sa
mee pour ce que il aime plꝰ que il nest
ame ⁊ pensi aduenir que il na en soy
chose pour quoy il doye restre ame.
Glo. Et adoncques lacu
sation est iniuste, et aussy ceste accu
sation est quant a saffection de ami
tie Apres il met vne autre accu
sation quant a saffection de amitie,
Tex. Et moult de fois auient
que cellui qui est ame accuse samant
de ce que il sui promet plusieurs cho
ses ⁊ rien ne parfait et telles choses ad
uienēt quāt sun aime pour auoir de
sectation de son ami et sautre pour a
uoir proffit du sien Et quant lami
tie est pour ces choses ⁊ ilz ne ses treu
uent pas ou recoiuent tous deux a
doncques est samitie dissolue ⁊ rom
pue puis que les choses ne leur sont
faictes pour lesquelles ilz amoient.
Car ilz namoient pas sun sautre pri
cipalement mais ilz amoient les cho
ses q̄ leurs estoiēt bōnes ⁊ durent plꝰ
Et pour ce ses amitiez sōt telles que
ilz ne durēt plus mais amitie qui est
selon bōnes meurs est amitie selō soy
⁊ est p̄manente ⁊ durable si cōe il fut
dit deuant Glo Cestassauoir ou
quit cha. ⁊ en plusieurs autes chapi
tres du viii. liure Tex. Et quāt
il auiēt que a telz sōt faictes pseurs
amis autres choses que ilz ne appes
toiēt ⁊ esperoiēt adōcques ilz p̄tēdēt
auecques culx ⁊ e͂ samitie trōblee ⁊
quāt aucū tel ne a ce que il appetoit
ce st sēblable cōe se sō ami ne sui auoit
riē fait. Glo Apꝰ il met de ce vng ex
ēple. Tex. Si cōe vne fois il ad uint
dung chitareur de la harpe au quel
vng aut promist que tāt mieulx en
sōneroit ⁊ tāt plꝰ de biē sui feroit Et
quāt dit au mati que se iugleur reꝯ
troit ⁊ attēdoit ses promisses sautrui
respōdit et dist que il sui auoit rēdu

delectation pour delectation, car aussi cōe le iugleur lui auoit fait delectation par le son de son instrumēt, lautre parauenture auoit dāce ou chāte ou luy fait boire bon vin ou luy fait autre delectation ¶ Et donc se il estoit ainsi que chascū deulx voulsist telle chose, lors chascun a ce que il luy souffist, mais se lun vouloit delectation et lautre queroit et attendoit proffit et gaing, lun a ce que il vouloit et lautre non, adōcques nest pas la chose bien proporciōnee selon communication damitie, car en celle amitie chascun a son entente aux choses de quoy il a mestier et donne ou fait courtoisie pour sa grace et pour la fin dauoir telles choses ¶ Glo Apres il met les remedes contre les perturbations des amitiez dessusdictes.

¶ Tex. Mais vrāyer la dignite ou quātite de la retribution ou recompensacion appartiēt a cellui qui premier donne ou a cellui qui premier prent Et semble que cestuy qui donne octroye a lautre lauctorite de estimer iuger et tauxer la recompensacion Et dit len que pictagoras le philosophe vouloit que il fust ainsi fait Car quant il enseignoit ses disciples il leur cōmandoit ou monstroit que chascun le honnorast et luy fist dons et graces en telle quantite et maniere cōe il luy sēbleroit digne de estre fait selon ce que il auoit apris Et tant en receuoit pictagoras et ē telles choses il suffist a aucūs que il leur soit ainsi fait, car la recōpensacion est deue a sōme ¶ Glo Cest a la persōne q̄ a fait le don et nō pas a la chose dōnee.

¶ Apres il mōstre cōe amitie est perturbee par ceulx qui premier prenuēt ¶ Tex Et ceulx qui prenuēt arguēt ou autre chose auant que ilz sacent, et apres ilz ne font riēs des choses que ilz ont dictes et promises, il est biē conuenable que ilz soient mis en accusations pour la superhabōdāce de leur promesse, car ilz ne parfōt pas ce que ilz promettoiēt Et a ainsi faillir sōt aucunemēt cōtrais les sophistes. G.

Il entēt par sophistes ceulx q̄ veullent apparoir et faignent que ilz sceuent plusieurs grans choses et il nest pas ainsi, cōe sont diuineurs et ceulx qui se dient sauoir experimens et choses merueilleuses. Tex. Car pour tout quant que ilz sceuent qui les cōgnoistroit len ne leur dōneroit argēt et pource prennēt ilz le louier deuant et est chose bien cōuenable que ilz soient mis en accusatiōs par ceulx de q̄ ilz ont receu louier et puis ne ont riens fait ¶ Glo Ou ilz ne ont pas fait en la maniere que len cuidoit, et aduiēt souuēt que telz sophistes querēt euasiōs et font plusieurs deceptions. T. Et de ceulx qui dōnent nō pas pour promesse de retribution ou dautre ministratiō, mais dōnēt deuāt a leur ami pour lui mesme entre telz na nulle accusatiō. G. Au viii.c.du viii.li. T. Car amitie est selon vtu et est la retribution a faire au dōnāt

Car telle chose appartient a amitie et a vertu et ce doit estre garde quant a ceulx qui communiquent et enseignent philosophie. Car dignite et valeur de philosophie ne peult estre mesuree a peccunes pour ce que l'en n'en pourroit faire pris equivalent, mais par aventure a ceulx qui ont enseignee telle chose l'en leur doit rendre ce que suffist, sicomme l'en fait es dieux et a ses peres. G. C'est assavoir honneur et service, et aide selon la possibilite se ilz en ont mestier. Aps il moustre comme recompensation doibt estre faicte aux autres amitiez. T. Ex. Et se entre aucuns amis avoit donacion qui ne fust pas de telle maniere, mais fust principalement en entencion d'aucune chose recevoir, il convendroit par aventure que sa retribution fust faicte tellement que elle semblast a tous les deux estre faicte selon ce que est digne. Glo. Et ce seroit le mieulx pour amitie garder. T. Ex. Mais se il avient que il ne soit ainsi adonques celui qui premier prent doit ordener la qualite et la quantite de la retribution, et ce n'est pas seulement necessaire, mais c'est chose juste. Glo. Apres il prueve ce par plusieurs raisons. T. Ex. Premierement, car en telle quantite comme ung a eu d'ayde et de proffit ou de delectation de l'autre tant luy doibt il retribuer. Et celui qui a receu scet mieulx estimer la dignite et la valeur de telle chose que ne scet celui de qui il a receu. Item il semble que il soit fait en ceste maniere en vendre et acheter. G. Car

celui qui achete scet mieulx que la chose vault pour soy, et se le vendeur luy disoit sans faire pris, que il la paint pource que elle vault ce seroit plus juste chose que l'acheteur taxast le pris que le vendeur, et semblablement est il en donacions d'amis, et ses raisons sont touchees en la glose du p. viii. cha. du viii. livre. T. Item en aucuns lieux sont telles loyx que l'en ne fait nulle reducion ou retractement de convencions ou contracts volutaires. G. Pose que celui qui baille la chose se repute deceu. T. Ex. Car qui baille la chose a autre et se croit: il semble bien convenable que l'autre ait le jugement de la recompensation, car les loyx estiment ou supposent que celui a qui est octroie l'estimacion en doibt plus justement ordener que celui qui luy octroie. G. Car se le vendeur donne sa chose a l'acheteur pour certain pris volutairement et apres il se repute deceu les loix ne contraignent pas l'achetteur a plus paier ou a rachetter le marchie se il n'y avoit autre erreur, et pource selon la loy romaine de decepcion outre la moitie de juste pris le vendeur ne peult pas avoir telle action comme l'acheteur. T. Item mout de choses sont qui ne sont pas prisees equalement de ceulx qui les ont et de ceulx qui les veullent prendre et avoir, car communement aux gens leurs propres choses, et celles que ilz donnent leur semblent fort dignes. G. Et plus grant que ilz ne sont et doncques ilz ne les estiment pas justement. T. Ex.

Mais toutesuoies la retributiõ doibt estre faicte a tous cõme ses prenans ou retenans le ordõnent ⁊ par auenture il ne cõuient pas a priser la retribution en tant cõe il sẽble a cellup qui a receu la chose pour le temps que il a posside, mais en tant cõme il la prisoit auant que il feust. Glo.

Et la cause est, car les gens seulent plus priser les choses tẽporelles auant que ilz les aient que ilz ne sõt quant ilz les ont.

Aucunes questions cõment lẽ ẽ plus ou moins tenu a diuerses personnes. ii. chapitre.

Elles choses cõe nous dirõs ont en soy doute ⁊ fait lẽ de ce questions, sicõme assauoir se len doibt a son pere attribuer tous benefices et obeir a lui en toutes choses, ou le filz quant il est malade deueroit plus obeir au medeci Et se il estoit hõe darmes se il deueroit plus obeir a lordonnance du capitaine de lost que a son pere. Item est question se len doit ministrer benefice plus a son amy que a vng autre q̃ est bon et vertueux. Itẽ assauoir moult se len doibt plus rendre grace ⁊ retributiõ a son bienfacteur ou donner a son amy au cas que lẽ ne pourroit faire a tous les deux, car il est possible que vng estrange face bien a aucun qui nest pas proprement ami, ⁊ ainsi sont proposees iiii. questiõs. Tex̃. Et determiner toutes telles choses certainemẽt nest pas legiere chose a faire, car ilz ont moult de differences, ⁊ en toutes manieres cõe en grandeur ⁊ en petitesse. Glo. Sicõe le benefice peut estre grant ou petit ⁊ vng amp peut estre bon ou meilleur ⁊ ainsy en variations de moult de manieres. Tex̃. Et en estre honneste ⁊ en estre necessaire plus ou moins. Et nest pas doubte que en toutes telles besoignes lẽ ne doit pas rendre ou faire toutes choses a vne mesme personne. G. Mais vne chose a vng et autre a autre, sicõe il sera dit au cha. precedẽt, ⁊ sicõe lẽ doibt bailler ou dõner aux poures psõnes ⁊ au riche hõneur. ⁊c. Apres il determine la tierce question. T. Au bienfacteur cõmunemẽt les benefices sont a rẽdre ⁊ est lẽ tenu a ce plus que a dõner a ses amis tout ainsy que lẽ est tenu a rẽdre ce que lẽ a receu en prest plus que a dõner a sõ ami. G. Car tout ainsy cõe lẽ est tenu a rẽdre le prest selon iustice legal, aussi est lẽ tenu a rendre a sõ bienfacteur selõ honnestete moral. Apres il met aucunes exceptiõs en exposãt vng cas doubteux. T. Mais par auenture ce nest pas tousiours a garder ne en tous cas, sicõe se aucũs auoiẽt este deliurez des larrõns ⁊ de peril de mort par vng autre quelconque. Et cestui qui ainsi fut deliure fust oblige en certaine sõe a vng autre assauoir moult se p̃ ceste sõe il deueroit deliurer cellui q̃ le deliura autrefois ou se il deueroit deliurer son crediteur qui lẽ requiert ou se il debueroit ses ſoutir a ſon pere/ɚ le deliurer des mains des larrons ſe il y eſtoit/car il ſembleroit que il fuſt plus tenu a ſon pere que a ſoy meſme. Gloſe Pource que le pere eſt aucunement meilleur au filz que le filz neſt a ſoy meſmes, car le filz a ſon eſtre et ſa ſubſtāce du pere ɚ nō pas de ſoy meſme, mais le filz a vne cauſe plus forte de eſtre plˢ tenu a ſoy et donner a ſoy plus que a ſon pere pource que il eſt vng ɚ plus conioinct a ſoy meſmes que a ſon pere ɚ enclin naturelemēt a plus ſoy aimer, car chaſcun ayme plus ſoy que vng aultre, ſicōe il ſera dit apres au quīt chapitre, ɚ pour ce ne dit pas ariſtote affermeement par maniere de concluſiō que il doie plus deliurer ſō pere que ſoy, mais il dit par maniere dargument ou en eſpeces de parler et dit que il le ſēble ceſta dire qui regarderoit ſeulement a ſa raiſon deuant dicte,/ɚ par ce il donne a entendre la reſponce du cas deſſuſdit ceſt aſſauoir que tel hōme eſt plus tenu a deliurer ſon pere que a deliurer celluy ɋ autreſoys deliura Et ſēblablemēt il ē plˢ tenu a deliurer celluy qui autrefoys le deliura que a celluy a qui il doit la ſōme, ſicōe peult aſſez apparoir par la correctiō ou raiſō que il met apres

Bien eſt verite que aucuns docteurs tiēnent que il eſt plus tenu a celui qui le deliura ou racheta de mort que a ſō pere, mais nature enclie au contraire ɚ les beneficez que ſen a du pere, ɚ ſēble que ce ſoit ordenāce diuine ɚ ces choſes poiſent plus que toutes les raiſons que telz docteurs mettent au cōtraire ꝶ Et donc la concluſiō vniuerſelemēt miſe ɚ ditte, ceſt aſſauoir que la choſe deuue doibt eſtre rendue eſt a moderer, car ſe la pure donaciō ſupercedoit en bien de vertu

Gloſe Sicōe pour ſupplier lindigēce dun ami ou dun autre grādement vertueux. ꝶ Ou en neceſſite Gloſe Sicōe pour deliurer ſō pere ou autre qui auroit deliure le donāt de peril de mort. ꝶ Len y deueroit decliner Gloſe Len peult en ceſte matiere cōſiderer pluſieurs choſes cōe ſont a les nōmer propremēt. Premierement ſatiſfaciō qui eſt de iniure en corps ou en renōmee. Itē reſtitutiō de choſe dautrui iuſtemēt cōtre tenue. Itē reddiciō eſt cōe depoſt ou de choſe ſēblable. Itē ſoluciō de debte. Itē retribuciō de bien fait ou de benefice. Itē donaciō ou courtoiſie de grace ou p amitie. Itē ſubuēciō laquelle eſt donatiō en cas de neceſſite Apres ie di que les ſix p̄mieres choſes me ſēblent eſtre de telle maniere que ſatiſfaciō eſt remede cōtre iniuſtice en perſōne, reſtitutiō cōtre iuſtice en biens reddiciōs en faiſāt iuſtice des biēs dautruy ſoluciō ē faiſāt iuſtice de ſes biēs donaciō ē faiſāt de ſes biēs liberalite ɚ p ce ſēbleroit que par ordre ſatiſfaciō eſt plˢ neceſſaire ou eſt a faire deuāt reſtitutiō ɚ reſtitutiō deuāt reddiciō mais ce eſt a ētēdre ſe les autres choſes ſont pareilles, car pluſieurs ɚ infini es variacions sont possibles Et peut estre que aucunefois donacion doibt estre faicte deuant retribution et deuant solucion, et ainsi des aultres choses dessusdictes selon ce que il appert par le texte. Apres ie dy que subuencion quant au pere en necessite souueraine precede tout et est affaire deuant toutes les autres choses et excuse de iniustice quant est a satiffacion et restitution et telles choses et de ingratitude quant a retribucion, et de illiberalite quant a donacion, mais la necessite ou opportunite de faire subuencion au pere, peut estre tresgrande ou mendre et variee en moult de manieres. Item subuencion peut estre variee de la partie des personnes, si come a son pere ou a son filz ou a son frere ou a son amy ou a ung poure, et ainsi en moult de manieres Et selon ce peult estre que subuencion nest pas a faire deuant donacion ou solucion, et ainsi des autres, et pource que les variations et les circonstances particulieres sont infinies oultre ce que dit est le demourant chiet en la discretion et prudence du vertueux. Apres il met ung aultre exception Tex.

Item aucunefois peult auenir que len ne doit pas retribuer equal au benefice deuant fait, si come quant aucun fait courtoisie liberalement a ung autre lequel il scet et congnoist estre bon et vertueux Et doncques se le vertueux cuide que lautre soit maluais et indigne il nest pas tenu a luy faire retribucion. Glo. Verite est que se aucun est tenu a aultre par obligacion legal il est tenu a rendre selon iustice nonobstant que lautre soit fait maluais pourtant que il ait vsage de raison, mais se il estoit tenu a luy par honnestete moral, et il apperoiue que il soit fait maluais, il nest plus tenu a luy faire retribucion, mais il est tenu a non faire au cas quil verroit que lautre en vseroit en mal. Apres il met la tierce instance ou exception. Tex.

Item aucunefois auient que cellui qui a preste il nest pas couenable que len luy preste autrefois, car peut estre que il presta a ung bon homme seulement pour lesperance que il auoit de gaigner en faisant tel prest, et le bon homme na iamais esperance de gaigner riens du maluais Et donc ce la verite est telle que lautre soit maluais il nest pas equalement ou aussi digne que len luy preste comme estoit le vertueux digne que len luy prestast. Et se en verite il nest pas maluais, mais toutesuoies le vertueux cuide que il soit maluais, neantmoins il ne semble pas que le vertueux face aucun incouenient se il ne luy represte. G.

Car puis que il luy a redu ce que il luy auoit preste il nest plus oblige a luy selon iustice legal, et il est excuse de lobligation moral au cas que il cuide de vray que lautre soit maluais.

Apres il met ung corolaire. Tex. Et p ces choses dessusdictes appert ce que a este dit plusieurs fois Glo

Sicomme au secõd chapitre du premier & plus aplain au second chapitre du second Tex. Lestaſ sauoir que les raisons qui sont Vers les passions et Vers les actions humaines ne peuent pas estre determinees semblablement par tout, sicomme ne peuent les choses Vers lesquelles sont telles passions et actions humaines. Glo. Car pour les circonstances particulieres qui sont innombrables, il cõuient que plusieurs telles choses demeurent au iugemẽt de discretion & de prudence humaine.

Comment len doibt rendre differentes choses a diuerses personnes iii.chapitre

Ce n'est pas chose non manifeste ou obscure que lẽ ne doit pas rẽdre ou faire a toꝰ vnes mesmes choses et non pas a son pere mesmemẽt aussy comme a ioues ou iupiter lẽ ne luy fait pas tous sacrifices Glo. Au temps ancien ilz aďoroient plusieurs dieux et plusieurs deesses et faisoient a chascun certains sacrifices et differens aussy cõme maintenant a diuerses festes lẽ fait differens seruices ou offices diuines Et semblablement les honneurs & obediences et aultres choses deues a personnes differentes different Et par ce il entẽt icy a respondre a sa premiere question du chapitre precedent, et aussy a la seconde par consequẽt. T. Car lẽ doit autre chose attribuer a ses parens et autres choses a ses amis et autres a ses biẽfacteurs Et a chascun les choses qui luy sont propres et conuenables lẽ luy doibt attribuer, & sẽble que en ceste maniere les gens le seulent faire, sicõme il appert es nopces ou ilz appellent leurs cousins & ceulx de leur parente & qui sont dun lignage & ont les gens estimacion que aux traictez des mariages se doiuent pource assembler ceulx qui sont dun lignage. G. Apres il declaire cõme choses differentes sont attribuees a diuerses gens Tex

Et sẽble que il conuiengne mesmement faire a ses parens suffisance quant est de nourissement & ce doiuent faire les filz a leurs parẽs aussy cõme a ceulx qui leur sont cause de estre & de leur substance Et sont mieulx tenus a ministrer telle suffisance a leurs parens que a eulx mesmes Glo. Je n'entens pas que le filz soit plus tenu au pere que a soy mesme simplement, & ce fut dit en la glose du chapitre precedent ne en cas de necessite extreme ou souueraine, mais pource que de commun cours le filz en bon aage est plus fort que le pere, & pourroit mieulx endurer faim ou soif pource en indigence qui n'est pas souueraine le filz deueroit plus tost ministrer a sõ pere viandes delicatiues a suffisãce que ilz ne les deueroit retenir pour soy Tex Et auec ce lẽ doit honneur a ses parẽs cõme lẽ le doit es dieux, mais tout hõneur ne leur ẽ pas deu, car aussi ne doit lẽ pas faire vng mesme honneur au pere et a la mere ne au pere ne doibt len pas l'onneur que len doibt a vng sage comme a son docteur ou maistre ou tel comme len doit au capitaine ou gouuerneur dun host. Mais len doit au pere honeur paternel et a la mere honeur maternel et ainsy des autres

Glo. Et pource que au chapitre precedent fut faicte question de obeissance a pere ou au medecin ou au maistre dun ost Et aussy pource que obeir est faire honneur Aucuns font icy questions de telles choses, mais par ce que dit est et par raison il peut assez apparoir que se filz tant comme il est auecques se pere doit obeir a luy plus quant aux choses domesticques ou dostel, et doibt plus obeir au medecin aux choses qui regardent la sante de son corps et au prince ou au capitaine de lost quant aux choses qui regardent le bien publique, mais se il auenoit que ses commandemens fussent incompatibles et que len ne peust acomplir fors vng tant seulement, adoncques pource que se bien public que est meilleur que se bien familier ou que se bien priue et propre len deueroit plus obeir au commandement du prince, sicomme se prince commandoit que se filz se armast pour la defence de sa cite, et se pere luy commandoit que il allast vendre ou semer du ble. Tex. Mais auecques ce a tout viel home ou ancien len luy doit faire reuerence selon ce que il apparti-

ent a son aage, sicomme en soy leuer ou encliner contre eulx ou en telles choses.

Item a ses amis et a ses freres len leur doibt confiance et communication de tous ses biens Item a ses cousins et a ceulx qui sont de son lignage et a ceulx qui sont de sa cite et a tous aultres len doibt tousiours tempter et faire diligence de attribuer et faire a chascun les choses qui luy doiuent estre faictes et attribuees selon sa propriete ou selon sa vertu ou selon vsage. Glo. Selon propriete, sicomme se il est frere ou cousin ou voisin ou viel ou ieune selon sa vertu ou il est bon ou tresbon ou puissant et selon lusage du pais, car en aucuns lieux vne chose est honeur ou signe de honneur et en aultre non, sicomme descouurir sa teste ou baiser ou telle chose Et pource se vng home destrange terre ne sait pas les honneurs et reuerences en la maniere de ce pais se fe ne la pource en vertision cest simplesse et ignorance. Et ce que dit est que len doibt faire a chascun les choses qui lui doiuent estre faictes, il est a entendre tant de honneur come de obeissance come de aide ou de subuencion Tex. Et quant est a ceulx qui sont dun genre et dune maniere le iugement est legier assauoir que se est plus tenu a cellup qui est se plus prochain et de ceulx qui sont vertueux se scet bien que se est plus tenu au meilleur. et se les autres choses sont pareilles. Tex. Mais quant est a ceulx q sont de genres differens il est plus fort a iuger.

Feuillet.

Glo. Sicomme se vng ami pour pour signage et lautre pour vtu ou sa valeur Tex. Et toutesuoyes len ne se doit pas pource departir de la rigle dessusdicte ne la delesser, mais se doit len determiner a faire en telles choses le mieulx quelen peut Glo. Quant a ce que aristote dit le iugement nest pas fort a faire entre ceulx qui sont dune maniere come dun signage combien que ce soit verite quaut au plus toutesuopes du pere et du filz est grat doute Et de ceste matiere parlent plusieurs docteurs sans descendre a la question qui sensuit, la ou gist la grãt difficulte Et la questiõ est telle pose que vng homme ait son pere et son filz prins en la main de leurs aduersaires dont le pere et le filz sont bonnes gens lesquelz octroient et cest hõme que il luy rendroient pour certaines choses seulement ou son pere ou son filz lun des deux et sãs tre tantost, il mettroit a mert assauoir moult lequel il doibt eslire Et briefment sauf meilleur iugement il me semble a present que il deuroit eslire & deliurer son pere plus tost que son filz & la raison est car il est plus tenu et oblige au pere que au filz, sicõme il peut apparoir p̃ ce que fut dit au p̃ v. chapitre du p̃ viii. Et pour ce que len ne peut retribuer a ses parens choses condignes ne equiualentes, sicomme il fut dit au dernier chapitre du viii. mais au contraire sem

ble estre vne forte raison, car chascũ est tenu plus secourir et aider a cestui que il aime plus Et naturelement vng homme aime plus son filz que son pere, car aristote preuue au p̃ vi. chapitre du viii. que ses parens aiment plus leurs filz que les filz ne aiment leurs parens Et se aucun disoit que cõmunement vng hõme aime plus son filz que sõ pere, dõcques est ce comme droit naturel et nest pas possible que raison naturelle die le cõtraire car nul ne diroit que bõne nature encline a vne chose et raison au contraire Doncques ie respons a la question dessus mise et di que il ne est a estroier que chascun soit plus obluge a cessuy que il doibt le plus aimer, et pource en nostre cas ie octroye que cest homme est plus tenu et plus oblige a son pere Et auecques ce octroye que il doibt plus aimer son filz.

Et pour mieulx declairer le propose ie argue au contraire, car amitie est bien vouloir et bien ouurer pour son amy, sicomme il sera dit au quint chapitre et en ce est leffect & se fait damitie, car cõme dit saint gregoire mõstret operaciõ est damour probaciõ

Je respons et di que sicomme il appert par le tiers chapitre du viii. amitie est mesmement et principalement en begniuolence et en affection laquelle affectiõ doit estre mise ẽ fait et en effect quãt il conuient selon raison, mais len peult estre plus fort obluge a cessuy que len aime moies que a cellui que len aime plus sicomme il appert clerement par ce que sera dit ou ix. chapitre Cest assauoir que le bienfacteur aime plus le benifice que le beneficie ne fait le bienfaicteur Et toutesuoyes il est certaine chose que il est plus tenu ⁊ plus obligie a son bienfacteur Et doncques a propos ie conclus ⁊ di que ou cas dessus mis cest homme est plus tenu a deliurer son pere comme son bien facteur non obstant que il doit plus amer son filz Et semble que lobligatiõ que cest homme a vers son pere est aussi comme legal ⁊ de iustice ou prochainne Et lobligatiõ que il a vers son filz est aussi comme moral ⁊ de amitie Et verite est que est a preferer ⁊ estraint plus que amitie

Apres ce disoit aristote que forte chose est a iugier des amis qui sõt de diuerses manieres iouxte ce sont les docteurs comparaison de amitie de linage ⁊ de amitie de vertu Et sõt question assauoir lequel len doit plus tost aider ⁊ secourir ou a sõ ami pour linage ou a son ami pour vertu qui nest pas de son linage Et pour la responce briefue ie suppose ⁊ est tout cler que prochainnete de linage est ou plus ou moins Et vertu est grande ou est petite en benefice ou bienfait grant ou petit ⁊ peult bien estre en telles variacions ⁊ plusieurs manieres ⁊ selon ce sont variees ⁊ differentes les amitiez Ité ie suppose que amitie de linage est aussi comme naturelle ⁊ amitie vertueuse est acquise. Et doncques sauue sa reuerence daucuns docteurs, ⁊ sauf meilleur iugement ie di premierement que len deueroit plus tost aider a son ami de linage ⁊ est amitie de linage a preferer tant pour tant deuant amitie vertueuse cestassauoir tresgrande contre la tresgrande ⁊ la petite contre la petite premierement car se vng homme auoit son pere ⁊ son amy tres vertueulx en la main des aduersaires il semble par les raisons de la question deuant mise que il deueroit deliurer sõ pere deuant tout homme Et tousiours ie suppose que se pe ne fut pas mauuais. Ité cõbien que amitie vtueuse soit plus permanente que nest amitie vtile ou delectable sicomme il fut dit ou quint chapitre du viii. toutesuoyes est amitie de linage plus permanente ⁊ plus ferme car elle est naturelle ⁊ amitie de vertu ou vertueuse est acquise cõe dit est ⁊ auecques ce vng home peult perdre sa vertu cõbien que ce soit fort sicõe il appert ou p̃ vi. chapitre du premier dautre partie telle amitie passe ou cesse par promotion a tresexcellent estat sicõme il fut dit au p. chapitre du viii. mais le linage demeure tousiours Secondement di que ceste conclusion est a entendre sauue iustice distributiue ⁊ de aide ou subuention qui est a faire de ses biens propres Car se vng prelat ou prince attribue a soy ou distribue a autres des biens ⁊ honneurs cõmuns autrement que selon la pro portion de la dignite & souffisãce des personnes soit pour linage ou pour amitie ou pour autre faueur il fait mal & iniustice sicõe il fut dit ou vj.cha. du quint et declaire en glose. Tiercement ie di que en ceste matiere len doit penser & peser la prochainete du linage dune part & la vertu ou valeur de la personne & les bienfais ou benefices que len a receuz de luy Et dautre partie len doit mettre la vertu & les bienffais & aucune fois les trois ensemble sont si petites que les autres deux ont vne seule sont plus a peser & aucune fois est au cõtraire. Et selon ce aucune fois len est plus tenu a son ami qui nest pas de linage & autrefois non. Quartement ie di que iouste le dit de aristote que souuent ne peuẽt estre proprement apareees ne mesurees lune a lautre Et dautre partie la quantite de la vertu dun homme est forte a estimer iustement mais neantmoins en cas doubteux len se dit determiner cõme dit aristote Et sa cause est car qui ne peult aider au ij. il fault mieulx aider a vng que tout lessier pour telle prolixite ou doubte.

Comment amitiez sont dissolues & defaictes   iiii.chapitre

D ne doubte est quant est de gens qui ne demeurent pas en la condicion selon la quel se ilz estoient fais amis assauoir moult se par ce les amitiez que len auoit a telz gens sont dissolues & rompues

Et la responce est quant est de ceulx aux quelz len a amitie pour prouffit ou pour delectatiõ que ce nest pas in cõueniẽt ou merueille se telle amitie est dissolue et se depart quãt telz gens ne font plus prouffit ou delectation Car ceulx qui les auoient estoiẽt principalement amis des choses deuant dictes Et pource quãt telles choses deffaillent et cessent pour lesquelles ilz estoient amis il sensuit par raison que ilz ne aiment plus les personnes

Glo. Il fut dit presque semblablemẽt ou quart chapitre du viii

Tex. Et quant il auient que vng faint amer lautre par bonnes meurs & pour vertu Et lautre apparcoit que il amoit pour prouffit ou pour delectaciõ adoncques il accuse Car amitiez sõt de plusieurs differences sicomme nous auons dit deuant Glose. Du quart chapitre du viii & en plusieurs autres Tex

Et se ilz sont amis non pas semblablement en vne espece damitie et ilz cuident estre amis semblablement adoncques se aucun de deux est deceu pour ce que il cuide estre ame de telle amour et nõ est Et se lautre nest en riens cause de ceste deception lors cestui doit causer & accuser soy mesme mais se il est ainsi deceu par la simulation & par fiction de lautre adoncques est ce chose iuste que il accuse a cellui qui la deceu Et est moult plus a accuser que ne sont ceulx qui corrumpent ou faulsẽt la mõnoye Car de tãt cõ telle malignite est vers choses plus honorables que nest monnoye. cestassauoir vers vertu et de tant est lo peration plus maluaise ❡Glo. Car le premier fait decepcion en monnoye et lautre la fait en vertu en tant c̄ me il fait que il aime pour vertu et il aime pour prosfit et pour couuoitise

Apres il declaire son principal propos ❡Tex. Et se aucun accepte vng aultre pour ami comme bon et vertueux/et apres il soit fait maluais et apparoisse estre tel a celui sauoir accepte pour ami, assauoir moult se il doit plus amer ❡Et la response que non/et que ce nest pas possible selon raison, premierement car il nest pas vray que toute chose soit amiable ou a amer/mais tant seule ment bien ❡Item il ne conuient pas amer vng maluais car len ne doit pas estre semblable aux maluais

❡Et vng semblable est ami a son semblable sicōme il fut dit deuant ❡Glo. Du second et au septe chapitre du viii. Car len ne pourroit longuement conuerser auecques vng maluais sans auoir a lui aucune conuenance ou similitude en malice ❡Apres il monstre comme len doit deffaire telle amitie. ❡Tex.

❡Et doncques assauoir moult se telle amitie doit estre tantost dissolue et cesser, la response est que non pas a tous ou quant a tous mais seulement quant a ceulx qui sont incurables et corrigibles pour leur maluaistie Car quant a ceulx qui peuent estre adrecez et reduis a vertu len leur doit plus aider a recouurer bonnes meurs que a recouurer leur substentation ou leurs biens de tant comme vertu est plus propre a amitie que ne sont peccunes ❡Glose. Apres il traicte vne autre question en ceste matiere

❡Et se vng des deus amis demeure en son estat premier sans prof fit et lautre prosfite et soit fait grande ment vertueux en tant que il differe moult en vertu et passe grandement lautre assauoir moult se cestui qui est moult vertueux vsera encor de lau tre cōme de son amy La respōce est que il ne amet pas que tel vse de lau tre/ou se porte de lui cōme ami vers aultre et est manifeste et cler mesme ment de ceulx qui sont en grant distā ce quant a ce sicōme il est es amitiez qui cōmēcent des enfance Car se lun demeure tousiours enffant en pē see et en meurs et lautre soit fait tres bon et tres vertueux ilz ne seroint plus amis ne vnes choses ne leur plairoit pas ne ilz ne se delicteroient ou triste roint pas en vnes mesmes choses ne eulx ne pourroiēt auoir ensemble de lectatiōs ou tristeces en vnes choses

❡Et sans ce lē ne peust estre amis et de ce fut il dit deuant ❡Glo. Du .v. chapitre du .viii. Apres il fait vne autre question en ceste ma tiere ❡Tex. Mais quant lamitie est dissolue et cessee vers aucū assauoir moult se lēn se doit auoir ↄ

p.ii.

contenir vers luy en tres plus familierement que il neust oncques esté amis La responce est que il couient auoir memoire de lacoustumace passee Et en la maniere que nous cuidons que il couiengne donner ou faire plus a ses amis que es estranges aussi couient il aucune chose attribuer et faire a ceulx q̄ ōt esté amis pour cause de lamitie deuant faicte Toutesuoyes se ainsi ne estoit que lamitie fust dissolue et departie pour cause de superhabondance de malice Glo.

Car adoncques lē ne deueroit faire pour vng tel pl⁹ que pour vng estrāge qui oncques nauroit esté ami Seneque dit que quant len veult amitie deffaire len doit deposer et oster petit a petit et tout souef aussi cōme lē doit mettre ius vng verre ou vng pot de terre non pas soudainement mais paisiblement

Comment les bons sont les euures damitie a eux mesmes et a autres. D. chapitre.

Es choses amiables ou que lē fait a ses amis et p̄ lesquelles il semble que ses amitiez soient determinees viēnent des choses amiables que len fait a soy mesmes Glo

Cest la principale cōclusion de cest chapitre. Apres il met quatre euures ou choses amiables qui sont en amitie Et sont beneficence begniuolence conuiure et concorde Tex.

Et les sages dient et supposent celluy estre ami qui veult a son amy bōnes choses ou qui apparoissēt estre bonnes et qui les euure ou fait Et ce veult et fait par la grace de son amy Glo. Toutes ces choses y sont requises Car se vng vouloit bien a lautre et se il ne lui feist quant il lui appartient il ne seroit pas son amy. Item se il luy fait contre sa voulente il ne seroit pas ami Itē se il lui faisoit biē non pas pour lui mais pour soy mesme et pour son propre proffit il ne seroit pas vray amy. Et ce est quant a beneficence Apres il met begniuolence Tex Du qui veult sō ami estre et viure et ce veult pour la grace de lui et telle affection ont les meres a leurs enfās et les gēs a leurs amis ou temps que ilz ne ōt a eulx aucune offence. Glo.

Len delesse bien aucune fois couerser auecques sō ami pour aucūs coutoup mais toutesuoies pour tel tēps len veult que il viue et que il ait biē et ce est begniuolence Apres il met la iii. chose ce est conuiure. Tex.

Et les autres dient cellui estre ami auecques lequel lē couit et conuerse Glo Apres il met la quarte chose cest assauoir concorde Tex Et dient que cellui est ami q̄ eslit vnes mesmes choses que son amy eslit Et qui se esiouist et deleste et a passiō et tristece en vnes choses cōe fait son ami Et telles choses ōt mesmement les meres ou regart des enfās Et ainsi ē amitie determinee selō aucune de ses choses Et ainsi a declaire .iiii. euures damitie Apres il monstre cõe chascun bon homme a telles choses au regart de soy mesme

Tex. Et toutes telles choses le vertueux a quant a soy mesme / les autres qui ne sont pas vertueux les ont aussi entant comme ilz cui/dent estre vertueux Car vertu & hõme vertueux cest la mesure de chascũ bien humain si cõe il est dit deuant

Glo. Du v. chapitre du tiers liure a la cause est car vertu est la perfectiõ & le souuerain biẽ de hõme Et pource les autres biens humais sõt mesurez ou regart de vertu selon ce que ilz en sõt plº pres ou plus loing.

Apres il declaire pticulieremẽt cõe le vertueux a les quatre choses deuãt dictes & touche pmieremẽt de pcorde

Tex. Et cestui qui est vertueux se cõsent & sa corde a soy mesme & appete ou desire vnesmesmes choses selon chascune partie de son ame Glo. Car au vertueux lappetit sensitif est obeissãt a lappetit intellectif & p luy est regule & demene Apres il declaire de beneficence Tex. Et veult & euure le vertueux a soy mesmes choses bõnes & q apparoissẽt bõnes Car il appartiẽt a cestui q est bõ labourier & faire bien Et ce fait il pour la grace de soy mesme car il fait pour la grace de la partie itellectiue Glo. Et la pfectiõ de vie humaine & la felicite ẽ en telle ptie cõe il fut dit en sa fin du pmier liure et sera dit plº a plain au v. Tex. Et il sẽble que chas

cũ hõme ait sõ entẽdemẽt a son ame intellectiue Glo. vng hõme nest pas psemẽt ame intellectiue mais il est ame & corps & aucũemẽt il e plº sõ ame itellectiue que autre ptie pour ce que ẽ la ptie plus pcipale dautre ptie il me semble sauf meilleur iugemẽt que quãt lame ẽ separee du corps la psone q estoit deuãt ame & corps & estoit hõme elle nest plus ame & corps ne hõme mais elle est ame & nõ corps Et apres la resurrexiõ ceste psone q fut hõme & ame resera hõme. Apres il declaire de begniuolẽce p iiii. raisõs

Tex. Et veult le vertueux viure & sa vie estre sauuee & gardee & mesmemẽt quãt a la ptie de lui en laquelle est sens ou sagesse Car estre et viure selõ celle ptie cest le biẽ du vertueux & chascũ veult biẽ a soy mesmes Glo. Et dõcques le vertueux veult viure cest adire faire euures de vie pfaicte & telle ẽ selõ vertu

Tex. Ité se il pouoit estre & fut ainsi que il fust mue & fait autre substãce ou autre chose il ne esliroit pas que celle chose laquelle il seroit fait eust tous biens Glo. Il me semble quil veult dire que qui metteroit au vertueux en opinion ou election ou que il demourast homme ou que il fust mue en vne chose meilleur iouxte ce que les fables des mutations diẽt il esliroit viure & durer tel. Car se il estoit ainsi mue ce ne seroit il plus & par ce appert que il veult sa vie estre gardee Tex. Ité dieu a

p. iii.

maintenāt de pſēt biē pfait ⁊ ce que il a ou que il eſt aucūefois il la ⁊ leſt touſiours Glo. Car il eſt immuable ⁊ doncques il Veult perfaictemēt ſoy eſtre Viure ⁊ durer ſans mutaciō
Tex. Et il ſēble que chaſcū hōme ſoit ſon entēdemēt ou ſimplemēt ou meſmement plus que autre partie Glo Sicōme il a eſte dit tātoſt deuant Et pource que quant a la partie intellectiue Vng eſt plus ſēblable a dieu que a autre pour ce que le Vertueux Veult Viure ſelon ceſte ptie⁊ par laquelle il eſt hōme Et dōques celui qui Veult Viure ſelon ſa petit ſenſitif il ne eſliſt pas Viure ſelō hōme ne a la ſimilitude de dieu.
Apres il declaire ſon propos de cōuiure. Tex. Et tel Vertueulx Veult cōuiure auecques ſoy meſmes. Glo En tel tournāt a ſon cueur a ſes cōdicions⁊ a ſon courage
Tex Et ce fait il delectablemēt Car les memoires des œuures que il a faictes lui ſont delectables. Itē les eſperāces des biens auenir qu'il fera et il aura lui ſont delectables et de preſent il a en ſa pēſee ſpeculaciōs dignes et nobles Glo. Et pour ce tant de preterit que de futur il a en ſon cueur pēſees delectables ⁊ par ce quant il eſt ſeul il cōuit auecques ſoy meſmes delectablemēt Et a ceſt propos raconte ſeneque d'un philoſophe qui diſoit ainſi Nūq̄ minus ſolus ſum q̄ quando ſolus ſum)⁊c. Je ne ſuis ja mais dit il moins ſeul que quant ie

ſuis ſeul car adōcques ie ſuis a ppaignie d'une grāt turbe de bōnes cogitacions ⁊ de nobles penſees Apres il declaire ſon propos de cōcorde Tex
Jtem il a cōpaſſion meſmemēt de ſoy meſme. Glo. Il a cōpaſſion ⁊ triſtece de ſoy meſme quant il a empechement d'aucune bonne operatiō que il entēdoit a faire Tex Et ſe cōdoſente meſmemēt a ſoy meſme Car a toutes ſes parties d'ame qui ſont en lui Vne meſme choſe eſt triſte ⁊ Vne meſme choſe eſt delectable Et n'eſt pas Vne choſe delectable a Vne partie ⁊ autre choſe a l'autre Gloſe , Car au Vertueux ſa partie ſenſitiue eſt en accort auecques la ptie intellectiue ⁊ eſt ſubgette ⁊ obeiſſant a elle ſans forte reſiſtance Tex Et pource il ne fait choſe de quoy il ſe repente Glo Car concupiſcēce ou ire ne ſe fait pas ouuert cōtre raiſon ⁊ par ce appert que il a pcorde a ſoy meſme ſans cōtrariete Car celui qui ſe repent a Voulente cōtraire a ce que il fait Tex Et dōcques appert que le Vertueux a toutes ſes choſes ou regart de ſoy meſme Glo Car il a en ſoy beniſicēce en ce que il a fait bien a ſoy Jtem beniuolence en ce que il Veult durer et bien Viure   Jtem conuit ou cōuiure en ce que il ſe delitte en ſoy Jtē pcorde cōe dit eſt Aps il mōſtre cōe il a telz choſes ou regart de ſō amy. T
Et a ſon ami l'ē ſe doit auoir comme a ſoy meſmes.

Glo. Et est a entendre quát a quatre choses dessusdictes. Car le doit a son amy faire bien et vouloir que il vive bien et conuiure et auoir concorde auecques luy, mais neant moins en toutes telles choses chascű a plus grant affection a soy que a son amy et luy fait on telle chose que len ne feroit pas pour soy, sicomme se recommander ou luy attribuer aucunes choses plus que a soy par liberalite iouste ce que fut dit au tiers chapitre du quart cőme le liberal retient moins pour soy, car a chascun amy sőn amy est comme aultre soy mesme. L'autre partie amitie est quant aux choses dessusdictes et ceulx sont amis ensemble qui ont telles choses. Glose. Apres il fait vne questiő. Tex. Mais assauoir moult se len a a soy mesme amitie ou non, nous leferons quant a present ceste question. Glo. C'est a dire quát a la difficulte vocale et quant a la signification du nom, car selon comune appellation il conuient que amitie soit entre deux personnes cőme il appert au viii.liure ou tiers chapitre ou vii. et en plusieurs lieux, mais a prendre amitie pour affectiő ou beniuolence et operation amiable il est certain que chascun aime soy mesme plus que nul aultre, et ce declaire apres quant a la verite royal. Tex. Et sēble que amitie soit la ou lē treuue deux ou plusieurs des choses dessusdictes. Glo. Et par

ce appert que len a amitie a soy mesme. Tex. Ité car quant len parle de superhabondance damitie len fait comparaisőn et similitude a lamitie que le a a soy mesme. G. en disát ie aime autant tel cőe ie fais moy mesme, et par ce appert que len aime plus soy que autre. Et pource la principale conclusion de cest chapitre estoit que les amiabletes que len fait a ses amys viennent des amiabletez que len fait a soy mesmes, sicőe il appert au cőmencement du chapitre.

Cőment les mauuais ne sőnt pas les euures damitie ne a eulx ne aux aultres. Si.cha.

Il semble que les choses amiables ou euures damitie soient en plusieurs gés et que ilz les aient ia soit ce que ilz soient mauuais ilz participent en telles choses tant seulement en tant cőe ilz plaisēt a eulx mesmes et que ilz cuident estre bons, car a ceulx qui sont tresmauuais felons et peruers telles choses ne sőnt pas en eulx ne il ne leur sēble et a peu que il nest aisi de ceulx q̄ sőnt tres maluais Glo Il entent par tres maluais et felons ceulx qui se delittēt et exerceitēt en homicides ou traisőns et laruecins et telles choses, et par les aultres il entēt ceulx qui sont aucunemēt desordőnez en auarice et concupiscēce. Apres il declaire cőe les euures amiables ne sőnt pas es maluais

et premierement de beneficence.
Tex. Car les mauuais sōt differens de eulx mesmes et ont concupiscence dunes choses selō la partie sensitiue et veulēt autres choses selō la partie intellectiue. Et ce sont les incontinens lesquelz en lieu des choses qui leur semblent bōnes selō raison ilz eslisent choses qui leur sont nupsibles. Et les vngs le fōt pour ce que telles choses nupsibles leur sōt delectables. Et les aultres pour paour de labeur et par paresse se departent et delaissēt affaire les choses qui leur semble selon raison estre bōnes. Glo. Donques puis que ilz ne font pas ce qui leur est bō mais ce que leur est nupsible il appert clerement que ilz ne ont pas a eulx mesme beneficence. Et ce a declaire quāt aux incontinēs lesquelz se confessent.
Et par plus forte raison les vicieux et tresmauuais ne ont pas quāt a eulx beneficēce. Apres il monstre comme il ne ōt pas beniuolēce a eulx mesmes. Tex. Et ceulx qui ont fait moult de maulx tres grans et tres durs et qui pour ce sont hais presque de tous ilz finent viure et leur ennuie de leur vie enfant comme aucū telz se occisent eulx mesmes. Glo.
Comme fist le roy sardinapalus et plusieurs autres. Aucuns font ya question. Cōme vng hōme peult appeter non estre mais a parler proprement il ne appete pas non estre mais il fuit estre, et non pas principalement mais par accidēt pour ce que il fuit sa misere ou la paine que il seufre. Et a parler mais proprement len peult dire que il appete non estre par appetit desordonne, par accidēt pour ce que il appete la fin de sa misere. Apres il declaire de conuiure comme ilz ne ont pas bon conuit a eulx mesme. Tex. Et les mauuais querent compaignie et gēs auecques lesquelz ilz puissent demourer et conuerser et finent soy mesme.
Car quant ilz sont a soy et ceulx ilz se recordent de plusieurs maulx griefs et grans lesquelz ilz ont fais ou temps passe et pensent et cuident que ou temps aduenir ilz en feront ou souffreront dautres telz. Glo.
Ilz pensent que mal ont fait et que mal leur vendra et a cest propos dit lescripture. Semper enim presumit seua perturbata consciencia. Cōscience de mal perturbee presume tousiours choses cruelles. Tex.
Et quant ilz sont en compaignie et auecques autres ilz oublient telles choses. Car puis que ilz ne ont en soy chose qui soit amable ou digne destre amee il ne peuent auoir amablete a soy mesme. Glose.
Mais au contraire les bons ōt amiablete a soy mesme sicōme il fut dit ou chapitre precedent.
Apres il monstre comme les mauuais ne ont pas concorde a soy mesme. Texte.
Et telz mauuais ne ōt esioissemēt

ne compassion quāt a soy mesme, car leur ame est en contencion ꞇ cōme en bataille contre soy pour ce que quant tel maluais se depart ou delesse aucune delectaciō il a de ce tristice pour malice a la quelle est enclin son appetit sensitif ❡ Et en ce delesser il se delecte selon lappetit intellectif et lui ne partie de same le trait ꞇ tire de ca et lautre dela aussi comme sont choses qui se descordent ꞇ sont contraires
Glo. ❡ Et pource que aucū pourroit doubter comme en vng hōme peuent estre choses contraires a ce il respont Tex. ❡ Et pose que il ne soit pas possible que vng homme ait delectation et tristece ensemble
Glose. ❡ Et par auenture est ce bien possible selon diuerses parties de lame sicōme diuerses plies du corps vng homme peult auoir delectatiō ila tantost apres tristece et ne vousist pas auoir ensui telles delectatiōs car les maluais sont raemplis de penitude ou de penitance ou de repentāce ❡ Il est verite que le maluais qui est incontinent est repentāt sicō e il fut dit ou viii.c.du vii. mais il fut dit ou vii.ꞇ ou viii. chapitres du vii. que se desattempe nest pas repētant ❡ Et par ce sembleroit que le tres maluais ne eust pas discordes a soy mesmes ❡ Car son appetit intellecti est corrumpu sicōme il fut dit en vi. chapitre du vii. et sacorde a malice auecques lappetit senstif ❡ Mais a ce ie respons P r

mierement que agrant peine pourroit estre vng qui auoit vsage de raison fust si tres peruers que aucūe fois il neust remors de conscience ❡ Et telz maluais ont de leurs fais passes desplaisances tresdures grandes et cuisans mais telle repētāce leur profite peu ou neant ❡ Car pour cause de la maluaise inclination de leur habit vicieux, ilz ne resistent pas a concupiscences ou ires comme fait lincontinent combien quil soit aucune fois vaincu ❡ Item aussi cōme verite sacorde a toute verite, les falsetes ne sacordent pas semblablemēt les biens de vertu sacordent ❡ Et les malices sont discordables ❡ Et quant le maluais se delicte en vne chose il a tresgrant tristece que il ne peult ses autres desirs acomplir. Et plus soy delecter sicōme il appert des gloutons des luxurieux des auaricieux et des aultres ❡ Item ilz encourent souuent par leur peche maladies impotens hainnez trauail et ennuy poureté diffame perilz et pluseurs autres matieres de desplaisances selon la diuersite des vices sicōme pour homicide, traisons ꞇc. ❡ Et sont aussi comme mal de eux mesmes
❡ Et par ce appert que les tres maluais ou vicieux ont encor moins de concorde a soy mesme que ne ont les incōtinēs. Apres il ꝯclut Tex.
❡ Et ainsi appt que le maluais nest pas dispose quāt a soy mesme amiablemēt car il na en soy chose amable

ou qui soit de amableté Glo.

Car cõme dit est il na quant a soy ne beneficence ne begniuolence ne bõ cõuit ne procede Tex. Et dõc ques comme soy auoier et estre dispose en ceste maniere sans amableté a soy mesmes soit vne chose tresmeschãte et tresmiserable il sensuit et appert que len doit bien fuir et escheuer malice et vice a tresgrans efforz et doit len essaier et tempter et labourer a toute puissãce et par toutes voyes estre bõ et vertueux Et par ce len se aura bien et sera len dispose amiablemẽt a soy mesme et sera len fait ami a autre Car cestui ne peult bien estre ami dautre qui na amitie a soy mesme Et pource dit chascõ et Conueniet nulli qui seaũ desidet ipse. Nul ne peult auoir accort Qui a soy mesmes a discort.

De Begniuolence. vii. cha

Begniuolence a similitude a chose amiable et sẽble estre amitie mais ce nest pas amitie. Glo. Il se semble pour ce que begniuolence est requise en amitie

Apres il monstre par deux moyẽs que nest pas amitie Tex. Car len peult auoir begniuolẽce aux gẽs que len ne congnoist Glo.

fois par amour et par oyr parler. Texte. Item elle peult estre latente et nõ apparente Glose

Car elle est tant seulement en voulenté et en pensee Tex.

Et amitie nest pas ainsi et ces choses ont este dictes deuant Glo.

Du tiers chapitre du viii. Apres il monstre par deux raisons que begniuolence nest pas amation cest forte affection damer Texte

Et begniuolence nest pas amation car elle na pas en soy discretion ne appetit Glo. Car elle ne se estent pas iusques au fait Et ne meult pas formẽt sappetit cõme fait amation Tex Et ses choses ensuient amation ou ilz sont en elle

Item amation est faicte par acoustumance Glose. Sicomme pour souuent veoir vne personne et pour souuent penser a la beauté ou bonté de elle Tex Et begniuolence est faicte tontost et soudainement si cõe il appert en ioustes ou en luittes ou en choses semblables car sitost cõe les gens les voient en champ aucũs õt begniuolẽce et desirent victoire aux vngs plꝰ que es autres mais pour ce ne leur fait pas aide car cõe dit est telle begniuolẽce vient soudainemẽt en ceulx q̃ les aimẽt superficialemẽt et feiblemẽt Glo. Apres il mõstre que est begniuolẽce Tex. Et sẽble que begniuolẽce est comecemẽt damitie en la maniere que la delectaciõ ou plaisance a regarder vne fẽme est comecemẽt de la amer, et communemẽt nul ne aime vne fẽme se il ne a eu deuãt delectaciõ ou plaisance de sa beauté ou en elle autremẽt Et pose que il ait aucũemẽt plaisãce en sa beauté il ne sensuit pas pource que il laime, mais adonc est ce signe damitie se quant elle est absente il desire forment sa presence Et ce quant il la voit il a grant concupiscence de sa presence. Et ainsy nulles gens ne peuent estre amys se ilz ne ont premierement entre eulx begniuolence/mais aucuns peuent bien auoir ensemble begniuolence/ et si ne sont amis/car les gens souhaitent bien a ceulx a q̃ ont beniuolẽce mais cest tantseulement de voulente car ilz nen mettent rien a euure/ ne sont pas pour eulx en rien perturbes ou courciez/se il auient que ilz aient mal/ et pource a parler selon similitude sen peult dire selon begniuolence est amitie oyseuse, mais quant elle dure longuement et elle vient en accoustumance adoncques elle trespasse oultre et est transmuee et conuertie en amitie Glo Apres il monstre de quelles amitiez begniuolence nest pas commencement Tex Mais ce nest pas en amitie qui est pour proffit ne en celle qui est pour delectation Car begniuolence nest pas faicte ou na pas lieu en telles amitiez Glo.

Pource que celluy qui a begniuolence a aultruy il luy veult bien pour sa grace de luy/ et non pas en retorquãt a soy mesme Tex Car quant celluy qui a receu benefice de proffit restitue begniuolence pour le proffit que il a receu il fait chose iuste et appartenant/mais se il veult que aucun face bonnes euures pour lesperãce que il a de receuoir de luy habondance de

proffit/ il ne semble pas que il ait begniuolence a cellui, mais a soy mesmes. sicomme nous disons que cellui nest pas vray amy qui procure le bien dun aultre pour lusage et le proffit q̃ il attent a auoir de luy   Glo.

Car cellup qui aime pour lusage et le proffit pour delectation/ il ne cure et ne luy chaut se tel amy a mal ou se il fait mal fors que il ait le proffit ou la delectation que il quiert et desire Et par ce appert que il na pas a luy begniuolence ne vraye amitie, mais a soy mesmes ou a chose que il desire, sicõe il fut dit au vii. chapitre du viii.liure. Apres il met de quelle amitie begniuolence est cõmencemẽt

Tex   Mais du tout begniuolence est vniuerselement vers aucun pour cause de vertu et de bien que len cuide estre en luy, sicõme quantil appert bon et iuste ou fort selõ sa vertu de fortitude ou que il a aucune autre condicion qui est a loer, sicomme nous auons dit tantost deuant de ceulx qui sont en champ pour iouster ou suiuter.

De concorde.   viii. chapitre

T concorde sẽble estre chose amiable et appartenãt a amitie, et pource cõcorde nest pas omodoxie   Glo   Il est dit de osmos qui est ensemble et doxos qui est opiniõ. T. Cest adire estre dũ opiniõ

feuillet.

Car telz qui ne congnoissent lū laultre sont dune oppinion Glo. Et toutesuoyes se len ne dit pas que ilz soient daccord cōe amis Tex.

Jtē concorde nest pas quant plusieurs qui sentrecongnoissent se consētent en quelconque choses sont dune oppinion, sicōe ceulx qui se consētent et tiennent vne opinion des mouvemens du ciel ou dautre speculation. Car accorder soy en telles choses ne regarde pas amitie Glo. Car plusieurs qui sont amis peuent estre contraires en telles choses, et plusieurs ennemis a accord. Apres il monstre en quoy est concorde qui appartient a amitie. Tex. Mais len dit que les cités sont en concorde quant elles ont vng consentement des choses qui leur sont conferentes et proffitables Et quant ilz eslisent vnes mesmes choses et euurent de cōmun consentement les choses que ilz cuident estre bōnes, et doncques est concorde vers choses ouurables ou faisables par nous. Glo. Apres il declaire en especial et met deux cōdicions Tex. Et cōuiēt que ce soient choses grandes Glo.

Car se len auoit discension en petites choses pource ne seroiēt pas cōcorde ne amitie cassees. Tex.

Et auecce que ces choses touchent et regardent ou appartiennent aux ii. qui sont en concorde Glo Car se vng estrange veult biē que telsoit prince en ceste cité pource nest il pas ē

concorde auecques nous Tex.

Sicōe quāt il sēble a tous ceulx du ne cité ou cōmunité que cest bien que leurs princes soient fais par election Ou se ilz leur semble que cest bien de eulx combatre contre vne autre cité. Ou quant tous veullēt que vng tel soit leur prince et il luy plaist et si consent. Glo. Cest concorde et donc concorde est consentement de plusieurs personnes en grans choses et notables et par eulx ouurables, lesquelles ilz eslisent et cuident estre proffitables ou expedientes et qui les touchent. Apres il declaire ce que il a dit p soppofite Tex. Et quant lun et lautre veult pour soy la seigneurie, adoncques est contension sicōe il est escript au liure appellé formissa Glose Lequel fist Euripedes le poete Tex.

Auquel est dit que quant chascū veult auoir tout le bō pour soy, lors ny peult il auoir concorde Glo.

A cest propos dit sainct augustin que Libido dominandi Cest a dire trop grant desir de domination est cause de guerre et de grans maulx que aduiennent en cest monde Tex

Mais quant ilz se consentēt en vne chose, sicōe quāt il plaist au peuple que les tresbons excellens et vertueux ayent seigneurie et princep, ainsi ont tous ce que ilz appettent et desirent et sont en concorde Glo

Apres il monstre que amitie politique est concorde. Tex.

Et semble que amitie politique n'est autre chose que concorde. Et aussi se dit l'en des cytopens que ilz sont acort des choses qui sont pfofitables et conuenables a vie politique.

Glo. Quant a ceulx d'une cite ont entre eulx concorde l'en dit que ilz sont amis, ou quant ilz ont concorde a autre cite l'en dit que ilz ont amitie ensemble, et c'est ce que aristote appelle amitie politique, non obstant que les autres euures ou proprietez d'amitie ne soient pas en ceste amitie, et pource n'est ce pas amitie proprement.

Apres il monstre en quelz gens est vraye concorde. Tex. Et telle concorde comme nous auons dit deuant est en gens bons et vertueux. Car telz ont concorde chascun a soy mesme et l'un auecques l'autre, et sont leurs volentez tousiours en une chose si comme l'en peult dire. Glo.

Le dit il pource que en ceste vie il ne peut estre que les voulentez ne soyent muables et variables aucunement. Tex. Car les voulentez de telles gens sont permanentes et ne se transmuent pas ou transfluent si come fait euripus. Glo. C'est ung lieu empres la ssise vers la mer qui est une fois tout plain d'eau et tantost apres est tout sec, ainsi se varie souuent selon les flos de mer qui ensuiuent la lune. Et ainsi sont variables les voulentez des mauuais, de quoy dit l'escripture Stultus vt luna mutatur. Le fol se mue come la lune.

mais combien que la voulente des bons se varie aucune fois quant aux moyens ordonnez en la fin, toutes voyes elle ne se varie iamais quant a la fin, et quant aux bons principes moralz. Tex.

Car ilz veullent choses iustes et conferentes ou profitables et les appetent comunement, mais ce n'est pas possible que les mauuais aient concorde se ce n'est en peu de choses et peu souuent en la maniere que ilz ne peuent estre amis fors vng peu. Glo. Il fut declaire ou chapitre precedent come les mauuais ne ont pas concorde chascun a soy mesme. Et declaire icy come ilz ne ont pas concorde ensemble. Te. Et la cause est car ilz appetent superhabondance en profiz et sont deffaillans ou veullent moins auoir des labeurs et moins faire des ministrations ou seruices et en profis. Et doncques quant chascun d'eulx veult telle chose il met grant diligence a les pourchasser et a empescher son prochain affin que il ne les ait. Glose. Car il les veult plus auoir pour soy. Texte.

Et ainsi n'est concorde pouuoir entre eulx car ilz ne gardent pas le bien comun qui doit estre entre eulx. Glo. C'est assauoir equite et iustice.

Tex. Et par ce aduient souuent que ilz ont contention ensemble et veullent contraindre l'un l'autre a faire iustice pource que ilz ne la font de franche voulente. Glo. Et ainsi appert que les mauuais ne peuent bonnement auoir concorde ne chascun a soy ne semble Et pource dit lescripture Impiis non est pax. (c. A maluais nest paix ne concorde.

Coment les bienfaicteurs aiment mieulx leurs beneficiez que les beneficiez ne aiment leurs bienfacteurs ix.chapitre

Les bienfacteurs aiment plus leurs beneficiez que les beneficiez ne aiment ceulx qui leur ont bien fait mais pource que il est ainsi de fait (z semble que ce ne soit pas selon raison len seult faire question pour quelle cause ce est Glo. Car cellui qui a receu bien est plus tenu a son bienfacteur que son bienfacteur nest a lui Et donc le deust il plus amer (z le contraire est de fait si que il en quiert de la cause (z met premierement vne cause apparente (z qui est en aucuns contre raison. Tex. Et semble a plusieurs que la cause est pource que les beneficiez doiuent (z les bienfacteurs soit ceulx a qui ilz doiuent Et doncques en sa maniere que il est en prestz que ceulx qui doiuent vouldroient que ceulx a qui ilz doiuent ne fussent pas en vie Et ceulx qui ont preste ont cure (z solicitude que la vie de leurs debteurs soit sauuee Semblablement ceulx qui ont bien fait veullent que ceulx viuent a qui ilz ont bien fait pour gaingner et receuoir deulx graces et retributions Et ceulx qui ont receu le bien ilz ne leur chault se ilz ne rendent graces ou retributions Glo. Mais ilz vouldroient bien estre absoulz de ceste debte (z pource ilz ne leur chault se leurs bienfacteurs meurent Toutesuoyes le benefice nest pas tenu a son bienfacteur par lobligation legale et de iustice mais seulement par lobligation moral (z damitie Car le bienfacteur ne vend ne ne preste mais il donne gratis (z liberalement Apres il met la rachine de la cause dessusdicte

Tex. Et disoit epichanius le poete que par auenture aucuns assignoient ceste raison qui regardoient a la malice des gens (z semble estre malice humaine Glo. Cestadire commune a plusieurs hommes. Tex.

Car moult de gens ne ont memoire ne souuenance des biens que len leur a fait Glo. Pource disoit seneque Memoria beneficior labilis est. iniuriaru tenax. La memoire des biens receuz est tost passee (z des iniures est tenant (z dure Tex. Et appete plus bien receuoir que bien faire

Glo. Et par ce appert clerement que telz sont maluais Car tout homme bon (z vertueulx aime plus bien faire que bien souffrir come le mieulx (z mesmement car cest plus bieneuree (z meilleur chose donner que prendre come dit lescripture Et doncques la cause dessusdicte a lieu tant seulement quant aux maluais Car il vient de grant iniquite que Eng vueille estre absoubz et quitte des biens receuz sans faire retribution ne regraciation. Et encor est ce plus grant peruersite se il desire sa mort de son bienfacteur et pour le bien que il lui a fait est tressouueraine ingratitude. Et iouxte ce est vne rigle vraye que touteffois que len a bien fait ou courtoisie a vng homme se il est ingrat cest certain signe que il nestoit et nest pas digne de bien mais indigne. Car les maluais sont telz et ingras. Et pource dit len que le larron ne aimera ia celui qui la ramene des fourches, mais quant aucun rent retribution et grace a son pouoir cest signe que il est digne de bien. Et pour ce les bons aiment tousiours leurs bienfacteurs. Et se hatent de leur faire retributions mais neantmoins leur bienfacteurs les aiment plus sicomme il appert par les raisons et pour les causes que il met apres, mais il respont auant a la raison dessus mise.

Tex. Il semble que la chose proposee soit vne autre cause plus naturelle. Glo. La quelle sera dicte apres et est prinse et vient de la nature de beneficier et destre beneficie et non pas de la malice des gens. Tex.

Et nest pas semblable en cest propos et en ce que dit est de ceulx qui prestent. Car vers telz et en tel fait come tel nest pas amation ou fait damitie. Car les prestans veulent bien que la vie de ceulx a qui ilz prestent soit saluee mais cest pour grace de gaing, et affin quilz soient paiez et les bienfacteurs aiment ceulx a qui ilz font bien suppose que ilz ne leur facent proffit ne de present ne pour le temps aduenir. Glo.

Apres il declaire son propos par vii. causes ou par vii. raisons ou par viii. Texte.

Et premierement telle chose aduient es artifices. Car chascun aime sa propre euure plus que son euure ne laime ou que elle ne aimeroit se elle auoit ame et parce appert mesmement et aduient es poetes. Car ilz aiment souuerainnement leurs poemes ou dictez aussi comme leurs filz. Et a ce resemble ce que aduient vers les bienfacteurs car celui qui a receu bien de eulx est leur euure.

Glo. Et pource quant aucun a receu bienfait dun autre ou qui sa pourueu len peult dire que celui la fait tel comme il est, et que il est sa creature. Texte.

Et les gens aiment plus leur euure que leuure naime celui qui la faitte. Et la cause est car a toutes choses leur estre leur est essisible et amable. Et nous sommes ou nostre estre parfait est quant nous sommes en fait ou en euure. Car nostre estre est en viure ou en ouurer. Et doncques celui qui euure de fait est en aucune maniere son euure la quelle il fait. Car issecques est son estre. Et ainsi les gens aiment leur euure pource que ilz aiment leur estre. Glose.

Selon aristote ou tiers liure de phisique lactio du faisant ou agent, et

з.ii

la passion du pacient ou de la chose meue sont vng mouuement (z sont ou trespassent en la chose faicte Et ainsi samour que le faisant ou agēt a a son euure (z a son fait trespasse en leuure faicte Et pour ceste cause il laime plus son euure que son euure ne laime   Apres il met la seconde raison Tex.   Ité cest chose naturelle que chascun aime ce par quoy sa puissance est manifeste (z monstre Et il est voir que leuure denonce (z declaire de fait la puissance de cellui qui la faicte   Glo   Mais cellui q̃ la faicte ne declaire pas en ce sa puissance de leuure Et doncques naturellement cellui qui a faicte vne euure aime plus son euure que sō euure ne laime (z par consequent le biēfacteur aime plus le beneficie (zc.

Apres il met la tierce raison ou cause Tex.   Ité auecques ce le propre bien du bienfacteur est en sō fait. Glo.   Cest assauoir en operacion selon vertu Tex.   Et pour ce il se delitte (z esioist en la chose en laquelle est son fait. Glo.   Cest assauoir en cellui a qui il fait bien ou quel il prent occasion damour pour ce que chascun aime son bien.   Texte.   Mais le bien de cellui qui recoit nest pas en cellui qui donne Car cellui qui recoit ne prent du Benefacteur fors chose differente ou proffit (z telle chose est moins delectable (z moins amable que nest bien de vertu.   Glo.   La raison semble telle le

bienfacteur prent ou Beneficie biē de vertu au moins selon occasion.
Et le beneficie prent ou benefacteur biē vtile lequel est moins a amer que biē de vertu Et par cōsequēt le benefacteur aime plus le beneficie que ecōuerso (zc.   Apres il met la quarte raison Tex   Ité vng bien est mesmimēt delectable quāt a presēt Car pour futur ou pour le temps aduenir de tel bien est esperāce Et apres quāt il ē fait (z passe il en est memoire et tout bien est tresdelectable (z amable quant il est present de fait plº que autrefois   Or est il ainsi que leuure du benefacteur a ce que il a fait demeure tousiours semblablemēt et est vng biē qui demeure (z dure longuemēt mais le proffit que le benefice recoit est tost passe   Glo   Mais aucun pourroit arguer au cōtraire Car donner vne chose est tost passe(z aussi tost cōe est la receuoir Dautre partie le beurficie ou le proffit dure plus longuement que ne fait le dōner Et aucunefois demeure il au beneficie toute sa vie Je respons que austoste ne entēt pas icy par le fait du benefacteur loperation de dehors sicōme dōner ou bailler vne chose de sa main mais il entēt par tel fait le bien de dedens le bien de vertu et de honnestete lequel il acquiert en donnāt benefice Et tel bien de vertu est permanent sicōme il fut dit ou p̃ di. chapitre du premier, mais le proffit receu par aucun est bien temporel (z subiect

Le ix.liure de Ethiques   CL.xxxi.

à fortune et est souuent tost passé. Et doncques le bienfacteur doit plus amer son fait (& par consequent cellui en qui est son fait & qui lui est occasion de son fait) ou quel il excercite sa vertu que le beneficie ne doit amer son proffit a cellui de qui il la &c. Apres il met la quinte raison. Tex. Ité la memoire des biens des proffis receus n'est pas du tout delectable ou il est moins delectable. Glo. Aucunefois operation vertueuse est auecques tristece & telle est operation de fortitude en fait de bataille sicõe il fut dit ou xxi.cha. du tiers mais sa memoire du bien fait & la fin & la presence du bien de vertu & de honnesteté par ce acquis est tresdelectable & tresamable plus que proffit present ou passé. Et doncques le bienfacteur doit plus amer son fait & cellui en qui il emploie son fait que le beneficie ne doit amer celluy de qui il recoit &c. Tex. Mais de expectation ou attente il est au contraire. Glo. Car attendre proffit aduenir c'est plus delectable que attendre bien de vertu. Et vne cause peult estre. Car bien proffitable est plus congneu & plusieurs en ont experience plus que de bien de vertu, & pource se appetet ilz plus. Ité autre cause est car ceulx qui ne sont vertueux ilz ne peuet faire euures de vertu comunemet sans tristece & le redoubtet a faire mais chascun recoit proffit delectablemet & pource est ce expectation de proffit plus delectable. Ité autre cause est car par bien de vertu est osté mal

de vice & en paine sensible desirét & attendent plus delectablemét la deur de la paine que du vice combien que ce soit contre raison. Et doncques expectation de proffit est plus delectable que de bien de vertu. Et se memoire du bien de vertu est plus delectable que expectation de tel bien sicõe il est dit deuant du fait de fortitude. Et au contraire expectation de proffit est plus delectable que le memoire &c. Apres il met la vi. raison. Texte. Ité amac. on ou amer est semblable a faction ou a faire & estre amé est semblable a souffrir et doncques amer & les choses qui sont en amitié ensuiuét plus & appertiennent plus a ceulx qui sont superexcellés et qui sont vers le fait. Glo. Amitié est en coication sicõe il fut dit ou pvi. cha. du viii. Et en ceste coication le bienfacteur est le plus excelét & doncques doit il plus amer son beneficié. Car pour telle cause doit le roy plus amer son subiect & le pere son filz que e conuerso sicõe il fut dit ou p. v. chapi. du viii. Apres il met la vii. raison.

Texte. Ité toutes choses aiment plus les choses qui par eulx sont faictes ou acquises laboureusement. Sicõe ceulx qui possident pecunes & choses par leur grant labeur ilz les aiment plus que ne font ceulx qui les prennent par succession ou autremet sans labeur. Glose. Il dit en lautre translation que richesses acquises labourieusemét len les doit garder plus soigneusemét ou plus diligemmét. Et les

z.iii.

la passion du pacient ou de la chose
meue sont vng mouuement & sont
ou trespassent en la chose faicte Et
ainsi lamour que le faisant ou agēt
a a son euure & a son fait trespasse en
leuure faicte Et pour ceste cause il
laime plus son euure que son euure
ne laime   Apres il met la seconde
raison Tex.   Itē cest chose naturelle que chascun aime ce par quoy
sa puissance est manifeste & monstree
Et il est voir que leuure denonce &
declare de fait la puissance de cellui
qui la faicte   Glo.   Mais cel
lui q la faicte ne declaire pas en ce sa
puissance de leuure Et doncques naturellement cellui qui a faicte vne
euure aime plus son euure que sō euure ne laime & par consequent le biēs
facteur aime plus le benefice &c.

Apres il met la tierce raison ou
cause   Tex.   Itē auecques ce
le propre bien du bienfacteur est en sō
fait.   Glo.   Cestassauoir en opacion selon vertu   Tex.   Et pour
ce il se delitte & esioist en la chose en
la quelle est son fait.   Glo.   Cest
assauoir en cellui qui il fait bien ou
quel il prent occasion damour pour
ce que chascun aime son bien.   Texte.   Mais le bien de cellui qui
recoit nest pas en cellui qui donne
Car cellui qui recoit ne prent du benefacteur fors chose pferente ou prof
fit & telle chose est moins delectable
& moins amable que nest bien de vertu.   Glo.   La raison semble telle le

bienfacteur prent ou beneficie biē de
vertu au moins selon occasion.
Et le beneficie prent ou benefacteur
biē vtile lequel est moins a amer que
biē de vertu Et par cōsequēt le benefacteur aime plus le benefice que
ecōuerso &c.   Apres il met la quarte
raison   Tex.   Itē vng bien est mesmement delectable quāt a presēt Car
pour futur ou pour le temps aduel-
nir de tel bien est esperāce Et apres
quāt il ē fait & passe il en est memoire
et tout bien est tresdelectable & amable quant il est present de fait plq̄ que
autresfois   Or est il ainsi que leuure du benefacteur a ce que il a fait
demeure tousiours semblablemēt et
est vng biē qui demeure & dure longuement mais le proffit que le benefice
recoit est tost passe   Glo.   Mais aucun pourroit arguer au cōtraire Car
donner vne chose est tost passe & aussi tost cōe est la receuoir Dautre partie le beneficie ou le proffit dure plus
longuement que ne fait le dōner Et
aucunefois demeure il au beneficie
toute sa vie   Je respons que aristote ne entēt pas icy par le fait du benefacteur loperation de dehors sicōme
dōner ou bailler vne chose de sa mai-
mais il entēt par tel fait le bien de dedens le bien de vertu et de honnestete lequel il acquiert en donnāt benefice Et tel bien de vertu est permanent sicomme il fut dit ou v. chapi
tre du premier, mais le proffit receu
par aucun est bien temporel & subiect

à foitune et est souuent tost passe Et doncques le bienfacteur doit plus amer son fait et par consequent cellui en qui est son fait et qui lui est occasion de son fait et ou quel il exercite sa vertu que le beneficie ne doit amer son proffit a cellui de qui il la ce. Apres il met la quinte raison Tex. Ite la memoire des biens des proffis receux nest pas du tout delectable ou il est moins delectable Glo. Aucune fois operation vertueuse est auecques tristece et telle est operation de fortitude en fait de bataille sicõe il fut dit ou xxi. cha. du tiers mais la memoire du bienfait et la fin et la pieece du bien de vertu et de honnestete par ce acquis est tresdelectable et tresamable plus que proffit present ou passe Et doncques le bienfacteur doit plus amer son fait et cellui en qui il emploie son fait que le beneficie ne doit amer celluy de qui il recoit etc. Tex. Mais de expectation ou attente il est au contraire Glo. Car attendre proffit aduenir cest plus delectable que attendre bien de vertu Et une cause peult estre Car bien proffitable est plus cogneu et plus sceu en ont experience plus que de bien de vertu et pource le appetent ilz plus. Ite autre cause est car ceulx qui ne sont vertueux ilz ne peuent faire euures de vertu communement sans tristece et les redoubtent a faire mais chascun recoit proffit delectablement et pource est ce expectation de proffit plus delectable. Ite autre cause est car par bien de vertu est oste mal

de vice et en paine sensible desirent et attendent plus delectablement lardeur de la paine que du vice combien que ce soit contre raison Et doncques expectation de proffit est plus delectable que de bien de vertu Et le memoire du bien de vertu est plus delectable que expectation de tel bien sicõe il est dit deuant du fait de fortitude Et au contraire expectation de proffit est plus delectable que le memoire etc. Apres il met la vi. raison Texte Ite amer con ou amer est semblable a faction ou a faire et estre ame est semblable a souffrir et doncques amer et les choses qui sont en amitie ensuient plus et appertiennent plus a ceulx qui sont superexcellens et qui sont vers le fait Glo. Amitie est en communication sicõe il fut dit ou vi cha. du viii. Et en ceste communication le bienfacteur est le plus excellent et doncques doit il plus amer son beneficie Car pour telle cause doit le trop plus amer son subiect et le pere son filz que econuerso sicõe il fut dit ou viii. chapi. du viii. Apres il met la vii. raison Texte Ite toutes ges aiment plus les choses qui par eulx sont faictes ou acquises laboureusement Sicõe ceulx qui possident peaules choses par leur grant labeur ilz les aiment plus que ne sont ceulx qui les prennent par succession ou autrement sans labeur Glose. Il dit en lautre translation que richesses acquises laborieusement sen les doit garder plus soigneusement ou plus diligentement Et les

z.iii.

despent len plus modereemēt ou pl⁹ attempremēt. Et pource fut dit ou tiers chapi. du quart que telz sont moins liberaulx que les autres

Tex. Et il sēble que bien receuoir est chose sans labeur Et bienfaire ou donner est chose pl⁹ laborieuse Et pour ceste cause les meres aimēt leurs filz plus que ne font les peres, car la generatiō de leurs filz est plus laborieuse Glo. Cestassauoir quāt a les enfanter et comunemēt et selon nature en les nourrir Car sicōme monstre aggellius par belles raisons toute femme mesmement noble deuroit nourrir son enfant Tex. Et

Et dautre partie les meres seuent mieulx que les enfans sont leurs que les peres ne sceuent que ilz sōt leurs et ceste raison sēble estre propre pour les bienfacteurs Glo. Car ilz sceuent quelle chose ilz doiuēt et de quelle boulente et sont certains de leur fait pource que ilz aimēt plus leur fait et ce que il appartiēt, mais le beneficie peult doubter se le bienfacteur lui donne du sien et se il lui donne par bōne amitie Et cest la .viii. raison au propos principal Cest assauoir que le bienfacteur aime plus le beneficie que e conuerso mais auecques ce verite est que le bēficie est plus obligie au bienfacteur que e conuerso et pl⁹ tenu a luy sicōme il fut dit du pere et du filz en la glose du p̄. cha. du .viii. liure

Vne questiō de aimer soy mesmes et mōstre quelles gēs se aiment

vituperablement p. chapitre

Ne doubte ou questiō est asçauoir moult se len doit mesmemēt et pl⁹ amer soy mesme que aucun autre Car comunemēt les gēs blasmēt ceulx qui se aimēt moult et reputent pour vne laide et villaine reprouce quāt len dit daucūs que ilz aiment soy mesmes ou sont soy amans. Glo. En ceste maniere parle saint pol qui dit que le temps perilleux vendront et seront gens qui aimeront soy mesme couuoiteux orgueilleux. Texte

It il semble que cellui qui est maluais face toutes choses pour lamour de soy et de tant comme il est pl⁹ maluais de tant ne seult len plus accuser aussy comme cellui qui ne fait riēs fors pour soy mais cellui q̄ est bō et vertueux il euure pour bien honneste et tant est meilleur et il fait ses euures pour bien et pour son amy Et lesse aucunefois ses propres besoignes pour lamour de son amy Glo. Et doncques il ne fait pas tout pour lamour de soy et ainsi aristote argue a ceste partie Apres il argue au contraire

Tex. Mais a ce se discordent les euures damitie que len fait a soy mesme et non pas desraisonnablement Car les gens dient comunemēt ami a qui len veult mesmement bonnes choses et pour la grace de lui pose que nul autre ne le sache et ceste chose a chascun a soy mesme.

Glo. C'est benniuolence que chascun doit auoir a soy.

Tex. Et doncques ce chascun doit auoir a soy mesmes toutes les autres choses par quoy lé dit vng homme estre amy et par quoy amitie est determinee. Glose. C'est assauoir beneficence conuiure (concorde sicomme il fut dit au quint et au sexte chapitres de ce ix.liure Tex.

Et nous auons dit deuāt que toutes choses amables que vng hōme a aultres ilz sont diriuees et viēnēt des amiabletes que il a a soy mesmes Glo Ce fut dit au quit chapitre, Et doncques chascun se doit amer plus que nul aultre et ce preuue il encor par quatre prouerbes qui estoient communs pour le temps.

Item a ce s'accordent tous les prouerbes que l'en dit d'amitie, sicomme que les amis ont vne ame.

Item que toutes choses leurs sōt cōmunes. Item que amitie est equalite. Item que amis sont prochains cōme iambe ou genoul. Et toutes ses choses a vng hōme a soy mesme, mesmement et plus a aultre, (et donc est chascun mesmemēt amy a soy mesmes et se doit mesmement amer. G.

Et ainsy soit argue aux parties Tex Et donc est doubte lesquelles des raisons dessusdictes se doit ensuir et tenir, car toutes les ii. parties ont aucune chose cropable et vraysemblable Glo Apres il respont Tex Et par auēture conuient il telles paroslles diuiser et distinguer et determiner combien et en quoy les vngs et les aultres dient verite Or disons doncques que ceulx qui ont en reproche celui qui se aime ilz appellent et dient ceulx amer soy mesme qui se baillent et atribuent et prennent pour soy plus que il nappartiēt en pecunes en honneurs et en delectations corporelles

Et moult de gens et se plus appetent telles choses et estudient, et mettent paine de les auoir aussi comme ce se fuffent tresbonnes choses Et pource aduient que de telles choses ou pour telles choses viennent entre les gens contencions, et plais et batailles Et ceulx qui en peuent auoir plus ou qui en ont plus ilz les habādonnent essargissent et emplient en leurs concupiscences pour acomplir du tout leurs passions et leurs desiriers en condescedant et obeissant a la partie de l'ame qui est iracionelle et telz sont le plus des gens Et pour ce que l'appellacion et nomination est faicte selon le plus et est la maluaise partie et selon ce est reprouche iustement cellup q̄ est cōmunemēt appellé philantus c'est a dire soy amant ou ami de soy Glo.

Selon ceste maniere de parler dit nostre seigneur en seu uangille
Qui amat animam suam perdet eam Qui aime son ame ou sa vie il la pert C'est assauoir qui saime selon la partie sensitiue en

luy obeissant. ꝛcetera. Apres il de claire son dit Tex

Et est manifeste et treseuident que le plus des gens sont acoustumez appeller philantos soy amant toꝰ ceulx q̃ querent et pueuent pour soy telles choses. Car se aucun entre tous aultres estudie et met sa cure a faire choses iustes ou attrempees ou quelconques choses selon les vertus et qui du tout en tout appette volū tairement tousiours bien honneste et pour soy nul ne diroit que il fust philantos en le vitupetant.

Quelz gens sont qui sentrayment loyalement et veritablement. xi. chapitre.

Il semble que celluy qui met sa cure a faire choses vertueuses est plus a dire philantos, cest assauoir soy amant que ne sōt les autres. Premierement car il se baille et prent pour soy tresgrans biens et choses qui sont mesmement ꝛ tresgrā dement bonnes Glo

Ce sont biens hōnestes q̃ passēt tous aultres Tex Item il les attribue et les baille a la chose qui est en soy trespuincipale et a laquelle toutes les aultres doiuent obeir.

Glo. Cest a la partie intellectiue. Et per consequent il se aime mieulx et plus que celluy q̃ attribue aucun bien ou plaisance a la partie moins principale, cest a la partie sensitiue Et ce preuue il par troys rai

sons Tex Car tout ainsy cō me vne ate semble estre mesmement ce que est en elle trespuincipal, ꝛ ainsy de toutes choses composees de plusi eurs. Glo. Et pource tout ce que fait la principale partie dune ci te ou cōmunite sen dit que ce fait la principale partie dune cite ou cōmu nite Tex En telle maniere cel luy est philantos selon verite ꝛ aime soy mesme, mesmement qui aime tel le partie de soy, cestassauoir la tresprincipale ꝛ qui a celle partie baille ꝛ dō ne des biens Glo Cestassauoir a la partie intellectiue, car aussi com me celluy q̃ aime mieulx vng hostel quil aime le seigneur que celluy q̃ ai me le varlet Semblablement celluy aime plus vrayement soy mesme qui aime la partie itellectiue que cel luy qui aime la partie sensitiue Et dautre partie aussy comme la cite est aucunement principale partie de elle ainsy est vng hōme son entendem. et ou son ame intellectiue Et a ce prou uer il met la seconde raison Tex.

Itē vng hōme est dit continent ꝛ est dit incontinent par tant ꝛ en ce que il tient son entendement Glo

Car il est dit continent pource que il contient soy mesme ou se tient auec soy quant il se tient au iugemēt de la partie intellectiue ꝑtre ꝑ aupisce ce et cōtre la sensitiue. Tex Item il sēble et dit len que les gēs ont faic tes volūtairement les choses que ilz ont faictes Et mesmement que ilz ont sciences auecques raison et selon raison. Glose. Car ce que ilz ont fait par ire ou par force concupiscence ilz seulent dire que ce fut contre leur voulente ou entencion, et que ce fist la temptation, et doncques len fait proprement ce que fait raison et entendement.

Tex. Et doncques est il manifeste que chascun est son entendement simplement et mesmement, et plus que aultres parties de soy.

Glo. Car lame intellectiue ou entendement est la forme et loperation de lespece humaine. Et a ce propos disoient les philosophes Macrobes Plotin, et Tulles que chascun homme est son ame. Et que le corps est le vaisseau ou la custode, et de ce fut dit au quint chapitre au texte et en sa glose. Apres il monstre comme ceste maniere damer differe de celle de quoy il a parle au chapitre precedent et met quatre differences.

Tex. Et est manifeste que le vertueux aime ceste partie, et pource sensuyt il que il est mesmement philsantes. Et soy amer en ceste maniere est une espece damer aultre que nest celle qui est reprouuee, et est de elle tant differente comme viure selon raison et different de viure selon passion.

Item et de tant comme appetter et desirer vray bien differe de appeter bien qui est seulement apparent, et qui appert estre profitable et il est nuisible. Glose. Car celluy qui se aime en ceste seconde maniere il dit selon raison et appete vray bien et lautre non. Tex. Item en ce a une aultre difference, car toutes gens acceptent et louent ceulx qui se occupent vers bonnes operations. Glo.

Et telz sont ceulx qui se aiment selon vertu et les aultres sont blasmes. T. Item se tous estudioient a faire choses tresbonnes et excellentes adoncques communement ceulx auroient ce de quoy len a besoing, et chascun auroit les biens qui luy sont propres et tresgrans, car vertu est tel bien.

Glo. Se chascun se amoit selon vertu chascun feroit bien a soy et a son prochain et par ce auroit chascun souffisance, mais le contraire est pource que plusieurs aiment soy mesmes en la premiere maniere de laquelle se il est dit au chapitre precedent.

Texte. Et pource il sensuit que ceste bonne chose et conuenable de soy amer en ceste maniere, car par ce que ung homme fait bonnes eusures il fait aide a soy mesmes et aux aultres, mais le maluais qui se aime en la premiere maniere il ne fait pas ainsy, car il griefue et dommage soy mesme en ce que il ensupt les maluaises passions et concupiscences et auecques ce il esmeut ses prochains.

Glo. En prenant des biens temporelz plus que il ne doit et se priue des biens de vertu. Tex.

Et doncques ou maluays

les choses que il doit faire se descordent des choses que il fait. Car tout entendement et raison eslit ce que est tresbon pour soy, et le maluais eslit et euure contre raison, mais le vertueux eslit et obeist a entendement et a raison. Glo. Et pource que le vertueux fait aucunefois plus pour ses amis ou pour ses parés ou pour le bien publicque ce semble que pour soy mesmes, car aultrement ne seroit il pas vertueux, doncques pourroit aucun dire que il nest pas philantus et que il ne aime pas soy mesme plus que quelconque aultre, mesmement quantil expose sa vie pour aultre. a ce respont aristote. Tex.

Et ainsi que len dit du vertueux est verite, cestassauoir que il fait moult de choses pour ses amis et pour son pais et iusques a mourir se mestier est, et ne tient compte de leur baisser ou delesser pour eulx peccunes ri chesses et honneurs et generalement tous biens pour lesquelz les gés sen sent auoir discort et contencion ensé ble, mais en toutes ces choses il pour uoie bien pour soy mesmes.

Glo. Et doncques fait il principalement toutes telles choses pour son bien et pour lamour de soy.

Mais aucun pourroit faire question se en quelconque cas vng homme deuroit eslire selon vertu mou rir pour son amy ou pour son pais ou aultrement suppose que il ne attédist pource aultre loyer ou remuneration

ou guerdon apres la mort ou aul tre vie. Et semble que non.

Premierement car nul ne doit per dre sa vertu et sa felicite et par la mort sen pert vertu et tout. Item de plu sieurs biens len doibt plus eslire per dre sa vertu seulement que biens de vertu et biens de nature et tous biens. Item sen doit plus eslire per dre vne bonne chose et retenir esperá ce ou puissance de la recouurer ou sé blable que la perdre, et perdre auec ques ce telle esperance et puissance. Et cellup qui meurt il pert la vertu et esperance. Mais celluy qui pert sa vertu et demeure en vie il peut re tourner.

Item le vertueux aime soy mes mes et dont veult il et eslit durer et viure, sicóme il fut dit au quint cha pitre. Item il aime soy plus que nul aultre comme dit est en cest chapi tre. Jem il aime soy plus que nul aultre. Et doncques ne doibt il pas eslire perdre soy pour aultre.

Item puis que par les raisons dessusdictes il doit en tous cas plus eslire viure que mourir, dóncques en fuyant la mort en quelconque cas, il fait selon raison et son debuoir et par consequent il ne pert pas sa vertu et ne peche pas.

Au contraire soit Aristote, Se neque, Tulles et plusieurs aultres philosophes, et ce est la verite, mais forte chose est aucunefois determier é cas particuliers. q̃d pro quo sicõe sui dit au second chapitre du tiers et chiet en discretion et en prudence. Car se par prudence et raison ung homme iuge en aucun cas que par sa mort si grant bien ne se ensuiuroit pas come par ce que il demeure en vie, fort il doit fuir la mort aussi cõe les sains martirs suiuoient aucunesfois la persecution des mescreans, mais quant il iuge que mourir est plus grant bien et par sa mort sensuiura tresgrant bien. Adoncques se il ne eslisoit mourir il pescheroit et se feroit meschant, et ne sameroit pas, sicõe seroit celluy qui esliroit a eslongier sa vie par ung temps incertain plus que sa saluacion dun royaume ou dun pais. Et a cest propos fut dit au xxi. chapi. du tiers que celluy qui a la vertu de fortitude se expose a mort pour escheuer ou euiter laidure de peche. Item semblablement ou p̃di. chapitre du quart fut dit que le magnanime ne espergne pas a sa vie en grans fais, Mais se expose a mort de tresgrant voulente. Ité il fut dit au second chapitre du tiers que aucunes operations sont desquelles len doit plus eslire mourir que les faire. Je dy dõcques que le vertueux en tel cas comme dit est ne eslit pas absolument et simplement mourir plus que viure, mais il eslit peril de mort et veult plus mourir que tel bien ou tel ne fust, ou que tel mal ou tel veniste et par tels se election il procure son tresgrant bien. Apres ie respons a la premiere raison au contraire et di que il ne eslit pas perdre sa felicite, mais il eslit ce par quoy elle croist et sans quoy elle ne dureroit plus. Et est mieulx que sa felicite croisse et finisse noblement par mort que se sans croistre elle perissoit et estoit corrumpue laidement par vice mesmement, car apres ne viuroit il pas longuement. Dieues dies hominis sont. etc. A la seconde ie ottroy que len doit plus eslire perdre ung bien que plusieurs quant les choses sont pareilles, mais en nostre cas celluy qui eslit mourir il ne eslit pas simplement perdre sa vertu, mais lacroistre cõe dit est et se il faisoit aultrement il eslisoit ce par quoy elle seroit corrumpue laidement et sa vie seroit faicte vitieuse et miserable et briefue comme dit est. Et dont mieulx vault lacroissement de sa vertu ou felicite par tel fait combien quelle dure peu que ne fait la vie qui demouroit laquelle est plus fugible que eslisible. A la tierce qui est fondee sus esperance de recouurer vertu. Je di premierement que nul ne doit faire mal en esperance de bien aduenir.

Item se le vertueux perdoit sa felicite ceste aduenture de la recouurer et tresfort et ne peult estre fait en peu de temps, sicomme il fut dit au quint chapitre. A la quinte ie dy que le vertueux en ce faisant pour aultre ne se pert pas, mais il eslit bonne fin et se il ne faisoit tout ainsi il perdroit son bien estre.

A la ſixte il appert aſſez par ce que dit eſt que le Vertueux doit eſlire mourir en telz cas, encoꝛ poſé que la bonne memoire et honnoꝛable de ſon fait et de ſoy ne demouraſt pas ⁊ ſe il demeure ceſt peu de choſe ⁊ vaine ou fraile, ſicõme il fut dit au vii chapitꝛe du premier des fortunes des hoirs. Je dy doncques que en tel cas comme dit eſt, le Vertueux eſlit mourir en la maniere deuantdicte, ⁊ en ce faiſant il eſlit bien pour ſoy meſme, ⁊ aime ſoy plus que aultre ⁊ ce deſcla ire ariſtote cy apꝛes. Tex.

Car il eſlit plus auoir vne bonne deſectation treſgrande pour vng peu de temps que auoir petite et remiſe deſectation par vng grãt tẽps Et eſlit plus treſbiẽ viure par vng an que viure par pluſieurs ans tellement quelement, ⁊ eſlit plus vne action ou vng fait bon et grant que pluſieurs petis fais qui ſeroient moine bons Glo A ceſt pꝛopos fait ce qui eſt eſcript Sapiencie. iiii. Juſtus ſi foꝛte pꝛeocupatus fuerit. ⁊c. conſumatus in bꝛeui expleuit tẽpoꝛa multa. Comme ſe il vouſſiſt dire que ſa vie iuſte ſe elle ẽ petite en tẽps elle eſt grande en fais, doncques doit len plus eſlire bonne vie bꝛiefue que longue telle quelle Et ſa cauſe peut eſtre, car bien viure eſt la perfection humaine et perfection neſt pas pꝛincipalement en duration de temps Mais en eſtre ſoing de imperfection doncques la perfection intenſe ⁊ grã

de qui eſt bꝛiefue et plus loing de peſchie et de mal que celle qui eſt mẽdꝛe et plus durant Et doncques eſt elle plus eſliſible et meilleur auſſy cõme vne choſe eſt plꝰ belle et nõ pas pour ce que elle dure plus. Et vérité eſt que iouxte les comparaiſons deſſuſdictes au texte pourroient eſtre faictes pluſieurs belles conſideratiõs et foꝛtes queſtions, mais ie les laiſſe a pꝛeſent, car ilz ſont plus ſpeculatiues que pꝛactiques Tex Item telle choſe auient a ceulx qui meurent bien pour aultre, car en ce faiſant ilz eſliſent treſgrant bien pour ſoy meſme
Glo. Car ilz ſont plus grãt bien a ſoy meſme, ceſt aſſauoir bien de vertu que ilz ne font a celluy ou a ceulx pour qui ilz meurent Et doncques ſenſuyt il que ilz ſe aimẽt plus que autre en ce faiſant Texte

Et ſemblablement eſt il de ceulx qui ne tiennent compte de expoſer leurs pecunes largement Et deſquelz leurs amis ont pluſieurs ⁊ treſgrans pꝛoffiz, car en ce faiſant ilz ſõt ⁊ baillent a leurs amis pꝛoffis de pecunes, mais ilz baillent et font a ſoy meſme biẽ de vertu qui eſt plus grãt et en ceſte maniere il eſt vers honneurs et pꝛinceps ou poſtes, car toꝰ les biens de dehoꝛs le Vertueux les baille et leſſe aller legierement ⁊ liberalement a ſon amy ⁊ pour ſon amy mais ce faire eſt bien pour ſoy ⁊ choſe loable, ⁊ ainſy doncques il ſemble communiment que le Vertueux en ce faisant est/il et prest/τ retient pour soy mesme bien par deuant tous autres Et auecques tout ce qui dit est encor aduient il aucunefois que le vertueux se de/τ donne lieu a son ami de faire operations vertueuses lesquelles il peult bien faire et lesse affaire pour lamour de son amy Et en certains cas il est mieulx pour soy que elles soyent faittes par son amy que sil les faisoit Glo Car lactiō de dēs et sa bōne entēciō pour quoy veult que son ami face telle euure de dehors est plus vertueuse et meilleur que sil mesme la faisoit sicōe peult aduenir en fortitude ou en fais darmes que vng cheuallier donne lieu a son prince de faire vng grant fait lequel il peult bien faire Et en ce le cheuallier fait mieulx τ plus notablement que sil mesme faisoit tel bien Et semblablement peult estre en magnificēce ou en liberalite ou en iustice.

Tex Et par ce appert que en toutes choses lesquelles les vertueux fait pour autre qui sont bonnes et soaßles il baille plus de bien a soy que il ne fait a autre Et doncques il cōuient que il soit philautus, cest adir que il aime plus soy que autre cōe dit est mais il nest pas philātus en la maniere que plusieurs de cōmū des gēs preuuēt philantus et ne se sçiēt pas Glo Cestassauoir sicōe il fut pris ou cha. precedēt Et ainsi appert que a prēdre amer propremēt/τ de vraie amour le vtueux aime pl⁹ soy mesme

que quesconque autre creature p les raisons dessus dictes. Itē sen doit plus amer cellui q̄ dōne τ du quel se a pl⁹ grās biēs et le vertueux a les pl⁹ grās biēs que il ait de soy mesme principalemēt cestassauoir les biēs de vertu q̄ passēt to⁹ autres soiēt biens naturelz ou corporelz ou biens de fortune. Itē par ce appert que le vertueux ē meilleur a soy mesme qua quelcōque autre dōcques se doit il mieulx amer. τc. Itē le bienfacteur aime le beneficie sicōe dit est ou iχ cha. τ se vtueux ne fust onques a autre ne ne pourroit faire tāt grās biēs cōe a soy car il nest pas a autre principal cause des biens de vertu combien que il en soit occasion ou face ace aucune ministraciō Item vne cause qui fait amer est prochaine le vnion ou conionction Et nul ne peult estre si vny prochain et conioint ce autre comme il est a soy mesme autres raisons sont ace mais cestes souffisent Mais assauoir moult se par raison naturel se il deueroit plus amer dieu que soy mesme quant a present ie preuue que oy par quatre raisons

Premierement ie suppose que deux choses sont cause damer vne est bonte qui est de soy amable, et tant elle est plus grant tant est plus amable. Et se cestoit seule cause damer chascū deueroit amer vng autre p⁹ que soy pose que il fust meilleur et peurce lautre cause damer est prechainete et cōionction comme dit est deuant.

τ.i.

A propos dieu est par tout et est conjoint et dedens toutes choses et combien que par aventure il ne soit pas si prochain du vertueux selon aristote comme le vertueux est pres de soy neantmoins dieu excede et passe plus se vertueux en bonte que le vertueux ne passe ou excede dieu en telle prochainete Et doncques pose que le vertueux deust plus amer soy que dieu par la raison de ceste prochainete Toutesvoyes il doit plus sans comparaisons amer dieu que soy pour cause de sa bonte Et ainsi une cause passe lautre et les deux ensemble au regart de soy Ité des plus grans biens que ait le vertueux il mesme é cause plus que quelconque autre creature sicôe il est dit devant mais de telz biens de vertu dieu en est encor plus principal et plus cause de tous autres Et doncques le vertueux recoit plus telz biens de dieu que de soy et est dieu meilleur ou vertueux que il mesme nest a soy et par cosequent il se doit plus amer que soy. Ité dieu est souverain bien & selon ordre naturel tous biens sont finablemét pour lui & par consequent tout bien est a amer pour lui Et doncques le vertueux aime soy & selon bien en rapportant a dieu & cest sans moyen & pour dieu & par consequét il aime plus dieu que soy aussi côe la mere qui aime la nourrice pour son filz il sensuit que elle aime plus son filz.

Une question se le beneure a mestier damis et monstre que oy par raisons morales. vii.chapitre

Auns sont doubte du beneure se il a mestier damis ou non & semble a aucun que non car ceulx qui sont beneurez sont par soy souffisans Glo. Sicomme appert ou viii.chapitre du premier & Boece dit que felicite est estat parfait par aggregation de tous biens
Tex. Et tous les biens q leur conviet Et doncques puis que ilz sôt par soy souffisâs il ne leur faut rien Et nous disons que ami est aussi comme autre soy mesme pource que les choses que lon ne peult avoir par soy lon les a par son ami Glo.
Et le beneure a tout ce que il luy convient sans autre comme dit é et doncques nea il mestier damis
Tex. Ité il appertient par ung proverbe comun q dit que quât le dieu de fortune ou destinee donne du bien assez quel mestier est de amis nul Glo Cest proverbe fut dit ou prins ou livre de euripedes le poete q raconte que ainsi disoit horestes a menelaus quant il lui requiroit ai de. Apres il argue au contraire.
Texte Mais les autres dient que il semble inconveniét car ilz attribuent au beneure tous biés et si ne luy assignent nulz amis Et toutesvoyes entre les biens de

dehors ce semble le plus tresgrāt. Glo. Et pource dit caton vltimus est regno meritis acquirere amicos Et aussi dit len mieulx vallent amys en voye que denier en courroie. Tex. Item il appartient plus a ami bien faire que biē souffrir ou que bien receuoir Glose Et amer que estre ame comme il fut dit en pi. chapitre du viii. Texte.

Et appartient a celui qui est vertueux bien faire Et mieulx est faire biē a ses amis que faire biē aux estrā ges Et doncques le beneure qui est vertueux a fait tousiours le mieulx a mestier des amis aux quelz il face bien Et pource vne question est assauoir moult se lē a plus grāt mestier de amis en bōnes fortunes ou en males fortunes Et aussi comme les mal fortunez ont mestier damis qui bien seur face ainsi ōt les bien fortunez mestier damis ausquelz ilz facent bien Glo. Ceste question sera determinee apres ou v. chapitre

Apres il met la tierce raison Tex. Itē par aventure est ce incōueniēt dire que le beneure soit solitaire car nul ne esliroit auoir tous les biēs selon soy mesme ou pour seul Glo. Et pource dit len nullius boni possessio &c. De nul bien la possession nest ioyeuse sans compaignon Tex. Pource que naturellement hōme est politique & enclin̄ nature a suiure et converser auecques hōmes Et dōcques le beneure a ceste natu

re car il a choses qui sont vrays biēs Glose. Et dōcques ne lui faut nulle bōne nature que soye estre en hōme Tex. Et il est manifeste que mieulx est conuiure & demourer auecques ses amis & auecques ceulx q̄ sont vertueux que auecques estranges dōcques le beneure a mestier de amis car il doit faire le mieulx. Apres il determine ceste question Tex

Or cōuiēt dōcques pr̄siderer ce que les premiers diēt Glo. Cest assauoir ceulx qui diēt que le beneure na mestier damis Tex. Car moult de gēs cuidēt que ceulx sont amis q̄ fōt proffis & qui sequeurēt aux necessitez, et le beneure ne a mestier de telz amis car il a des biens assez Dautre partie de ceulx qui sōt amis pour delectaciōs seulemēt Glo. C̄me seroiēt iugleurs Tex. Il ne a mestier ou peu car la vie de suy est delectable de soy et ne a mestier de aute delectacion souruenāt Glo. Car sicōme il fut dit ou vii. cha. du premier la vie de felicite est tres delectable

Tex Et pource que le beneure ne a mestier de telz amis il sēble que il nait mestier de amis Glo. Apres il mōstre p iii. raisōs cōmēt il a mestier de amis selō amitie q̄ est pour biē honneste & pour biē de vtu Tex Mais par aventure nest ce pas verite & ne sen suit pas se il ne a mestier damis pour proffit ou pour delectacion corporelle que nait mestier damis ce fut dit au cōmēcemēt. G. Du ix. c. du pmier. Tex. ii.

Que felicite est vne operation
& que elle est en faire et non pas en le
auoir sicomme len a vne possession
Glose. Car se le beneure ne
ouuroit il ne seroit plus beneure sicō
me il fut dit en vi. chapitre du pmier
Et par ce peult len arguer que a fe
licite est requise autre personne sicō
me plusieurs sont necessaires a faire
vne maison plus que a la possider
Tex. Et dōcques lestre du
beneure entant comme beneure est en
viure et en ouurer & soperatiō du bō
homme est vertueuse & est delectable
selon elle sicomme il fut dit au cōmen
cement Glose. Du ix. chapi
tre du premier. Tex. Et est
entre toutes choses delectables la pl9
proprement et delectable ou beneuree
Glose. Car cest sa perfection
Tex. Et nous pouons mieulx
speculer, considerer & congnoistre nos p̄̄
chains que nous mesme et leurs acti
ons ou operations que nostres pro
pres. Glo. Car pour laffectiō
que chascun a a soy mesme nous cui
dons nos operatiōs meilleures que
ilz ne sont et iugeons mieulx & plus
certainement des operations des au
tres. Tex. Et aux bons et be
neures sōt delectables les actions ou
operatiōs des vertueux qui sōt leur
amis car les vnes et les autres cestas
sauoir leurs actions & celles de leurs
amis ont en soy les choses qui sōt na
turellement delectables. Glose.
Cest assauoir vrays biens Tex

Et dōcques pource que le beneu
re esiut speculer & cōgnoistre operati
ons vertueuses & propres pour soy il
a mestier de telz amis Car ses opera
tions du bon qui est ami sont telles
comme dit est Glo. Briefmēt
vng homme ne seroit pas beneure se
il ne se delittoit en ses operations et
tant plus congnoist et plus se delitte
& il les congnoist plus par les opera
tions de ses bons amis doncques a
il mestier de bons amis pour soy plus
delitter. Apres il met la secōde rai
son. Tex. Ite les gens cuidēt
que il ne couiengne le beneure viure
delectablement & a cestui qui est soli
taire sa vie est forte et grieue Glo
Et conuient souuent que sa de
lectatiō soit entrerōpte Et pour ce dit
lescripture. Ve soli. &c. Ite non est bo
nū hominē esse solum. Et de ce sera
dit plus a plain ou premier de politi
ques vers le cōmēcemēt. Tex.
Et nest pas legiere chose que il
face cōtinuellement bien se il est seul.
Glo. Et il couient que le
vertueux face bien cōtinuellement.
Car sicōme dit seneque Sapiēs nul9
sū tempus dat ocio. Le sage ne est ia
mais oyseux. Car se il dort ou se il se
esbat tout est bien fait et pour bien
Texte. Mais est plus
legier ou pl9 aisie faire auecques au
tres ou a autres Et dōcques la bōne
operation continuee e pl9 delectable
selon elle Et cest ce que il conuient
au beneuree. Glose.

C'est assauoir que son operation soit continuee et que elle soit delectable au plus que il est possible. Tex. Car le vertueux entant comme vertueux se esioist et delitte es opations des autres qui sont selon vertu, et est triste et celles qui viennent de malice, et aussi comme le musicien se delitte es bonnes melodies et a tristece es mauuaises. Glo. Et doncques le beneuré a mestier damis vertueux affin que il se delitte en bonnes operations quilz font. Apres il met la tierce probation. Tex.

Item car par conuiure et conuerser auecques ses bons est faicte une excercitation et accroissement de vertu sicomme le poete theognis disoit. Glo. Cest nom signifie aussi comme congnoissant dieu et par le dit de cest poete appert que le beneuré a mestier de querser auecques les vertueux, car en telle compaignie il peult mieulx excercer sa vertu sicomme il est des autres euures humaines, pour ce dit lescripture. Cu̅ sancto sanctus eris. etc. Et le beneuré ne peult conuiure auecques ses vertueux que ilz ne soient ses amis.

Co̅ment le beneuré a mestier damis par une raison naturelle. viii. cha.

SE nous voulons considerer plus naturellement il semble que au vertueux est esligible par nature ami vertueux. Glo. Pour prouuer son entente il declai-

re premierement que estre et viure est esligible. Tex. Car come il fut dit deuant la chose qui est bonne par nature elle est au vertueux bonne et delectable selon soy. Glose. Le fut dit ou vii. chapitre du premier et ou v. chapitre du tiers en lieux plusieurs. Tex. Et les philosophes determinent ou diffinissent viure en disant que viure est puissance de sentir quant est aux bestes et quant aux hommes cest puissance de sentir et de entendre. Et puissance est reduite ou ramenee a operation car le principal est en operation. Glo.

Il appert au ix. de methaphisique que le fait ou action en choses naturelles est meilleur que la puissance nest pour le fait. Tex. Et donc ques viure est principalement sentir ou entendre. Glo. Apres il monstre que viure est bonne chose. Tex.

Et viure est du nombre des choses qui sont bonnes et delectables. Car chose qui est determinee est de nature de bien. Glo. Car sico̅ il fut dit en sa glose du vii. chapitre du premier Pithagoras mettoit en la partie de mort chose infinie et non determinee, et viure est chose determinee et mort peult estre en plusieurs manieres et est chose incertaine. etc. Tex.

Et tout ce que est bon par nature il est bon au vertueux et lui appert bon. Glo. Car il est la mesure de tout bien humain sico e il fut dit au ix ou qui nt chapitre. Tex.

Et pource que Viure est bonne chose se il semble a tous estre delectable, mais len ne doibt pas prendre Viure ne entendre ce que dit est de mauuaise Vie et corrumpue par Vices ou de Vie qui est en tristeces et miseres, car telle maluaise Vie est indeterminee aussi comme sont les choses qui sont en elles. Glose. Car len peult pecher en manieres innombrables, sicomme il fut dit au viii.c. du second Et en la maniere que les concupiscences qui sont maluaise Vie sont de diuerses guises, semblablement telle Vie est variable & indeterminee. Tex. Et ce sera plus apres la ou nous traicterons de tristece Glo. Cestassauoir au p. liure. Apres il met conclusion qui sensuit de ce que dit est Tex.

Et doncques Viure est bonne chose et delectable sicomme il est verite non pas seulement par la raison desusdicte mais auecques ce pource que il semble que tous le appetent & desirent il sensuit que aux Vertueux et Beneureux Viure est mesmement delectable Car leur vie est plus eslisible que autre et est tresheneuree. Glo

Dirauons doncques que aux Beneurez Viure est tres delectable Apres il monstre q leur est delectable sentir & apperceuoir soy viure Tex.

Et cellui qui voit ou scet que il voit bien il sent & apperçoit sa vision ou son voiement Et semblablement est il de cellui qui ot & de cellui qui

va et ainsi des autres choses quant nous apperceuons & sentons que nous ouurons Et pource quant nous sentons nous sentir & quant nous entendons nous entendre adoncques nous sentons & entendons que nous sommes Car lestre de homme est sentir come dit è Et entendre, et sentir que len dit est chose selon soy delectable Car vie ou viure est bonne chose par nature et sentir le bien que a a soy mesme est chose delectable Et doncques Viure est chose eslisible & mesmement es bons car eulx estre leur est bon & delectable Et auecques ce quant ilz sentent & apperçoiuent que telle chose est bonne selon soy ilz y prennent grant delectacion. Glose. Apres il applicque a ce que dit est a son propos.

Tex. Or est ainsi que le Vertueux se a vers son ami ou a son ame come a soy mesme Car amy est ung autre soy mesme Et doncques aussi comme a chascun soy estre eslisible en telle maniere ou pres luy est eslisible son ami estre. Glo.

Il dit ou pres pource que chascun naturellement aime plus soy ou soy estre que autre sicomme il fut dit en xi. chapitre. Tex.

Et nous auons dit que au Vertueux son estre lui est eslisible pource que il sent & apparcoit que il est bon et celle appartenance est selon soy delectable doncques conuient il que le Vertueux sente et apperçoiue tresbien que son bon ami est en estre auecques

ce que il mesme seut soy estre Glo.
Pour ce que se a a son ami come a soy mesme cõe dit est. Tex. Et ceste appartenance ou sentement est fait en conuiure et en cõmuniquer auecques ses amis en paroles et en cõsiderations de pensee Car en ceste maniere doit sen dire les hommes conuiure ensemble Glo. Car telles choses sont propres aux hõmes et ne sont pas es bestes Cestassouoir parler et entendre. Tex. Et non pas pour communiquer en mengier et boire comme font les bestes dune pasture. Glose. Apres il reprent sa raison Texte Et doncques se au beneure son estre lui est eslisible enfant comme il est bõ et delectable selon soy par nature et lestre de son ami est prochain ou pres que le sien quant a affectiõ il sensuit que ami ou auoir amy est eslisible au beneure, et ce que est eslisible au beneure il conuient que il ait ou austrement il seroit indiget Glo. Car il nauroit pas ce que il doibt desirer, et per consequent il ne seroit pas beneure Tex.
Doncques celluy qui est en esta de felicite a mestier de amis vtueux, et conuient que il les ait telz.

Question se len a plus grant mestier damis en prosperite que en auersite   piiii. chapitre.

§ Oncques est questiõ assauoir moult se len doibt auoir grãt multitude damis ou se le doit

faire selon ce que dit le prouerbe de pelerinage prudentement et sagement qui dit ainsi ie ne desire que ie soie appelle grandement pelerin ou non pelerin Glo. Pelerin ycy endroit est celui qui va en estrange pays pour quelconque cause et pour ce disoit cestui que il ne vouloit pas trop aler p diuerses pties ne soy tenir tousiours en sa cite Tex. Semblablement en amitie il est conuenable que len eslise pas estre non amy ou nõ auoir amis Et aussi que len eslise pas estre neant ami selon superhabõdance en multitude de amis Glo Cest sa responce en general laquelle il declaire et prueue apres en especial Et premierement quant a amitie pour proffit Tex. Et ce que dit est semble du tout estre couenable quant aux amis qui sont pour oportunite de proffit Car vne chose trop laborieuse est recompenser ou aministrer retribution de moult de gens et ne souffist pas la vie ou la faculte dune personne a ce faire Glo.
Et ils conuient resamilier ou retribuer ou faire seruice aucun a ceulx qui sont proffit Tex. Et doncques se aucun a de telz amis plus que il ne lui couient aux necessites de sa propre vie il est par eulx distrait et empesche quant au bien viure et selõ vertu Glose.
Car nul ne peult bien entendre a ses besoingnes quant il se occupe trop aux besoingnes des aultres.

Tex. Et doncques le vertueux ne a mestier de grant nombre de telz amis mais aussi des amis q̃ sont pour delectacion peu ⁊ souffisẽt en la maniere que es viandes souffit ung peu de sausse ☙ Glo ☙ Semblablement a ung homme bon peu de telz gens sicomme sont iugleurs souffisent pour delectacion ⁊ recreation Apres il determine ceste question quant est des amis vertueux

Tex. Mais des autres vtueux assauoir moult se len en doit auoir plusieurs et en grant multitude ou se il est une mesure de telz amis en la maniere que il est des gens du̅ ne cite Car cite nest pas de dix ho̅mes ne encore nest pas cite de v. mille hommes cest a dire de L. mille.

Glo Ung petit nombre de gens ne souffit pas pour faire une cite ⁊ la multitude peult estre si grans de que ce seroit trop pour une cite si côme il appert ou tiers de politiques et est ou vii. de politiques deter̃mi̅ nee plus a plain comme cite requiert et doit estre de quantite moderee

Tex. Mais par auenture la quantite de cite nest pas precisemẽt a ung certain nombre car entre ii. no̅bres du̅g lun est trop grant et lautre trop petit plusieurs no̅bres sont moiens pour lesquelz sont determinees les quantitez des citez Glo.

Et pource les unes sont plus grandes que les autres. Apres il aplique a propos Tex. Et semblablement est il et doit estre une multitude damis determinee entre trop ⁊ trop peu Et par auenture est ce bõ de en auoir plusieurs auecques lesquelz len puisse conuiure car ce sẽ ble estre chose plus amable Glo

Cestassauoir auoir des amis ⁊ en competente multitude Apres il preuue par trois raisõs que telle multitude ne doit pas estre grande

Texte Et est manifeste que ung homme ne peult pas biẽ co̅ uiure familierement auecques grãt multitude ne soy distribuer familie̅ rement entre tant de gens. Itẽ len doit conuiure ⁊ demourer auec ques ses amis Et doncques co̅uiẽt il que ceulx conuiuent qui sont amis ensemble Et cest labourieuse chose que ce puist estre en grant mult̃itude

Item forte chose seroit soy esioir ⁊ desoier ou p̃trister auecques moult de gens familierement comme amy doit faire Car il est vray semblable que il aduiendroit souuent que il cõ uiendroit soy contrister auecques lũ ⁊ delecter auecques lautre Glo

Apres il conclud Tex Et par auenture est ce bien que se ne quere pas estre tres ami a grãt multitude de gens mais se doit que tir tant comme il souffist a conuiure ⁊ a bonne conuersation. Glo

Et a ce met il apres une autre raison Tex Car il ne sem ble pas que ung homme puisse estre tres amy a plusieurs pour ce que il ne

peult pas amer plusieurs autres.
Car amitie veult et requiert super
habondance de amer ⸿ Et telle su
perhabondance ne peut estre fors a vng
ou a tres petite multitude. Glo.
Ceste raisõ fut mise a cest propos
ou .viii. chapitre du viii. liure et fut
mis vng exemple de fole amour char
nele contre laquelle selon ouide vng
remede est faire plusieurs aimes.
Et doncques sen ne peut pas chas
cun de plusieurs amer parfaictement
Car aussi comme le entendement
q̃ soccupe en plusieurs choses est mol
dre en chascune delles que se il se occu
past en peu sicõme dit vng vers cõ
mun ⸿ Pluribus intentus minor
est ad singula sensus ⸿ Sembla
blement est il de la volente ou affecti
on qui est partie en plusieurs .⁊c.
Apres il desclaire par experience
Tex. Et semblablement est
il en autres choses ⸿ Car en amitie
de compaignons qui sont nourris en
semble des enfance vng seul nest pas
ami a plusieurs. Et pour ce dit
len enprouerbe que telz amis sont cõ
me ceulx qui chantent deux et deux
Glo. Il ne entent pas par ce
que vng ne puisse auoir plus dun a
mi mais il entent que sen nen doit pas
auoir multitude ⸿ Tex
Mais ceulx qui sont amis a plu
sieurs et qui se rendent familiaires a
tous il semble quilz ne soient amis a
nul Glo. Pour ce dit len en
prouerbe qui est a tous si est a nul

Tex. Toutesuoye len peut
dire que ilz sont amis politiques et
telz sont appelles plaisans Glose.
Cest vng vice qui est en super
habondance sicomme il fut dit en la
fin du xviii. chapitre du quart liure
Texte ⸿ Mais selon amitie
politique vng homme peult bien a
uoir plusieurs amis non pas seule
mẽt comme a le vicieux dessusdit ap
pelle plaisãt mais comme vraiemẽt
vertueux Glo. Car telle
amitie nest pas amitie proprement
dicte, mais est concorde sicõme il fut
dit au viii. chapitre, et vng vertu
eux peut bien auoir concorde a plusi
eurs quant a choses q̃ regardent vie
politique Texte. Mais pour
vertu et pour eulx mesmes il ne peut
pas estre ami a plusieurs. Et
doit auoir pour chose moult chiere et
moult amable quant il peut trouuer
vng petit nombre de telz amis

Question se len a meilleur me
stier damis en infortune que en bon
ne fortune. ¶ .s. chapitre.

Ne question est assauoir se len
a plus grãt mestier damis en
bonnes fortunes ou en infortunes,
car en toutes les deux sont amps re
quis pour ce que ses infortunes ont
mestier de aide faicte par leurs amis

feuillet.

Et ses bien fortunes ont mestier da mis auecques lesquelz ilz communicquent et ausquelz ilz facent bien, car ilz veullent bien ouurer et faire bien a aultres. Glose. Il est a entendre de ceulx qui sont vertueux Apres il respont a sa question

Tex Doncques nous dirons que en infortunes il est plus necessaire auoir amis que il nest en bonnes fortunes Et pource en estat infortune sen a mestier de amis profitables, mais auoir amys en bonnes fortunes cest chose meilleur z plus honneste Et pource ceulx qui sont en tel estat querent amis vertueux, car cest chose plus estisible de leur faire bien, et de conuerser auecques eulx que ces aultres Glo. Doncques auons nous deux conclusions Une est que en males fortunes sen a plus mestier de amis quât aux necessitez cest adire pour supplier z pour secourir aux deffaultes des biens de fortune ou des biens corporelz, laultre cōclusiō est que sen a plus mestier damis en bōnes fortunes quant a bonte z quant aux biens de lame Et la tierce peut estre que siplement a parler sen a pl9 mestier damis en bonnes fortūes que en aultres Et vault mieulx de tât comme les biens de vertu et de lame sont meilleurs que ne sont les biens corporelz Et de tant comme bien faire e meilleur chose z plus estisible que bien receuoir, z daultre partie car les amis vertueux en bonnes fortunes

sont simplement et du tout delectables, mais en males fortunes la presence des amis combien que elle soit delectable elle a tristece annexee, sicōme il sera dit en cest present chapitre.

Apres il preuue ce que il auoit dit deuant, cestassauoir que sen a mestier damis en toutes fortunes

Tex Et presence de amis est delectable en bonnes fortues, car quant les infortūes sont tristes leur tristece est alegee par ce que leurs amys se contristent auecques eulx Et pource se aucun doubtoit de la cause assauoir mon se ce est aussy cōe quāt ung homme porte ung pesant fais z aucuns aultres se soulegent en prenant vne partie de son fais.

Glo. Semblablemēt pourroit dire aucun que ses amis prennēt vne partie de la tristece de leur amy infortune, mais a parler propremēt la tristece qui est en ung hōe ne peut estre transportee en vne aultre persōne ne en tout ne en partie, mais bien peut estre que les amys prennent ou portent vne partie de la cause de telle tristece, sicomme du dommaige de leur amy z luy donner de leurs biēs

Apres il met vne autre cause plus propre Tex Que ce que dit est nest pas la cause, mais la presence de leurs amis leur est delectable Et quant ilz voient que leur amy se cōtrist et douloseauecques eulx ce leur fait sentir mendre tristece.

Glo Car par ce ilz appe

coiuent que ilz sont leurs amps et ce leur fait delectation et appetice leur tristece Tex. Et ce leur tristece est alegee ou alienee pour lune cause ou pour laultre nous nen dirõs pl⁹ a presẽt Glo. Car ce appartient a philosophie naturelle, et pour voir sen assigner autre cause, car vng nuisement enclos fait plus grant affliction que quant il est ouuert et esparti Et pource est tristece alegee par sa monstre, en plorer, en gemir et par la declarer a ses amis Et semblablement ire qui est occulte et couuerte est plus griefue a porter que celle qui est apperte, sicomme il fut dit au vii. chapitre du quart Texte.

Mais toutesuoies il semble estre ainsi comme dit est
Glo. Cestassauoir que la presence des amis alege la tristece et est delectable. Apres il monstre comme telle presence cause et fait tristece Tex. Et semble que aux infortunes la presence de leurs amis est mixte ou meslee de delectation ou de tristece, car veoir ses amps est delectable chose a chascun, mais aultrement a le infortune que aux aultres Car sa presence de son amp lui fait aide a soy moins trister pource que son amp luy fait consolation en ce que il se veit et par ses parolles se tel amp est habile et que il sache bien reconforter, car il congnoist bien les meurs de son ami et scet en quelles choses il se delitte et ẽ quelles il a tristeces, mais

ainsy dautre partie cest triste chose a cestuy quant il sent son bon amp auoir tristece de ses infortunes, car chascũ euite et fait estre cause tristece a ces amis Glo. A linfortune la presence de son amp est cause de delectation en vne maniere et de tristece en aultre comme dit est, mais il ne considere pas tout ensemble, mais vne chose et puis laultre en variant plusieurs fois ses pensees Et selõ ce sa tristece croist et appetice plusieurs soys, mais toutesuoies communement la presence des amis luy fait plus de confort que de tristece

Tex. Et pource ceulx qui sont de vigueureux couraige et qui sont hommes ilz redoubtent naturellement et recusent contrister leurs amis. Glo. Et la cause est, car ilz ne veullent pas que leurs amis sentent mal ne doleur.

Tex. Et ne souffendriont iamais que ilz puissẽt que leurs bons amis eussent tristece se il estoit ainsy que le appeticement ou diminuacion de leur propre tristece ne excedast tresgrandement la tristece de leur ami.
Glo. Sicomme se la male fortune ou la grant tristece dun homme pouoit estre du tout ostee ou grandement diminuee pour donner vng peu de tristece volũtaire a son ami, il le deueroit faire
Texte. Car simplement parler il ne plaist pas a tel homme de grant couraige que les aultres pleu-

rent ses infortunes/ et aussy il nest pas
ploreur/ mais aucuns sont comme se
ilz fussent femmes et se delectent et es
ioissent de ceulx qui se douloient et
complaignent auecques eulx et les
aiment/car ilz tiennent comme amis
tous ceulx qui se douloient auecques
eulx/ mais en toutes choses il conui=
ent ensuir le meilleur
  Glo. Et en cest propos
cest cestuy qui a a curer de homme et
qui nest pas de ceulx dont len dit
 Solatium miserorum est habere
miseros in miseria. Les meschans
se reconfortent en auoir compaignõs
en leur misere Disons doncques
que len a mestier damis en infortues
 Apres il monstre que aussy len a
mestier en bonnes fortunes
  Tex. Et en bonnes fortu=
nes la presence de ses amis luy fait a
uoir conuersation delectable Et a
uecques ce elle luy fait entendre que
ses amis se delectent ou bien de luy
  Glo. Et ainsy il se delitte
en leur presence doublement/cestassa
uoir en conuerser auecques eulx et en
ce que il apperceoit que ilz se delectent
auecques luy Apres il met trops
enseignemens quãt a appeller ses a=
mis Et trops enseignemens quant
a aller vers ses amis
  Tex. Et pource que dit
est il semble que len doibt appeller pre
stement ses amis a ses bonnes fortu=
nes/car il conuient que tout homme
face bien a ses amis Et il leur fait

bien et plaisance en leur signifiant sa
bonne fortune Et auecque ce il leur
fait plusieurs biens.
  Tex. Item quant est aux
infortunes len doibt estre pereceux et
tardif de apeller ses amis Car len
leur doit bailler le moins que len peut
de mal et de peine Et ce disoit vng
sage en ceste maniere/ il me souffist se
iay tout seul porte mes infortues
  Glo. Comme se il voulsist
dire ie ne veulx pas que mes amis en
seuffrent Tex.
 Item aux infortunez ses amis
sont mesmement a appeller quant
pour souffrir vng peu de paine il
peuet grandement aider Glo
 Sicomme quant les infortunes
sont si tresgrandes que len ny peult
pas say secourir et les amis y peuent
aider sicõme en peril de mort et cetera
 Apres il met trops enseignemẽs
quant a visiter ses amis
  Tex. Mais quant est de
aller vers ses amys parauenture cõ
uient il faire econuerso.au contraire
et doit sen aller prestement a ses amis
infortunez pose que sen ny soit pas ap
pelle/car il appartient a amy que il
face bien a ses amys Et mesmement
a ceulx qui sont en necessite et qui ne
senduirent a requerir/car ceste manie
re de faire est meilleure et plus hõne
ste et plus delectable
  Glose. De tant comme
cestuy qui fait aide la fait plus libe=
ralement et sans estre requis Et de

tant comme sault re sa recoit plus ver tueusement en ce que il ne vouloit pas requerir ne grever son ami.

Texte. Item aux bons fortunes sen doibt aller vers son amy bien fortune prestement au cas que sen y va pour se compaigner en bien faire et pour bien ouurer auecques lui Car le bien fortune a necessite de telz amys. Glo.

Sicomme il fut dit au vii. chapitre Tex.

Item quant est pour receuoir bien et proffit de son amy bien fortune sen y doibt aller tout en paix et sans soy haster Car estre prest de receuoir aide et proffit nest pas bien ne chose honneste Glo.

Nul ne se doibt ingerer pour prendre Car sicomme il fut dit au tiers chapitre du quart le liberal nest pas demandant ne requerant.

Tex. Daultre partie se doit regarder et doubter que a son amy bien fortune sen ne face indelectation ou appeticement de sa delectation par ce que par auenture il auroit opinion que cellup qui se visette est trop chargant et trop enuieux

Glo. Du selon vng autre texte que il ne se visitast fors pour sa propre delectation en raportant a son proffit Tex. Et telle chose aduient aucunefois.

Glo. Et est assauoir que en ii. manieres peut estre aucun mal delectable en visitant son amy bien fortune ou pour ce que il ne monstre pas que il ait grant ioye de son bien ou pource que il semble que il sen esioist plus pour son propre proffit que il ne fait pour aultre chose.

Texte. Et doncques il appert que la presence de ses amis est eslisible est toutes fortunes.

Que conuiure ensemble est tresdelectable chose en amitie. ⁊Vi.c

a Ceulx qui se entraimment damour charnele veoir ou regarder lun lautre leur est tresamiable et tresdelectable Et essisent plus a perceuoir lun lautre par les sens de voiement que par aultres come par cestuy par lequel leur amour est commencee faicte et maintenue.

Glo. Et la cause est, car sicomme il est dit au prohesme de methaphisicque le voiement nous monstre plus des differences des choses que nul des aultres sens dehors Et pource ceulx qui se entraimment par telles amourettes ont tresgrant delectation en veoir lun lautre Et aucun disoit que encor ont ilz plus grant delectaicon en touchement Je respondz e telle delectation est commune aux bestes et est bestial sicomme il fut dit ou xxiii. chapitre du tiers Et pource il entent de delectation propre a nature humaine et a amitie qui est en con

ure conuerser et compaigner ensẽble, Et pour telle chose est amour natu relle en homme et femme sicomme il fut dit ou xviii.chapitre du viii.

Texte. Doncques est question assauoir mõ se en amistie il est en ceste maniere de conuiure

Cestassauoir que a ceulx qui sont amis conuiure ensemble est chose treseslisible Glose.

Il veult dire que il est ainsi par la raison touchee Car comme entre homme et femme veoir est tresdelectable pource que par veoir est leur amour commencee et gardee Semblablemẽt conuiure est tresdelectable en amitie car par ce est elle commencee et gardee doncques il veult dire que entre ses quatre choses de amitie qui furent dictes ou quint chapitre cestassauoir beneficence begniuolence conuiure et concorde entre ces choses conuiure est la tresplus delectable ou la plus amiable. Apres il met a ce la seconde raison

Texte. Item amitie est communication ou elle est principalement en communication.

Glose Sicomme il fut dit ou xxiii.chapitre du viii. Et est certain que communication est conuiure ensemble Apres il met sa iii.raison

Texte Item chascun sea a son ami comme a soy mesme. Glose. Sicomme il fut dit ou quint chapitre

Texte Et chose eslisible et delectable est a chascun sentir et apparceuoir que il est et que il vit Et doncques sentir et apperceuoir son amp estre est chose delectable Et tel sent apperceoit chascũ en operatiõ qui est en conuiure Et pource conuenablement ceulx qui sont amis apettent conuiure ensemble Apres il met la quarte raison

Tex. Item les gens veullent conuerser auecques autre en la chose qui est leur estre ou pour laquelle ilz eslisent viure et y mettẽt leur fin Et en telle chose il veullẽt conuerser auecques leurs amis Et pource voions nous que les vngs comptent voulentiers et en ce conuersent ensemble.

Glo. Comme font ceulx qui mettent leur cure en acquerir pecunes marchans et telz gens

Tex. Les autres iouent ensemble aux tables et aux dez, les autres se exercitent ensemble en fais darmes ou en chasser ou vener, les autres estudient ou desportent ensẽble Et ainsi chascun demeure voulentiers et conuerse auecques ceulx q̃ ont auecques lui commence en la cho se ou operatiõ que il aime plus en sa vie Et ce font ilz pour ce que ilz veulent conuiure auecques leurs amis et communiquent auecques eulx es choses esquelles ilz cuidẽt auecques eulx conuiure Glo.

Briefment chascũ eslit telzamis

auecques eulx conuiure Glose.
Briefment chascun eslit telz amis
auecques lesquelz ilz puissent delectablement conuiure par quoy il appert
que conuiure est la plus principalle et
la plus delectable chose qui soit en a-
mitie Tex. Et pource
doncques appert il que lamitie des
maluais e maluaise car ilz communiquent esemble et se delectet en maluaises
euures et ne sont pas estables Glo
Car ilz sont mal en pis Tex.
Et par telle couersacion ilz sont faiz
plus maluais pour la similitude que
ilz ont ensemble Glo
Car lun prent exemple a lautre.
Tex. Mais lami-
tie de ceulx qui sont vertueux est bonne, car par parler et conuerser ensemble leur amitie et leur vertu accroist
et sont faitz meilleurs par ce que ilz
euurent ensemble et adtescent lun a
lautre en bien, et receuent lun de lautre choses ou ilz ont grant plaisance.
Glo. Ce sont bons exem-
ples Tex. Et de ce dit len
en prouerbe que des bons len a bies.
Glo Et au contraire desmaluais len a mal. Et pource dit Catô
Cum bonis ambula. Va auecques les bons Et lescripture dit
Cum sancto sanctus eris. &c.
Tex. Et en tant soit dit
de amitie et apres il conuient dire de
delectation.
Cy fine le ix. liure dethiques

feuillet.

ure conuerser et compaigner ensemble, Et pour telle chose est amour naturelle en homme et femme sicomme il fut dit ou xvii. chapitre du viii.

Texte. Doncques est question assauoir mon se en amitie il est en ceste maniere de conuiure

C'est assauoir que a ceulx qui sont amis conuiure ensemble est chose tresdelectable. Glose.

Il veult dire que il est ainsi par la raison touchee. Car comme entre homme et femme veoir est tresdelectable pource que par veoir est leur amour commencee et gardee. Semblablement conuiure est tresdelectable en amitie car par ce est elle commencee et gardee. Doncques il veult dire que entre les quatre choses de amitie qui furent dictes ou quint chapitre c'est assauoir beneficence begniuolence conuiure et concorde entre ces choses conuiure est la tresplus delectable ou la plus amiable. Apres il met a ce la seconde raison

Texte. Item amitie est communication ou elle est principalement en communication.

Glose. Sicomme il fut dit ou xxiii. chapitre du viii. Et est certain que communication est conuiure ensemble. Apres il met sa iii. raison

Texte. Item chascun se a a son ami come a soy mesme.

Glose. Sicomme il fut dit ou quint chapitre

Texte. Et chose est lisible et delectable est a chascun sentir et apperceuoir que il est et que il vit Et doncques sentir et apperceuoir son amy estre est chose delectable Et tel sent et appercoit chascun en operation qui est en conuiure Et pource conuenablement ceulx qui sont amis apetent conuiure ensemble. Apres il met la quarte raison

Tex. Item les gens veullent conuerser auecques autre en la chose qui est leur estre ou pour laquelle ilz eslisent viure et y mettent leur fin Et en telle chose il veullent conuerser auecques leurs amis Et pource voions nous que les vngs comptent voulentiers et en ce conuersent ensemble.

Glo. Comme sont ceulx qui mettent leur cure en acquerir pecunes marchans et telz gens

Tex. Les autres iouent ensemble aux tables et aux dez, les autres se excercitent ensemble en fais darmes ou en chasser ou vener, les autres estudient ou desportent ensemble Et ainsi chascun demeure voulentiers et conuerse auecques ceulx q̃ ont auecques lui commence en la chose ou operation que il aime plus en sa vie Et ce font ilz pource que ilz veulent conuiure auecques leurs amis et communiquent auecques eulx es choses esquelles ilz cuident auecques eulx conuiure. Glo.

Briefment chascun eslit telz amis

auecques eulx conuiure Glose. Briefment chascun eslit telz amis auecques lesquelz ilz puissent delectablement conuiure par quoy il appert que conuiure est la plus principalle et la plus delectable chose qui soit en amitie Tex. Et pource doncques appert il que lamitie des maluais e̅ maluaise car ilz cõmuniquẽt ẽsẽble/t se delectẽt en maluaises euures et ne sont pas estables Glo Car il sont mal en pis Tex Et par telle cõuersacion ilz sont faiz plus maluais pour la similitude que ilz ont ensemble Glo Car lun prent exemple a lautre. Tex Mais lamitie de ceulx qui sont vertueux est bonne, car par parler et conuerser ensemble leur amitie et leur vertu accroist et sont faitz meilleurs par ce que ilz euurent ensemble et adiescent lun a lautre en bien,/et recoiuent lun de lautre choses ou ilz ont grant plaisance. Glo. Ce sont bons exemples Tex. Et de ce dit len en prouerbe que des bons len a bõs. Glo Et au contraire desmaluais len a mal. Et pource dit Catõ Cum bonis ambula. Va auecques les bons Et lescripture dit Cũ sancto sanctus eris. 7c. Tex. Et en tant soit dit de amitie et apres il conuient dire de delectation. Cy fine le ix. liure dethiques

Au premier chapitre il mõstre que il conuient determiner de delectation

Pres sensuit que par auenture il conuient briefment traicter de delectation. Glo. Il fut traicte au viie de delectation en tant comme elle est matiere de continence/z principalement de delectation corporelle Et icy il en parle plus pour delectation de lame itellectiue/z mostre par iiii. raisons que il est bon de determiner de delectation Tex Premierement car delectation est mesmement approprie a nostre humain lignaige. Glose Comme il fut dit au quart chapitre du second. Tex. Et pour ce les gouuerneurs des familles et des pedagoges intro duisent les ieunes gens par delectatiõs et par tristeces. Glo. Car quant ilz font bien ilz leur sõt aucunes delectations/z les loent ou leur donnent aucunes choses/z quãt ilz font mal ilz les blasment ou battent et leur font tristece Tex Item soy esioupr et delecter es choses ou il conuient/z hair ce que len doit hair fait et aide tresgrandement a amour de vertu Glo. Car nul nest bon qui ne se esiouist en bonnes choses/et par ce est len bon sicõme il fut dit ou viie. chapitre du premier. Tex. Item delectation z tristece se ex cedent et durent par toute nostre vie Et pource ont ilz grant puissance et ont ou font inclination a vertu et a vie beneuree. Glo. ou au cõtraire

Tex. Car les gens eslisent les choses qui leur sont delectables/z fuyent celles qui leur sont tristes. Et toutesfoys len ne doibt oncques comme que soit eslire quelconque chose pour delectation ne pour tristece. Glo Mais pource que elle est bõne elle est eligible et doibt estre delectable/z aucuns au contraire par cõcupiscence desordõnee eslisent les choses non pas pource que ilz sont bonnes, mais pource que ilz leur semblent delectables Tex. Item encor appert il autrement que il conuient traicter de delectation/car les anciens philosophes en font plusieurs doubtes et questions/z dient que cest tres mauuaise chose, mais ceulx icy sont diuisee, car les vngs par auenture sont informez et cuident certainement que delectation est tresmauuaise chose et les aultres cuidẽt que non est z que cest bonne chose, mais ilz cuidẽt que pour nostre vie faire bonne il est mieulx et plus eppedient dire et pronõncer que delectation est mauuaise Car nous voyons que le plus des gens sont trop enclins aux delectations et seruent aux delectations/et pource il les quient attraire et mener ou tourner au contraire/et par ceste maniere ilz pourrõt venir au moyẽ Glo. Cestassauoir a vser mode

reement de delectations/z est verite
que len doibt forment fouir delecta
tions pour venir au moyen sicomme
il fut dit au derrenier chapitre du se
cond/mais len ne doibt pas les gens
induire ne mener a ce par enseigner
ou prescher contre ce que len cuide e
stre voir/sicome il monstre apres

Tex. Mais par auenture ce
nest pas bien dit. Car quant est des
choses qui sont es passions ou vers
concupiscences et en actions humai
nes les parolles sont moins creables
que ne sont les euures Glo.
Car telz gens qui dient une chose/z
font lautre: ilz attraient les gens a ce
q̃ ilz fõt plus q̃ a ce q̃ ilz diẽt/ et la cause
est car chascun est en particulier ce
que luy semble bon/et ainsy telz gẽs
approprient ce que ilz font Tex.
Et doncques quant les gens se des
cordent en fait de ce que ilz dient len a
leurs sermons en contempt et leurs
paroles en despit Glo Pource
dit Caton. Turpe est doctori
cum culpa redarguit ipsum Et
saint gregoire. Cuius vita despi
citur/restat vt eius pdicatio cō
demnetur. La sentēce est assez dicte
deuant Tex Et pose que ilz di
ent voir toutesuoyez ilz voient leur
dit et le interinemēt de fait: car celuy
qui vitupere delectatiõ et puis il ap
pette et poursuit delectation aucune
Jencline par son fait la multitude
populaire a delectation et a croire q̃
toute delectation soit a poursuiuir z

bonne/car il nest pas moult de gens
qui sceussent determiner quelles de
lectations sont bonnes et quelles nõ
Et pource dire parolles veritables
nest pas tant seulement profitable a
science/car quant les paroles saccor
dent aux euures ilz sont creues Et
pource ilz attraient ceulx qui les en
tendent a viure selon elles/z de tel
le chose suffist a present ce que dit est
Et procedons oultre a parler de de
lectation.

Cy parle des opiniõs cõtrai
res de eudorus. et de platon en
delectation. iiiͤ. c

Eodorus prophete cuidoit
et disoit que delectation est
bõne chose/pource que tou
tes choses la desirent et les raisõna
bles cõme sont hommes/z les irresõ
nables comme sont bestes. et la cho
se qui est elisible a tous a tresgrãt pu
issãce en bien Glo pource q̃lle
attrait a soy tout apetit Tex Et
ce q̃ toutes choses traient et tendent
a delectation cest une chose q̃ mõstre
que delectation est grãt biē ou tres
bonne a toutes choses/car chascune
chose quiert pour trouuer ce que luy
est bon en la maniere que toutes be
stes appetent viandes doncques vi
ande est bõne a toutes bestes Et per
consequent ce que toutes choses ap
petent cestassauoir delectatiõ est sim
plement bonne chose/et les paroles

de cest philosophe Edorus estoient creues pour les bônes meurs/ ᷒ pour la vertu de luy plus que pour elles mesmes/ car il sembloit estre attrempe differentement plus que les aultres. Glo. Car il fuioit plus delectations q̃ ne faisoient plusieurs aultres qui estoient vertueux et attrempez. Tex. Et doncques il ne sembloit pas que il dist telle chose comme amy de delectation/ mais pource que il cuidoit que il fust ainsy selon verite. Glo. Apres il recite iii. aultres raisõs que faisoit eudopus. Tex. Et cuidoit eudopus que delectation fust bonne non pas moins par raisõ dessus mise que par raison prinse du contraire/ car il semble que aristote est a suir de tous selõ elle/ ᷒ doncques semblablement son contraire Cestassauoir delectation est eslisible de tous. Glo. Eudopus vouloit monstrer p̃ les deux raisons qui ensuiuent que delectatiõ est tresbõne. Tex. Item la chose est mesmemẽt eslisible laquelle nous eslisons non pas pour autre chose ne pour aultre fin. Et chascun confesse que delectation est telle chose car nul ne demande a aultre pour quelle fin il se veult delecter aussy comme se delectation estoit eslisible selon elle mesme. Item toutessoys que delectation est adioustee a quelconque bien elle se fait estre plus eslisible/ sicõme a cest bien que est ouurer iustemẽt ou estre attrempe/ ᷒ doncques est delec-

tation bonne chose/ car tout bien en est acreu. Glo. Et cuidoit eudopus que cest tresbonne chose. Tex. Mais ces paroles ou ceste raison ne preuue fors que delectation est bonne/ ᷒ ne preuue pas quelle soit meilleur que ung aultre chose Car generalement tout bien myx a uecques aultre bien est plus eslisible que ce il estoit seul. Glo. Apres il recite lopinion de platon. Tex. Et par telle raison cõme dit est pla ton le philosophe cõtredisoit et nyoit lopinion de eupodus/ ᷒ disoit par ceste raison que delectation meslee a uecques aultre bie est par ce meilleur Il sensuit quelle nest pas par soy bie Car ce que est par soy bien est plus eslisible seul que quant il a a soy aultre bien adiouste. Glo. Platõ entẽdoit par ce que il appelle par soy bien la chose qui est bonne selon son essence et selon sa substãce, et nõ pas par participation/ sicomme est dieu/ mais Platon mettoit en soy ne scay quelles ydees separees, sicõme il fut dit au septiesme chapitre du premier. Apres il repreuue le ppos de pla ton. Tex. Mais il est manifeste que selon ceste raison nulle chose ne seroit par soy bien laquelle seroit plus eslisible se elle estoit auecques autre bie, et de toutes choses lesquelles sont en communication humaine il nest nulle telle. Et tel bien qui est cestassauoir en communicatiõ est quis en humaine vie ᷒ en science mo

A.ii

feuillet.

raif. Glo. Apres il reprenue les responces que platon faisoit a deux des raisons Eudorus Tex.

Et ceulx qui font instãce a la raison Eudorus que il est aucune chose q̃ toutes choses appetent et n'est pas bonne, ilz ne dient rien, car ce que sẽble estre bon a tous nous disons que il est ainsi Glo. Pource que il n'est pas bien possible que iugement naturel faille en tous Et l'appetit n'est fors de ce que l'en iuge bõ ou qui semble bon:/ donc ques se tous appetent delectation elle semble bonne a tous et par consequent elle est bonne Car sicomme il fut dit a cest propos au pnt. chapitre du vii. la renõmee que plusieurs publient n'est pas du tout perdue ou faulse. Et celluy qui noye ceste raison il n'en a pas parolles plus creables, car se les choses seulement qui ne usent de raison et de entendement appetassent delectation.

Glo. Comme sont les bestes et les mauuaises gens Tex. Ce que il dit eut aucune couleur, mais comme pourroit il coulourer son dit quant ceulx qui ont sapience appetent aucune delectation,/ et auecques ce par auẽture il a es mauuais aucun bien naturel beaucoup meilleur que ilz ne font en tant comme mauuais selon ce Glo. Car mauuaistie et malice est corruption de nature,/ donc ques est nature ou appetit naturel meilleur Tex. Et ce que toute chose naturelle appette

ce est propre biẽ Glo. Les mauuais selon appetit corrumpu ilz appetent desordonneement et en diuerses manieres les delectations particulieres. Apres il met la responce que platon faisoit a une aultre des raisons Eudorus Tex. Apres il sembloit a Platõ que la raison Eudorus prinse du contraire ne estoit pas bien dicte, car il disoit que il ne sesuit pas se tristece est mauuaise chose que delectation soit bonne chose Et que deux maulx qui sont contraires l'un a l'autre sont contraires a ce qui n'est ne l'un ne l'autre,/ et quant a ce pcy il ne dit pas mal Glo. Car deux vices extremes comme illiberalite et prodigalite sont cõtraires l'un a l'autre,/ et sont cõtraires a la vertu moyẽne c'est liberalite,/ et alsy aux autres vertuz sicomme il fut dit en pnt. chapitre du second Tex. mais toutesuoyes il ne dit pas verite quant au ppos dessusdit, car se tous deux estoient mauuais, c'est a ssauoir delectation et tristece il conuiendroit que tous deux deussent estre finez ou se tous deux estoient neutres ou l'une de elles estoit neutre C'est a dire ne bonne ne mauuaise, l'en deueroit faire semblablement Glo. C'est a dire ne suiuir ne poursuiuir Tex.

Mais en nostre propos il semble que tous finent tristece comme male et elisent delectation comme bien Et doncques sont ilz opposites et cõtraires comme bien et mal

Les raisons que platon & ses disciples faisoient contre eudorus. iii.cha.

Il ne sensuit pas se delectation ne est du genre ou predicament de qualite que elle ne soit du nombre des bonnes choses Car les operations de vertu ne de felicite ne sont pas qualitez Glo Car ilz sont du predicament de action Les platoniés en leurs raisons disoient ainsi. Toute chose bonne est qualite et delectation nest pas qualite ergo.&c. Et aristote noye le maior/& apres il traicte d'eulx aultres raisons Tex Item les platoniciens disoient que tout bien est determinee delectation est indeterminee pource que elle recoit plus et moins cest adire que vne delectation est plus grande ou plus forte & lautre moins mais ilz ne dient pas bien/car se ilz iugent et dient vne chose estre indeterminee et non bonne/pource que selon elle len est denome et dit tel plus ou moins Glo. Sicomme selon chaleur len est dit plus chaut, et semblablemét selon blancheur blanc plus ou moins et ainsi des aultres choses Tex Il conuiendroit q' ilz deissent semblablement de iustice et des autres vertus comme delectacion Glo Cestassauoir que elles fussent indeterminees et non bonnes Tex. Car eulx mesmes dient que selon les vertus len est dit tel plus ou moins, et que les vnges sont plus iustes les aultres moins iuste,& les vnges en fortitude sont plus fors,les aultres moins Et semblablement est il es operations, car len peut ouurer ou faire iustement & plus & moins Glo. Et par consequent leur raison ne conclut pas ou les vertu9 ne sõt pas bõnes Apres il met vne responce que aucune disoient Tex. Et se aucune disoient que des delectatiõs les vnes sõt non miptes simples et pures.

Glo. Comme seroient celles qui sont en contemplation Tex Et les aultres miptes ou meslees.

Glo Pource que ilz ensuiuēt aucune commiption, comme de saueurs ou de couleurs ou de sens.

Tex Et la cause ou raison des susdicte,nest pas a entendre des delectations non miptes,mais des miptes Glo. Car aussi comme les miptiõs des saueurs ou des choses sont variees et indeterminees,semblablement est il des delectations q' les ensuiuent & qui pource sõt appellees miptes. Apres il repreuue ceste respõse Tex. Mais ce que dit est ne empesche en riens que delectation ne soit determinee et bonne tout ainsi comme sante est determinee et bonne non contraictant ou non obstant que elle recoit plus et moins en comparaison Et en ceste maniere est il de delectation et se que dit est de sante appert par ce que la commensura-

A.iiii

feuillet.

cion et proporcion des humeurs nest pas vne mesme en tout. Et en vne mesme psone nest elle pas tousiours vne/mais aucune fois se appetice et varie la bonne commensuracion (z proporcion iusques a vng certain terme Et selon ce est la sante differête (z est vng homme plus sain (z moins sain

Glo. Et doncques quât la pporcion en inequalite passe le terme A doncques la personne est mal disposee ou malade Apres il traicte la iiiie. raison. Tex. Item les platoniens mettoient ou disoient que toute chose qui est par soy bien est parfaicte et disoient que motiôs et generacions sont choses imparfaictes Et apies ilz sefforcoient de monstrer que delectacion est motion et generation mais il ne semble pas q ilz dient bien

Et premierement delectacion nest pas motion car a toute mocion est ppre chose que elle soit isnelle ou hastiue et tardiue et suppose q ne soit pas telle selon soy et absoluement. Toutesuoies est elle telle en relatiô ou en regart dautre sicomme il est du mouuement du monde ou du ciel Glo.

Car sicomme il appert ou viiie. de phisique vng mesme mouuement est isnel au regart de lun mouuement/ (z est tresfort tardif ou lent au regard de lautre Tex. Mais nul des accidens dessusditz nest en delectacion Car en delectatiô len y peut venir isnelement et tardiuement ou lentement/mais ouurer selon delec-

tation ou soy delecter nest pas dit estre isnelement ou tardiuement tant côme il soit en accord et en consonance et tresbonne proporcion auecques vng autre/mais celle proporcion est commencee et faicte tout ésemble soudainement (z semblablemêt peut len dire et raconter de delectation Et pose que delectation soit faicte et acquise vne partie apres lautre, si ne sensuit il pas que elle soit isnelle ou tardiue mais laquisicion de elle est isnelle. (z Aussy comme nous ne disons pas q chaleur soit isnelle Apres il monstre et desclaire que delectation nest pas generation Car chascune chose nest pas faicte ou engendree de chascune/mais ce de quoy vne chose est faicte elle est en ce resolue et cou um pue Et doncques se delectation est generation daucune chose tristece est corruption de celle chose/(z cecy octroient ilz et dient que tristece est deffaute ou substraction de ce que est selon nature/mais telle replection et substraction sont passions corporelles Et doncques ce delectation est replection de chose qui est conueniente selon nature, il conuient que le corps en quoy est faicte ceste replection se delecte Or nest il pas ainsy Glo

Mais ce est lame qui se delecte et de laquelle delectation est passion

Tex. Et doncques delectation nest pas replection/ mais quât la replection est en fait ou est faicte, a doncques sensuit delectation Et sem blablement quant la separation substraction ou incision est faicte, tristece se ensuit Glo. Apres il monstre dont vint ceste opinion Tex

Et semble que ceste opinion soit faicte/z vienne de ce que aduient es delectations/z aux tristeces qui sont vers viandes Car ceulx qui ont deffaulte de viande et par ce ont tristece/ilz se delictent apres en replection Mais il nest pas ainsi vers toutes delectations:car les delectations qsont en speculatiõ mathematicques sõt sans estre en aucune tristece precedente Et semblablement daucunes delectations selon les sens naturelz cõme en odorer/et en veoir/ et en ouyr Et auecques soy moult despeces et de memoires des choses passees/z nõ presentes sont delectation sans oster ou expeller aucune tristece precedente Et doncques telles delectations ne sont pas generatiõs selon les platoniens Car ilz ne sont pas replectiõs daucune deffaute ou indigence.

Glo. Et toutesuoyes selon les platoniens/toute generation est replection daucune indigence ou deffaute.

La quarte raison des platoniens qui disoient que aucunes delectations sont tresreprouuables.

iiii^e chapitre.

Pres il conuient respondre a ceulx qui pour monstrer que delectation nest pas bõne/prononcent et mettent en auant delectations qui sont tresreprouuables Glo. Comme sont adulteres et gloutonnies, ou puretez/ et par ce les platoniens vouloient conclurre generalement que toute delectatiõ est mauuaise, mais aristote obuie a ceste raison par troys voyes ou par troys respõces Tex Mais premierement aucun pourroit dire q telles choses ne sont pas delectables simplement, mais que ilz sont delectables seulement a telz maulx disposez en la maniere que a aucuns malades certaines choses sont saines qui ne sont pas simplement saines,/z aucunes leur sont doulces qui ne sont pas doulces et aucunes ameres qui ne sont pas ameres. Et a ceulx qui ont vne maladie aux oeilz, laquelle maladie sappelle obtalmie, les choses qui ne sont pas blanches leur semblent merueilleusement blanches

Glo. Et ceulx qui sont delectables a regarder leur sont tristes et la cause est pour vne humeur corrumpue qui flue ou descet aux oeilz et vient dune empostume,/z semblablement comme il est dit du corps, il est en lame, et en lappetit corrumpu des mauuais Et pource les choses leur semblent merueilleusement delectables lesquelles ne sont pas selon

Feuillet.

verite ne selon le iugement des bons ou des bien disposez.etc. Apres il met vne aultre responce ¶ Tex. Ou len pourroit dire que delectatiõs sont esliribles et bonnes/mais non pas en les prenãt de toutes choses ou en toutes manieres en la maniere que nous disons que estre fait riche est bonne chose/mais ce nest pas bon de soy enrichir en faisant traison a son voisin Aussy est ce bonne chose de estre gary de maladie/mais non pas pour mẽger quelconque chose ¶ Glo. Plinius dit que les membres de homme sont medicinables Et len ne deueroit pas mẽger le cueur dun hõme pour guerir dune maladie/et pour ce cõstãtin lempereur ne se voulut baigner en sang dẽfãt pour guerir de sa maladie/et luy estoit conseille par ses medecins Semblablement len pourroit dire que delectation en coulpe charnel est bonne mais non pas auecques la fẽme de son voisin.etc. Et soy delecter en boire est bon/mais nõ pas oultre raison Apres il met la troisiesme responce et est la plus reale. ¶ Tex. Ou len peut dire que delectations sont differentes et de diuerses especes ¶ Glo. Et ne sont pas toutes bonnes generalement. ¶ Tex. Car celles qui sont causees de bonnes choses sont aultres que ne sont celles qui sont causees de choses mauuaises et laides ¶ Glo. Ceste difference vient de la partie de lobiect/et aussy ilz different de la partie du subiect Car ceulx qui sont tresbien disposes en meurs se delectent en vnes choses et les aultres en aultres/et ce declaire il apres ¶ Tex. Et cellup qui nest iuste ne se delecte pas en ce que est propre ou iuste/et que luy app̃tient ne celuy qui ne scet musique ne se delecte pas en ce en quoy se delecte le musicien. ¶ Glo. Cellup qui ne scet rien de musique ne se delecte bien en chãt Mais il ne se delecte pas en la speculatiue de musique en laquelle est la propre delectation du musicien. ¶ Tex. Et semblablement est il en aultres choses ¶ Glo. Ou en aultres delectations. Apres il monstre que toute delectation nest pas eslisible ou bonne. ¶ Tex. Et est manifeste que cellup qui est amy est aultre que nest le flateur ou adulateur par quoy il appert et se ensuit que aucunes delectations ne sõt pas bonnes ou delectations sont differentes et de diuerses especes Car cellup qui parle auecques son amy son parler tent a bien/et le parler du flateur tent a delectation Et estre adulateur est chose vitupere et blasmee/mais le fait de cellup qui est amy est loe comme le fait de cellup qui en son parler tent a bien/et non pas a autres fins ¶ Glo. Et par ce appert que aultre chose est bien/et aultre chose est delectation Apres il monstre par deux raisons que delectation n'est pas par soy bien.

Tex. Et nul qui ait raison en soy ne esliroit tousiours viure des viandes esquelles enfans se delectent/ ne auoir toute sa vie pensee denfans Et toutesuoyes len cuide que telles delectations denfans soient tresgrandes. Glo. Et doncques n'est pas delectation par soy bien/car ainsy la plus grande seroit tousiours la meilleur et la plus eslisible. Tex.

Et aussy nul ne deueroit eslire delectations en treslaides choses encor suppose que de ce il ne sensuit quelcōque tristece Glo. Cecy dist il cōme ceulx qui ayment Epycurus qui disoient que nulle delectatiō tant soit laide soit a fuir se ce n'est pour la tristece qui s'en peut ensuiuir. Tex.

Item moult de choses sont esquelles nous mettons toute nostre estude/et les ferions ou eslirions suppose que ilz ne nous feissent quelcōque delectation Sicōme veoir recorder ou se remēbrer et sauoir et auoir vertu Et se delectations s'ensuiuent de necessite a telles choses il n'y a force ne difference Car encor les eslirions nous pose que elles ne vensissent ql conque delectation Glo. Dōcques aucune chose seroit eslisible sans delectation/& par cōsequent elle n'est pas par soy bien Car par soy bien est comme est felicite qu'est bien sans lequel nulle chose ou pour lequel tou-

te chose est eslisible. Tex. Or est doncques manifeste que delectation n'est pas par soy bien/& que toute delectatiō n'est pas eslis. bie/& que aucunes sont eslisibles Et telles sont differentes en especes des mauuaises selon elles ou selon la difference des choses de quoy ilz sōt causees Et dōcques souffise ce que dit est quant est de ce que aultres dient de delectatiō et de tristece

Cy parle comment delectation n'est pas mouuement en generation. v. chapitre.

Nous recōmencerons a parler de delectation en manifestant plus a plain que ce est Et quelle chose Glo. Il dit que ce est quant a son genre ou quant a sa diffinition et qlle chose ce'st quāt a la difference/sicomme se elle est bōne ou male Apres il met vne supposition Tex. Et dit len ainsy que quāt len regarde de yeulx le voiement ou la vision est parfaicte en chascune partie du temps par lequel elle dure, et depuis que elle est commencee elle n'a mestier d'aultre chose apres faicte qui face son espece. Glo.

Car tant cōme la vision dure elle est aussy parfaicte au cōmencemēt cōme apres, quāt est de soy/& se n'estoit p accidēt/sicōme par ce q̄ la chose visible fust fcté pl9 pchaine ou q̄ la luiere

feuillet.

creust Et dient aucuns que vision et illumination sont faictes soudainement et tout ensemble, mais cest impossible naturellement sicõme iay autresfoys demonstre en autre science. Toutesuoyes quant au present propos il souffist que vision soit faicte soudainement quant est de soy se ainsy estoit que la chose visible peust estre soudainement presentee au voiement et auecques ce il ament souuent que vision et illumination sont faictes en temps imperceptible, et si tost quil semble que ce soit fait soudainement. Apres il applicque a son propos.

Tex. Et delectation semble estre telle, car cest une chose faicte ensemble toute. Et appert par ce que len ne prent pas delectation par succession de temps en croissant de moins en plus, mais elle est parfaicte en son espece des le commencement tout ensemble. Glo. Apres il preuue son pricipal ppos p deux raisons. Tex. Et pource est il ainsy que delectatiõ nest pas mouuement, car tout mouuement est fait par proces de temps et ordene a chascun terme ou a aucune fin. Sicomme il appert du mouuemẽt tresapparẽtemẽt qui est edifficatiō ou en faire edifice, car adoncques le mouuement est parfait quãt la chose est faicte que len appetoit et desiroit et se est en tout le temps ensemble ou en la fin du temps que tel mouuement dure et non pas en chascune partie de tel temps, car aup parties du temps q dure ce mouuement en ediffication contre les choses sont iparfaictes et differẽt ẽ espece lun de lautre: et toute ediffication, sicõ dun temple la maconnerie est autre que nest la charpenterie, et la charpenterie autre que nest la facon du temple. Et la facon du temple est chose parfaicte quant il ny fault chose qui face a propos, mais la facon du fondement cest chose moult imparfaicte, et les facons des parties different lune de lautre en espece. Et ne peut len dire en quelcõq partie du temps durant la ediffication ou mouuement que le mouuement soit parfait en sõ espece, mais tant seulement en la fin quant tout le temps de lediffication est passe. Semblablement est il en mouuement local, et en aultres mouuemens, car ilz different en espece selon les termes dont ilz sont, et ausquelz ilz tendent et selon diuerses especes ou manieres de mouuoir, comme sont voler, aller, saillir, et telles choses. Et ne different pas seulemẽt ainsy, mais en une ambulation ou aller, sicomme en lespace dune escade les parties du mouuement different selon ce que une des parties descade differe de lautre, et a aultre terme et non pas seulement selon les parties dune ligne quant est de soy. Mais seulement selon ce que par tel mouuement lespasse par lieup lesq̃lz sõt differens lun de lautre. Glo.

Sicomme vne ligne ymaginee du ciel a terre passe par diuerses regions par feu/par aer/par eaue/Et est assauoir que des differences dessusdictes de mouuemens les vnes sont essencielles et les aultres accidentelles.

Item il est assauoir que aristote dist icy plusieurs choses ou chiet de tresgrans difficultez qui ne sont pas a discuter a science morale/mais appartiennent a sciéce naturelle/& doit bien suffire quant a ce propos supposer que tout mouuemét ne peult estre fait ésémble mais est fait successiuemét ptie apres aultre Tex. Mais de mouuement et quelle chose ce est/il est dit plus certainemét en aultres lieux Glo. Cest assauoir au liure de phisicque Tex. Or auons doncques que mouuemét nest pas parfait par toutes les pties du temps auquel il dure Mais plusieurs mouuemens sont imparfaitz & differens en espece pourceque les termes dont ilz sont et ausquelz ilz tendent different en espece/mais delectation est parfaicte en son espece par chascune ou en chascune des parties du temps par quoy elle dure Et doncques est il manifeste que delectation et mouuement ou generation different ensemble/& que delectation est du nombre des choses qui sont faictes toutes ensemble parfaictes Glo.

Apres il met vne aultre raison assez prochaine de la raison precedente. Tex. Item encor semble il estre verite par ce que nul mouumét ne peut estre en non temps et soudainemét q̃ delecter est fait en nõ têps & soudalemét, car si cõe il a este dit maintenant delectation est vne chose faicte toute ensemble Glo. Len doibt sauoir que delectation est vng repos de lame en la chose qui luy est conueniente. et delectation peut croistre de moins en plus/ partie apres partie par succession de temps/ & dure ou demeure par temps continuel et est cõseruee ou gardee par la chose delectable ou pour autre: mais quãt est de la nature delle elle ne requiert pas temps quant a sa façon/ comme fait chaleur ou aultre qualite/& aussy quant a sa duration/et pource les delectations que les anges ont en dieu & celle que dieu a en soy mesmes telle delectatiõ est par durable & nest pas mesuree par succession de temps Apres il conclut Tex Et par raisons dessusdictes il est manifeste que ceulx ne dient pas bien qui dient que delectation est mouuement & generation ne sont pas ditz de toutes choses/mais tant seulement des choses partibles qui sont faictes partie apres partie/et non pas des choses qui sont faictes tout ensemble soudainement/& pource generatiõ nest pas de vision/laquelle vision est faicte et composee toute ensemble.

feuillet.

Et auſſy neſt pas generatiõ de choſe indiuiſible ou qui ne peut eſtre partie/ſicõme en geometrie eſt vng poït et en ariſmeticque viure Car telles choſes ne peuent eſtre acquiſes par monuement/& ſemblablement ne delectation laquelle neſt pas acquiſe par monuemẽt/car elle eſt faicte toute enſemble ſoudainement. Glo.

Or auõs doncques premieremẽt que delectation neſt pas monuemẽt et eſt a entendre de monuement propiement dit lequel eſt acquiſition dune eſpece ou daultre choſe partie ſicõme ambulation ou caleſacion, mais a prendre monuement improprement pour vne maniere de tendence ou finicion ou congnoiſſance plaiſant de aucune choſe len pourroit dire que delectation eſt monuement/et ainſi dit ariſtote au premier de rethoriq̃ que delectation eſt vng monuement de lame.&c. Jtem nous auons que delectatiõ neſt pas acquiſe par mouuement Ceſtaſſauoir proprement pris cõme dit eſt/mais aprẽdre mouuement largemẽt mutation ſoudale eſt dicte monuement/& ainſy delectation eſt acquiſe par mouuemẽt, et auſſy a parler largement conſeruation eſt appelle monuement Et en ceſte maniere pource que delectatõ eſt maintenue et gardee ou conſeruee par la choſe delectable len peut dire quelle eſt gardee par monuement.

De delectation et que ceſt.

§ Et toute choſe qui œuure ſelon aucun des ſes naturelz la ſenſation ou operatiõ eſt ou regart de la choſe ſẽſible Glo.

Sicomme veoir ou viſion ou regart de la choſe viſible.&c. Et ſemblablement eſt il de entendement ou regart de la choſe que len entent.

Tex. Et quant tel ſẽs eſt tres bien diſpoſe et ſon operation eſt au regart de la treſplus belle, et de la plus cõuenable choſe de toutes celles que ilz peuent ſentir ou apperceuoir adõques la ſenſation eſt parfaicte,& telle choſe eſt meſmement parfaite operation. Glo. Sicomme quant la veue ou le voiement dun hõme eſt treſbon et bien diſpoſe et la choſe viſible eſt treſbelle/lors eſt la viſion parfaicte/& quant loye eſt bien diſpoſee et le ſon treſbon et treſdoulx/lors eſt lopperation de ce ſẽs parfaicte & ainſy des autres Tex Et ne a difference quãt a noſtre propos ſelõ dit que le ſens de ouyr eſt cõme le voiement, car quelcõque choſe que ce ſoit touſiours la treſplus parfaicte & la treſplus bonne et meilleur operatiõ eſt quant cellup qui la fait eſt treſbiẽ diſpoſe,& la choſe vers quoy elle eſt faicte eſt la treſplus bonne qui ſoit ſoubz telle puiſſance ſenſitiue.

Glo. Sicomme ſeroit le meilleur ſon de tous ſons ſont ſoubz la puiſſãce auditiue ou puiſſãce de ouyr
Tex. Et ceſte opatiõ q̃ e̊ treſpfai

cte/ꝯ est tresdelectable/car selõ lope=
ratiõ de chascun sens est delectation.
Et semblablemẽt selon entendemẽt
pratique et selon speculatiõ   Glo.
Il fut dit au second chapitre du
septe que estendement practique
Or appert doncques que selon vne
operation est plus parfaicte elle est
plus delectable tant de celles qui sõt
dune maniere ou espece cõme celles
qui sont de diuerses especes   Tex
Et quelconque operation qui est tres
parfaicte elle est tresdelectable et cel=
le est tresparfaicte qui est de la puissã=
ce tresbien disposee au regart de plꝰ
tresbon obiect qui soit soubz telle pu
issance   Glo   La plus noble pu
issance cognossitiue ou congnoissant
qui soit en creature cest entendement
Et doncques quant il est tresbien di=
spose en soy/et il entẽt le tresmeilleur
obiect/cestassauoir la tresmeilleure
chose que il peut entendre cest dieu ce
ste operation est tresparfaicte et tres
delectable Et doncques puis que o=
peratiõ est parfaicte en ce que elle est
delectable/il sensuit que delectation
est parfaicte ou perfection de opera=
tion et cest ce que il concluʒ apres
Tex.   Et delectation parfait
operatiõ   Glo   Apres il declai=
re comment   Tex.   Mais delec=
tation ne parfait pas loperation en
la maniere que la chose sensible ou le
sens la parfait   Glo.   La per=
fection doperation est faicte selõ qua
tre genres de causes/ qui sont cause

efficiente /cause materielle/ cause for=
melle/cause finalle   Or veult il mõ
strer que delectation parfait opera=
tion seulement comme cause finalle
Et non pas comme cause efficiente/
si comme fait lobiect ou la chose sensi
ble qui est efficiente de la sensacion ne
comme le sens naturel qui en est sub
gect ꝯ cause materielle.   Tex.
Ia soit ce que ces deux choses sõt bõ
nes.   Glo.   Et sont a la perfec=
tion de la sensacion ou operation
Tex.   Et aussy comme sante ꝯ
le medecin ne sõt pas semblablemẽt
cause destre guery   Glo.   Car
sante est la cause formelle/ ꝯ le mede
cin est la cause efficiente Apres il de=
claire biẽ vne chose que il auoit sup
posee   Tex.   Et est manifeste q̃
delectation est faicte selõ chascun sẽs
Car nous disons aucũs regars ou
visions corporelles estre delectables
et aussy sont aucunes audicions en
ouir aucunes choses/ ꝯ ainsi des ope
rations ou sensations sont mesme=
ment ou tresgrandement delectables
quant le sens ou la vertu sensitiue ẽ
trespuissante ꝯ tresbien disposee ꝯ au
regart de obiect ou de chose sensible
tresbien conuenante et tresbien pro=
porcionnee a tel sens   Et toutesfoys
que ces choses sõt telles cestassauoir
la chose qui sent et la chose sẽsible ou
qui est sentue adõcq̃s est tousiours
delectation tant cõme le faisant ꝯ le
paciẽt sõt telʒ   Glo.   Et ilʒ sõt apli
q̃s ensẽble. aprs il met q̃ delectõn ne sẽ

pas cause formelle de operatiõ mais est cause finale. Tex. Et delectation parfait operation non pas cõme vng habit parfait son subiect en quoy il est. Glo. Sicõme sante ou corps et vertu ou science en lame qui sont formes accidentelles.

Tex. Mais cõme vne fin sourvenante en la maniere que beaulte est perfection de ieunesse. Glo. Et pource delectatiõ nest pas la fin/sicomme il fut dit au premier et au viii.chapitre du premier/mais delectation est vne fin laterale et sourvenante en operation/ et non pas principalement/et auffy ne disons nous pas que beaulte soit la fin pourquoy est ieunesse Et auecques ce sen peut dire que delectation est cause efficiente de loperation non pas directement et propremēt/mais pource que celuy qui fait aucune operation se efforce plus et fait mieulx de tāt comme en ce il se delecte plus.

Comment delectatiõs sont differentes selon leur nature. vii.chapitre.

Tant comme la chose sensible ou entendible cest a dire quelle peut estre entendue ē telle cõme il appartiēt en bien conuenant/ et que le sens ou entendement est bien disposé et discerne congnoist et considere telle chose tant longuement est et dure delectation en loperation/ car tant cõme lactif et le passif sont disposez et appliquez semblablement sans variatiõ et se ont lun a lautre selon vne maniere/tant longuement sera faicte vne chose p euls et tant lōguement dure seur esfect ou action. Glo. Car tant comme les causes durent qui maintiennent vng effect e estre tāt dure lōguemēt tel effect. Tex. Et comment pourroit sen doncques touſiours cõtinuellement ouurer. Glo. Comme se il dist se ne pourroit estre. Car en la matiere dõt nous parlōs lactif et le passif ne peuent pas touſiours estre en vne disposition. Et la cause est pource que nostre operation intellectiue en ceste vie depent/ e la vertu sensitiue sicomme il appert au tiers liure de lame/ e la sensitiue est corporelle et corruptible et pour ce elle se ennuye et a trauail et labeur et fatigation et ne peut longuement cõtinuer son operation. Tex. Et doncques delectatiõ ne peut estre faicte ou durer touſiours cōtinuellemēt car elle ensuit operation. Glo. Sicõ il appert par le chapitre precedent. Tex. Et aucune choses sont delectations quant ilz sont nouuelles/ et apres ilz ne sont pas semblable ne equale delectation Et la cause est pource que premierement et au commencement la pensee est enclinee a telles choses par desir et enuie e entent ou considere forment vers telles choses en la maniere que lēy regarde aucunes choses nouuelles.

Glo. Len les regarde formēt et y prent len tresgrāt plaisance pour la nouuellete et par admiration
Tex. Et apres nest pas lope- ration telle, mais elle vient aussy cō me en negligēce et est remise, et pour ce aussy delectation qui sēsuit est ap peticee et afffiebie Glo. Apres il monstre comme len appete delecta tion. Tex. Et cuideroit au- cun et cest verite q̄ tous appetēt dele ctatiō, car tous appetēt viure et vi- ure cest ouurer, car viure selō la per- fection est operatiō. Glo. Et pource quant len dort et la vertu sen sitiue ou cognoscitiue ne euure il sem ble que len ne viue pas selon elle, et a cest ppos disoit vng philosophe q̄ dormir est vng ymaige de mort.
Tex. Et chascun met son en tēte a ouurer vers les choses et aux choses que il ayme mesmemēt et tres grandement, sicomme le musiciē a tenir melodies en son oyemēt ou tres doulx sons. Et cellup qui aime disci pline ou mathematicque vers con- clusiōs speculatiues Et aisy de cha scun qui aime aultres ars ou sciēces ou aultres choses Et pource que de lectation parfait les operations
Glo. Sicomme il est dit au chapitre precedent Tex. Il se- suit q̄ delectation parfait la vie ou viure qui est operation cōme dit est et tous appetent viure, doncques cō uient il par raison que tous appetent delectation, car elle parfait ce que est

a chascun elisible cestassauoir viure
Glo. Apres il fait vne que stion Tex. Mais assauoir mō se nous debuons eslire viure pour de lectation, ou delectation pour viure Ceste question sera laissee quant a present Glo Et il prent icy vi- ure pour operation de vie Et de ce- ste question sont oppinions contrai- res, mais briefment il me semble que len doibt eslire delectatiō pour viure ou pour operation, ⁊ non pas opera- tion pour delectation pour viure ou pour operation, ⁊ non pas operatiō pour delectation. Premierement car felicite est operation sicōme il fut dit au ixe. chapitre du premier et sera dit apres, ⁊ felicite est la fin pricipal le pour quoy toutes aultres operati- ons et toutes choses humaines sont eslisibles, sicōme il fut dit souuēt au premier liure doncques est delectatiō eslisible pour operation. Item aucu nes operatiōs sont lesquelles sont es lisibles pose que en elles ne fust aucu ne delectation quelcōque cōme il fut dit au quart chapitre, ⁊ dōcques tel les operations ne sont pas eslisibles pour delectation. Item operation se lō la vertu de fortitude est moult es- lisible, ⁊ toutesuoyes est elle aucune- foys auecques grant tristece et a pou delectation, sicōme il fut dit au xxi. chapitre du tiers, ⁊ doncqs telle ope ration nest pas eslisible pour delecta tion. Et combiē que delectation par face operation en maniere defin, ⁊ si

Feuillet.

nest elle pas la fin pour quoy est operation selon la premiere entention/et principalement/mais est comme fin souruenante/sicõme il fut dit au chapitre precedent ¶ Je dy doncques q̃ operation est la fin principalle pour laquelle delectation est eslisible Car loperation est plus forte et plus plaisante et croist pour la delectatiõ qui y est ¶Tex. Car ces deux choses sont conioinctes et ne sont iamais separees/car delectation nest pas faicte sans operatiõ ¶Glo Ne operation parfaicte nest pas sans delectation combien que operatiõ imparfaicte soit aucune foys sans delectation ¶Or auons doncques de delectation.v.proprietez Premierement comme elle est maintenue. Ité q̃ elle ne peut p̃tinuelemẽt durer Ité que les choses nouuelles sõt plus delectables au commencement/t mais apres. Item que tous appetent delectations. Item que delectation nest pas sans operation.

Comment les delectations differẽt en espece viii.cha.

Delectations different en especes/car nous disõs que les choses differentes en espece sõt p̃fctẽs p choses differẽtes ẽ espece Et ainsi le voiõs nous et en choses naturelles, et en choses artificielles/ sicõme sont les bestes et les arbres et les paintures et les ymaiges et vne maison et vng vaisseau ¶Glo Car chascune de ses choses a sa perfection differente de lautre/sicomme la perfection dune beste est en ce que elle ait bon sens naturel ou telle chose et dun arbre qui porte bon fruit et assez et dune painture qui est chose artificielle que elle soit belle en couleur et en figure/e dun ymaige que il soit bien entaille et ainsy des aultres choses ¶Tex Et semblablement cõuient il que les operations qui sõt differences en espece soient parfaictes p choses differentes en especes/e veri te est que les operations de la partie ou vertu sensitiue sont differẽtes en espece de celles qui sont de la vertu intellectiue Et celles mesmemẽt de la vertu sẽsitiue differẽt en especes les vnes des aultres ¶Glo Sicõ ouyr et veoir. ¶Tex. Et doncques sensuyt il que les delectations different en especes qui sont en telles aperations et qui les parfont Ité encore appert il aultremẽt par ce que chascune delectation est appropriee a lopperation quelle parfait et a a elle vne affinite et delectation accroist et fait plus grande lopperatiõ a laq̃lle elle est propre Car tous ceulx qui eurent et font aucunes choses auecq̃ delectatiõ ilz ont par ce meilleur iugement et plus certaine inquisition des choses/sicomme tous geometriẽs quant ilz se esioissent et delectent en estudier geometrie ilz entendent mieulx Et semblablement de ceulx qui aiment musique et se delectēt en sons/ɀ de ceulx qui aimēt art de edifier et ainsy de tous aultres qui euurēt auecques delectation. Glo

Et parce appert que les delectations sont pptes et approuuees aux operations Et dōcques appert que les operations different en espece

Tex. Et tous sont acroissement a leur propre euure touteffoys que ilz se y delectent ɀ esiouissent Et doncques les delectations accroissēt les operations. Apres il monstre la difference de delectatiō par vng aultre signe Tex. Item encor appert plus la difference des delectations par ce que les operations sont empeschees par delectations aultres que les leur propres/car nous voids que ceulx qui aiment les sons des instrumens de musique quant ilz oient les champs ou la melodie de telz sons/ilz ne peuent entendre aux paroles que len leur dit/car ilz se delittent et esiouissent plus en telle melodie que ilz ne font en aultre operatiō presente Et doncques la delectation qui est selon la melodie corrumpt lopperation et entente qui est vers les paroles que len leur dit/ɀ semblablement est il en aultres choses/car touteffoys que len fait deux choses enseble lopperation qui est la plus delectable fait lautre appeticer/ɀ se vne de ces deux operations estoit moult differente de lautre/ɀ moult plus delectable encor appeticeroit elle plus

lautre/et en tant que elle cesseroit et seroit corrumpue Et pource ceulx q̄ se delectent tres fermement en quelconque chose/ilz ne peuent a lors bōnement autre chose faire/mais quāt aucunes choses nous plaisēt nō pas grandement/lors nous faisons bien autres choses Sicōme len voit aux ieux que len fait aux places publicques/car comme deux mauuais ioueurs/sicomme deux mauuais fluitteurs iouent adoncques ceulx qui les regardent font aultre chose ɀ menguent se ilz ont faim. Glo.

Pource que ilz ne se delectent que peu en les regarder: mais quāt deux bons ioueurs fluittent len laisse a menger pour les regarder. Tex. Et doncques pource que la delectation qui est propre aux operatiōs les conferme et accroist et les fait plus durer/ɀ les delectations qui leur sōt estrāges leur sōt nuisibles/il se suit ɀ est manifeste que telles delectations sont moult differentes. Glo.

Apres il fait vne comparaison

Tex Et les delectatiōs estrāges dune operatiō font a pou ce mesme que font les tristeces propres a telle opperatiō/car les tristeces qui sōt propres a aucunes opperations. ilz les corrumpent Sicomme se vng hōme a tristece a escripre il ne escript plus et cesse de ceste operation Et se aucun a tristece en estudier/Il cesse quant il a tristece en ceste operation Et doncques sont effectz contraires

B.i

feuillet.

vere les operations par les delectations et par les tristeces qui leur sont propres. Glo. Car les delectations sont les operations acroistre et durer, et les tristeces les font appetisser et cesser. Tex. Et les delectations estranges, sicōme dit est sōt pres que telle chose que sont les propres tristeces ou regart des operations, car elles les corrumpent, mais ce nest pas semblablement. Glo. Car la tristece q̄ est propre a vne operation, elle corrumpt loperation plus directement, et pource que elle est contraire a la propre delectation de celle operation, mais la delectatiō estrange la corrūpt par accidēt pour ce que elle trait laffectiō et lentenciō a aultre operation, et par ensuit corruption de la premiere operation, et pource fut il dit au viie. liure que celluy qui est occupe aux delectatiōs de luxure ne peut entendre a aultre chose.

Des troys differences de delectations en general. ca. c.

Comme verite soit que operations sont differentes en bōte et en malice, et que les vnes disoiēt eslisibles et les aultres a fuir, et les aultres neutres ou indifferentes. Glo. Sicomme leuer vng festu de terre ou frotter sa barbe. Tex. Et chascune operation

a delectation propre a elle. Glo. Il entent des operations qui sōt auecques congnoissance et qui sont de sens ou de entendement. Tex. Il sensuit que les delectatiōs ont semblables differences, et que la delectation qui est propre a operatiō vertueuse est bonne, et celle qui est ppre a mauuaise operation est mauuaise. Glo. Apres il declaire son propos par vng aultre raison. Tex. Item les concupiscences de bonnes operations sont louables, et celles des laides operations sont vituperables, et les delectations qui sont aux operations leure sont plus propres et plus prochaines que ne sont les concupiscences. Glo. Et doncques par plus forte raisō les delectations des bonnes operatiōs sōt louables et bōnes, et celles des laides operations sont vituperables. Apres il declaire comme les delectations sont plus prochaines aux operations que ne sont les concupiscēces. Tex. Car les concupiscēces sont separees des operations et selon temps et selon nature. Glo. Selon temps, car les ꝯcupiscences precedent et sont auant que les operations, et selon nature, car ilz ont diffinitions differētes et separees, et peut estre concupiscence sans ce que operation ensuiue. Tex. Mais les delectations sont prochaines aux operations, et elles presentement cōioictes en telle maniere que aucuns sōt

aucű doubte se delectation et operation sont vne mesme chose/mais de
lectation nest pas operation de enté
dement ou de sens. Glo. Nulle
operation nest delectable se elle nest
de entendement ou de sens/et telle o-
peration est en lentendement ou au
sens/sicõme ou voiement/mais delectatiõ est en lappetit intellectif ou
sensitif/et concupiscence aussy doncques operation est en la vertu q̃ con-
gnoist/et delectation en la vertu qui
appette/et doncques delectation est
vne operation a prendre operation
largement. Tex. Et est inconuenient ce que aucuns dient que dele
ctation et operation sont vne chose
pource que ilz ne sont pas separees.
Glo. Car aussy ne peut estre
prudence separeement sãs vertu mo
rale/sicõe il fut dit /c. Tex. Et dõc
sont les delectations differentes en
bonte et en malice/en la maniere que
les operations sont differentes
Glo Apres il met vne aultre
difference en ce que les vnes sont pu
res/et les aultres impures. Tex.
Jtem le sens de voiement differe
du sens de touchemẽt en ce que il est
plus pur et plus espirituel/et moins
materiel que nest touchemẽt/et aussi
le sẽs de oyr q̃ nest le sẽs de odoret/et sẽ
blablement different les delectatiõs
de telz sẽs les vnes dauecques les au
tres/et different dauecques les delec
tations de la pensee intellectiue Et
celles mesmes de la partie intellecti-

ue different les vnes des aultres.
Glo. Car les vnes sont plus
pures, les autres moins, et toutes sõt
plus pures que ne sont les delectations sensuelles. Apres il met vne aul
tre difference qui est prinse au regart
des subgectz de delectation Tex
Jté aucune chose qui sent ou en
tent a delectation propre a elle selon
son espece en la maniere que elle a pro
pre operation Glo. Car chas-
cune chose qui est en certaine espece
par sa forme et operation ẽsuit sa for
me et delectation ensuit loperation
Tex Et quelle delectatiõ chas
cune chose a selon son operation il ap
pert en regardant et consideràt chas
cune telle chose, car autre est la delectation propre au cheual et aultre est
celle du chien, et aultre celle de lõme
Et sicõme disoit eraclitus le phõphe
Vng asne esliroit plus tost foin que
or, car cest son nourrissement qui luy
est plus delectable que ne seroit or, et
doncques les delectations different
en especes qui sont pprres a choses de
diuerses especes Glo Sicõ̃e la
delectation du chiẽ et celle de lasne.
Tex. Et aussy est ce raisõnable chose que les delectations ne different pas en espece qui sont propres
aup choses dune mesme espece
Glo. Cõme sont deup asnes
et deup chiens/et ałsy des autres bestes mues.

Les differẽces des delectatiõs.x.
B.ii

feuillet.

Ais en hõmes les delectatiõs ne different pas peu Glo Les delectations ppres a bestes dune espece sont dune espece sicõe dit est en la fin du chapitre precedent/ ⁊ aussy les delectations propres a humaine espece ont aucune conuenance, mais a parler de delectatiõs ppres et non pas ppres les hõmes ont plus de manieres de delectatiõs que quelconque espece de beste ⁊ les causes sont Premieremẽt/car les bestes ne se delectent fors selon la partie sensitiue ⁊ selon l'intellectiue.

Item les bestes ensuiuẽt tãt seulemẽt inclinatiõ naturelle qui est determinee a une chose/⁊ les hõmes ont franchise et liberte de voulente par quoy ilz peuent auoir plus differẽtes operatiõs et par consequẽt ilz peuẽt auoir plus differentes delectationes/ ⁊ delectation ensuit operation sicõme il fut dit au vie. chapitre. Item il a en espece humaine plus de differẽces et de diuersitez de inclinatiõs ⁊ de meurs que en nulle aultre/⁊ de ce est assez signe la diuersite des langaiges et des voulp dissemblables/ ⁊ nest pas ainsy des aultres bestes/ et voions que des hõmes les ungs sõt larges ⁊ courtoys plus que nulle autre beste/les aultres auers ⁊ gloup cõe chiẽs/les ungs plus hardis que lyons/ les aultres plus couars que lieures/ ⁊ ainsy en moult de manieres sicõe il est escript en ung liure apelle de secretis secretorũ. Et selon la variation des inclinatios et des meurs se diuersifient les delectationes.

Tex Car unes mesmes choses sont aup ungs delectables/⁊ aup aultres sont tristece/⁊ a aucũes unes choses sont tristes et le hayent/⁊ aup aultres ilz sont delectables ⁊ amiables/⁊ ce aduient en choses doulces/ car unes mesmes choses ne semblẽt pas doulces a celluy qui est sain ⁊ une mesme chose ne semble pas chaude aucunessoys a celluy qui est trop feible en touchement et a celluy qui est bien dispose/⁊ semblablement come il est en telles choses selõ la disposicion du corps ainsy est il en aultres choses selõ la disposiciõ de lame Et toutes choses qui appartiẽnent a operations humaines. Gln.

Ainsy fut il dit au ve. chapitre du tiers. Tex Il sensuit que les delectations qui luy sẽblent estre telles sont uaries delectatiõs ⁊ que les choses en quoy il se estoist sont delectables simplement ⁊ selon verite

Glo. Car sicomme il fut dit au ve. chapitre du tiers le vertueup iuge bien de toutes choses appartenantes a operations humaines ⁊ en toutes telles choses luy appert bien verite Tex. Et les choses qui sont tristes ou vertueup se ilz apparoissent delectables a ung aultre ce nest en rien merueille Car en hommes sont faictes moult de corruptions et moult de choses nuisibles Et les choses qui sont tristes aup vertu

eulx ilz ne sont pas delectables sim/
plemēt mais seulement en apparēce
et a ceulx qui sōt mal disposez/ ㉫ les
delectations que len confesse commu
nement estre laides/il est manifeste q̄
len ne doibt pas dire que elles sōt de/
lectations a parler simplemēt Car
ilz ne sont pas delectations fors a ce
ulx qui sont corrumpus Glo.
Qui ont corrumpu en eulx lappe
tit de lame intellectiue Tex.
Mais ē plus propre a hōme ce ne
peut estre manifeste ne par ses opera
tions/car les delectations les ensui/
uent/㉫ doncques pose que vne ope
ration ou plusieurs soient propres a
hōme parfait et beneuré les delecta
tions qui parfont les operations ce
sont principalement les delectatiōs
propres a hōme Glo Et sont
en felicité dont il cōmence tantost a/
pres determiner Tex. Et les
aultres delectations du vertueux
sont soubz cestes en plusieurs ma/
nieres aussy comme il est des operati
ons Glo Car les moins prin
cipaulx sont soubz les principaulx ㉫
sont ordenees les vnes pour les aul
tres/sicōme il fut dit des fins au
premier chapitre du premier liure.

De felicite en general.

a Pres ce que nous auōs dit
des choses qui sont vers les
vertueux/㉫ vers amistez
et vers delectations/il conuient pas

ser oultre et dire de felicité grossemēt
Glo Sans grant subtilité/si
cōme il fut dit generalement de tou
te matiere morale au iiᵉ. chapitre du
premier. Tex. Car nous se met
tons et disons estre fin de toutes cho
ses humaines Glo Et de feli
cité fut dit au premier liure, mais il
en determine icy plus complectemēt
Tex. Et se nous recitons au
cunes choses deuant dictes nostre p
ces en sera plus cler et plus brief/ nous
auons dit deuant/ que felicité nest
pas vng habit Glo Se fut au
piᵉ. chapitre du premiere Et apres il
met a ce deux raisons Tex.
Car ce il estoit ainsy/ il sensuiuroit
bien que aucun qui dormiroit toute
sa vie ou par la plus grant partie se
roit beneuré Glo Car cest pos
sible que tel qui doit ait labit de ver
tu Tex Et ce ne peut estre car
celuy qui doibt ne vit pas fors de cel
le vie/cōme dit vne plante Glo
Car en dormant la vertu vege
tatiue qui nourrit le corps est en sa p
faicte operation/et telle vertu est es
arbres et es herbes/et quant se dort
la vertu sensitiue et la vertu intelle
ctiue ne ont adoncques nulle operati
on se ce nest aucunesfoys en sōgeant
et telles operations sont imparfai
ctes Tex. Ité se felicité estoit
vng habit elle pourroit estre mesme
ment et parfaictement en vng hom
me infortuné Glo Car il peut
bien auoir habit de vertu et les stois

B.iii.

feulllet.

ciens disoient que infortune n'e mist en rien en felicite, mais aultres philosophes disoient que infortune empesche felicite/ et ses operatiōs/ et de ce fut dit plus a plain au p̄ uiẽ. chapitre du premier Tex Et pour ce ceulx a qui ses opinions ne plaisēt pas/cest assauoir que le dormant et l'infortune soient beneurez/ ilz dient que felicite doibt plus estre mise en aucune operation que en habit/sicōme il a este dit deuant Glo Au ix͞e. chapitre du premier Apres il met une distinction de operatiōs p̄ monstrer en quelles operations est felicite Tex Et des operations les unes sont necessaires a aultres choses et eslisibles pour aultres choses/ et les aultres sont eslisibles selon elles mesmes/ et doncques est il manifeste que felicite est a mettre entre les operations qui sōt eslisibles pour elles. Et n'est pas de celles qui sont eslisibles pour aucune aultre chose Car felicite ne a mestier de aultre chose pour quoy elle soit eslisible, mais elle est par soy souffisante Glo Sicōme il fut dit du viii͞e. chapitre du premier Tex Et les operatiōs sont eslisibles selon elles esquelles l'en ne quiert aultre chose fors l'opperation Glo Et les autres ont mestier d'autre chose pour laquelle elles soient eslisibles Tex Et telles sont les operatiōs ou actions qui sont selon vertu, car faire bōnes euures et vertueuses est chose es

lisible pour elle mesme. Item les delectations q̄ sont en ieux et esbatemēs semblent estre telles Glo C'est adire eslisibles pour elles mesmes Tex Car les gens ne les eslisent pas pour aultres choses. Glo Sicōme pour sante ou pour profit/ et est a entendre communement, car aucune soyes les eslit l'en pour auoir sante Tex Car pour telles delectations les gens sont negligens de garder leur corps et leurs possessions Glo Et en perdēt ou leur sante ou leurs biens Apres il met le motif de aucuns qui disoient que felicite est en ieux. Tex Et moult de gens qui semblent estre biēeurez ont leur refuge et leur intentiō a telles conuersations q̄ sont en ieux et esbatemens, et pour ce ceulx qui se sceuent bien auoir en ieux et esbatemens ilz sont approuuez en telles cōuersations vers les tirans qui semblent estre beneurez Et sēble que ilz aient tout ce que ilz veullēt Et telz gens esbatans se monstrent delectables aux tirans en ce que les tirans appetent et desirent/ et les tirans ont mestier de telz gens/ et par ce semble il a aucuns que felicite soit en telles delectations, pource que ceulx q̄ sōt en grans puissāces mundaines entēdēt telles delectations. Glo Apres il respont et preuue cest motif Tex Mais parauenture telles choses ne sont pas signes que felicite soit en ieux, car vertu morale

ne vertu intellectiue ne sont pas en ce q̃ est estre puissãt de puissãce mõs daine desquelles vertus viennent/ et sont causees bonnes operations et vertueuses/ɾ se cestes gens ne trou uent pas goust ne plaisance es opera tiõs vertueuses qui sont plaines de delectation pure et liberale. Glo.
Il dit que telle delectation est pu re, car elle est sans corruption et si est sans miption de tristece selon ce que dit eustrace ɾ dit que elle est libera e, car elle est selõ franchise et liberte de voulente, laquelle voulete nest pas serue a concupiscence ne aultre mal ce. Tex. Et se pource ilz refu lient ɾ se traiɾt auɾ delectations cor porelles len ne doibt pas pource esti mer ne cuider ou iuger que telles de lectations corporelles soient plus es lisibles que ne sont celles qui sont en operation de vertu. Glo. Et ce declaire apres par eɾemple. Tex.
Car nous voions souuent dau cunes choses que les enfans ont par deuers eulɾ que ilz les cuident ɾ re putent estre bonnes ɾ tresprecieuses. Glo. Et neantmoins ilz sõt de nulle valeur ou de petite et selon elles et selon la reputation de ceulɾ qui sont gens de bonne aage. Tex. Et pource lun et lautre iugent de plusieurs choses autrement q̃ il nest selon verite. Tex. Et donc ques sicomme nous auons dit par moulɾ de foys les choses simplement et selõ verite precieuses et delectables

lesquelles semblent auɾ vertueuɾ estre telles. Et pource que a chascun les operatiõs luy sont eslisibles qui sont conuenables a son propre habit il sensuit que auɾ vertueuɾ operati on qui est selon vertu luy est treseslisible. Glo. Mais en operation de vertu qui est treseslisible, comme dit est et perconsequent tresprecieuse et tresdelectable. Apres il preuue encor que felicite nest pas en ieu pas trop aultres raisons. Tex.
Item dire que ieu soit la fin de vie humaine et que nous deuõs fai re toutes nos negoces et besoignes ɾ souffrir mal, ɾ endurer peines et tou te nostre vie ordonner finablement pour iouer auɾ ieu, cest inconueni ent, et ce conuendroit il dire se felicite estoit en ieu. Car nous eslisons tou tes les choses pour la grace daultre chose eɾcepte felicite, car elle est la fi pour quoy lẽ eslit toutes aultres cho ses. Et dire que len doibt estudier et labourer pour grace du ieu ɾ que ieu soit la fin principale pour quoy sont telles choses, ce semble vne grãt folie ɾ vng dit tresenfancible, mais selon anatarpes le philosophe ɾ selon ve rite la stoicte ordonnance est que len doibt iouer affin que len estudie, ɾ nõ pas estudier affi de iouer. Car ieu est semblable a repos. Glo.
Ce fut dit au ɾɾ ve. chapitre du quart. Tex. Et pource que les gens ne peuent pas tousiours la bourer, ilz ont mestier de repos. Et
B.iiii

feuillet.

¶ Jcques repos n'est pas la fin humaine. Car repos est fait et ordene pour operation. Glo. Car l'en ne doit pas ouurer po⁹ soy reposer, mais l'en se doibt reposer pour ouurer, & se aucun arguoit au contraire, car l'en laboeure en ceste vie mortelle pour auoir repos en la gloire pardurable, car les beneures dit lescripture.
A modo iam dicit spiritus vt requiescant a laboribus suis.
C'est quilz se reposeront et cesseront de leurs labeurs. Je respons premierement que aristote en tāt que repos et pour ouurer en ceste vie en laquelle oisiuete est mal. Item ie dy que en la gloire pardurable n'est pas repos qui est cesser de toute operatiō. Car les beneures ont illecques continuellemēt operatiō de entendemēt & de voulēte en dieu. Et en ceste operation tousiours veillent, & en ce que repos a parler de repos pour cessation de operatiō triste penible et laborieuse et non pas de toute operation cōme dit est. Et pource dit lescripture q̄ ilz se reposeront de leurs labeurs. Apres il met la tierce raison. Tex.
Item la vie beneuree est selō vertu, car operatiō selon vertu est auecques ioye et auecques delectatiō & en ieu n'e a pas telle delectation, car es meilleures choses sōt les meilleures delectations, & dire que les choses q̄ sont faictes en soy iouant soient meilleures que les choses vertueuses n̄ sy serieuses qui sont faictes a grāt estude c'est vne derrisiō. Glo.
Et felicite est vng souuerain biē & par consequēt elle est en choses tres bonnes, & doncques n'est elle pas en ieu. Apres il met la quarte raison.
Tex. Item felicite est en la meilleur partie de hōme et en sa meilleure operation de ceste partie, car loperation de la meilleur partie est la meilleur et la plus beneuree. Et doncques a ceste operation ne peut attaindre la partie sensitiue. Tex.
Et chascun indifferemmēt aussy bien vng homme bestial cōme vng tresbon hōme peut vser de corporelles delectatiōs et soy delecter en ieup et nul ne contribue felicite a homme bestial, sicomme l'en ne luy attribue pas vie c'est a dire que il viue proprement ne comme homme. Et doncq̄ felicite n'est pas en telles conuersations qui sont en delectatiōs corporelles et en ieup, mais elle est en operation selon vertu sicōme il est dit deuāt. Glo. Au neufiesme chapitre du premier liure.

De felicite speculatiue en especial. Et comment elle est parfaicte et principale. xii.c.

P Ource que felicite est operation selon vertu. Glo. Sicomme il fut dit au ip⁹ chapitre du premier. Tex. Il est raisōnable que ce soit selon la tres meilleur vertu & que ce soit selon ope ration de la tresmeilleure partie de homme ou de la tresmeilleure partie de lame Et doncques quelconques partie que ce soit/ ou soit entedement ou aultre chose/il couient que ce soit a partie qui a en homme dominatiõ de prince et seigneurie selon nature.

Glo. Et par ce il donne a entendre que cest entendement/car il a domination sus la partie sensitiue & sus le corps/mais cest differentement sicomme il appert au premier de politiques/car sus lappetit sensitif qui ne obeist pas du tout lentedement a princey ou domination politique en royal Et sur le corps il a princey despotique/cest adire telle comme le seigneur a sus son serf qui ne peut desobeir Apres encor il monstre lexcellence de entendement par vng autre ligne prins au regart des choses qui sont par dessus entendement.

Tex. Item entendemẽt & nulle aultre puissance humaine a intelligence & congnoissãce des choses qui sont simplement et par elle surement bonnes et diuines Ou pource que il mesmes est en soy vne chose diuine ou pource que de toutes les choses qui sont en nous, cest la tresplus diuine.

Glo. Aucuns philosophes disoient que entendement humain est vne intelligence separee et perpetuelle & simplement chose diuine/& les aultres disoiẽt que cest vne chose naturelle/& que toutes vertus naturelles combien quilz ne soiẽt pas diui-

nes simplemẽt toutes peuẽt ilz estre appellees diuines en tant cõe ilz viennent de dieu Et de telles toutes vertus entendemẽt est la plus diule par la similitude et conuenience que il a aup choses simplement diuines/car il ne euure pas par instrument corporel comme faist la vertu sensitiue

Tex. Mais comment que il soit il conuient que operation dentedement selõ la vertu qui luy est propre soit parfaicte felicite Glo.

Apres il monstre en especial de quelque vertu felicite est operation Car des vertus les vnes sont morales & les autres intellectiues les vnes sõt practiques/& les aultres speculatiues/sicõme il fut dit au premier chapitre du septe Tex. Et il appert par ce q fut dit deuant moy ce est operation speculatiue Glo Selõ la vertu de sapience/car cest la plus noble et la plus principale de toutes sicomme il fut dit au viii. chapitre du septe Et elle contient & comprent les deup vertus appellees entendement et science/sicomme il fut dit au viii. chapitre du septe Tex Et ce que nous disõs se accorde aup choses qui furent dictes deuant de felicite Glo Du premier liure.

Tex Et a verite. Glo.
Apres il preuue son propos par. 3 raisons Tex Premierement il appert par ce que telle operation est tresbonne/car cest operation de entedemẽt le q̃l e la meilleur chose de tou

feuillet.

tes celles qui sont en nous Et auec⸗
ques ceelle est Vers les meilleurs cho
ses que entendement puisse congnoi
stre. Glo. Car cest principale
ment speculation des choses diuines
Doncques appert que telle operation
est tresbonne/ et par raison de son sub
gect/ et par raison de son obiect et par
consequent cest parfaicte felicite.
Apres il met la iie. raison Tex
Item telle operation est tresconti
nuelle durable et permanente Car
nous pouons plus continuellement
perseuerer Verite que en ouurer quel
conque aultre chose. Glo. Et
la cause est, car en toutes aultres o⸗
perations de entendement len a plus
mestier et Vse len plus de la Vertu sē
sitiue laquelle est corporelle et materi
elle/ et euure par instrument corporel
Et doncques pour la contrariete qui
est en corps humain et pour salteral
tion et mouuement des esperitz corpo
relz. Il sensuit peine labeur fatigati⸗
on ou trauail par quoy il conuient q̄
loperation cesse/ mais en alque specu⸗
lation et consideration mesmement de
Verite acquise et ia congneue lenten
dement ne se Vse pas du seruice des
Vertus sensitiues/ et pource ya il moĩs
de trauail et est loperation plus per⸗
manente Et il fut dit au pr̄. chapi
tre du premier que felicite a plus de
Vertu que quelconque aultre opera⸗
tion Apres il met la tierce raison.
Tex. Item nous cuidons et di
sons que il conuient que delectation

soit mipte et adiointe par felicite.
Glo. Il fut dit au piie. chapi⸗
tre que felicite est tresdelectable cho⸗
se Ter. Et tous sages confes⸗
sent que toutes les operations q̄ sōt
selon Vertu la tresplus delectable la
quelle est speculation ou contēplaciō
selon Vertu de sapience, car philoso⸗
phie a delectations tresmerueilleuses
et quant est a purete/ et quāt est a en
fermete. Glo Elles sont mer⸗
ueilleuses pource que elles sont excel
lentes et precieuses et ne sont pas cō⸗
munes, car le plus des gens se delic⸗
tent en choses materieles Item el
les sont pures, car elles sōt Vers cho⸗
ses espirituelles et imaterielles Et y
soy delecter en choses materielles laf
section est faicte trop moins pure
Item elles sont fermes/ car elles
sont Vers choses intransmuables/ et
les delectations qui sōt Vers choses
muables ne sont pas estables ne sy
seures, car quāt la chose est muee la
delectation est variee Tex.
Et est chose raisonnable que ceulx q̄
ne la sceuent pas ne ont pas lestude
et inquisicion de telle Verite Glo
Car en telle inquisicion les Vertus
sensitiues cōme la cogitatiue et la y⸗
maginatiue sont en labeur/ et quant
la Verite est certainement trouuee il
ne labeure pas tant et lentendement
se delecte en la cōsiderer Apres il met
la quatte raison Tex. Item ce
que len appelle par soy souffisant est
ainsy en operatiō speculatiue Glo

Il fut dit au viiie. chapitre du pre̍mier que felicite est par soy souffisante. Tex. Car le saige et le iuste ⁊ tous ont mestier de choses necessaires a viure. Glo. Il entent par le saige cellup qui a vertu ou vie speculatiue et par le iuste cellup q̓ a vertu actiue ou pratique/car lun ⁊ lautre ont mestier de boire et menger et des necessites qui salēt a vie humaine/⁊ pource en la saincte escripture vng saige prioit dieu et disoit.

Diuicias ⁊ paupertatem ne dederis michi: sed tantū tribue victui meo necessaria. Ne me donne dist il ne richesses ne pourete. ⁊c.car richesses empeschēt vie conteplatiue et pourete plus et est occasiō de mal:car cōme dit le saige. Multi propter inopiam delinquerunt Moult de gens ont peche pour pourete. Tex. Et quant len a de telles choses souffisance pour vie humaine encor cellup qui est iuste a mestier daultres choses selon sa vertu cest assauoir daultres personnes auquelles il face iustice. Glo. Car iustice est vertu ou regart dautre/sicōme il fut dit au iie. chapitre du quint. Tex. Et dautres qui lui aident a faire iustice/⁊ de plusieurs aultres choses. Et semblablement est il de attrempance et de fortitude et des aultres vertus/mais le saige selō la vertu de sapience peut tout par soy speculer/⁊ tant est plus saige ⁊ il le peut mieulx faire/mais parauenture mieulx est que il ait aucuns qui speculent auecques lup.

Glo. Sicōme il appert par ce q̓ fut dit au pii.chapitre du ipe. ⁊ encor plus au premier cha. du viiie. Tex. Et ce non obstant il est entre tous autres vertueux le plus par soy sousisant. Glo. Car moins de choses faillēt a lopperation de ceste vertu que de quelconque aultre. Aps il met la quinte raison. Tex.

Item il semble que speculatiō seule et nulle autre opatiō de vertu soit a amer et a eslire pour elle mesme. Glo. Et telle est felicite sicōme il appert au viiie. cha. du premier. Tex. Car len ne quiert rien en elle fors speculer ne autre chose ne vient de elle/mais aux operatiōs des autres vertus nous acquerrons aucune chose ou plus ou moins ⁊ aultre que nest laction ou operation. Glo. Et la cause est car communemēt tel'es operatiōs passēt en aucune maniere hors loperatiō de lame/⁊ pour ce que par operatiō de attrempance len acqert aucune disposiciō ou corps et par operatiō de iustice ou de liberalite aucune autre chose est faitte ⁊ ainsi des aultres/⁊ doncques cōbien que telle opatiō soiēt fins principaulx toutesuoyes ont ilz autres fis adioutes ⁊ ilz nest pas aisy en speculation.

Item lē acqert p̍ les autres vertus louenge et grant honneur/mais par speculation qui est en la pensee len ne acquiert nulle telle chose se nest par

feuillet.

accident. Or auons doncqz que parfaicte felicite est en speculation ce est monstre par v. raisons prinses selon cinq proprietes de felicite qui furent mises au premier liure, cest assauoir que felicite est tresbōne chose tres continuelle et tres delectable par soy souffisant et eslisible pour elle mesme

Autre raison qui prouue que parfaicte felicite est en speculation. xiiie. cha.

Il semble que felicite est en vacation Glo. Cest vne condicion de felicite q̃ ne fut pas mise au premier liure Et par vacation il entent repos ou cession de labeur ou de occupatiōs en negoces Ainsy disoit saint augustin de marie et de marthe que lune vacquoit et lautre labouroit, doncques il ne veult ainsy arguer felicite est en vacation et les vertuz morales ne sont pas en vacation, mais en la speculatiue, etc. Apres il declaire ceste condition ou propriete Tex Car nous ne faisons pas vacation affin que nous vacquons. Glo.

Mais nous labourons affin dauoir tousiours repos et vacatiō Et se aucun obicoit, car il fut dit en pie. chapitre que repos est ordene pour operation Je respons que repos de toute operation est ordene pour operation, mais les operations laborieuses et penibles sont ordenees pour

aucune operation plus desirable et plus sans fatigation ou trauail et telle operation est appellee repos, sicōe il fut dit en la glose de pi. c. Tex.

Et nous bataillons aux combatans affin que apres nous menons nostre vie en paix Et doncques les operatiōs des vertus practiques sōt ē choses politiques ou en choses appartenātes aux batailles ou a guerres Glo. Cest assauoir quant a temps de paix et quant en temps de guerre ou quant a ordener le bien publicque et quant a le deffendre

Tex. Et les actions ou operations qui sont en telles choses ne semblent pas estre vacantes ou en vacation et que ce soit repos final Et premierement il appert de celles qui sōt vers guerres, car nul ne deueroit eslire guerreier ou batailler ne faire pre parations et querir occasiōs de guerres finablement pour guerreier, car celluy sembleroit du tout homicide et hōe violent qui procureroit que ces amis feissent guerre et que occisions fussēt faictes. Glo. Sicōe aucuns mauuais qui se delictēt en effusiō de sāg humain, sicōe dit Seneque de hanibal et de carthage, ⁊ par appert que nulluy ne doit mettre en guerres sa felicite et le repos final de son couraige ⁊ de sa voulēte, pource mal disoit telz gens dauid le prophete ⁊ disoit ainsy Dissipa gentes que bella volunt Tex. Item laction de celluy qui est politique hors son action qui est couerser ciuilemēt ou ordōner la policie/il tent oultre a querir aultres choses sicomme sont puissāces et hōneurs Et encor gert il plus ou doibt querir felicité pour soy et pour les cytoiens de sa cite laquelle est autre chose que nest action politique Glo Car action politique est instituer bōnes ordonnances et garder paix affin que les gens ayent faculte et puissāce de speculer et estre en contemplation/car cest la fin souueraine et tresprincipale.

Tex. Et doncques se les actions politiques et les actions appartenantes a Batailles ou guerres precedent et sont deuant toutes actiōs qui sont selon Vertuz morales et les passent en beaulté et en grādeur/car ilz sont Vers le bien publicque qui ē tresgrant et excellent sicomme il appert par le pmier chapitre du pmier.

Tex. Et ilz ne sont pas Vacantes ou en Vacation Mais appettent Vne aultre/et ne sont pas eslisibles pour elles mesmes finablement Glo Doncques sensuit il par plus forte raison que les operations des aultres Vertuz morales moins excellentes/cōme par auēture de attrempance ne sont pas en Vacation en la maniere dessusdicte/et par consequent en elle nest pas parfaicte felicite Tex. Et la operation de entendemēt laquelle est speculer dissendes autres en estude cest adire en appetit et inquisition de fin/car elle ne appete nulle autre si fors elle mesme et a en soy sa propre delectation.

Glo. Par quoy elle croist/sicomme il fut dit au Viie. chapitre et a en tel repos plus grande delectatiō que en aultres operations/sicomme il fut dit en la fin du Viie. liure.

Tex Et est par soy souffisante et en Vacation/et en repos/et est sās labeur/sicōme il est possible en ceste Vie humaine Glo Car nulle operation ne delectation ne peut durer continuellement sans labeur et sans fatigation ou trauail/sicōme il fut dit au Viie. chapitre Tex.

Et ceste maniere se speculatif selon ceste operatiō a en soy toutes choses que len attribue au beneure Et doncques operation speculatiue est parfaicte felicite de homme Glo. Et est meilleur que nest felicite Vie pratique ou actiue/et pour ce dit lescripture. Maria optimam partem elegit Tex. Et conuient que elle ait parfaicte longueur de Vie/car nulle chose qui appartien ne a felicite nest imparfaicte Glo.

Longueur de Vie nest pas requise de necessité a la perfectiō essēcielle de felicite/car Vng hōe selon le corps peut estre aussy sain parfaictement p Vng an cōe par. pp. Et aussy selō lame est il de Vertu ou de felicite cōe selō le corps il est de sante. Mais quāt a pfectiō accidētelle chascūe telle chose est plus belle/et pl eptece/et amable quāt elle dure lōguemēt

De la grant excellence de celle felicite xiiii.c.

¶ Telle felicite est meilleure vie que nest felicite qui est selon homme, car cestuy qui a telle operation ne vit pas selon ce que il est homme comme son entendement qui est vne simple intelligence differete de homme qui est composé de ame et de corps de tant differe operation speculatiue de operation qui est selon aultre vertu. Glo. Cestassauoir selon vertu morale ou pratique.

Tex. Et doncques se entedement est vne chose diuine au regart de homme il sensuit que vie qui est selon entendement est vie diuine au regart de vie humaine ou qui est selon homme.

Glo. Cest a dire selon ce que lomme est composé dame et de corps, car se bon homme selon ce que il est ainsy composé, il gouuerne et modere les passions et concupiscences humaines par raison selon vertu morale. Mais cestuy qui tient vie speculatiue il ne vit pas come homme ainsy composé, car telle vie est diuine, et aussy est vie de homme, et propre a homme a prendre homme pour la partie de luy principal cestassauoir entendement, sicomme il fut dit au quint et en pie. chapitre du ixe.

Tex. Et ne conuient pas soy assentir a ceulx qui disoient que homme doibt seulement sentir et sauoir choses humaines ne homme mortel ne doit sauoir fors seulement choses mortelles. Glo. Cestoit lopinion Simonides le poete qui nest pas bonne, mais il semble que elle soit bonne par ce que dit Chaton et Cum sis mortalis que sont mortalia cura. Item il est escript ecclesiastici tertio. Alciora te ne quesieris. Ne enquier pas de choses qui sont plus hault de toy, etc. Responce il est a entendre que len ne doit pas enquerir des secretz de dieu ne des choses curieuses et lesquelles len ne pourroit sauoir, mais il est tresbon denquerir de dieu et des choses lesquelles sont bonnes affin que il viue selon la tresmeilleur chose de toutes celles q sont en luy, car combien que telle chose soit petite ou nulle en quantite toutesuoyes elle est grande et excede et passe et surmonte toutes choses humaines en puissance et en preciosite. Glo. Entendement est chose sans quantite et est incorporelle et indiuisible, mais sa sapience et sa vertu est grande par laqlle il est conioint aux choses diuines qui sont sur luy et a seignourie des choses qui sont soubz luy. Et est tresprecieux, car il est immateriel impossible et immortel.

Tex. Item il semble que chascune chose est ce que est en elle le plus principal et le meilleur, et ainsy homme est entendement. Glo. Sicome il fut dit au .v. et en pi.c. du ixe.

Tex. Et donc seroit ce inconuenient se homme ne eslisoit sa vie qui est propre a soy mesmes, et se il eslisoit vie propre a aultre chose. Glo.

Ceſt aſſauoir a la partie ſenſitiue car ceſt vie beſtiale, ſicõme il fut dit au vie.chapitre du premier. Tex.
Car ſicõme il fut dit deuant. Glo. Au vitie.cha. Tex.
Et peut eſtre dit maintenãt q̃ la choſe qui eſt propre elle eſt par natu/re treſbonne et treſdelectable a celuy a qui eſt elle propre, et a hõme la vie qui eſt ſelon entendement luy eſt pro/pre, Doncques ſe hõme eſt meſme/ment et principalement ſon entende ment il ſenſuit que celluy qui vit ſe/lon entendement et de vie ſpeculati/ue eſt treſbeneure Glo. Sicõe hõme peut eſtre beneure en ceſte mor telle vie, et telz cõtemplatifz ont de/lectations treſbonnes, treſepcellẽtes et treſmerueilleuſes, ſicõme il fut dit au piie.chapitre, mais ce ne croient pas ceulx qui viuent ſelon les deſirs corporelz, et auſſy aucuns qui viuẽt de bõne vie moralle et pratiq̃ ne con/gnoiſſẽt pas telles delectatiõs pour ce que ilz ne gouſterent pas ne oncq̃s de celle douceur, et ainſy appert que felicite ſpeculatiue eſt plus parfaite et plus noble que neſt felicite de vie morale et actiue ou pratique. Et ne/aumoins aucuneſfoys la vie ou ope ration pratique eſt plus fructueuſe et plus neceſſaire, meſmement quãt ceſt pour lacroiſſemẽt ou por le ſau/uement du bien publicque, car ſicõe dit tulles il neſt nulle ſpeculation q̃l conque tant ſoit haulte et noble que len ne deuſt laiſſer pour ſecourir et pour obuier aux perilz du bien publi/que

De lexcellence de ceſte felicite au regart de felicite actiue. v.c

Pres celluy qui eſt treſbiẽ eure cõme il eſt dit deuant eſt ſecondement celluy qui eſt beneure ſelon autre vertu Glo.
Ceſt aſſauoir ſelon prudence qui eſt cõmune a toutes vertuz mora/les et les adreſce ſicõme il appert par le v vie.ch i.du vie. Et lautre felici te deſſuſdicte eſt ſelon ſapience et eſt premiere en dignite et en epcellence, et ce prieuue il par quatre raiſons.
Tex. Et les operations qui ſont faictes ſelon telle vertu ſõt hu/maines Glo. Et non pas di/uines cõme ſont celles de ſapience et de vertu contemplatiue Tex.
Car les choſes iuſtes ou faictes ſelon iuſtice, et celles qui ſont faictes ſelon fortitude et toutes les aultres choſes leſq̃lles ſelon les vertuz mo/rales nous faiſõs les vngs aux au tres enſẽble en communicatiõ et en ſecourir les vngs aux aultres quãt aux neceſſitez et en toutes manieres dactions et de paſſiõs eſquelles nous querſons enſẽble en attribuãt a chaſ cun ce q̃ il puet ou apptient toutes telles choſes ſõt humaines Glo.
Ceſt aſſauoir appartenantes a hõe en tant cõme il eſt compoſe de ſe me et du corps et ne ſõt pas diuines Tex

feuillet.

Dautre partie aucunes operations faictes selon vertus morales descendent et viennent par cause du corps, et vertu morale semble auoir grant affinite et estre appropriee aux passions Glo. Lesquelles passions de ire et de concupiscence lame a pource quelle est cõioincte au corps et la partie sensitiue, et pource fut il dit au commencement du tiers liure que vertu morale est vers passions

Tex. Et prudence est prochaine affinie et conioincte a vertu morale et vertu morale a prudence Car les principes de prudence sont prins selõ les vertus morales Glo. Car par les vertus morales auons droicte estimation des fins lesquelles fins sont principe de prudēce, sicomme il appert ẽ la fin de pie. chapitre du sepre Tex. Et la rectitude et adiescement des vertus morales est selõ prudence Glo. Car sicomme il fut dit en la fin du p vie. chapitre de la septe vertu morale ne peut estre sans prudence, ne prudence sans vertu morale Tex. Et prudēce et vertu morale sont coulpees et cõioinctes ensemble et aux passions

Glo Car par elles sont moderees et gouuernees passiõs humaines, cestassauoir ire et concupiscence

Tex. Et doncqs sont ces vertus morales en homme en tant comme il est compose de ame et de corps, Et toutes vertus de homme ainsy compose sont vertus humaines Et

Doncques la vie qui est selon celles vertus est vie humaine Et la felicite qui est selon elles est felicite humaine, mais la vie ou la felicite qui est selon entendement et qui est speculatiue elle est separee de telles passions corporelles Glo. Car elle ne regarde pas, et pource elle nest pas a dire humaine, mais diuine

Tex. Et de ce soit tant dit quant a present, car determier de telle felicite plus aplain et plus certainement cest plus grant chose et plus que nest nostre present propos.

Glo Car se appartient a methaphisiq et a la science diuine, mais par ce que dit est appert bien que felicite speculatiue est plus excellente que nest felicite actiue, et a ce met il apres la seconde raison Tex

Item vie ou felicite speculatiue ne a mestier des biens de dehors fors que bien peu Et moins que ne a vie ou felicite morale et actiue Car lune et lautre ont mestier des choses necessaires pour la sustētatiõ du corps aussy comme equalement, car cõbien que celluy qui est politique et actif labeure ou entende plus a son corps ou quelconques telles choses que ne fait le speculatif Glo. Car celluy qui est actif il labeure aucūefoys corporellement et trauaille son corps par quoy il a plus mestier de nourrissement. &c. Tex. Toutesuoies il a en ce petite differēce. Glo.

Car il conuient peu a lun plus q̃

a lautre pour sa vie corporelle soustenir Tex. Mais quant aux operations il differe moult grandement, car celluy qui est liberal a mestier de peccunes pour faire les eunres de liberalite, et celuy qui est iuste aussy pour rendre ce que il doibt et pour faire retributions Glo. Et se aucun disoit que pour estre iuste ou liberal, etc. que il ne conuient pas auoir peccunes pource q̃ la bonne voulente souffist Pour ceste erreur oster aristote dit apres. Tex.

Car les voulentes des gens sõt manifestes et occultes, et aucune nõ iustes feignent que ilz ont voulente de ouurer iustement et non ont Et pource celluy qui a la vertu de fortitude il a mestier de puissãce en armes se il doibt parfaire aucune operation selon telle vertu. Et celluy qui est at trempe il conuient que il ait puissance de vser de delectations, car aultre mẽt il ne pourroit estre manifeste ne sceu se il est attrempe ou non ne aussi de chascun aultre selon aultre vertu morale Glo. Il est tout clier q̃ len ne peut sauoir d'un homme se il a aucune telle vertu fors par les operations de dehors Dautre partie elles sont acquises par operatiõs de dehors et par acoustumance, sicõme il fut dit au pmier chapitre du secõd Et pource len ne peut telles vertus auoir completement par seule voulente ou election sicomme il fut dit en la fin du septe en la glose qui ple de la

conuepsion des vertus Et ainsy appert que telles vertus õt mestier des operations de dehors, et quant a la generation, et quant a la manifestation de elles Apres il respõt a vne question Tex Et pource est question assauoir mon, la quelle chose se fait plus principalement aux vertus ou election ou les actions de dehors aussy cõe ce ses deux choses fussent requises a la perfection des vertus, et il est malfeste que vertu quãt a sa perfection est en toutes ces deux choses Glo Mais quant est a son estre elle est plus principalement en election, sicõme il appert au commencement du quint chapitre du tiers. et quanta sa manifestation elle est plus en action ou operation de dehors. Tex. Et aux actions de dehors Il conuient plusieurs choses Et telles actions de tant comme elles sont plus grãdes et meilleures tant leur sont requis plus des biens de dehors, mais celluy vacque et met son entendement en speculation Il ne a mestier de nulle telle chose quãt a son operation, mais len peut bien dire que telles choses luy sont vng enpeschement a sa speculation Glo. Car grans richesses reqretet solicitude par quoy len est empesche de contemplation, et pource en leuangile ilz sõt cõparez aux espians Tex. Mais selon ce q̃ il est hõe et en tant cõe il cõuient auec les autres et en tant cõe il esliit ouurer selon vertu

E.i

Feuillet.

moral, il a donc mestier de telz biens quant a côuerser humainemēt. Glo. Car premieremēt il est hōe donc côuient il que il ait de quoy viure Jtē il est eppedient que il côuienne auec autres, et que il ait amis, sicōe il fut dit au piie. c. du ixe. Et donc conuient il que aucunesoys en côuersation Il use de vertu morale et pratiq̄, et par consequēt il conuient que il ait des biēs tēporelz, mais cōe dit est il sup en oulēt mois que ce il usoit pl9 de vertu morale, et doncques est felicite speculatiue plus par soy souffisāte que nest felicite pratique, et par consequent plus excellēte par ce que fut dit au piie chapitre et a ce met il apres la iiie. raison Tex. Jtē que par faicte felicite soit operetiō speculatiue, il appert par ce, car nous cuidons et disons que les dieux sont mesmement et tresgrandement beneurées, et ne peut dire que les actions morales et pratiques leur soient deues ou attribuees, car se aucuns leur attribuoient operations iustes ce sembleroit une derisiō, sicōe qui diroit q̄ ilz sont ensemble cōmunicatiōs et marchandises, et que ilz prennent choses en depost, et baillent, et les rendent, et quelconques telles autres choses
Glo. Ce sont operatiōs de iustice cōmutatiue, sicōme vendre et a cheter, prester, et rendre, et autres qui furent dictes au quint cha. du quint. Et semblablement les dieux qui intelligēces ne usent pas entre eulx de iustice distributiue en distribuāt hōneurs et peccunes Et se aucun disoit que lescripture saite dit que dieu est iuste et que les sains sont iustes. Je respons que la iustice de dieu est dautre espece et dautre maniere que nest iustice moral. Car cest la speculatiō et la voulente de dieu cest dieu mesme. Et les saincts sont ditz iustes pour les euures que ilz sirent en ceste vie selon iustice qui est toute vertu de la quelle il fut dit au second chapitre du quint Tex. mais qui diroit que ilz eussent la vertu de fortitude et que ilz soustenissent chose terribles et se exposassent a tres grans perilz pour le bien publique aussi sēbleroit ce derisiō ou qui diroit q̄ ilz sont liberaux. Car ilz ne donnēt a nul, sicōme sont gens liberaux, et seroit incōuenient dire que ilz aiēt monnoie ou aucune telle chose. Et se aucūs disoient que ilz sont attrēpez pour certain ceste loenge seroit mal aggreable. Car les dieux ne ont nulles maluaisez cōcupisences. Et ainsi en passant par toutes les vertus morales il appert que les choses qui sōt vers telles actions sont petites et sōt indignes de estre attribueez aux dieux. Glo. Toutesuoyes len leur attribue aucunefoys telles choses par similitude, et a parler ipropre, ment, sicōme fortitude mansuetude ou debonnairete et aucunessoys ire. Tex. Mais tous sages cuidēt et treuuēt les dieux viure, et ouurer

cest adire que ilz ont vie et sont en operation, car il ne conuient pas dire que ilz dorment, sicomme len raconte dun homme appelle eudymona.
Glo Len dit que il dormit tres longuemēt, et felicite nest pas en dormir, sicomme il fut dit en pie.c.ppe. chapitre du premier. Tex. Et doncques se de la vie de dieu nous ostons ouurer selon vertus morales et faire selon les ars Glo Car se operatiō de vertu morale et de prudēce nest pas digne de estre attribuee a dieu, doncques par plus forte raisō operation dart nest pas digne, et ce est a entendre de operation pratique car il fait tout par sapience trespeculatiue et tressimple, laquelle est appellee art par methaphore ou par similitude Tex Il ne demeure operation q̄ luy puisse estre attribuee fors speculatiō Et doncques sensuyt il que lopperatiō de dieu laquelle est en beatitude ou felicite differente de felicite humaine. Glo. En bonte et en beaulte et en felicite honnorable Tex Est speculatie et par consequent des operations humaies celle qui est loperation de dieu, plus prochaine ou plus semblable, cest la tresplus beneuree Glo Et est la plus grant beatitude et la plus excellēte felicite que homme puisse auoir en ceste vie. Apres il met la quarte raison Tex. Item de ceste verite est signe ce que les aultres bestes ne participent en felicite Glo

Sicōme il fut dit au piiiie.c. du premier. Tex Car ilz sōt parfaictement et du tout priuees de telle operation et ne peuent auoir speculation Glo Pource que ilz ne ont pas entendement, mais par aucune similitude ilz participent en vertus morales, sicomme nous disōs que le lyon est fort et le coq liberal, et agneau de bonnaire Tex Nos attribuons aux dieux ou aux substances separees toute vie beneuree Et aux hōmes nous leur attribuōs telle vie en tant cōme ilz ont en eux aucune similitude de telle operation speculatiue que les dieux ont, et des aultres bestes nulle nest beneuree, car ilz ne cōmuniquēt ou participēt en rien de speculation Et doncques en tant cōme speculation se estent en tant se estent felicite, et tant plus ont de speculation tant sont ilz plus beneures et non pas selon accident
Glo. Cest assauoir pour aultre chose qui soit conioicte a speculation, sicōme epicurus disoit que cest pour delectation qui est adioincte a speculation Tex. Mais selon speculation, car elle est selon elle mesmes honnorable, et doncques felicite est speculation Glo Cest assauoir la principale felicite et la plus excellente

Comment le beneure se a aux autres choses qui sont hors luy xvie.c.

E.ii

Celluy qui est beneuré a mestier des biens de dehors,
car il est hōme et nature humaine nest pas par soy souffisante a
speculer, mais conuient que se corps
soit gardé en santé et que len en ait ui-
āde et autre seruice. Glo. Car
pource que les esperitz qui sont corporelz labeurent en speculation, il conuient que la personne se laise et trauaille, sicōe il fut dit en p̄e. chapitre
et pource len a mestier de repos et de
recreation et des choses necessaires a
uie humaine pour nourrissement etc.
Et par ce appert que ce est impossible
que hōme maine uie contemplatiue
et parfaicte, et que il soit simplement
poure. Tex. Et combien que
nul ne soit beneuré sans auoir des biens de dehors. Toutesuoyes ne doit
sen pas cuider que cellup qui t'eust e-
stre et tent a estre beneuré ait mestier
des biens de dehors en grant multitude et en grant quātité, car nul nest
par soy souffisant pour superhabondance de telz biens ne par ce a bon
iugement ne bonne action. Glo.
Ceste cause est cōmune a uertu
ou a felicité speculatiue, et a la pratique, car telle superhabondāce est empeschement plus cōmunement.
Tex. Et est possible q̄ aucūs
facent bōnes euures qui ne sont pas
princes de terre ne de mer. Car de richesses moderees et moyennes aucū
peut bien ouurer selon uertu. Glo.
Car quant est de uertu specula-

tiue telz biens sont expediēs nō pas
moyens, mais petis sicōme il fut dit
au chapitre precedent. Et pource en
la saincte escripture le sage prie que il
ne luy donne ne richesses ne poureté
mais il dit que tant seulement ce que
est necessaire pour sa uie, et quant est
de uertu pratique richesses sont instrumens de ouurer selon telle uertu
sicōme il appert au premier de politiques, et doncques aussy comme une
hache ou une espee ou autre instrument moyen est profitable pour bien
ouurer que ung plus grant ou trop
grant. Semblablement est il des richesses et aussy comme des istrumēs
il peut estre que ung hōme se aide
mieulx de grans richesses que ne feroit ung aultre selon sinclination et
les meures et lestat de luy. Tex.
Et ce peut len ueoir manifestement par ce que les simples gens de
moyen estat ne semblent pas moins
faire euures uertueuses que ceulx q̄
sont riches et puissans mais plus,
car tant de choses cōe il ont leur souffisent pour bien faire et la uie de celluy qui euure selon uertu est beneuree. Glo. Apres il conferme ce
que dit est par les dis des saiges.
Tex. Et pource par auentu-
re lopinion de saloń. Glo. Le
fut le plus excellent des philosophes
stoiciés. Tex. Est bien dit, car
il cuidoit et mettoit que ceux qui ont
des biens de dehors ou des richesses
moderement et moyennement ilz

font tresbonnes operations/ et Viuel attrempement Car communement ceulx qui ont possessions moderees et moyennes ilz euurent choses appartenantes a faire/ et a cest propos il sembloit a Anaragoras le prophete que nul nest beneure qui est tresriche et trespuissant. Glo. Il se ainsy a entendre que les richesses ne font pas homme beneure, mais auient souuent que ceulx qui ont grant habondance de telz biens veullent acomplir leur concupiscence/ et sont faitz desatrempez ou orgueilleux ou iniurieux Tex. Et disoit que ce nest pas merueille se son dit apparoit a plusieurs inconueniens Car la multitude des populaires iuget des choses de dehors pource tant seulement/ ilz sentent apperceuent et congnoissent telles choses Glo. Et auecques ce le plus des gens desirent richesses et cuident que felicite soit en richesses/ et les aultres cuident que elle soit auecques richesses ou que elle peust estre aisee par richesse.

Tex. Et doncques il semble que les opinions des sages saccordent aux raisons que nous auons dictes et telz ditz des aultres philosophes font foy pour la vie de eulx Glo. Comme Salon et Anaragoras qui sont dessus nomez et Socrates et plusieurs aultres qui furent de ceste opinion Tex. Es choses ouurables par nous la verite est iugee par la vie et par les euures

Glo. Pource dit lescripture. A fructibus .i. ab operibz eorum cognoscetis eos. Len congnoist les gens par leurs euures/ et pource fut dit au premier chapitre de cest pe. que en telles choses les parolles font moins creables que ne sont les euures

Tex. Pource que les operations ont domination en telz iugemens et conuient entendre et regarder aux euures et raporter ou referer les parolles a la vie et se ilz sont concordables/ adoncques telles doctrines sont a accepter Glo. Suppose que elle soit raisonnable Tex. Et quant elles sont descordables telles parolles sont a soustenir ou a plendre comme de gens qui veullent deceuoir

Glo. Sicomme aucuns stoyciens qui blasmoient richesses en leurs sermons et en leurs doctrines Et ne antmoins ilz les appetoient et queroient Et par ce appert que ceulx ne sont pas veritables, mais sont seducteurs qui loent et commandent pure pourete et dient que cest estat de perfection/ et toutesuoyes leur vie est a ce contraire/sicomme len voit par experience/mais sicode dit Seneque Loer pourete est plus legiere chose que la endurer et porter Apres il monstre come le beneure se a ou regart de dieu

Tex. Et cellui qui euure selon entendement et qui met sa cure et entendement par speculation/ il semble tresbien estre disposé/ car la chose de cellui qui est tresmerueilleux est en

C.iii.

son excellence et est ordenee par les rays de la lumiere diuine. Tex. Et tres amy et tres amye de dieu. Car se les dieux ont cure & prouidence des choses humaines, sicome il semble estre verite il est vray semblable que ilz se delectent et esiouissent en la chose qui est en home tresbone & tresprochaine ou tressemblable a eulx. Glo. Car similitude est une cause damistie, il fut touche au second chapitre du viii.e Tex. Et c'est entendement, c'est raisonnable que il donne graces & benefices aux hommes qui aiment & honneurent entendement. Glo. Par ce que ilz mettent leur entente en speculation. Tex. Et que ilz aient cure et solicitude de ceulx qui font telles bones operations, aussy come de leurs amys. Et pource que toutes ces choses desusdictes sont mesmement & excellentement en celluy qui a la vertu de sapience. Glo. Par laquelle l'en a speculation et congnoissance des choses diuines, sicomme il fut dit au viii.e cha. du septe & en plusieurs autres. Tex. Doncques est chose manifeste que tel homme est tresayme de dieu, & perconsequent il est vray semblable que tel homme soit tresbien eure. Et doncques se il est ainsy cellui qui a la vertu de sapience et mesmement et tresgrandement benture.

Que oultre la doctrine deuant mise est necessaire bone acoustu-mance. xvii.

Question pourroit estre, car puis que nous auons dit suffisamment & grossement & figure sicome l'en doit parler en telle maniere. Glo. Sicome il fut dit au second & au p.er chapitres du premier. Tex. Et des choses appartenantes a felicite & des vertus, & auecques ce damistie et de delectation, assauoir mon se ce que nous auons esleu a traicter & determier deueroit icy auoir fin. Glo. Car au commencement au premier chapitre du premier il auoit propose a traicter de bien humain. Or fait donc maintenant question assauoir mon se tout ce que il en a dit deuant doibt souffire. Apres il determine la vertu de ceste question. Tex. Mais sicome il fut dit deuant. Glo. Au tie. chapitre du second. Tex. La fin de la science des choses ouurables par nous nest pas en speculation et congnoistre telles choses ou chascune de elles, mais la fin de ceste science est ouurer & faire telles choses. Glo. C'est assauoir operation vertueuses. Tex. Et donques sauoir parler de vertu ne souffist pas mais nous debuons tempter & mettre peine a auoir vertu en nous, & en auoir lusage par operations, & aucunement se nous voulons estre bons. Car se sermons persuasions ou exortations souffisoient pour faire les gens vertueulx, pour certain plufleurs & grans loyers & remuneratiōs seroiēt iustemēt deues a ceulx qui sceuent & qui vsent de ars de persuader & sermōner Glo. Et par ce sēble que ilz nestoient pas lors grādement remunerez Tex

Et conuiendroit que lon leur sist telles remunerations: mais or est de tire que sermons et persuasiōs peuēt bien prouoquer, epciter & esmouuoir a bien aucuns ieunes gens, cestassauoir ceulx qui sont frācs et liberaulx Glo. Et qui ne seruent pas aux vices ne aux concupiscences.

Tex. Et q̄ ont nobles meurs Glo. Cestadire qui ont incliration noble & bonne par quoy ilz sont habiles aux vertus Tex Et qui veritablement aiment bien faire & telz sont aptes & habiles a ce que ilz soient faitz plains de vertu & de honnesteté Mais dāultre partie plusieurs sont lesquelz on ne peut par sermens ou par quelcōnque paroles prouoquer conuertir ou attraire a bonté pource que ilz ne sont pas nez ou enclins a obeir a vercūde Glo. Et vercunde ctaitet suit laidure & deshonnesteté, & pource fut il dit au dernier cha. du quart de ieunes gens vercondeux sont a loer Tex Mais a paour et ne sont pas nez ou tailliez a soy departir de mauuaistiez pour euiter & eschēuer peche & laidure, mais pour paour de soustenir peines Glo. Establies par les loys contre ceulx qui font mal. Et pource dit le poete Obdormit peccare maliformidine pene. Oderunt peccare boni virtutis amore Les mauuais laissent a pecher pour paour de peine, & les bons pour lamour de vertu Tex Car telles gens pource que ilz viuent selon passion de ire ou de concupiscence ilz persuiuent ses delectations ppres a telles passions & par ce croissent les passions Glo Et ainsi ilz procedent tousiours de mal en pis.

Tex. Et aussi ilz fuient les tristeces ptraires ou opposites, mais du bien lequel est vray bien & selon soy delectable, ilz ne ont entendemēt ne congnoissance ne oncques nē gousterēt Glo Car telles gēs ne eurent oncques experience de la doulceur & delectation qui est en bien faire apres ce que vertu est acquise Tex.

Et doncques sermons ne pourroient telz gens transfermer & cōuertir a bien, car ce nest pas possible chose ou aumoins ce nest pas legiere chose de transmuer les gens par parolles des choses que ilz ont piecà & de lōg temps comprinses ou aprises par accoustumāces Glo. Car quāt lon leur dit que ouurer selon vertu ē bonne chose & delectable ilz ne le croient pas, car ilz sont endurcie & ostinez en choses contraires Aussi comme en science speculatiue nul ne peut estre introduit en la verité tant comme il erre aux pricipes de celle sciēce.

E.iiii

Apres il monstre que bonne acoustumance est necessaire pour Vertu acquerir. Tex. Et se nous auons toutes les choses par lesquelles nous pouons estre bons et prendre et aquerir Vertu ce nous deueroit estre chose chiere et amable mais de telles choses sont plusieurs opinions, car les vngs cuident que les gens soient fais bons par nature les aultres cuident que ce soit par acoustumance. Et les aultres dient que cest par doctrine. Glo. Et len doibt sauoir que chascun de ces trops opinions a aucune chose de vice, car quant au premier il fut dit au p vic. chapitre du sept que vnes gens sont enclins naturellement a vnes vertus et autres a aultres. Et doncques inclination naturelle proffite a vertu et aussi comme vertu imparfaicte. Et des aultres deux opinions sera dit apres.

Tex. Et ce que nous auons de nature quant ad ce il est chose manifeste que ce nest pas en nostre puissance, mais ce auons nous par aucune cause diuine. Glo. Cest assauoir de la constellation ou influence du ciel et des intelligences et du don de dieu par quoy des la conception ou natiuite dun homme, il est enclin a honnestete selon la complexion du corps et selon la disposicion de lame.

Tex. Et de celle chose ont ceulx qui sont selon verite bien fortunez. Car vraye et bonne fortune est au regart de vray bien lequel est bien de vertu. Tex. Mais sermon parole et doctrine ne peuent pas en tous ouurer et profecter, mais conuient que lame de lauditeur soit auant preparee par bonnes acoustumances a ce quelle se delecte et esioist en bien et que elle ait hayne de mal en la maniere que la terre doit estre bien cultiuee affin quelle nourrisse la semence. Glo. Car aussi comme la semence qui chiet en terre bien cultiuee apporte bon fruit. Semblablement la parolle ou doctrine qui chiet en personne exercitee en bien a disposee en bien fait le fruit de bonne operation. Et pource est il escript en leuangille Semen est verbum dei.

Tex. Car celluy qui vit selon passio et concupiscece il ne ot ou escoute pas voulentiers sermon ou parole qui le amoneste a bien ne il ne le entent pas, mais celluy qui est ainsi dispose comment seroit ce possible de le attraire a bien par persuasion, car vniuerselement verite est que telle passion ne se depart pas par paroles mais pour violece. Glo. Car quant telle passion est affermee par acoustumance, il conuient telles ges compeller et contraindre a bien par force. Tex. Et doncques a ce que telles paroles aient effect et proffitent Il conuient que acoustumance soit propre a vertu ait este deuant par quoy la personne aime le bien et hait indignation de chose laide et deshonneste.

Cy parle que a bonne acoustumance sont requises loyx. xviii. cha.

Est forte chose que ung homme de sa ieunesse soit mene et adrecé a vertu se il nest nourry soubz bonnes loyx, car vivre attrempeement et perseuerer en telle vie nest pas chose delectable au plus de gens, et especialement vivre autrement est delectable a ieunes gens. Glo. Car ilz sont enclins a poursuiuir delectations, sicomme il fut dit plusieurs foys. Tex. Et pource conuient il que la maniere de nourrir les gens en ieunesse et les voies que len treuue pour les adrecer a bien ouurer soient ordenees et gouuernees par loyx. Glo. Par lesquelles ilz sont contrains a eulx acoustumer a bien faire et a fuir mal. Tex. Car puis que ilz seront acoustumes a telles choses elles ne les seront pas tristes. Glo. Cestassauoir abstenir de delectations et labourer en bonnes euures. Apres il monstre que les loyx sont requises non pas seulement pour les ieunes, mais auecque ce pour les gens aages. Tex. Et ne souf

fist pas par auenture que les ieunes gens soient adreces a bien par bon nourrissement et par bonne cure. Mais auecques ce mesmes quant le ieune est fait homme et il est en aage il conuient par aucuns moyens trouuer voyes qui adressent a tresbien et honnestement ouurer et par quoy il soit acoustume a bien vers telle chose ou quant a ce nous auons mestier de loyx, et uniuerselleement les gens ont mestier de loyx par toute leur vie et en tous aages. Car la plus grant partie de eulx obeissent plus a bien par necessite et par contrainte que ilz ne font par parolles, et plus pour paour de dommaige que pour amour de bien et de honnestete. Apres il conferme son propos et le declaire par signe. Tex. Et pource ceulx qui mettent et font ou publient les loyx, ilz ont estimation que ilz conuient appeller et prouocquer les gens aux vertus en ceste maniere, cestassauoir ceulx qui sont bons et qui sont bien disposes par les acoustumances precedentes len les doibt induire et prouoquer a vertu pour grace de bien comme ceulx qui sont obeissans. Glo. Len leur doibt monstrer par parole le bien et honneur de vertu. Tex. Mais a ceulx qui sont inobediens et desobeissans a raison et qui forlignent ou sont desuoyes et mis hors de la droite ligne de tresbonnes meurs len leur doibt

feuillet.

mettre peine et punicion&c. Glo. Peines corporelles et punicions de vitupere ou de dommaige.

Tex. Et ceulx qui sont du tout incurables et incorrigibles len les doibt exterminer Glo. Pour ce pent len les larrons affin que sa police ou la cõmunite en soit purgee et affin que les aultres se corrigent par tel exemple et que la peine dun face paour a plusieurs Tex. Car celluy qui est bon et qui ordene sa vie a bien, il obeist a bonnes paroles, mais le mauuais qui trop apette delectation il le conuient pugnir et luy donner tristece en la maniere que len duit et chastie vne asne ou vne aultre beste de labeur Glo. La asse len bat et menace et luy donne len petit a menger Tex. Et pource dient les sages que il conuient a telz gens donner mesmement et par especial les tristeces contraires aux delectations que il aduient Glo. Et celles choses sont ordonnees par les loyx. Et doncques sont les loys expedientes Apres il monstre par deux raisons que ilz sont necessaires

Tex. Et doncques sicomme dit est se vng homme est bon ou te[m]ps aduenir, il conuient que il soit nourry en bien et acoustume a bien Et apres il conuient que il se gouuerne selon droites voyes trouuees pour viure vertueusement Et que il se abstienne de faire mauuaises choses de

sa liberale voulente ou contre sa voulente et par contraincte. ces choses peuent estre faictes en ceulx qui viuent selon entendement pratique et selon aucune ordonnance Glo. Et telles sont les loyx doncques sont elles necessaires. &c. Apres il respont a vne obiection, car aucun pourroit dire que les commandemens que les peres font a leurs filz de deuroient souffire Tex. Et le commandement paternel na pas telle puissance ou force et ne contraint pas tellement. Glo. Car lamour naturelle que le pere a au filz violente, et pource se pere blasme et chastie se filz de parole sans fait mesmement quant il est hors denfance. Tex.

Et vniuerselement le commandement dun homme quelconque fait peu quant a ce que dit est se tel homme nest roy ou prince ou se il na aucune telle auctorite mais la loy a puissance contraingnant Car la loy est parole ordenee daucune prudence et dentendement Glo. Le prince fait la loy publier tenir et garder Apres il met la seconde raison.

Tex. Item communement les gens ont en hayne ceulx qui contrariet a leurs mouuemens et a leurs voulentes, et suppose que ilz feissent bien de contrariera ce Glo. Car ceulx a qui len contrarie cuident souuent que len le face par hayne ou par enuie Tex. Mais la loy nest pas griefue ne hayneuse / Car elle commande choses honnestes et vertueuses. Glo. Et dence ou deffent les choses deshonestes / et pource la loy ne peut estre suspecte de hayne personel ne de enuie / et ainsy appert que la loy est necessaire pour faire les gens.

Cy parle comment il est necessaire que aucun mette les loys xix.cha.

Cellup qui mist les loys en la cité de lacedemonie il eut solicitude et cure de la maniere de nourrir les enfans et de trouuer voyes par quoy ilz peussent estre adrescies a vertus Et se estoit tant seulement en la cité dessusdicte / et pou daultres, car en plusieurs citez telles choses sont en negligence et ne en cure len / mais chascun vit comme il luy plaist quant est a lordenance des enfans et des femmes / ilz en disposent a leurs voulentez en la maniere que font les cyclopiens. Glo. Se sont gens dun pays lointain et estrange / et sont barbarins. Ter. Et doncques est ce tresbonne chose que len face et que len en ait cure et solicitude commune et publicque qui adresse a bien ouurer / et toutesfoys que les presidens sont negligens de telle cu-

re commune / lors est il conuenable q̃ chascun mette peine de faire chose p̃ quoy il puisse ses filz et ses amis adrescer a vertu ou eslire. Glo. Cest assauoir personne publique vne ou plusieurs qui mettent ou establissent loys et cest le mieulx. Ter. Car cellup q̃ pourra mesmement faire telles choses qui sera ordonne pour mettre la loy / si comme il appert par les choses dessusdictes. Glo. Au p̃dit. chapitre ou il fut dit q̃ parolles sont peu / mais contraincte fait plus qui est faicte par la loy et p̃ cellup qui la met Apres il monstre q̃ il conuient que aucun mette les loys Ter. Et est manifeste que les cures et communes sont faictes par les loys Et de telles cures les bõnes sont faictes par les loys Vertueuses Glo. Et doncques conuient il que aucun soit qui mette la loy. Ter. Et ne fait au propos nulle difference se les loys sont escriptes ou nõ escriptes. Glo. Car lescripture des loys est faicte seulement pour en auoir memoire au tps aduenir. Ter. Ne se par telles loys vng seul est introduit ou plusieurs en la maniere que telles choses ne sont difference en musique ne en art de soy exerciter ne aux aultres. Glo. Comme estre seure ou masson par telz ars ne sont pas meilleurs ou moins bons se la multitude de ceulx qui les apprent̃ et est grãde ou petite ne se les rigles de telz feulllet.

ares sont escriptes ou non escriptes Et semblablement est il des loyx./c.
Apres il met vne comparoison.
Tex. Et aussy comme les choses appartenantes aux loyx/ɛ les meurs ont puissance aux cites en telle maniere les cōmandemens des peres ont puissance en leurs maisons ou hostelz et encor plus pour ce que les filz ou enfans des le commencement aiment leurs parens pour prochainete de lignaige/ɛ pour les benefices que ilz ont receuz de eulx/ et pource que nature les encline a obeir de legier a leurs peres Glo.
Jl est ainsy a entendre que les filz obeissent plus aux commandemens de leurs peres que ilz ne sōt aux loix quant est pour auoir/ɛ specialemēt ceulx qui sont habilles a bien ɛ aux vertus. Mais ilz obeissent plus aux loyx pour paour et pour crainte Et mesmemēt ceulx qui sont enclins a mal. sicomme il fut dit au chapitre precedent Apres il monstre quelle chose doibt sauoir cellup qui met les loyx Tex. Et auecques ce lē doibt sauoir que les disciplines des choses communes different selon la difference de chascune des choses singulieres aussy cōme en medecine en laquelle est vne rigle cōmune q̄ dit que abstinence et repos sont proffitables a cellup qui est en fieure Glo. affin q̄ nature ne soit greuee ne chargie de viande/ɛ affin que les humeurs ne soient esmeues par le labeur.

Tex. Mais par auenture aucun est auquel telle chose ne proffiteroit pas Glo. Pource que il est possible que abstinēce affoibliroit ou debiliteroit trop sa nature ou pource que par labeur et par mouuement se degasteroient les mauuaises humeurs Tex Et semblablemēt vng champion ne se combat pas en vne mesme maniere contre chascun ɛ en tout art len euure plus certainement et plus seurement quant len a mis sa cure propre/ɛ fait diligēce par quoy len congnoist particulieremēt les proprietes de chascune des choses ouurables/ɛ en attaint len ɛ vient mieulx a sa fin cōueniente/car le medecin en tant cōme medecin fera tres bien sa cure Et puys cellup qui sçet l'art de epercitation sera tresbien ce q̄ il veult faire et chascun aultre semblablement se il sçet les proposicions ou rigles vniuerselles et quelle chose est cōuenable cōmunement a tous telz ou telz Glo Sicomme a tous coleriques ou a tous flematiques. Tex. Car les sciences sont et sont dictes d'aucū principe cōmun Glo C'est a dire q̄ en toutes sciences a aucunes rigles cōes/cōe lē diroit en medecine q̄ la lectue est bōne pour fieure ou q̄ le reubarbare purge humeur coleriq̄ Tex Et ne souffist pas sauoir telle chose cōmune seulement/ mais auec ce il puiēt au oir congnoissāce de la chose siguliere Glo Sicōe de la nature ɛ ādicion du pacient ¶Tex ¶Et par auenture peut auenir que aucun fait vne cure Et toutesuoyes il ne scet pas les principes ou les rigles de la science.

mais il fait telle cure pource que experience il considere diligemment les accidens singulieres en chascun point/& en ceste maniere len voit que aucuns sont tresbons medecins de eulx mesmes/& sy ne peuent proffiter a vng autre/mais neantmoins celluy q̃ veult sauoir aucun art/& estre en telart opatif et speculatif, il doibt auoir regart aux proporcions vniuerselles selon ce que il est possible/car cõme dit est les sciences & les ars sont vers telles choses ¶Glo. Car par ce len doibt rẽdre cause des operations & des autres choses. Apſ il applicque ce que dit est a son ppos
¶Tex ¶Et par auenture en ceste maniere est il de celluy qui veult faicte par aucune cure les hõmes meilleurs soit en grant nombre ou en petit/car tel doibt estudier et tempter a mettre loys se il est aisy que par loys nous soyons fais bons. ¶Glo.
Et ainsy est il/sicõe il fut dit aux deux chapitres precedens ¶Tex.
Et ne appartient pas a chascun ordener la cure pposee & mettre loys mais il conuient que ce soit fait par aucun qui soit sachãt en la maniere que il est en medecine et aux aultres ars desquelz est aucune cure & aucune prudence ¶Glo. Il me semble que il veult dire que aussy cõme

vng hõme par diligence et par eppetience peult bien estre medecin de soy mesmes sans sauoir medecine. Semblablement peut vng hõme par bõne discretion soy bien gouuerner sãs sauoir politique/mais aussy comme nul nest bon medecin ne simplement a parler ne aux aultres proffiter sãs sauoir medecine/& quant aux rigles vniuerselles/& quãt a les appliquer aux choses singulieres: Semblablement nul ne peult bien mettre loys & estre bon politique se il ne scet la science de politique & les raisons vniuerselles des loys & les applicquer aux persones & aux negoces singulieres
Et pource dit aristote selon laultre translation que le hõme politiq̃ doit sauoir appliquer les causes vniuerselles ou generaulx des loys aux choses particulieres.

¶Question en quelle maniere vng homme peut estre fait tel q̃ il puisse mettre les loys xx.

Oncques apres ces choses nous entẽdons a enquerir par quelles voyes & en q̃lle maniere aucun est fait tel que il puisse mettre loys ¶Glo. Comme assauoir mon ce cest par acoustumãce ou par doctrine/& ce se est par doctrine par quelle doctrine ¶Tex Et assauoir mon se il est ainsi en cest propos comme il est aux ars/ & aux sciences aultres que politiques

Glo. Car ung hōme est fait medicin par celluy qui scet medecine et ung aultre est fait musicien par celluy qui scet musique Apres il met la cause pour quoy la science de mettre les loyx est une partie de politiq̄

Tex. Car la science ou art de mettre les loyx est une ptie de politiq̄.

Glo. Sicōme il fut dit au ipe. chapitre du septe Apres il mōstre que plusieurs ne gardent pas la maniere que len fait aux autres ars

Tex. Mais plusieurs ne sont pas en ceste politique semblablemēt comme len fait aux autres sciences et puissances Glo. Cest a dire aux aultres ars lesquelz il appelle science quant aux conclusions Universelles et les apelle puissaces quāt a appliquer telles conclusions aux operations Tex. Car aux autres ars unes mesmes personnes les baillent ou enseignēt et euurent selon telz ars sicomme sont les medecins et les escripuains Glo.

Car ung medecin il fit de medecine ou scet la speculatiue et ouure ou pratique Tex. Mais quant a la sciēce ou art de politique deux manieres de gens sont car les unes sōt sophistes qui prononcent que ilz enseigneront a mettre les loyx et dient que ilz sceuēt lart de politique mais nul deux ne euure selon les loyx ne selon politique Glo. Telz gens sōt ypocrites car ilz dient que ilz sceu-

ēt lart de politique et ilz ne sōt pas comme ilz dient et sont sophistes car ilz faignent sauoir la science de politiques et non sceuent car se ilz la sceussent bien ilz ouurassent selon elle si comme declaire Eustrace Et selon ce que aristote dit apres Il semble q̄ par ces sophistes il entende telz gens comme sont ceulx qui ont estudie les droitz et ne ont epperience ou sicomme plusieurs aduocas qui les alleguent et ne euurent pas selō ce et qui ne sceuent la science de politiques et pource telz gens ont mauuaise affection et ignorance de ce que conuient a mettre bonnes loyx. Tex

Mais aultres gens sont qui conseruent ciuilement et qui sont euures politiques par une puissance cest a dire par ung habit aquis par acoustumance plus que ilz ne les font par entendement ou par science Glo.

Et me semble que par ces troys il entent telz gens comme seroient bourgoys Apres il declaire linsuffisāce des ungs et des autres et quāt a mettre les loyx et premieremēt des derniers. Tex. Et cestes gēs ne sceuēt escripre ne enseigner ou bailler doctrine de telles choses cestassauoir de politiques ne comment len doiuēt mettre loyx combien que par auenture ce fust meilleur chose que ne sont les sermōs ou parolles de aduocacie ou de rethorique Tex

Item telz gens en quelque maniere ne sont pas seurs filz ou alcōques de leurs amis estre gens politiques ou sauoir politiques et mettre loys

Glo. Et doncques ne scement ilz pas telles choses, car sicomme il fut dit au premier de methaphisique puoir de eseigner est signe de sauoir

Tex. Et seilz peussent telles choses faire cest chose raisonnable q̄ ilz les fissent Glo. Et ce monstre il par trops moyens Tex.

Car premierement ilz ne peussēt faire meilleurs choses pour leurs citez. Item ilz ne pourroient pour eux mesmes eslire mieulx que auoir la puissance telle Glo. Cestassauoir de bailler doctrine de mettre les loys Tex. Item ilz ne pourroiēt faire meilleur chose a ceulx qui sont tresbien leurs amis Glo.

Cestassauoir que les faire bons politiques. Or appert doncques que ceulx qui conuersent ciuilement par experience et acoustumance sās science ne sont pas souffisans pour mettre loys, mais se aucun pource cuidoit q̄ experience ne fait rien quāt a ce il oste ceste erreur Tex.

Mais toutesuoyes quāt a ce experience ne profite pas pou, car aultrement il sensuiuroit que les gens ne seroient pas faitz plus politiques ₵ plus habilles à mettre loys pour a coustumance de viure en policie.

Glo. Et nous voyons le contraire. Tex. Et pource ceulx qui desirent sauoir de policie, ilz ont mestier sauoir experience Glo.

Cestassauoir de vie politique, et ce est plus aplain exprime en la translation arabique ou il dit que action ou negoce politique parfait requiert experience, car telle chose est trouuee par science et est adrescie et iustifiee p̄ experience, et quant le politique aura cōmēce a mettre et a faire ses loys sans habit de science, il ne discernera pas ₵ ne iugera pas droicturierement se tresgrant bonte, ₵ tresgrant excellence de nature ne supplie la deffaute de la sciēce, mais la nature ne peut estre sy bonne que sa personne ne soit plus preste et plus certaine pour iuger vrayement se elle a eu experience. Apres il monstre linsufficience de ceulx que il a appellez sophistes.

Tex. Et vne maniere de sophistes sont qui promettent que ilz enseigneront estre politiques, mais ilz en sont trop loing de la enseigner ou mōstrer, car du tout ilz ne sceuēt quelle science ce est ne vers quelles choses elle est, car premierement se ilz sceussent quelle chose ce est, ilz ne dīsent pas que politique fust vne mesme science auecques rethorique, ou moins bonne que nest rethorique

Glo. Rethorique est science ou art de persuader ou faire croire ce que len dit et est en trops manieres de choses, ₵ selō ce elle a trops parties. Vne est appellee demonstratiue qui est en loer et vituperer aucune chose, laūtre est dicte deliberatiue qui est en cōseiller quelle chose ē expediēte ou nō

feuillet.

la tierce est appellee iudiciale qui est en monstrer deuant le iuge quelle chose est iuste ou non en allegeant les droitz. Et les sophistes dessusditz se reputent estre bons politiques quant a mettre loys quant ilz sceuent ceste tierce partie qui nest pas si bonne come est toute rethorique. Et pource ilz ne sceuent quelle chose est politique. Et telz sont les aduocas qui ne sceuent philosophie moral. Apres il monstre que telz sophistes ne sceuent vers quelles choses est politiques Tex.

Item se ilz sceusent vers quelles choses est politique ilz ne cuidassent pas ou ne deissent pas que cest legiere chose de mettre les loys, car ilz cuident que a mettre les loys il ne conuient autre chose fors longuement amasser ou assembler et concuillir les loys anciennement approuuees. Et apres eslire celles qui semblent estre tresbonnes, mais cest tresgrant chose et tresforte et non pas legiere, de eslire les meilleurs loys ou les tresbonnes et de iuger de ce droicturierement et ueritablement, car droicte election suppose vray iugement fait par sentement. Glo. Apres il monstre que comme telle election soit forte ou legiere écor ne souffist pas ce que ces sophistes disoient pour mettre les loys, car loys q seroient esleuees pour boe simplement ou absoluement elles ne seroient pas bonnes en tel lieu ou en telle cité ou pais ou en tel temps ou tel peuple Tex. Et aussy comme len voit les choses appartenantes a musique que ceulx qui sont experts aux choses singulieres ilz iugent mieulx les euures que ne font les autres et entendent mieulx par quelles choses et par quelle maniere telles euures sont parfaictes et quelz sont se peuent ensemble concorder, mais a ceulx qui ne sont experts ilz leur souffist assez que ilz ne soient pas ignorans se leuure est bien faicte ou mal faicte en la maniere que il est é lettre ou en escripture. Glo. Aucunes foys ung home qui nest pas expert en art descripre il considere et appercoit bien se la lettre est bien formee, mais il ne la scauroit faire et se elle est mal faitte il en scet bien parler et dire les deffautes, mais il ne les scauroit amender, car il nest pas expert de soy applicquer a leuure. Tex. Et les loys quant a estre mises sont semblables aux euures politiques.

Glo. Car par les loys sont ordenees et adrecees les euures politiques, et pour ce sont les loys mises et par ce sensuit que nul ne peut mettre les loys se il ne a experience de telles euures. Tex. Et doncques nul ne pourroit estre fait tel se il ne sceust mettre loys et iuger lesquelles sont tresbonnes a estre mises par les choses dessusdictes. Glo. Cestassauoir par concuillir loys et par eslire les meilleures sicomme disoient les sophistes. Car auecques ce est requise experience des euures politiques art ou science dapplicquer les loys a telz œuures. Et ce declaire il apres par exemple. Tex. Et les gens ne sont pas faitz medecins operatifz et bien ouurans selon medecine par les escriptes des liures de medecine combien que les aucteurs tentent et se efforcent de dire ou de mettre en escript non pas tant seulement les alterations, mais auecques ce la maniere comme il conuient faire les cures en diuisant les especes et les manieres des maladies singulieres et en monstrant comme len doibt les choses applicquer a chascune. Et telles choses sont profitables a ceulx qui sont expers, mais a ceulx qui sont ignorans et qui ne ont experiences telles choses sont inutilles. Glo. Quant a les faire bien guerissans se ilz ne sont expers car aux experiences len voit plusieurs choses particulieres qui ne sont pas escriptes. Tex. Et par auenture speculer et congnoistre la multitude et congregacion des loys mises et de diuerses polices passees ou presentes, et de telles loys et polices bien iuger lesquelles sont bonnes ou non bonnes ou lesquelles sont conuenables et expedientes pour telles gens ou pour telz, ces choses seroient bien proffitables pour mettre loys, mais ceulx qui se passent legierement et sceuent petitement superficialement les choses dessusdictes sans ce que ilz aient habit par acoustumance et experience des fais humains, ilz ne peu-

ent bien iuger de ce que il appartient a mettre les loys se ce nest selon le cas dauenture. Glo. Doncques par ce que dit est appert que quant a mettre loys est bon de sauoir les loys anciennes. Item a ce est requis auoir experience des œuures ciuiles. Item sauoir la maniere de distribuer et appliquer les loys a ceulx a qui len met loys, la premiere chose ont les bons iuristes, la seconde ont les bons citoyens. Et la tierce ont les philosophes moraulx. Et doncques conuient il que cellui qui met les loys ait en soy ces troys choses ou que plusieurs soient alles mettre qui aient les choses dessusdictes et cest le mieulx, sicomme il sera dit en politiques. Tex. Toutesuoyes se ilz ont veues les loys et considerent les polices aucunement ilz en sont plus entendans et plus habiles a ce que ilz puissent mettre les loys. Glo. Apres il promet a enseigner comment len est fait habile et mettre les loys. Tex. Et doncques pource que noz predecesseurs ont laisse a traicter comme doit estre traicte de mettre les loys ou ne le ont pas souffisamment bail le il nous conuient a ce plus vaquer et entendre. Et par auenture est ce mieulx que nous traictons du tout vniuersellement de la science de politiques. Glo. Car sauoir mettre les loys est vne partie de science politique. Dautre partie vnes loys sont conuenables en vne policie et

D.i

autres en autres, sicomme il sera dit en politiques. Et d'icques pour mettre les loys il conuient sauoir politiques. Ter. Affin que philosophie morale soit par faicte selon nostre puissance. Glo. Il dit cecy pour euiter que il ne soit note de presumpcion. Apres il met lordre que il tendra. Ter. Et premierement tempterons et assaierons a dire en passant se aucune chose en partie est bien dicte en ceste matiere par noz progeniteurs et predecesseurs. Glo. Et ce sait il aucunement au fait de politiques et principalement au iij. Ter. Et apres nous considererons de toutes policies ensemble et regarderons de celles lesquelles saluent et tiennent en estat les citez ou communitez et lesquelles les corrumpent et destruient, et lesquelles choses sauuent ou corrumpent chascune des policies, et pour quelles choses et ainsy pour quelles causes unes policies euurent bien ciuilement et autres sont le contraire. Glo. Ce sera determine au commencement du tiers liure de politiques iusques en la fin du sep-te. Ter. Car ces choses considerees et traictees par auenture nous pourrons mieulx regarder laquelle policie est tresbonne, et en quelle maniere chascune policie doibt estre ordenee, et de quelles loys et de qlles coustumes chascune doibt vser. Or disons doncques et commencons. Glo. C'est assauoir le liure

de politiques qui ensuit cestuy, c'est a luy. Et par ce selon ce que dit Eustrace, il monstre la conuexion de ethicques et de politiques, car nul ne peult estre bon moral sans sauoir politiques. Et pource ethiques et politiques ne sont que ung mesme liure diuise en deux. Sicomme ie dis au commencement ou prologue.

Cy fine le dixiesme et dernier liure de thiques. Deo gratias.

Cy commence la table des
fors motz a exposer dethiques

Pour ceste science plus cle
rement entendre, ie vueil
de habondant exposer au
cuns motz selon lordre de
lo. A.B.C. lesquelz par aventure
sembleroient obscurs a aucuns qui
ne sont pas excercités en ceste science
ia soit cellup qui ny dit rien obscur ce
me semble que quant a ceulx qui se
roient ung peu acoustumés a lire en
cest liure, car pres que tous telz mos
sont deuant exposés ou en texte ou en
glose. Et pource en laisse ie plusie
urs, car il nest mestier de les exposer
ailleurs ne autrement que ilz sont ex
posés en leurs lieux. Item ne se mer
ueille nulse il ay mys en plusieurs li
eux deux negacions pour une, car
cest la maniere de parler en francoys
Sicomme en disant nul homme ne
boibt, nul ne pourroit ce faire. xc. Et
semblablement en aucuns textes da
ristote est trouuee semblable chose, et
bien en telz pas les expositeurs que
une negacion est superflue, et par a
uenture estoit ce une maniere de par
ler en grec.

a Ctif est dit de action, et selon ce
   dit len que ung homme est ac
tif qui est praticien et bien besoingnant
Et souuent actif est prins generale
ment pour chascune chose qui fait eu

ure Et passif cest la chose qui seuffre
ou est matiere de quoy ou en quoy len
euure Et ces motz sont au viii. cha
pitre du v. liure.

   Ction est operation qui de
a meure en cellup qui la fait, si
comme est veoir et ouyr, et entendre,
mais encore a prendre action plus p
prement cest telle operacion comme
dit est laquelle regarde vertu mora
le ou vice ou iugement de raison vray
ou faulx en la matiere morale et vou
lenté ou election bonne ou maulse et tel
le action est dicte action immanente.
mais autre action est qui est dicte pas
sate en la matiere de dehors, regar
de vertu ou vice, et ainsy en matiere
morale lopperation qui est en lame et
en la pensee ou voulenté, cest action
immanente et le fait de dehors, sicom
me ferir donner ou telle chose cest ac
tion passate Et de ce fut dit au tiers
et au quart chapitres du septe liure
en texte et en glose.

a Ctiue est dit de action, et facti
   ue de faction, et selon ce ung ha
bit est dit actif ou factif Et une ope
ration actiue ou factie et de ce fut dit
au iii. et au iiii. chapitres du vie. li
ure en texte et en glose. Item acti
ue est dit action q̄ regarde vertu mo
rale et pratique et selon ce disons nos
que aucuns viuent de vie actiue et
les aultres de speculatiue ou contem
platiue Et de ce appert au piiic. et au

D.ii

feuillet.

¶ Ve. chapitre du p̃e.

Dultere celluy est adultere q̃ sortroit a aultre sa femme pour la congnoistre charnelement, et est dit de adultere. Et de ce fut dit au piii. chapitre du p̃s. en glose.

Rchitectonique Architecton en grec est le maistre de œuure en edisicatiõ ou en edissier qui regarde sus tous. Et par semblable vertu ou la science qui regarde et ordonne sur toutes choses appertenantes a vie humaine est dicte vertu ou sciẽce architectonique et telle est politiques si comme il fut dit au premier chapitre du premier liure et cest mot architectonique fut expose au ip. chapi. du vi. en glose.

Ristocracie est vne espece de policie selon laquelle vng nombre de personnes ont princey et domination sur la communite, ⁊ sont tresbons et vertueux et entendent a gouuerner au prosfit commun. Et Aristocracie est dit de ares en grec qui signisie vertu et archos qui signisie prince ou princey. Et tout ce appert au piii. cha. du viii. en glose.

Smolotton est celluy qui est excessif en trop iouer. Et est ainsy appelle en grec. Et de ce fut il dit au ip. chapitre du second et plus aplain au pp̃e. chapitre du quart

en texte et en glose.

Aymes en grec, cest celluy qui est presumptueux ⁊ qui se repute digne de honneurs, ⁊ il est indigne. Et ce appert au piii. chapitre du quater, en texte et en glose.

Smillte est la maniere et ordenance et gouuernement dune cite ou dune grant communite. Et ce fut dit au premier chapitre du deuxiesme en glose.

Onserent cest bien vtile et prositable et qui vault a aultre chose. Et de ce fut dit au quart chapitre du second.

Ontinent celluy est continent qui a mauuaises affections et temptations p̃ concupiscence a gloutonrie ou a luxure. Et auecques ce il a bon iugement de raison, lequel il ensuit ⁊ parce il restrait ses mauuais desiriers. Et de ce fut dit au p̃pie. chapitre du premier en glose. Et appert plus aplain au proces du viii. liure. Et si comme il fut brief dit en pi. chas pitre du ip. Il est dit continent pour ce que il se tient auecques raison ⁊ entendement, car par ce il se tient auecques soy mesmes, car chascun est principalement son ame intellectiue ou son entendement, sicõe il fut dit au quint ou en pi. cha. du ip. ⁊ au piiii. chapitre du p.

Ontingent est chose qui peut
estre, et peut non estre sans necessite, sicomme que le roy soit en seât
ou que il dorme. Et est contingent di
uise contre necessaire et impossible, et de
ce fut touche au quart cha. du septe.

Democracie est une espece de
policie en laquelle la multitude des populaires a dominacion,
et qui gouuernent a leur proffit propre et est la moins mauuaise des iii.
principaulx especes de mauuaise policie qui sont tirãnie olygarc. e democracie. et est dicte de demos en grec
qui signifie peuple. Et de trachos
q signifie poeste. Et de ce appert au
piiie. chapitre du viiie. et plus a plat
en politiques.

Demos Ceulx sont appel-
lez demos en grec qui ont une
inclination ou disposicion ou industrie appellee demotique de laquelle il sera dit tatost apres, et auecques
ce demos signifie peuple comme il
est dit tantost deuant. Et par auenture ung demos est escript par .E.
brief, car en grec ilz sont escrips en diuerses manieres, sicõ dit Eustrace.

Democlite est une inclination
ou industrie par laquelle len
scet trouuer et poursuir les moyens
pour venir a attaindre a son entencion soit bonne ou male. Et est demotique commune a prudence ou a astu-

te ou malice, et pour ce les prudons et
les malicieux ou cautelleux sont appelles demos en grec. Et de ce appert
au p. De. chapitre du septe.

Difference est ung mot comũ
mais aucũefoys il est prins en
especial pour chascune partie de diffinicion exceptee la premiere qui est appellee genre, sicõme qui diroit ainsy,
Beste a quatre pies peut hennir, cest la
diffinition de cheual, et cest mot beste cest le genre et cest mot a quatre pi
es cest la difference et qui peut hennir
cest lautre differẽce. Et de ce fut dit
au viii. chapitre du second en glose et
septe.

Diffinition est une oraison qui
declaire dune chose que cest, et
diffinition est composee de genre et difference ou differences. Et de ce fut
dit au viii. cha. du second en glose.

Discoles ceulx sont discoles qui
sont de diuerses et dures couer-
sacions et descordans des aultres, et
les condicions de telz gens furent mises au viii. chapitre du viiie. liure
en glose.

Dyrecte est direction ou adrescement de iustice legal et est une
vertu et une iustice especiale. Et est
dit de epy en grec qui signifie dessus
et epieya qui signifie iustice, et de ce
appert au ppe. cha. du quint.

Dulie signifie en grec rectitu
de ou adrescement de conseil.

D.iii.

feuillet.

c'est une partie de prudence de laquelle il fut dit en pt. chapitre du vi.

e	Ntrapeles ceulx sont dis entrapeles qui se sceuent bien avoir et qui tiennent le moyen en ieux et esbatemens, et est ce mot dit de eu en grec q signifie bien, et de trapeles qui signifie tournant, car telz sceuēt bien tourner les fais et les dis en bonne consolation, et de ce fut dit au pr. hapitre du second et plus a plain au xxv. chapitre du quart.

e	pcercitatiue, art excercitable est art qui enseigne faire mouemēs et labeurs corporelz tellemēt que lon puisse acquerir ou garder bonne habitude et bonne disposicion du corps quant il est le soit et legier, et disste, et de ce fut touche au xxii. chapitre du ve.

e	xtreme extremes ou extremites sont les bors les fins les termes des choses, mais en especial en matiere moral extremes sont les habis et operations qui sont hors le moyen de vertu en trop et en superhabondance ou en peu ou en deffaute. Et pource dit len que la vertu est moyenne et que les vices sont extremes, et de ce fut dit au p. chapitre du second en glose.

f	Action est operation qui passe en matiere de dehors, sicomme est edifier, forger, et telles choses. Et est faction distinguee ou diuisee contre action et appendre, faction proprement elle ne regarde selon soy ne vertu ne vice. Et de ce fut dit au tiers et au quart chapitres du septe en texte et en glose.

f	Actiue est dicte de faction aussy comme actiue est dicte de action et selon ce est ung habit ou une operation dit ou dicte factif ou actif factiue ou passie. Et de ce fut dit au tiers et au quart chapitres du septe en texte et en glose.

f	Ortitude c'est la vertu moral par laquelle len se contient et porte deuement et conuenablement des choses terribles en fais de guerres, sicomme il appert au iii. liure et par especial au v. chap. en glose.

g	Enre de ce est dit en difference et diffinicion.

g	nome est une partie de prudence ou une prudence especiale. Et est adrescement de la prudence qui est requise es exxlipe, et de ce fut dit au pti. chapitre du septe.

h	abit est une qualite en l'ame par quoy elle est encline a aucune operation, et telle qualite est acquise ou par estude comme seroit science ou par acoustumāce, comme se

roit vertu ou vice et est vne qualite
affermee qui nest pas de legier mua
ble,sicomme il fut bien dit au premier
chapitre du second en glose,/z de ce fut
dit en la fin du premier en glose,/z est
aucuneffoys en especial prins pour
vertu ou pour vice sicomme il fut tou
che au sixte chapitre du second liure.

i   Conomie est art ou maniere
de gouuerner vng hostel/z les
appartenances,/z de ce fut dit au co
mencement du premier liure en glose.

i   Llegal,cellup est illegal qui
ne regarde pas les lops esta
blies pour le bien commun et sembla
blement vne operation ou vne aul
tre chose qui est contre les lops est di
cte illegale,/z ce appert au pmier cha
pitre du quint en texte et en glose.

i   Ncontinent,cellup est incon
tinent qui a mauuaises affec
tions et temptations de concupiscen
ce,/z auecques ce il a bon iugement de
raison et a vrays principes moraulx
mais il est vaincu /z surmonte par co
cupiscence et delaisse raison Et ensuit
ses desiriers Et de ce fut dit au ppi.
chapitre du premier en glose,/z appt
plus a plain au proces du vii.liure.

Nduction est quant de plusi
eurs particuliers len conclut

vniuerselement,sicomme en disant
cest cigne est blanc et cestup est blanc
/z cestup est cestup et ainsp des autres
Doncques tout cigne est blanc,/z de ce
fut dit au p.cha.du premier en glose

i   Nfini est chose infinie ou sans
fin et peut estre ou selon mul
titude ou en quantite ou en puissace
ou en qualite ou en duration Et de
ce fut touche au vii.chapitre du se
cond en glose.

i   Dstice equale est iustice parti
culiere, laquelle regarde cho
ses qui touchent proffit ou dommai
ge Et de ce fut dit au iii.chapitre du
quint Et cellup est dit homme iuste
equal qui ne veult ne nequiert pour
sop plus de bien auoir ne moins de
mal souftenir que il doibt,sicomme
il fut dit au premier chapitre du quit
en glose.

i   Dstice legalle est iustice vni
uerselle /z contient toute ver
tu et de ce appert au second chapitre
du quint.

l   Egal vng home est dit legal
qui garde ses lops et qui vit
selon bonnes meurs Et la chose est
dicte /z tenue legale laquelle est selon

feuillet.

les loys sicomme il appert au pmier chapitre du quint en texte et en glose.

m Monarchie est policie en laquelle ung seul a souueraine seigneurie et souuerain princey sur vne cite ou sur vne grant communite et non pas sur toutes les gens du monde, car ce seroit contre raison et chose desnaturelle que ung homme mortel eust telle seigneurie sicomme il appert au viii. de politiques. Et de monarchie sont deux especes vne est royaume et lautre est tirannie et est dicte de monos en grec q signifie prince. et de ce appert au plii. chapitre du viii.

o Obligation legal est quant aucun est oblige a aultres par lettres ou par conuenances et peut estre contraint par les loyx a faire satisfacion, et de ce appert au p viii. chapitre du viii. ou il parle damiste legal et au pip. du viii. et au second du ip.

o Obligacion moral est quant aucun est oblige a aultres selon bonnes meurs sans conuenances et sans ce que il puisse estre contraint par iustice ou par les loys a faire satisfacion, et selon ce est dicte amiste moral. et de ce fut dit au p viii. et pip. chapitres du viii. et au second du ip.

o Biect est la chose vers laqlle est la puissance actiue ou passiue ou lopperation sicomme nous dison que couleur est lobiect de voiement ou de vision et que saueur est lobiect de goust et de gouster et que chaleur et froideur sont lobiect de touchement. et aucunefois est prins lobiect pour le subiect en la matiere en quoy passe lopperation sicomme le diroit que le fer est le subiect ou obiect en quoy le feure euure, et de ce fut touche au tiers chapitre du tiers liure en glose.

o Ligarcie est vne espece de policie en laquelle ung petit nombre de gens ont princey et seignourie et gouuernement a leur propre proffit et non pas pour le proffit commun et est dit de oligon en grec qui signifie peu et de archos qui signifie prince ou princey, car cest princey de peu de gens, et de ce fut dit au ptii. chapitre du viii. liure.

p Assif de ce est dit en actif passion en ceste science passion est mouuement de lame selon lappetit au regart de bien ou de mal, en quoy ensuyt delectation ou tristece, et est asauoir que ire et concupiscence sont entre les passions les plus principaulx. Mais au sipte chapitre du second auecques ces deux passions sont nommees plusieurs aultres, sicomme paour, hardiesse, misericorde. et de ce appert au chapitre dessusdit en texte et en glose et en plusieurs aultres lieux.

Philatos en grec signifie amant soy mesme et est dit de philos qui signifie amour, & de ce fut dit au ix. et en xi. chapitres du ix.

Predicat cest le second terme du ne proposicion sicōme de ceste proposicion Jehan est homme. Cest mot homme est le predicat. Et de ce fut dit au vii. chapitre du premier en glose.

Prodigalite est folle largesce, et de ce fut dit au ix. chapitre du second et plus principalemēt au quart et au quint & au sixte chapitres du quart liure.

Prodige cest follarge. Et de ce fut dit au ix. chapitre du secōd & plus a plain au quart & au quint & au sixte chapitres du quart.

Puissance est vng mot commun et est prins communement pour aucune disposicion ou accident par quoy len est enclin a faire ou a souffrir et mesmement a faire, & cōme nous disons que force corporelle est puissāce et disons que les vertus morales de lame sont puissances, & ainsy est prins cest mot au v. vii. chapitre du premier, mais il est prins souuent en ceste science pour la puissance naturelle de lame. Et sont deux telles puissances appartenantes a ceste scien

ce. Cest assauoir la puissance sensitiue et la puissāce intellectiue. Et chascune de elles est diuisee en deux puissances qui sont cognositiue et appellatiue, & ainsy sont quatre puissāces de lame quant a cest propos, cest assauoir la cognoscitiue qui est appellee sens, & lappetitiue sensitiue qui est appellee appetit sensitif. Et la cognoscitiue intellectiue qui est appellee entendement, & lappetitiue intellectiue qui est appellee voulēte. Et de ce fut dit au sixte chapitre du second en glose.

Rectitude est dit de chose droite, & quant vne ligne ou vne verge est droitte la direceur de elle est rectitude, & par semblable dit len que rectitude de voulente est quant la voulente est droitte et elle veult ce que elle doit vouloir. Et rectitude de pensee est tel quant le pensee est cōme il doit estre, & ainsy aux aultres choses. Et de ce fut dit en xi. chapitre du vi. en glose.

Sinesse est vne partie ou vne maniere de prudence quant est a bien juger, et de ce fut dit au ix. chapitre du septe.

Subiect aucune foys vng homme est dit subiect ou de son seigneur ou de son souuerain, & aucune foys subiect est prins pour le premier terme dune proposiciō, et le second est dit en ceste maniere predicat tout ain

feuillet.

sicomme il fut dit deuant en predicat
Sicomme de ceste proposicion Jehan
est homme ce st mot Jehan est le subiect
Mais en cest liure communement sub
gect est prins pour la chose en quoy
est vne forme et vng accident/sicom
me nous disons que le corps dun hom
me est le subiect en quoy est lame qui
est la forme substancielle de homme
et homme est subiect en quoy sont sa
te/science vertu/et aultres accidens
Et le oeil de lomme est le subiect en
quoy est la veue et cest mot est au sip
te chapitre du p⁰. et en plusieurs aul
tres licux.

Tinocracie est vne spece de po
licie en laquelle plusieurs et
grant multitude ont le gouuernement
et la seigneurie et tendent a bien com
mun et cest la mains bonne des trois
principaulx especes de bonne policie
qui sont royalme aristocracie et timo
cracie Et est dit de thymos en grec
qui signifie prins et de trabos qui
signifie poesle car en telle policie len
souloit donner prisct loier aux po
ures pour venir au assemblees com
munes Et les riches estoient pu
gnis par peccune quant ilz y deffail
loient Et de ce fut dit au piiii. chapi
tre du viiii. liure Et sera dit ou est
dit plus principalement en politique.

Vacation en cest liure est repos
de labeur penible et de occupa

tions en negoces et de ce appert ma
nifestement au piiii. chapitre du p⁰
liure.

Cy fine la table des tors
mos a expoler dethiques

Imprime a paris le viiii. iour de
Septembre Mil CCCC. qua
tres vingtz et huyt sur le pont nostre
dame A lymaige saint Jehan euan
geliste ou au palays au premier pil
lier empres la chappelle la ou le cha
te la messe de messeigneurs les presi
dens.

www.ingramcontent.com/pod-product-compliance
Lightning Source LLC
Chambersburg PA
CBHW050601230426
43670CB00009B/1214